실력이 탐나는
일러스트레이터 CS6

유진영 지음

정보문화사

실력이 탐나는
일러스트레이터 CS6

초판 1쇄 발행 | 2015년 5월 15일
초판 2쇄 발행 | 2017년 10월 25일

지 은 이 | 유진영
발 행 인 | 이상만
발 행 처 | 정보문화사

책 임 편 집 | 최동진
편 집 진 행 | 오렌지페이퍼

주   소 | 서울시 종로구 대학로 12길 38 (정보빌딩)
전   화 | (02)3673-0037(편집부) / (02)3673-0114(代)
팩   스 | (02)3673-0260
등   록 | 1990년 2월 14일 제1-1013호
홈 페 이 지 | www.infopub.co.kr

I S B N | 978-89-5674-631-9

이 책은 저작권법에 따라 보호받는 저작물이므로 무단 전재와
무단 복제를 금하며, 이 책 내용의 전부 또는 일부를 사용하려면 반드시
저작권자와 정보문화사 발행인의 서면동의를 받아야 합니다.

※ 책값은 뒤표지에 있습니다.
※ 잘못된 책은 구입한 서점에서 바꿔 드립니다.

Foreword 머·리·말

2012년 5월, 어도비 일러스트레이터의 CS6 버전이 출시되었습니다. CS6 버전은 사용자를 위한 새로운 기능이 많이 추가되었고 기존 기능보다 향상된 기능들도 많기 때문에 이들을 찾아 실행해보는 재미 또한 쏠쏠합니다. 이 책은 일러스트레이터 CS6에 새롭게 추가된 신기능과 기존의 여러 기능을 효율적으로 활용하여 완성작을 만들 수 있도록 구성하였습니다.

이 책에서 제시하는 작업 방법만이 정답은 아닙니다. 같은 목적의 작업을 하더라도 여러 가지 방법이 존재하므로 도구의 특징과 원리를 이해하고 사용하는 이미지의 상태에 따라, 작업 목적에 따라 최적의 방법을 선택하여 작업하는 것이 가장 중요합니다. 책에서 제시한 방법을 그대로 따라 하여 요령을 터득한 후 다른 사진들에 적용해보고, 대화상자나 패널의 옵션을 다르게 설정해보거나 기존의 과정을 생략해보고, 새로운 과정을 추가하는 등의 방식으로 자신만의 노하우를 만드는 것이 좋습니다.

또한 같은 방법으로 작업하더라도 사용하는 사진에 따라 다른 결과가 나올 수 있습니다. 다양한 사진을 가지고 여러 가지 방법으로 연습해보는 것이 좋습니다. 우선 책에서 제시한 방법대로 연습하여 기능을 익힌 후 다른 사진을 불러와 여러 방식으로 실습하면서 스스로 자신만의 비법을 만들어보세요. 이 책이 부디 여러 사용자에게 도움이 되길 바랍니다.

유진영

이 책을 보는 방법

이 책의 본문은 7개의 장으로 구성되어 있습니다. 각 장은 테마별로 묶여 있으며, 다음과 같은 형태로 이루어져 있습니다.

❶ Chapter(장)

하나의 테마에 관련한 기능들을 묶어 Chapter로 구성하였습니다.

❷ Chapter Map(장 미리 보기)

Chapter의 전체 내용의 흐름이 어떻게 이루어지는지 살펴볼 수 있습니다.

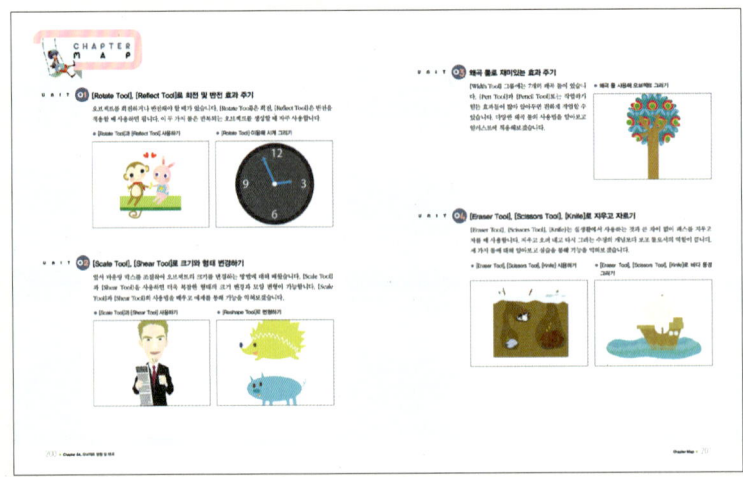

❸ Unit(소단원)

Chapter에서 다루는 테마에 대한 각각의 기능을 소개합니다.

ⓐ 간략개요 : 해당 기능에 대한 간략한 개념을 정리합니다.
ⓑ 간단실습 : 해당 기능에 대한 간단한 기능을 따라하기 형태로 설명합니다.
ⓒ Memo(참고/주의) : 해당 기능을 설명하는 과정에서 덧붙일 내용, 주의해야 할 내용 등을 간단하게 다루는 요소입니다.
ⓓ Tip(알아두기) : 해당 기능을 설명하는 과정에서 좀 더 심도 있게 짚어줄 내용을 소개하는 요소입니다.

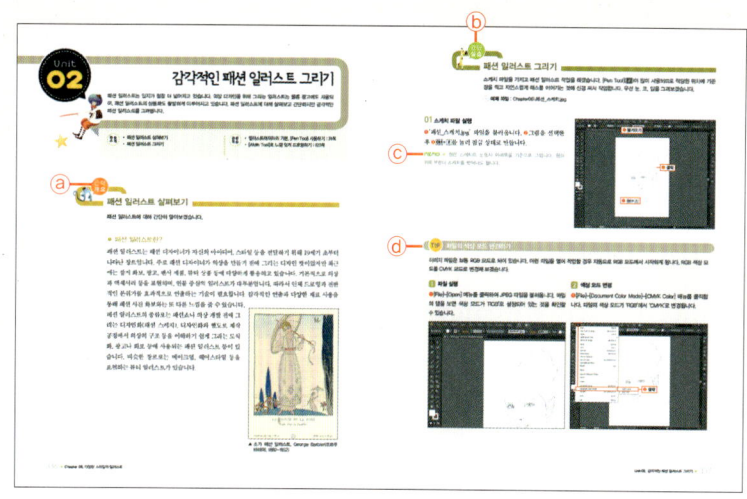

❹ Power Unit(확장 기능)

해당 Chapter의 테마를 설명하는 과정에서 좀 더 난이도가 높은 기능을 별도의 코너로 소개합니다.

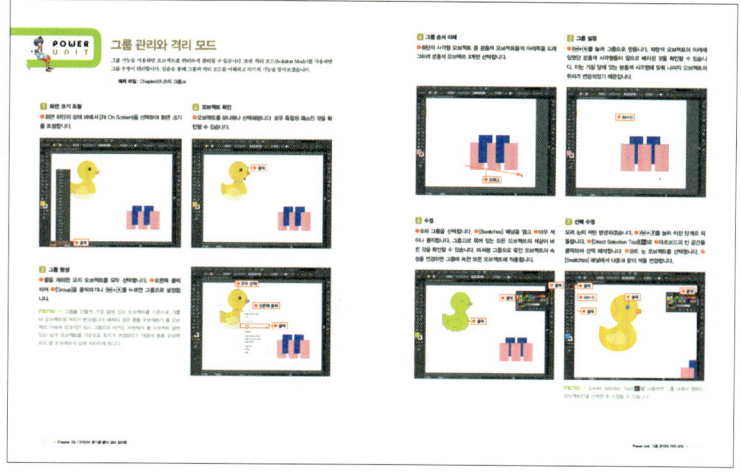

❺ 활용실습(실전 문제)

해당 Chapter에서 학습한 내용을 다시 한 번 종합적으로 실습할 수 있는 문제를 제공합니다. 문제가 어려울 경우에는 힌트 요소를 참고하거나 별도로 제공하는 해설 파일을 살펴봅니다.

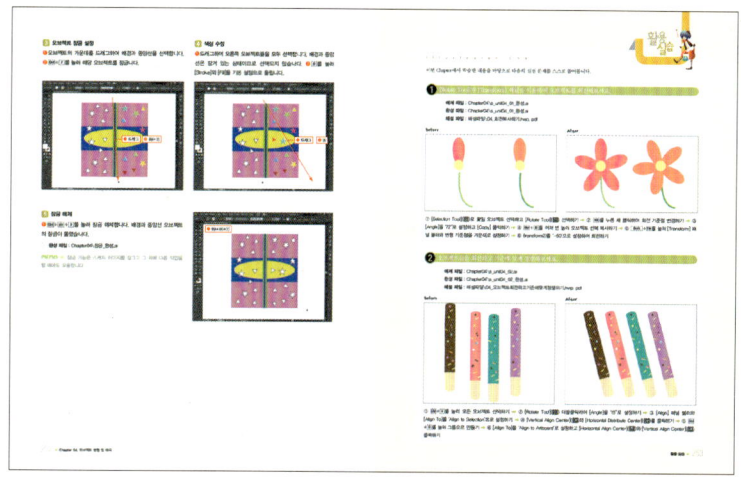

Chapter 일러스트레이터 CS6 첫걸음

일러스트레이터 CS6의 기초적인 사항을 살펴보겠습니다. 우선 일러스트레이터라는 프로그램에 대해 이해하고 전반적인 작업 환경을 알아본 후 사용자의 편의에 맞게 작업 환경을 설정하는 방법을 배워봅니다. 또한 작업의 기본이 되는 새 파일 만들기 및 저장하기, 파일 불러오기 등의 기능에 대해서도 알아봅니다.

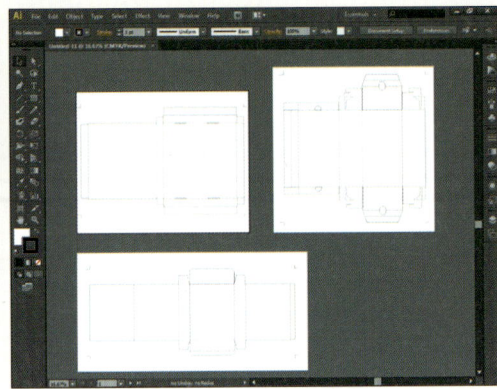

Chapter 일러스트레이터의 시작, 드로잉

앞서 일러스트레이터 CS6의 작업 환경을 알아보았습니다. 이제 벡터 드로잉의 기본 도구인 [Pen Tool], 깔끔하고 심플하게 드로잉할 수 있는 다양한 도형 툴, 자연스럽게 드로잉할 수 있는 [Pencil Tool], 인상적인 드로잉이 가능한 [Width Tool] 등 본격적으로 그림을 그리는 데 필요한 기능을 배워보겠습니다. 이번 Chapter는 일러스트레이터 드로잉의 기초를 다지는 과정이므로 하나하나 확실하게 이해하고 넘어가도록 합니다.

Chapter 03 디자인에 활기를 불어 넣는 컬러링

앞서 드로잉의 기초를 익혔으므로 이번에는 드로잉에 컬러를 입혀 디자인을 더욱 풍성하게 만드는 작업을 배워봅니다. 기본적인 색 채우기부터 자연스러운 컬러링, 일러스트레이터에 특화된 [Mesh Tool], [Gradient Tool], [Blend Tool] 등의 다양한 기법을 사용하여 더욱 멋지고 세련된 결과물을 만들어봅니다.

Chapter 04 오브젝트 변형 및 왜곡

오브젝트를 변형하거나 왜곡하는 도구들을 살펴봅니다. [Rotate Tool]과 [Scale Tool]을 이용하면 바운딩 박스를 조절하는 것보다 더욱 정확하게 오브젝트를 변형할 수 있습니다. 또한 오브젝트를 왜곡하거나 [Eraser Tool], [Scissors Tool], [Knife]로 패스를 지우고 자르는 방법도 배워보겠습니다.

Chapter 05 글자 입력과 디자인 설정

글자를 입력하고 서식을 설정하는 방법, 그래픽 스타일(Graphic Style)이나 이펙트(Effect)로 글자를 꾸미고, 글자를 특정 모양으로 왜곡하는 등 글자와 관련된 기능들을 배워봅니다. 일러스트레이터는 드로잉 프로그램답게 입력한 글자를 다양한 스타일의 디자인으로 만들 수 있습니다.

Chapter 06 다양한 스타일의 일러스트

패스를 편집하여 깔끔한 캐릭터 일러스트를 그려봅니다. 아트 브러시와 강모 브러시를 이용하여 감각적인 패션 일러스트와 회화 느낌의 일러스트를, 원근감 도구와 격자를 이용하여 건물 일러스트도 완성해봅니다. 또한 3D 효과를 주는 이펙트로 3D 일러스트를 만드는 방법, [Image Trace] 패널로 비트맵 이미지를 벡터 이미지로 만드는 방법을 배워보겠습니다. 여러 가지 종류의 브러시와 이펙트들로 다양한 스타일의 일러스트를 완성할 수 있습니다.

Chapter 07 **일러스트레이터 고급 기능 활용법**

일러스트레이터의 고급 기능과 함께 앞서 배운 기능들을 활용하여 크리스마스 카드를 직접 만들어 보고, 일반 그래프와 일러스트 그래프를 완성해봅니다. 또한 [Character Style] 패널을 이용하여 메뉴판을, [Tabs] 패널을 이용하여 캘린더를, 패스를 따라 글자를 입력하여 라벨을 만드는 방법을 알아보겠습니다.

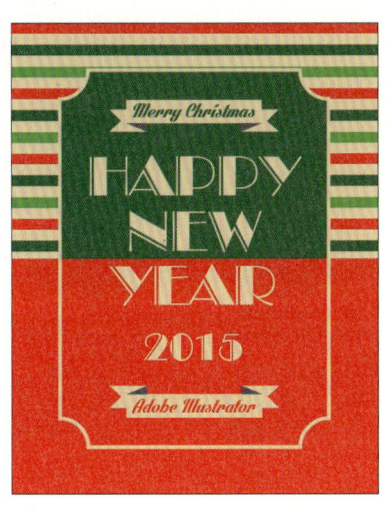

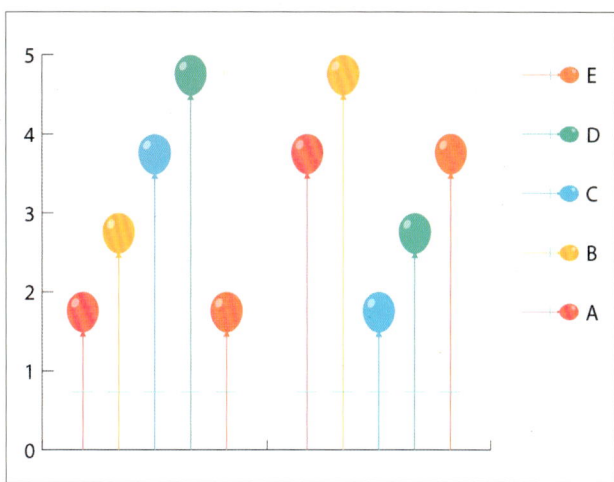

이 책의 실습 파일

독자 여러분이 이 책을 학습할 때 도움이 될 수 있도록 정보문화사 홈페이지(www.infopub.co.kr)의 자료실에서 예제 파일, 완성 파일, 해설 파일을 제공합니다. 자료실에서 압축 파일을 내려받아 PC에 저장해두고 학습 시 자유롭게 사용할 수 있습니다. 이 책에서 제공하는 실습 파일을 함께 살펴봅니다.

본문 학습에 필요한 예제 파일과 완성 파일이 Chapter별로 분류되어 있습니다. 각 Chapter의 마지막에 구성되어 있는 [활용실습]을 해결하는 데 도움이 되는 폴더가 따로 제공됩니다.

각 Chapter의 마지막에 배치된 [활용실습]을 해결하는 데 도움이 되는 해설 파일 폴더입니다. 해설 파일 폴더에서는 책보다 상세한 따라하기 과정이 담겨있으니 학습에 참고합니다. 'hwp' 파일과 'pdf' 파일로 제공되므로 필요에 맞게 사용합니다.

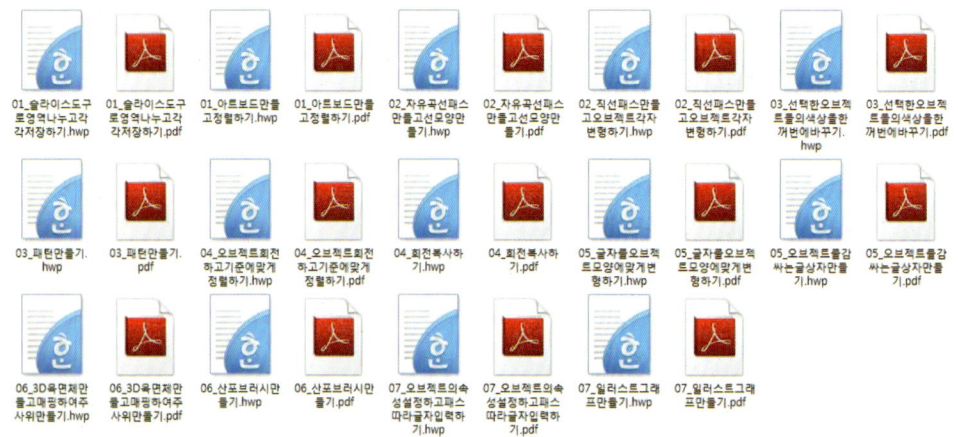

이 책을 시작하기 전에

이 책을 시작하기 전에 일러스트레이터 CS6를 설치하기 위한 시스템 요구 사항과 일러스트레이터 작업의 도움이 되는 정보, 일러스트레이터를 학습한 후 활용할 수 있는 분야 등을 간단히 소개합니다.

1 일러스트레이터 CS6의 시스템 요구 사항

이 책을 시작하기 전에, 먼저 일러스트레이터 CS6를 설치하기 위한 시스템 요구 사항을 알아보겠습니다.

● Window

- Intel Pentium 4 또는 AMD Athlon 64 프로세서.
- Microsoft Windows XP(서비스 팩 3) 또는 Windows 7(서비스 팩 1). Adobe Creative Suite 5.5 및 CS6 응용 프로그램은 Windows 8 및 Windows 8.1도 지원.
- 32비트의 경우 1GB RAM(3GB 권장), 64비트의 경우 2GB RAM(8GB 권장).
- 설치를 위한 2GB의 하드 디스크 여유 공간(설치 시 추가 여유 공간 필요, 플래시 메모리 기반의 이동식 디스크에 설치할 수 없음).
- 16비트 그래픽 어댑터가 장착된 1024 x 768 디스플레이(1280 x 800 권장).
- 듀얼 레이어 DVD와 호환 가능한 DVD-ROM 드라이브.
- Adobe Bridge의 일부 기능을 사용하려면 DirectX 9 지원 비디오 어댑터(최소 64MB VRAM) 필요.

2 일러스트레이터 작업에 도움이 되는 웹 사이트들

일러스트레이터 작업에 도움이 되는 무료 이미지 공유 사이트와 무료 폰트 공유 사이트들을 소개합니다.

● 무료 이미지 공유 사이트

- http://www.sxc.hu

- http://cgtextures.com

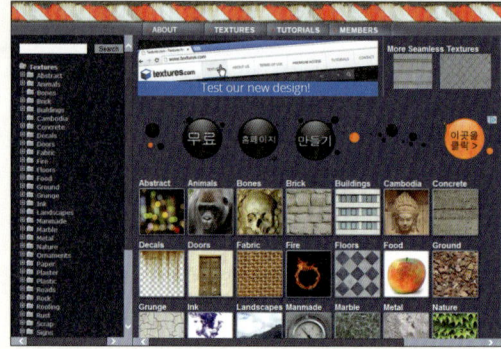

- http://www.deviantart.com
- http://psdshop.com

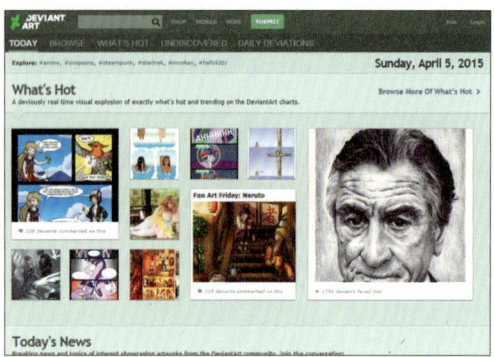

● 무료 폰트 공유 사이트

- http://www.dafont.com
- http://software.naver.com/software/fontList.nhn?categoryId=I000000

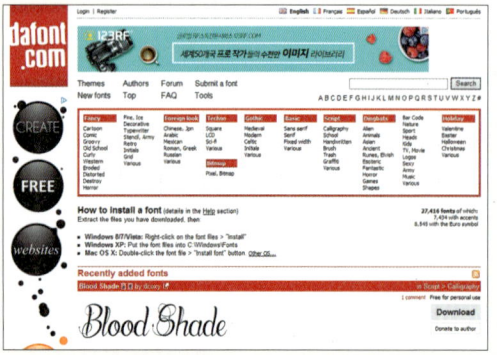
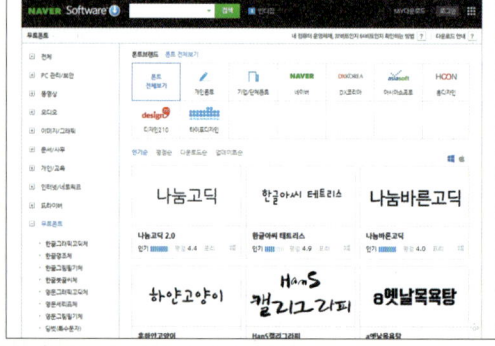

3 그래픽 관련 자격증 취득하기

열심히 배운 일러스트레이터의 실력으로 관련 자격증에 도전해보는 것도 좋은 방법입니다.

● 국가 공인 그래픽 기술 자격

한국생산성본부에서 주관하고 한국어도비시스템즈가 협찬하는 그래픽 기술 자격입니다. 국가공인 GTQ와 GTQi 일러스트 두 종류가 있습니다.

※ 자세한 사항은 공식 홈페이지를 참고합니다.
(http://www.gtq.or.kr)

- **국가공인 GTQ**

GTQ는 Adobe Photoshop을 사용하여 치루는 국가공인 그래픽 기술 자격입니다. 이를 취득한 후 국제 IT자격인 ICDL 1과목 이상을 취득하면 국제 IT자격 ICDL M9, Image Editing으로 추가 발급받을 수 있습니다. 필기시험 없이 실시시험만으로 치러집니다.

※ 1급과 2급은 국가공인 시험이며, 3급은 민간자격입니다.

- **GTQi 일러스트**

Adobe Illustrator를 사용하여 치루는 민간자격으로, 국제자격 ICDL과 상호인증이 불가합니다. 실기시험만으로 치러지며 1급과 2급, 3급으로 이루어져 있습니다.

● 국가기술 자격증

한국산업인력공단에서 시행하는 국가기술 자격증입니다. 컴퓨터 그래픽스 운용 기능사와 웹디자인 기능사가 있습니다.

※ 자세한 사항은 공식 홈페이지를 참고합니다.
(http://www.q-net.or.kr)

- 컴퓨터 그래픽스 운용 기능사

한국산업인력공단에서 시행하는 국가기술 자격증입니다. 필기시험과 실기시험을 따로 응시하여 취득합니다. 실기시험의 경우 어도비 포토샵과 일러스트레이터, 인디자인(페이지메이커)의 종합적인 활용 능력을 평가합니다.

- 웹디자인 기능사

마찬가지로 한국산업인력공단에서 시행하는 국가기술 자격증입니다. 필기시험과 실기시험을 따로 응시하여 취득합니다. 실기시험의 경우 어도비 포토샵과 일러스트레이터, 플래시, 드림위버를 활용하여 홈페이지를 설계, 제작하는 능력을 평가합니다.

4 각종 디자인 공모전에 참가하기

열심히 배운 일러스트레이터의 실력으로 각종 디자인 공모전에 도전해보는 것도 좋은 방법입니다.

● 각종 디자인 공모전 정보를 얻을 수 있는 사이트

- 디자인정글(http://jungle.co.kr)

디자인 온라인 매거진, UCC, 아카데미, 도서, 공모전, 업계 소식 등의 정보를 얻을 수 있습니다. 공모전 정보는 물론 수상작 갤러리와 수상작 인터뷰, 공모전에 대한 질문 답변 게시판도 제공합니다.

- 디자인DB(http://www.designdb.com)

디자인 공모전, 전시, 전람회, 산업 디자인, 트렌드 디자이너에 관한 정보를 얻을 수 있습니다.

● **부담 없이 실력을 뽐낼 수 있는 사이트**

• 네이버 아이템팩토리(http://item2.naver.com)
네이버의 아이템팩토리는 네이버 블로그를 꾸밀 수 있는 아이템을 사용자가 직접 제작하고 공유할 수 있는 서비스입니다. 특히 여러 가지 아이템 중 '스킨'은 포토샵과 일러스트레이터 등을 이용하여 제작한 후 공유할 수 있습니다. 다운로드 수가 많고 인기 있는 스킨을 제작한 블로거는 '스킨 스타작가'로 선정되어 메인에 소개됩니다.

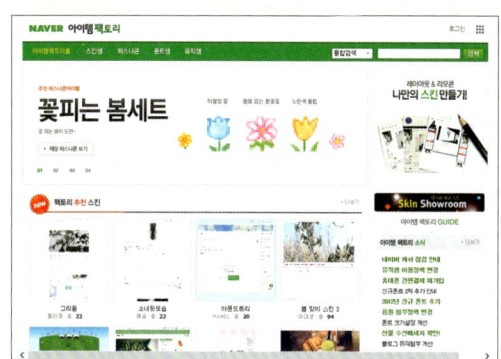

이 책의 목차

Chapter 01

▶ **일러스트레이터 CS6 첫걸음** — 27

CHAPTER MAP — 28

Unit 01 일러스트레이터 이해하기 — 30
- |간략개요| 비트맵과 벡터의 차이 및 일러스트레이터 활용 분야 알기 — 30
  - TIP RGB와 CMYK 이해하기 — 33

Unit 02 일러스트레이터 CS6 살펴보기 — 34
- |간략개요| 일러스트레이터 CS6의 작업 환경 및 툴과 패널 살펴보기 — 34
- |간단실습| 사용자의 편의에 맞게 작업 환경 설정하기 — 49
  - TIP 패널의 기본 구성 살펴보기 — 52
- |간단실습| 작업 환경 저장하기 — 52
  - TIP 일러스트레이터 CS6의 신기능 살펴보기 — 54

Unit 03 일러스트레이터 파일 만들기, 저장하기, 불러오기 — 57
- |간략개요| [New Document] 대화상자 살펴보기 — 57
- |간단실습| 일러스트레이터 파일 만들기 — 58
- |간단실습| 일러스트레이터 파일 저장하기 — 60
  - TIP 그 외의 저장 방법 살펴보기 — 62
- |간단실습| 일러스트레이터 파일 불러오기 — 63
  - TIP [Browse in Bridge]를 이용한 파일 열기 — 64

Unit 04 아트보드 효율적으로 사용하기 — 65
- |간략개요| 작업 공간을 만드는 아트보드 이해하기 — 65
- |간단실습| 아트보드 추가하고 삭제하기 — 66
- |간단실습| 아트보드 수정하기 — 69
- |활용실습| — 71

Chapter 02 ▶ 일러스트레이터의 시작, 드로잉   73

CHAPTER MAP   74

Unit 01   일러스트레이터의 기본, [Pen Tool] 사용하기   76

| 간략개요 | 패스 이해하고 [Pen Tool] 살펴보기   76
| 간단실습 | [Pen Tool]을 이용하여 직선, 곡선 그리기   77
     TIP 간편하게 화면 확대하기   78
     TIP 패스 그리기 종료하기   79
| 간단실습 | [Pen Tool]로 패스 수정하기   82
     TIP 열린 패스와 닫힌 패스   83
     TIP [Add Anchor Point Tool]을 사용하여 원하는 부분 삭제하기   87

POWER UNIT 선 모양 변경하기   91

Unit 02   [Pencil Tool]로 그림 그리듯 드로잉하기   93

| 간략개요 | [Pencil Tool] 살펴보기   93
| 간단실습 | [Pencil Tool]로 사과 그리기   94
     TIP [Pencil Tool]과 [Smooth Tool] 옵션 살펴보기   96
| 간단실습 | [Pencil Tool]로 머그컵 그리기   97
     TIP Shift 로 오브젝트 선택하기   101

POWER UNIT 레이어 이해하기   103

Unit 03   간단하게 드로잉할 수 있는 도형 툴 사용하기   107

| 간략개요 | 도형 툴과 패스파인더 살펴보기   107
| 간단실습 | 도형 툴을 이용하여 나무, 집, 태양 그리기   112
     TIP 간단하게 오브젝트 조절하기   116
| 간단실습 | 패스파인더 이용하여 오브젝트 완성하기   117
     TIP [Eyedropper Tool] 살펴보기   118
     TIP 프리뷰(Preview) 모드와 아웃라인(Outline) 모드   122

POWER UNIT 간편하게 합치고 분리하는 [Shape Builder Tool]   123

Unit 04   [Width Tool]로 느낌 있게 드로잉하기   124

| 간략개요 | [Width Tool] 살펴보기   124
| 간단실습 | 판다 라인에 [Width Tool] 적용하기   125
     TIP [Width Point Edit] 대화상자 살펴보기   128
| 활용실습 | 129

Chapter 03 디자인에 활기를 불어 넣는 컬러링　　131
CHAPTER MAP　　132

Unit 01　[Color] 패널을 이용해 손쉽게 컬러링하기　　134
| 간략개요 | 칠과 선 색상 설정하기　　134
| 간단실습 | 장화 신은 고양이 컬러링하기　　137
　　TIP 복사 반복하기　　138
　　TIP 원하는 색의 스와치 추가하기　　140
　　TIP [Color Guide] 패널 살펴보기　　145

POWER UNIT 투명도 조절하기　　149

Unit 02　반복되는 재미가 있는 패턴 채우기　　151
| 간략개요 | 패턴 살펴보기　　151
| 간단실습 | 패턴 적용하고 수정하기　　153
| 간단실습 | 패턴 만들기　　156
　　TIP [Pattern Options] 패널의 설정에 따른 패턴 미리보기　　161

POWER UNIT 그룹 관리와 격리 모드　　162

Unit 03　그레이디언트로 여러 가지 색을 하나의 패스에 넣기　　165
| 간략개요 | 그레이디언트 이해하기　　165
| 간단실습 | [Gradient] 패널로 그레이디언트 적용하기　　167
| 간단실습 | [Gradient] 패널로 선에 그레이디언트 적용하기　　171
　　TIP [Gradient Swatches] 추가·삭제하기　　173
| 간단실습 | [Gradient] 패널로 일러스트 완성하기　　173
　　TIP [Gradient Tool] 살펴보기　　179

Unit 04　[Blend Tool]로 오브젝트 자연스럽게 이어주기　　180
| 간략개요 | [Blend Tool] 살펴보기　　180
| 간단실습 | [Blend Tool]을 이용한 컬러링 연습하기　　182
　　TIP 16진수 색상 코드 설정하는 방법　　182
　　TIP 그룹으로 지정한 오브젝트에 블렌드 적용하기　　187

POWER UNIT [Object]–[Blend] 메뉴 사용하기　　188

Unit 05　[Mesh Tool]로 섬세하게 컬러링하기　　191
| 간략개요 | [Mesh Tool] 이해하기　　191
| 간단실습 | [Mesh Tool]로 꽃 일러스트 완성하기　　192
| 활용실습 |　　197

Chapter 04

오브젝트 변형 및 왜곡 — 199
CHAPTER MAP — 200

Unit 01 [Rotate Tool], [Reflect Tool]로 회전 및 반전 효과 주기 — 202
| 간략개요 | [Rotate Tool]과 [Reflect Tool] 살펴보기 — 202
| 간단실습 | [Rotate Tool]과 [Reflect Tool] 사용하기 — 205
| 간단실습 | [Rotate Tool]을 이용해 시계 그리기 — 209
    TIP 레이어 배치 순서 변경하기 — 213
POWER UNIT [Align] 패널을 이용해 정렬하기 — 214

Unit 02 [Scale Tool], [Shear Tool]로 크기와 형태 변경하기 — 216
| 간략개요 | [Scale Tool]과 [Shear Tool] 살펴보기 — 216
| 간단실습 | [Scale Tool]과 [Shear Tool] 사용하기 — 220
POWER UNIT [Reshape Tool]로 변형하기 — 223
    TIP [Reshape Tool]로 열린 패스 늘리기 — 224

Unit 03 왜곡 툴로 재미있는 효과 주기 — 227
| 간략개요 | 왜곡 툴의 효과 이해하기 — 227
| 간단실습 | 왜곡 툴 사용해 오브젝트 그리기 — 231
    TIP 왜곡 툴의 브러시 크기 변경하기 — 237

Unit 04 [Eraser Tool], [Scissors Tool], [Knife]로 지우고 자르기 — 239
| 간략개요 | [Eraser Tool], [Scissors Tool], [Knife] 살펴보기 — 239
| 간단실습 | [Eraser Tool], [Scissors Tool], [Knife] 사용하기 — 240
    TIP 열린 패스를 닫아주는 [Join] 기능 살펴보기 — 242
| 간단실습 | [Eraser Tool], [Scissors Tool], [Knife]로 바다 풍경 그리기 — 244
    TIP 오브젝트 선택하기 — 246
POWER UNIT 잠금 기능 사용하기 — 251

| 활용실습 | — 253

Chapter 05 글자 입력과 디자인 설정 — 255

CHAPTER MAP — 256

Unit 01 글자 입력하고 서식 설정하기 — 259

- |간략개요| [Type Tool]로 글자 입력하기 — 259
- |간단실습| [Type Tool]로 글자 입력하고 [Character] 패널로 서식 설정하기 — 261
  - TIP [Character] 패널 살펴보기 — 264
- |간단실습| 글상자 만들고 [Paragraph] 패널로 단락 설정하기 — 265
- |간단실습| 두 개의 글상자 연결하기 — 267
  - TIP 일러스트레이터에서 단위 설정하기 — 268
  - TIP [Paragraph] 패널 살펴보기 — 269
- |간단실습| 패스를 따라 글자 입력하기 — 270
  - TIP 글자의 색상이 변경되지 않을 경우 — 271
  - TIP [Type on a Path Options] 대화상자 살펴보기 — 274

Unit 02 그래픽 스타일과 이펙트로 글자 꾸미기 — 275

- |간략개요| 그래픽 스타일로 간단하게 글자 꾸미기 — 275
- |간단실습| 글자 오브젝트에 그래픽 스타일 적용하여 꾸미기 — 277
  - TIP 라이브러리 패널 살펴보기 — 278
- |간단실습| [Appearance] 패널과 [Stroke] 패널로 글자 꾸미기 — 279
  - TIP [Appearance] 패널 살펴보기 — 281
- |간단실습| 그래픽 스타일을 [Graphic Styles] 패널에 등록하고 사용하기 — 282
  - TIP 특정 글자체가 설치되지 않은 컴퓨터에서 파일을 불러왔을 때 — 282
  - TIP [Scribble Options] 대화상자의 프리셋 미리보기 — 286

Unit 03 글자를 특정 모양으로 왜곡하기 — 287

- |간략개요| 글자 오브젝트를 패스로 만들기 — 287
- |간단실습| [Make with Warp] 메뉴로 오브젝트 변형하기 — 288
  - TIP [Envelope Distort] 메뉴로 변형한 오브젝트 다루기 — 290
- |간단실습| [Make with Top Object] 메뉴로 오브젝트 변형하기 — 291

Unit 04 다양한 방법으로 글자 꾸미기 — 296

- |간략개요| 브러시 이해하기 — 296
- |간단실습| 글자 오브젝트를 패스로 만들고 수정하기 — 297
  - TIP 특수문자 입력하기 — 301
- |간단실습| 오려진 테이프 글자 효과 만들기 — 302
  - TIP 클리핑 마스크 이해하기 — 304

| 간단 실습 | 태블릿 펜의 압력으로 캘리그라피 만들기 | 307
| 간단 실습 | 브러시를 이용하여 분필 효과 만들기 | 309
| 활용실습 | | 311

Chapter 06  다양한 스타일의 일러스트 — 313

CHAPTER MAP — 314

Unit 01 깔끔한 캐릭터 일러스트 그리기 — 317
| 간략 개요 | 캐릭터 일러스트 살펴보기 | 317
| 간단 실습 | 로봇 캐릭터 머리 그리기 | 318
| 간단 실습 | 로봇 캐릭터 몸통 그리기 | 324
　　TIP 기준점 삭제하여 패스 다듬기 | 328
| 간단 실습 | 로봇 캐릭터에 색상 적용하기 | 330
POWER UNIT [Swatch Library] 등록하기 | 334

Unit 02 감각적인 패션 일러스트 그리기 — 336
| 간략 개요 | 패션 일러스트 살펴보기 | 336
| 간단 실습 | 패션 일러스트 그리기 | 337
　　TIP 파일의 색상 모드 변경하기 | 337
| 간단 실습 | 패션 일러스트 완성하기 | 345

Unit 03 다양한 브러시 이용하여 회화 느낌의 일러스트 그리기 — 351
| 간략 개요 | 다양한 브러시 도구 살펴보기 | 351
| 간단 실습 | 사용자에 맞게 브러시 생성하기 | 352
　　TIP [Scatter Brush Options] 대화상자 살펴보기 | 354
　　TIP [Art Brush Options] 대화상자 살펴보기 | 356
　　TIP [Pattern Brush Options] 대화상자 살펴보기 | 358
| 간단 실습 | 강모 브러시를 이용해 맥주병 완성하기 | 359
　　TIP 강모 브러시를 사용한 오브젝트 저장하기 | 365
POWER UNIT 그 외의 브러시 옵션 살펴보기 | 366

Unit 04	격자를 이용한 건물 일러스트 그리기	368
간략개요	원근감 드로잉 이해하기	368
간단실습	원근감 드로잉 활용하여 일러스트 완성하기	369
	TIP 원근감 격자와 [View]–[Perspective Grid] 메뉴 살펴보기	372

Unit 05	[Image Trace] 패널 이용하여 비트맵 이미지를 패스로 만들기	374
간략개요	이미지 트레이스(Image Trace) 이해하기	374
간단실습	비트맵 이미지를 패스로 만든 후 색상 다시 설정하기	375
간단실습	비트맵 이미지를 캐릭터 배경으로 사용하기	377
	TIP [Image Trace] 패널 살펴보기	379

Unit 06	입체감이 돋보이는 3D 일러스트 만들기	380
간략개요	3D 효과를 주는 이펙트 알아보기	380
간단실습	[Revolve] 메뉴로 3D 회전체 만들기	381
간단실습	[Extrude & Bevel] 메뉴로 3D 그래프 만들기	383
	TIP [3D Extrude & Bevel] 대화상자 살펴보기	385
간단실습	[Revolve] 메뉴로 3D 유리병 만들기	386
활용실습		389

Chapter 07 ▶ 일러스트레이터 고급 기능 활용법   391
CHAPTER MAP   392

Unit 01	글자 관련 기능으로 카드와 메뉴판, 캘린더 만들기	394
간략개요	글자 스타일과 글자 감싸기 기능 살펴보기	394
간단실습	새해 카드 만들기	395
간단실습	크리스마스 카드 만들기	400
간단실습	글자 스타일(Character Style) 활용하여 메뉴판 만들기	405
간단실습	[Tabs] 패널 활용하여 캘린더 만들기	409

Unit 02 패스를 따라 글자 입력하여 라벨 만들기 　　　　　　　　　　　　**413**

| 간략개요 | 패스 따라 글자 입력하고 위치 조정하기 　　　　　　　　　　　413
| 간단실습 | 오렌지 일러스트 이용하여 로고 만들기 　　　　　　　　　　　415
| 간단실습 | 패스 따라 글자 입력하여 도장 만들기 　　　　　　　　　　　420
| 간단실습 | 패스 따라 글자 입력하여 상품 라벨 만들기 　　　　　　　　425

Unit 03 데이터를 입력하여 그래프 만들기 　　　　　　　　　　　　　**435**

| 간략개요 | 일러스트레이터에서 만들 수 있는 그래프 　　　　　　　　　　435
| 간단실습 | 일러스트레이터에서 그래프 만들기 　　　　　　　　　　　　437
　　　　　TIP 데이터 입력창 살펴보기 　　　　　　　　　　　　　　　438
| 간단실습 | 데이터 수정하고 그래프 색상 변경하기 　　　　　　　　　　439
| 간단실습 | 일러스트 그래프 만들기 　　　　　　　　　　　　　　　　　441
　　　　　TIP 일러스트 그래프 유형 변경하기 　　　　　　　　　　　　443
| 활용실습 | 　　　　　　　　　　　　　　　　　　　　　　　　　　　　　445

INDEX 　　　　　　　　　　　　　　　　　　　　　　　　　　　　**446**

ILLUSTRATOR CS6

일러스트레이터 CS6의 기초적인 사항을 살펴보겠습니다. 우선 일러스트레이터라는 프로그램에 대해 이해하고 전반적인 작업 환경을 알아본 후 사용자의 편의에 맞게 작업 환경을 설정하는 방법을 배워봅니다. 또한 작업의 기본이 되는 새 파일 만들기 및 저장하기, 파일 불러오기 등의 기능에 대해서도 알아봅니다.

일러스트레이터 CS6 첫걸음

UNIT 01 일러스트레이터 이해하기
UNIT 02 일러스트레이터 CS6 살펴보기
UNIT 03 일러스트레이터 파일 만들기, 저장하기, 불러오기
UNIT 04 아트보드 효율적으로 사용하기

CHAPTER MAP

UNIT 01 일러스트레이터 이해하기

일러스트레이터의 기본이 되는 개념은 벡터입니다. 비트맵 방식과 벡터 방식에 대해 배우고 각각의 차이를 비교해봅니다. 또한 일러스트레이터 프로그램이 사용되는 분야를 살펴보겠습니다.

● 비트맵과 벡터의 차이 및 일러스트레이터 활용 분야 알기

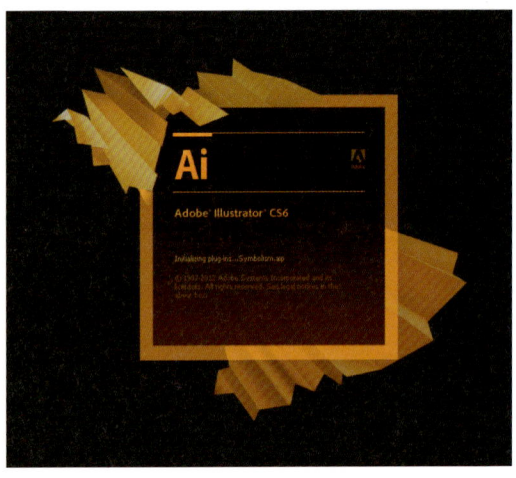

UNIT 02 일러스트레이터 CS6 살펴보기

일러스트레이터 CS6에 대해 본격적으로 알아봅니다. CS6 버전의 작업 환경과 각 툴에 대해 살펴보고, 사용자의 편의에 맞게 작업 환경을 설정하는 방법을 알아보겠습니다. 또한 CS6 버전에 추가 및 강화된 기능을 함께 알아보겠습니다.

● 일러스트레이터 CS6 작업 환경 및 툴과 패널 살펴보기　● 사용자 편의에 맞게 작업 환경 설정하고 저장하기

 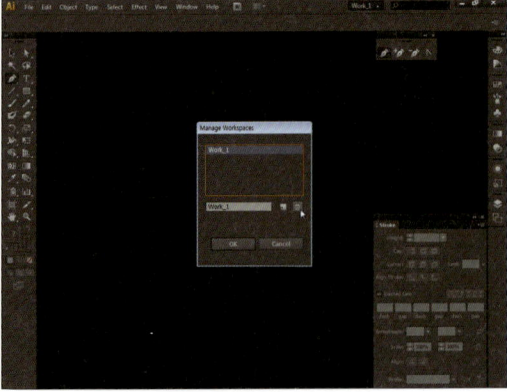

UNIT 일러스트레이터 파일 만들기, 저장하기, 불러오기

일러스트레이터 작업은 새로운 파일을 만드는 것에서부터 시작됩니다. 일러스트레이터에서 파일을 새로 만들어 저장하고, 저장한 파일을 여는 기본 작업에 대해 알아봅니다. 파일 생성 및 저장의 기본적인 방식은 물론 그 외의 다양한 방법도 살펴보겠습니다.

● [New Document] 대화상자 살펴보기

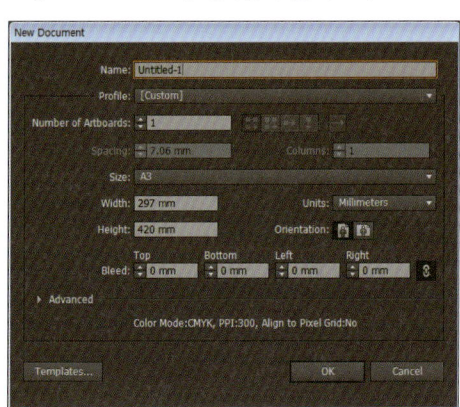

● 일러스트레이터 파일 만들기

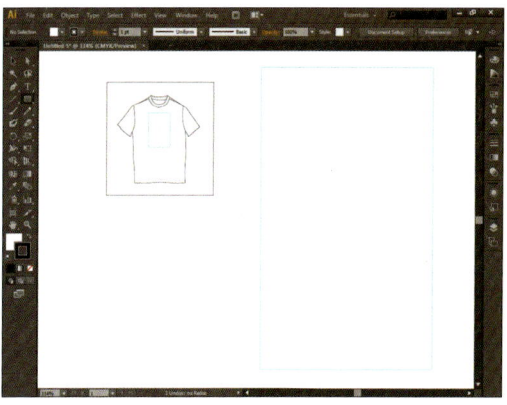

UNIT 아트보드 효율적으로 사용하기

일러스트레이터의 작업 공간인 아트보드에 대해 배우고, 이를 효과적으로 사용하는 방법을 알아보겠습니다. 아트보드를 잘 활용할 경우 작업 시간을 단축할 수 있을 뿐만 아니라 시각적으로도 깔끔하게 정리할 수 있어 유용합니다.

● 다양한 아트보드 살펴보기

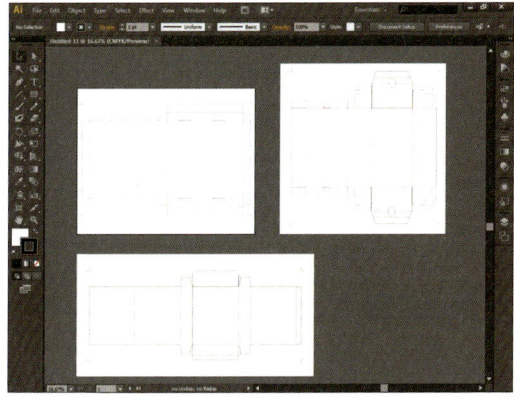

● 아트보드 추가하고 삭제하기

Unit 01 일러스트레이터 이해하기

일러스트레이터의 기본이 되는 개념은 벡터입니다. 비트맵과 벡터에 대해 알아본 후 각각의 차이를 비교해봅니다. 또한 일러스트레이터 프로그램을 사용하는 분야를 함께 살펴보겠습니다.

 학습 주제
- 비트맵과 벡터, RGB와 CMYK 이해하기
- 일러스트레이터 활용 분야 살펴보기

 관련 학습
- 일러스트레이터 CS6 살펴보기 : 34쪽

비트맵과 벡터의 차이 및 일러스트레이터 활용 분야 알기

2D 그래픽은 크게 비트맵과 벡터, 두 가지 방식으로 나뉩니다. 일러스트레이터는 벡터 방식을 사용하고 포토샵은 비트맵 방식을 사용합니다. 각각의 그래픽 방식과 차이점에 대해 살펴본 후 일러스트레이터의 다양한 활용 분야를 알아보겠습니다. 일러스트레이터는 벡터 방식을 채택하여 이미지가 깔끔하고 크기 변화가 자유로운 것은 물론 다른 프로그램과의 연동이 쉬워 디자인 작업을 비롯한 다양한 분야에서 활용됩니다. 주변에서 흔히 볼 수 있는 로고 및 타이포그래피, 팬시 제품 등을 만들 때 일러스트레이터 프로그램을 사용합니다.

● 비트맵과 벡터 이해하기

- **비트맵(Bitmap)** : 정사각형의 픽셀로 이미지를 구성하는 방식입니다. 1인치 안의 픽셀 개수로 해상도가 결정되며, 이미지를 크게 확대할 경우 모자이크처럼 깨집니다. 많은 컬러를 표현할 수 있기 때문에 사진이나 회화풍의 작업에서 많이 사용합니다. 대표적인 비트맵 프로그램으로는 어도비사의 포토샵, 코렐사의 페인터가 있습니다.

- **벡터(Vector)** : 좌표를 기준으로 수학적 연산에 의해 이미지를 만드는 방식입니다. 이미지가 함수를 기반으로 그려지기 때문에 크게 확대해도 깨지지 않으며 깔끔하다는 장점이 있습니다. 또한 아무리 확대해도 용량이 커지지 않으므로 CIP 및 캐릭터 작업, 패키지 디자인 등에서 많이 사용합니다. 대표적인 벡터 프로그램으로는 어도비사의 일러스트레이터, 코렐사의 코렐드로우가 있습니다.

● 비트맵과 벡터의 차이점 알아보기

	비트맵(Bitmap)	벡터(Vector)
특징	비트맵 이미지는 색이 다채로운 것이 특징입니다. 또한 색의 경계가 부드러워 사진, 회화와 같이 자연스러운 느낌의 작업에 많이 사용됩니다.	오른쪽 이미지의 하늘을 보면 알 수 있듯 벡터 이미지는 색의 경계가 뚜렷합니다. 주로 단순하고 깔끔한 작업을 할 때 사용합니다.
확대 이미지	작은 픽셀로 이루어진 이미지이므로 확대할 경우 깨집니다.	수학적 연산으로 만들어진 이미지이므로 확대할 경우에도 깔끔합니다.
해상도	1인치 안에 들어간 픽셀의 개수로 결정됩니다. 해상도가 높을수록 픽셀의 개수가 많아지므로 파일의 용량 또한 커집니다.	벡터 이미지는 해상도와 무관합니다. 각 지점의 좌표를 계산해 이미지를 나타내므로 확대해도 파일의 용량에는 변화가 없습니다.
사용 프로그램	포토샵, 페인터, 그림판 등	일러스트레이터, 플래시, 코렐드로우 등
확장자	JPG, BMP, GIF, PSD 등	AI, CDR, SWF, EPS 등

● 일러스트레이터 활용 분야 살펴보기

• 일러스트

일러스트레이터로 작업한 일러스트는 그래픽 느낌이 뚜렷하게 나타나는 것부터 손으로 그린 듯한 것까지 다양한 분위기를 연출할 수 있습니다. 일러스트레이터 초기 버전에서는 그래픽 작업이라는 것을 강조하는 이미지가 많았으나 버전이 높아질수록 수작업 느낌의 효과를 제공하는 기능이 늘어나고 있어 여러 가지 작업이 가능해졌습니다.

• 캐릭터 및 팬시 디자인

일러스트레이터로 수많은 캐릭터를 만들어냅니다. 깔끔한 작업이 가능한 것은 물론 수정이 편리하며, 크기 조절도 용이하여 제품화에 적합하기 때문입니다. 또한 복잡한 패턴을 간편하게 만들 수 있어 패브릭이나 포장지 디자인 등의 작업에도 좋습니다.

• 타이포그래피 및 캘리그래피

활자를 꾸미는 타이포그래피는 일러스트레이터 프로그램을 이용하여 더욱 편리하고 쉽게 작업할 수 있습니다. 여러 가지 입력 방법과 왜곡 툴을 활용할 수 있을 뿐 아니라 다양한 브러시 모양으로 작업하거나 직접 손으로 쓴 캘리그래피를 벡터화하여 사용할 수도 있습니다.

 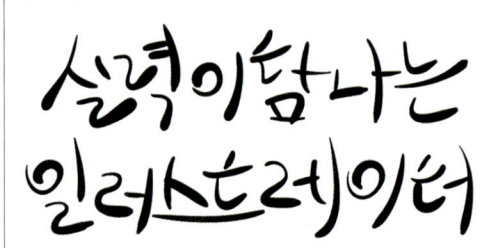

• 편집 디자인

서적이나 잡지, 신문, 브로슈어 등 출판 인쇄물을 디자인하는 것으로, 지면을 구성하는 활자 및 일러스트, 사진 등을 보기 좋게 배치하는 작업입니다. 보통 쿼크 익스프레스(Quark XPress)나 인디자인(InDesign) 프로그램을 많이 사용하지만, 일러스트레이터에서도 작업이 가능합니다.

• **패키지 디자인**

제품의 포장을 디자인하는 것으로, 소비자의 구매욕을 자극하고 상품이 더욱 잘 알려질 수 있게 하는 입체 디자인을 말합니다. 일러스트레이터에서는 수치를 입력하여 작업할 수 있으므로 정확함을 요구하는 패키지 디자인도 쉽게 작업할 수 있습니다.

• **CIP(Corporate Identity Program)**

기업이나 공공단체가 가지고 있는 아이덴티티를 하나의 이미지로 통합하는 작업입니다. 주로 시각적인 기업 로고 및 심벌로 나타냅니다. 일러스트레이터는 크기 변경이 쉽고 깔끔한 디자인 작업이 가능하기 때문에 대부분의 CIP 작업에 일러스트레이터가 사용됩니다.

TIP: RGB와 CMYK 이해하기

- **RGB** : 빛의 삼원색인 빨강(Red), 초록(Green), 파랑(Blue)으로 구성되는 컬러 모드로, 색이 섞일수록 밝아집니다. 쉽게 말하면 색을 겹칠수록 밝아지는 빨강, 초록, 파란색의 조명을 생각하면 됩니다. 색이 섞일수록 밝아지기 때문에 '가산혼합'이라고 합니다. 모니터 및 모바일, 디지털 카메라 액정 등과 같이 빛을 통해 이미지가 출력되는 기기에서 사용하는 컬러 모드입니다.

- **CMYK** : 색의 삼원색인 시안(Cyan), 마젠타(Magenta), 노랑(Yellow)과 함께 검정(Black), 총 네 가지 색으로 구성되는 컬러 모드입니다. 컬러 잉크의 구성과 같으며, 삼원색만으로는 100%의 검은색을 만들 수 없기 때문에 검정(Black)이 추가됩니다. 색이 섞일수록 어두워지기 때문에 '감산혼합'이라고 합니다. 주위에서 쉽게 볼 수 있는 인쇄물은 대부분 CMYK 컬러 모드를 사용합니다.

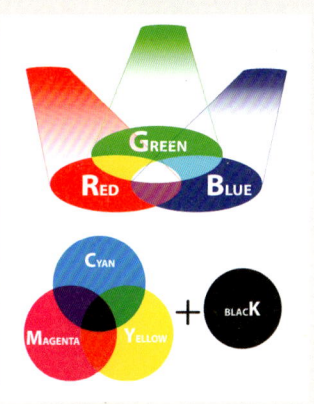

- **RGB와 CMYK 비교하기**

	RGB	CMYK
색의 구성	빨강(R), 초록(G), 파랑(B)	시안(Cyan), 마젠타(Magenta), 노랑(Yellow), 검정(Black)
혼합 종류	가산혼합(섞일수록 밝아짐)	감산혼합(섞일수록 어두워짐)
색의 단위	0~255. R, G, B 각각의 수치가 낮을수록 어두워짐 예) 검은색=0, 0, 0, 흰색=255, 255, 255	0~100%. C, M, Y 각각의 비율로 색을 결정하고, K의 비율로 밝기를 조절
사용 분야	모바일, 모니터, 디지털 카메라 등 빛을 기반으로 하는 기기	신문, 잡지, 사진 등의 인쇄물

일러스트레이터 CS6 살펴보기

일러스트레이터 CS6에 대해 본격적으로 알아봅니다. CS6 버전의 작업 환경과 툴, 패널, 신기능에 대해 살펴보고 작업 환경을 설정하는 방법을 알아보겠습니다.

학습 주제
- 일러스트레이터 CS6 작업 환경 살펴보기
- 일러스트레이터 CS6의 툴 기능 알기
- 사용자의 편의에 맞게 작업 환경 설정하기
- 일러스트레이터 CS6의 신기능 알아보기

관련 학습
- 일러스트레이터 파일 만들기, 저장하기, 불러오기 : 57쪽

일러스트레이터 CS6의 작업 환경 및 툴과 패널 살펴보기

일러스트레이터의 작업 환경과 [Tool] 패널의 도구들, 패널들을 살펴보겠습니다.

● 일러스트레이터 CS6 작업 환경 살펴보기

일러스트레이터를 실행하면 나타나는 기본 화면입니다. 크게 메뉴, 패널, 작업 영역으로 나뉩니다. 이전 버전과는 달리 패널이 아이콘으로 깔끔하게 정리되어 있으며, 클릭하면 각각의 패널이 펼쳐집니다.

❶ **메뉴 바** : 파일 열기 및 저장하기 등의 기본적인 기능과 패널에서 사용하지 못하는 고급 기능이 모여 있습니다. 크게 [File], [Edit], [Object], [Type], [Select], [Effect], [View], [Window], [Help]로 나뉘어 있으며, 각각의 메뉴를 클릭하면 하위 메뉴들이 나타납니다. 현재 조건에서 사용할 수 있는 기능이 검은색 글씨로 활성화되며, 해당 기능만 사용할 수 있습니다.

- File : 새로운 도큐먼트 만들기, 파일 열기 및 닫기, 저장하기, 출력하기 등의 기본적인 명령을 실행할 수 있습니다.
- Edit : 실행 취소, 복사하기, 자르기, 붙이기 등 편집에 관한 명령을 실행할 수 있습니다.
- Object : 선택한 오브젝트를 그룹으로 만들거나 변형하고, 잠금 기능을 사용하는 등의 오브젝트 관련 명령을 실행할 수 있습니다.
- Type : 글자체 변경, 크기 변경 등 텍스트 관련 명령을 실행할 수 있습니다.
- Select : 모두 선택하기, 선택 해제하기, 같은 속성의 오브젝트 선택하기 등 패스 선택과 관련된 명령을 실행할 수 있습니다.
- Effect : 여러 가지 효과를 적용할 수 있습니다. 포토샵에서 자주 사용하는 [Filter] 메뉴와 비슷한 역할을 합니다.
- View : 화면을 확대하거나 가이드라인을 설정하고 패스 라인을 숨기는 등 작업 화면과 관련된 명령을 실행할 수 있습니다.
- Window : 숨어 있거나 보이지 않는 패널을 불러올 수 있습니다.
- Help : 도움말 등을 볼 수 있습니다.

❷ **어도비 브리지 바로가기** : 어도비 전용 뷰어 프로그램인 브리지를 실행합니다.

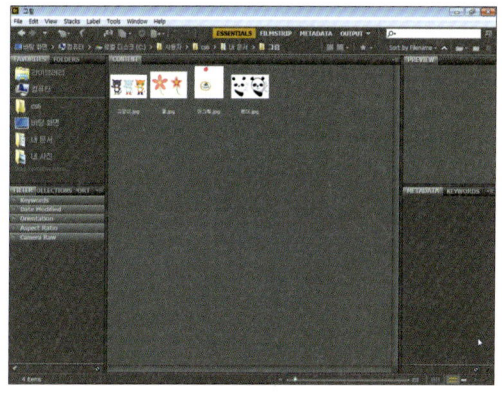

▶ 어도비 브리지 실행 화면

❸ **도큐먼트 정렬** : 도큐먼트 창이 여러 개 있을 경우 정렬하는 방식을 선택할 수 있습니다. 선택한 아이콘 모양대로 정렬됩니다.

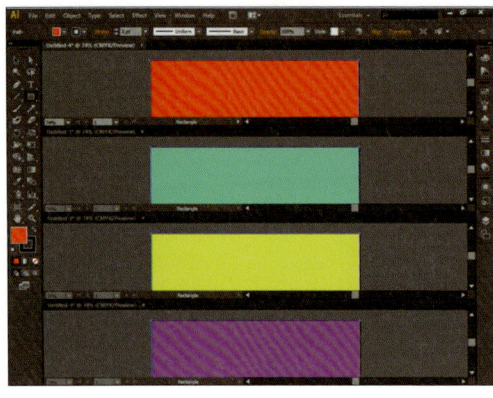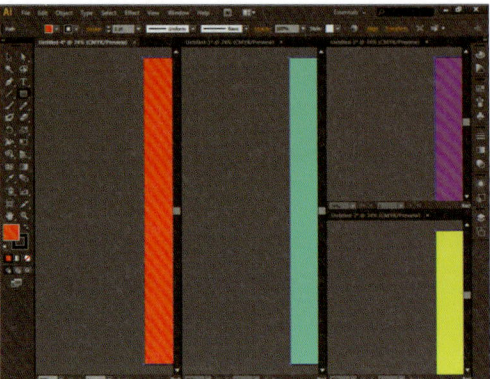

▲ 다양한 정렬 방식을 설정한 화면

❹ **작업 환경 설정 메뉴** : 작업 특성에 맞게 화면을 변경할 수 있습니다. 기본적으로 [Essentials] 가 설정되어 있습니다.

❺ **검색** : 작업 도중 궁금한 내용을 입력하고 Enter 를 누르면 어도비 커뮤니티 도움말로 이동하여 정보를 얻을 수 있습니다.

❻ **컨트롤 바** : 선택한 툴과 오브젝트의 옵션 설정 항목이 나타납니다. 자주 사용하는 옵션이 정리되어 있어 쉽게 수정할 수 있습니다.

❼ **[Tool] 패널** : 일러스트레이터의 기본적인 툴을 모아놓은 패널입니다.

❽ **작업 영역** : 파일을 열거나 새로 만들 때 이곳에 창이 열리며, 실제 작업을 하는 영역입니다.

❾ **패널** : 사용하고자 하는 기능의 패널을 선택하면 활성화됩니다. 보이지 않는 패널은 메뉴 바의 [Window] 메뉴를 클릭한 후 직접 선택하여 불러오면 됩니다.

❿ **상태 바** : 현재 작업 중인 도큐먼트의 크기를 수정하고 상태를 확인할 수 있습니다.

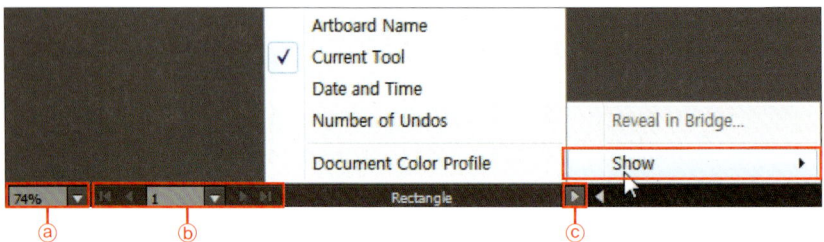

ⓐ 수치를 입력하거나 선택하여 도큐먼트의 크기를 수정할 수 있습니다.

ⓑ 아트보드가 여러 개일 때 해당 번호의 아트보드를 선택할 수 있습니다.

ⓒ [Show] 메뉴의 하위 메뉴에서 선택한 항목에 따라 상태 바 가운데에 나타나는 내용이 달라집니다.

- Artboard Name : 현재 보이는 도큐먼트의 이름을 표시합니다.
- Current Tool : 현재 선택한 툴의 이름을 표시합니다.
- Date and Time : 현재 시간과 날짜를 표시합니다.
- Number of Undos : 취소와 재실행 횟수를 표시합니다.
- Document Color Profile : 도큐먼트의 컬러 프로필을 표시합니다.

● 일러스트레이터 CS6의 툴 기능 살펴보기

일러스트레이터 작업의 기본 도구인 [Tool] 패널의 각 툴을 자세히 알아보겠습니다.

• [Tool] 패널 변경 및 분리하기

ⓐ 지점을 클릭하면 1열 정렬로 바뀝니다. 한 번 더 클릭하면 2열 정렬로 돌아옵니다. ⓑ와 같이 하단에 작은 삼각형이 표시되어 있는 툴을 길게 클릭하면 숨어 있는 툴 목록이 나타납니다. ⓒ(오른쪽의 화살표)를 클릭하면 툴 목록이 분리된 창으로 나타납니다.

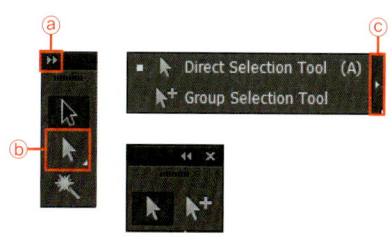

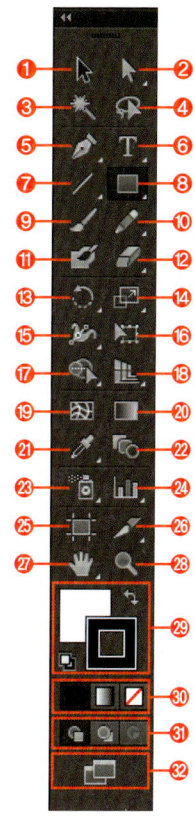

❶ **Selection Tool**( ) : 가장 기본적인 툴로, 오브젝트를 선택할 때 사용합니다. 단축키는 V 입니다.

❷ **Direct Selection Tool**( ) : 오브젝트에서 원하는 기준점 또는 패스를 선택하거나 그룹으로 묶인 오브젝트를 개별적으로 선택할 때 사용하는 툴입니다. 단축키는 A 입니다.

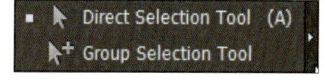

• **Group Selection Tool**( ) : 그룹화된 오브젝트를 순차적으로 선택할 수 있는 툴입니다.

❸ **Magic Wand Tool(** **)** : 클릭한 오브젝트와 유사한 속성의 오브젝트를 모두 선택할 수 있는 툴입니다. 단축키는 Y입니다.

❹ **Lasso Tool(** **)** : 원하는 영역을 드래그하여 선택할 수 있는 툴입니다. 단축키는 Q입니다.

❺ **Pen Tool(** **)** : 오브젝트를 만드는 기본적인 툴 중 하나 입니다. 클릭 혹은 드래그하여 자유롭게 오브젝트를 생성할 수 있습니다. 단축키는 P입니다.

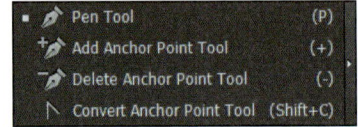

- Add Anchor Point Tool( ) : 기준점이 없는 패스 위를 클릭하여 기준점을 추가할 수 있는 툴입니다.
- Delete Anchor Point Tool( ) : 기준점 위를 클릭하여 해당 기준점을 삭제할 수 있는 툴입니다.
- Convert Anchor Point Tool( ) : 기준점 위를 클릭하여 해당 패스를 직선이나 곡선으로 바꿀 수 있는 툴입니다.

❻ **Type Tool(** **)** : 문자를 입력하는 툴입니다. 단축키는 T입니다.

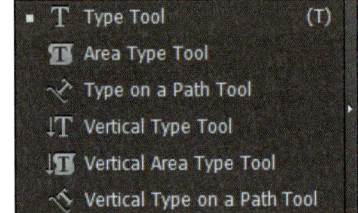

- Area Type Tool( ) : 선택한 패스 영역 안에 문자를 입력하는 툴입니다.
- Type on a Path Tool( ) : 패스를 따라 문자를 입력하는 툴입니다.
- Vertical Type Tool( ) : 문자를 세로로 입력하는 툴입니다.
- Vertical Area Type Tool( ) : 선택한 패스 영역 안에 문자를 세로로 입력하는 툴입니다.
- Vertical Type on a Path Tool( ) : 패스를 따라 문자를 세로로 입력하는 툴입니다.

❼ **Line Segment Tool(** **)** : 선을 그리는 툴입니다. 단축키는 \입니다.

- Arc Tool( ) : 곡선을 그리는 툴입니다.
- Spiral Tool( ) : 나선을 그리는 툴입니다.
- Rectangular Grid Tool( ) : 격자를 그리는 툴입니다.
- Polar Grid Tool( ) : 원형 격자를 그리는 툴입니다.

❽ **Rectangle Tool(** **)** : 사각형을 그리는 툴입니다. 단축키는 M입니다.

- Rounded Rectangle Tool( ): 모서리가 둥근 사각형을 그리는 툴입니다.
- Ellipse Tool( ) : 원형을 그리는 툴입니다. 단축키는 L입니다.
- Polygon Tool( ) : 다각형을 그리는 툴입니다.
- Star Tool( ) : 별 모양을 그리는 툴입니다.
- Flare Tool( ) : 광원 효과를 나타내는 툴입니다.

❾ **Paintbrush Tool(** **)** : 붓 터치 느낌으로 패스를 그릴 수 있는 툴입니다. 단축키는 B입니다.

❿ **Pencil Tool()** : 연필로 그리듯 자유롭게 패스를 그릴 수 있는 툴입니다. 단축키는 N입니다.

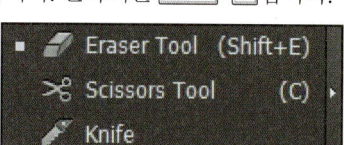

- Smooth Tool() : 패스를 부드럽게 만드는 툴입니다.
- Path Eraser Tool() : 패스를 삭제할 때 사용하는 툴입니다. 닫힌 패스에 사용할 경우 열린 패스가 됩니다.

⓫ **Blob Brush Tool()** : 붓 터치 느낌으로 드로잉할 수 있는 툴입니다. 단축키는 Shift + B 입니다.

⓬ **Eraser Tool()** : 드래그하여 오브젝트를 지울 수 있는 툴입니다. 단축키는 Shift + E 입니다.

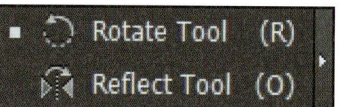

- Scissors Tool() : 선 위를 클릭하여 원하는 부분을 오려 낼 수 있는 툴입니다. 단축키는 C입니다.
- Knife() : 드래그하여 오브젝트를 잘라 낼 수 있습니다.

⓭ **Rotate Tool()** : 오브젝트를 회전하는 툴입니다. 단축키는 R입니다.

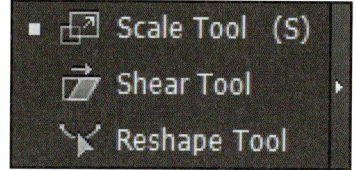

- Reflect Tool() : 오브젝트를 반전하는 툴입니다. 단축키는 O입니다.

⓮ **Scale Tool()** : 오브젝트의 크기를 변경할 수 있는 툴입니다. 단축키는 S입니다.

- Shear Tool() : 오브젝트의 기울기를 변경할 수 있는 툴입니다.
- Reshape Tool() : 기준점을 기준으로 모양을 유지하며 형태를 변경할 수 있는 툴입니다.

⓯ **Width Tool()** : 선의 굵기를 변경할 수 있는 툴입니다. 단축키는 Shift + W 입니다.

- Warp Tool() : 오브젝트를 휘거나 늘이는 툴입니다. 단축키는 Shift + R 입니다.
- Twirl Tool() : 오브젝트를 회오리 모양으로 변형할 수 있는 툴입니다.
- Pucker Tool() : 마우스 포인터를 중심으로 오브젝트를 모이게 만드는 툴입니다.
- Bloat Tool() : 오브젝트를 팽창시키는 툴입니다.
- Scallop Tool() : 오브젝트를 조개껍질 형태로 변형하는 툴입니다.
- Crystallize Tool() : 오브젝트를 결정체 형태로 변형하는 툴입니다.
- Wrinkle Tool() : 오브젝트를 불규칙적인 주름 형태로 변형하는 툴입니다.

⓰ **Free Transform Tool()** : 오브젝트의 크기와 각도를 자유롭게 변형할 수 있는 툴입니다. 단축키는 E입니다.

⓱ **Shape Builder Tool()** : 겹쳐 있는 패스를 합치거나 분리할 수 있는 툴입니다. 단축키는 Shift + M 입니다.

- Live Paint Bucket( ) : [Live Trace] 기능을 이용한 오브젝트에 지정한 색이나 속성을 적용하는 툴입니다. 단축키는 K 입니다.
- Live Paint Selection Tool( ) : [Live Paint Bucket]( )으로 색을 적용한 오브젝트만 선택하는 툴입니다. 단축키는 Shift + L 입니다.

❶⓼ **Perspective Grid Tool**( ) : 투시도를 쉽게 그릴 수 있도록 그리드를 표시하는 툴입니다. 단축키는 Shift + P 입니다.

- Perspective Selection Tool( ) : [Perspective Grid Tool]( )로 그린 오브젝트를 선택하는 툴입니다. 단축키는 Shift + V 입니다.

❶⓽ **Mesh Tool**( ) : 기준점을 선택하여 색에 변화를 줄 수 있으며, 색의 변화 형태 또한 조절할 수 있는 툴입니다. 단축키는 U 입니다.

❷⓪ **Gradient Tool**( ) : 자연스러운 그레이디언트 효과를 나타내는 툴입니다. 단축키는 G 입니다.

❷① **Eyedropper Tool**( ) : 선택한 오브젝트에 특정 오브젝트의 속성을 그대로 적용하는 툴입니다. 단축키는 I 입니다.

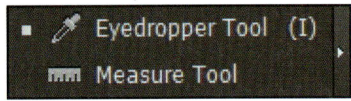

- Measure Tool( ) : 선택한 특정 부분의 좌표, 길이, 각도 등을 알려주는 툴입니다.

❷② **Blend Tool**( ) : 두 오브젝트를 자연스럽게 연결하는 툴입니다. 단축키는 W 입니다.

❷③ **Symbol Sprayer Tool**( ) : 선택한 심벌을 사용할 수 있는 툴입니다. 단축키는 Shift + S 입니다.
- Symbol Shifter Tool( ) : 심벌의 위치를 변경하는 툴입니다.
- Symbol Scruncher Tool( ) : 심벌이 마우스 포인터를 중심으로 모이게 하는 툴입니다.
- Symbol Sizer Tool( ) : 심벌의 크기를 변경하는 툴입니다.
- Symbol Spinner Tool( ) : 심벌을 회전하는 툴입니다.
- Symbol Stainer Tool( ) : 심벌의 색을 변경하는 툴입니다.
- Symbol Screener Tool( ) : 심벌을 투명하게 만드는 툴입니다.
- Symbol Styler Tool( ) : 심벌에 그래픽 스타일을 적용하는 툴입니다.

❷④ **Column Graph Tool**( ) : 수치를 입력하여 세로 막대 형태의 그래프를 그리는 툴입니다. 단축키는 J 입니다.

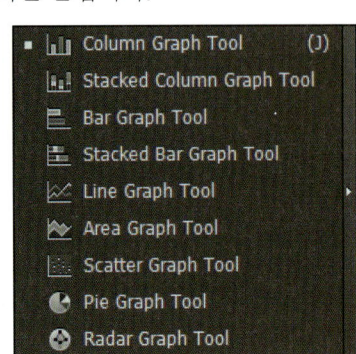

- Stacked Column Graph Tool( ) : 누적 세로 막대 형태의 그래프를 그리는 툴입니다.
- Bar Graph Tool( ) : 가로 막대 형태의 그래프를 그리는 툴입니다.
- Stacked Bar Graph Tool( ) : 누적 가로 막대 형태의 그래프를 그리는 툴입니다.

- Line Graph Tool( ) : 선 그래프를 그리는 툴입니다.
- Area Graph Tool( ) : 영역 그래프를 그리는 툴입니다.
- Scatter Graph Tool( ) : 분산 그래프를 그리는 툴입니다.
- Pie Graph Tool( ) : 원형 그래프를 그리는 툴입니다.
- Radar Graph Tool( ) : 레이더 그래프를 그리는 툴입니다.

㉕ **Artboard Tool( )** : 아트보드의 크기를 조절하거나 이동 및 추가, 삭제할 수 있는 툴입니다. 단축키는 Shift + O 입니다.

㉖ **Slice Tool( )** : 이미지를 자르면 자동으로 분할되며, 일러스트레이터 파일을 웹 이미지로 만들 때 사용하는 툴입니다. 단축키는 Shift + K 입니다.

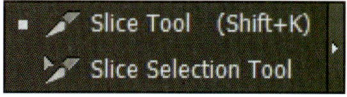

- Silce Selection Tool( ) : [Slice Tool]( )로 자른 이미지를 선택하는 툴입니다.

㉗ **Hand Tool( )** : 아트보드 화면을 이동하는 툴입니다. 단축키는 H 입니다.

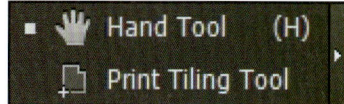

- Print Tilling Tool( ) : 프린트 영역을 이동하는 툴입니다.

㉘ **Zoom Tool( )** : 화면을 확대하거나 축소합니다. 단축키는 Z 입니다.

㉙ **색상 설정( )**
- 칠(Fill) : 클릭하면 칠이 활성화되며, 더블클릭하여 오브젝트의 칠 색을 설정할 수 있습니다.
- 선(Stroke) : 클릭하면 선이 활성화되며, 더블클릭하여 오브젝트의 선 색을 설정할 수 있습니다.
- Swap Fill and Stroke( ) : 칠과 선의 속성을 바꿉니다. 단축키는 Shift + X 입니다.

    MEMO ● 칠과 선의 활성화 상태를 바꾸는 단축키는 X 입니다.

- Default Fill and Stroke( ) : 칠과 선의 색상을 기본 상태로 돌립니다. 단축키는 Shift + D 입니다.

㉚ **색상 설정( )**
- Color : 칠이나 선을 단색으로 설정합니다.
- Gradient : 칠이나 선에 그레이디언트 효과를 적용합니다.
- None : 칠이나 선에 색을 적용하지 않고 투명한 상태로 만듭니다.

㉛ **그리기 모드( )**
- Draw Normal : 나중에 그린 오브젝트가 먼저 그린 오브젝트보다 앞에 위치합니다.
- Draw Behind : 나중에 그린 오브젝트가 먼저 그린 오브젝트보다 뒤에 위치합니다.
- Draw Inside : 선택한 오브젝트 안에서만 작업이 가능하도록 설정합니다. 단축키 Shift + D 를 눌러 모드를 변경할 수 있습니다.

㉜ **Change Screen Mode( )** : 화면 모드를 변경합니다. Esc 를 누르면 본래 상태로 돌아오며, 단축키는 F 입니다.

● **일러스트레이터 CS6의 패널과 그 기능 살펴보기**

① **Actions 패널** : 기록한 작업 내역을 클릭 한 번으로 적용할 수 있습니다. 반복 작업을 줄여 작업 시간을 단축할 수 있습니다.

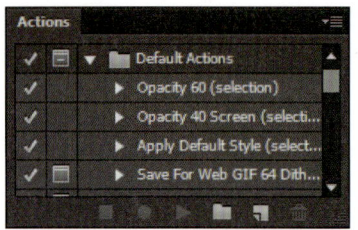

② **Align 패널** : 선택한 오브젝트들을 기준에 맞춰 정렬하거나 배열합니다(Shift+F7).

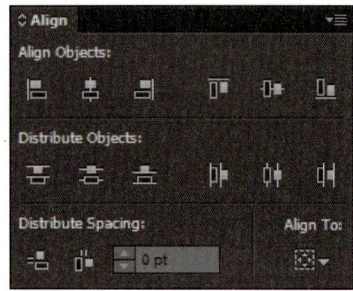

③ **Appearance 패널** : 오브젝트에 적용되어 있는 칠, 선, 효과 등을 모두 확인하거나 변경 및 제거합니다(Shift+F6).

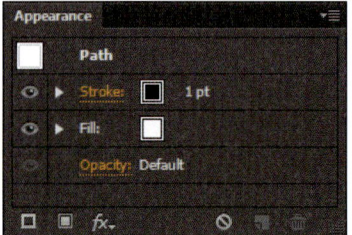

④ **Artboards 패널** : 새로운 아트보드를 만들거나 만들어진 아트보드들을 관리합니다.

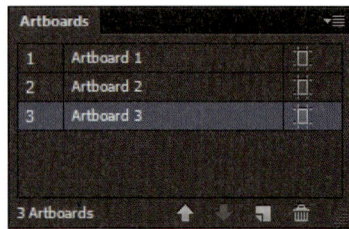

⑤ **Attributes 패널** : 오버프린트를 설정하거나 이미지 맵을 만듭니다(Ctrl+F11).

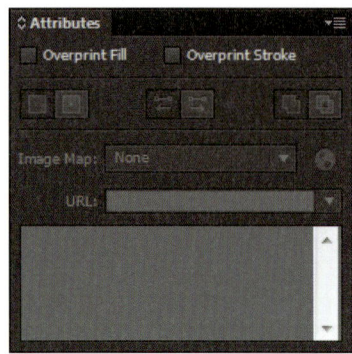

⑥ **Brushes 패널** : 패스에 적용할 수 있는 다양한 스타일의 붓 효과를 적용합니다(F5).

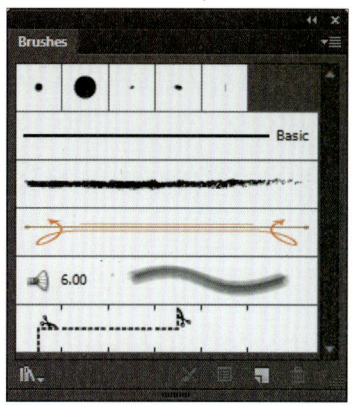

⑦ **Color 패널** : 오브젝트의 칠, 선 색상을 설정합니다. 스펙트럼에서 색상을 선택하거나 입력 상자에 색상 정보를 입력하면 됩니다(F6).

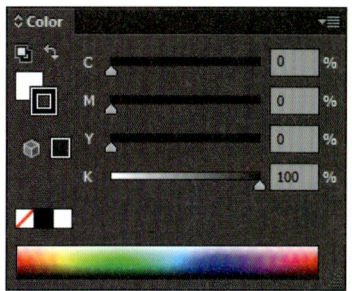

⑧ **Color Guide 패널** : 색상 선택을 도와주는 패널입니다 (Shift + F3).

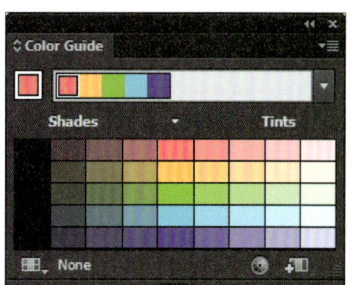

⑨ **Document Info 패널** : 작업 중인 파일(도큐먼트)의 설정값과 정보를 보여줍니다.

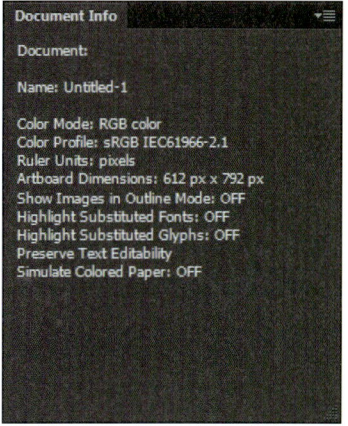

⑩ **Flattener Preview 패널** : 아트보드의 오브젝트에 적용된 투명도를 출력하거나 인쇄할 때 사용합니다.

⑪ **Gradient 패널** : 오브젝트에 그레이디언트를 적용합니다 (Ctrl+F9).

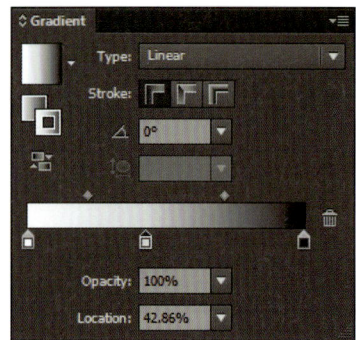

⑫ **Graphic Styles 패널** : 오브젝트에 다양한 그래픽 스타일을 적용합니다. 쉽게 효과를 낼 수 있어 편리합니다 (Shift+F5).

⑬ **Image Trace 패널** : 비트맵 이미지를 벡터화합니다.

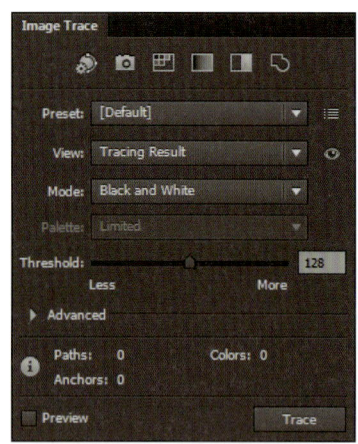

⑭ **Info 패널** : 마우스가 위치한 곳의 좌표와 색상 정보, 혹은 선택한 오브젝트의 정보를 보여줍니다(Ctrl+F8).

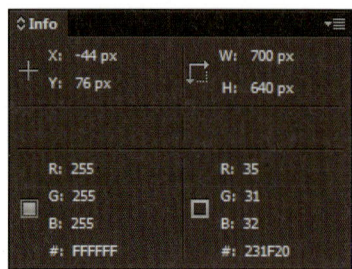

⑮ **Layers 패널** : 레이어를 만들고 삭제하거나 순서를 변경하는 등 레이어를 관리하는 패널입니다(F7).

⑯ **Links 패널** : [File]-[Place] 메뉴로 불러온 외부 이미지를 관리합니다.

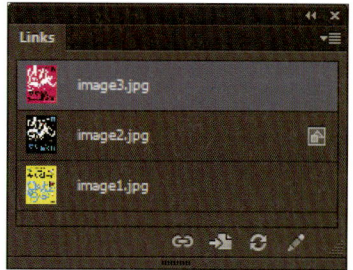

⑰ **Magic Wand 패널** : [Magic Wand Tool](✦)과 함께 사용하여 속성이 비슷한 오브젝트들을 쉽게 선택할 수 있습니다.

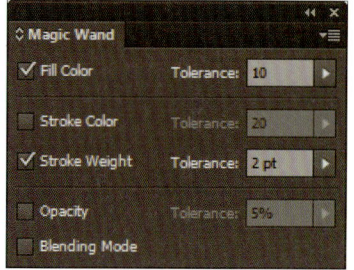

⑱ **Navigator 패널** : 화면을 확대하거나 축소하여 볼 수 있으며, 화면보다 큰 이미지를 보고 있을 경우 이미지를 쉽게 탐색할 수 있습니다.

⑲ **Pathfinder 패널** : 겹쳐 있는 오브젝트들을 합치거나 자르거나 나눕니다(Shift + Ctrl + F9).

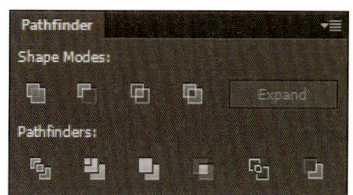

⑳ **Pattern Options 패널** : 새로운 패턴을 만들거나 패턴의 모양을 수정하는 패널입니다.

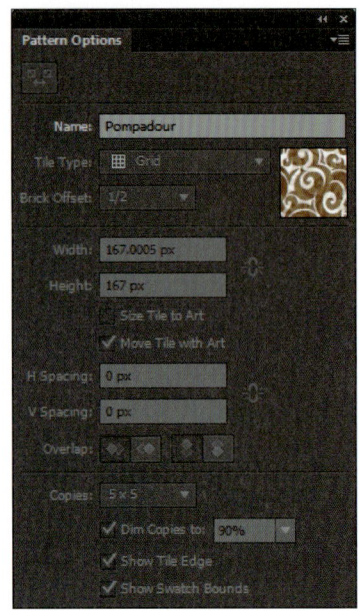

㉑ **Separations Preview 패널** : 출력 시 분판이 어떻게 나타나는지 확인할 수 있습니다.

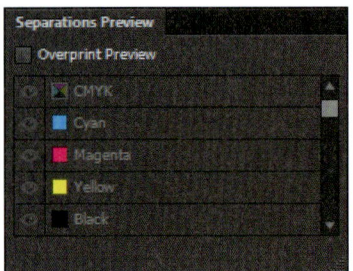

㉒ **Stroke 패널** : 오브젝트에 적용된 선의 굵기와 모양(프로파일)을 설정합니다. 또한 점선을 만들거나 화살표 모양을 넣을 수도 있습니다(Ctrl+F10).

㉓ **SVG Interactivity 패널** : 자바스크립트와 연동할 때 사용합니다.

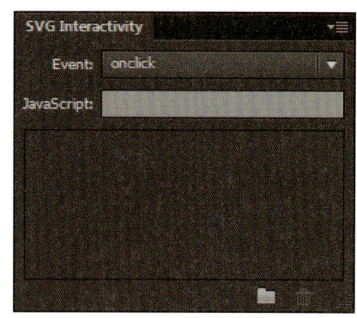

㉔ **Swatches 패널** : 자주 사용하는 색상을 등록하거나 색상 견본 모음을 불러와 컬러 선택에 도움을 줍니다.

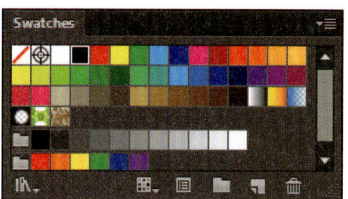

㉕ **Symbols 패널** : 일러스트레이터에서 제공하는 벡터 이미지입니다. 직접 만든 오브젝트를 등록하여 사용할 수도 있습니다(Shift+Ctrl+F11).

㉖ **Transform 패널** : 정확한 수치를 입력하여 오브젝트를 변형합니다. 좌표 값을 통해 위치를 이동하거나 크기를 조절하고, 회전하거나 비틀 수 있습니다(Shift+F8).

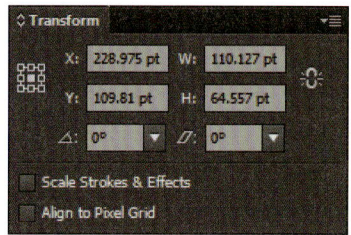

㉗ **Transparency 패널** : 오브젝트에 투명도와 블렌드 모드를 적용할 수 있으며 클리핑 마스크를 만듭니다(Shift+Ctrl+F10).

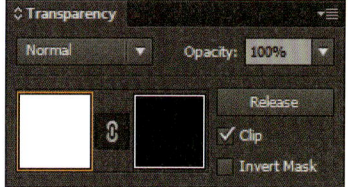

㉘ **Variables 패널** : 반복 작업 시 사용하는 템플릿 기능을 지원합니다.

㉙ **Character 패널** : 글자체와 글자 크기, 자간, 행간 등을 설정합니다(Ctrl+T).

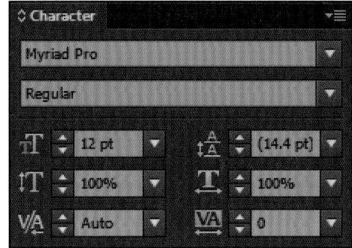

㉚ **Character Styles 패널** : 글자 속성을 스타일로 저장하여 다른 글자에 바로 적용할 수 있게 도와줍니다.

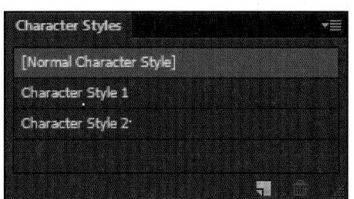

㉛ **Glyphs 패널** : 선택한 글자체에서 사용 가능한 모든 문자를 찾아서 입력할 수 있습니다.

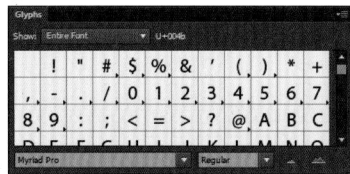

㉜ **OpenType 패널** : 오픈타입 서체를 활용하여 입력한 글자에 특수 효과를 줄 수 있습니다(Alt+Shift+Ctrl+T).

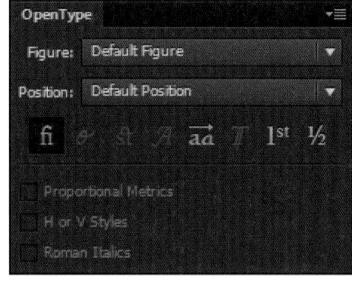

㉝ **Paragraph 패널** : 입력한 글자의 정렬, 들여쓰기, 단락 간격 등을 설정할 수 있습니다.(Alt + Ctrl + T).

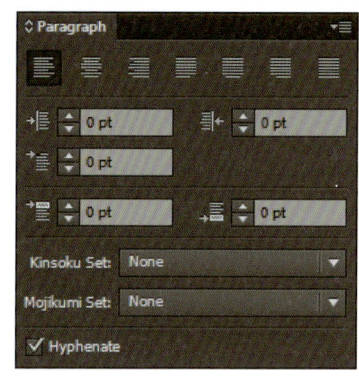

㉞ **Paragraph Styles 패널** : 단락 속성을 스타일로 저장하여 다른 곳에 적용할 수 있게 도와줍니다.

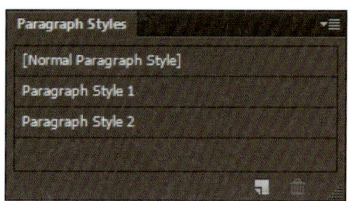

㉟ **Tabs 패널** : 문단 간격 조절, 글머리, 마침표 등 탭 지시선 모양을 지정합니다.(Shift + Ctrl + T).

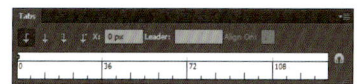

사용자의 편의에 맞게 작업 환경 설정하기

일러스트레이터의 각 패널은 이동과 재배치가 가능하고 자주 사용하는 주요 기능을 모아 정리할 수 있습니다. 또한 특성에 맞게 레이아웃을 선택할 수도 있습니다. 사용자의 편의에 맞게 작업 환경을 설정하는 방법에 대해 배우겠습니다.

01 패널 실행

❶ 오른쪽 패널 모음에서 [Swatches] 패널의 아이콘(▦)을 클릭합니다. [Swatches] 패널이 펼쳐집니다. 패널이 그룹으로 묶여 있어 [Swatches] 패널의 탭 오른쪽으로 [Brushes] 패널과 [Symbols] 패널의 탭이 함께 나타납니다. 클릭하면 해당 패널이 펼쳐집니다.

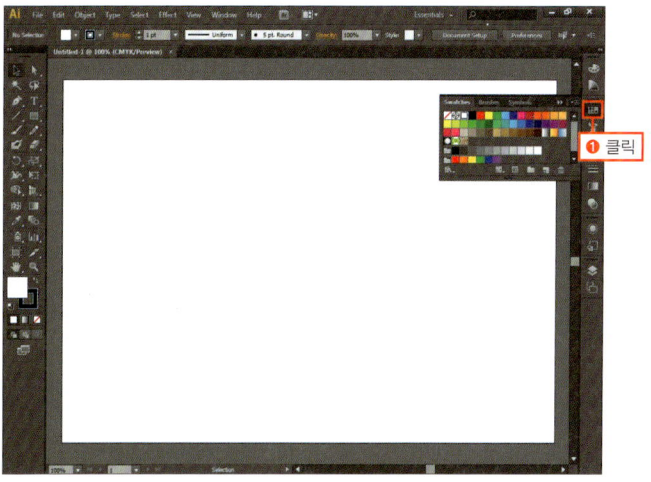

02 패널 실행

오른쪽 패널 모음에 없는 패널을 불러오겠습니다. ❶ [Window]-[Actions] 메뉴를 클릭합니다. [Actions] 패널이 나타납니다. ❷ 패널의 제목 표시줄을 클릭한 채 오른쪽 패널 모음의 아래쪽으로 드래그합니다.

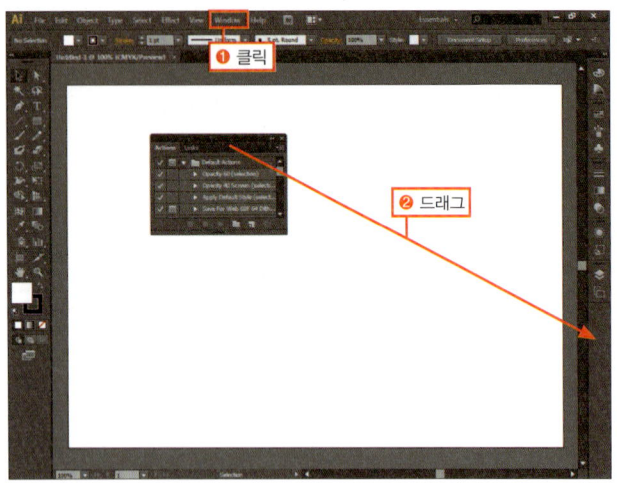

03 패널 고정

파란색 선이 나타나면 마우스 버튼에서 손을 뗍니다. [Actions] 패널이 오른쪽 패널 모음의 아래쪽에 고정되었습니다.

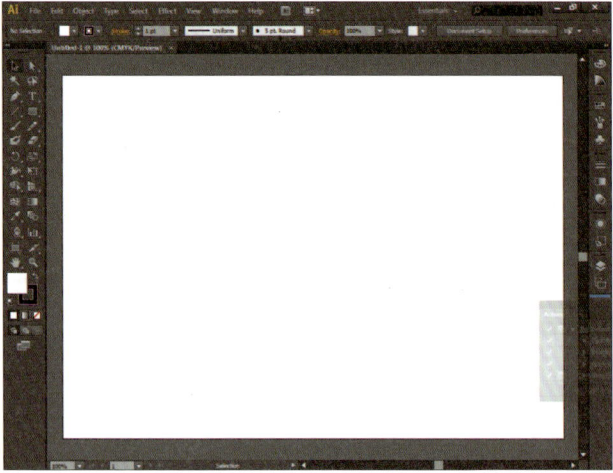

04 패널 실행

❶ 패널의 아이콘을 클릭하면 패널이 펼쳐지고 아이콘을 다시 클릭하면 패널이 접힙니다.

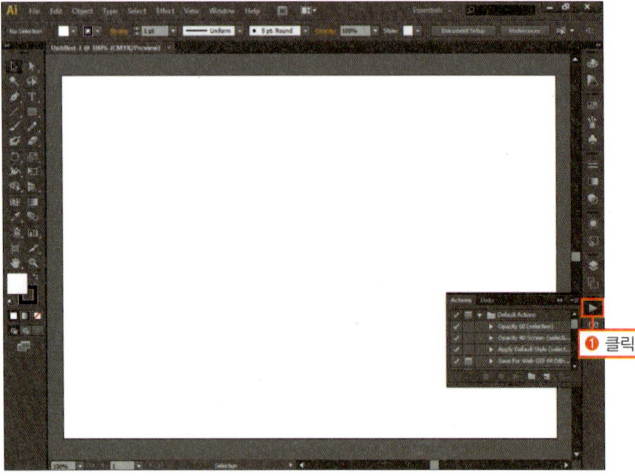

05 패널 분리

❶ [Actions] 패널의 탭을 클릭한 채 도큐먼트로 드래그합니다. 마우스 버튼에서 손을 떼면 해당 패널이 분리됩니다.

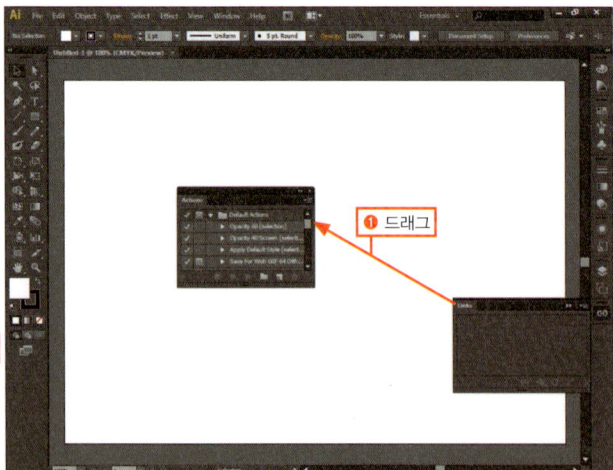

MEMO ● 그룹으로 묶여 있는 패널들을 모두 분리하려면 패널의 제목 표시줄을 클릭한 후 드래그합니다.

06 패널 그룹 생성

[Links] 패널과 [Actions] 패널을 다시 그룹으로 만들겠습니다. ❶[Actions] 패널의 탭이나 제목 표시줄을 클릭한 채 [Links] 패널로 드래그합니다. 파란색 상자가 나타나면 마우스 버튼에서 손을 뗍니다.

07 만들어진 패널 그룹 확인

[Links] 패널과 [Actions] 패널이 그룹으로 묶여졌습니다.

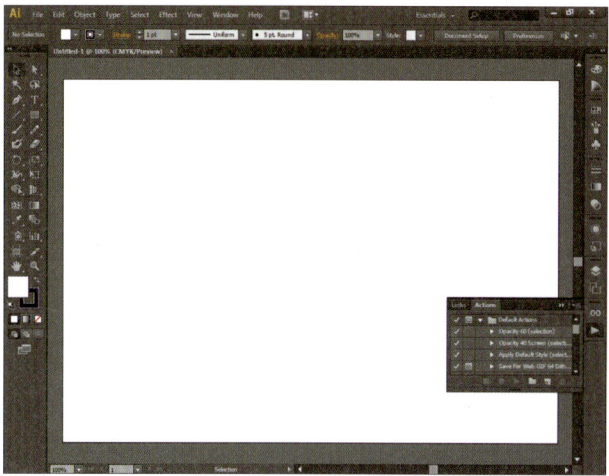

08 패널 불러온 후 축소

❶[Window]-[Transform] 메뉴를 클릭하여 [Transform] 패널을, [Window]-[Type]-[Glyphs] 메뉴를 클릭하여 [Glyphs] 패널을 불러옵니다. ❷[Transform] 패널의 ◀◀를 클릭합니다. ❸[Glyphs] 패널의 탭을 더블클릭합니다.

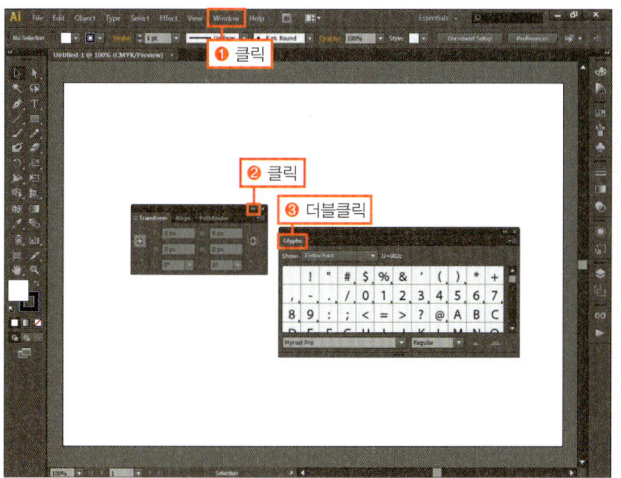

09 축소된 패널 확인

[Transform] 패널이 아이콘 모양으로 축소되고, [Glyphs] 패널은 제목 표시줄과 탭 표시줄만 나타납니다. 다시 패널을 확장하려면 ❶[Transform] 패널의 ▶▶와 ❷[Glyphs] 패널의 탭을 클릭합니다.

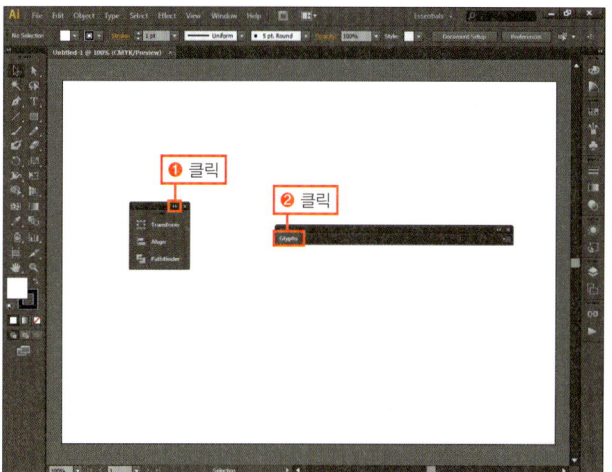

MEMO ● 아이콘이 있는 패널의 경우 를 클릭할 때마다 혹은 탭을 클릭할 때마다 패널이 2단계까지 확장되거나 축소됩니다.

TIP 패널의 기본 구성 살펴보기

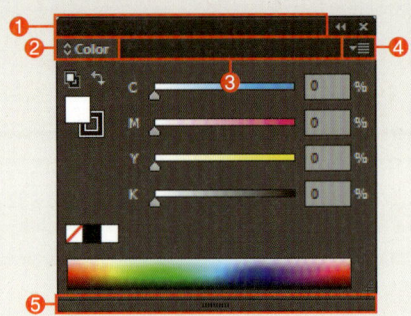

❶ **제목 표시줄** : 클릭한 채 드래그하면 패널 그룹을 이동할 수 있으며, 더블클릭하면 아이콘으로 축소됩니다.
❷ **탭** : 패널명을 표시합니다. 클릭한 채 드래그하면 해당 패널만 이동하거나 분리할 수 있습니다.
❸ **탭 표시줄** : 클릭한 채 드래그하면 패널 그룹을 한꺼번에 이동하거나 분리할 수 있습니다.
❹ **목록 단추** : 클릭하면 해당 패널에서 사용할 수 있는 부가 메뉴가 나타납니다.
❺ **크기 조절** : 클릭한 채 드래그하여 패널의 크기를 조절할 수 있습니다.

간단실습 | 작업 환경 저장하기

앞서 배운 방법으로 새로운 작업 환경을 구성한 뒤 저장하면 다른 작업 환경을 사용하다가도 본인이 저장한 작업 환경을 불러와 사용할 수 있습니다. 작업 환경을 저장하고 불러오는 방법에 대해 배워보겠습니다.

01 [Pen Tool] 그룹 배치

❶[Tool] 패널에서 [Pen Tool]()을 길게 클릭합니다. 숨은 툴 목록이 나타나면 ❷오른쪽의 화살표 버튼을 클릭하여 툴 목록을 아이콘으로 불러옵니다. ❸상단의 탭을 클릭한 채 드래그하여 적당한 위치로 이동합니다.

02 [Stroke] 패널 이동

❶우측 패널에서 [Stroke] 패널의 아이콘을 클릭합니다.
❷[Stroke] 패널의 탭을 클릭한 채 드래그하여 분리합니다. 원하는 위치로 이동합니다.

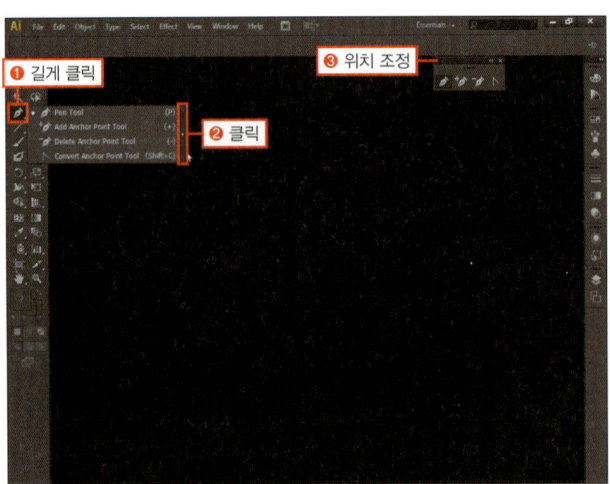
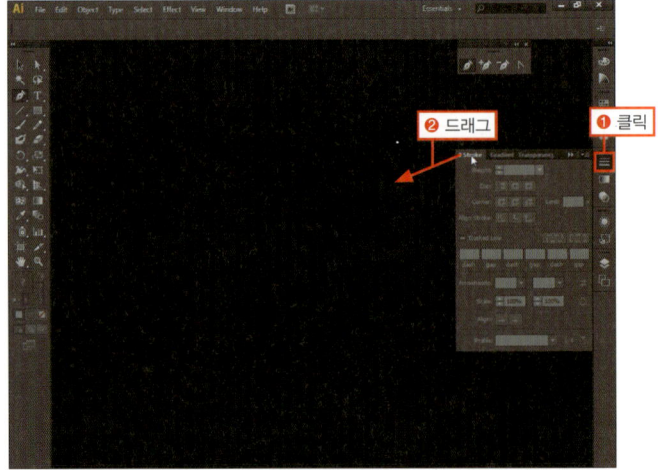

03 작업 환경 저장

❶ 오른쪽 상단의 작업 환경 설정 메뉴를 클릭합니다.
❷ [New Workspace]를 클릭합니다.

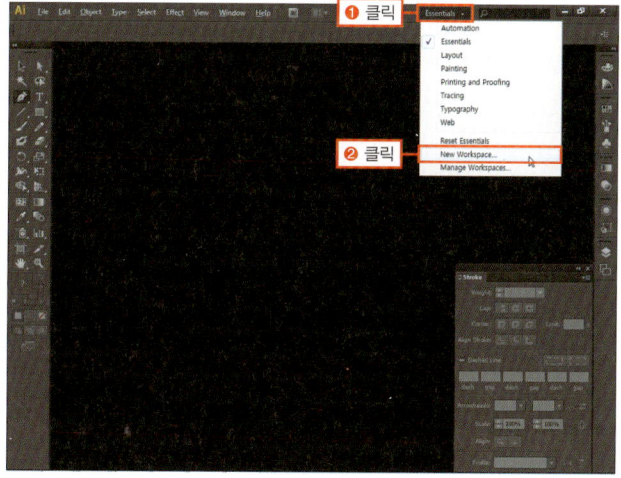

MEMO ● [Window]-[Workspace]-[New Workspace] 메뉴를 선택해도 됩니다.

04 이름 설정

❶ [Name]에 'Work'를 입력하고 ❷ [OK]를 클릭합니다. 작업 환경 설정 메뉴에 [Work]가 등록됩니다.

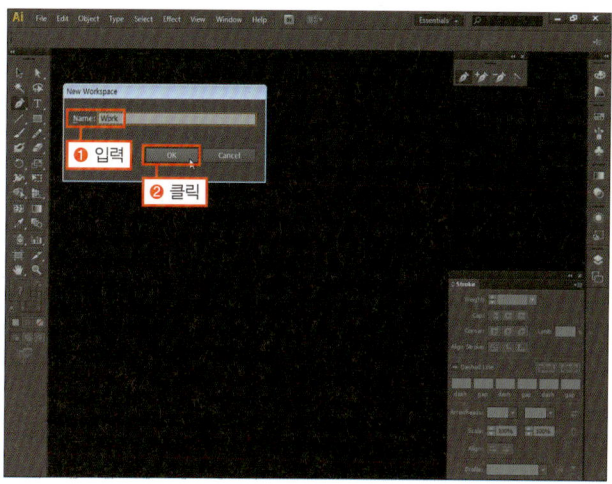

05 [Align] 패널 실행

❶ [Window]-[Align] 메뉴를 클릭하여 패널을 불러옵니다. ❷ 적당한 위치로 이동합니다.

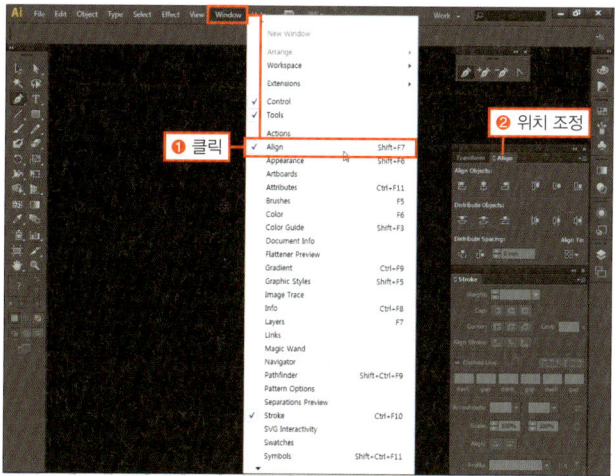

06 작업 환경 초기화

현재 등록한 [Work] 작업 환경에 [Align] 패널이 추가되었습니다. 초기의 [Work] 작업 환경 상태로 되돌리겠습니다. ❶ 오른쪽 상단의 작업 환경 설정 메뉴를 클릭합니다. ❷ [Reset Work]를 클릭합니다. 초기의 [Work] 작업 환경으로 돌아갑니다.

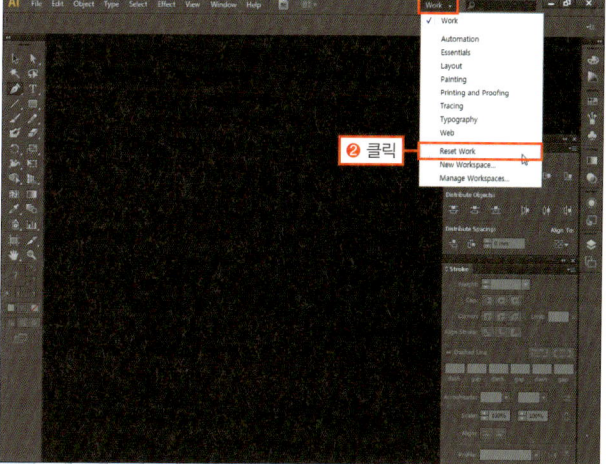

07 작업 환경 설정

❶ 오른쪽 상단의 작업 환경 설정 메뉴를 클릭합니다.
❷ [Manage Workspaces]를 클릭합니다.

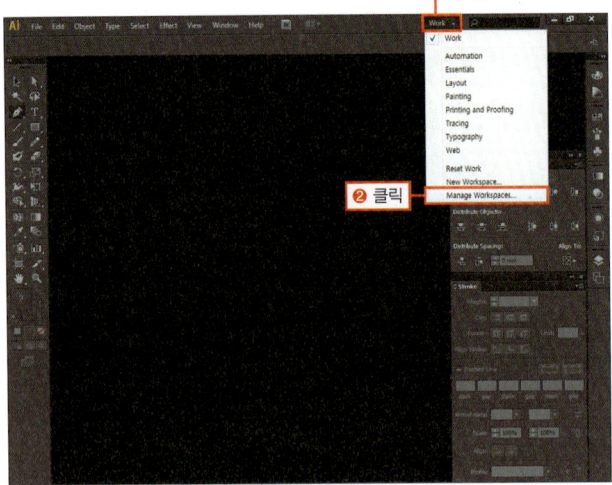

08 이름 수정

❶ 'Work'를 선택하고 ❷ 하단 박스에 'Work_1'을 입력합니다. ❸ [OK]를 클릭합니다.

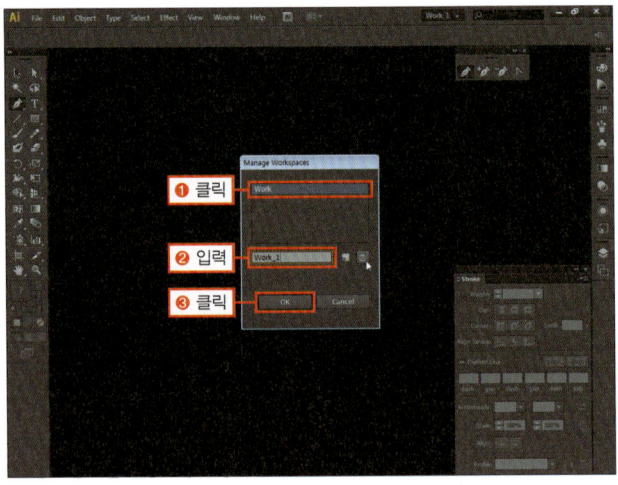

MEMO ● 작업 환경을 삭제하려면 [Manage Workspaces] 대화상자에서 작업 환경의 이름을 클릭한 후 [Delete Workspace](🗑)를 클릭하면 됩니다.

TIP 일러스트레이터 CS6의 신기능 살펴보기

일러스트레이터는 새로운 버전이 나올 때마다 신기능이 추가되거나 기존 기능이 더욱 편리하게 바뀌고 있습니다. 이번 CS6 버전은 패턴 제작 기능이 강화되었으며 선에 그레이디언트를 적용할 수 있는 등 사용자 편의에 맞춰 변화되었습니다. 일러스트레이터 CS6 버전의 새로운 기능에 대해 알아보겠습니다.

■ **Adobe Mercury Performance System**

Mac OS와 Windows의 64비트를 지원합니다. 이로 인해 대용량 파일을 손쉽게 열고 저장할 수 있으며 더욱 신속해졌습니다. 또한 복잡한 디자인도 미리보기가 가능합니다.

■ **새로운 인터페이스**

더욱 간편하고 새로워진 인터페이스로 효율적인 작업이 가능해졌습니다. 대화상자를 거치지 않고 패널에서 레이어, 견본, 브러시 등을 편집할 수 있습니다. 또한 정확한 컬러 샘플링 등 다양한 인터페이스를 활용할 수 있습니다.

■ 패턴 제작

타일식 패턴 제작이 쉬워졌습니다. 또한 작업 도중 언제든지 수정 가능하므로 효율적이고 창조적으로 작업할 수 있습니다.

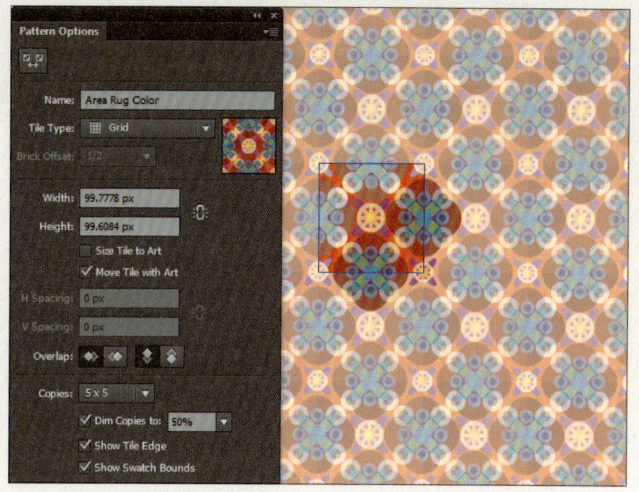

■ 이미지 추적

새로운 이미지 추적 엔진을 사용하여 래스터(비트맵) 이미지를 벡터화할 수 있습니다. 기존 버전보다 정확하고 효과적인 결과물을 얻을 수 있습니다.

■ 선(Stroke)에 그레이디언트 적용

일러스트레이터 CS6 버전부터 선(Stroke)에 그레이디언트를 바로 적용할 수 있게 되었습니다. 또한 그레이디언트의 배치 및 불투명도를 완벽하게 제어할 수 있습니다.

■ 추가된 가우시안 블러 효과

오브젝트에 흐림 효과를 줄 수 있는 가우시안 블러 이펙트가 추가되었습니다. [Effect]-[Blur]-[Gaussian Blur] 메뉴를 클릭하면 실행됩니다. 대화상자가 아닌 아트보드에서 가우시안 효과를 미리 볼 수 있어 더욱 편리합니다.

■ 효과적인 [Color] 패널

[Color] 패널의 확장 가능한 컬러 스펙트럼을 사용하여 컬러를 빠르고 정확하게 샘플링할 수 있습니다. 16진수 값을 복사한 후 다른 애플리케이션에 붙여 사용하면 동일한 컬러로 작업할 수 있습니다.

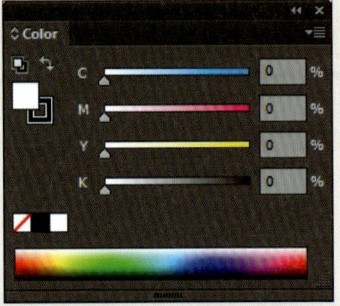

■ 고정 가능한 숨겨진 툴

숨겨진 그룹 툴을 분리하여 툴바에 고정할 수 있습니다. 가로 또는 세로로 고정하여 작업 영역을 효율적으로 사용할 수 있습니다.

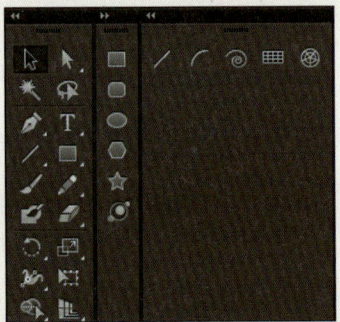

■ 향상된 문자 패널

키보드의 ↑, ↓를 눌러서 텍스트의 폰트를 변경할 수 있습니다. 또한 대문자용 글리프, 위첨자 등을 문자 패널에서 사용할 수 있습니다.

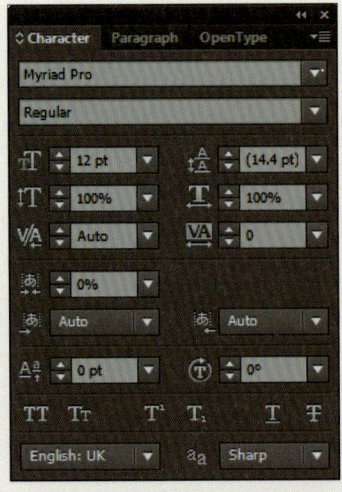

일러스트레이터 파일 만들기, 저장하기, 불러오기

일러스트레이터 작업은 새로운 파일을 만드는 것에서부터 시작됩니다. 일러스트레이터에서 파일을 새로 만들어 저장하고, 저장한 파일을 불러오는 기본 기능에 대해 알아봅니다. 파일 생성 및 저장의 기본적인 방식은 물론 그 외의 다양한 방법도 살펴보겠습니다.

학습 주제
- 일러스트레이터 파일 만들기
- 일러스트레이터 파일 저장하기
- 일러스트레이터 파일 열기

관련 학습
- 아트보드 효율적으로 사용하기 : 65쪽

[New Document] 대화상자 살펴보기

새 파일을 만들 수 있는 [New Document] 대화상자를 살펴보겠습니다.

● [New Document] 대화상자 살펴보기

[File]-[New] 메뉴를 클릭하면 [New Document] 대화상자가 나타납니다. 세부 사항을 설정한 후 [OK]를 클릭하면 새 도큐먼트가 만들어집니다.

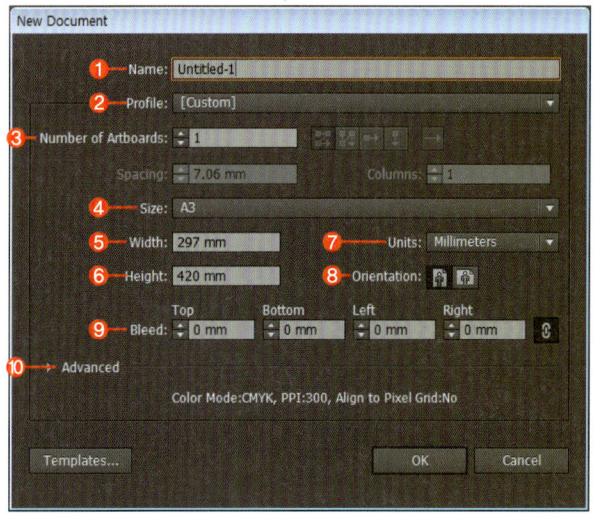

❶ **Name** : 도큐먼트의 이름을 입력합니다.
❷ **Profile** : 저장된 도큐먼트 양식을 불러옵니다.

❸ **Number of Artboards** : 하나의 도큐먼트에 여러 개의 아트보드를 만들어 작업할 수 있습니다. 만들고자 하는 아트보드의 개수를 입력합니다.
-  : 만들려는 여러 아트보드를 설정한 기준에 맞춰 정렬합니다.
- Spacing : 아트보드 간의 간격을 설정합니다.
- Columns : 아트보드를 정렬할 때 가로 행의 개수를 입력합니다.

❹ **Size** : 저장된 사이즈 양식을 불러옵니다. [Profile] 설정에 따라 선택할 수 있는 양식이 달라집니다.

❺ **Width** : 아트보드의 가로 사이즈를 입력합니다.

❻ **Height** : 아트보드의 세로 사이즈를 입력합니다.

❼ **Units** : 사이즈를 설정할 때 사용할 단위를 선택합니다.

❽ **Orientation** : 아트보드의 형태를 세로 혹은 가로로 결정합니다.

❾ **Bleed** : 인쇄 시 사용하는 재단선을 설정합니다.

❿ [Advanced]를 클릭하면 숨겨진 옵션이 나타납니다.
- Color Mode : 색상 모드를 설정합니다. 인쇄용은 CMYK를, 웹용은 RGB를 선택합니다.
- Raster Effects : 해상도를 설정합니다. 인쇄용은 300ppi를, 웹용은 72ppi를 선택합니다.
- Preview Mode : 미리보기 방식을 설정합니다.

일러스트레이터 파일 만들기

일러스트레이터에서 새로운 파일을 만드는 기본적인 방법과 일러스트레이터 CS6에서 제공하는 템플릿 파일을 불러와 새 파일을 만드는 방법에 대해 알아봅니다.

01 파일 이름, 컬러 모드 설정

❶ [File]-[New] 메뉴를 클릭합니다. ❷ [Name]에 '가나다'를 입력하고 ❸ [Profile]은 'Print'로 설정합니다.

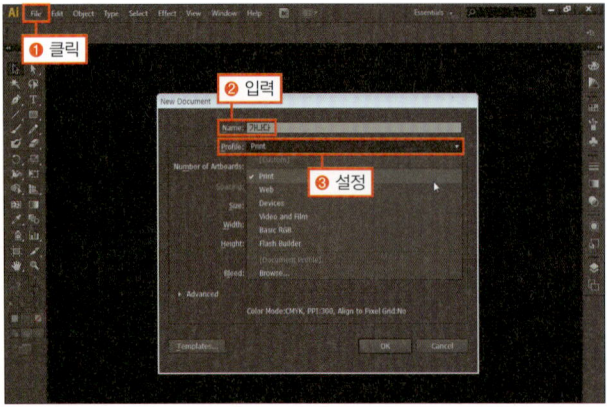

02 파일 크기 설정

❶ [Size]는 'A3', ❷ [Orientation]은 를 클릭하여 세로형으로 설정합니다. ❸ [OK]를 클릭합니다.

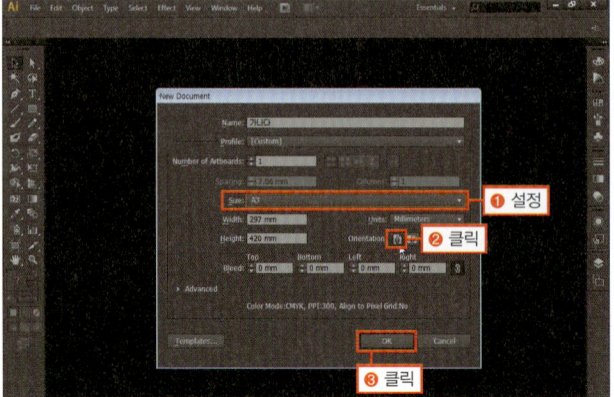

MEMO ● 단축키 Ctrl + N을 눌러도 [New Document] 대화상자를 불러올 수 있습니다.

03 파일 생성

세로형 A3 크기의 인쇄용 '가나다' 파일이 생성되었습니다.

04 템플릿 파일 선택창 실행

이번에는 새로운 템플릿 파일을 만들어보겠습니다. ❶[File]-[New from Template] 메뉴를 클릭합니다. 템플릿 폴더로 경로가 설정되어 있는 [New from Template] 대화상자가 나타납니다. ❷ 'Blank Templates' 폴더를 더블클릭합니다.

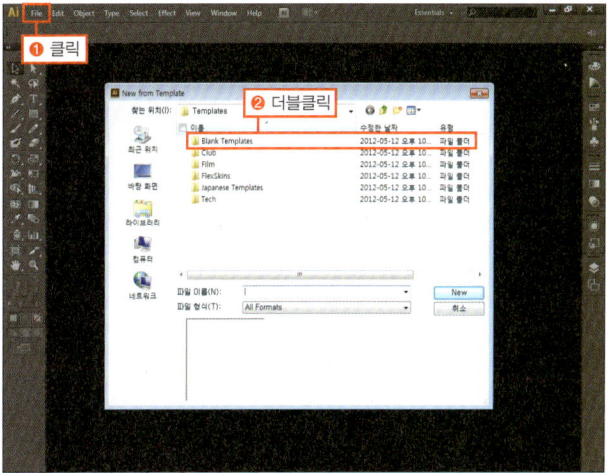

MEMO ● 단축키 Shift + Ctrl + N 을 눌러도 [New from Template] 대화상자를 불러올 수 있습니다.

05 템플릿 선택

❶ 'Tshirt' 템플릿 파일을 선택합니다. ❷ [New]를 클릭합니다.

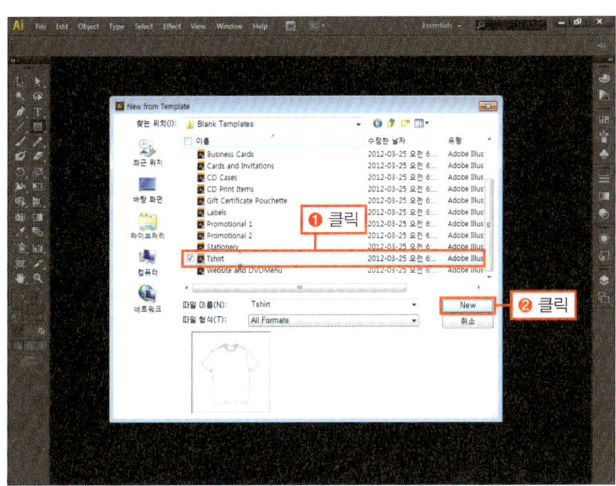

06 템플릿 파일 생성

티셔츠 프린트 작업을 할 수 있는 템플릿 파일이 생성되었습니다. 같은 방법으로 다른 폴더에 있는 CD 케이스, 카드, 포스터 등의 다양한 템플릿을 이용할 수 있습니다.

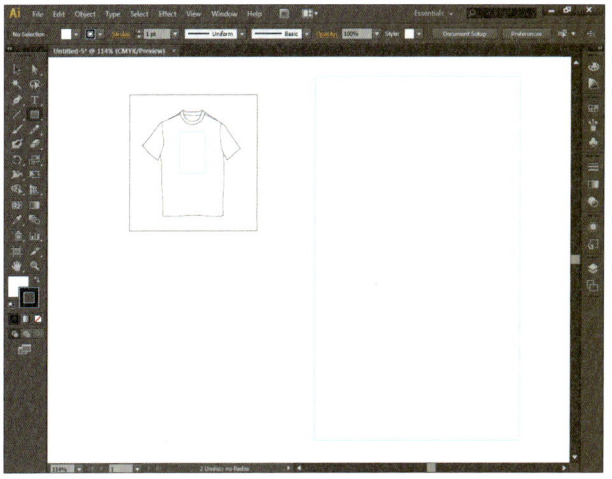

일러스트레이터 파일 저장하기

작업을 마친 후에는 파일을 저장해야 합니다. 파일을 저장하는 여러 가지 방법을 살펴보겠습니다.

01 새 파일 생성

❶ [File]-[New] 메뉴를 클릭합니다. ❷ [OK]를 클릭하여 새로운 파일을 만듭니다.

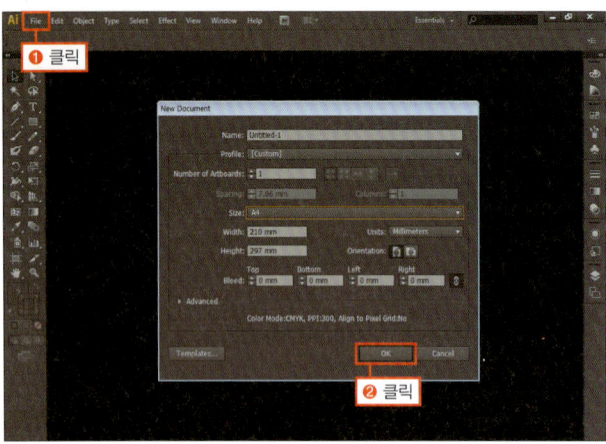

02 파일 저장

❶ [File]-[Save] 메뉴를 클릭합니다. ❷ [Save As] 대화상자가 나타나면 원하는 저장 위치를 설정한 뒤 ❸ [저장]을 클릭합니다.

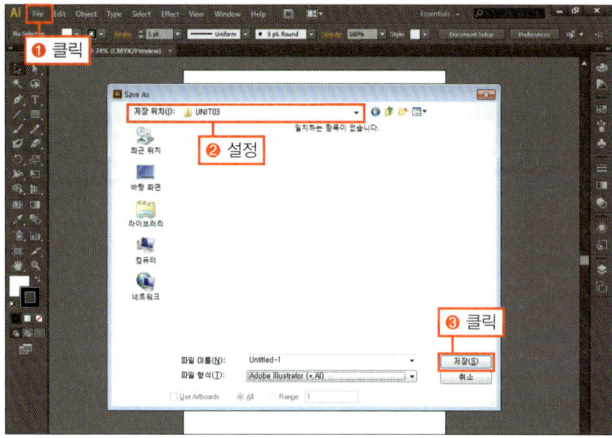

MEMO ● 단축키 Ctrl + S 를 눌러도 [Save As] 대화상자를 불러올 수 있습니다.

03 파일 옵션 선택

[Illustrator Options] 대화상자가 나타납니다. ❶ [OK]를 클릭합니다.

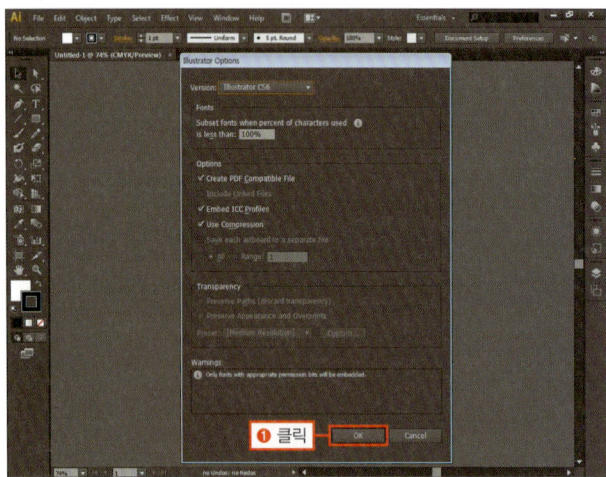

04 저장 완료

저장이 완료되었습니다. 해당 폴더에서 파일을 찾을 수 있습니다.

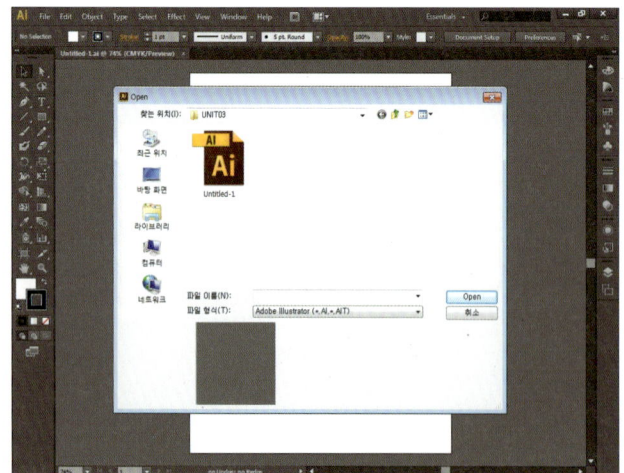

MEMO ● 저장 시 나타나는 [Illustrator Options] 대화상자의 옵션은 고급 기능으로, PDF 작성을 위한 항목과 폰트 사용에 관한 항목 등을 설정할 수 있습니다. 보통 초보자의 경우 [Version]만 설정하여 사용합니다.

MEMO ● [Version]을 'Illustrator CS6'로 설정하여 저장할 경우 하위 버전에서는 파일이 열리지 않습니다. 낮은 버전을 사용하는 상대방에게 파일을 발송할 경우 그에 맞춰 하위 버전으로 저장하여 보내는 것이 좋습니다.

05 다른 이름으로 파일 저장

이번에는 작업 중인 파일을 다른 이름으로 저장해보겠습니다. ❶[File]-[Save As] 메뉴를 클릭합니다. [Save As] 대화상자가 나타납니다.

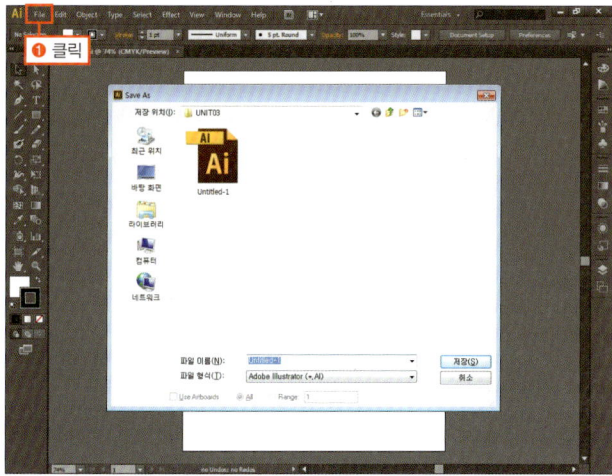

MEMO ● 단축키 Shift + Ctrl + S 를 눌러도 [Save As] 대화상자를 불러올 수 있습니다.

06 파일 이름 변경

한 폴더에는 같은 이름, 같은 형식의 파일을 만들 수 없습니다. ❶[파일 이름]을 변경하고 ❷[저장]을 클릭합니다.

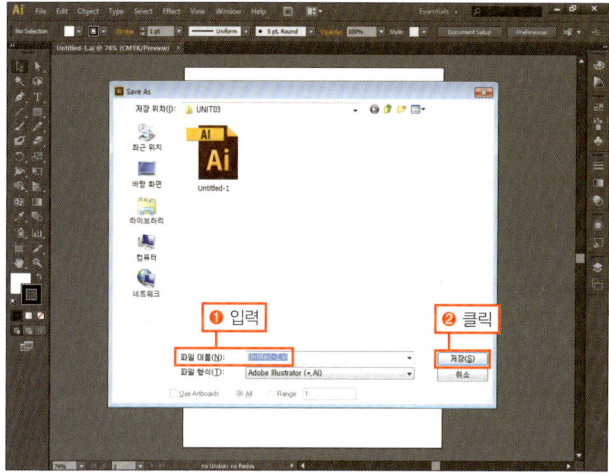

MEMO ● 다른 폴더에 저장할 경우에는 같은 이름으로 저장해도 됩니다.

07 파일 옵션 선택

[Illustrator Options] 대화상자가 나타납니다. ❶[OK]를 클릭합니다.

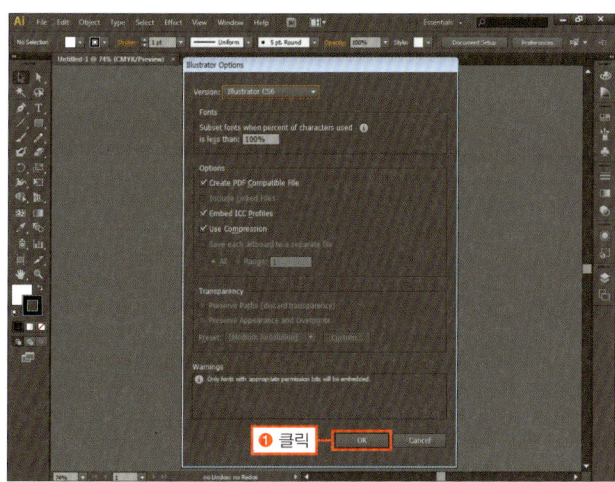

08 다른 이름으로 저장 완료

저장이 완료되었습니다. 해당 폴더에서 파일을 찾을 수 있습니다.

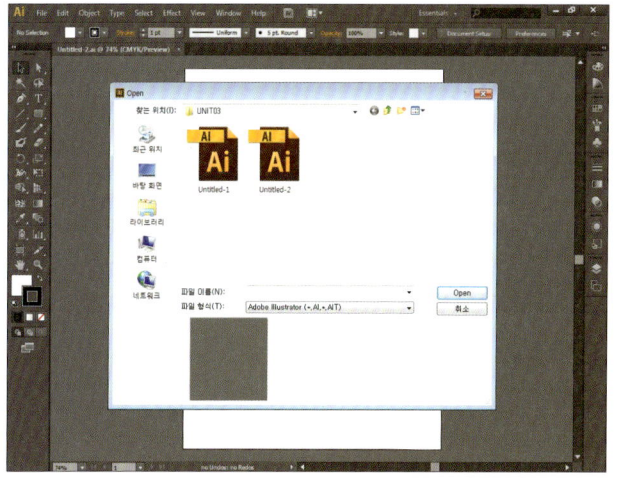

● 완성 파일 : Chapter01\Untitled-1.ai, Untitled-2.ai

TIP 그 외의 저장 방법 살펴보기

[File] 메뉴를 클릭하여 사용할 수 있는 저장 메뉴의 활용 방법을 살펴봅니다.

▲ [File] 메뉴의 저장 관련 하위 메뉴

❶ **Save a Copy** : 원본의 복사본을 저장합니다. 앞서 학습한 저장 방법과 똑같이 사용하면 됩니다.

❷ **Save as Template** : 스타일, 심벌, 레이어 등을 포함한 템플릿 형식으로 저장합니다. 파일 확장자가 '.AI'가 아닌 '.AIT'로 저장됩니다. 역시 저장 방법은 같으나 [Illustrator Options] 대화상자는 나타나지 않습니다.

❸ **Save for Web** : 웹 페이지에 올릴 이미지로 변환하여 저장합니다. JPG, GIF 등의 파일 형식을 제공합니다. [Save for Web] 대화상자에서 [Preset]과 [Image Size]를 설정하여 저장할 수 있습니다.

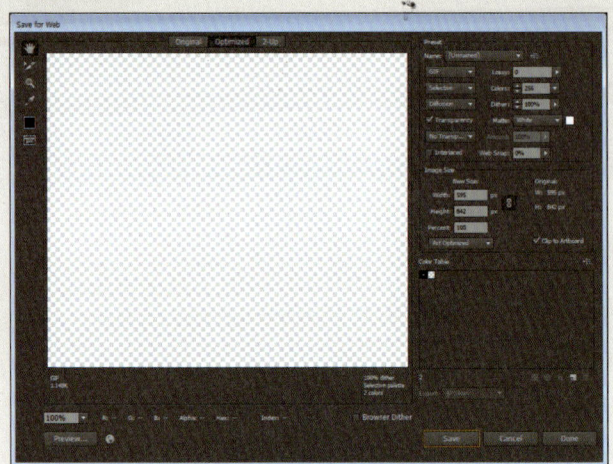

▲ [Save for Web] 대화상자

❹ **Save Selected Slices** : [Slice Tool]( )을 사용하여 분할한 이미지를 저장합니다.

일러스트레이터 파일 불러오기

저장한 일러스트레이터 파일을 불러오는 방법에 대해 배워보겠습니다.

◉ **예제 파일** : Chapter01\Untitled-1.ai

01 파일 열기 실행

❶ [File]-[Open] 메뉴를 클릭합니다.

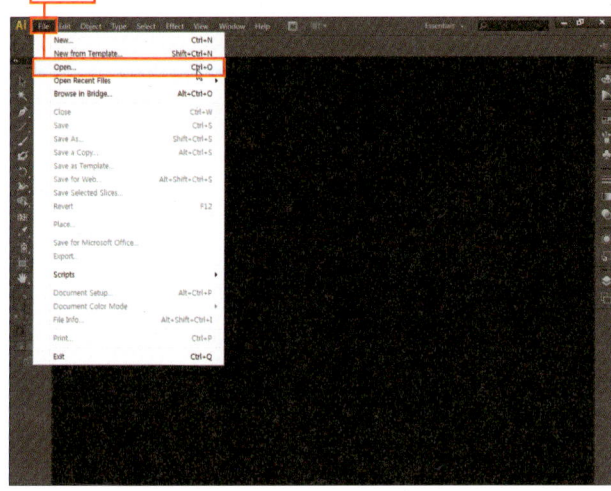

02 파일 선택

[Open] 대화상자가 나타나면 ❶ 앞서 저장한 'Untitled-1.ai' 파일을 선택합니다. ❷ [Open]을 클릭합니다.

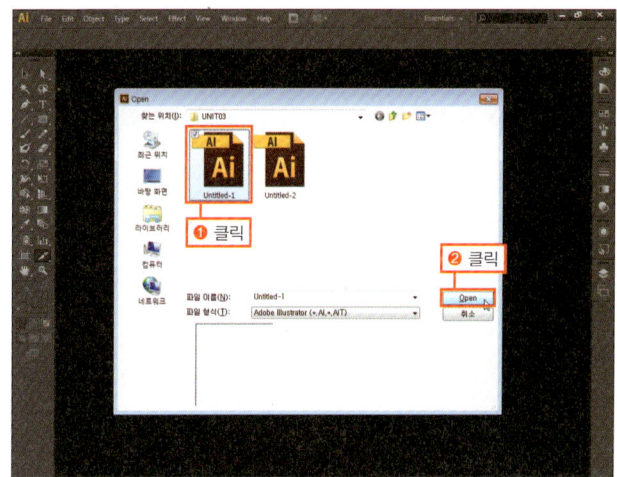

03 파일 확인

선택한 파일이 열린 것을 확인할 수 있습니다.

MEMO ● [File]-[Open Recent Files] 메뉴를 클릭하면 최근에 작업했던 파일 목록이 나타납니다.

TIP [Browse in Bridge]를 이용한 파일 열기

[Open] 대화상자에서 파일을 불러오는 방법 외에 [Browse in Bridge]를 실행하여 파일을 불러올 수도 있습니다.

1 [Browse in Bridge] 실행

일러스트레이터 CS6에서 [File]–[Browse in Bridge] 메뉴를 클릭하면 어도비 브리지가 열립니다.

2 AI 파일 선택

확장자가 '.ai'인 파일을 선택한 후 더블클릭하면 일러스트레이터 프로그램으로 자동 전환되며, 해당 파일이 열린 것을 확인할 수 있습니다.

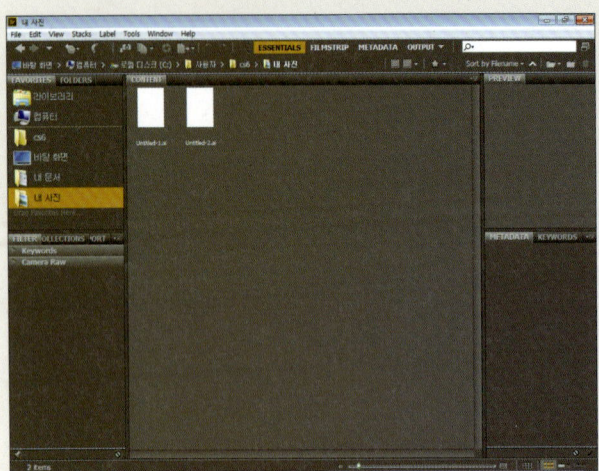

MEMO ● 일러스트레이터 CS6가 열린 상태에서 Alt + Ctrl + O 를 눌러도 어도비 브리지를 불러올 수 있습니다.

Unit 04
아트보드 효율적으로 사용하기

일러스트레이터의 작업 공간인 아트보드에 대해 이해하고, 이를 효과적으로 사용하는 방법을 알아보겠습니다. 아트보드를 잘 활용할 경우 작업 시간을 단축할 수 있는 것은 물론 작업 영역을 시각적으로 깔끔하게 정리할 수 있어 유용합니다.

 학습 주제
- 아트보드 이해하기
- 아트보드 추가하고 삭제하기
- 아트보드 수정하기

 관련 학습
- 일러스트레이터의 기본, [Pen Tool] 사용하기 : 76쪽

작업 공간을 만드는 아트보드 이해하기

간단한 그림이나 디자인 작업은 종이 한 장만으로도 충분합니다. 하지만 복잡한 작업을 할 때에는 여러 장의 종이가 필요합니다. 일러스트레이터에서 작업할 때도 전문적인 작업을 하게 되면 아트보드를 여러 개 추가하여 사용할 수 있습니다.

● 다양한 아트보드 살펴보기

❶ **박스 패키지 설계도** : 크기가 다른 세 가지의 아트보드를 사용하여 박스 패키지를 각각 배치했습니다. 이처럼 아트보드는 필요에 따라 각각 다른 크기로 만들 수 있습니다.

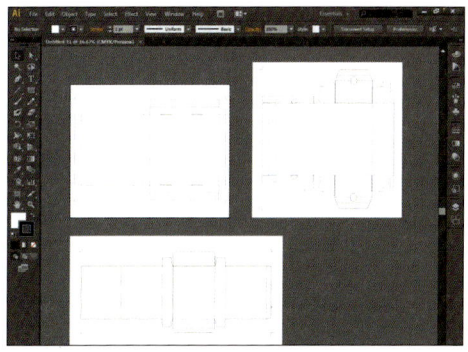

❷ **프로모션 작업** : 전체적인 분위기를 살펴볼 수 있기 때문에 콘셉트 작업을 할 때에도 효율적입니다.

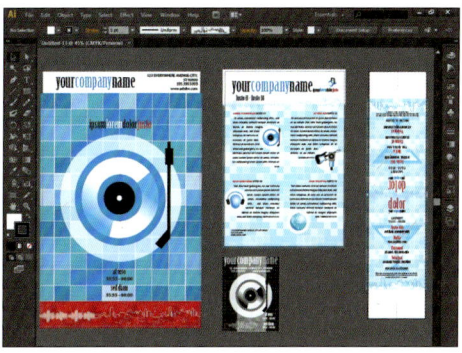

❸ **엽서 및 인쇄물 디자인 작업** : 한 파일 안에 최대 100개의 아트보드를 배치할 수 있으므로 엽서는 물론 잡지나 브로슈어 같은 인쇄물 디자인 작업도 손쉽게 할 수 있습니다.

❹ **기타 작업물** : 웹 페이지 및 CI 디자인 작업에도 사용됩니다.

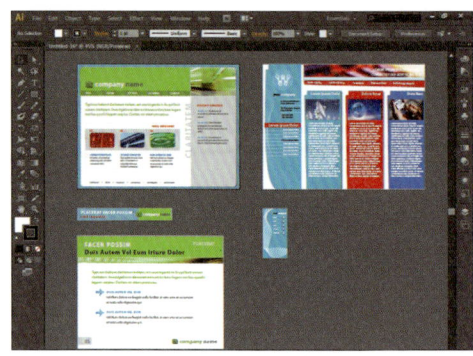

아트보드 추가하고 삭제하기

여러 개의 아트보드를 추가하고 삭제하는 방법을 배워보겠습니다.

01 새 도큐먼트 대화창 실행

❶ [File]-[New] 메뉴를 클릭하여 [New Document] 대화상자를 불러옵니다.

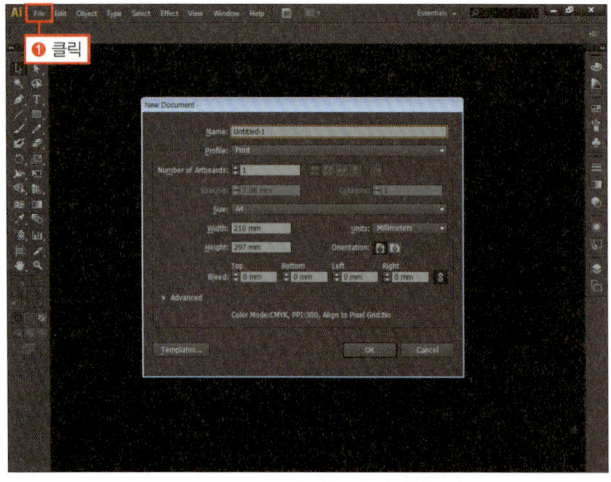

02 아트보드 추가

❶ [Number of Artboards]에 '5'를 입력하고 ❷ [OK]를 클릭합니다.

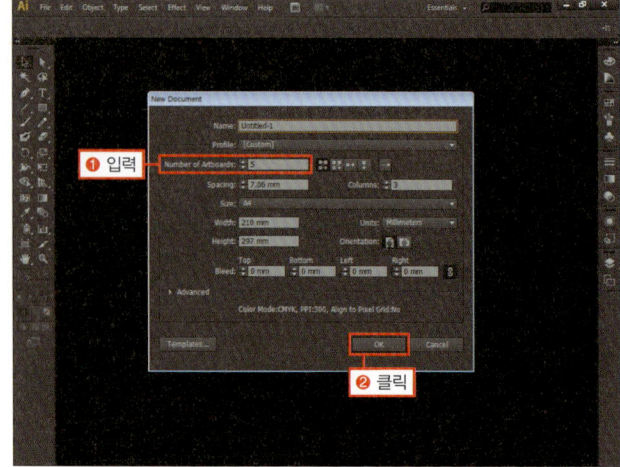

03 확인

아트보드 5개가 생성된 것을 확인할 수 있습니다.

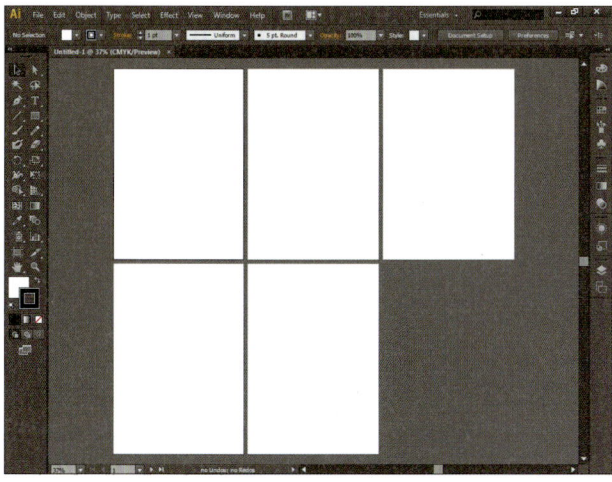

04 [Artboard Tool] 사용

❶ [Tool] 패널에서 [Artboard Tool](■)을 선택합니다. 아트보드 편집이 가능한 모드로 바뀐 것을 확인할 수 있습니다.

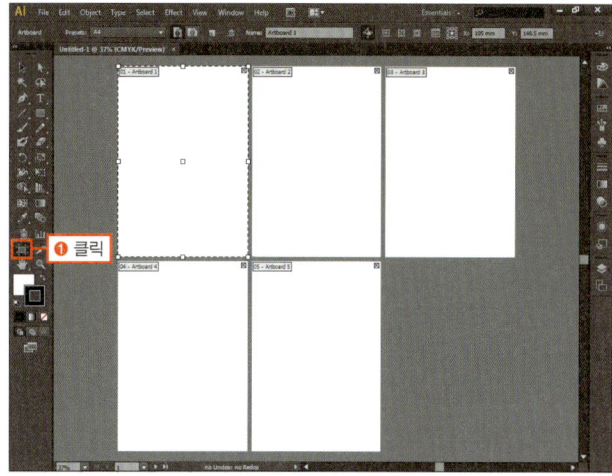

MEMO ● 단축키 Shift + O 를 눌러도 [Artboard Tool](■)을 선택할 수 있습니다.

05 아트보드 추가

❶ 컨트롤 바의 [New Artboard](■)를 클릭합니다. 마우스 포인터 하단에 아트보드 형태의 사각 박스가 나타납니다.
❷ 오른쪽 하단에 사각 박스의 위치를 맞춰 클릭합니다.

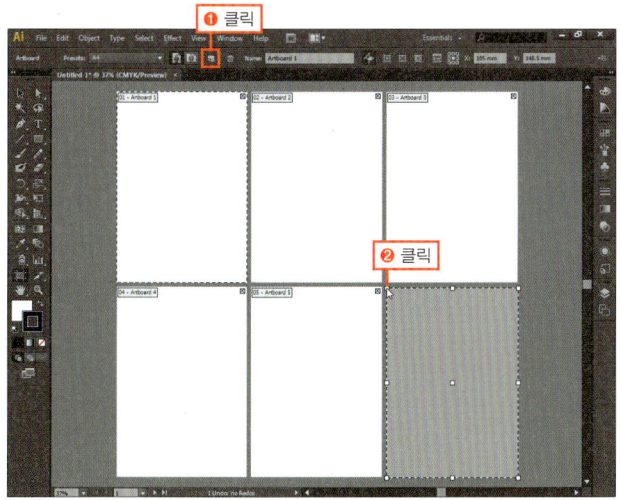

06 확인

클릭한 위치에 새로운 아트보드가 생성되었습니다.

07 아트보드 삭제

❶ 맨 왼쪽 상단의 아트보드를 선택합니다. ❷ 컨트롤 바의 [Delete Artboard](🗑)를 클릭합니다.

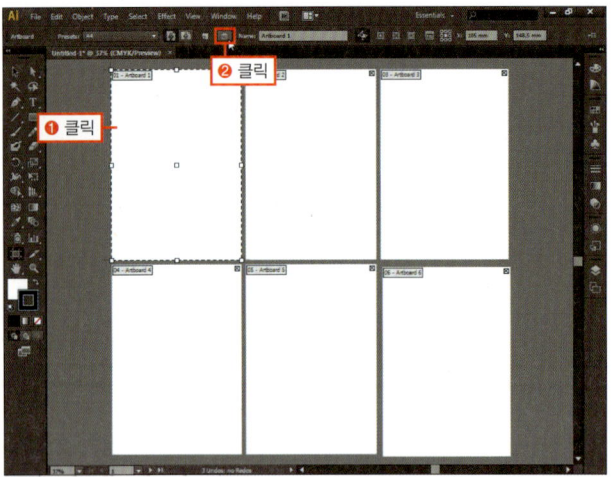

MEMO ● Delete 를 눌러도 됩니다.

08 확인

선택한 아트보드가 삭제된 것을 확인할 수 있습니다.

09 편집 모드 해제

❶ [Tool] 패널의 [Selection Tool](▶)을 선택하거나 Esc 를 누릅니다. 아트보드 편집 모드가 해제됩니다.

아트보드 수정하기

아트보드의 위치를 이동하거나 크기를 조절하는 방법에 대해 배워보겠습니다.

01 [Artboard Tool] 선택

❶ [Tool] 패널에서 [Artboard Tool](▦)을 선택하여 아트보드 편집 모드로 들어갑니다.

02 아트보드 이동

❶ 상단 가운데 아트보드를 클릭한 채 왼쪽으로 드래그합니다.

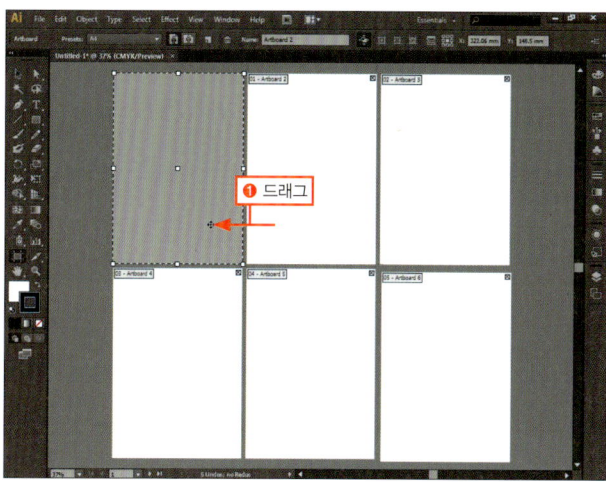

03 확인

아트보드가 이동한 것을 확인할 수 있습니다.

04 크기 변경

❶ 방금 선택한 아트보드의 ⓐ 지점을 클릭한 채 오른쪽으로 드래그합니다. 아트보드의 크기가 변경됩니다.

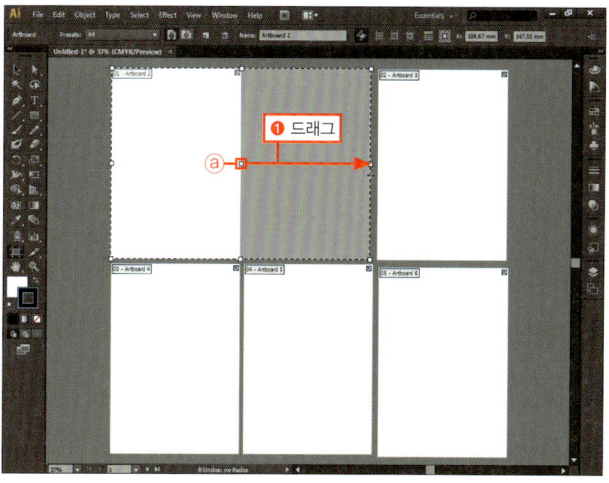

Unit 04. 아트보드 효율적으로 사용하기

05 [Presets]로 크기 변경

❶ 왼쪽 하단의 아트보드를 선택하고 ❷ 컨트롤 바에서 [Presets]의 목록 단추를 클릭하여 ❸ 'B5'로 설정합니다. 해당 아트보드의 크기가 변경됩니다.

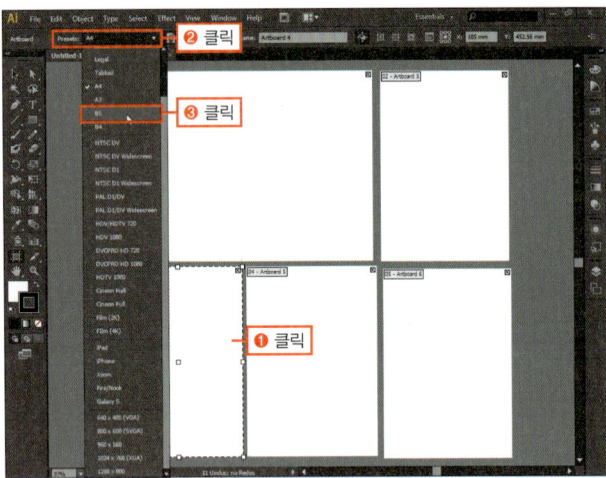

06 [Artboard Options] 대화상자 실행

❶ 오른쪽 상단의 아트보드를 선택하고 ❷ 컨트롤 바의 [Artboard Options](▤)를 클릭합니다.

07 크기 설정

❶ [Artboard Options] 대화상자의 [Width], [Height]에 각각 '150'을 입력합니다. ❷ [OK]를 클릭합니다.

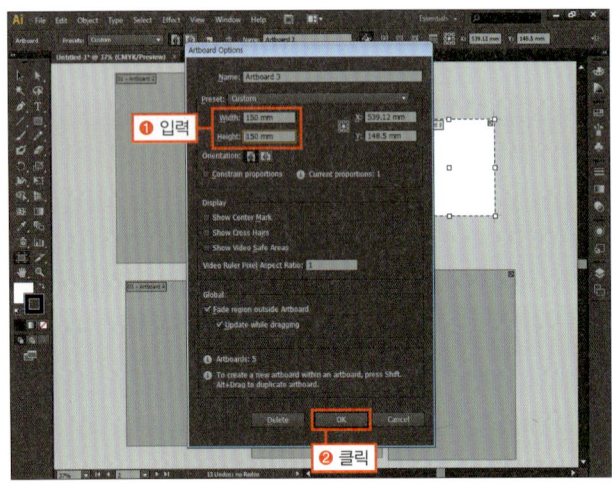

08 편집 모드 종료

해당 아트보드의 크기가 변경된 것을 확인할 수 있습니다.
❶ Esc 를 눌러 아트보드 편집 모드에서 나갑니다.

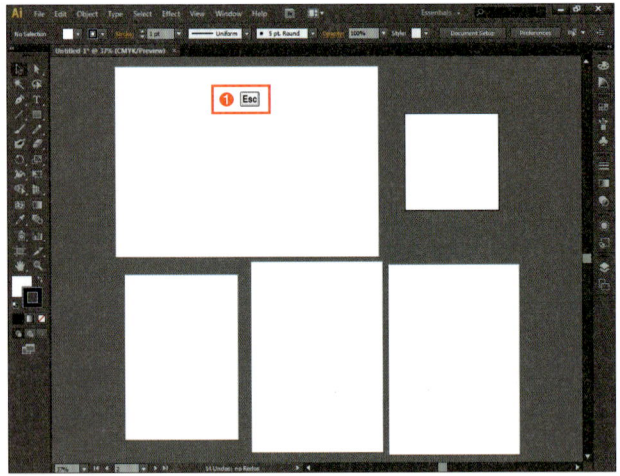

이번 Chapter에서 학습한 내용을 바탕으로 다음의 실전 문제를 스스로 풀어봅니다.

1 새 파일을 열어 여러 개의 아트보드를 만들고 조건에 맞게 아트보드들을 정렬해보세요.

◎ **해설 파일** : 해설파일\01_아트보드만들고정렬하기.hwp, pdf

Before

After
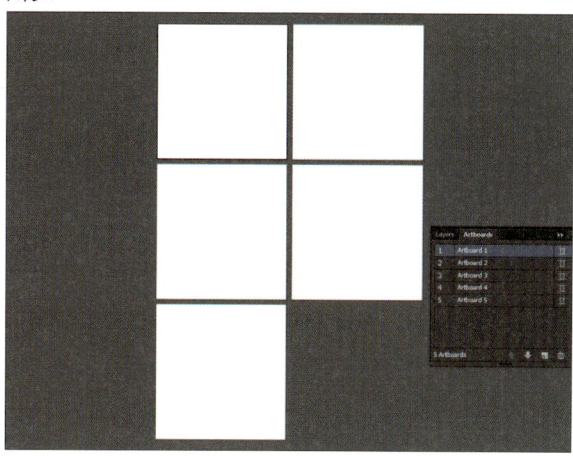

① [Artboards] 패널에서 [New Artboard] 클릭하여 새 아트보드 만들기 ➡ ② 총 5개의 아트보드 만들기 ➡ ③ [Artboards] 패널에서 목록 단추를 클릭하고 [Rearrange Artboard] 메뉴 클릭하기 ➡ ④ 아트보드를 정렬할 조건을 설정하기

2 [Slice Tool]로 아트보드의 영역을 나누고 해당 영역의 이미지들을 각각의 파일로 저장해보세요.

◎ **예제 파일** : Chapter01\s_unit01_02.ai
◎ **완성 파일** : Chapter01\s_unit01_02_완성.ai, Chapter01\Images\s_unit01_02_01~s_unit01_02_08.jpg
◎ **해설 파일** : 해설파일\01_슬라이스도구로영역나누고각각저장하기.hwp, pdf

Before

After

① [Slice Tool]( )로 영역 나누기 ➡ ② [File]-[Save for Web] 메뉴 클릭하기 ➡ ③ 저장할 영역 선택하고 파일 형식과 옵션 설정하기 ➡ ④ 저장할 폴더 선택하고 파일 이름 입력하여 저장하기

I L L U S T R A T O R C S 6

앞서 일러스트레이터 CS6의 작업 환경을 알아보았습니다. 이제 벡터 드로잉의 기본 도구인 [Pen Tool], 깔끔하고 심플하게 드로잉할 수 있는 다양한 도형 툴, 자연스럽게 드로잉할 수 있는 [Pencil Tool], 인상적인 드로잉이 가능한 [Width Tool] 등 본격적으로 그림을 그리는 데 필요한 기능을 배워보겠습니다. 이번 Chapter는 일러스트레이터 드로잉의 기초를 다지는 과정이므로 하나하나 확실하게 이해하고 넘어가도록 합니다.

일러스트레이터의 시작, 드로잉

UNIT 01 일러스트레이터의 기본, [Pen Tool] 사용하기
UNIT 02 [Pencil Tool]로 그림 그리듯 드로잉하기
UNIT 03 간단하게 드로잉할 수 있는 도형 툴 사용하기
UNIT 04 [Width Tool]로 느낌 있게 드로잉하기

CHAPTER MAP

UNIT 01 일러스트레이터의 기본, [Pen Tool] 사용하기

직선과 곡선을 자유롭게 그릴 수 있는 [Pen Tool]은 일러스트레이터의 기본 중의 기본으로 꼽히는 툴입니다. 이러한 [Pen Tool]을 다루기에 앞서 일러스트레이터의 기초 개념인 패스에 대해 알아보고, [Pen Tool]을 이용하여 드로잉을 연습해보겠습니다. 패스는 일러스트레이터에서 자주 사용하는 개념이므로 확실하게 이해해야 후반 작업도 쉽게 배울 수 있습니다.

● [Pen Tool]을 이용하여 직선 곡선 그리기

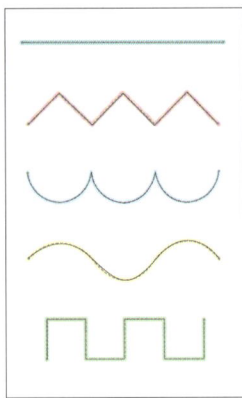

● [Pen Tool]로 패스 수정하기

UNIT [Pencil Tool]로 그림 그리듯 드로잉하기

일러스트레이터로 작업하면 대부분 컴퓨터 그래픽이라는 것을 바로 알아볼 수 있을 정도로 드로잉이 깔끔하고 반듯합니다. 그러나 [Pencil Tool]은 이러한 일러스트레이터의 일반적인 성격과 달리 자연스럽게 드로잉할 수 있는 툴입니다. [Pencil Tool]에 대해 알아보고 자연스러운 드로잉 작업을 해보겠습니다.

● [Pencil Tool]로 사과 그리기

● [Pencil Tool]로 머그컵 그리기

U N I T **간단하게 드로잉할 수 있는 도형 툴 사용하기**

기준점을 하나하나 클릭하고 드래그하여 작업하는 [Pen Tool]과 달리 도형 툴은 드래그하거나 수치를 입력하여 간단하게 그림을 그릴 수 있습니다. 도형 툴을 이용하여 간단하게 드로잉하는 법과 패스파인더로 패스를 합치고 쪼개는 방법에 대해 알아보겠습니다.

● 도형 툴을 이용하여 나무, 집, 태양 그리기

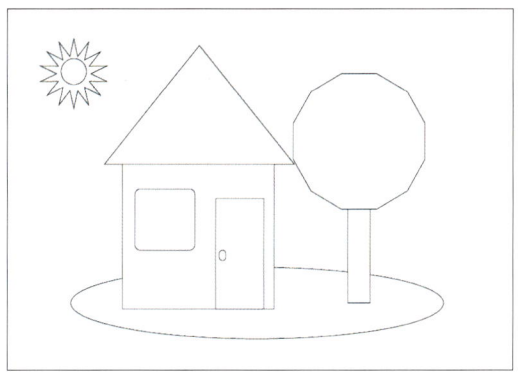

● 패스파인더 이용하여 오브젝트 완성하기

U N I T **[Width Tool]로 느낌 있게 드로잉하기**

선에 강약의 정도를 조절하여 적용하면 드로잉의 느낌이 더욱 살아납니다. 일러스트레이터에서는 [Pen Tool]( )로 그림을 그린 후 [Width Tool]( )을 이용하여 선의 강약을 쉽게 조절할 수 있습니다.

● 판다 라인에 [Width Tool] 적용하기

Unit 01 일러스트레이터의 기본, [Pen Tool] 사용하기

직선과 곡선을 자유롭게 그릴 수 있는 [Pen Tool]은 일러스트레이터의 기본 중의 기본으로 꼽히는 툴입니다. 이러한 [Pen Tool]을 다루기에 앞서 일러스트레이터의 기초 개념인 패스에 대해 알아보고, [Pen Tool]을 이용하여 드로잉을 연습해보겠습니다. 패스는 일러스트레이터에서 자주 사용하는 개념이므로 확실하게 이해해야 후반 작업도 쉽게 배울 수 있습니다.

학습주제
- 패스와 [Pen Tool] 살펴보기
- [Pen Tool]로 직선, 곡선 그리기
- [Pen Tool]로 티셔츠 그리기

관련학습
- [Pencil Tool]로 그림 그리듯 드로잉하기 : 93쪽
- 간단하게 드로잉할 수 있는 도형 툴 사용하기 : 107쪽

패스 이해하고 [Pen Tool] 살펴보기

일러스트레이터의 벡터 데이터는 수학적 연산으로 기록되고, 이 모든 것은 패스로 표현됩니다. 패스의 개념을 이해한 후 [Pen Tool]의 종류를 살펴봅니다.

● 패스 이해하기

일러스트레이터는 점과 점, 점과 점을 잇는 선, 선이 연결되어 만들어지는 칠로 구성됩니다. 일러스트레이터로 그린 형태를 오브젝트(Object)라고 하는데, 이러한 오브젝트를 이루는 것이 바로 패스(Path)입니다. 즉, 그림을 오브젝트라고 한다면 그 그림을 이루고 있는 선이 패스인 것입니다. 일러스트레이터에서는 [Pen Tool](), [Line Segment Tool](), [Rectangle Tool](■), [Paint Brush Tool](✎), [Pencil Tool](✐), [Blob Brush Tool](✒)을 이용하여 패스를 만들 수 있습니다.

● 패스의 구조 알아보기

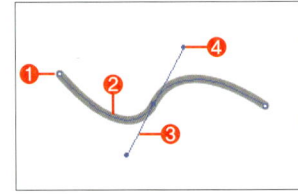

❶ **기준점(Anchor Point)** : 패스를 그릴 때 기준이 되는 고정점입니다.
❷ **세그먼트(Segment)** : 기준점과 기준점 사이의 선입니다.
❸ **방향선(Direction Line)** : 세그먼트의 기울기와 길이를 조절합니다.

❹ **방향점(Direction Point)** : 방향선을 조절할 때 사용하는 점입니다.

MEMO ● 세그먼트를 변경하고 싶다면 [Direct Selection Tool]( )이나 [Convert Anchor Point Tool]( )로 기준점을 클릭하고 방향점을 선택한 후 방향선을 조절하면 됩니다.

● [Pen Tool]의 종류 살펴보기

[Pen Tool]( )은 일러스트레이터의 기본 툴입니다. [Tool] 패널에서 [Pen Tool]( )을 길게 클릭하면 총 4개의 툴 목록이 나타납니다. 가장 윗줄에 있는 [Pen Tool]( )만 패스를 그릴 때 사용하며, 나머지 툴은 수정할 때 사용합니다.

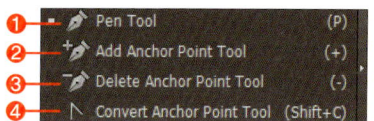

❶ **[Pen Tool]**( ) : 자유롭게 패스를 그릴 수 있는 툴입니다.
❷ **[Add Anchor Point Tool]**( ) : 패스에 기준점을 추가하는 툴입니다.
❸ **[Delete Anchor Point Tool]**( ) : 패스의 기준점을 삭제하는 툴입니다.
❹ **[Convert Anchor Point Tool]**( ) : 방향선이 있는 기준점에 사용할 때는 방향선이 사라지고, 방향선이 없는 기준점에 사용하면 방향선을 추가할 수 있습니다. 즉 직선을 곡선으로, 곡선을 직선으로 만드는 툴입니다.

[Pen Tool]을 이용하여 직선, 곡선 그리기

[Pen Tool]을 이용하여 직선, 곡선을 그려보겠습니다. 예제의 점선을 따라 그리되 기준점의 위치, 방향선의 방향과 길이 등을 생각하며 그립니다.

◉ **예제 파일** : Chapter02\unit01_01.ai

01 예제 파일 실행

❶[File]-[Open] 메뉴를 클릭합니다. ❷[Open] 대화상자에서 'unit01_01.ai' 파일을 선택한 후 ❸[Open]을 클릭합니다.

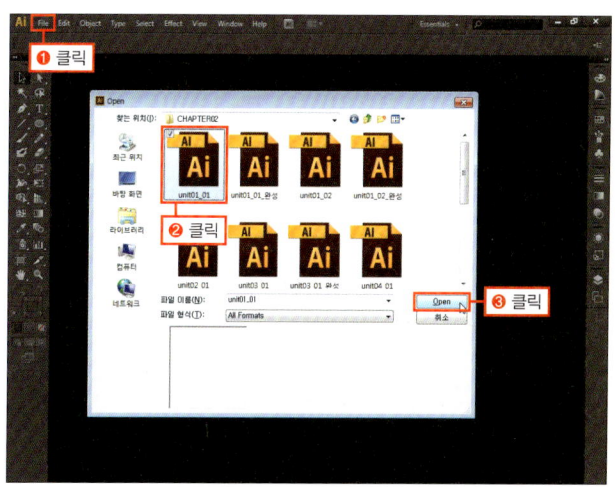

02 화면 이동

아트보드의 오브젝트는 잠겨 있는 상태입니다. 직선이 잘 보이도록 화면을 이동하겠습니다. ❶[Tool] 패널에서 [Hand Tool](✋)을 선택합니다. 아트보드를 클릭하면 손바닥 모양의 포인터가 주먹 모양(✊)으로 바뀝니다. ❷클릭한 채 드래그하여 오브젝트가 화면 중앙에 위치하도록 조정합니다.

03 화면 확대

❶[Tool] 패널에서 [Zoom Tool](🔍)을 선택합니다. 마우스 포인터의 모양이 🔍로 바뀝니다. ❷화면을 클릭하여 적당한 비율로 확대합니다.

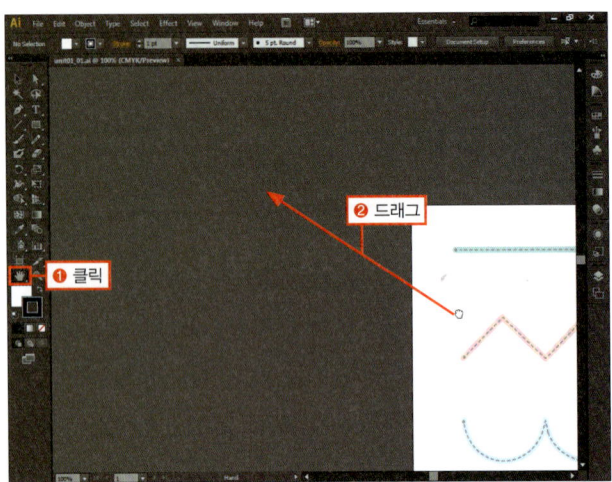

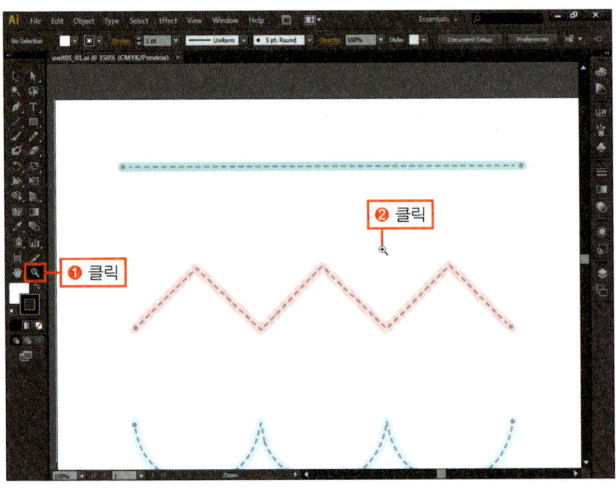

MEMO ● [Hand Tool](✋)은 단축키 H나 Spacebar를 눌러서 사용할 수 있습니다. 특히 Spacebar는 키를 누르고 있을 때만 [Hand Tool](✋) 모드를 사용할 수 있으므로 편리합니다.

MEMO ● [Zoom Tool](🔍)이 선택된 상태에서 Alt를 눌러 마우스 포인터가 🔍로 바뀌었을 때 화면을 클릭하면 화면이 축소됩니다.

TIP 간편하게 화면 확대하기

[Tool] 패널에서 [Zoom Tool](🔍)을 선택하지 않더라도 단축키 및 화면 하단의 상태 바를 통해 손쉽게 화면을 확대 및 축소할 수 있습니다.

1. 단축키 사용하기
❶ 화면 확대 : Ctrl + Spacebar 를 누르고 클릭합니다.
❷ 화면 축소 : Ctrl + Alt + Spacebar 를 누르고 클릭합니다.
해당 키를 누른 상태에서 클릭한 만큼 점점 확대되거나 축소됩니다.

2. 상태 바 설정하기
정확한 수치를 지정하여 화면을 확대 및 축소하려면 상태 바(150% ▼)를 이용합니다. 입력창에 수치를 직접 입력하거나 목록 단추를 클릭하면 나타나는 메뉴에서 원하는 수치(3.13~6400%)를 선택합니다. [Fit On Screen]을 클릭하면 화면에 딱 맞게 조정할 수 있습니다.

▶ 상태 바의 목록 단추를 클릭하면 나타나는 메뉴

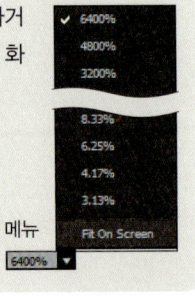

04 [Pen Tool] 선택

❶ [Tool] 패널에서 [Pen Tool](✒)을 선택합니다. 마우스 포인터가 ✒ 모양으로 표시됩니다.

05 칠 색상자 설정

❶ [Tool] 패널에서 [Fill]을 선택합니다. ❷ ⌀를 클릭하여 칠 색을 [None]으로 설정합니다. 이제부터 [Stroke]만 사용할 수 있습니다.

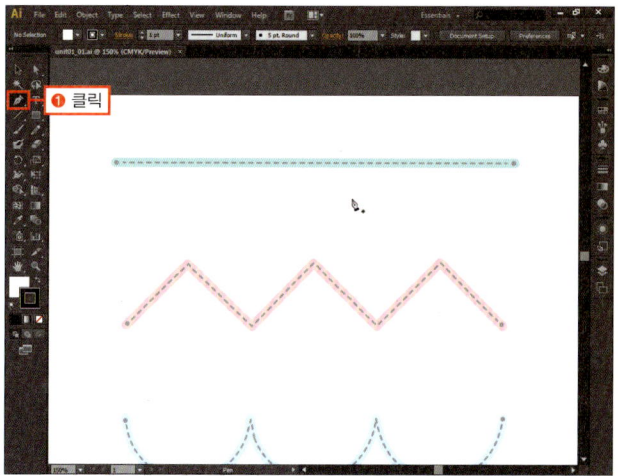

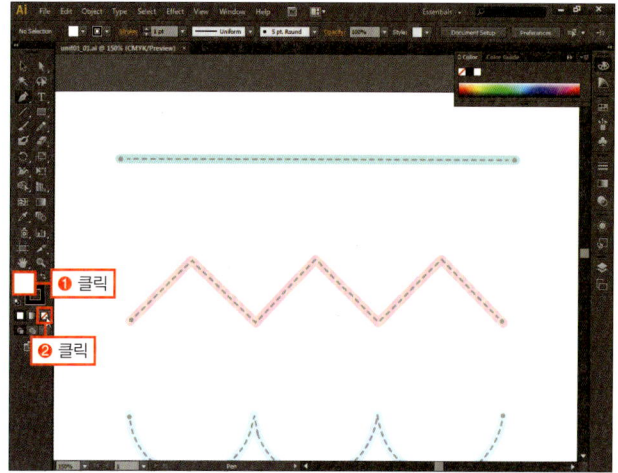

MEMO ● 포인터 모양이 ✒가 아닌 ✕일 경우에는 Caps Lock 을 눌러 'Caps lock'을 해제합니다.

06 직선 드로잉

맨 위에 있는 직선부터 따라 그리겠습니다. ❶ 왼쪽에 있는 점을 클릭합니다. ❷ Shift 를 누른 채로 오른쪽에 있는 점을 클릭합니다. ❸ 직선이 그려지면 Enter 를 누릅니다.

MEMO ● Shift 를 누른 채 선을 그리면 수직, 수평 또는 45°의 직선을 그릴 수 있습니다.

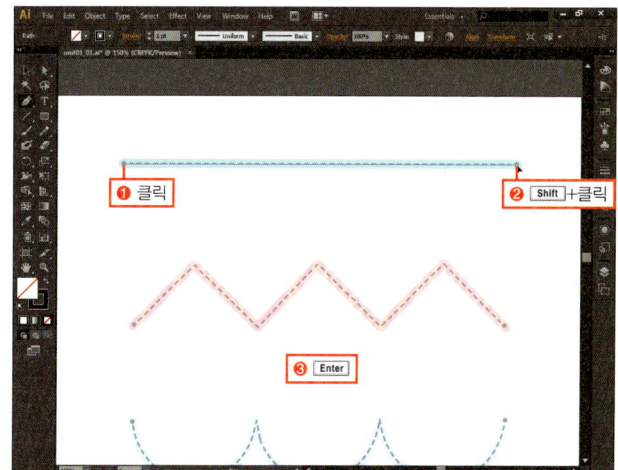

TIP 패스 그리기 종료하기

패스를 다 그린 후 새로운 패스를 그리기 위해서는 기존에 그리고 있던 패스를 종료해야 합니다. 그렇지 않으면 기존 패스와 새로 그리려는 패스가 연결되는 상황이 발생합니다. 패스를 종료하는 다양한 방법을 살펴봅니다.

- Ctrl 을 누른 채 아트보드 화면의 빈 곳을 클릭합니다.
- Enter 를 누릅니다.
- [Tool] 패널에서 다른 툴을 클릭합니다.
- [Select]–[Deselect] 메뉴를 클릭하거나 Ctrl + Shift + A 를 누릅니다.

보통 앞의 세 가지 방법을 많이 사용합니다. 이러한 방법들은 뒤에서 배울 열린 패스에만 적용되는 사항으로, 닫힌 패스를 그릴 경우에는 이를 적용하지 않아도 됩니다.

07 사선 드로잉

두 번째 분홍색 사선을 그리겠습니다. ❶ 가장 왼쪽에 있는 점을 클릭합니다. ❷ Shift 를 누른 채로 ⓐ 지점을 클릭합니다. 점선과 완벽하게 같지 않아도 됩니다. ❸ Shift 를 누른 채 ⓑ 지점을 클릭합니다. ❹ 반복하여 끝까지 그린 뒤 ❺ Enter 를 눌러 패스 그리기를 종료합니다.

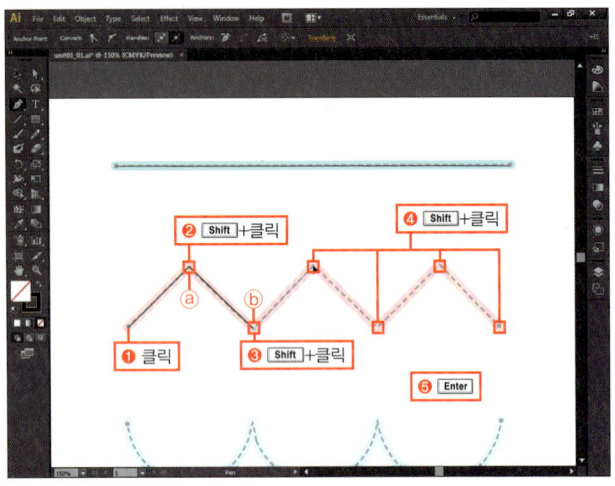

MEMO ● 잘못 그렸을 때에는 Ctrl + Z 를 눌러 이전 단계로 돌아갑니다.

08 원하는 방향으로 곡선 드로잉

세 번째 하늘색 곡선을 그리겠습니다. ❶ Spacebar 를 눌러 [Hand Tool]( )로 아트보드를 드래그하여 하늘색 곡선이 화면 중앙에 위치하도록 조정합니다. ❷ 가장 왼쪽에 있는 점을 클릭합니다. ❸ ⓐ 지점을 클릭한 채 오른쪽으로 드래그하여 곡선을 그립니다.

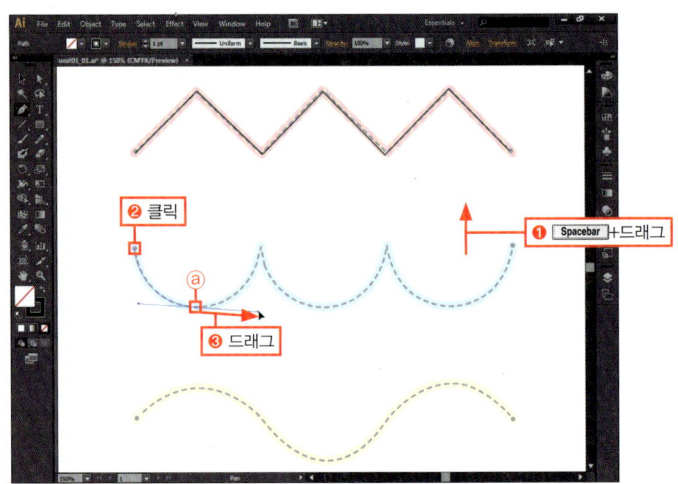

09 방향 변경

방금 만들어진 기준점에 마우스 포인터를 올리면 [Pen Tool]( )의 포인터 모양이 로 바뀝니다. ❶ 클릭하면 방향선 한쪽이 없어지며, 원하는 각도대로 진행할 수 있습니다.

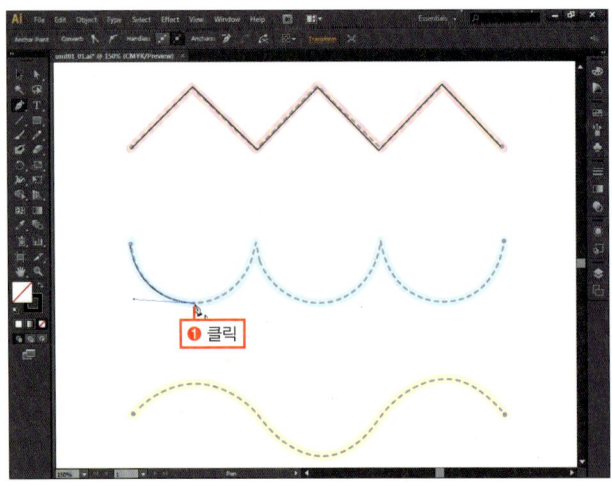

MEMO ● 포인터 모양이 로 바뀌었는지 반드시 확인한 후 클릭합니다. 바뀌지 않은 상태에서 클릭하면 다른 기준점이 생깁니다.

10 오른쪽 곡선 드로잉

❶ ⓑ 지점을 클릭한 채 위쪽으로 드래그합니다.

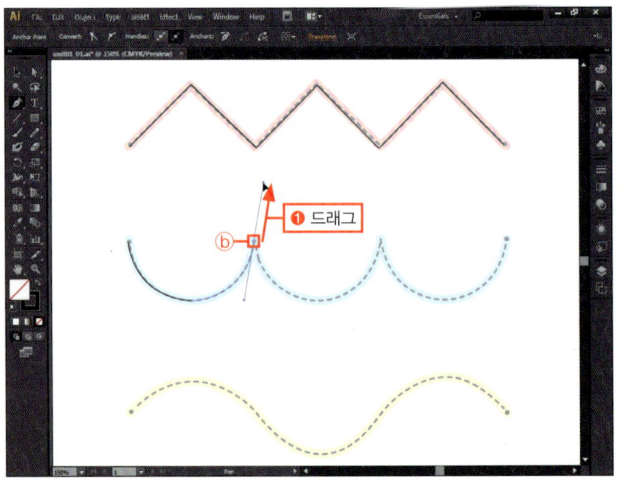

11 방향 변경하여 완성

❶ 방금 만들어진 기준점에 마우스 포인터를 올려 모양으로 바뀌면 클릭합니다. 방향선 한쪽이 없어지면서 원하는 각도대로 진행할 수 있습니다. ❷ 나머지 곡선도 앞의 과정을 반복하여 완성합니다. ❸ 끝까지 그린 뒤 Enter 를 눌러 패스 그리기를 종료합니다.

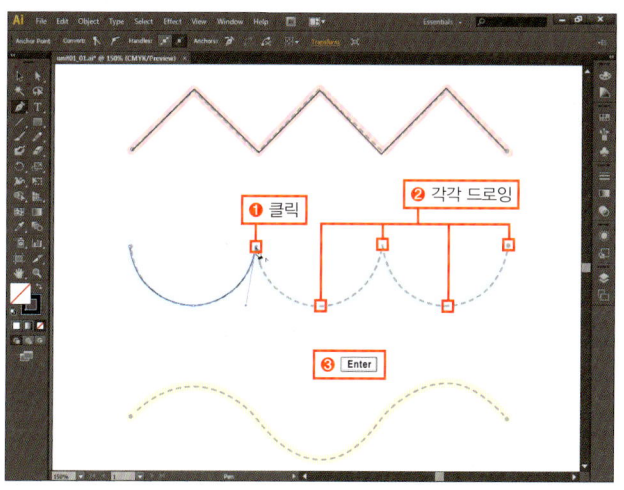

12 부드러운 곡선 드로잉

네 번째 노란색 곡선을 그리겠습니다. ❶ 가장 왼쪽에 있는 점을 클릭합니다. ❷ ⓐ 지점을 클릭한 채 오른쪽 하단으로 드래그하여 곡선을 그립니다.

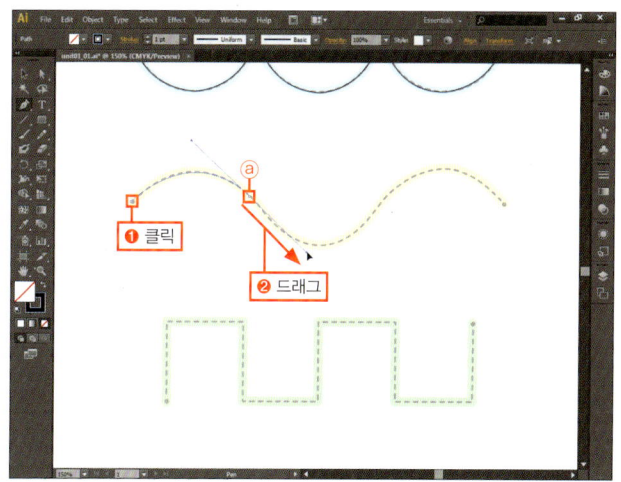

13 곡선 이어 드로잉

❶ ⓑ 지점을 클릭한 채 오른쪽 상단으로 드래그합니다. ❷ ⓑ 지점을 클릭하여 방향선 한쪽을 제거합니다. ❸ 다시 ⓒ 지점을 클릭한 채 오른쪽 하단으로 드래그하여 마무리한 후 ❹ Enter 를 누릅니다.

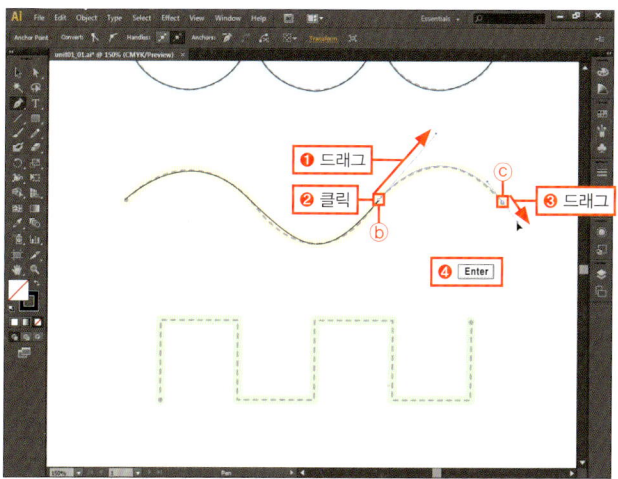

14 세로 직각선 드로잉

마지막으로 녹색 선을 그리겠습니다. ❶ 왼쪽 하단의 시작점을 클릭합니다. ❷ Shift 를 누른 채로 ⓐ 지점을 클릭합니다. ❸ 다시 Shift 를 누른 채로 ⓑ 지점을 클릭합니다. ❹ 이런 식으로 반복하여 끝까지 그린 후 ❺ Enter 를 누릅니다.

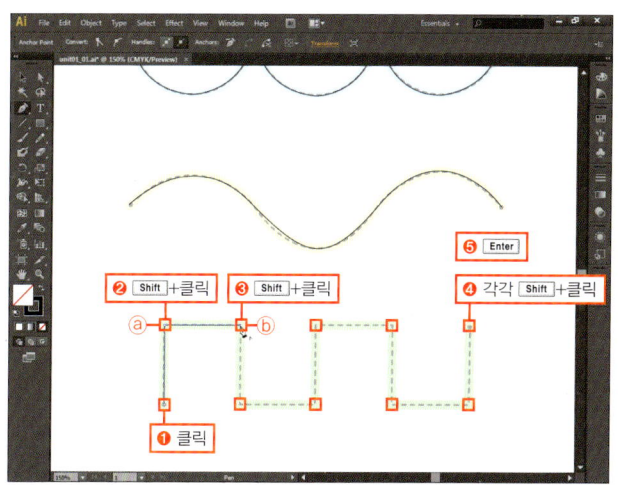

MEMO ● 방향선 한쪽을 지우지 않고 그리는 곡선은 바로 전에 그린 세그먼트와 같이 묶여 있기 때문에 [Direct Selection Tool]( )을 이용하여 각도를 수정하면 함께 움직입니다. 반대로 방향선 한쪽을 지운 곡선은 방금 그린 세그먼트만 수정할 수 있습니다.

15 완성

모든 오브젝트가 완성되었습니다.

◉ 완성 파일 : Chapter02\unit01_01_완성.ai

MEMO ● 완성 파일을 열어 [Direct Selection Tool](󰀁)로 오브젝트를 클릭하면 기준점들이 보입니다. 아직 따라 그리는 것이 어려운 독자는 기준점을 클릭하여 방향선의 방향을 확인할 수 있으므로 참고하세요.

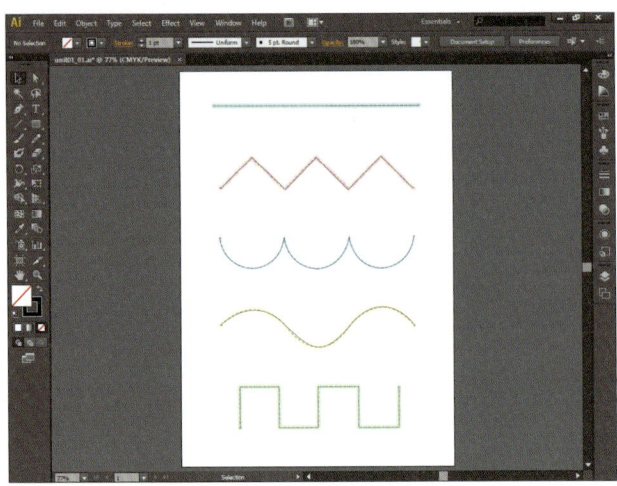

[Pen Tool]로 패스 수정하기

[Pen Tool]을 이용한 기본적인 선 그리기 연습이 끝났습니다. 이번에는 닫힌 패스를 그리는 방법을 배우고, [Pen Tool] 그룹의 다른 툴을 사용하여 패스를 수정하는 방법에 대해 알아보겠습니다.

◉ 예제 파일 : Chapter02\unit01_02.ai

01 예제 파일 실행

❶[File]-[Open] 메뉴를 클릭합니다. ❷[Open] 대화상자에서 'unit01_02.ai' 파일을 선택한 후 ❸[Open]을 클릭합니다.

02 화면 이동

아트보드에 보이는 오브젝트는 잠겨 있는 상태입니다. ❶[Tool] 패널에서 [Hand Tool](󰀁)을 선택합니다. ❷아트보드를 클릭한 후 마우스 포인터가 주먹 모양(󰀁)으로 바뀌면 드래그하여 아트보드의 위치를 조정합니다.

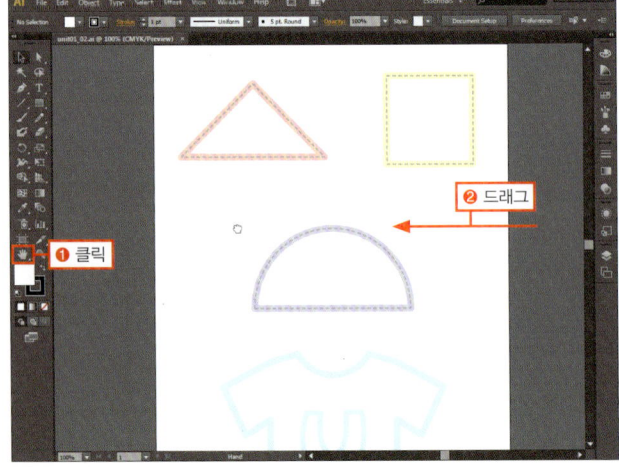

03 [Pen Tool] 선택

❶ [Pen Tool](🖋)을 선택합니다. 마우스 포인터가 펜촉 모양(🖋)으로 표시됩니다.

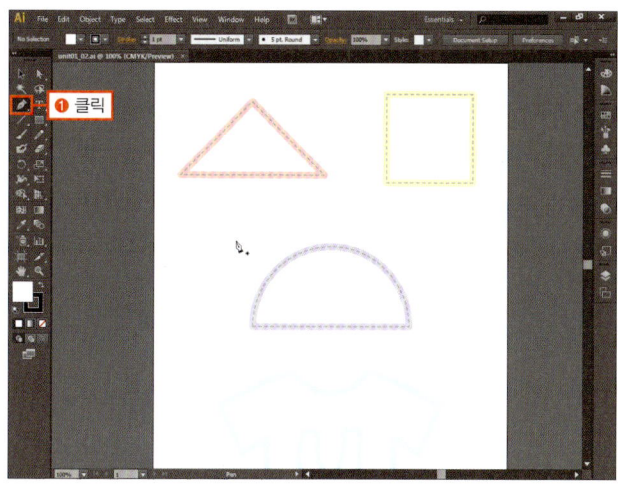

04 칠 색상자 설정

❶ [Tool] 패널에서 [Fill]을 선택합니다. ❷ ⬜를 클릭하여 칠 색을 [None]으로 설정합니다.

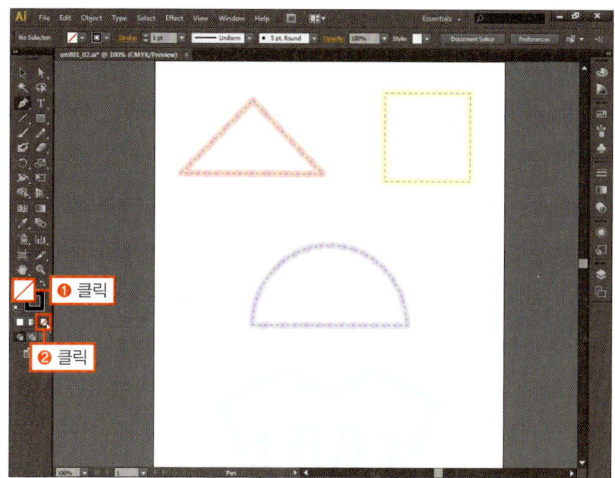

TIP 열린 패스와 닫힌 패스

열린 패스와 닫힌 패스의 차이점을 알아보겠습니다.

❶ **열린 패스** : 패스의 시작점과 끝 점이 각각 존재하는 패스입니다. 시작점이나 끝 점을 이용하여 패스를 이어 그릴 수 있습니다. 칠 색을 설정하여 패스의 안쪽에 색을 채울 수 있지만 작업 중 문제가 발생할 수 있으므로 닫힌 패스로 만든 후 칠 색을 설정하는 것이 좋습니다.

❷ **닫힌 패스** : 패스의 시작점과 끝 점이 동일한 패스입니다. 시작점과 끝 점이 일치하므로 패스를 이어 그릴 수 없습니다.

※ [Pen Tool](🖋)로 열린 패스의 끝 점을 클릭한 후 시작점을 클릭하여 두 점을 연결하면 닫힌 패스가 됩니다.

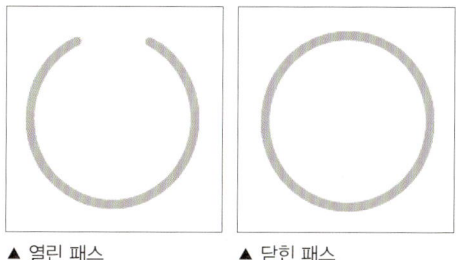

▲ 열린 패스   ▲ 닫힌 패스

05 삼각형 드로잉

❶ⓐ 지점을 클릭합니다. ❷ⓑ 지점을 클릭한 뒤 ❸ⓒ 지점도 클릭합니다.

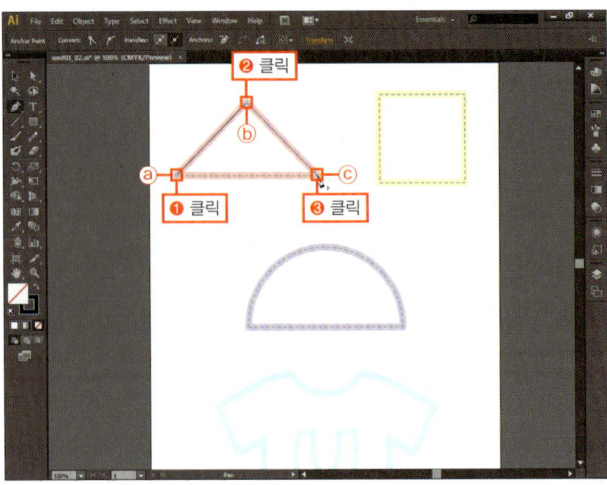

06 삼각형 완성

ⓐ 지점에 마우스 포인터를 올리면 마우스 포인터 모양이 로 변경됩니다. ❶ⓐ 지점을 클릭합니다.

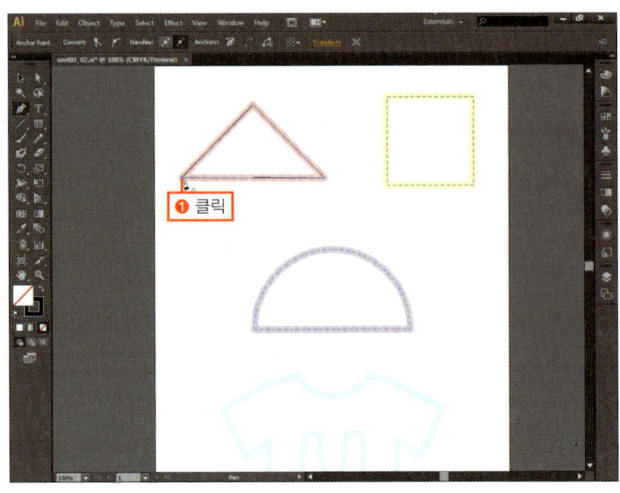

07 [Add Anchor Point Tool] 선택

❶ [Tool] 패널에서 [Pen Tool]( )을 길게 클릭합니다.
❷ [Add Anchor Point Tool]( )을 선택합니다.

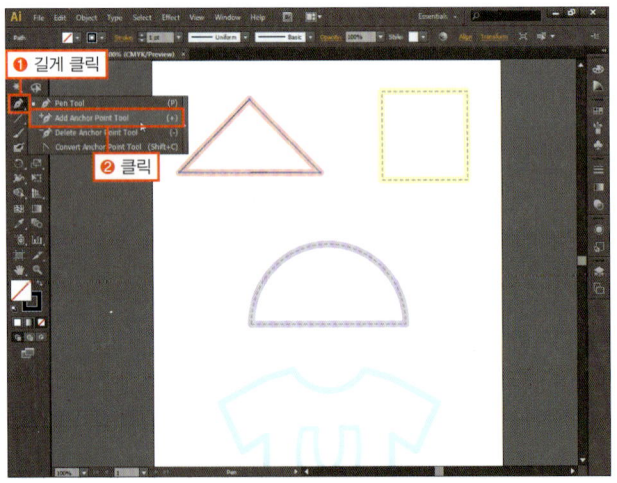

08 기준점 추가

❶ⓑ 지점과 ⓒ 지점 사이, 세그먼트의 중간 지점을 클릭합니다. 새로운 기준점이 추가된 것을 확인할 수 있습니다.

MEMO ● 세그먼트 위를 정확히 클릭하지 않을 경우에는 아래와 같은 경고창이 뜹니다. 이는 패스의 세그먼트 위를 정확히 클릭하라는 내용으로, 앞으로 이 경고문을 보고 싶지 않다면 하단의 체크 박스를 클릭해 체크한 뒤 [OK]를 클릭합니다.

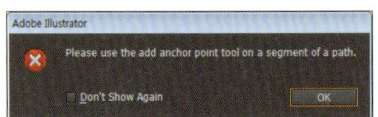

09 기준점 위치 변경

❶ [Direct Selection Tool](▶)을 선택합니다. ❷방금 추가한 기준점에 마우스 포인터를 올리고 클릭합니다. ❸클릭한 채 원하는 방향으로 드래그합니다.

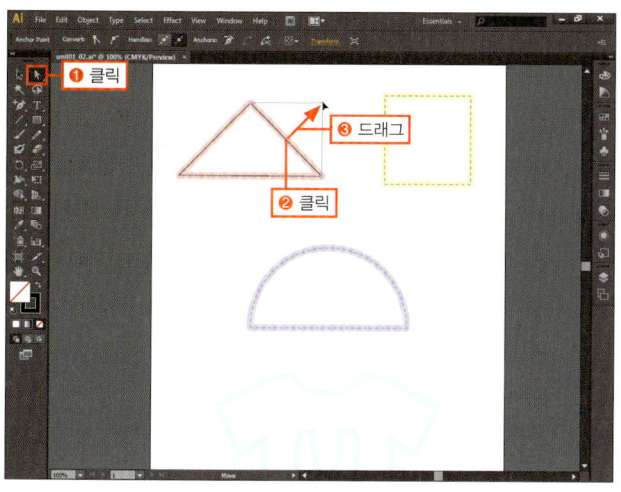

10 기준점 변경 확인

처음에 그린 삼각형이 사각형으로 바뀐 것을 확인할 수 있습니다. 기준점은 세그먼트 위에 원하는 만큼 추가할 수 있습니다.

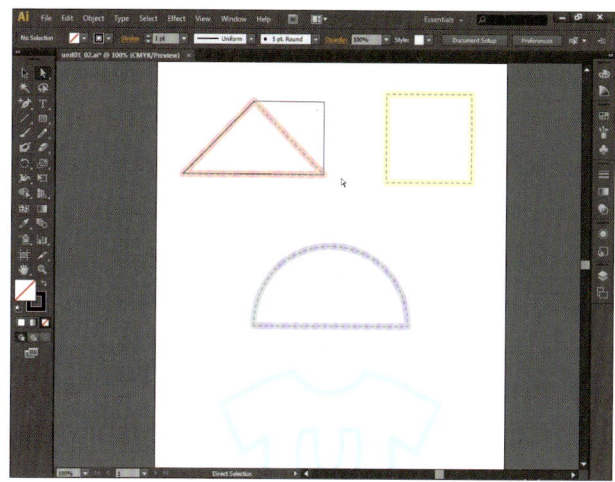

11 사각형 드로잉

❶다시 [Pen Tool](✎)을 선택합니다. ❷ⓐ 지점을 클릭합니다. ❸ Shift 를 누른 채 ⓑ 지점을 클릭한 뒤 ❹ⓒ 지점, ❺ⓓ 지점도 차례로 클릭합니다.

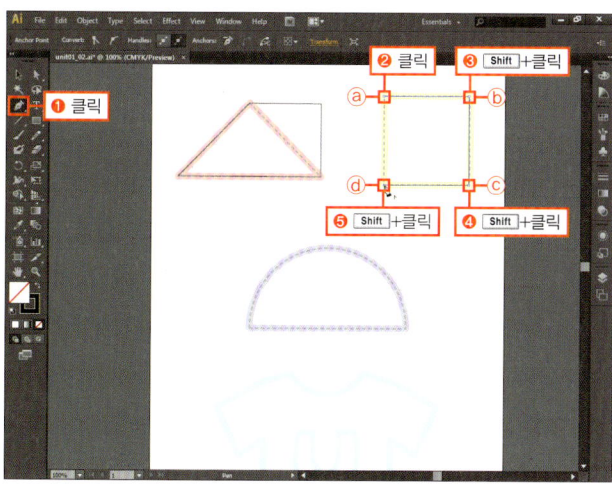

12 사각형 완성

❶ Shift 를 누른 채 ⓐ 지점에 마우스 포인터를 올린 후 포인터 모양이 ✎로 변경되면 클릭합니다.

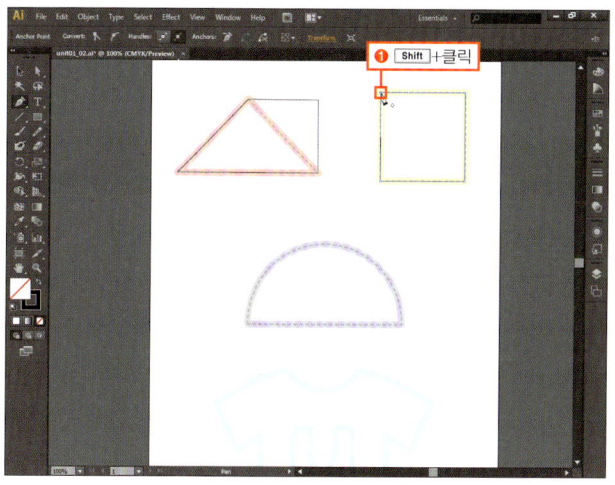

13 [Delete Anchor Point Tool] 선택

❶ [Pen Tool](🖋)을 길게 클릭합니다. ❷ [Delete Anchor Point Tool](🖋)을 선택합니다.

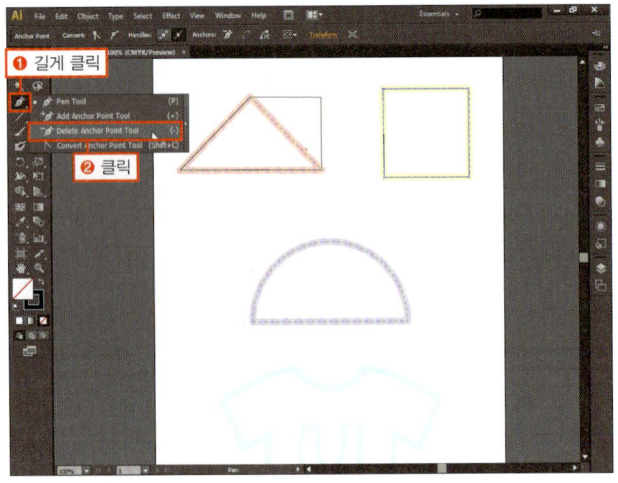

14 기준점 삭제

❶ 마우스 포인터를 ⓑ 지점에 올린 후 포인터 모양이 🖋로 바뀌면 클릭합니다.

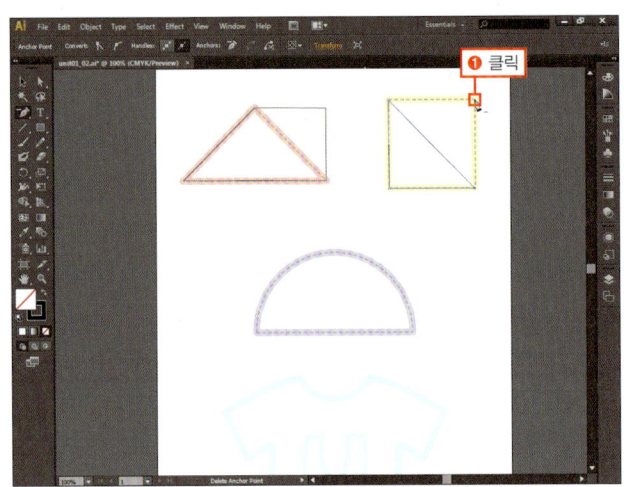

15 기준점 삭제 확인

처음에 그린 사각형이 삼각형으로 바뀐 것을 확인할 수 있습니다. 기준점은 원하는 만큼 삭제할 수 있으며, 모든 기준점을 삭제하면 오브젝트는 사라집니다.

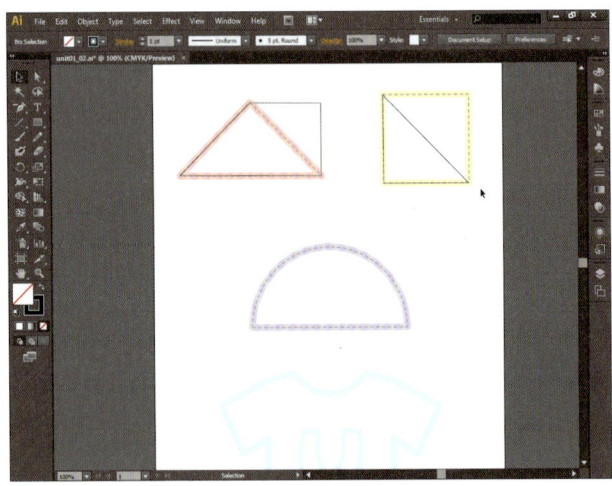

16 반원 드로잉

❶ 다시 [Pen Tool](🖋)을 선택합니다. ❷ ⓐ 지점을 클릭합니다. ❸ ⓑ 지점을 클릭한 채 오른쪽으로 드래그합니다.

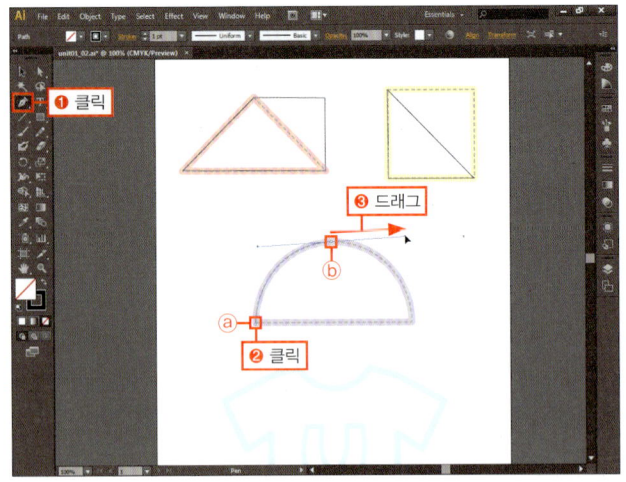

> **TIP** [Add Anchor Point Tool]을 사용하여 원하는 부분 삭제하기

[Add Anchor Point Tool]( )은 기본적으로 기준점을 추가할 때 사용하지만 원하는 부분을 삭제할 때도 사용할 수 있습니다.

❶ 다음 오각형 오브젝트에서 ⓐ와 ⓑ 지점 사이의 일부를 삭제하기 위해 [Add Anchor Point Tool]( )로 ⓐ와 ⓑ 지점 사이의 세그먼트 위에 기준점을 추가합니다.

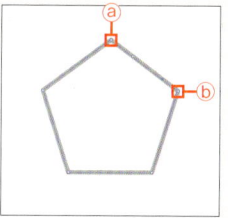

❷ 다음으로 [Direct Selection Tool]( )을 사용하여 ⓐ와 ⓑ 지점 사이의 세그먼트를 드래그하거나 클릭하여 선택합니다.

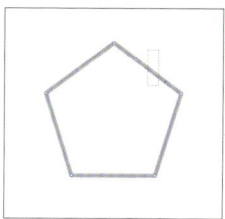

❸ Delete 를 눌러 삭제합니다. [Pen Tool]( )을 사용하여 ⓐ와 ⓑ 지점의 기준점을 연결하면 다시 오각형이 됩니다. 추가한 기준점을 삭제하려면 [Delete Anchor Point Tool]( )을 사용합니다.

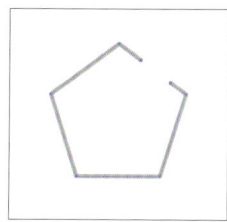

17 반원 드로잉

❶ ⓑ 지점의 기준점을 클릭하여 방향선 한쪽을 삭제합니다. ❷ ⓒ 지점을 클릭한 채 아래쪽으로 드래그합니다.

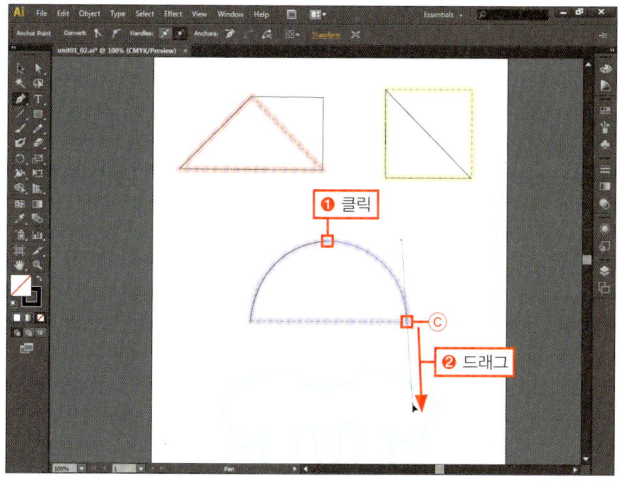

18 반원 완성

❶ ⓒ 지점의 기준점을 클릭하여 방향선 한쪽을 삭제합니다. ❷ ⓐ 지점의 기준점을 클릭하여 완성합니다.

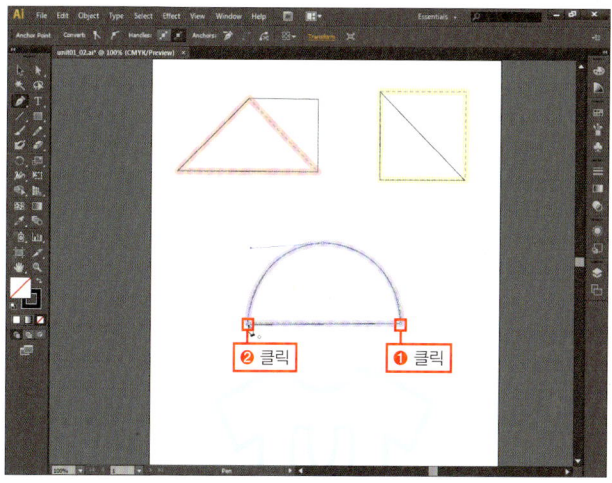

19 [Convert Anchor Point Tool] 선택

❶ [Pen Tool](✐)을 길게 클릭합니다. ❷ [Convert Anchor Point Tool](▷)을 선택합니다.

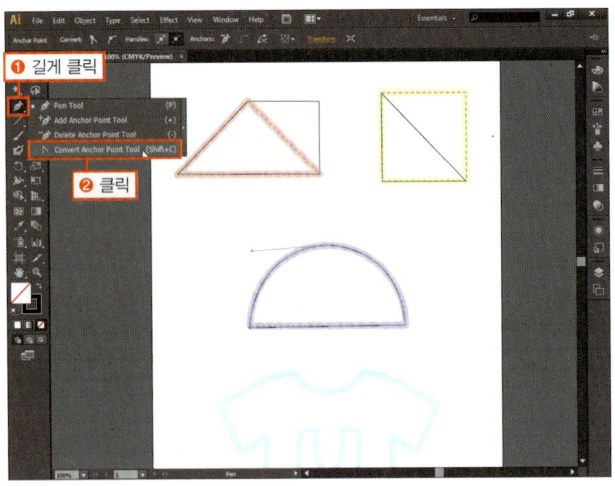

20 곡선을 직선으로 변경

❶ ⓑ 지점의 기준점을 클릭합니다. ❷ 이어서 ⓒ 지점의 기준점도 클릭합니다.

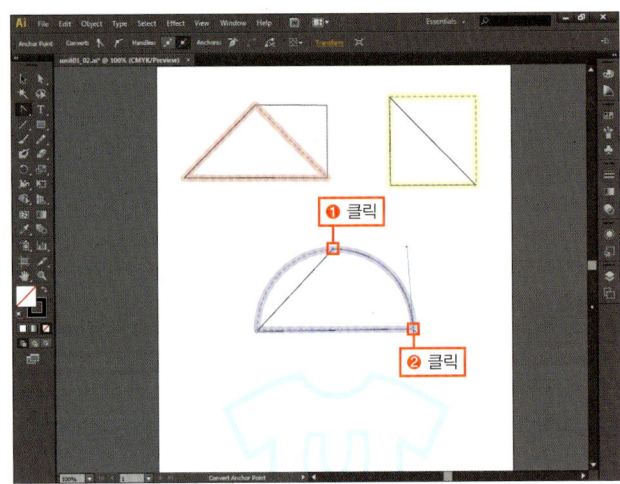

21 형태 확인

오브젝트가 반원에서 삼각형으로 바뀐 것을 확인할 수 있습니다.

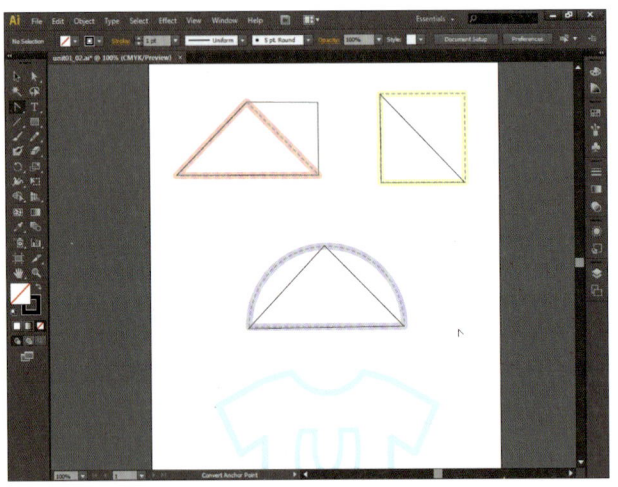

22 다시 반원으로 변경

❶ 다시 ⓑ 지점의 기준점에 마우스 포인터를 올립니다. ❷ 클릭한 채 오른쪽으로 드래그합니다. 양쪽 세그먼트의 모양이 점선과 비슷해지면 손을 뗍니다.

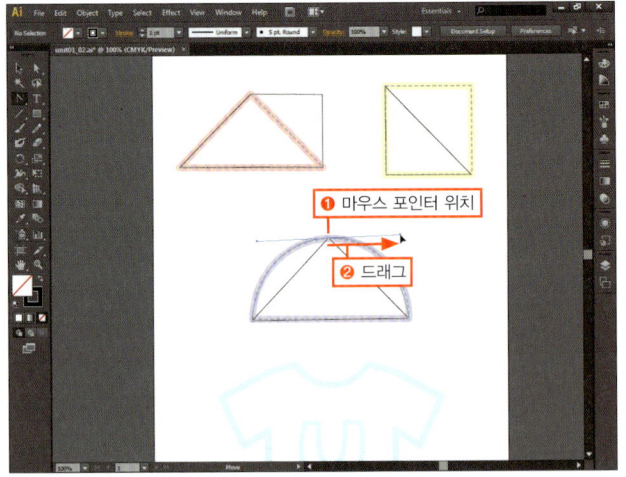

23 티셔츠 위치 변경

❶ `Spacebar` 를 누른 채 아트보드를 드래그하여 하늘색 티셔츠 그림이 화면 중앙에 위치하도록 조정합니다. ❷ [Pen Tool](✒)을 선택합니다.

24 티셔츠 드로잉

❶ ⓐ 지점에서 ⓕ 지점까지 직선으로만 패스를 잇습니다. `Shift` 가 필요한 부분은 적절히 사용하여 ❷ ⓐ 지점까지 직선으로 이어서 닫힌 패스를 만듭니다.

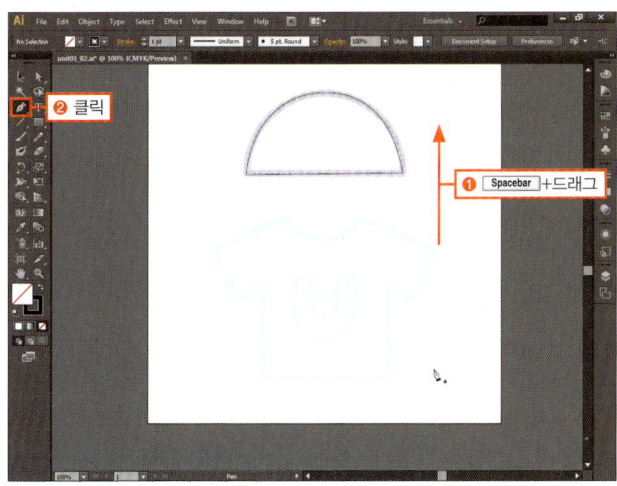
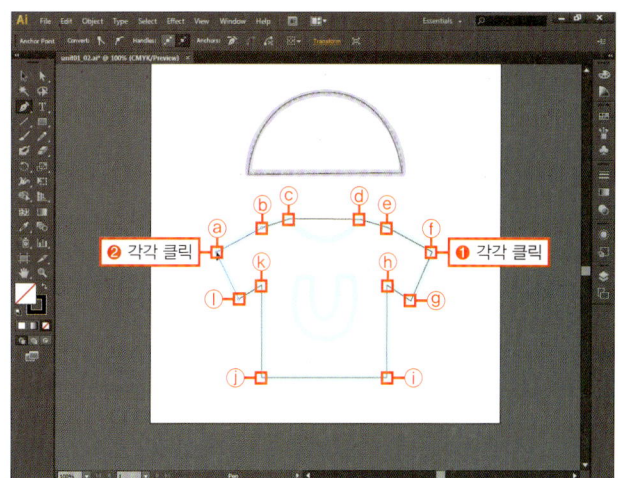

25 곡선 드로잉

❶ [Convert Anchor Point Tool](▷)을 선택합니다. ❷ ⓓ 지점의 기준점을 클릭한 채 오른쪽 상단으로 드래그합니다.

26 방향선 한쪽 삭제

방향선이 양쪽으로 생성되었기 때문에 ⓓ 지점의 오른쪽 세그먼트도 함께 곡선으로 변경됩니다. [Convert Anchor Point Tool](▷)로 ❶ 양쪽 방향점 중 위쪽 방향점을 클릭합니다.

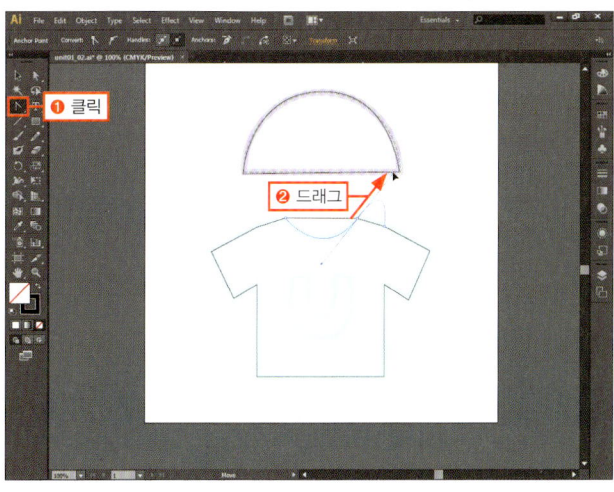
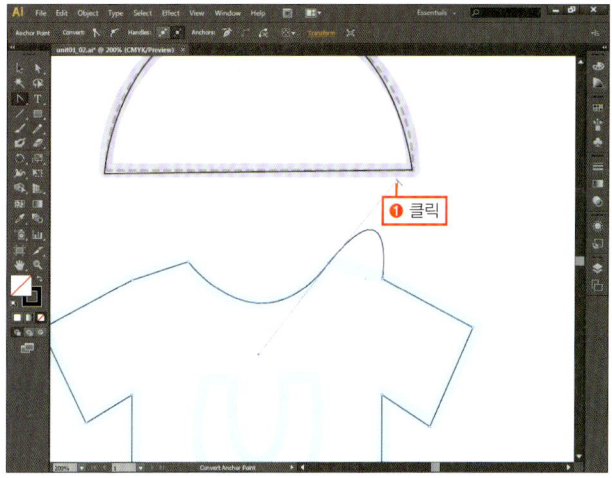

27 티셔츠에 알파벳 드로잉

티셔츠 형태가 완성되었습니다. ❶다시 [Pen Tool]( )을 선택합니다. ❷알파벳 'U'의 왼쪽 상단부터 따라 그립니다. 곡선을 그릴 때에는 기준점을 클릭해 한쪽 기준선을 삭제한 후 진행합니다.

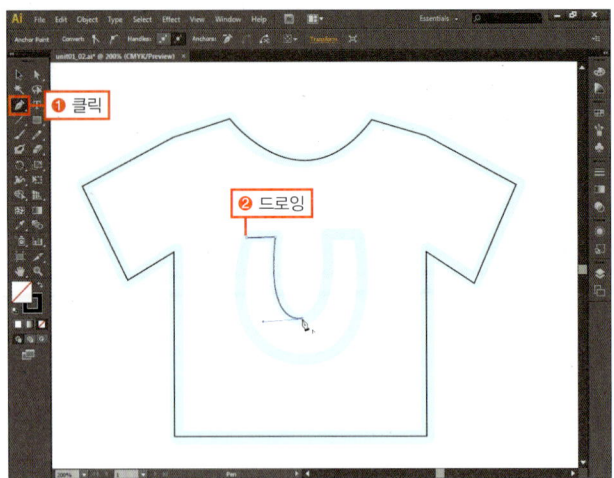

28 완성

닫힌 패스 그리기와 패스 수정 과정을 마쳤습니다.

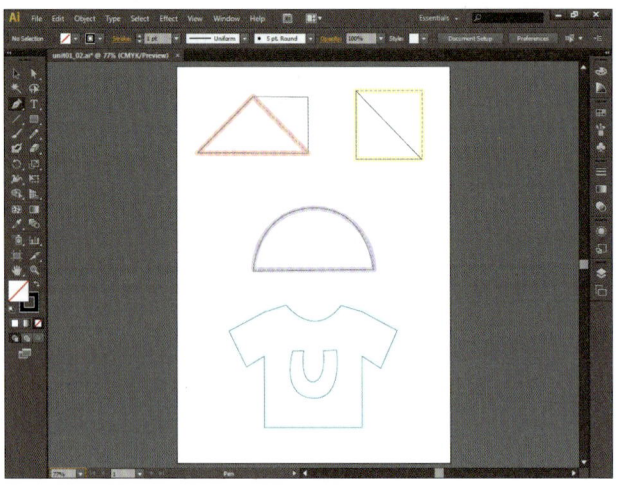

◉ 완성 파일 : Chapter02\unit01_02_완성.ai

선 모양 변경하기

지금까지는 기본 형태의 선(Stroke)을 만들었습니다. 선은 모양을 변형하고 굵기를 조절할 수 있으며, 이를 이용하여 다양한 느낌을 줄 수 있습니다. 선의 모양을 변경하는 다양한 방법을 살펴보겠습니다.

1 [Stroke] 패널 살펴보기

[Stroke] 패널을 선택한 후 목록 단추(▼)를 클릭하여 [Show Options] 메뉴를 클릭합니다.

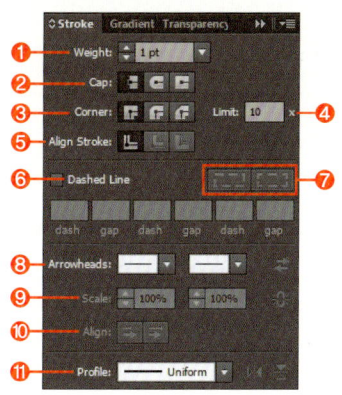

❶ **Weight** : 선의 굵기를 조절할 수 있습니다. 직접 수치를 입력하거나 목록 단추를 클릭하여 수치를 선택할 수 있습니다.

❷ **Cap** : 패스 끝 부분의 모양을 설정합니다.

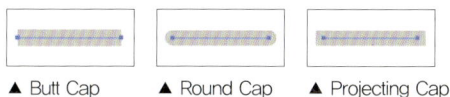

▲ Butt Cap   ▲ Round Cap   ▲ Projecting Cap

ⓐ **Butt Cap(▫)** : 기준점을 기점으로 하는 패스의 끝 모양을 직각으로 설정합니다.
ⓑ **Round Cap(▫)** : 기준점을 감싸는 패스의 끝 모양을 둥글게 설정합니다.
ⓒ **Projecting Cap(▫)** : 기준점을 감싸는 패스의 끝 모양을 직각으로 설정합니다.

❸ **Corner** : 모서리 모양을 선택합니다.

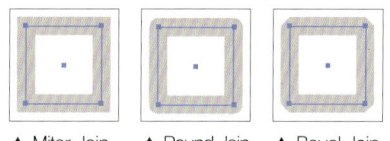

▲ Miter Join   ▲ Round Join   ▲ Bevel Join

ⓐ **Miter Join(▫)** : 모서리를 직각 모양으로 설정합니다.
ⓑ **Round Join(▫)** : 모서리를 둥근 모양으로 설정합니다.
ⓒ **Bevel Join(▫)** : 모서리가 깎인 모양으로 설정합니다.

❹ **Limit** : 수치를 입력해 모서리의 뾰족한 부분을 조절합니다.

▲ Limit : 10   ▲ Limit : 0

❺ **Align Stroke** : 선의 기준점을 선택합니다.

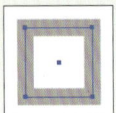 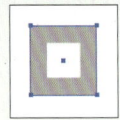 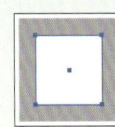

▲ Align Stroke to Center　　▲ Align Stroke to Inside　　▲ Align Stroke to Outside

ⓐ **Align Stroke to Center**(　) : 패스를 기점으로 선이 굵어집니다.
ⓑ **Align Stroke to Inside**(　) : 패스의 안쪽으로 선이 굵어집니다.
ⓒ **Align Stroke to Outside**(　) : 패스의 바깥쪽으로 선이 굵어집니다.

❻ **Dashed Line** : 체크할 경우 점선으로 변경됩니다. [dash]는 점선의 길이, [gap]은 점선 간 공백의 길이입니다.

▲ 5pt, 5pt　　　　　　　　▲ 20pt, 5pt, 5pt, 5pt　　　　　　▲ 20pt, 5pt, 5pt, 5pt, 5pt

❼ 모서리가 없는 형태와 모서리가 있는 형태 중 하나를 선택합니다.

❽ **Arrowheads** : 기준점에 화살표 모양을 추가합니다. 목록 단추를 클릭하여 모양을 선택합니다.

❾ **Scale** : 화살표의 크기를 설정합니다.

❿ **Align** : 화살표 시작 기준점을 설정합니다.

⓫ **Profile** : 선의 모양을 설정합니다.

Unit 02. [Pencil Tool]로 그림 그리듯 드로잉하기

일러스트레이터로 작업하면 대부분 컴퓨터 그래픽이라는 것을 바로 알아볼 수 있을 정도로 드로잉이 깔끔하고 반듯합니다. 그러나 [Pencil Tool]은 이러한 일러스트레이터의 일반적인 성격과 달리 자연스럽게 드로잉할 수 있는 툴입니다. [Pencil Tool]에 대해 알아보고 자연스러운 드로잉 작업을 해보겠습니다.

학습 주제
- [Pencil Tool] 살펴보기
- [Pencil Tool] 연습하기
- [Pencil Tool]로 머그컵 그리기

관련 학습
- [Width Tool]로 느낌 있게 드로잉하기 : 124쪽

간략 개요 — [Pencil Tool] 살펴보기

[Pencil Tool]을 이용하면 자연스러운 라인으로 드로잉할 수 있습니다. [Pencil Tool]의 종류를 알아보고 사용 방법을 살펴보겠습니다.

● [Pencil Tool]의 종류

[Tool] 패널에서 [Pencil Tool]()을 길게 클릭하면 총 3개의 툴 목록이 나타납니다. [Pencil Tool]()을 제외한 나머지 툴은 패스를 수정할 때 사용합니다.

❶ [Pencil Tool](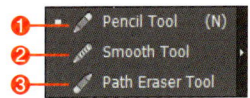) : 자유롭게 패스를 만들 수 있는 툴입니다. 원하는 방향으로 클릭한 채 드래그하여 그림을 그리듯 사용합니다.

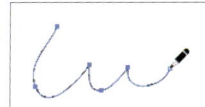

❷ [Smooth Tool](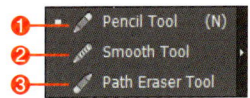) : 각진 패스를 부드럽게 수정하는 툴입니다. 패스 위에서 클릭한 채 드래그하여 사용합니다.

❸ [Path Eraser Tool](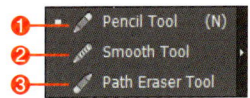) : 패스를 지우는 툴입니다. 패스 위에서 클릭한 채 드래그하여 사용합니다.

[Pencil Tool]로 사과 그리기

[Pencil Tool](✏)로 선 긋기, [Smooth Tool](✏)로 각진 모서리 부드럽게 만들기, [Path Eraser Tool](✏)로 선 지우기 작업을 하여 사과를 그려보겠습니다.

01 새 도큐먼트 설정

❶ [File]-[New] 메뉴를 클릭하여 새 도큐먼트를 엽니다. ❷ [Name]은 '선긋기', ❸ [Size]는 'A4', ❹ [Orientation]은 ▯로 설정합니다. ❺ [OK]를 클릭합니다.

02 [Pencil Tool]로 선 드로잉

❶ [Tool] 패널에서 [Fill]을 선택한 후 ❷ ▯를 클릭하여 칠 색을 [None]으로 설정합니다. ❸ [Pencil Tool](✏)을 선택한 후 ❹ 아트보드를 드래그하여 다음과 같이 선을 긋습니다.

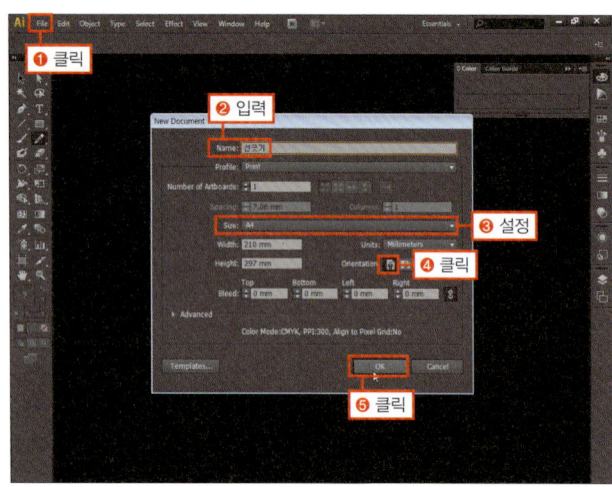

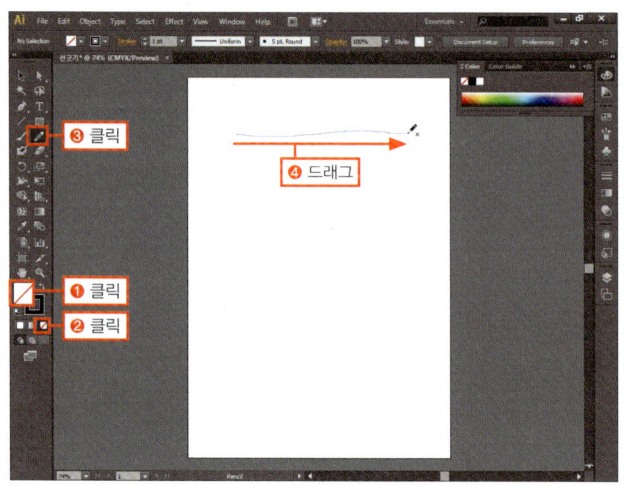

03 [Smooth Tool]로 각진 모서리 수정

❶ [Pen Tool](✏)을 이용해 ❷ 90° 각도의 패스를 그립니다. ❸ [Smooth Tool](✏)을 선택합니다. ❹ 각진 모서리 바깥쪽에 마우스 포인터를 올리고 모서리각을 따라 드래그합니다. 여러 번 드래그할수록 부드러워집니다.

04 [Path Eraser Tool]로 패스 삭제

❶ [Path Eraser Tool](✏)을 선택합니다. ❷ 지우고 싶은 부분의 패스 위에 마우스 포인터를 올린 후 지우고 싶은 곳까지 지그재그 형태로 드래그합니다.

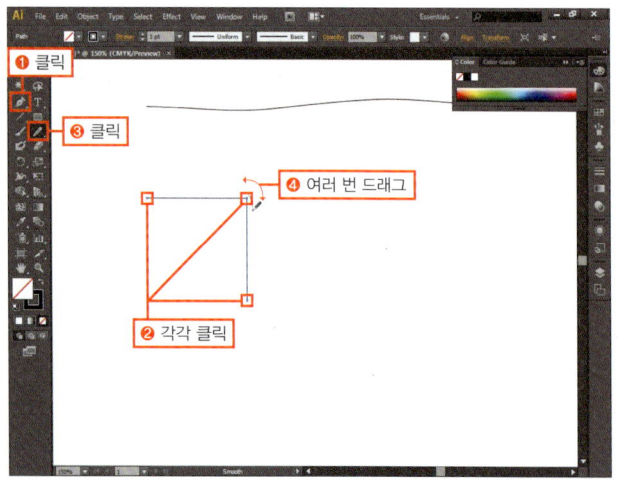

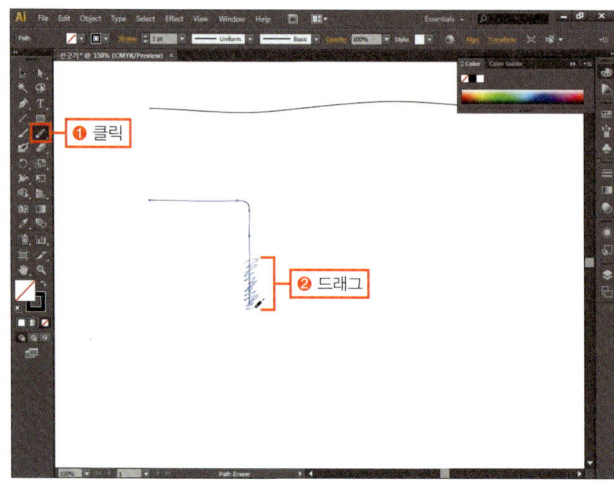

05 [Pencil Tool]로 연속 드로잉

이제 본격적으로 사과를 그리겠습니다. ❶ D 를 눌러 [Stroke]와 [Fill]을 기본 설정으로 돌린 뒤 ❷ [Pencil Tool](✏️)을 선택합니다. ❸ 사과 모양을 그리다가 ❹ 패스가 처음 시작한 지점과 만날 즈음 Alt 를 눌러 포인터 모양이 ✏️로 바뀌면 마우스에서 손을 뗍니다. 처음 시작한 기준점과 연결됩니다.

06 이어서 드로잉

❶ 사과 바깥쪽의 아트보드 빈 곳을 Ctrl 을 누른 채 클릭합니다. 사과가 선택되어 있는 상태가 해제됩니다. ❷ 사과 윗부분에 둥근 라인을 그립니다. ❸ Ctrl 을 누른 채 아트보드의 빈 곳을 클릭합니다.

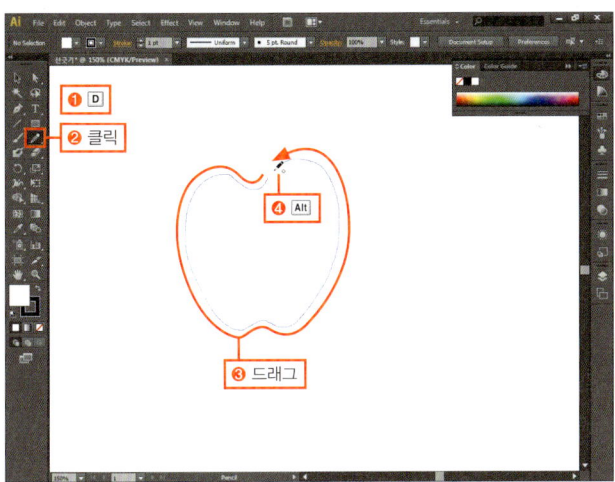

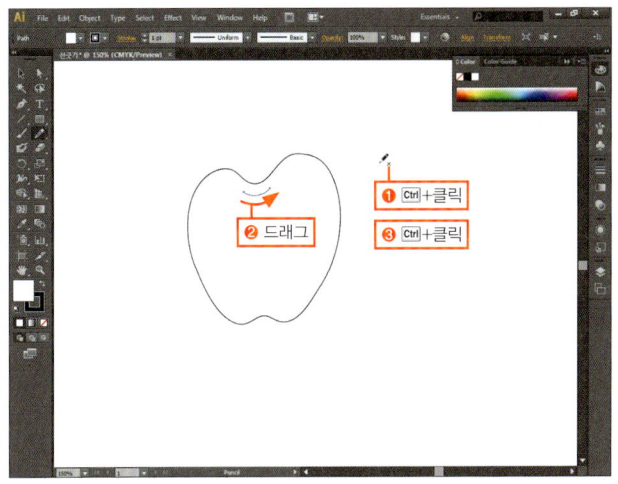

MEMO ● 닫힌 패스를 그릴 때에는 [Pencil Tool](✏️)로 패스를 그리는 도중 Alt 를 눌러야 합니다. 처음부터 Alt 를 누르면 [Smooth Tool](✏️)로 바뀌므로 주의합니다.

MEMO ● [Pencil Tool](✏️)로 먼저 그렸던 패스와 가까운 곳에 곧바로 새로운 패스를 그리면 기존 패스와 연결되거나 기존의 패스는 없어지고 새로운 패스만 생깁니다. 그러므로 가까운 곳에 패스를 계속 그리기 위해서는 아트보드의 빈 곳을 [Selection Tool](▶)로 클릭하여 선택 해제한 다음 진행해야 합니다.

07 사과 꼭지 드로잉

❶ 둥근 라인 위에 사과 꼭지를 그립니다. Alt 를 이용해 닫힌 패스로 그리고, [Fill]이 해제될 경우 D 를 눌러 기본 설정으로 돌립니다. ❷ Ctrl 을 누른 채 아트보드의 빈 곳을 클릭합니다.

MEMO ● D 를 누르면 [Fill]과 [Stroke]가 기본 설정으로 돌아갑니다.

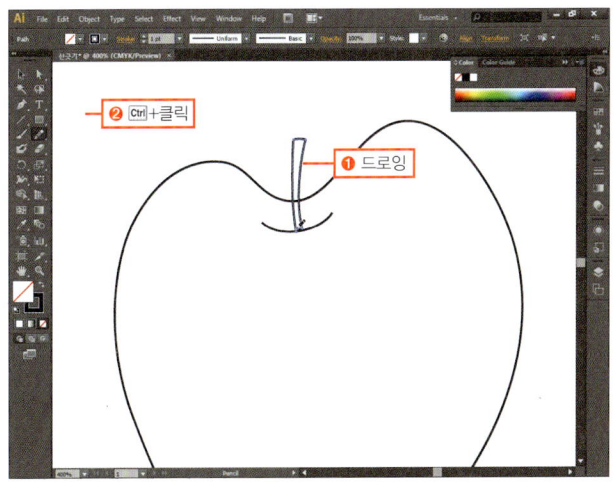

08 나뭇잎 드로잉

❶ 사과 꼭지에 나뭇잎을 그립니다. Alt를 이용해 닫힌 패스로 그리고, [Fill]이 해제될 경우 D를 눌러 기본 설정으로 돌립니다. ❷ Ctrl을 누른 채 아트보드의 빈 곳을 클릭합니다.

09 선의 어색한 부분 수정

❶ [Direct Selection Tool](▶)을 선택합니다. ❷ 원하는 패스 위의 기준점을 클릭한 후 드래그하여 위치를 이동하거나 방향선을 조절합니다.

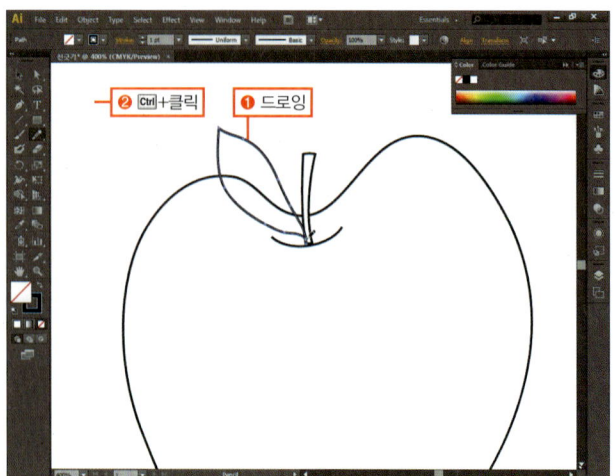

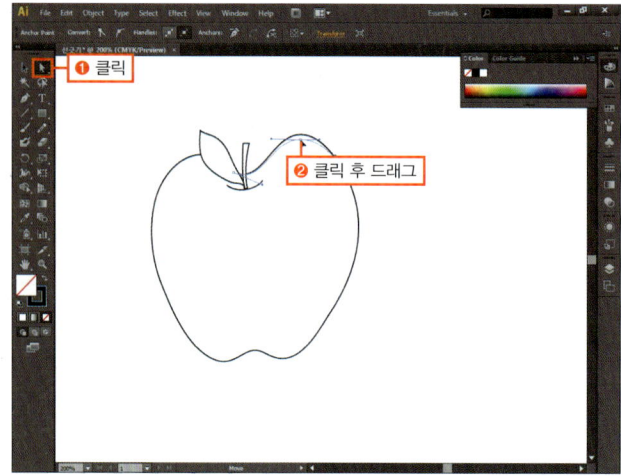

◉ 완성 파일 : Chapter02\선긋기_완성.ai

MEMO ● 원하지 않는 기준점이 있을 경우 기준점을 선택한 후 Delete를 눌러 삭제합니다.

TIP [Pencil Tool]과 [Smooth Tool] 옵션 살펴보기

[Tool] 패널의 [Pencil Tool](✏️)과 [Smooth Tool](✏️)을 더블클릭하면 각 툴의 옵션을 설정할 수 있는 대화상자가 나타납니다.

- **[Pencil Tool Options] 대화상자**

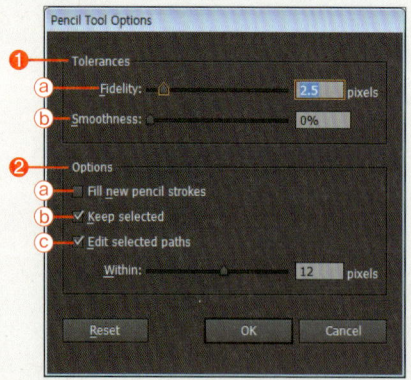

❶ **Tolerances(허용치)**
　ⓐ **Fidelity** : 정확도를 설정합니다. 수치가 낮을수록 사용자가 그리는 대로 정확하게 그려집니다.
　ⓑ **Smoothness** : 매끄러운 정도를 설정합니다. 수치가 높을수록 선이 매끄러워집니다.

❷ **Options(옵션)**
  ⓐ Fill new pencil strokes : 체크하면 설정된 칠 색상이 적용됩니다.
  ⓑ Keep selected : 드로잉이 끝났을 때 패스가 선택된 상태를 유지합니다.
  ⓒ Edit selected paths : 선택된 패스를 수정할 수 있습니다. 체크한 후 하단의 수치 조절 바를 움직이거나 입력창에 수치를 입력합니다.

• **[Smooth Tool Options] 대화상자**

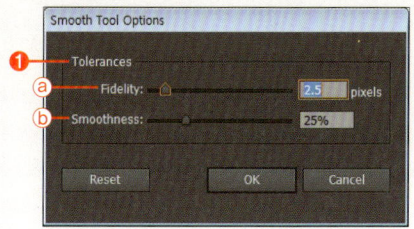

❶ **Tolerances(허용치)**
  ⓐ Fidelity : 정확도를 설정합니다. 수치가 낮을수록 기준점이 많이 생성됩니다.
  ⓑ Smoothness : 수치가 높을수록 부드러워집니다.

[Pencil Tool]로 머그컵 그리기

종이에 스케치하여 스캔하거나 포토샵으로 스케치한 뒤 [Pencil Tool]로 따라 그리면 자연스럽고 깔끔한 라인으로 드로잉할 수 있습니다. [Pencil Tool]을 이용하여 머그컵을 그려보겠습니다.

◎ 예제 파일 : Chapter02\머그컵.jpg

01 파일 불러오기

❶ [File]-[Open] 메뉴를 클릭하여 [Open] 대화상자를 엽니다. ❷ '머그컵.jpg' 파일을 선택합니다. ❸ [Open]을 클릭합니다.

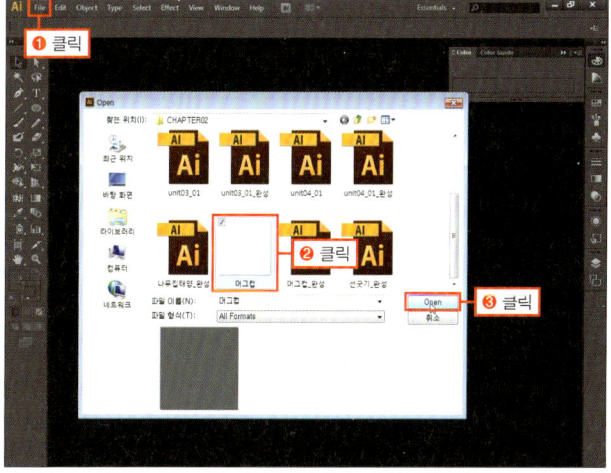

02 레이어 고정

❶ [Selection Tool]( )로 ❷ 머그컵 그림을 선택합니다. ❸ [Layers] 패널을 선택합니다. ❹ 눈 아이콘( ) 옆 빈 박스를 클릭하면 자물쇠 모양( )이 나타납니다.

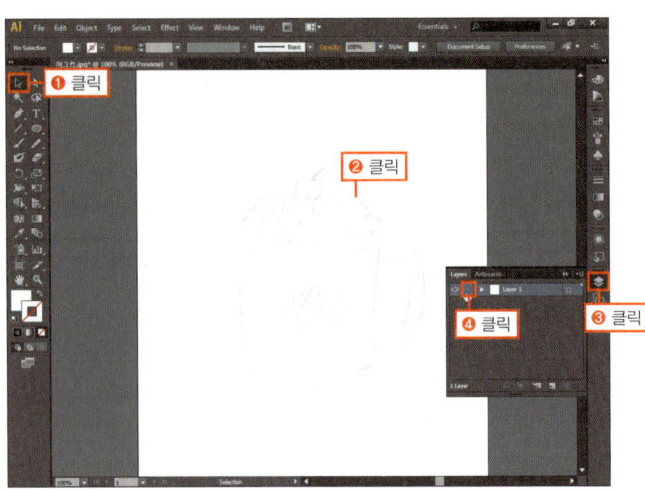

MEMO ● 잠금 상태의 레이어에서는 작업을 할 수 없습니다. 레이어에 대한 자세한 내용은 103쪽을 참고합니다.

03 레이어 추가

❶ [Layers] 패널의 [Create New Layer]( )를 클릭하여 새로운 레이어를 만듭니다. ❷ [Tool] 패널의 [Default Fill and Stroke]( )를 클릭하거나 단축키 D를 눌러 [Fill]과 [Stroke]를 기본 설정으로 되돌립니다. 새로 만들어진 [Layer 2]에 작업을 시작하겠습니다.

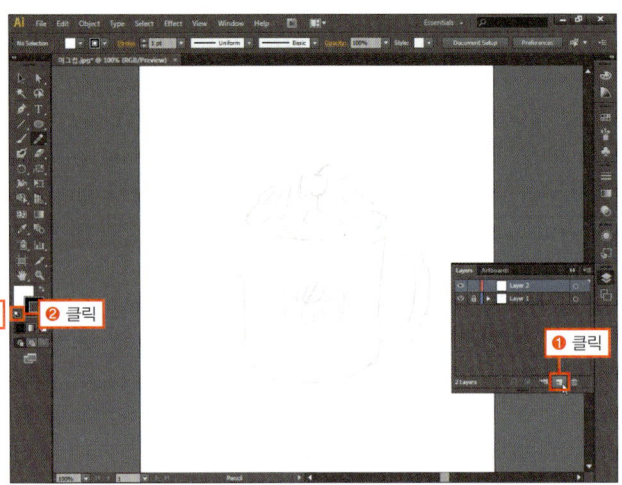

04 [Pencil Tool]로 머그잔 드로잉

❶ [Pencil Tool]( )을 선택한 후 ❷ Alt 를 이용해 머그잔을 닫힌 패스로 그립니다. 스케치 라인과 똑같이 그리지 않아도 됩니다. ❸ Ctrl 을 누른 채 아트보드의 빈 곳을 클릭합니다.

05 손잡이 드로잉

❶ Alt 를 이용해 손잡이를 닫힌 패스로 그립니다. ❷ Ctrl 을 누른 채 아트보드의 빈 곳을 클릭합니다.

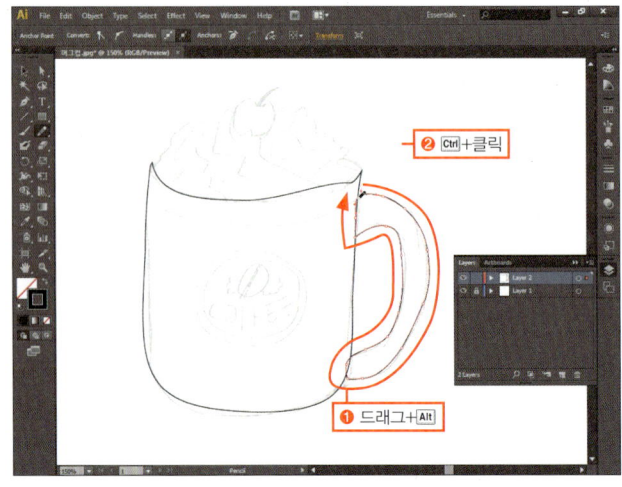

06 휘핑크림 드로잉

❶ 체리 모양은 무시하고 휘핑크림 오브젝트를 그립니다. 역시 Alt 를 이용해 닫힌 패스로 마무리합니다. ❷ Ctrl 을 누른 채 아트보드의 빈 곳을 클릭합니다.

07 휘핑크림 마무리

❶ 크림의 디테일을 각각 닫힌 패스로 그립니다. 이전에 그린 패스와 연결될 수 있으니 드로잉 후 Ctrl 을 누른 채 아트보드의 빈 곳을 클릭하여 선택 해제하는 과정을 반복합니다.

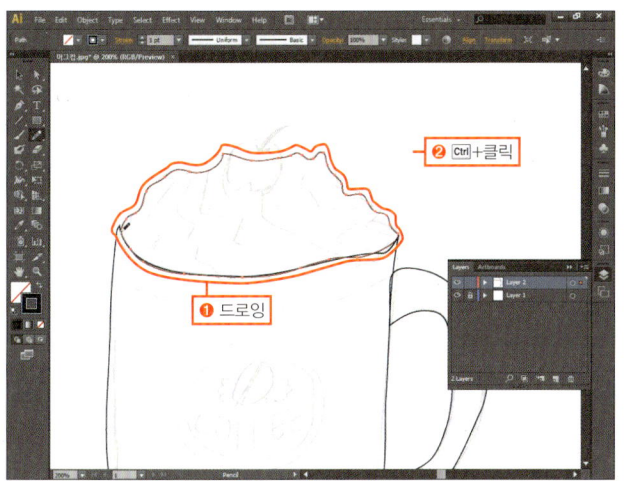

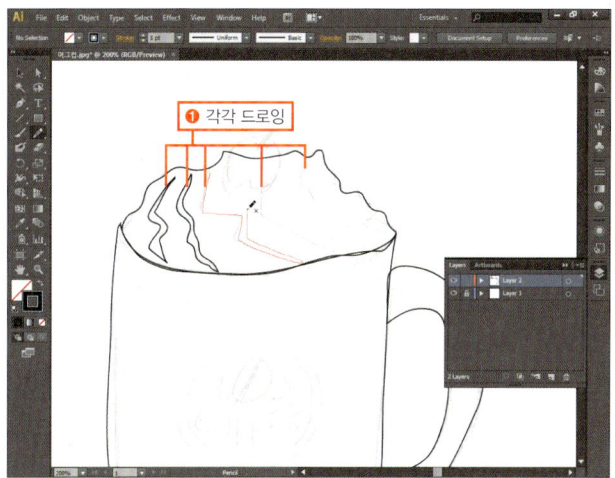

08 체리 드로잉

❶ Ctrl + Spacebar 를 눌러 포인터 모양이 🔍 로 바뀌면 아트보드를 클릭해 화면을 확대합니다. ❷ Alt 를 이용해 닫힌 패스로 체리를 그립니다. ❸ 움푹 파인 부분을 그린 후 ❹ Ctrl 을 누른 채 아트보드의 빈 곳을 클릭합니다. ❺ 닫힌 패스로 체리 꼭지를 그립니다.

09 컵 로고 드로잉

❶ 컵 안쪽 상단의 라인을 그립니다. ❷ 컵 중앙 로고의 가장 바깥쪽 큰 원을 그리고 역시 닫힌 패스로 마무리합니다. ❸ Ctrl 을 누른 채 아트보드의 빈 곳을 클릭합니다.

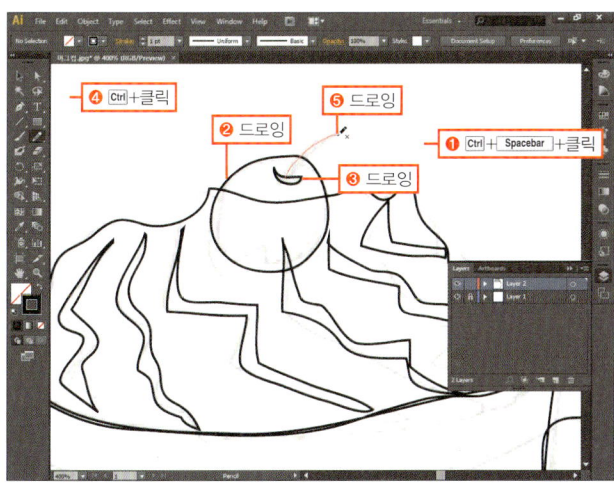

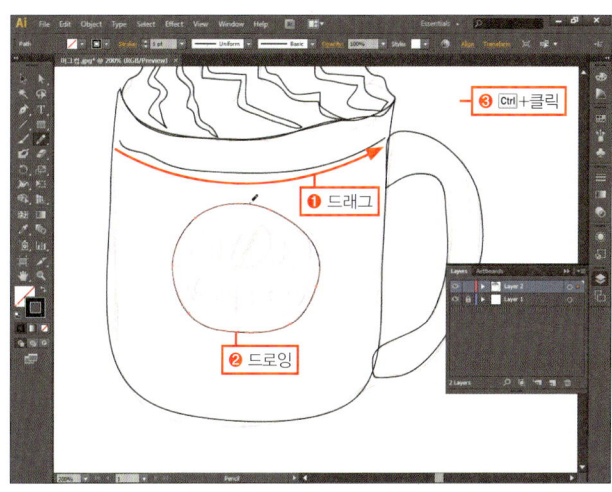

10 로고 드로잉

❶ 닫힌 패스로 작은 원을 그립니다. ❷ Ctrl 을 클릭한 채 아트보드의 빈 곳을 클릭합니다. ❸ 원두 날개를 그린 후 ❹ 선택 해제하고 ❺ 원두까지 그려 마무리합니다. 모두 닫힌 패스로 작업합니다.

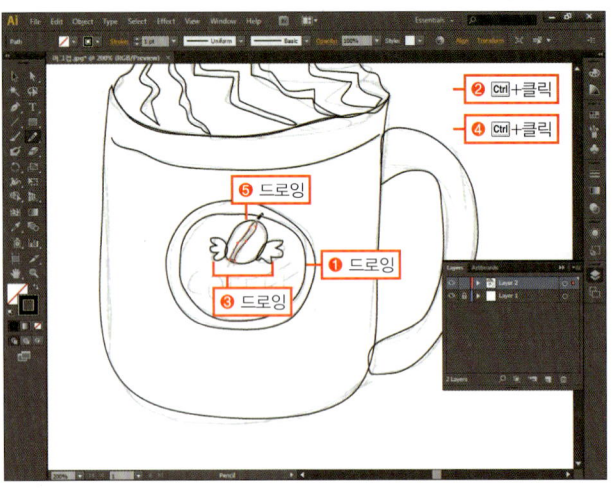

11 [Keep selected] 옵션 해제

알파벳의 경우 라인을 계속 가깝게 그려야 하므로 [Keep selected] 옵션을 해제합니다. ❶ [Pencil Tool](✏️)을 더블클릭하여 [Pencil Tool Options] 대화상자가 열리면 ❷ [Options]의 [Keep selected]를 체크 해제합니다. ❸ [OK]를 클릭합니다.

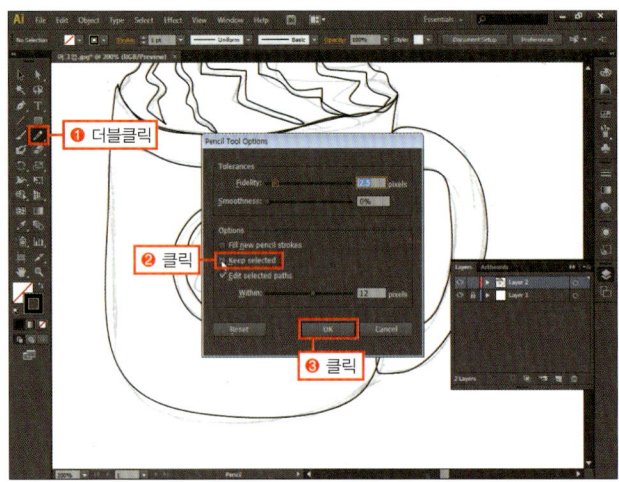

12 알파벳 드로잉

❶ 드래그하여 'COFFEE'를 그립니다.

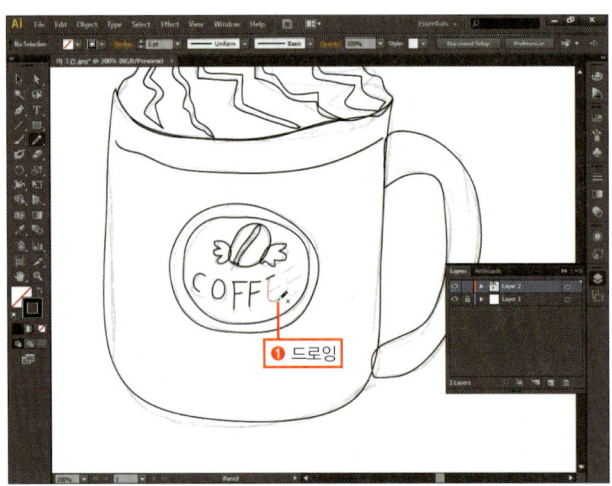

MEMO ● [Keep selected]를 체크 해제했으므로 패스를 그리면 자동으로 선택 해제 상태가 됩니다.

13 머그컵 선택하고 알파벳 선택 해제

❶ Ctrl + A 를 눌러 모든 오브젝트를 선택합니다. ❷ Ctrl + Spacebar 를 누른 채 클릭하여 화면을 확대합니다. ❸ Shift 를 누른 채 'COFFEE' 부분을 드래그하여 선택 해제합니다. 드래그 영역 안에 알파벳 패스의 일부분만 들어가도 됩니다.

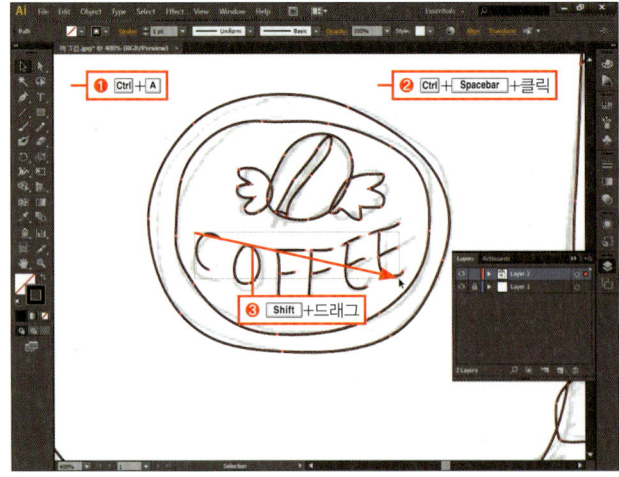

MEMO ● Ctrl + A 를 누르면 아트보드 내 잠겨 있지 않은 모든 오브젝트가 선택됩니다.

14 칠 색 설정

❶ Ctrl + Alt + Spacebar 를 누른 채 클릭하여 화면을 축소합니다. ❷ Shift 를 누른 채 컵 안쪽의 라인도 클릭하여 선택 해제합니다. ❸ [Tool] 패널의 [Default Fill and Stroke](■)를 클릭하거나 단축키 D 를 누릅니다.

15 스케치 레이어 잠금 해제

❶ [Layers] 패널에서 [Layer 1]을 선택합니다. ❷ 자물쇠 모양(🔒)을 클릭하여 잠금을 해제합니다.

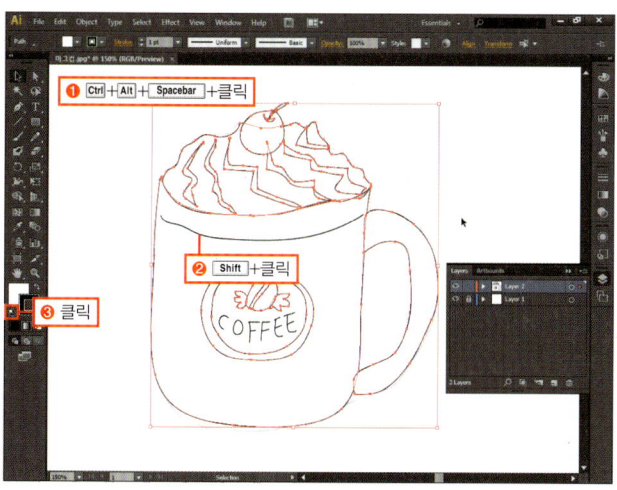
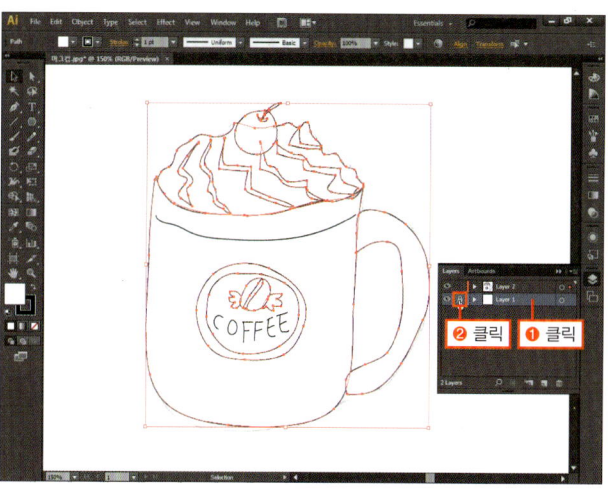

TIP Shift 로 오브젝트 선택하기

Shift 를 이용해 간단하게 오브젝트를 선택하고 해제하는 방법을 배워보겠습니다. 3개의 오브젝트 중 노란색 원만 제외하고 선택하겠습니다.

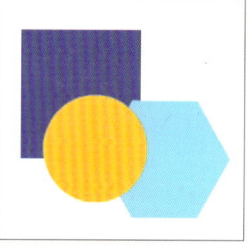

❶ **Shift 로 선택 추가하기**

[Selection Tool](▶)로 보라색 사각형을 선택합니다. Shift 를 누른 채 하늘색 다각형을 클릭합니다. 보라색 사각형과 하늘색 다각형이 선택됩니다.

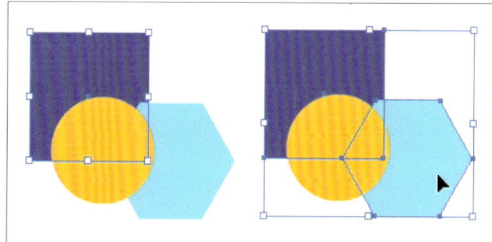

❷ **Shift 로 선택 해제하기**

Ctrl + A 를 누르거나 [Selection Tool](▶)로 클릭한 채 드래그하여 3개의 오브젝트를 선택합니다. Shift 를 누르고 노란색 원을 클릭합니다. 보라색 사각형과 하늘색 다각형만 선택됩니다.

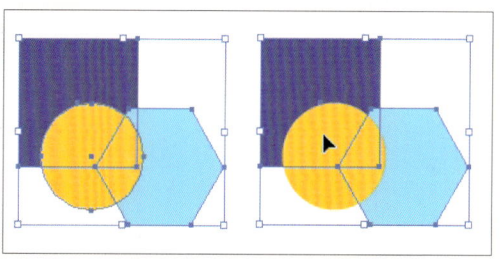

16 레이어 삭제

❶ [Layers] 패널 하단의 🗑를 클릭하여 [Layer 1]을 삭제합니다. ❷ 경고창이 나타나면 [Yes]를 클릭합니다.

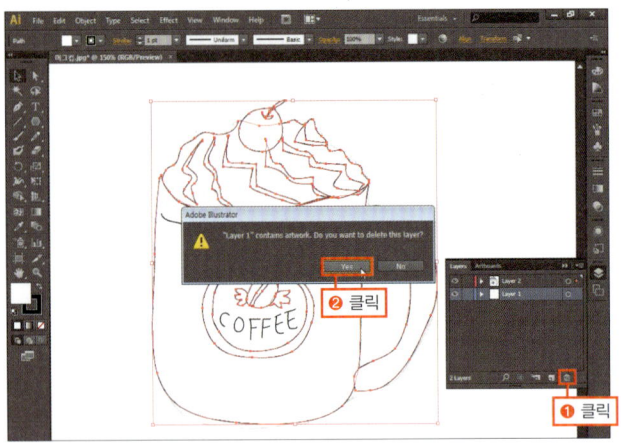

MEMO ● 레이어를 삭제하지 않고 눈 모양(👁)을 클릭하여 레이어가 보이지 않게 하는 방법도 있습니다.

17 기준점 선택

마음에 들지 않는 라인을 정리합니다. ❶ [Tool] 패널에서 [Direct Selection Tool](▷)을 선택합니다. ❷ 수정할 패스 위를 클릭하여 나타나는 기준점을 선택합니다.

18 방향선 조절

방향선이 나타나면 [Direct Selection Tool](▷)로 방향점을 클릭한 후 드래그하여 수정하거나 ❶ [Convert Anchor Point Tool](▷)을 선택한 후 ❷ 방향점을 클릭하여 직선으로 만듭니다. 여기서는 곡선을 없애기 위해 방향점을 클릭하여 직선으로 만들었습니다.

19 완성

머그컵 일러스트가 완성되었습니다.

◉ 완성 파일 : Chapter02\머그컵_완성.ai

MEMO ● Chapter 03에서 채색하는 방법을 익혀 사용하면 더욱 예쁜 이미지를 만들 수 있습니다.

레이어 이해하기

레이어는 무언가를 덮는 '막' 또는 무언가를 이루는 '층'이라는 사전적 의미를 가지고 있습니다. 레이어를 이용하면 작업의 수정 및 변경이 매우 수월해집니다. 이는 디지털 작업의 장점 중 하나이므로 꼭 이해하도록 합니다.

1 레이어 이해하기

오른쪽 그림은 일러스트레이터로 작업한 돼지 그림입니다. 이 그림은 한 장으로 이루어진 것 같지만 사실 여러 개의 레이어가 겹겹이 쌓여 만들어진 그림입니다.

▲ 완성된 그림

가장 아래에 있는 얼굴 모양 레이어 위에 귀, 눈, 코, 입 레이어가 차례로 올라가고, 코 레이어 위에 콧구멍 레이어가 올라가 돼지 얼굴이 만들어진 것을 알 수 있습니다. 쉽게 이야기하면, 얼굴 모양 레이어와 귀 레이어는 얼굴 모양의 그림 위에 귀를 그린 투명한 판을 올린 것과 같습니다. 그렇기 때문에 만약 귀 모양을 변경하고 싶다면 귀 레이어만 선택하여 수정하면 되며, 이때 다른 레이어들은 영향을 받지 않습니다.

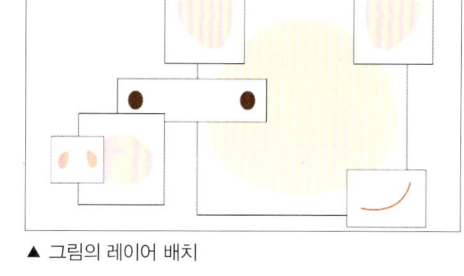

▲ 그림의 레이어 배치

레이어 순서를 변경한 그림입니다. 귀 레이어를 가장 뒤에, 코 레이어를 가장 앞에 배치했습니다. 귀 레이어는 얼굴 모양 레이어 뒤로 이동했기 때문에 얼굴에 가려져 일부만 보이며, 콧구멍 레이어는 코 레이어의 뒤로 갔기 때문에 보이지 않습니다. 그러나 귀 레이어와 콧구멍 레이어 모두 레이어의 순서만 바꾼 것이므로 레이어 순서를 되돌리면 처음과 같은 상태의 그림으로 돌아옵니다.

▲ 레이어 순서를 변경한 그림

두 레이어 목록을 비교해보면 레이어의 순서가 변경되었음을 확인할 수 있습니다. 패스 작업을 하면 이와 같은 레이어 형식으로 등록됩니다. [Layers] 패널 목록에 순서대로 등록되며, 해당 패스를 선택하여 수정 및 삭제할 수 있습니다.

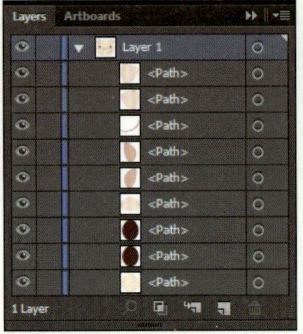
▲ 원본 레이어 목록

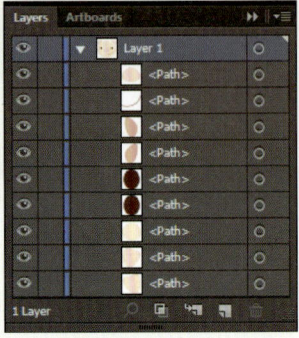
▲ 수정한 레이어 목록

2 [Layers] 패널 살펴보기

일러스트레이터의 화면의 오른쪽 패널에서 [Layers](아이콘)를 클릭합니다. 목록에 없는 경우 [Window]-[Layers] 메뉴를 클릭하거나 F7을 누릅니다.

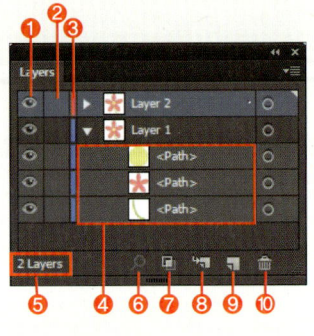

❶ **Toggles Visibility** : 레이어를 보이거나 안 보이게 설정합니다. 눈 모양(아이콘)이 표시되면 보이는 상태입니다. Ctrl을 누른 채 클릭할 경우 아웃라인(Outline) 모드가 되어 외곽선만 표시됩니다.

❷ **Toggles Lock** : 레이어를 잠글 수 있습니다. 자물쇠 모양(아이콘)이 표시되면 잠긴 상태입니다. 잠긴 레이어에서는 작업할 수 없습니다.

❸ 해당 레이어에 속한 오브젝트를 선택했을때 나타나는 바운딩 박스의 색상입니다.

❹ 레이어를 구성하고 있는 패스 목록을 확인할 수 있습니다.

❺ 현재 레이어의 개수를 표시합니다.

❻ **Locate Object** : 선택한 오브젝트를 레이어 목록에서 찾아줍니다.

❼ **Make/Release Clipping Mask** : 마스크를 씌웁니다.

❽ **Create New Sublayer** : 새로운 하위 레이어를 추가합니다.

❾ **Create New Layer** : 새로운 레이어를 추가합니다.

❿ **Delete Selection** : 레이어를 삭제합니다.

▲ [Layer 1] 레이어를 선택했을 때

▲ [Layer 2] 레이어를 선택했을 때

3 실습을 통해 레이어 이해하기

◎ 예제 파일 : Chapter02\unit02_01.ai

1 파일 실행

❶예제 파일을 불러옵니다. ❷오른쪽 패널에서 [Layers](◆)를 클릭합니다.

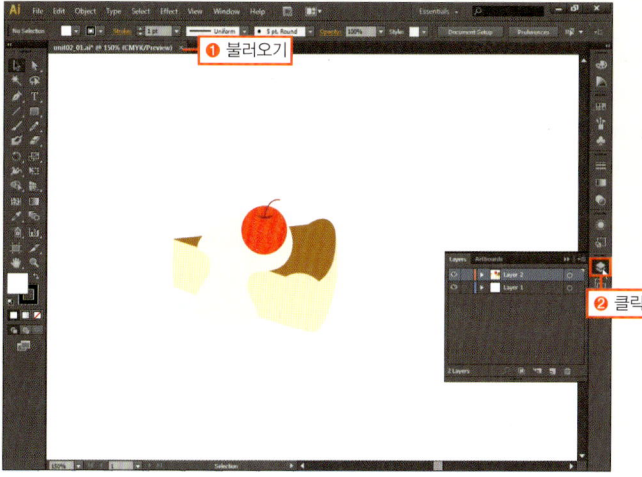

2 레이어 선택

❶[Layers] 패널에서 [Layer 1]을 선택합니다. ❷레이어 이름 오른쪽의 ◯를 클릭합니다. 해당 레이어의 모든 패스가 선택됩니다.

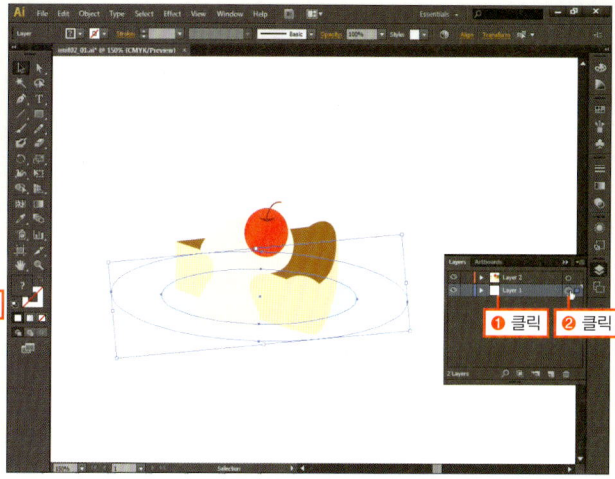

MEMO ● 레이어를 따로 만들면 해당 레이어의 패스를 컬러로 구분할 수 있습니다. 이렇게 레이어를 추가하여 작업하면 복잡한 형태의 그림을 그릴 때 손쉽게 수정할 수 있어 편리합니다.

3 접시 이동

❶선택된 오브젝트를 클릭한 채 드래그합니다. 케이크에 가려져 보이지 않던 부분에도 컬러가 채워져 있음을 확인할 수 있습니다. 이는 케이크 레이어가 접시 레이어보다 위에 있었기 때문입니다.

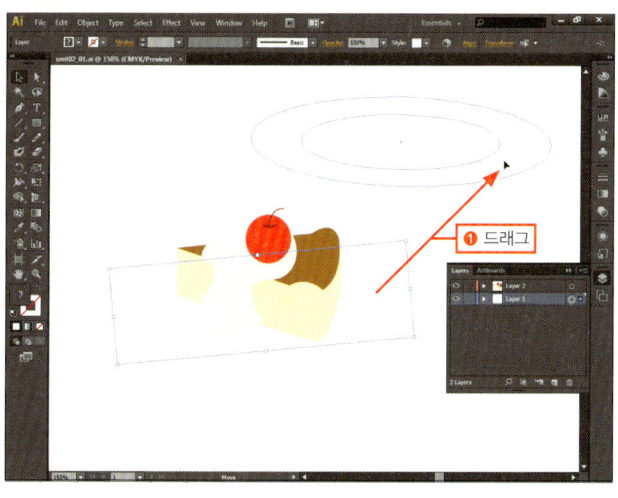

4 레이어 잠금

❶[Layer 1]을 잠급니다. 이제 [Layer 1]에서는 레이어 이동, 새로운 오브젝트 만들기 등 모든 작업을 할 수 없습니다. ❷다시 자물쇠 모양(🔒)을 클릭하면 잠금 해제되어 모든 작업을 할 수 있습니다.

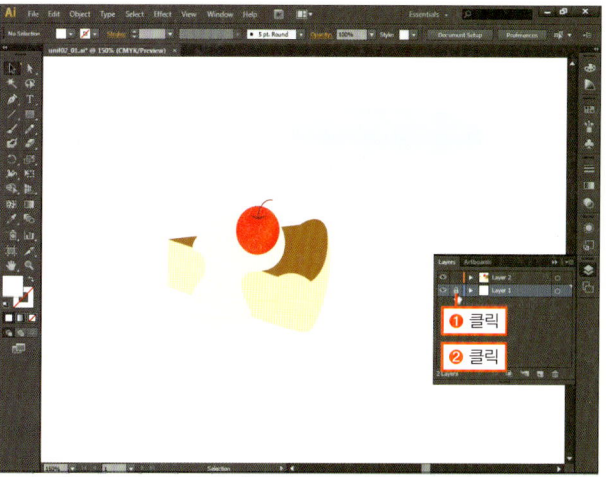

5 다른 레이어 선택

① 케이크의 크림을 선택합니다. 케이크는 [Layer 2]에 해당되기 때문에 [Layers] 패널에서 [Layer 2]가 선택된 것을 확인할 수 있습니다.

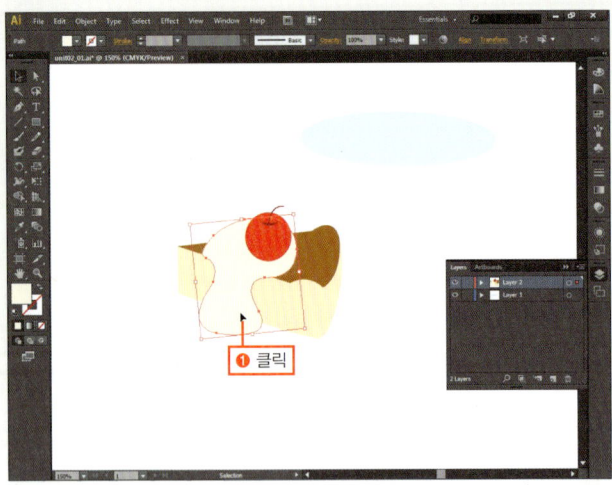

6 삭제

① 크림이 선택된 상태에서 Delete를 눌러 크림을 지웁니다. 크림을 삭제해도 빵 부분은 그대로인 것을 확인할 수 있습니다.

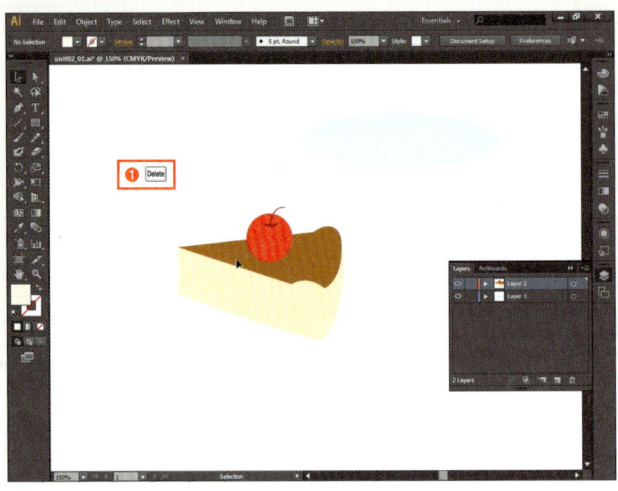

MEMO ● Delete를 누르면 선택한 오브젝트를 삭제할 수 있습니다.

7 케이크 분해

① 케이크의 오브젝트를 각각 선택하여 이동해봅니다. 각각의 오브젝트가 순서대로 차곡차곡 쌓여 케이크 모양을 이루고 있는 것을 확인할 수 있습니다.

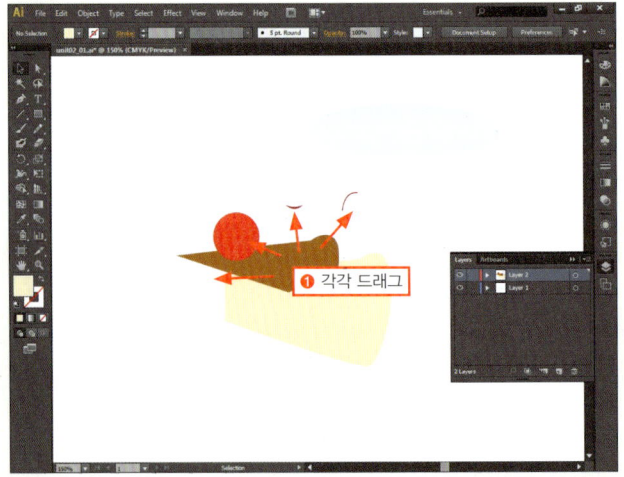

Unit 03. 간단하게 드로잉할 수 있는 도형 툴 사용하기

기준점을 하나하나 클릭하고 드래그하여 작업하는 [Pen Tool]과 달리 도형 툴은 드래그하거나 수치를 입력하여 간단하게 그림을 그릴 수 있습니다. 도형 툴을 이용하여 간단하게 드로잉하는 법과 패스파인더로 패스를 합치고 쪼개는 방법에 대해 알아보겠습니다.

학습 주제
- 도형 툴 살펴보기
- 도형 툴로 나무, 집, 태양 그리기
- 패스파인더 살펴보기
- 패스파인더를 이용해 오브젝트 완성하기

관련 학습
- 일러스트레이터의 기본, [Pen Tool] 사용하기 : 76쪽

도형 툴과 패스파인더 살펴보기

도형 툴을 이용하면 정확한 수치의 도형을 간단하게 만들고, 옵션 수치 조정을 통해 여러 형태의 도형도 손쉽게 그릴 수 있습니다. 또한 도형 툴은 패스파인더와 함께 사용하면 더욱 다양한 그림을 그릴 수 있습니다. 패스파인더를 익혀두면 펜 툴로 작업할 때보다 훨씬 깔끔한 결과물을 만들 수 있습니다. 도형 툴의 종류, 사용법과 패스파인더의 개념, 기능을 알아보겠습니다.

● 도형 툴의 종류

[Tool] 패널의 [Rectangle Tool](■)을 길게 누르면 총 6개의 툴 목록이 나타납니다. [Flare Tool]은 효과를 주기 위한 툴이며, 그 외의 툴들을 이용해 도형을 그릴 수 있습니다.

❶ [Rectangle Tool](■) : 사각형을 그리는 툴입니다.

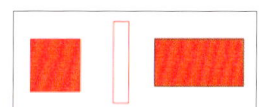

❷ [Rounded Rectangle Tool](■) : 모서리가 둥근 사각형을 그리는 툴입니다.

❸ [Ellipse Tool](●) : 원형을 그리는 툴입니다.

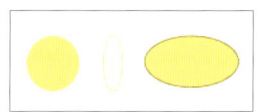

❹ [Polygon Tool](●) : 다각형을 그리는 툴입니다.

❺ [Star Tool](⭐) : 별 형태를 그리는 툴입니다.

❻ [Flare Tool](🔆) : 빛을 내는 효과, 즉 광원 효과를 주는 툴입니다. 효과를 적용하는 툴이므로 이번 유닛에서 다루지 않습니다.

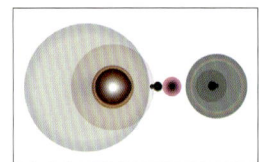

● 도형 툴 옵션 살펴보기

[Tool] 패널에서 각각의 도형 툴을 선택하고 아트보드를 클릭하면 옵션 대화창이 나타납니다. 대화창의 옵션 항목을 알아봅니다.

• [Rectangle] 대화상자
❶ Width : 너비를 지정합니다.
❷ Height : 높이를 지정합니다.

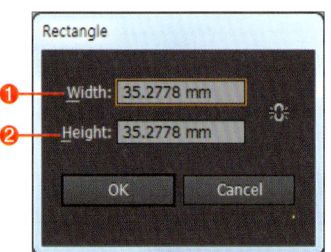

• [Rounded Rectangle] 대화상자
❶ Width : 너비를 지정합니다.
❷ Height : 높이를 지정합니다.
❸ Corner Radius : 모서리의 곡률을 지정합니다. 수치가 높을수록 둥근 형태로 나타납니다.

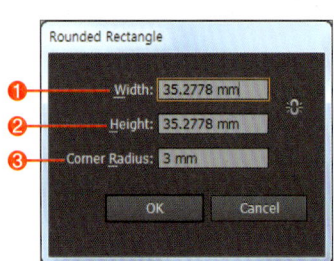

• [Ellipse] 대화상자
❶ Width : 가로 지름을 지정합니다.
❷ Height : 세로 지름을 지정합니다.

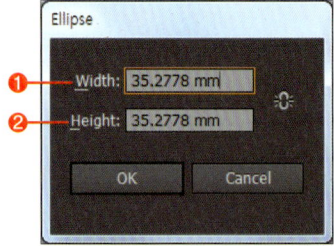

• [Polygon] 대화상자
❶ Radius : 중심에서 꼭짓점까지의 거리를 지정합니다.
❷ Sides : 각의 개수를 지정합니다.

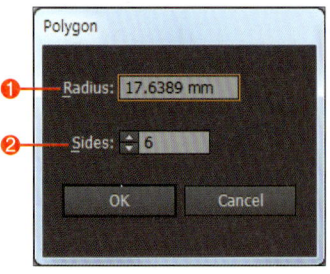

- **[Star] 대화상자**

❶ **Radius 1** : 중심에서 안쪽 꼭짓점까지의 거리를 지정합니다.

❷ **Radius 2** : 중심에서 바깥쪽 꼭짓점까지의 거리를 지정합니다.

❸ **Points** : 각의 개수를 지정합니다.

MEMO ● ❶과 ❷의 수치 차이가 클수록 뾰족한 형태가 됩니다.

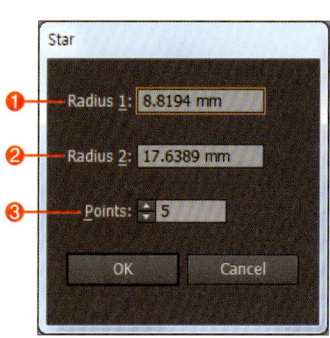

● **도형 툴 사용 방법**

도형 툴을 사용하는 두 가지 방법이 있습니다. 마우스로 드래그하여 도형을 직접 그리는 방법과 수치를 입력하여 만드는 방법입니다. 자유롭게 일러스트를 그릴 경우에는 편리하게 드래그하는 방법이 많이 쓰이고, 수치를 입력하는 방법은 정확함이 필요한 실무 작업에서 많이 사용됩니다.

- **도형 툴로 드래그하여 그리는 방법**

[Tool] 패널에서 [Flare Tool]( )을 제외한 도형 툴을 선택합니다. 아트보드를 클릭한 채 대각선 방향으로 드래그합니다.

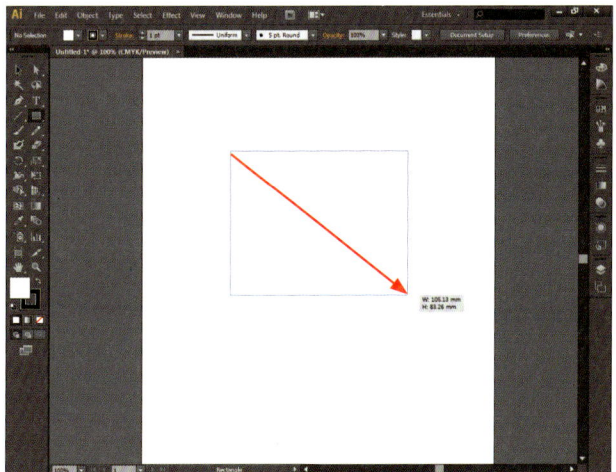

MEMO ●
- `Shift`를 누른 채 클릭한 후 드래그하면 정사각형, 정원 등 지름이나 변의 길이가 같은 도형이 그려집니다.
- `Alt`를 누른 채 클릭한 후 드래그하면 클릭한 지점을 기준으로 도형이 그려집니다.
- `Shift`+`Alt`를 누른 채 클릭한 후 드래그하면 일정한 비율의 도형이 클릭한 지점을 기준으로 그려집니다.

• **수치를 입력하여 그리는 방법**

[Tool] 패널에서 [Flare Tool](◉)을 제외한 도형 툴을 선택합니다. 아트보드를 클릭하여 대화상자가 나타나면 원하는 수치를 입력하고 [OK]를 클릭합니다.

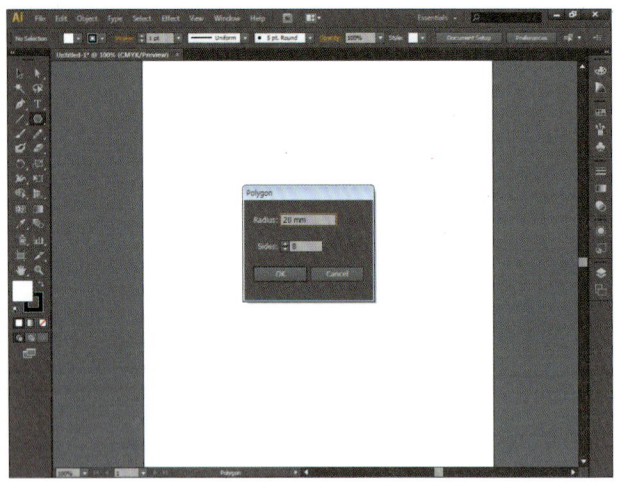

입력한 수치대로 도형이 그려집니다.

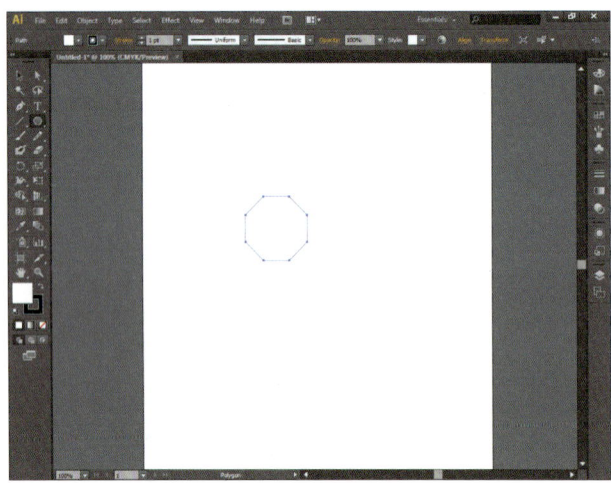

● **패스파인더 이해하기**

패스파인더는 여러 오브젝트를 합치거나 분할할 때 사용합니다. 'Shape Modes'는 수학의 합집합, 교집합과 같이 일러스트레이터의 집합 기능이라고 생각하면 됩니다. 그리고 오브젝트를 조각내는 기능인 'Pathfinders'도 있습니다.
[Window]-[Pathfinder] 메뉴를 클릭하면 [Pathfinder] 패널이 나타나며, 단축키 Shift+Ctrl+F9를 사용해도 됩니다.

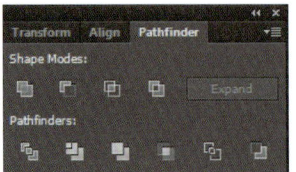

● 패스파인더 살펴보기

• Shape Modes

❶ Unite(🔲) : 두 개 이상의 오브젝트를 합칩니다. 색이 적용되어 있을 경우 가장 앞에 있는 오브젝트의 색으로 합쳐집니다.

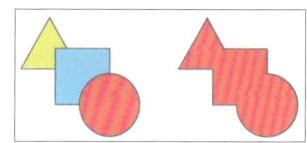

❷ Minus Front(🔲) : 두 개의 오브젝트 중 뒤에 있는 오브젝트만 남깁니다.

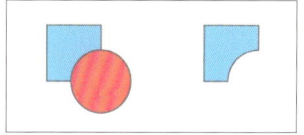

❸ Intersect(🔲) : 두 개의 오브젝트가 겹치는 부분만 남깁니다. 색은 앞에 있는 오브젝트의 색으로 결정됩니다.

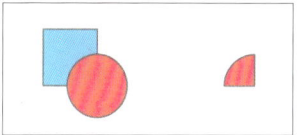

❹ Exclude(🔲) : 두 개의 오브젝트가 겹치는 부분만 제거합니다. 색은 앞에 있는 오브젝트의 색으로 결정됩니다.

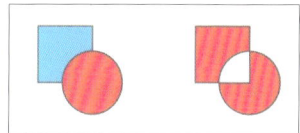

• Pathfinders

'Pathfinders' 기능을 알아봅니다. 아래의 이미지들은 기능을 이해하기 쉽도록 [Direct Selection Tool](▶)을 이용해 각 오브젝트 사이에 조금씩 간격을 준 상태입니다.

❶ Divide(🔲) : 오브젝트의 세그먼트를 따라 모두 분리합니다. 겹쳐 있어 보이지 않는 부분까지 분리됩니다.

❷ Trim(🔲) : 오브젝트의 보이는 부분만 분리합니다.

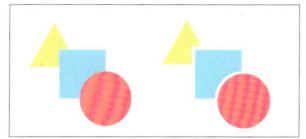

❸ Merge(🔲) : [Trim]과 같이 보이는 부분만 분리하지만 같은 컬러의 오브젝트는 합쳐집니다.

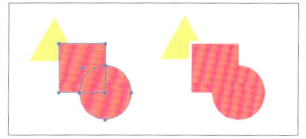

❹ Crop(🔲) : 맨 앞에 있는 오브젝트와 뒤의 오브젝트가 겹치는 부분만 남습니다. 맨 앞의 오브젝트에서 다른 오브젝트와 겹치지 않는 부분은 아웃라인만 남습니다.

❺ Outline(🔲) : 오브젝트의 세그먼트를 따라 모두 분리합니다. 겹쳐 있어 보이지 않는 부분까지 분리되며, 선으로 변경됩니다.

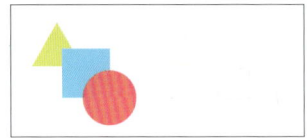

❻ Minus Back(🔲) : 맨 앞에 있는 오브젝트를 기준으로 뒤의 오브젝트와 겹치는 부분과 함께 뒤의 오브젝트를 모두 지웁니다. 결과적으로 맨 앞의 오브젝트만 남습니다.

도형 툴을 이용하여 나무, 집, 태양 그리기

5가지의 도형 툴을 가지고 집과 나무, 태양을 그려보겠습니다.

01 새 도큐먼트 설정

❶ [File]-[New] 메뉴를 클릭하여 새 도큐먼트를 만듭니다. ❷ [Name]에 '나무집태양'을 입력하고 ❸ [Size]는 'A4', ❹ [Orientation]은 가로 방향을 선택합니다. ❺ [OK]를 클릭합니다.

02 [Ellipse Tool]로 바닥 드로잉

❶ [Ellipse Tool](⬭)을 선택합니다. ❷ 아트보드를 클릭한 채 오른쪽 하단으로 길게 드래그합니다. 오른쪽으로 길게, 아래쪽으로는 살짝 내리면 됩니다.

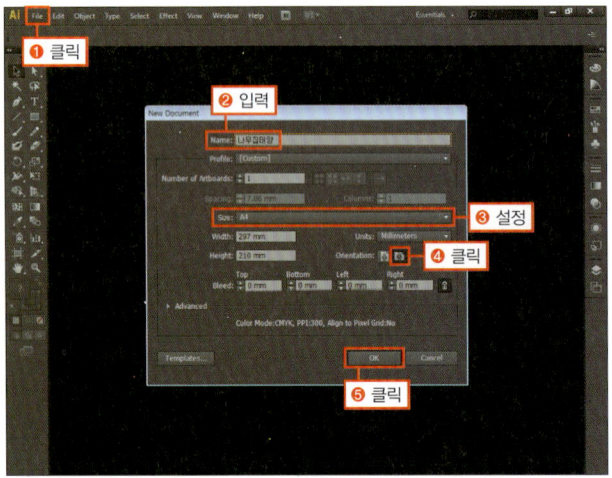

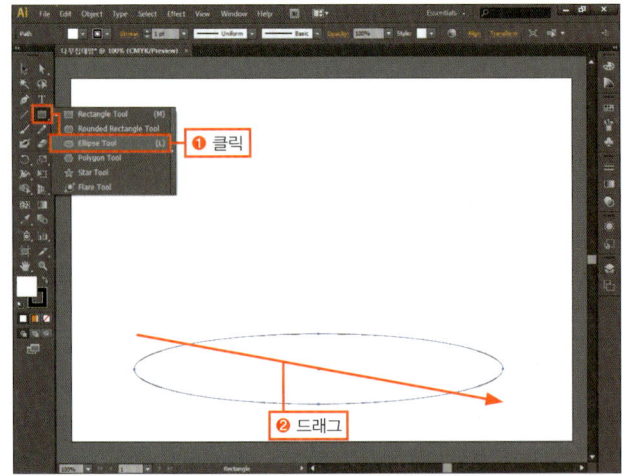

03 [Rectangle Tool]로 벽면 드로잉

❶ 이번에는 [Rectangle Tool](▢)을 선택합니다. ❷ Shift 를 누른 채 오른쪽 하단으로 드래그합니다.

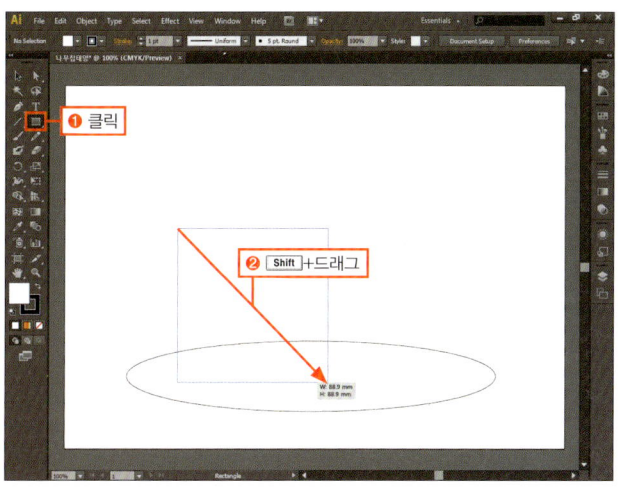

04 [Rectangle Tool]로 문, 나무 기둥 드로잉

❶ 다음과 같이 오른쪽 하단으로 드래그해 문을 그립니다. ❷ 벽면 오른쪽에도 길게 드래그하여 나무 기둥을 만듭니다.

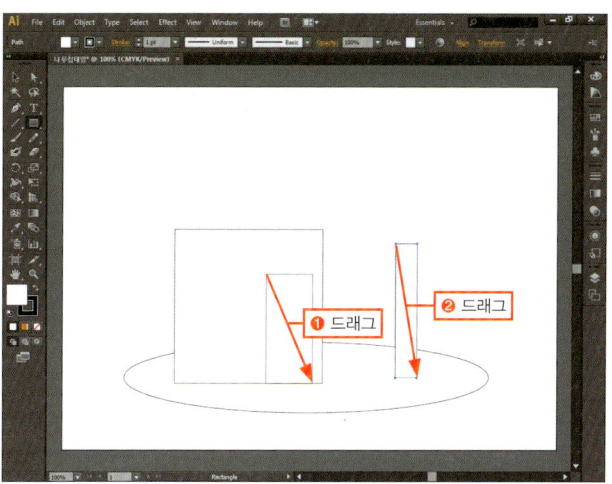

05 [Rounded Rectangle Tool]로 창문 드로잉

❶ [Rounded Rectangle Tool](▢)을 선택합니다. ❷ 아트보드의 빈 곳을 클릭하여 대화상자가 열리면 ❸ [Width]와 [Height]는 '35mm', [Corner Radius]는 '3mm'로 입력합니다. ❹ [OK]를 클릭합니다. 본인이 그린 벽면보다 크거나 작을 경우 Ctrl+Z를 눌러 되돌린 후 수치를 조정하여 입력합니다.

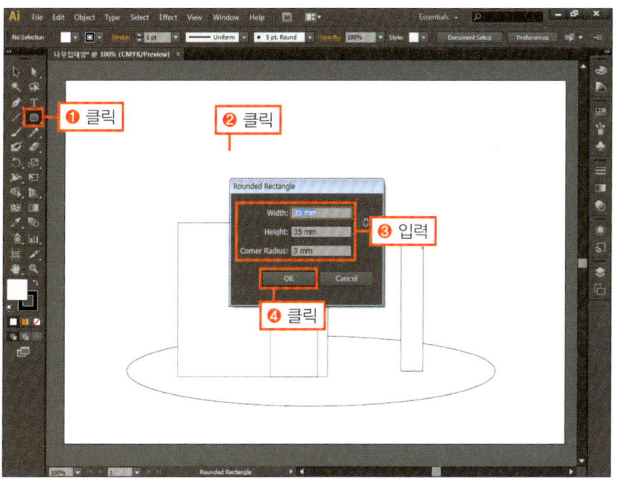

06 창문 이동하고 문고리 드로잉

❶ Ctrl을 누른 채 창문 위로 마우스 포인터를 이동하여 적당한 위치로 드래그합니다. ❷ 문 위에 문고리를 작게 그립니다.

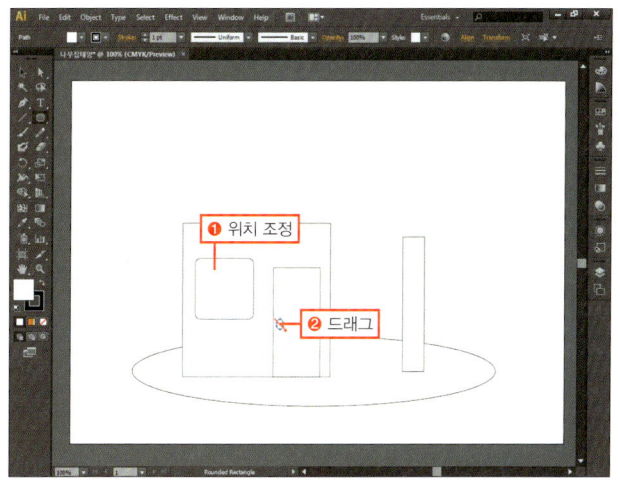

MEMO ● 다른 툴로 작업하는 도중 [Selection Tool](▶)을 사용해야 할 경우 Ctrl을 누른 채 진행하면 됩니다.

07 [Polygon Tool]로 지붕 드로잉

❶[Polygon Tool](◯)을 선택합니다. ❷아트보드의 빈 곳을 클릭하여 나타나는 대화상자에서 ❸[Radius]는 '20mm', [Sides]는 '3'을 입력합니다. ❹[OK]를 클릭합니다.

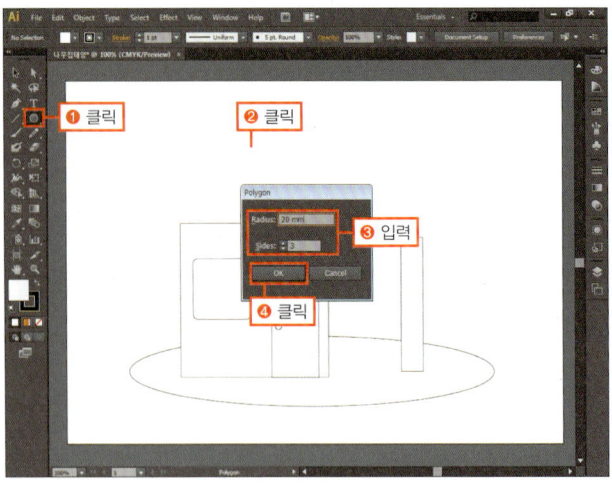

08 지붕 이동

작은 삼각형이 만들어졌습니다. ❶ Ctrl 을 눌러 마우스 포인터가 화살표 모양으로 바뀌면 드래그하여 적당한 위치로 삼각형을 이동합니다.

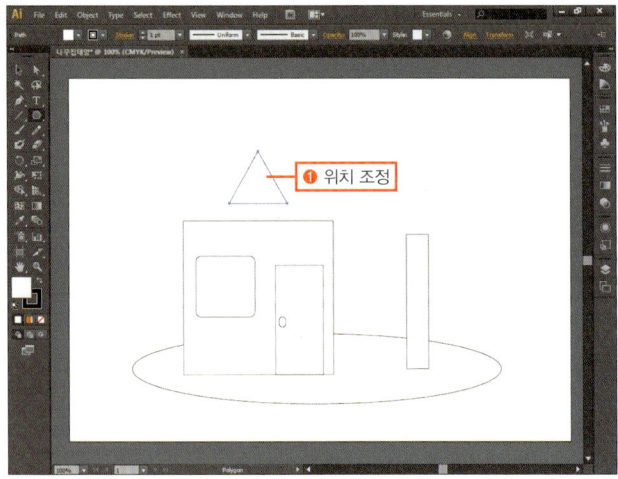

MEMO ● Shift 를 누른 채 드래그하면 수평, 수직, 45°로 이동 가능합니다.

09 지붕 크기 변경

❶[Direct Selection Tool](▶)을 선택합니다. ❷지붕 오브젝트의 기준점 하나를 클릭합니다. ❸드래그하여 지붕 크기를 늘립니다. 나머지 두 기준점도 같은 방법으로 크기를 늘립니다.

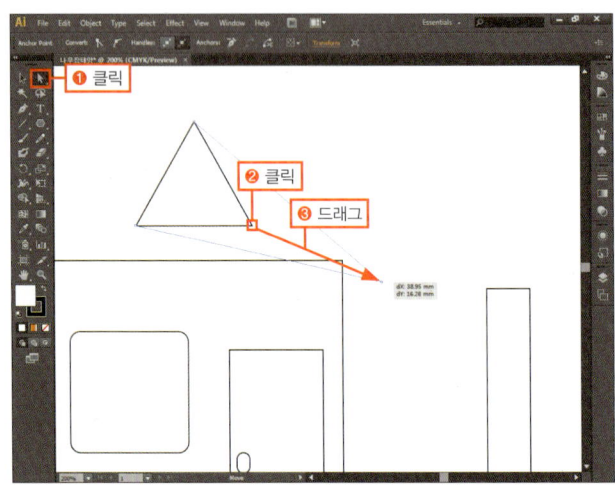

MEMO ● 기준점이 작아 클릭하기 힘들면 [Direct Selection Tool](▶)로 기준점이 포함되도록 드래그하여(▱) 선택합니다.

10 나뭇잎 드로잉

❶다시 [Polygon Tool](◯)를 선택합니다. ❷아트보드의 빈 곳을 클릭하여 나타나는 대화상자에서 ❸[Radius]에 '40mm', [Sides]에 '12'를 입력합니다. ❹[OK]를 클릭합니다.

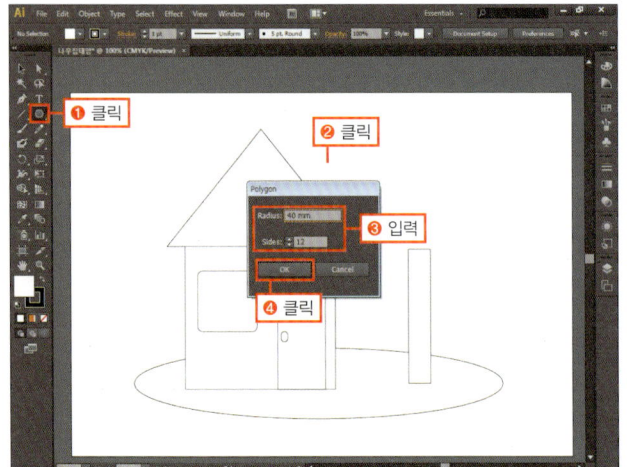

11 나뭇잎 이동

12개의 변이 있는 다각형이 만들어졌습니다. ❶ Ctrl 을 눌러 포인터가 화살표 모양으로 변경되면 클릭한 채 적당한 위치로 드래그합니다.

12 [Star Tool]로 태양 드로잉

❶ [Star Tool](★)을 선택합니다. ❷ 지붕 왼쪽 빈 공간을 클릭하여 나타나는 대화상자에서 ❸ [Radius 1]는 '20mm', [Radius 2]는 '10mm', [Points]는 '14'로 설정합니다. ❹ [OK]를 클릭합니다.

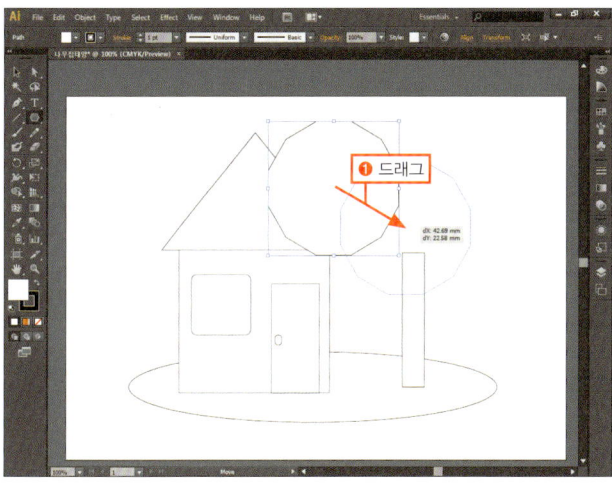

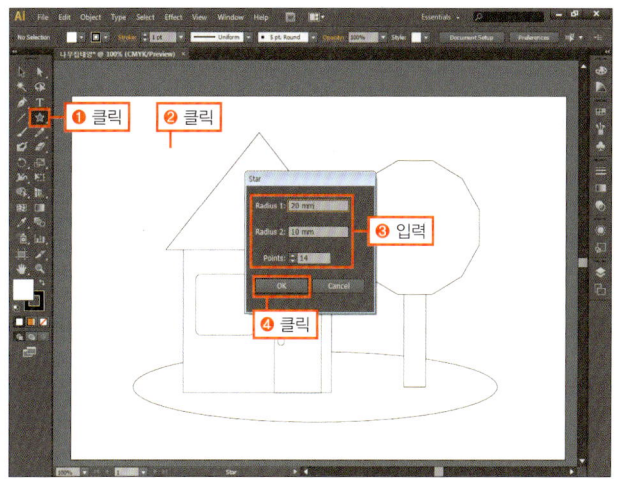

MEMO ● 원하는 위치를 클릭한 뒤 대화상자에 수치를 입력합니다. [OK]를 클릭하면 아트보드의 클릭했던 지점을 기준으로 오브젝트가 나타납니다.

13 태양 마무리

❶ 다시 [Ellipse Tool](●)을 선택합니다. ❷ Shift 를 누른 채 드래그하여 방금 그린 다각형의 가운데에 원을 그립니다.

◎ **완성 파일** : Chapter02\나무집태양_완성.ai

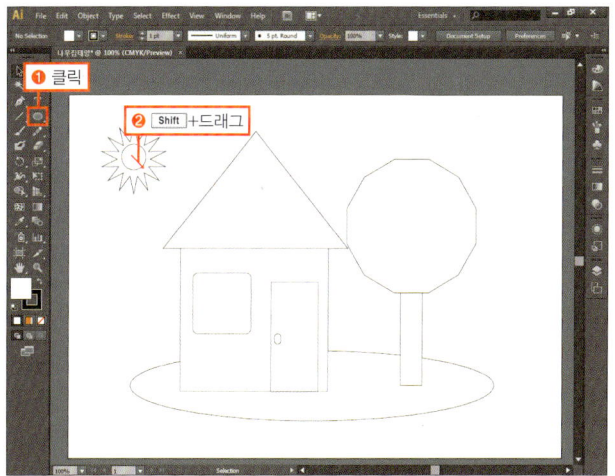

TIP 간단하게 오브젝트 조절하기

오브젝트의 크기가 마음에 들지 않는다면 바운딩 박스(Bounding Box)를 이용해 간단하게 크기를 변경할 수 있습니다. 바운딩 박스가 보이지 않을 경우 [View]-[Show Bounding Box] 메뉴를 클릭합니다.

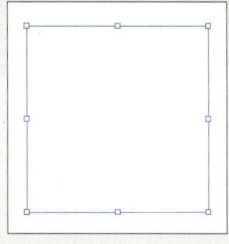

▲ 바운딩 박스

1. 선택

[Selection Tool](🔲)로 오브젝트를 선택하면 오브젝트 주위에 사각 박스 형태의 바운딩 박스가 표시됩니다. 여러 개의 오브젝트를 선택할 때에는 Shift 를 누른 채 원하는 오브젝트를 클릭합니다. 선택을 해제할 때에는 Shift 를 누른 채 한 번 더 클릭하면 됩니다. 아트보드의 빈 곳을 드래그하여 원하는 오브젝트들을 선택할 수도 있습니다. 드래그 영역 안에 오브젝트의 일부분만 포함되어도 선택됩니다.

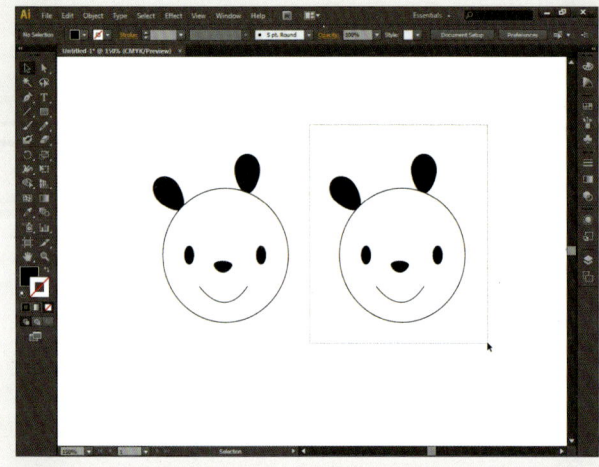

2. 크기 조절

바운딩 박스의 8개 조절점에 마우스 포인터를 올리면 포인터 모양이 ↕, ↘로 바뀝니다. 클릭한 채 드래그해 크기를 조절할 수 있습니다. 도형 툴과 마찬가지로 Shift 를 누른 채 드래그하면 동일한 비율로 크기가 조절됩니다. Alt 를 누르고 드래그하면 중앙을 기점으로 크기가 조절됩니다.

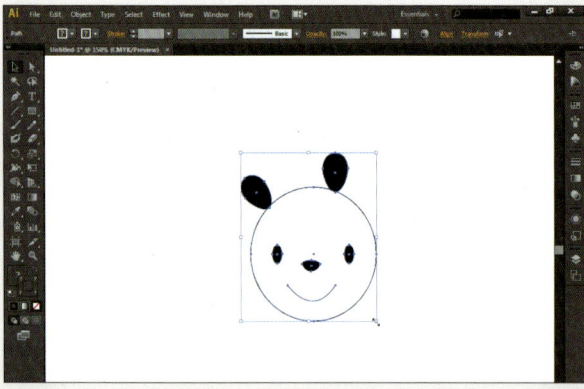

3. 회전

바운딩 박스의 각 모서리 조절점 바깥쪽에 마우스 포인터를 올리면 포인터 모양이 ↻로 바뀝니다. 클릭한 채 원하는 방향으로 드래그합니다. 마찬가지로 Shift 를 누르고 드래그하면 45° 단위로 회전할 수 있습니다.

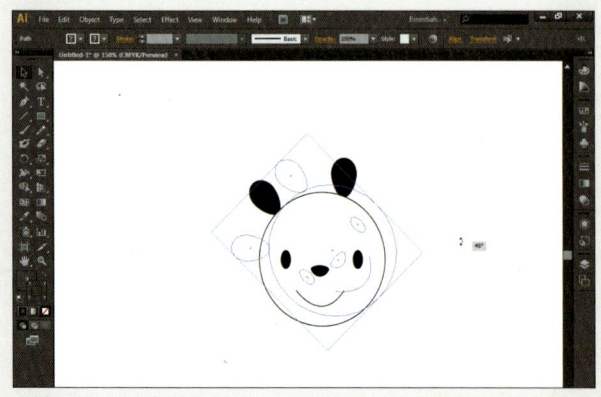

패스파인더 이용하여 오브젝트 완성하기

패스파인더에서 가장 많이 쓰이는 Unite( ), Minus Front( ), Intersect( ), Divide( )를 사용하여 오브젝트를 완성해보겠습니다.

예제 파일 : Chapter02\unit03_01.ai

01 [Pathfinder] 패널 실행

실습에 사용하지 않는 오브젝트는 잠겨 있는 상태입니다.
❶ [Window]-[Pathfinder] 메뉴를 클릭하여 패널을 불러옵니다.

02 [Divide]로 앞머리 생성

❶ [Selection Tool]( )로 드래그해 이마 부분과 곡선을 선택합니다. 눈은 선택하지 않습니다. ❷ 패스파인더 패널에서 'Divide( )'를 클릭합니다. ❸ 아트보드의 빈 곳을 클릭하여 선택 해제합니다.

03 앞머리 색 적용

❶ [Direct Selection Tool]( )을 선택합니다. ❷ 앞머리 오브젝트를 클릭합니다. ❸ [Eyedropper Tool]( )을 선택합니다. ❹ 머리카락 오브젝트를 선택합니다. 앞머리 부분에 머리카락과 동일한 색이 채워졌습니다.

TIP [Eyedropper Tool] 살펴보기

[Eyedropper Tool](🖋)은 스포이트 툴로, A 오브젝트의 속성을 B 오브젝트에 그대로 가져오고 싶을 때 사용합니다. 일반 오브젝트와 패스는 물론 글자 오브젝트에도 사용할 수 있습니다.

❶ A 오브젝트를 선택한 후 [Eyedropper Tool](🖋)로 B 오브젝트를 클릭하면 A 오브젝트는 B 오브젝트의 속성과 동일하게 변경됩니다. 이는 [Eyedropper Tool](🖋)의 기본 모드인 [Picks Up] 모드입니다.

❷ [Eyedropper Tool](🖋)을 선택한 상태에서 Alt 를 누르면 커서 모양이 반대로(🖋) 바뀝니다. 이를 [Applies] 모드라 부르는데, ❶과는 반대로 선택되어 있는 오브젝트의 속성을 클릭한 오브젝트에 적용합니다. 예를 들어 A 오브젝트가 선택된 상태에서 [Eyedropper Tool](🖋)을 선택한 후 Alt 를 누르고 B 오브젝트를 클릭하면 B 오브젝트는 A 오브젝트의 속성과 동일하게 변경됩니다.

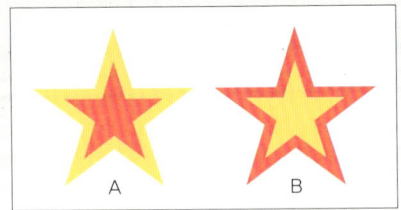

▲ 원본 오브젝트

▲ ❶의 결과

▲ ❷의 결과

[Eyedropper Tool](🖋)을 더블클릭하면 [Eyedropper Options] 대화상자가 나타납니다. 이 대화상자에서는 [Eyedropper Tool](🖋)을 사용할 때 포함할 세부 옵션을 설정합니다. 포함할 옵션은 체크, 포함하지 않을 옵션은 체크 해제하면 됩니다.

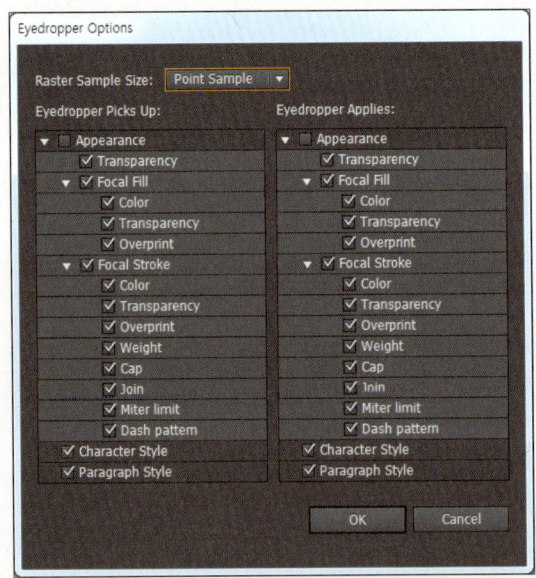

예를 들어 [Picks Up] 모드에서 오브젝트의 속성을 가져올 때 선 색상은 현재 설정을 유지하고 싶을 경우 [Eyedropper Picks Up]에서 [Appearance]-[Focal Stroke]-[Color] 항목을 체크 해제합니다. 다음은 A 오브젝트를 선택한 후 [Eyedropper Tool](🖋)로 B 오브젝트를 클릭했을 때의 결과입니다.

▲ 원본 오브젝트

▲ 선 색상 옵션을 체크했을 때

▲ 선 색상 옵션을 체크 해제했을 때

한편 [Eyedropper Tool]()이 선택된 상태에서 Shift 를 누르면 활성화된 색상자의 색상을 변경하는 모드가 실행됩니다. 이때는 오로지 색상만 가져올 수 있으며 선 굵기, 불투명도 등 다른 속성들은 모두 무시됩니다. [Eyedropper Options] 대화상자의 설정과도 무관합니다.

■ **선택한 오브젝트의 칠 색상을 변경하는 방법**
❶ 칠 색상자가 활성화된 상태에서 A 오브젝트를 선택합니다.
❷ [Eyedropper Tool](✐)을 선택한 후 Shift 를 누릅니다.
❸ B 오브젝트의 안쪽 면을 클릭하면 A 오브젝트의 칠 색상이 B 오브젝트의 칠 색상과 동일하게 변경됩니다. B 오브젝트의 외곽선을 클릭하면 A 오브젝트의 칠 색상은 B 오브젝트의 선 색상으로 변경됩니다.

▲ 원본 오브젝트

▲ Shift 를 누른 채 B 오브젝트의 안쪽 면을 클릭했을 때

▲ Shift 를 누른 채 B 오브젝트의 외곽선을 클릭했을 때

■ **선택한 오브젝트의 선 색상을 변경하는 방법**
❶ 선 색상자가 활성화된 상태에서 A 오브젝트를 선택합니다.
❷ [Eyedropper Tool](✐)을 선택한 후 Shift 를 누릅니다.
❸ B 오브젝트의 안쪽 면을 클릭하면 A 오브젝트의 선 색상이 B 오브젝트의 칠 색상과 동일하게 변경됩니다. B 오브젝트의 외곽선을 클릭하면 A 오브젝트의 선 색상은 B 오브젝트의 선 색상으로 변경됩니다.

▲ 원본 오브젝트

▲ Shift 를 누른 채 B 오브젝트의 안쪽 면을 클릭했을 때

▲ Shift 를 누른 채 B 오브젝트의 외곽선을 클릭했을 때

04 [Minus Front]를 이용해 입 모양 생성

❶ 하단의 겹쳐 있는 타원 두 개를 드래그하여 함께 선택합니다. ❷ [Pathfinder] 패널의 [Minus Front]( )를 클릭합니다. [Minus Front]( )는 뒤에 있는 오브젝트만 남기는 기능이므로 보라색 타원이 사라지고 입 모양의 도형이 나타났습니다.

05 얼굴 완성

❶ 얼굴 위로 입을 이동합니다. 아이의 모습이 완성되었습니다.

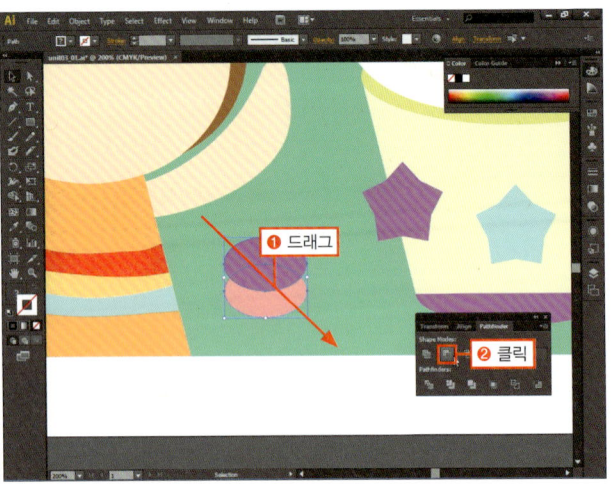

06 [Hand Tool]로 화면 이동

아이스크림 컵이 잘 보이도록 화면을 이동하겠습니다. ❶ [Hand Tool]( )를 선택합니다. ❷ 아트보드를 클릭한 채 왼쪽으로 드래그합니다.

07 [Unite]를 이용해 컵 완성

❶ Shift 를 누른 채 컵의 윗부분과 아래쪽의 둥근 부분을 클릭하여 두 오브젝트를 모두 선택합니다. ❷ [Pathfinder] 패널에서 [Unite]( )를 클릭합니다.

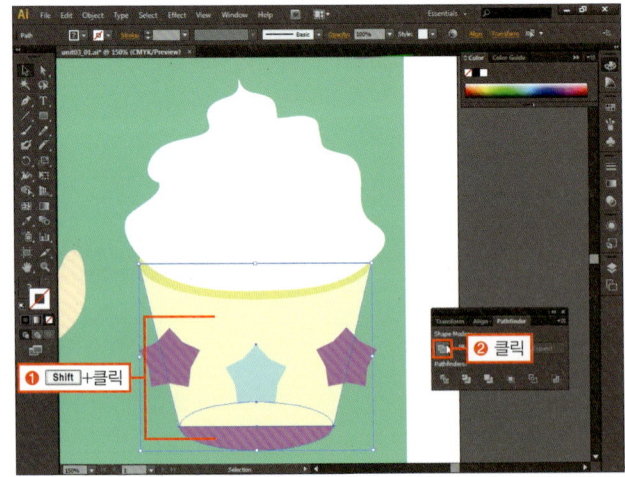

08 컵 모양 복사

옆으로 튀어나온 별무늬를 자르겠습니다. ❶ 컵 오브젝트를 선택합니다. ❷ Ctrl+C를 누릅니다. ❸ Ctrl+F를 누릅니다.

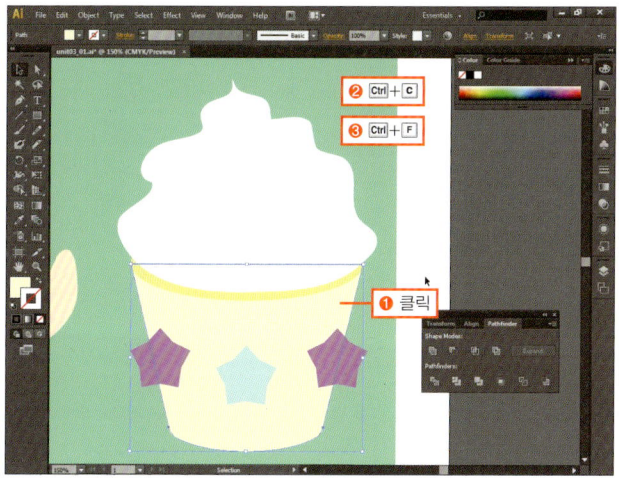

MEMO ● Ctrl+C는 복사하기, Ctrl+V는 붙이기, Ctrl+F는 앞에 붙이기, Ctrl+B는 뒤에 붙이기의 단축키입니다. Ctrl+V를 누르면 복사한 오브젝트가 임의의 위치에 나타납니다. 일러스트레이터는 오브젝트가 쌓이는 순서가 중요하므로 제자리에 복사할 경우에는 Ctrl+F나 Ctrl+B를 사용합니다.

09 별무늬 분할

❶ Shift를 누른 채 별 모양 오브젝트를 클릭해 두 오브젝트를 선택합니다. 드래그하여 선택할 경우 컵의 원본 오브젝트까지 선택되므로 Shift를 눌러 하나씩 선택합니다. ❷ [Pathfinder] 패널에서 [Intersect]( )를 선택합니다.

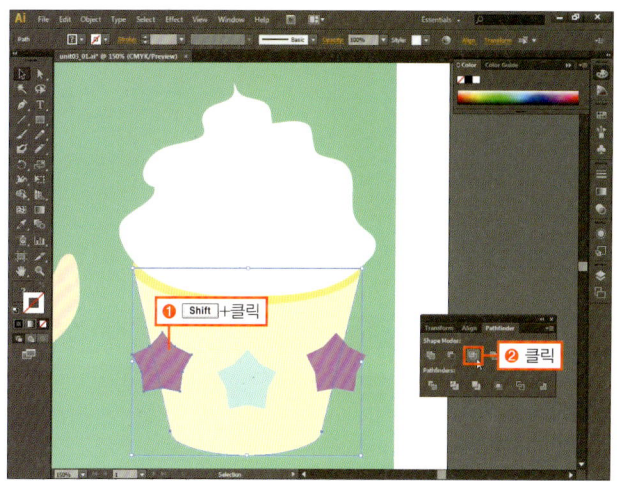

10 완성

❶ 나머지 보라색 별도 08, 09번 과정을 반복하여 완성합니다.

◉ 완성 파일 : Chapter02\unit03_01_완성.ai

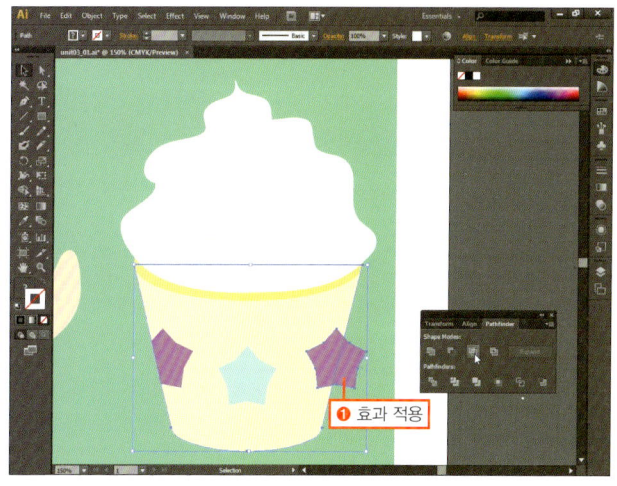

TIP 프리뷰(Preview) 모드와 아웃라인(Outline) 모드

Preview 모드는 일러스트레이터의 기본 모드입니다. 패스에 적용한 칠과 선, 불투명도, 이펙트 등이 모두 표시되며 모니터나 프린터로 출력될 결과물을 미리 확인할 수 있습니다. [View]-[Outline] 메뉴를 클릭하면 Outline 모드로 전환됩니다. Outline 모드에서는 패스의 구조를 확인할 수 있습니다. 패스가 많은 작업물에서 만들어진 패스들을 확인하거나 쉽게 선택할 수 있어 편리합니다. [View]-[Preview] 메뉴를 클릭하면 Preview 모드로 돌아갑니다. 모드를 전환하는 단축키는 Ctrl+Y 입니다.

▲ Preview 모드에서 보는 결과물

▲ Outline 모드에서 보는 패스 구조

간편하게 합치고 분리하는 [Shape Builder Tool]

패스파인더와 기능이 비슷한 [Shape Builder Tool](🔧)에 대해 알아보겠습니다.

1 [Shape Builder Tool] 이해하기

[Shape Builder Tool](🔧)은 패스파인더와 같이 오브젝트를 합치고 분리하는 기능이 있으며, 사용법은 더욱 간단합니다. 패널에서 각각의 기능을 선택하는 패스파인더와 달리 클릭과 드래그만으로 사용 가능하기 때문입니다. 두 가지 이상의 오브젝트를 선택한 후 [Shape Builder Tool](🔧)로 드래그하면 오브젝트가 합쳐지고, 클릭하면 오브젝트를 분리할 수 있습니다.

2 [Shape Builder Tool] 살펴보기

1. 오브젝트 합치기

ⓐ 오브젝트와 ⓑ 오브젝트를 선택한 후 [Shape Builder Tool](🔧)로 ⓐ 오브젝트에서 ⓑ 오브젝트로 드래그합니다. ⓐ 오브젝트와 ⓑ 오브젝트가 합쳐집니다.

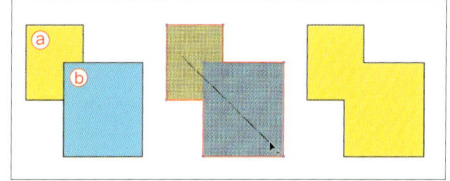

2. 오브젝트 모두 분리하기

ⓐ 오브젝트와 ⓑ 오브젝트를 선택한 후 [Shape Builder Tool](🔧)로 ⓐ 오브젝트와 ⓑ 오브젝트의 겹치는 부분을 클릭합니다. ⓐ 오브젝트와 ⓑ 오브젝트, 그리고 겹치는 부분이 모두 분리되었습니다.

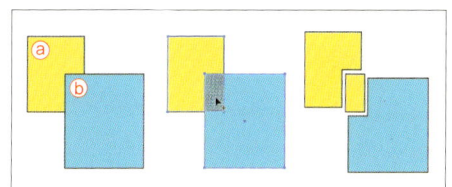

3. 오브젝트 부분 분리하기

ⓐ 오브젝트와 ⓑ 오브젝트를 선택한 후 [Shape Builder Tool](🔧)로 ⓑ 오브젝트의 겹쳐 있지 않은 부분을 클릭합니다. ⓐ 오브젝트는 그대로 남아 있지만 ⓑ 오브젝트는 ⓐ 오브젝트와 겹치는 부분이 분리되었습니다.

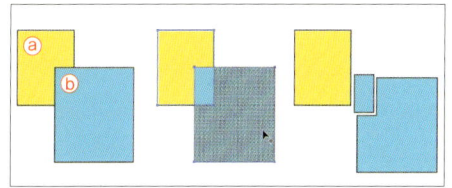

[Width Tool]로 느낌 있게 드로잉하기

선에 강약의 정도를 조절하여 적용하면 드로잉의 느낌이 더욱 살아납니다. 일러스트레이터에서는 [Pen Tool]()로 그림을 그린 후 [Width Tool]()을 이용하여 선의 강약을 쉽게 조절할 수 있습니다.

학습주제
- [Width Tool] 살펴보기
- 선에 [Width Tool] 적용하기

관련학습
- 일러스트레이터의 기본, [Pen Tool] 사용하기 : 76쪽

[Width Tool] 살펴보기

[Width Tool]()을 사용해 선의 강약을 조절하는 방법을 살펴보겠습니다.

● [Width Tool]로 선 굵게 조절하기

패스에서 굵게 표현하고 싶은 지점을 [Width Tool]()로 클릭한 채 위나 아래로 드래그합니다.

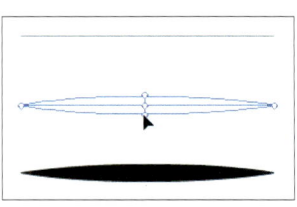

● [Width Tool]로 선 가늘게 조절하기

패스에서 가늘게 표현하고 싶은 지점의 바깥쪽 포인트를 [Width Tool]()로 클릭한 채 안쪽으로 드래그합니다.

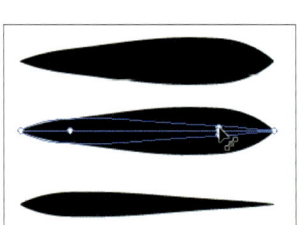

● [Width Tool]로 한쪽만 조절하기

[Width Tool]()을 이용하여 굵거나 가늘게 표현하고 싶은 지점에서 Alt를 누른 상태로 클릭한 채 드래그합니다.

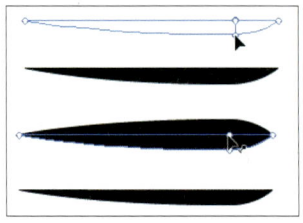

● [Width Tool]로 굵기 위치 조절하기

[Width Tool]()이 적용된 패스의 중앙 포인트를 클릭한 채 패스를 따라 이동합니다.

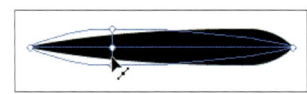

판다 라인에 [Width Tool] 적용하기

[Width Tool](🖉)을 사용해 심심한 느낌의 판다 그림에서 선의 굵기를 변경해보겠습니다.

◉ 예제 파일 : Chapter02\unit04_01.ai

01 예제 파일 실행

❶[File]-[Open] 메뉴를 클릭하여 ❷[Open] 대화상자에서 'unit04_01.ai' 파일을 선택합니다. ❸[Open]을 클릭합니다.

02 [Width Tool]로 얼굴 라인 변경

❶[Width Tool](🖉)을 선택합니다. ❷판다의 얼굴 라인 윗부분을 클릭한 채 위쪽으로 살짝 드래그합니다.

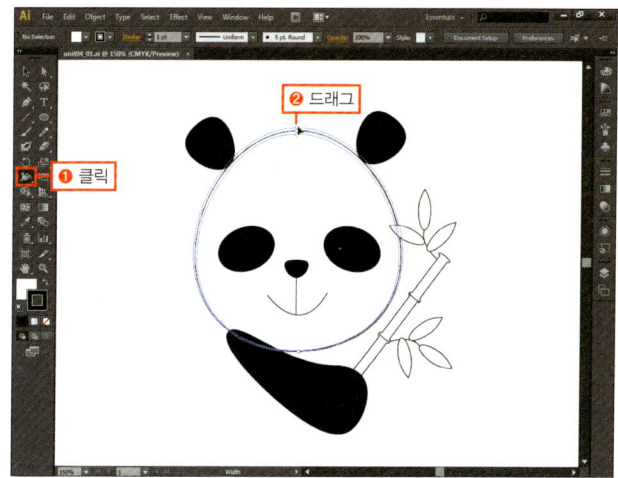

03 아이라인 변경

아이라인, 귀, 코, 손은 칠과 선이 모두 검은색으로 설정되어 있습니다. [Width Tool](🖉)을 사용하기 위해서는 선이 활성화되어 있어야 합니다. ❶아이라인의 적당한 지점을 [Width Tool](🖉)로 드래그하여 선의 굵기를 조절합니다. 어느 곳에 적용해도 자연스럽기 때문에 자유롭게 변경합니다.

MEMO ● 패스 위에 마우스 포인터를 올리면 작은 박스 모양의 중심점이 표시됩니다. 이 중심점은 선을 기준으로 사용자의 움직임에 따라 이동하며, [Width Tool](🖉)로 원하는 지점을 드래그하여 작업합니다.

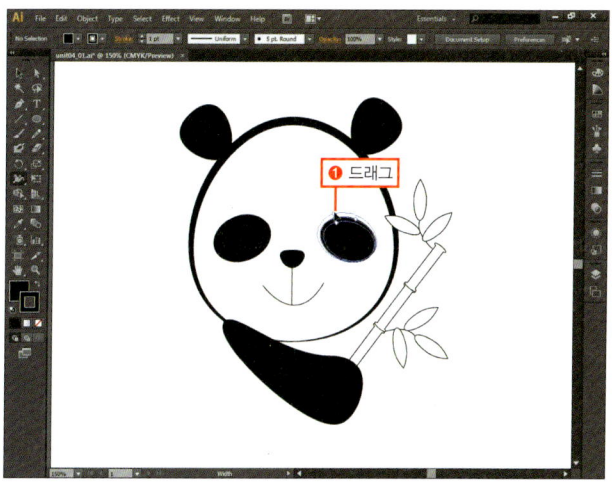

04 귀 라인 변경

❶ 왼쪽 귀 라인의 적당한 지점을 드래그하여 선의 굵기를 조절합니다. 오른쪽 귀 라인의 굵기도 같은 방법으로 자유롭게 조절합니다.

05 코 라인 변경

❶ 코 라인에도 [Width Tool]( )을 적용합니다. 비대칭 지점의 선 굵기를 조절하면 더욱 재미있는 느낌이 됩니다.

06 손 라인 변경

❶ 같은 방법으로 손 라인의 굵기도 조절합니다.

07 화면 확대

❶ 섬세한 작업을 위해 Ctrl + Spacebar 를 누른 채 클릭하여 화면을 확대합니다. ❷ Spacebar 를 누르고 드래그해 코와 입이 잘 보이도록 화면을 이동합니다.

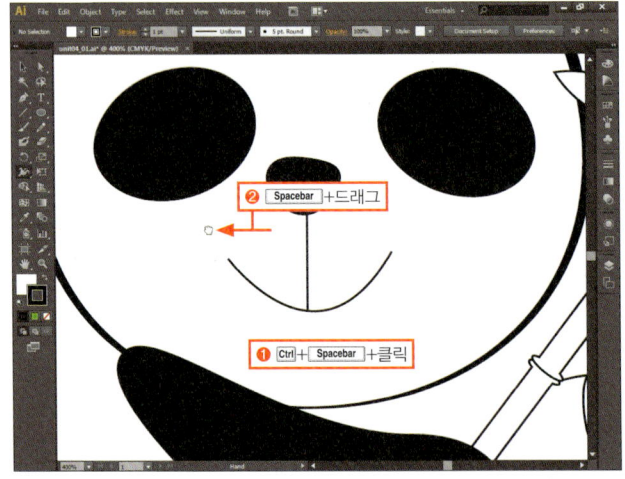

08 선 굵기 변경

❶ Alt 를 누른 채 드래그하여 인중 라인을 한쪽만 굵게 설정합니다.

09 입 라인 변경

같은 방법으로 ❶ 입 라인을 굵게 설정합니다.

MEMO 선의 한쪽 굵기만 조절할 때에는 Alt 를 누른 채 [Width Tool](🔧)을 사용합니다.

10 대나무 라인 변경

❶ Spacebar 를 누른 채 왼쪽으로 드래그하여 대나무가 보이도록 이동합니다. ❷ [Width Tool](🔧)을 사용해 대나무 줄기 라인과 잎 라인의 굵기를 모두 조절합니다.

11 화면 크기 조절

전체 모습을 확인하기 위해 ❶ 하단의 화면 크기 조절 탭에서 [Fit On Screen]을 선택합니다.

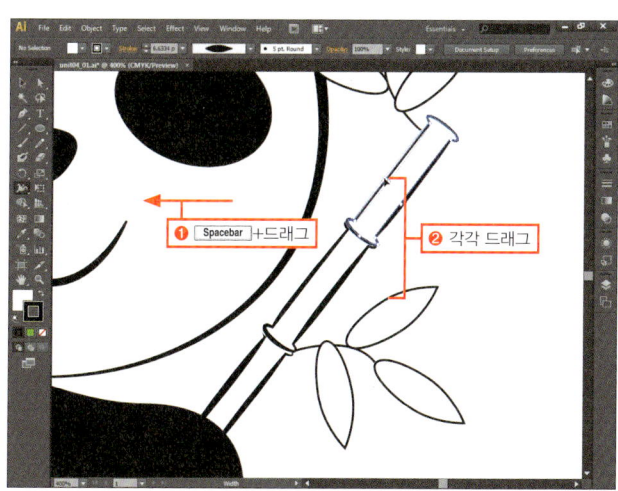
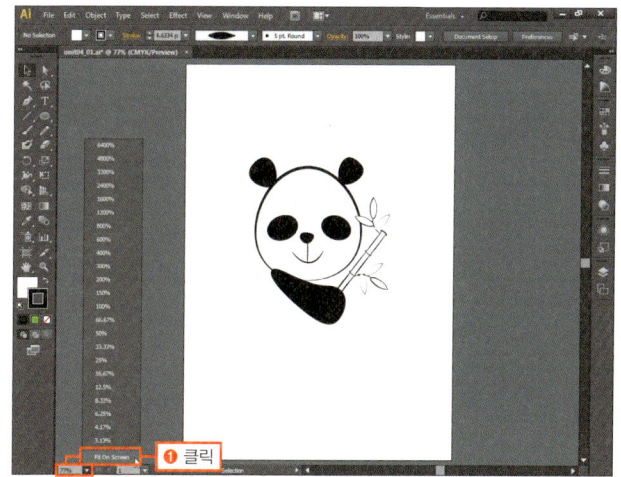

MEMO Ctrl + Alt + Spacebar 를 누른 채 클릭해도 화면이 축소됩니다.

12 완성

밋밋했던 판다 그림이 생동감 있게 변경되었습니다.

◉ 완성 파일 : Chapter02\unit04_01_완성.ai

TIP [Width Point Edit] 대화상자 살펴보기

폭 포인트를 더블클릭하면 [Width Point Edit] 대화상자가 나타납니다.

❶ **Side 1, Side 2** : 양쪽의 폭을 각각 설정합니다.
❷ **Total Width** : 전체 폭을 설정합니다.
❸ **Adjust Adjoining Width Points** : 체크하면 현재 폭 포인트의 설정이 다른 폭 포인트에도 영향을 줍니다.

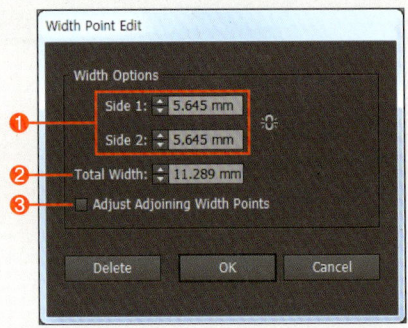

■ 화살표 모양 만들기

폭 포인트를 다른 폭 포인트까지 이동하여 가져가면 두 폭 포인트가 합쳐지고 화살표 모양으로 바뀝니다.

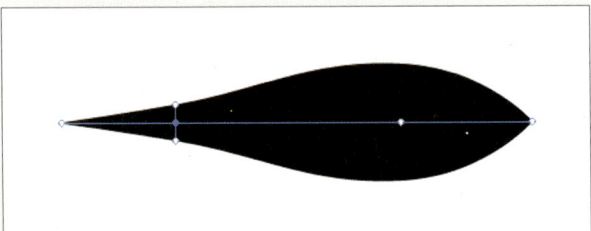

▲ 폭 포인트 선택

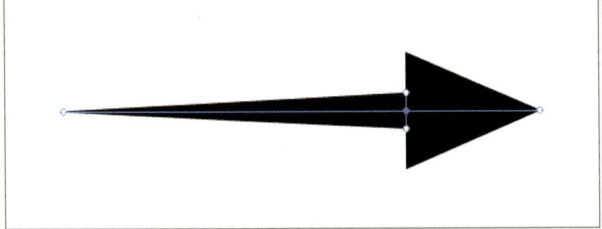

▲ 폭 포인트를 합친 모습

합쳐진 폭 포인트를 더블클릭하면 다음과 같은 [Width Point Edit] 대화상자가 나타나고 두 폭 포인트의 폭을 각각 설정할 수 있습니다. [Single Width Only]를 체크하면 해당 폭 포인트는 남겨지고, 다른 폭 포인트는 제거됩니다.

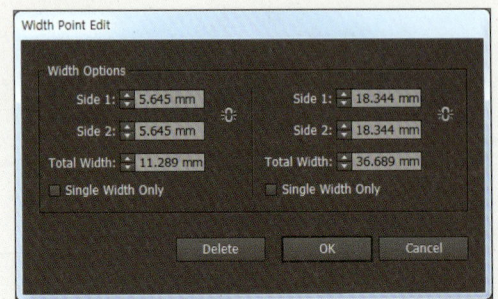

Illustrator CS6

이번 Chapter에서 학습한 내용을 바탕으로 다음의 실전 문제를 스스로 풀어봅니다.

❶ 직선 패스를 만들고 별 모양 오브젝트를 복사한 후 [Transform Each] 대화상자를 이용하여 랜덤으로 변형해보세요.

- 예제 파일 : Chapter02\s_unit02_01.ai
- 완성 파일 : Chapter02\s_unit02_01_완성.ai
- 해설 파일 : 해설파일\02_직선패스만들고오브젝트각자변형하기.hwp, pdf

Before

After

① [Line Segment Tool]( )로 직선 패스 만들기 ➡ ② [Selection Tool]( )로 별 모양 오브젝트 복사하기 ➡ ③ 복사한 별 모양 오브젝트만 모두 동시 선택하기 ➡ ④ [Object]-[Transform]-[Transform Each] 메뉴 클릭하여 선택한 오브젝트들을 랜덤으로 변형하기

❷ 자유 곡선 패스를 이용해 선 모양을 만들어보세요.

- 예제 파일 : Chapter02\s_unit02_02.ai
- 완성 파일 : Chapter02\s_unit02_02_완성.ai
- 해설 파일 : 해설파일\02_자유곡선패스만들고선모양만들기.hwp, pdf

Before

After

① [Pencil Tool]( )로 자유 곡선 패스 만들기 ➡ ② [Smooth Tool]()로 패스 부드럽게 다듬기 ➡ ③ [Width Tool]( )로 선 모양 만들기

ILLUSTRATOR CS6

앞서 드로잉의 기초를 익혔으므로 이번에는 드로잉에 컬러를 입혀 디자인을 더욱 풍성하게 만드는 작업을 배워봅니다. 기본적인 색 채우기부터 자연스러운 컬러링, 일러스트레이터에 특화된 [Mesh Tool], [Gradient Tool], [Blend Tool] 등의 다양한 기법을 사용하여 더욱 멋지고 세련된 결과물을 만들어봅니다.

Chapter 03

디자인에 활기를 불어 넣는 컬러링

UNIT 01 [Color] 패널을 이용해 손쉽게 컬러링하기
UNIT 02 반복되는 재미가 있는 패턴 채우기
UNIT 03 그레이디언트로 여러 가지 색을 하나의 패스에 넣기
UNIT 04 [Blend Tool]로 오브젝트 자연스럽게 이어주기
UNIT 05 [Mesh Tool]로 섬세하게 컬러링하기

CHAPTER MAP

unit 01 [Color] 패널을 이용해 손쉽게 컬러링하기

[Color] 패널을 사용하여 칠과 선의 색상을 바꿔봅니다. 이 방법은 일러스트레이터 작업 시 기본이 될 과정으로, 깔끔하고 심플한 이미지를 만들 때 유용하며 사용이 간편합니다.

● 장화 신은 고양이 컬러링하기

unit 02 반복되는 재미가 있는 패턴 채우기

패턴(Pattern)은 일상에서도 흔히 볼 수 있는 기법으로, 일러스트레이터는 패턴 작업이 용이한 프로그램입니다. 특히 일러스트레이터 CS6는 기존 버전보다 패턴 기능이 더욱 강화되어 자연스러운 패턴을 만들 수 있으며, 만드는 방법 또한 간편해졌습니다. 수정 역시 간단하므로 개인 작업은 물론 실무에도 많은 도움이 될 것입니다.

● 패턴 만들기

unit 03 그레이디언트로 여러 가지 색을 하나의 패스에 넣기

컬러링 작업을 하다 보면 컬러가 자연스럽게 이어지는 그레이디언트 효과가 필요합니다. CS6 버전에서는 선에도 그레이디언트를 적용할 수 있습니다. [Gradient] 패널 및 [Gradient Tool] (■)의 사용법에 대해 배워보겠습니다.

● [Gradient] 패널로 일러스트 완성하기

u n i t **04** [Blend Tool]로 오브젝트 자연스럽게 이어주기

[Blend Tool](🔲)을 이용한 채색에 대해 알아보겠습니다. [Blend Tool](🔲)은 A와 B를 자연스럽게 이어주는 툴입니다. 오브젝트 간의 컬러, 투명도, 형태 조절은 물론 A 그룹과 B 그룹의 연결도 가능합니다. 일러스트는 물론 실무까지 여러 방면으로 활용할 수 있는 유용한 툴입니다.

● [Blend Tool]을 이용한 컬러링 연습하기

u n i t **05** [Mesh Tool]로 섬세하게 컬러링하기

앞서 배운 [Gradient Tool](🔲), [Blend Tool](🔲)은 색을 부드럽게 연결하는 기능이 있었습니다. 이번에 배울 [Mesh Tool](🔲)은 색을 부드럽게 표현하는 것은 물론 더욱 섬세한 작업도 할 수 있습니다. [Mesh Tool](🔲)을 잘 다루면 일러스트레이터를 이용해 고급 작업물도 만들 수 있습니다.

● [Mesh Tool]로 꽃 일러스트 완성하기

[Color] 패널을 이용해 손쉽게 컬러링하기

[Color] 패널을 사용하여 칠과 선의 색상을 바꿔봅니다. 이 방법은 일러스트레이터 작업 시 기본이 될 과정으로, 깔끔하고 심플한 이미지를 만들 때 유용하며 사용이 간편합니다.

- 칠과 선 색상 설정하기
- [Color Picker] 대화상자, [Color] 패널, [Swatches] 패널 이용하여 컬러 적용하기
- [Color Guide] 패널 이용하여 컬러 적용하기

- 반복되는 재미가 있는 패턴 채우기 : 151쪽
- 그레이디언트로 여러 가지 색을 하나의 패스에 넣기 : 165쪽

칠과 선 색상 설정하기

칠 색과 선 색을 바꾸는 몇 가지 방법을 살펴봅니다. 그중에서도 [Color Picker] 대화상자를 통해 색상을 변경하는 방법과 [Color] 패널을 이용하여 색상을 변경하는 방법을 가장 많이 사용합니다. 선과 칠 모두 같은 방법으로 변경할 수 있습니다.

● [Tool] 패널에서 색 적용하기

[Tool] 패널에서 선(Stoke)을 더블클릭하면 [Color Picker] 대화상자가 나타납니다. 컬러 스펙트럼의 화살표를 드래그하여 컬러 계열을 선택하고 왼쪽 색상자에서 원하는 컬러를 클릭한 후 [OK]를 클릭합니다.

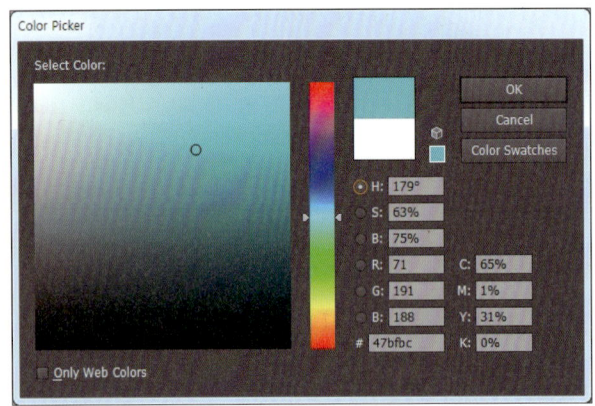

● [Color Picker] 대화상자 살펴보기

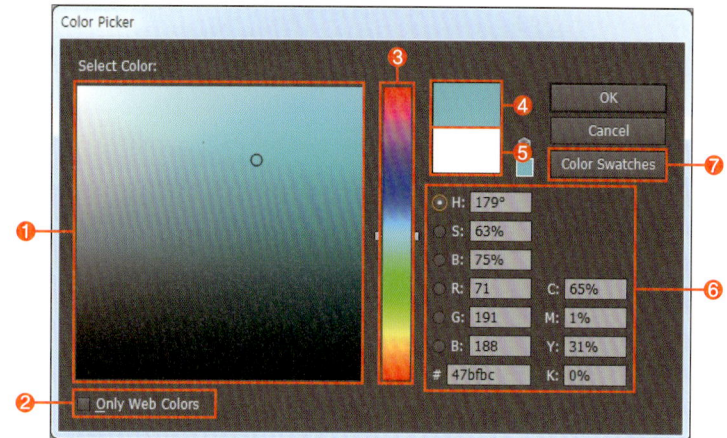

❶ **Color Field** : 컬러 스펙트럼에서 지정한 색상의 명암과 채도를 선택할 수 있습니다.
❷ **Only Web Colors** : 웹 작업에 사용하는 컬러만 보고 싶을 때 체크합니다.
❸ **Color Spectrum** : 화살표를 클릭하여 위아래로 드래그하면 ❶의 컬러가 변경됩니다.
❹ **[Color Picker]** 대화상자에서 선택한 컬러입니다. [OK]를 클릭하면 해당 컬러가 칠 색이나 선 색으로 설정됩니다.
❺ 현재 설정되어 있는 컬러입니다. 변경할 컬러와 비교해볼 수 있습니다.
❻ **Color Display** : 색상 값을 HSB, RGB, CMYK, 헥사코드로 입력하여 색상을 변경합니다.
❼ **Color Swatches** : [Color Swatches] 모드로 전환됩니다. [Color Models]를 클릭하면 원래대로 돌아옵니다.

● [Color] 패널 살펴보기

목록 단추(≡)를 클릭하여 [Show Options]를 선택하면 패널이 기본형으로 확장됩니다.

MEMO ● [Hide Options]를 선택하면 패널이 축소됩니다. 패널 탭 왼쪽의 ◆를 클릭해도 됩니다.

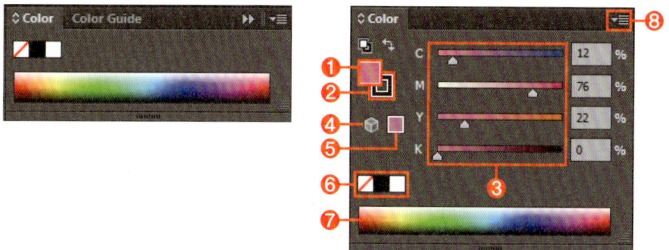

❶ **칠(Fill)** : 클릭하면 칠이 활성화되며, 컬러 슬라이더나 컬러 스펙트럼에서 칠 색상을 설정할 수 있습니다. 더블클릭하면 [Color Picker] 대화상자에서 칠 색상을 설정할 수 있습니다.
❷ **선(Stroke)** : 클릭하면 선이 활성화되며, 컬러 슬라이더나 컬러 스펙트럼에서 선의 색상을 설정할 수 있습니다. 더블클릭하면 [Color Picker] 대화상자에서 선 색상을 설정할 수 있습니다.

❸ 컬러 슬라이더 : 드래그하여 칠 또는 선의 색상을 변경합니다.
❹ [Out of Web Color Warning] : 웹에서 제대로 표현되지 않는 색을 선택하면 경고 표시가 나타납니다.
❺ [In Web Color] : 클릭하면 웹에서 제대로 표현 가능한 컬러 중 가장 비슷한 컬러를 선택할 수 있습니다.
❻ 칠과 선 중에서 활성화된 항목의 컬러를 각각 없음(None), 검은색, 흰색으로 변경합니다.
❼ 컬러 스펙트럼 : 빠르고 정확하게 색상을 선택할 수 있습니다.
❽ 목록 단추( ) : 클릭하여 다양한 컬러 모드를 선택할 수 있습니다.

● [Swatches] 패널 살펴보기

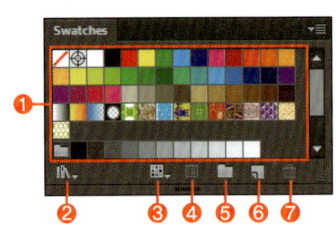

❶ 스와치 목록 : 스와치를 선택하여 색을 변경합니다.
❷ Swatch Libraries Menu : 다양한 스와치 그룹을 볼 수 있습니다.
❸ Show Swatch Kinds Menu : 스와치를 종류별로 선택하여 볼 수 있습니다.
❹ Swatch Options : 선택한 스와치를 수정할 수 있습니다.
❺ New Color Group : 폴더를 생성합니다. 여러 스와치를 그룹으로 묶을 수 있습니다.
❻ New Swatch : 새로운 스와치를 만듭니다.
❼ Delete Swatch : 선택한 스와치를 삭제합니다.

장화 신은 고양이 컬러링하기

칠과 선의 컬러를 달리하여 세 가지 느낌으로 컬러링하겠습니다.

예제 파일 : Chapter03\unit01_01.ai

01 화면 크기 조정

❶ 상태 바의 화면 크기 조절 탭에서 [Fit On Screen]을 선택합니다.

02 오브젝트 선택

❶ Ctrl + A 를 눌러 오브젝트를 모두 선택합니다. ❷ 선택한 고양이 오브젝트 위에 마우스 포인터를 올리고 Alt 를 누르면 포인터 모양이 ▶로 변경됩니다.

03 오브젝트 복사

❶ Alt 를 누른 상태에서 오브젝트를 클릭한 채 오른쪽으로 드래그합니다. 드래그 도중 Shift 를 함께 눌러 적당한 위치에 배치합니다.

MEMO ● 오브젝트를 선택한 후 Alt 를 누른 채 드래그하면 원하는 위치에 오브젝트가 복사됩니다. Alt 를 누른 채 드래그하는 도중 Shift 를 누르면 수평, 수직, 45° 방향으로 오브젝트를 복사할 수 있습니다.

04 복사 반복

❶ Ctrl+D를 누릅니다. 방금 복사한 오브젝트 오른쪽에 동일한 간격으로 오브젝트가 복사된 것을 확인할 수 있습니다.

05 화면 정리

❶ Ctrl+Spacebar를 누른 채 클릭하여 화면을 알맞게 확대합니다. ❷ Spacebar를 누른 채 드래그하여 첫 번째 고양이 오브젝트가 잘 보이도록 화면을 이동합니다.

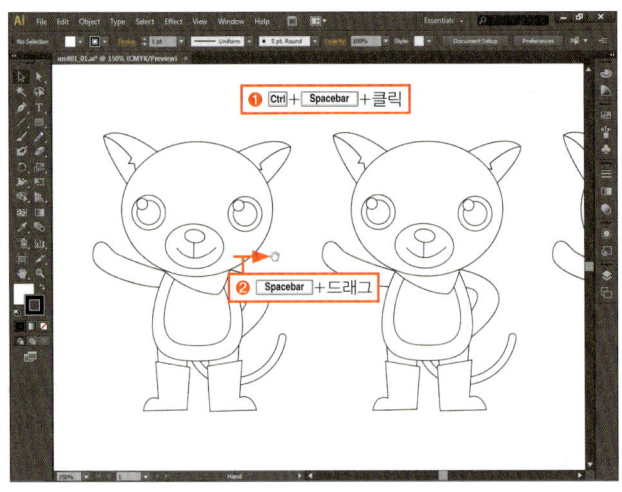

TIP 복사 반복하기

Ctrl+D는 복사 반복하기의 단축키입니다. ⓐ 오브젝트를 ⓑ 위치로 복사한 후 Ctrl+D를 누르면 ⓑ 오브젝트의 위치를 기준으로 ⓐ 오브젝트와 ⓑ 오브젝트의 간격만큼 떨어진 곳에 ⓒ 오브젝트가 복사됩니다.

Ctrl+D 단축키는 반복하여 사용할 수 있습니다.

06 패스 선택

❶ 얼굴 패스를 선택하고 ❷ Shift를 누른 채 양팔과 몸통, 다리 패스도 클릭하여 선택합니다. 이때 몸통 안의 배 부분은 선택하지 않도록 주의합니다. ❸ [Tool] 패널에서 [Fill]을 더블클릭합니다.

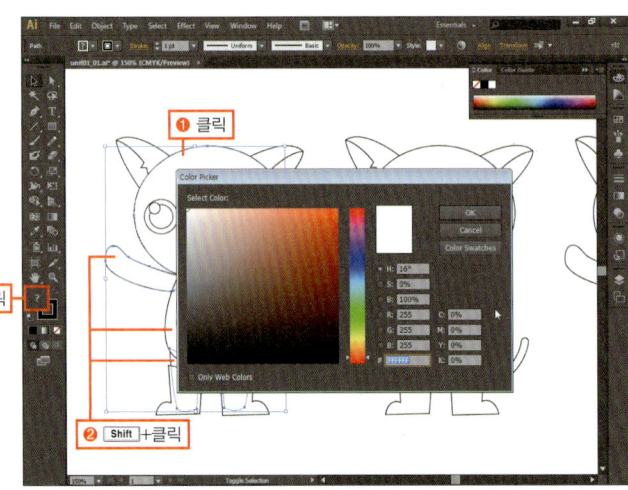

07 컬러 적용

[Color Picker] 대화상자가 나타나면 ❶CMYK 코드 입력 창에 'C=80, M=80, Y=35, K=0'을 입력합니다. ❷[OK]를 클릭합니다.

08 패스 선택 후 컬러 적용

귀와 꼬리는 좀 더 진한 색으로 설정하겠습니다. ❶양쪽 귀의 바깥쪽과 꼬리 패스를 선택한 후 ❷[Tool] 패널의 [Fill]을 더블클릭합니다. ❸CMYK 코드 입력창에 'C=88, M=88, Y=45, K=10'을 입력합니다. ❹[OK]를 클릭합니다.

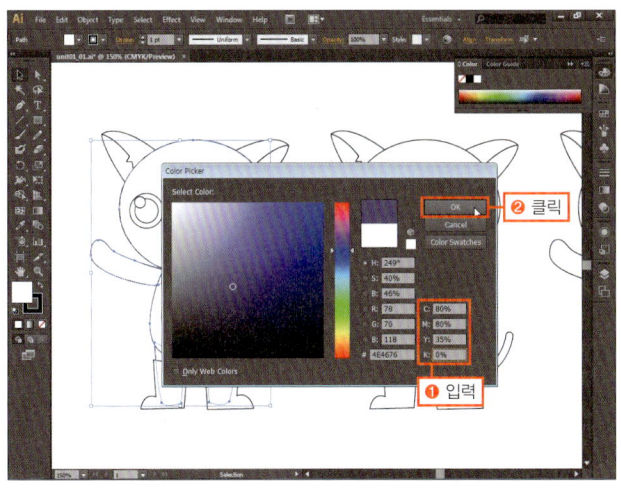
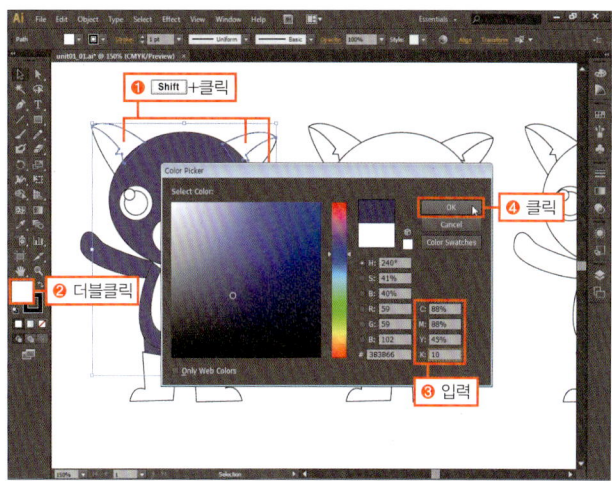

09 귀 안쪽 컬러 적용

❶양쪽 귀의 안쪽 패스를 선택하고 ❷[Tool] 패널의 [Fill]을 더블클릭합니다. ❸CMYK 코드 입력창에 'C=0, M=35, Y=20, K=0'을 입력합니다. ❹[OK]를 클릭합니다.

10 [Swatches] 패널에서 컬러 적용

❶눈동자 바깥쪽의 큰 원 패스를 Shift 를 누른 채 클릭하여 양쪽 모두 선택합니다. ❷[Swatches] 패널을 클릭한 후 ❸'C=5, M=0, Y=90, K=0'을 선택합니다.

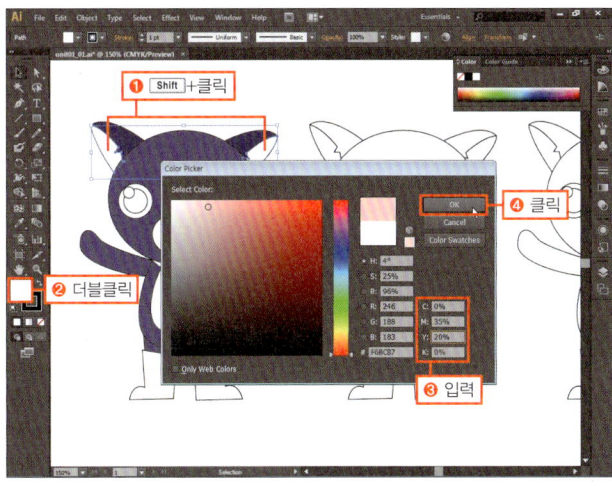
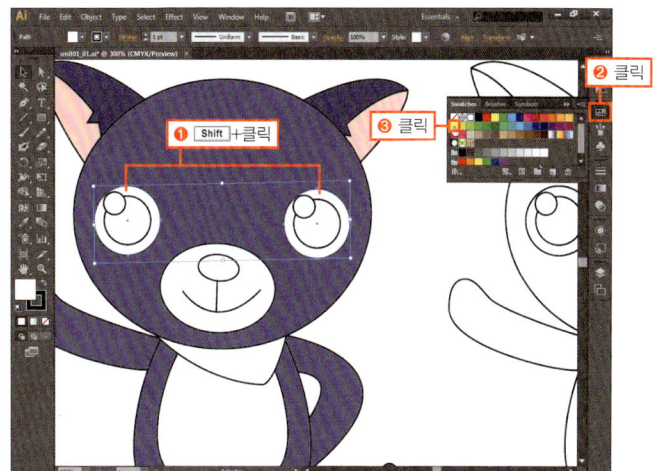

MEMO ● 더 많은 컬러 스와치를 보려면 목록 단추(▼)를 클릭한 후 [Open Swatch Library] 메뉴에서 원하는 샘플 그룹을 선택합니다.

11 눈동자 컬러 설정

❶ Shift 를 누른 채 눈동자의 큰 원 패스를 클릭하여 양쪽 모두 선택합니다. ❷ [Swatches] 패널을 클릭한 후 ❸ 'C=40, M=70, Y=100, K=50'을 선택합니다.

TIP 원하는 색의 스와치 추가하기

1. 원하는 색상 만든 후 [New Swatch]로 등록하기

❶ [Color Picker] 대화상자 또는 [Color] 패널을 사용하여 칠 혹은 선 색상자에 원하는 색을 만듭니다. ❷ [Swatches] 패널의 [New Swatch](■)를 클릭합니다. ❸ [New Swatch] 대화상자가 나타나면 옵션을 확인하고 [OK]를 클릭합니다.

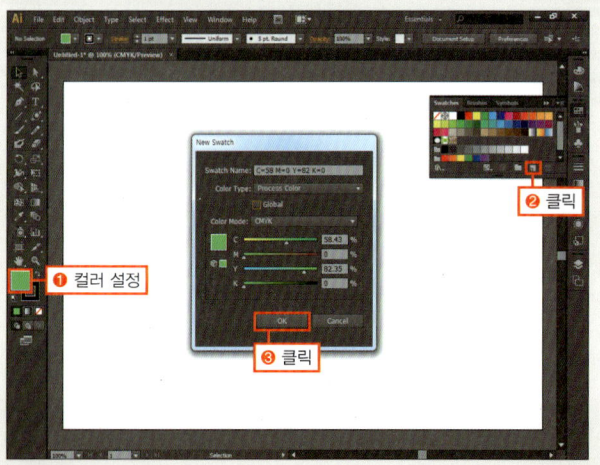

2. 원하는 색상 만든 후 [Swatches] 패널로 드래그하기

❶ [Color Picker] 대화상자 또는 [Color] 패널을 사용하여 칠 혹은 선 색상자에 원하는 색을 만듭니다. ❷ 원하는 색이 적용된 [Tool] 패널의 칠 혹은 선 색상자를 클릭하여 [Swatches] 패널로 드래그합니다.

MEMO ● 반드시 [Tool] 패널에서 드래그해야 합니다. 아트보드 위의 패스를 클릭하여 [Swatches] 패널로 드래그할 경우 컬러가 아닌 해당 패스 자체가 등록되므로 주의합니다.

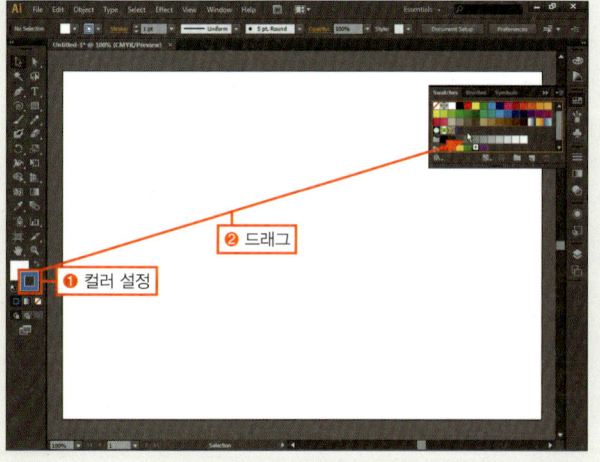

12 코 컬러 설정

❶ 코 패스를 선택합니다. ❷ [Eyedropper Tool](🖋)을 선택합니다. ❸ 귀 안쪽을 클릭합니다. 코가 귀 안쪽과 같은 분홍색으로 변경됩니다.

13 장화 컬러 설정

❶ V 를 눌러 [Selection Tool](▶)을 선택합니다. ❷ Shift 를 누른 채 클릭하여 장화 패스를 모두 선택합니다. ❸ [Color] 패널을 불러옵니다. ❹ 'C=35, M=35, Y=45, K=0'을 입력합니다.

MEMO ● [Color] 패널의 컬러 입력창이 보이지 않는 경우 상단의 목록 단추(▤)를 클릭하여 [Show Options]를 선택합니다.

14 머플러 컬러 설정

❶ 머플러 패스를 선택합니다. ❷ [Color] 패널 하단에 있는 컬러 스펙트럼에서 원하는 컬러 지점을 클릭합니다. 클릭할 때마다 해당 지점의 컬러로 변하므로 원하는 컬러를 찾아 적용할 수 있습니다.

15 화면 이동

두 번째 고양이는 선에도 색을 넣고 칠을 파스텔 톤으로 컬러링하겠습니다. ❶ Spacebar 를 누른 채 드래그하여 두 번째 고양이가 잘 보이도록 화면 위치를 조정합니다.

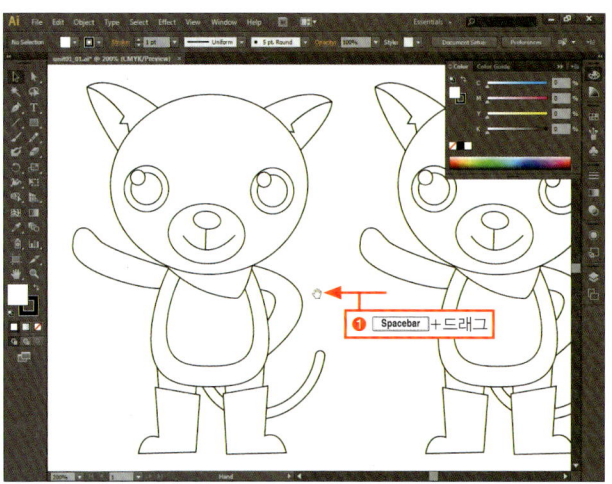

16 [Width Tool]로 선 굵기 변경

❶[Width Tool]( )을 선택합니다. ❷앞서 배운 방법으로 두 번째 고양이의 선 굵기를 변경합니다.

17 두 번째 고양이 선택

❶ V 를 눌러 [Selection Tool]( )을 선택합니다. ❷드래그하여 두 번째 고양이 오브젝트를 전체 선택합니다.

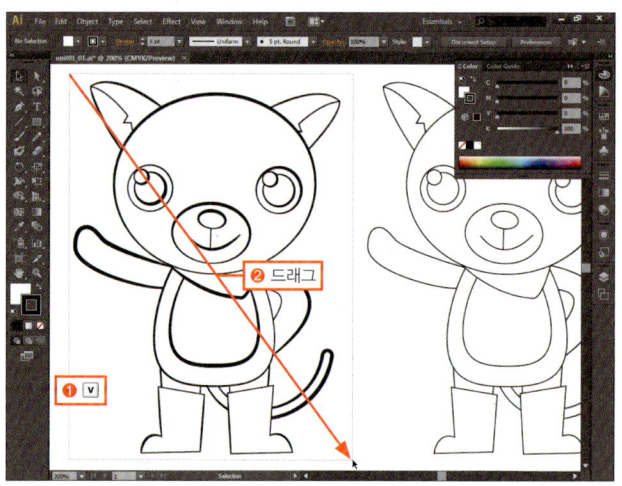

18 선 색상 변경

[Color] 패널에서 선이 활성화되어 있는지 확인한 후 ❶'C=35, M=40, Y=40, K=0'을 입력합니다.

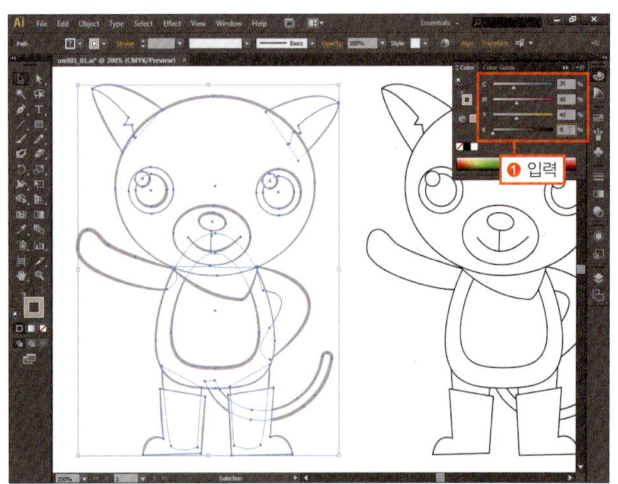

19 고양이 컬러 설정

❶[Selection Tool]( )로 얼굴, 귀 바깥쪽, 몸통, 팔, 다리, 꼬리 패스를 선택합니다. ❷칠을 활성화한 후 ❸[Color] 패널에 'C=28, M=0, Y=5, K=0'을 입력합니다.

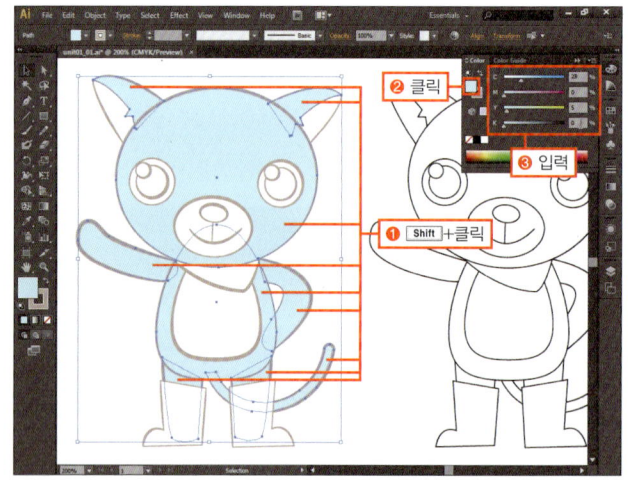

20 배, 입 주변 컬러 설정

❶ 배와 입 주변의 둥근 패스를 선택합니다. ❷ [Color] 패널 입력창에 'C=6, M=0, Y=1, K=0'을 입력합니다.

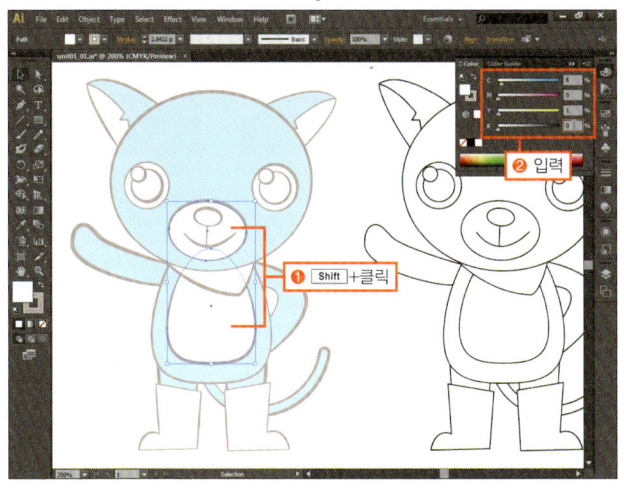

21 눈 컬러 설정

❶ 눈동자 바깥쪽 원 패스를 선택합니다. ❷ [Color] 패널 입력창에 'C=3, M=0, Y=22, K=0'을 입력합니다. ❸ 눈동자의 큰 원 패스를 선택합니다. ❹ [Color] 패널 입력창에 'C=8, M=23, Y=45, K=0'을 입력합니다.

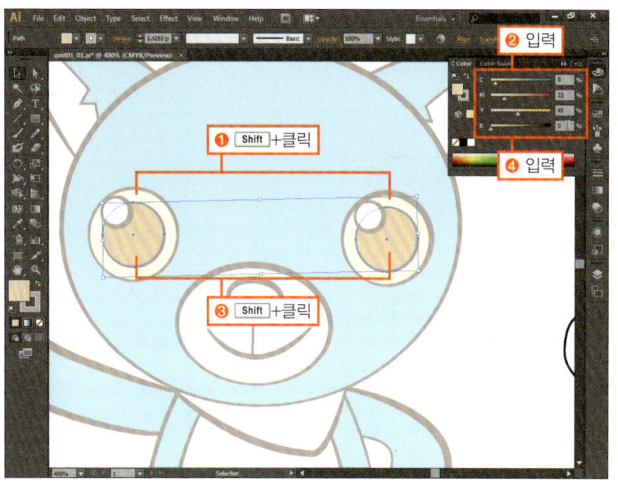

22 코와 귀 안쪽 컬러 설정

❶ 코 패스를 선택합니다. ❷ [Color] 패널 입력창에 'C=10, M=50, Y=45, K=0'을 입력합니다. ❸ 귀 안쪽 패스를 선택합니다. ❹ [Color] 패널 입력창에 'C=7, M=57, Y=27, K=0'을 입력합니다.

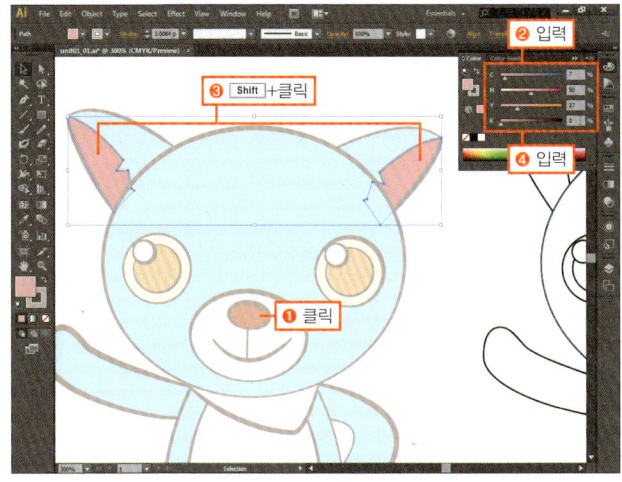

23 장화와 머플러 컬러 설정

❶ 장화 패스를 선택합니다. ❷ [Color] 패널 입력창에 'C=3, M=75, Y=50, K=0'을 입력합니다. ❸ 머플러 패스를 선택합니다. ❹ [Color] 패널 입력창에 'C=15, M=0, Y=60, K=0'을 입력합니다.

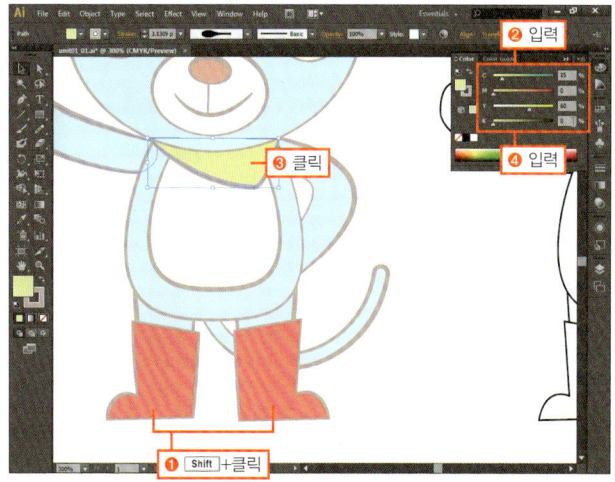

24 화면 이동

세 번째 고양이는 선을 없애고 [Color Guide] 패널을 이용해 채색하겠습니다. ❶ Spacebar 를 누른 채 드래그하여 세 번째 고양이가 잘 보이도록 화면 위치를 조정합니다.

25 기준 컬러 설정

❶세 번째 고양이의 얼굴과 몸통 패스를 선택합니다. ❷[Color] 패널 입력창에 'C=0, M=55, Y=80, K=0'을 입력합니다.

26 [Color Guide] 패널 실행

❶[Color Guide] 패널을 불러옵니다. 현재 선택된 주황색을 기준으로 컬러 그룹이 표시되는 것을 확인할 수 있습니다. ❷[Harmony Rules] 목록 단추를 클릭합니다. ❸[Analogous 2]를 선택합니다.

MEMO ● [Color Guide] 패널은 [Window]-[Color Guide] 메뉴를 클릭하거나 Shift + F3 을 눌러 불러올 수 있습니다.

27 [Color Guide] 패널에서 컬러 적용

❶귀 바깥쪽과 팔, 다리 패스를 선택합니다. ❷[Color Guide] 패널의 컬러 그룹 중 연한 주황색을 선택합니다.

MEMO ● 컬러 배치가 그림과 다른 경우 상단의 목록 단추(▼≡)를 클릭하여 [Show Tints/Shades]를 선택합니다. 그래도 그림과 다르다면 [Tool] 패널에서 칠이 활성화되어 있는지 확인합니다. 예제의 경우 칠을 작업하고 있기 때문에 선이 활성화되어 있으면 안 됩니다.

TIP [Color Guide] 패널 살펴보기

[Essential] 작업 환경의 패널 모음을 살펴보면 [Color] 패널의 아래에 [Color Guide] 패널이 위치한 것을 찾을 수 있습니다. [Color Guide] 패널을 이용하면 어울리는 컬러 배색을 손쉽게 선택할 수 있습니다. 패널이 보이지 않을 경우 [Window]-[Color Guide] 메뉴를 클릭하거나 Shift + F3 을 눌러 불러올 수 있습니다. [Color Guide] 패널을 살펴보겠습니다.

■ [Color Guide] 패널

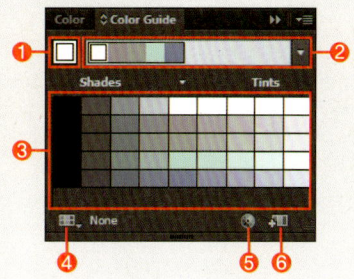

❶ **Set base color to the current color** : 현재 선택된 컬러를 보여줍니다.
❷ **[Harmony Rules] 탭** : 현재 선택된 컬러와 어울리는 컬러를 모은 컬러 그룹이 나타납니다. 다른 컬러 그룹으로 변경할 수도 있습니다.
❸ **컬러 그룹** : 선택된 컬러 그룹의 컬러들과 해당 컬러의 명도와 채도가 다른 색상들을 단계별로 배치하여 보여줍니다. 클릭하면 해당 컬러가 칠 색이나 선 색으로 설정됩니다.
❹ **Limits the color group to colors in a swatch library( )** : 스와치 라이브러리(Swatch Library)에 등록된 컬러 조합을 불러와 사용할 수 있습니다.
❺ **Edit Colors( )** : 현재 선택된 컬러나 [Harmony Rules] 탭에 있는 컬러를 수정합니다.
❻ **Save color group to Swatch panel( )** : [Swatches] 패널에 현재 컬러 그룹을 저장합니다.

■ [Color Guide] 패널의 목록 단추 메뉴

[Color Guide] 패널의 목록 단추( )를 클릭하면 몇 가지 설정 메뉴가 나타납니다.

❶ 하단의 옵션을 나타내거나 숨깁니다.
❷ 현재 선택된 컬러나 [Harmony Rules] 탭에 있는 컬러를 수정합니다.
❸ [Swatches] 패널에 현재 컬러 그룹을 저장합니다.
❹ [Color Guide Options] 대화상자에서 컬러 그룹의 컬러 단계와 단계별 컬러 변화의 정도를 설정합니다.
　ⓐ **Steps** : 숫자가 작을수록 컬러 단계가 적습니다.
　ⓑ **Variation** : 수치가 낮을수록 컬러 변화의 정도가 적습니다.
❺ 컬러 변화를 밝음과 어두움으로 나눕니다.
❻ 컬러 변화를 따뜻함과 차가움으로 나눕니다.
❼ 컬러 변화를 고채도와 저채도로 나눕니다.

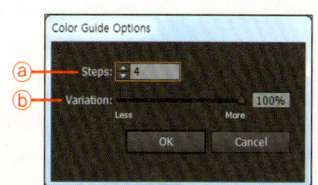

28 [Color Guide] 패널에서 컬러 적용

❶ 꼬리 패스를 선택합니다. ❷ [Color Guide] 패널의 컬러 그룹에서 다음과 같은 컬러를 선택합니다.

29 귀 안쪽 컬러 적용

❶ 귀 안쪽 패스를 선택합니다. ❷ [Color Guide] 패널의 컬러 그룹에서 다음과 같은 컬러를 선택합니다.

30 [Harmony Rules] 탭 변경

❶ [Harmony Rules] 목록 단추를 클릭합니다. ❷ [Triad 2] 를 선택합니다.

31 장화 컬러 적용

❶ 장화 패스를 선택합니다. ❷ [Color Guide] 패널의 컬러 그룹에서 다음과 같은 컬러를 선택합니다.

32 기준 컬러 변경

❶ [Color Guide] 패널에서 현재 선택된 컬러를 클릭합니다. 그에 맞춰 [Harmony Rules] 탭의 색이 변한 것을 확인할 수 있습니다.

33 눈 컬러 적용

❶ 눈동자 바깥쪽의 큰 원 패스를 선택합니다. ❷ [Color Guide] 패널의 컬러 그룹에서 다음과 같은 컬러를 선택합니다. ❸ 눈동자의 큰 원 패스를 선택합니다. ❹ [Color Guide] 패널에서 방금 적용한 색상 바로 위의 컬러를 선택합니다.

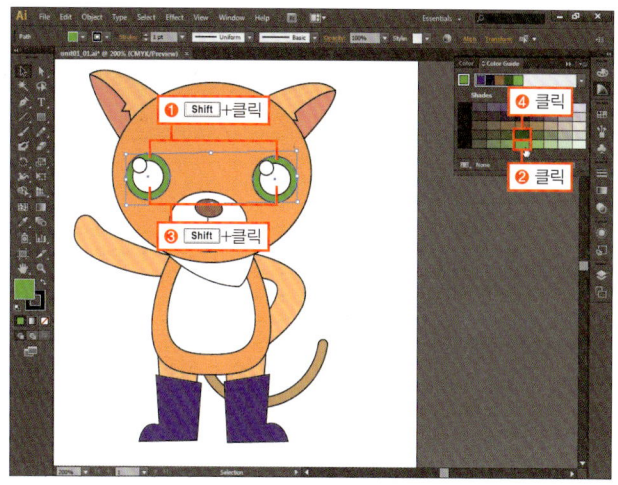

34 머플러 컬러 적용

❶ [Color] 패널을 선택합니다. ❷ 머플러 패스를 선택합니다. ❸ [Color] 패널 입력창에 'C=50, M=0, Y=15, K=0'의 수치를 입력합니다.

35 전체 선택 후 부분 선택 해제

❶ 드래그하여 세 번째 고양이 오브젝트를 전체 선택합니다. ❷ Shift 를 누른 채 인중과 입을 클릭하여 선택 해제합니다.

MEMO ❷번 작업 도중 선이 잘 보이지 않을 경우 고양이를 전체 선택한 후 Ctrl + Spacebar 를 누른 채 클릭하여 화면 배율을 확대합니다. 선택 해제한 뒤에는 Ctrl + Alt + Spacebar 를 누른 채 클릭하여 화면 배율을 축소합니다.

36 선 제거

❶ [Tool] 패널에서 선을 활성화합니다. ❷ ▨를 클릭하여 선을 없앱니다.

37 인중과 입 선 변경

❶ 아트보드의 빈 곳을 클릭하여 선택 해제합니다. ❷ 인중과 입 패스를 선택합니다. ❸ [Color] 패널 입력창에 'C=40, M=50, Y=40, K=0'을 입력합니다.

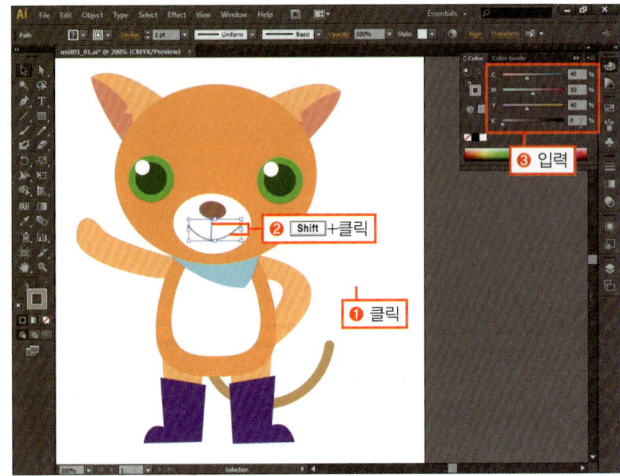

38 완성

❶ 화면 하단의 상태 바에서 [Fit On Screen]을 선택하여 화면 배율을 모니터 크기에 맞게 조정합니다. 각각 다른 느낌의 세 고양이가 완성되었습니다.

◎ 완성 파일 : Chapter03\unit01_01_완성.ai

투명도 조절하기

[Color] 패널을 통해 컬러를 설정하는 방법에 대해 배웠습니다. 이번에는 컬러가 설정된 패스의 투명도를 조절하여 투명한 느낌을 연출하는 방법을 알아보겠습니다. 투명도를 조절하면 겹쳐 있어 보이지 않던 레이어를 확인할 수 있습니다.

◎ 예제 파일 : Chapter03\우유병.ai

1 [Layers] 패널 실행

❶ [Layers] 패널을 엽니다.

2 우유병 투명도 조절

❶ 우유병 패스를 선택합니다. ❷ 컨트롤 바에서 [Opacity]의 목록 단추를 클릭합니다. ❸ '30%'를 선택합니다. 우유병이 원래 색의 30% 투명도로 조절된 것을 확인할 수 있습니다.

MEMO ● [Opacity]의 목록 단추를 클릭하지 않고 입력창에 직접 수치를 입력해도 됩니다.

3 레이어 변경

'물' 레이어와 겹쳐 있는 '우유병' 레이어를 잠그겠습니다. ❶ [Layers] 패널에서 '우유병' 레이어의 [Toggles Lock](🔒)을 클릭합니다. ❷ '물' 레이어를 선택합니다.

4 물 투명도 조절

❶물 패스를 클릭하여 선택합니다. ❷[Opacity]의 목록 단추를 클릭합니다. ❸'40%'를 선택합니다. 물이 원래 색의 40% 투명도로 조절되었습니다.

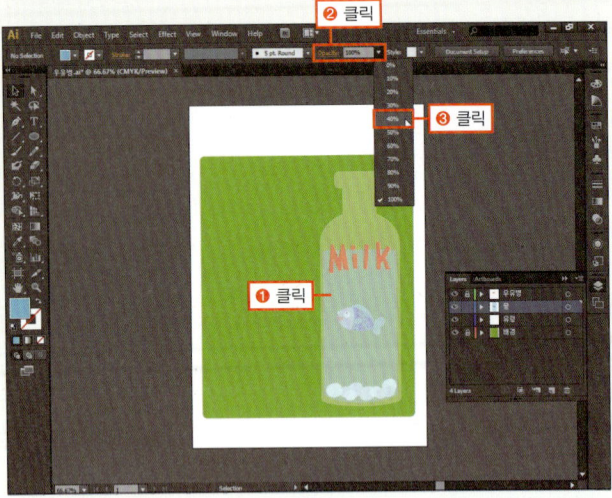

5 레이어 변경

❶[Layers] 패널에서 '유령' 레이어를 선택합니다.

6 유령 선택

❶아트보드를 그림과 같이 드래그합니다. 숨어 있는 유령 패스가 선택됩니다.

7 유령 투명도 조절

❶[Opacity]의 목록 단추를 클릭합니다. ❷'100%'를 선택합니다. '유령' 레이어가 불투명한 상태로 변경되어 나타납니다.

◎ 완성 파일 : Chapter03\우유병_완성.ai

Unit 02. 반복되는 재미가 있는 패턴 채우기

패턴(Pattern)은 일상에서도 흔히 볼 수 있는 기법으로, 일러스트레이터는 패턴 작업이 용이한 프로그램입니다. 특히 일러스트레이터 CS6는 기존 버전보다 패턴 기능이 더욱 강화되어 자연스러운 패턴을 만들 수 있으며, 만드는 방법 또한 간편해졌습니다. 수정 역시 간단하므로 개인 작업은 물론 실무에도 많은 도움이 될 것입니다.

학습 주제
- 일러스트레이터에서 제공하는 패턴 살펴보기
- 패턴 적용하고 수정하기
- 패턴 만들기

관련 학습
- 간단하게 드로잉할 수 있는 도형 툴 사용하기 : 107쪽

간략 개요 — 패턴 살펴보기

일러스트레이터에서 기본적으로 제공하는 패턴 스와치(Pattern Swatch)가 있습니다. [Swatches] 패널에 패턴 스와치를 추가하는 방법에 대해 배우고, 패턴 제작 시 사용하는 [Pattern Options] 패널에 대해 알아보겠습니다.

● [Swatches] 패널에 패턴 추가하기

[Swatches] 패널 상단의 목록 단추()를 클릭한 후 [Open Swatch Library]-[Patterns]의 하위 메뉴에 있는 목록 중 원하는 것을 선택하여 패턴을 추가합니다. 아트보드에 선택한 패턴 그룹의 패널이 나타납니다.

MEMO ● [Swatch Libraries Menu]()를 클릭하고 [Patterns]의 하위 메뉴를 선택해도 됩니다.

MEMO ● [Swatch Libraries Menu](　)를 클릭하여 새로운 패턴 그룹을 선택하거나 그 옆의 ◀ 또는 ▶를 클릭하여 다른 그룹의 스와치 라이브러리를 볼 수도 있습니다.

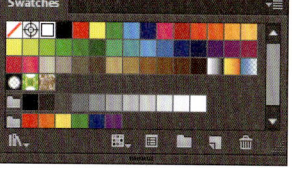

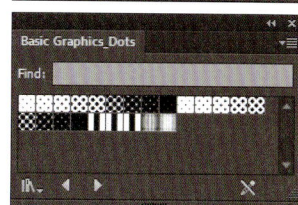

▲ [Basic Graphics_Dots] 패널

● [Pattern Options] 패널 살펴보기

[Object]-[Pattern]-[Make] 메뉴를 클릭하여 [Pattern Options] 패널을 불러올 수 있습니다. 새로운 패턴은 [Swatches] 패널에 등록되며, 패턴 편집 모드에서 수정한 내용은 편집 모드 종료 후 적용된다는 대화상자가 나타나면 [OK]를 클릭합니다.

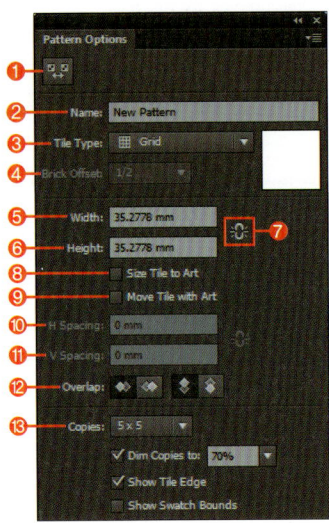

❶ **Pattern Tile Tool** : 클릭하여 활성화하면 중앙에 보이는 기준 타일의 크기를 조절할 수 있습니다. 타일 내에서 작업한 일러스트의 복사본이 아트보드 전체에 반복되어 나타납니다.

❷ **Name** : 패턴의 이름을 설정합니다.

❸ **Tile Type** : 타일 형태를 선택합니다. 패턴의 배치에 영향을 미칩니다.

　ⓐ Grid : 격자무늬로 배치됩니다.

　ⓑ Brick by Row : 가로 형태의 벽돌쌓기 무늬로 배치됩니다.

　ⓒ Brick by Column : 세로 형태의 벽돌쌓기 무늬로 배치됩니다.

　ⓓ Hex by Column : 중앙 타일을 기준으로 세로로 정렬된 육각형 무늬로 배치됩니다.

　ⓔ Hex by Row : 중앙 타일을 기준으로 가로로 정렬된 육각형 무늬로 배치됩니다.

❹ **Brick Offset** : ❸의 ⓑ, ⓒ를 적용하면 활성화되는 옵션으로, 배치 간격을 조절합니다.

❺ **Width** : 타일의 너비를 조절합니다.

❻ **Height** : 타일의 높이를 조절합니다.

❼ 활성화하면 ❺, ❻이 같은 비율로 조절됩니다.

❽ 체크하면 작업하는 아트를 기준으로 타일 크기가 맞춰집니다.

❾ 체크하면 작업하는 아트를 기준으로 타일이 이동합니다.

❿ **H Spacing** : ❼이 체크되어 있을 경우 활성화되는 옵션입니다. 아트를 기준으로 타일과의 가로 간격을 조절합니다.

⓫ **V Spacing** : ❼이 체크되어 있을 경우 활성화되는 옵션입니다. 아트를 기준으로 타일과의 세로 간격을 조절합니다.

⓬ **Overlap** : 패턴이 겹쳤을 때 쌓이는 방향을 선택합니다.

⓭ **Copies** : 타일 바깥쪽에 보이는 복사본의 배열 개수를 조절합니다.

　ⓐ Dim Copies to : 체크한 후 타일 내의 아트를 제외한 복사본의 투명도를 조절합니다. 반복되는 복사본들을 연하게 처리하여 본인이 작업 중인 아트를 찾기 쉽습니다.

　ⓑ Show Tile Edge : 중앙 타일의 외곽선을 숨기거나 보이게 합니다.

　ⓒ Show Swatch Bounds : [Swatches] 패널에 보이는 스와치의 모양입니다. 점선 안의 모양대로 [Swatches] 패널에 등록됩니다.

패턴 적용하고 수정하기

[Swatches] 패널에 패턴 스와치를 추가하는 방법과 패턴 제작 시 사용하는 [Pattern Options] 패널에 대해 알아보겠습니다.

01 새 도큐먼트 실행

❶[File]-[New] 메뉴를 클릭합니다. [New Document] 대화상자에서 ❷[Name]에 '패턴'을 입력하고 ❸[Size]는 'A4', ❹[Orientation]은 '▣'를 선택합니다. ❺[OK]를 클릭합니다.

02 패턴 스와치 추가

❶[Swatches] 패널을 열고 ❷왼쪽 하단의 [Swatch Libraries menu](▥)를 클릭합니다. ❸[Patterns]-[Decorative]-[Decorative Legacy] 메뉴를 클릭합니다.

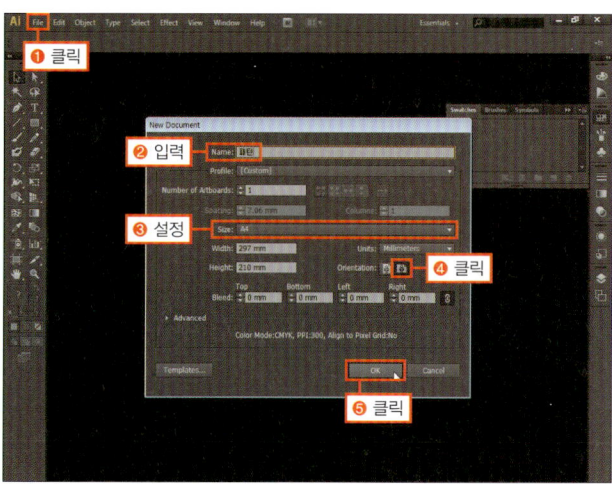

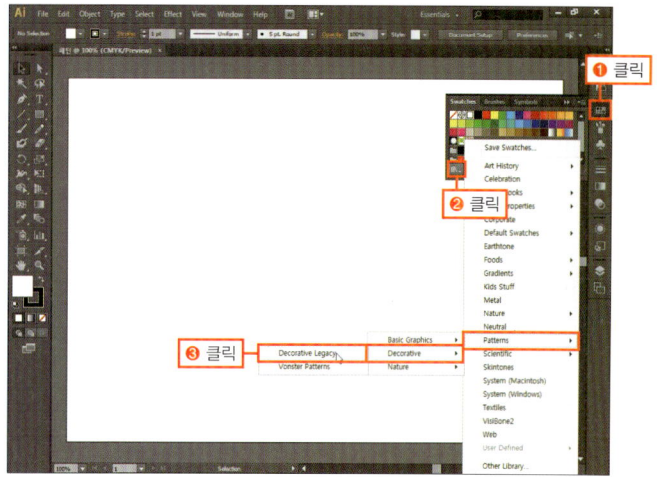

03 사각형 드로잉

❶[Decorative Legacy] 패널의 상단 바를 드래그하여 [Swatches] 패널 아래로 이동합니다. ❷[Rectangle Tool](▣)을 선택합니다. ❸아트보드에 드래그하여 사각형을 그립니다.

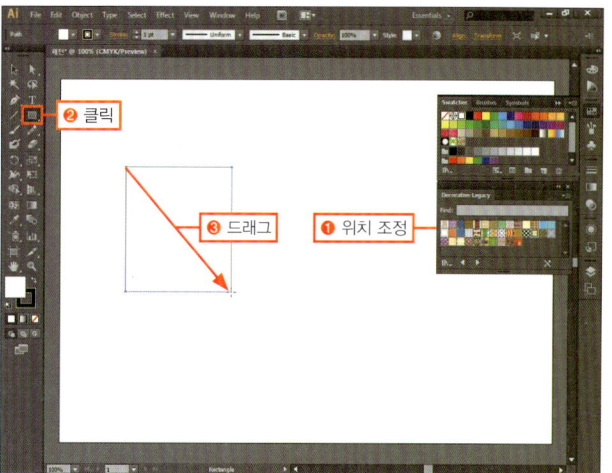

04 패턴 적용

[Fill]이 활성화된 상태에서 ❶[Decorative Legacy] 패널 가운데 줄에 있는 [Grid On Grid Color]를 선택합니다. 사각형에 패턴이 적용되며, [Swatches] 패널에 [Grid On Grid Color] 패턴이 등록된 것을 확인할 수 있습니다.

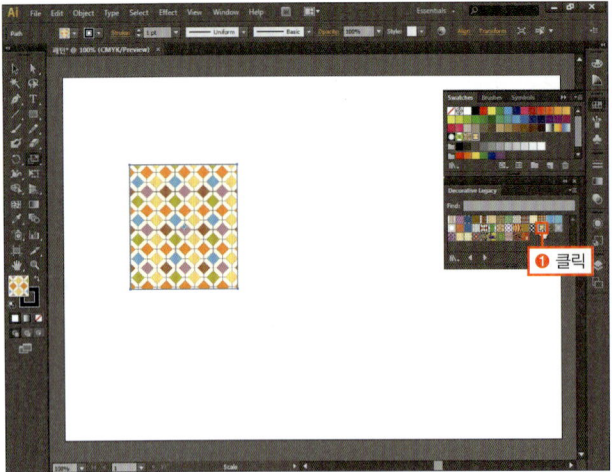

MEMO ● 패턴이 적용되지 않을 경우 [Tool] 패널에서 칠 색상자가 활성화되었는지 확인합니다.

05 [Scale Tool]로 패턴 사이즈 수정

❶[Scale Tool](画)을 더블클릭합니다. [Scale] 대화상자가 나타납니다. ❷[Scale] 항목의 [Uniform]에 체크한 후 '150'을 입력하고, ❸[Options] 항목의 [Transform Patterns]에만 체크합니다. ❹[OK]를 클릭합니다.

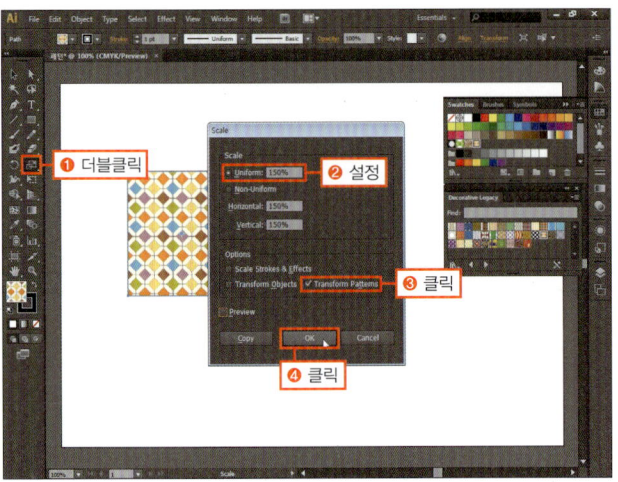

MEMO ● [Scale] 대화상자에서 [Preview]에 체크할 경우 설정한 옵션이 적용된 상태를 미리 볼 수 있습니다.

MEMO ● [Scale Tool](画)에 대한 자세한 설명은 216쪽을 참고합니다.

06 이전 상태로 변경

기존의 패턴 사이즈보다 150% 확대되었습니다. ❶Ctrl+Z를 눌러 이전 상태로 되돌립니다.

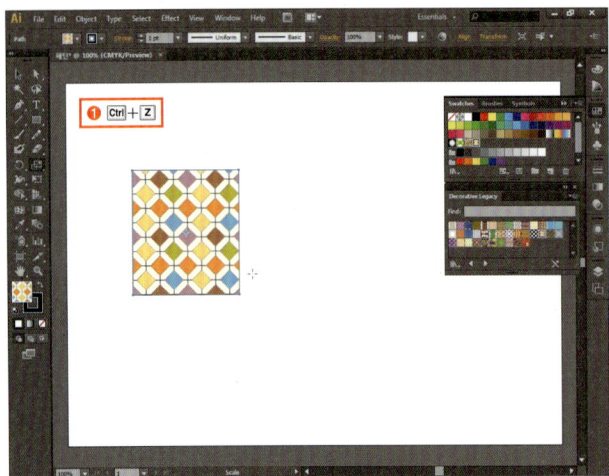

07 [Edit Pattern]으로 패턴 수정

패턴 편집 모드에서 패턴을 수정하겠습니다. [Swatches] 패널에 등록된 [Grid On Grid Color] 패턴이 활성화되어 있습니다. ❶패널 하단의 [Edit Pattern](画)을 클릭합니다.

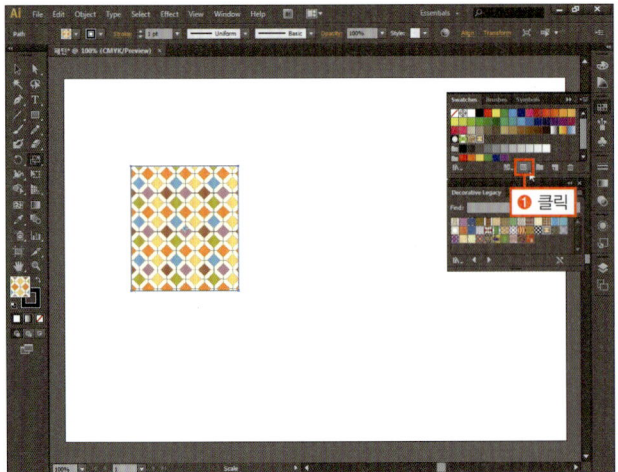

08 패턴 컬러 수정

패턴 편집 모드로 전환되었습니다. ❶섬세한 작업을 위해 Ctrl + Spacebar 를 누른 채 클릭하여 화면을 확대합니다. ❷왼쪽 주황색 오브젝트를 선택합니다. ❸[Swatches] 패널에서 'C=0, M=95, Y=20, K=0'을 선택합니다. 패턴 전체에 적용되는 것을 확인할 수 있습니다. ❹같은 방법으로 다른 오브젝트의 컬러도 변경합니다.

09 패턴 편집 모드 해제

❶아트보드 상단의 [Done]을 클릭합니다. 패턴 편집 모드가 해제됩니다.

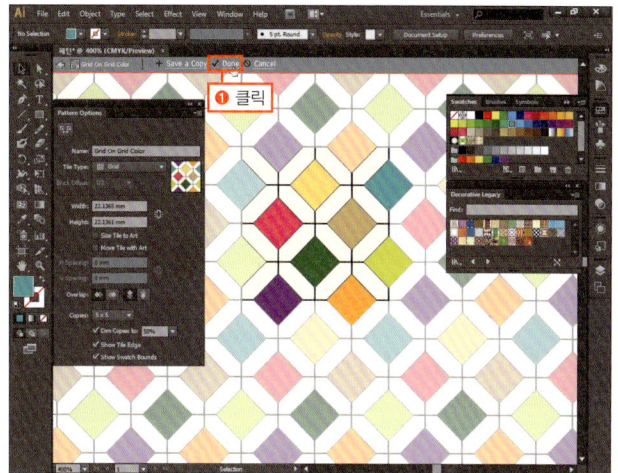

10 완성

사각형 오브젝트에 변경된 컬러의 패턴이 적용된 것을 확인할 수 있습니다. [Swatches] 패널에 등록된 패턴의 컬러도 변경되었습니다.

MEMO ● 원본 패턴인 [Decorative Legacy] 패널의 [Grid On Grid Color]는 바뀌지 않습니다.

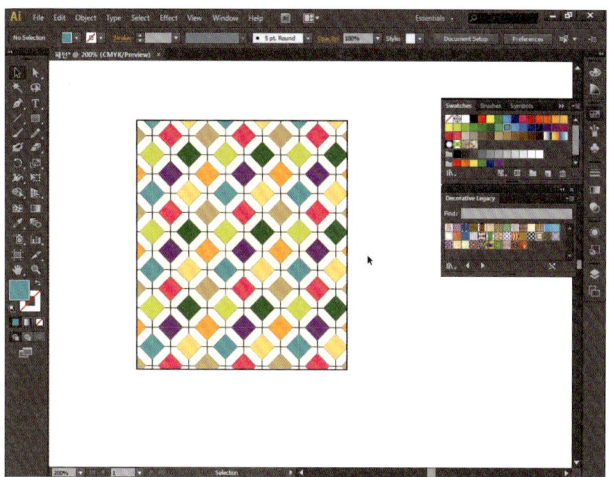

패턴 만들기

일러스트레이터 CS6는 패턴 만들기 기능이 매우 강화되었습니다. 패턴 제작 모드에서 작업 중인 패턴을 미리 볼 수 있는 것은 물론 배치, 사이즈 조절 작업이 간단해졌습니다. 이번에는 직접 패턴을 만들고 오브젝트에 적용해 보겠습니다.

◎ 예제 파일 : Chapter03\unit02_01.ai

01 화면 크기 조정

❶화면 하단의 상태 바에서 [Fit On Screen]을 선택하여 화면 크기를 조정합니다.

02 아트보드에서 바로 패턴 등록

가장 간단하게 패턴을 등록하는 방법을 알아보겠습니다. ❶[Swatches] 패널을 엽니다. ❷아트보드 상단에 있는 동그라미 그룹을 선택합니다. ❸[Swatches] 패널로 드래그합니다. [Swatches] 패널에 패턴이 등록된 것을 확인할 수 있습니다.

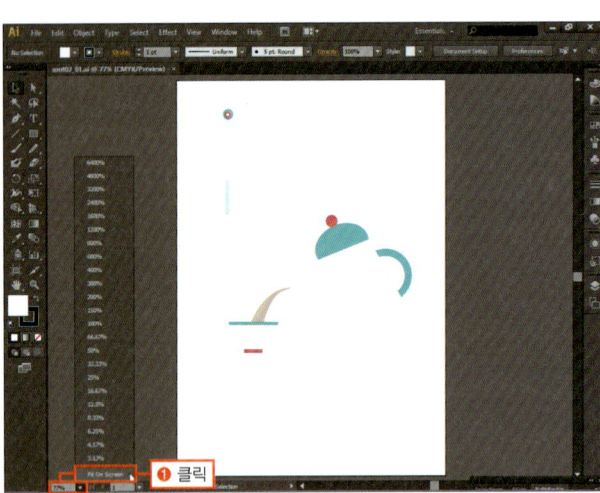

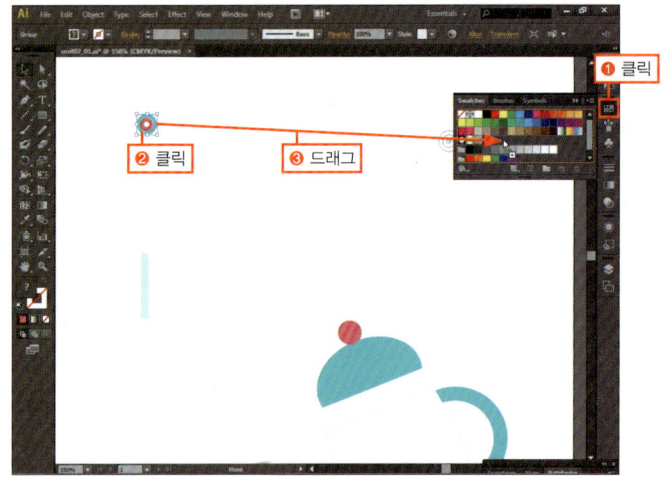

MEMO ● 그룹에 관련된 자세한 내용은 162쪽을 참고합니다.

03 패턴 적용

❶다음과 같이 컵에 패턴이 들어갈 부분을 선택합니다. 칠에 패턴을 넣어야 하므로 칠 색상자가 활성화되어 있는지 확인합니다. ❷방금 등록한 'Pattern Swatch'를 클릭합니다.

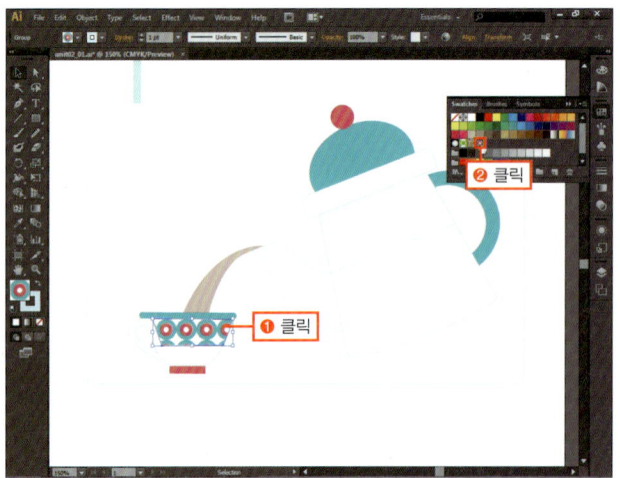

04 크기 변경

패턴 메뉴를 통해 좀 더 복잡한 패턴을 생성하겠습니다. ❶가장 위에 있는 동그라미 그룹을 선택합니다. ❷ Shift 를 누른 채 조절점을 드래그하여 오브젝트를 2배 정도 크게 만듭니다.

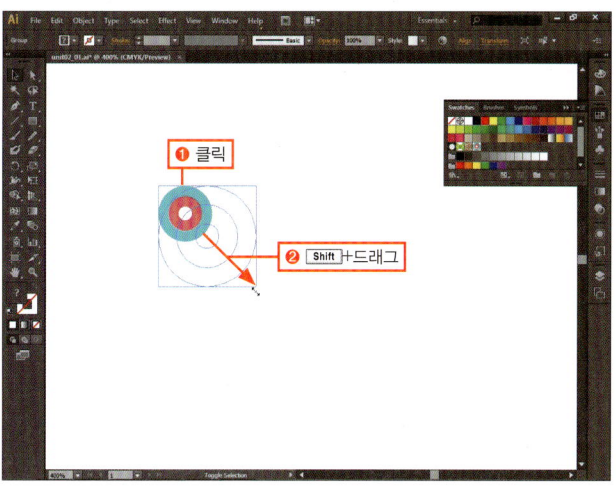

05 패턴 생성 모드 실행

❶[Object]-[Pattern]-[Make] 메뉴를 클릭합니다. 새로운 패턴은 [Swatches] 패널에 등록되며 패턴 편집 모드에서 수정한 것은 편집 모드 종료 후 적용된다는 대화상자가 나타납니다. ❷[OK]를 클릭합니다. ❸[Show Tile Edge], [Show Swatch Bounds], [Dim Copies to]를 체크합니다.

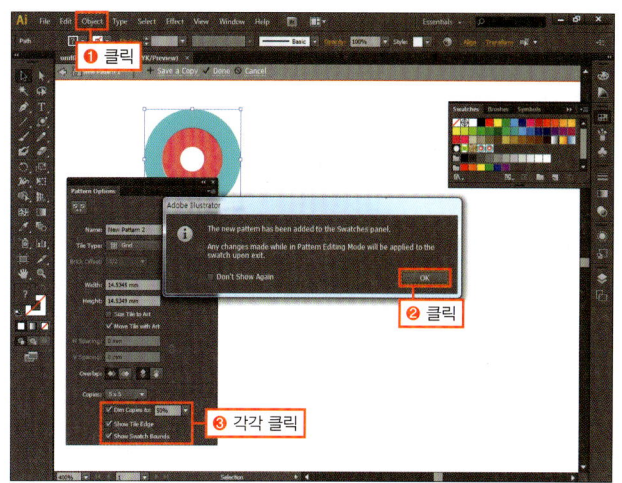

06 패턴 수정

❶[Pattern Tile Tool]을 클릭합니다. 타일에 바운딩 박스가 나타납니다. ❷바운딩 박스의 윗쪽 가운데 조절점을 클릭하고 아래로 드래그하여 높이를 절반으로 줄입니다. 타일들이 겹쳐서 배치됩니다.

07 배치 변경

격자 형태로 배치되어 있는 패턴을 변경하겠습니다. ❶[Tile Type]의 목록 단추를 클릭하여 ❷[Hex by Row]를 선택합니다. 가로 기준의 육각형 형태로 타일이 배치됩니다.

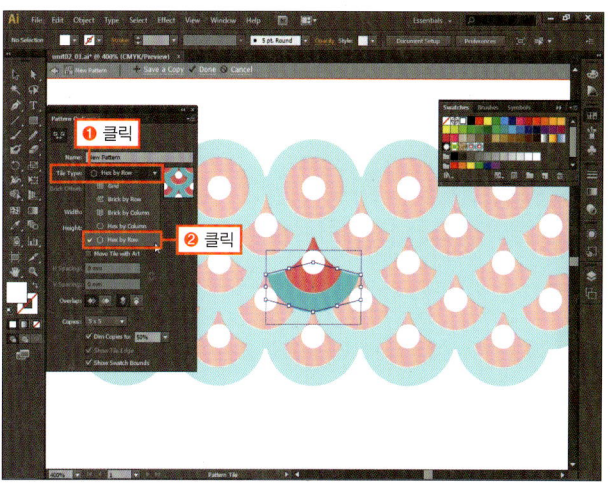

08 패턴 등록

❶ [Name]에 '패턴1'이라고 입력합니다. ❷아트보드 상단의 [Done]을 클릭합니다. [Swatches] 패널에 '패턴1'로 등록된 것을 확인할 수 있습니다.

09 패턴 적용

❶티 포트의 다음과 같은 부분을 선택합니다. ❷[Swatches] 패널의 '패턴1'을 선택합니다.

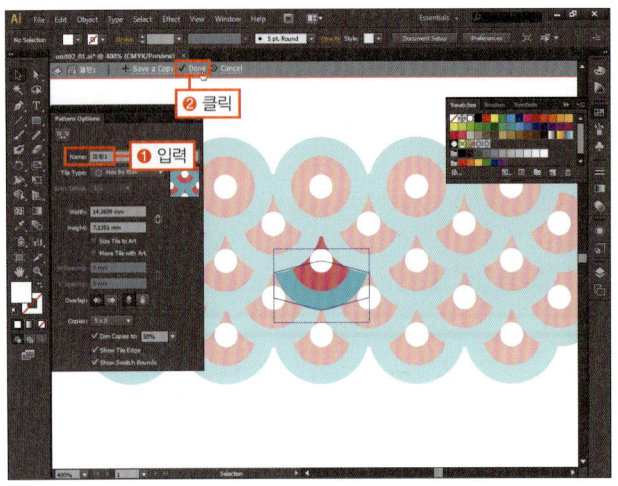

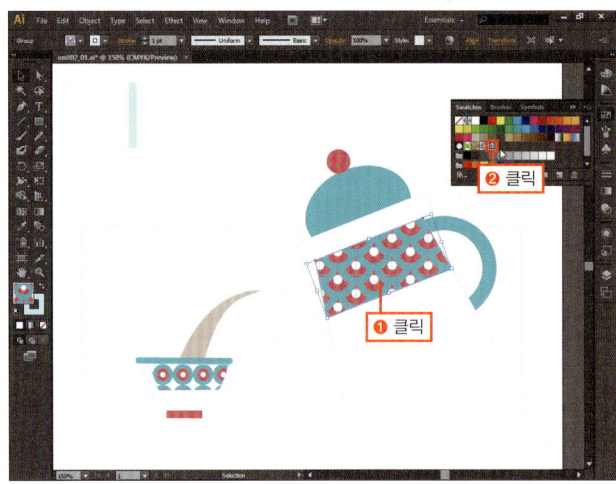

10 패턴 회전

티 포트와 패턴의 각도가 맞지 않기 때문에 살짝 회전하겠습니다. ❶[Rotate Tool]( )을 더블클릭합니다. ❷[Angle]에 '20'을 입력하고 [Options]에서 [Transform Patterns]에만 체크합니다. ❸[OK]를 클릭합니다.

11 체크무늬 생성

❶ V 를 눌러 [Selection Tool]( )을 선택합니다. ❷왼쪽 상단의 직사각형 오브젝트를 선택합니다. ❸[Object]-[Pattern]-[Make] 메뉴를 클릭합니다.

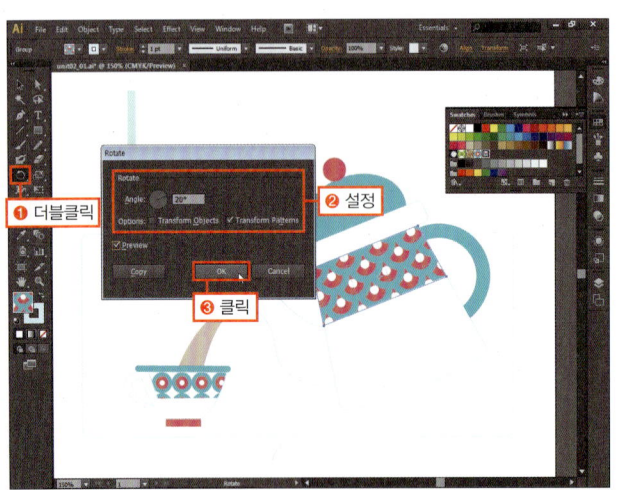

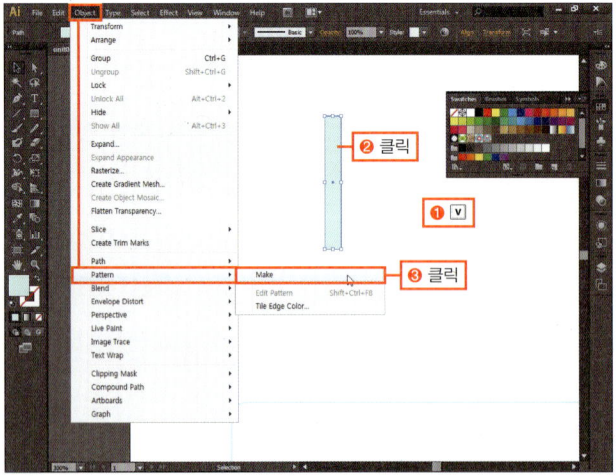

memo ● [Rotate Tool]( )은 패스를 회전할 때 사용하는 툴입니다. 자세한 내용은 다음 챕터에서 다루겠습니다.

memo ● V 를 눌러도 [Selection Tool]( )이 선택되지 않는 경우 한/영 을 누르고 다시 시도하거나 [Tool] 패널에서 직접 선택합니다.

12 타일 너비 수정

❶ [Pattern Options] 대화상자에서 [Width]를 '25mm'로 설정합니다. 직사각형 오브젝트를 기준으로 타일(파란색 사각형)이 좌우로 늘어난 것을 확인할 수 있습니다.

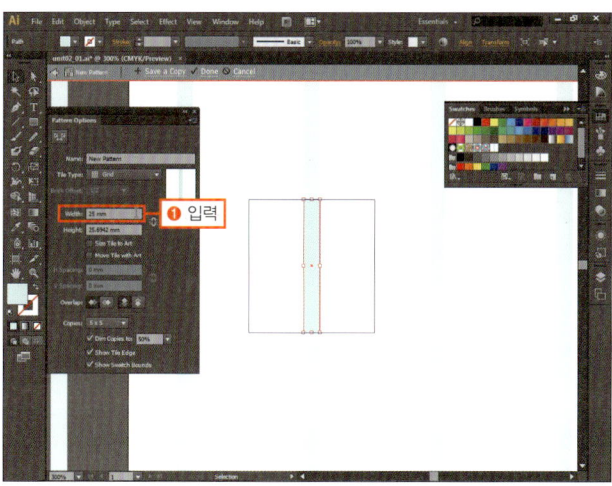

13 복사

❶ 직사각형 오브젝트를 선택합니다. ❷ Alt 를 누른 채 왼쪽으로 드래그하는 도중 Shift 를 함께 눌러 수평으로 복사합니다. ❸ 같은 방법으로 오른쪽에도 복사합니다.

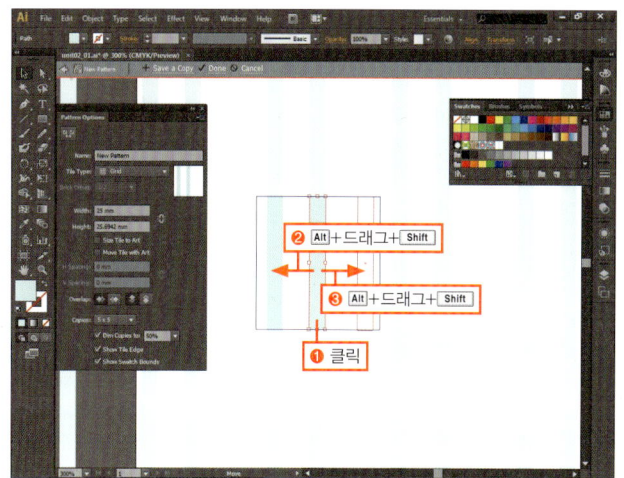

14 수정

❶ 왼쪽 오브젝트를 선택한 후 바운딩 박스를 드래그하여 굵기를 얇게 조절합니다. ❷ 가운데 오브젝트는 굵기를 두껍게 조절합니다.

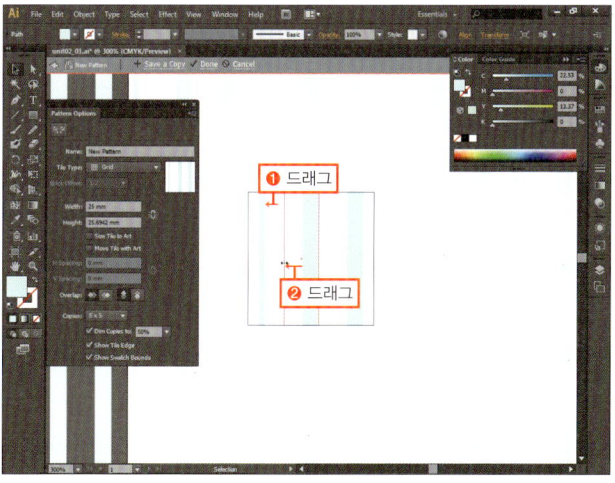

15 색 변경

❶ 왼쪽 오브젝트를 선택하고 ❷ [Color] 패널을 엽니다. ❸ 'C=0, M=10, Y=10, K=0'을 입력합니다. ❹ 오른쪽 오브젝트를 선택하고 ❺ [Color] 패널에 'C=10, M=0, Y=1, K=0'을 입력합니다.

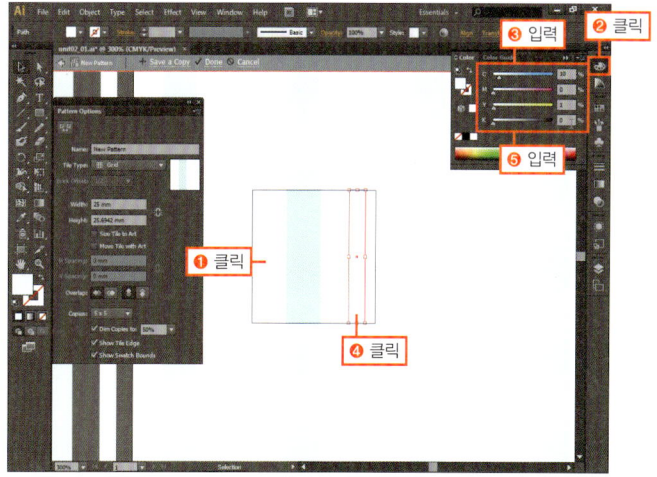

16 가로선 추가

❶[Rectangle Tool](■)을 선택합니다. ❷다음과 같이 높이가 다른 4개의 사각형을 그립니다.

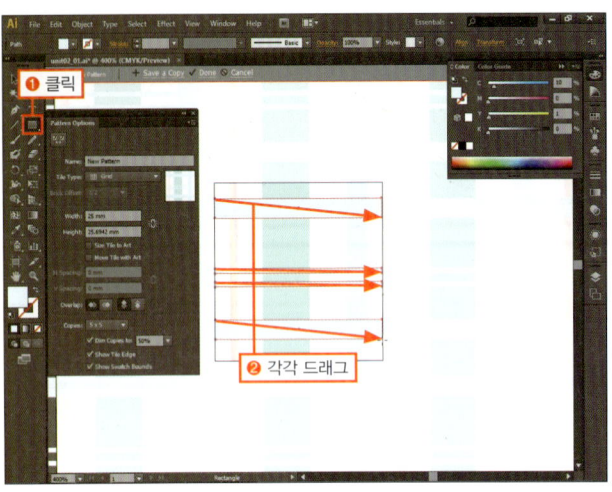

17 색 변경

❶[Eyedropper Tool](🖋)을 선택합니다. ❷Ctrl+Shift를 누른 채 가로선의 첫 번째, 세 번째 사각형을 선택합니다. ❸키보드에서 손가락을 뗀 후 [Eyedropper Tool](🖋)로 살구색 오브젝트를 선택합니다. ❹같은 방법으로 가로선의 마지막 사각형은 민트색으로 변경합니다.

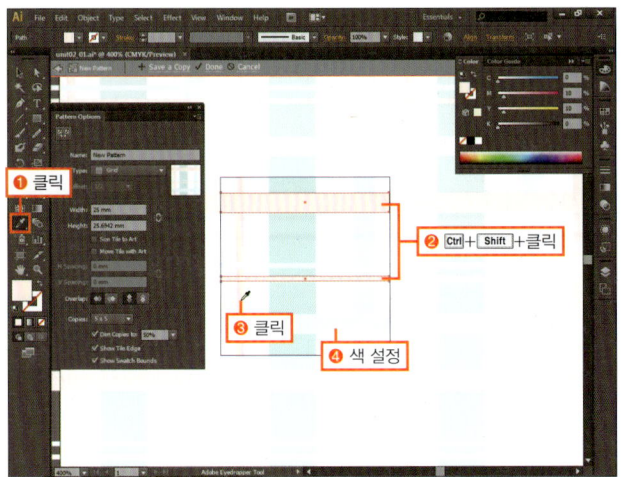

18 투명도 조절

❶Ctrl+A를 눌러 모든 오브젝트를 선택합니다. ❷[Opacity]를 '50%'로 설정합니다.

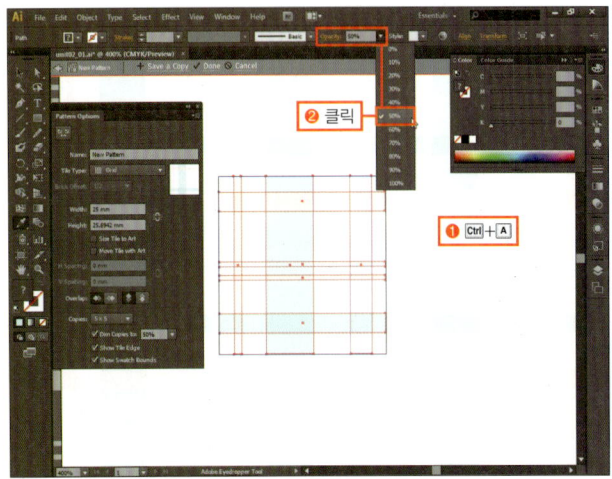

19 패턴 등록

❶[Name]에 '패턴2'라고 입력합니다. ❷[Size Tile to Art]에 체크합니다. ❸아트보드 상단의 [Done]을 클릭합니다. [Swatches] 패널에 '패턴2'로 등록된 것을 확인할 수 있습니다.

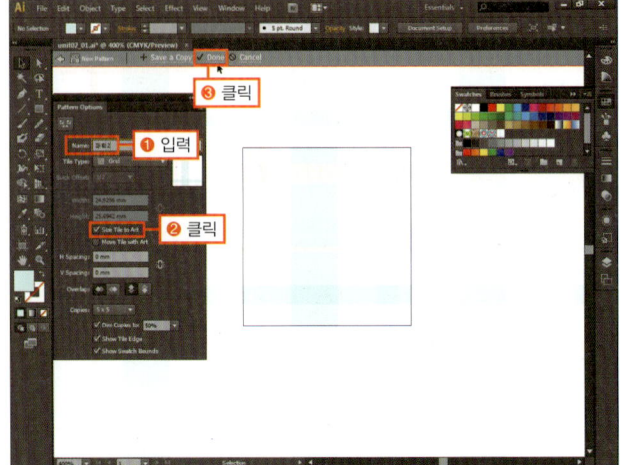

MEMO [Size Tile to Art]에 체크할 경우 타일의 크기가 오브젝트에 맞춰지므로 잘림 현상이 없어집니다. 오브젝트 형태에 따라 다른 결과가 나올 수 있습니다.

20 패턴 적용

❶ 배경 오브젝트를 선택합니다. ❷ [Swatches] 패널의 '패턴2'를 선택합니다. ❸ 패턴 소스로 사용한 원 오브젝트, 직사각형 오브젝트를 삭제합니다.

◎ 완성 파일 : Chapter03\unit02_01_완성.ai

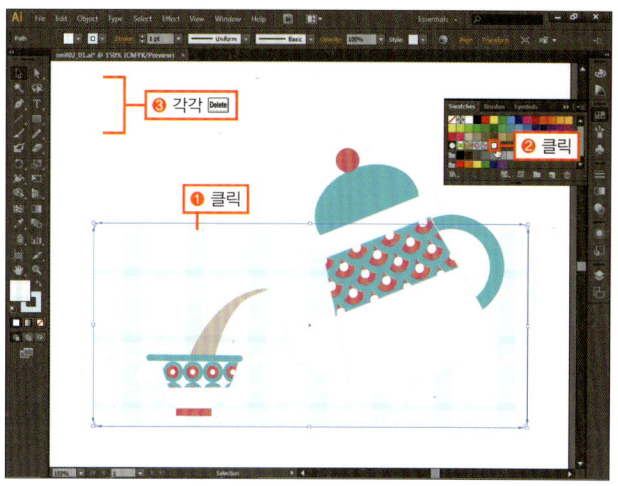

TIP [Pattern Options] 패널의 설정에 따른 패턴 미리보기

[Pattern Options] 패널의 [Tile Type] 옵션은 타일 형태를 선택하는 옵션으로, 패턴의 배치에 영향을 미칩니다. 각 옵션에 따른 결과를 살펴보겠습니다.

▲ 원본 소스

▲ Grid   ▲ Brick by Row (Brick Offset : 1/2)   ▲ Brick by Row (Brick Offset : 2/3)

 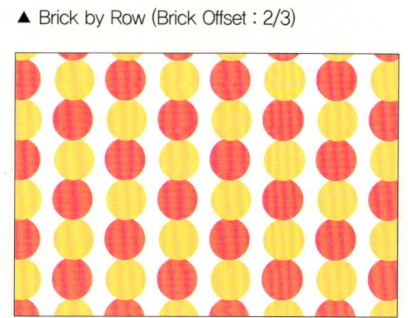

▲ Brick by Column (Brick Offset : 1/2)   ▲ Hex by Column   ▲ Hex by Row

그룹 관리와 격리 모드

그룹 기능을 사용하면 오브젝트를 편리하게 관리할 수 있습니다. 또한 격리 모드(Isolation Mode)를 사용하면 그룹 수정이 편리합니다. 실습을 통해 그룹과 격리 모드를 이해하고 각각의 기능을 알아보겠습니다.

◎ 예제 파일 : Chapter03\오리 그룹.ai

1 화면 크기 조절

❶ 화면 하단의 상태 바에서 [Fit On Screen]을 선택하여 화면 크기를 조절합니다.

2 오브젝트 확인

❶ 오브젝트를 하나하나 선택해봅니다. 모두 독립된 패스인 것을 확인할 수 있습니다.

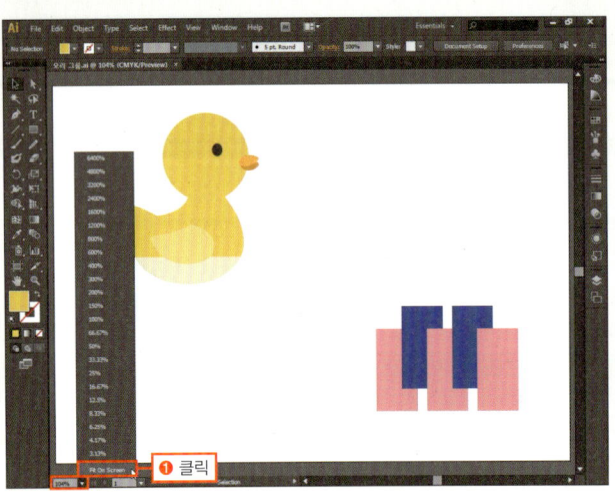

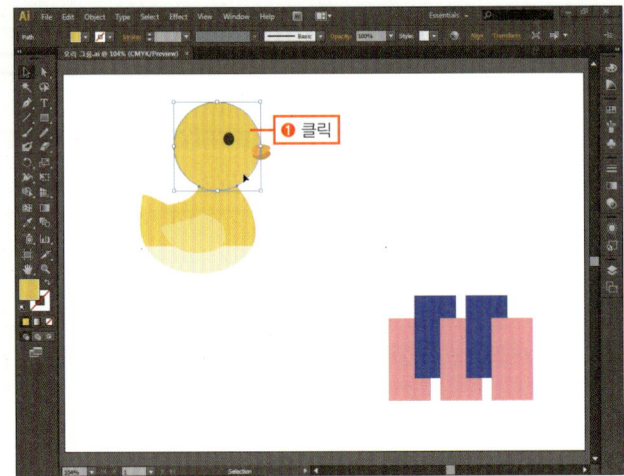

3 그룹 형성

❶ 물을 제외한 오리 오브젝트를 모두 선택합니다. ❷ 오른쪽 클릭하여 ❸ [Group]을 클릭하거나 Ctrl+G를 누르면 그룹으로 설정됩니다.

MEMO ● 그룹을 만들면 가장 앞에 있는 오브젝트를 기준으로 그룹 내 오브젝트의 위치가 변경됩니다. 예제의 경우 몸통 오브젝트가 물 오브젝트 아래에 있었지만 오리 그룹으로 바뀌는 과정에서 물 오브젝트 앞에 있는 날개 오브젝트를 기준으로 위치가 변경되었기 때문에 몸통 오브젝트도 물 오브젝트의 앞에 위치하게 됩니다.

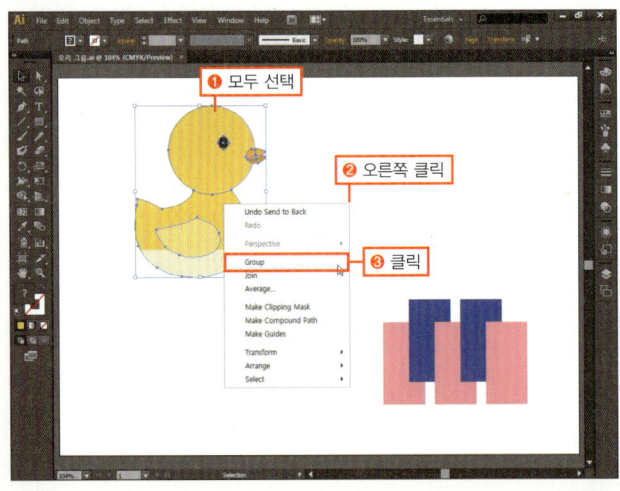

4 그룹 순서 이해

❶ 하단의 사각형 오브젝트 중 분홍색 오브젝트들의 아래쪽을 드래그하여 분홍색 오브젝트 3개만 선택합니다.

5 그룹 설정

❶ Ctrl + G 를 눌러 그룹으로 만듭니다. 파란색 오브젝트의 아래에 있었던 분홍색 사각형들이 앞으로 배치된 것을 확인할 수 있습니다. 이는 가장 앞에 있는 분홍색 사각형에 맞춰 나머지 오브젝트의 위치가 변경되었기 때문입니다.

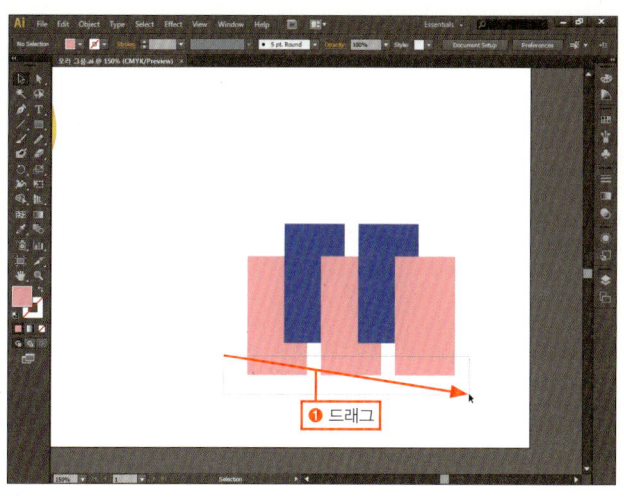
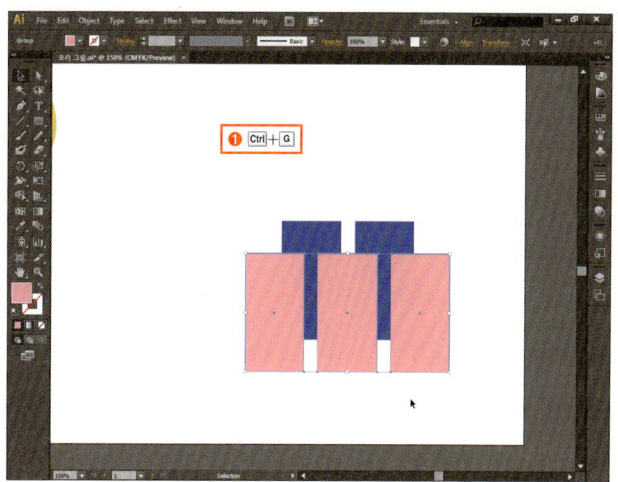

6 수정

❶ 오리 그룹을 선택합니다. ❷ [Swatches] 패널을 열고 ❸ 아무 색이나 클릭합니다. 그룹으로 묶여 있는 모든 오브젝트의 색상이 바뀐 것을 확인할 수 있습니다. 이처럼 그룹으로 묶인 오브젝트의 속성을 변경하면 그룹에 속한 모든 오브젝트에 적용됩니다.

7 선택 수정

오리 눈의 색만 변경하겠습니다. ❶ Ctrl + Z 를 눌러 이전 단계로 되돌립니다. ❷ [Direct Selection Tool] ( )로 ❸ 아트보드의 빈 공간을 클릭하여 선택 해제합니다. ❹ 오리 눈 오브젝트를 선택합니다. ❺ [Swatches] 패널에서 다음과 같이 색을 변경합니다.

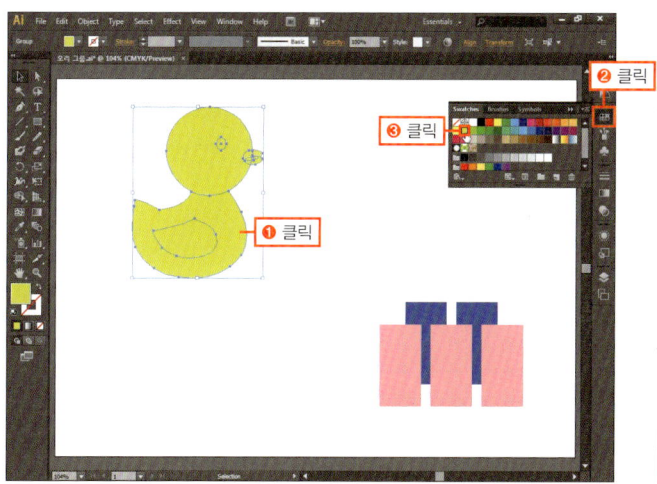
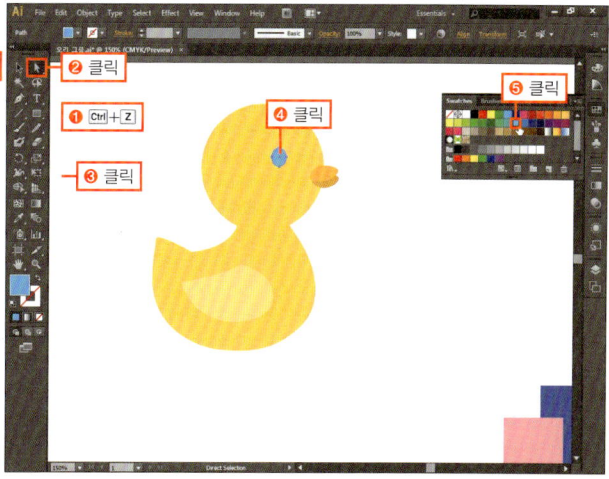

MEMO ● [Direct Selection Tool] ( )를 이용하면 그룹 내에서 원하는 오브젝트만을 선택한 후 수정할 수 있습니다.

8 격리 모드에서 수정

❶ V 를 눌러 [Selection Tool]( )을 선택합니다. ❷ 오리 그룹을 더블클릭합니다. 격리 모드(Isolation Mode)로 전환됩니다. ❸ 날개 오브젝트를 선택한 후 ❹ [Swatches] 패널에서 색을 변경합니다.

9 격리 모드 해제

활성화된 오브젝트가 없는 빈 공간을 더블클릭하거나 ❶ 오른쪽 클릭 후 ❷ [Exit Isolation Mode]를 클릭합니다. 격리 모드에서 일반 모드로 전환됩니다.

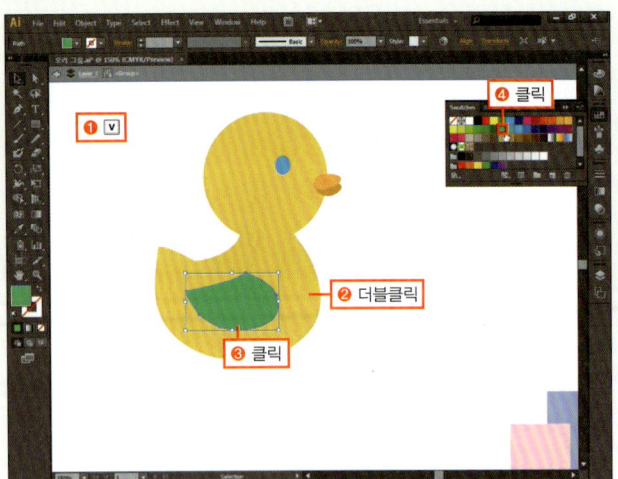

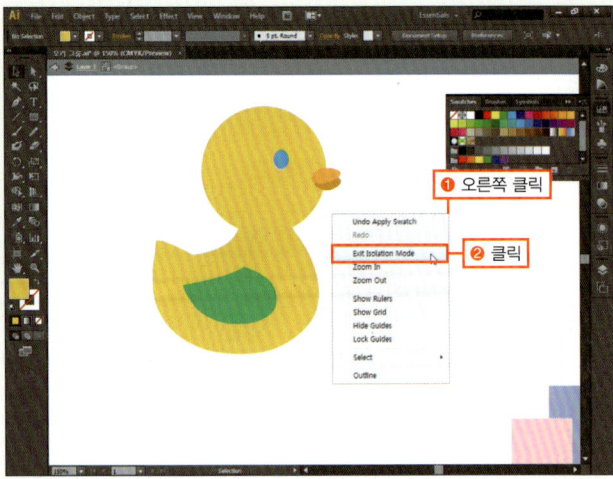

MEMO ● 오브젝트를 더블클릭하면 격리 모드로 전환됩니다. 격리 모드에서는 선택한 오브젝트만 활성화되며 다른 오브젝트들은 선택되지 않습니다. 그룹을 더블클릭하면 선택한 그룹 전체가 활성화되고, 오브젝트를 선택하면 오브젝트만 활성화됩니다. 가장 뒤에 있어 잘 보이지 않는 오브젝트를 수정할 때에도 편리합니다.

10 그룹 해제

❶ 오리 그룹을 선택합니다. ❷ 오른쪽 클릭 후 ❸ [Ungroup]을 선택하거나 Ctrl + Shift + G 를 누릅니다.

◎ **완성 파일** : Chapter03\오리 그룹_완성.ai

MEMO ● 그룹을 해제해도 오브젝트의 순서는 이전으로 돌아오지 않습니다.

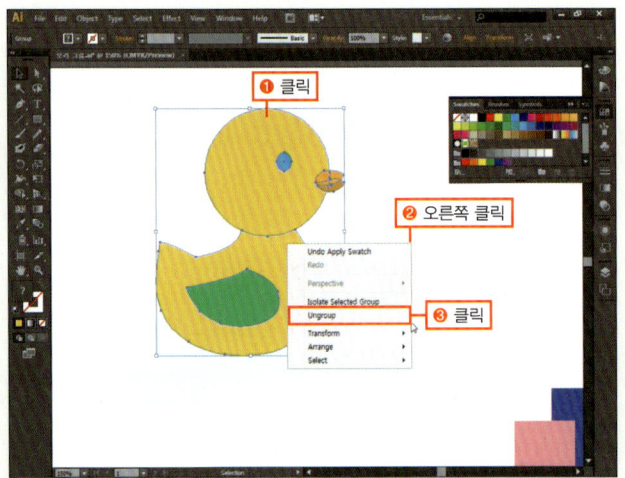

Unit 03

그레이디언트로 여러 가지 색을 하나의 패스에 넣기

컬러링 작업을 하다 보면 컬러가 자연스럽게 이어지는 그레이디언트 효과가 필요합니다. CS6 버전에서는 칠은 물론 선에도 그레이디언트를 적용할 수 있습니다. [Gradient] 패널 및 [Gradient Tool]()의 사용법에 대해 배워보겠습니다.

학습 주제
- 그레이디언트 이해하기
- [Gradient] 패널 옵션 살펴보기
- [Gradient] 패널로 그레이디언트 적용하기

관련 학습
- [Color] 패널을 이용해 손쉽게 컬러링하기 : 134쪽
- [Mesh Tool]로 섬세하게 컬러링하기 : 191쪽

그레이디언트 이해하기

그레이디언트(Gradient)는 '변화도'라는 뜻을 가지고 있습니다. 일러스트레이터에서 [Gradient Tool]()은 컬러에 자연스러운 변화를 줄 때 사용합니다.

● 그레이디언트 효과 미리 살펴보기

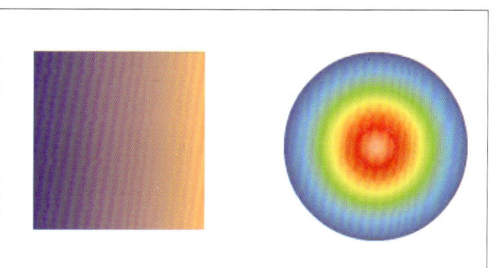
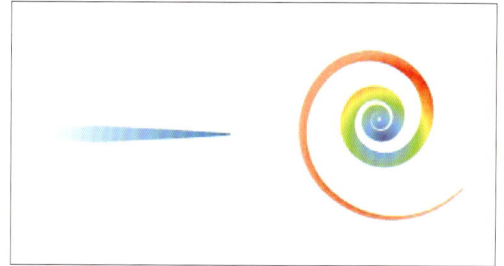

▲ 오브젝트에 그레이디언트 효과를 적용한 모습　　　　▲ 선에 그레이디언트 효과를 적용한 모습

● [Gradient] 패널 열기

[Gradient] 패널을 여는 다양한 방법을 살펴봅니다.

- [Gradient Tool](■)을 더블클릭합니다.
- [Gradient] 패널을 클릭합니다.
- 단축키 Ctrl + F9 를 누릅니다.
- [Tool] 패널의 [Stroke]와 [Fill]을 설정하는 곳 아래에 있는 [Gradient](■)를 클릭합니다. 이 경우 [Gradient] 패널에 설정된 사항이 선택된 칠이나 선에 바로 적용됩니다.

● [Gradient] 패널 살펴보기

하단의 옵션이 보이지 않는 경우 목록 단추(≡)를 클릭한 후 [Show Options]를 선택합니다.

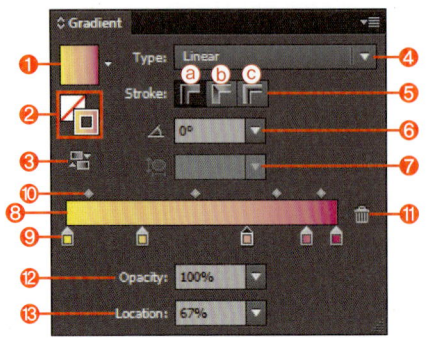

❶ **Gradient** : 그레이디언트의 종류를 선택합니다.
❷ 현재 선택된 패스의 선, 칠 상태입니다.
❸ **Reverse Gradient** : 그레이디언트의 컬러 배치 순서를 반전합니다.
❹ **Type** : 직선, 원형의 그레이디언트 형태를 선택합니다.
❺ **Stroke** : 선에 그레이디언트를 적용할 때 사용하는 옵션입니다.
　ⓐ 선 안에 그레이디언트를 적용합니다. 칠과 동일한 형태로 그레이디언트가 적용됩니다.
　ⓑ 선을 따라서 그레이디언트를 적용합니다. 패스의 기준점에서 그레이디언트가 시작해 세그먼트를 따라 진행되며 끝 점에서 마무리됩니다.
　ⓒ 선을 기준으로 그레이디언트를 적용합니다. 세그먼트를 기준으로 바깥쪽에서 안쪽으로 그레이디언트가 적용됩니다.
❻ **Angle** : 그레이디언트의 각도를 조절합니다.
❼ **Aspect Ratio** : 그레이디언트의 가로, 세로 비율을 조절합니다. [Type]을 'Radial'로 설정하면 활성화됩니다.
❽ **Gradient Slider** : 그레이디언트를 확인하고 편집하는 그레이디언트 슬라이더입니다.
❾ **색상 정지점(▮)** : 그레이디언트의 색상을 설정합니다. 그레이디언트 슬라이더 아래를 클릭하면 새로운 색상 정지점이 만들어집니다. 더블클릭하여 색상을 변경할 수 있습니다.
❿ **중간점(◆)** : 두 색상 정지점 사이에서 색상이 섞이는 비율을 조절합니다.
⓫ **Delete Stop(🗑)** : 선택한 색상 정지점을 삭제합니다.
⓬ **Opacity** : 선택한 색상 정지점의 불투명도를 조절합니다.
⓭ **Location** : 선택한 색상 정지점 또는 중간점의 위치를 조절합니다.

[Gradient] 패널로 그레이디언트 적용하기

[Gradient] 패널을 사용하여 그레이디언트를 적용하는 방법을 배우겠습니다.

01 새 도큐먼트 실행

❶ [File]-[New] 메뉴를 클릭합니다. ❷ [Name]에 '그레이디언트'를 입력하고 ❸ [Size]는 'A4', ❹ [Orientation]은 가로 방향을 선택합니다. ❺ [OK]를 클릭합니다.

02 사각형 드로잉

❶ [Rectangle Tool](■)을 선택합니다. ❷ 드래그하여 아트보드에 직사각형을 그립니다.

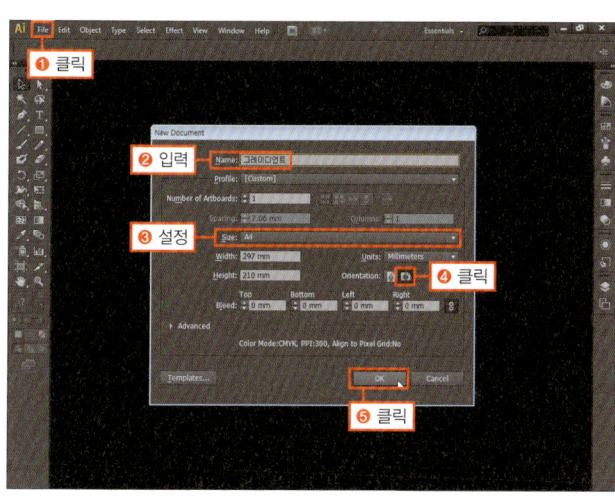

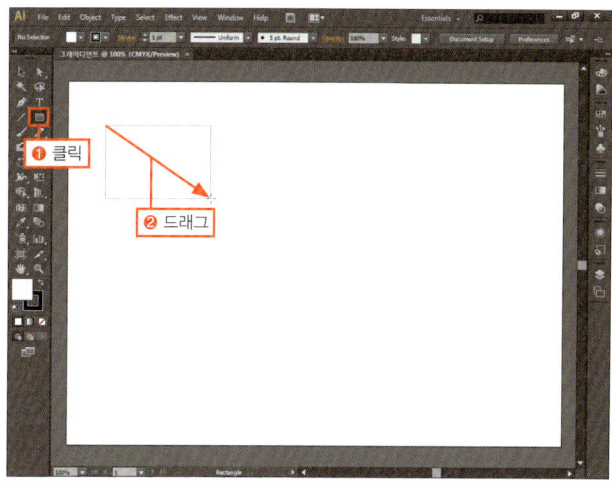

03 [Gradient] 패널 실행

❶ [Selection Tool](▶)을 선택합니다. [Tool] 패널에서 칠 색상자가 활성화되어 있는지 확인한 후 ❷ [Gradient] 패널을 클릭합니다.

04 그레이디언트 적용

❶ [Gradient]를 클릭합니다. 직사각형에 흑백의 그레이디언트가 적용된 것을 확인할 수 있습니다.

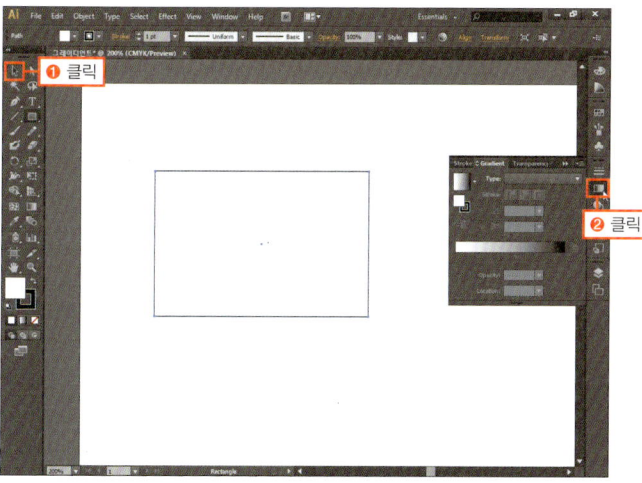

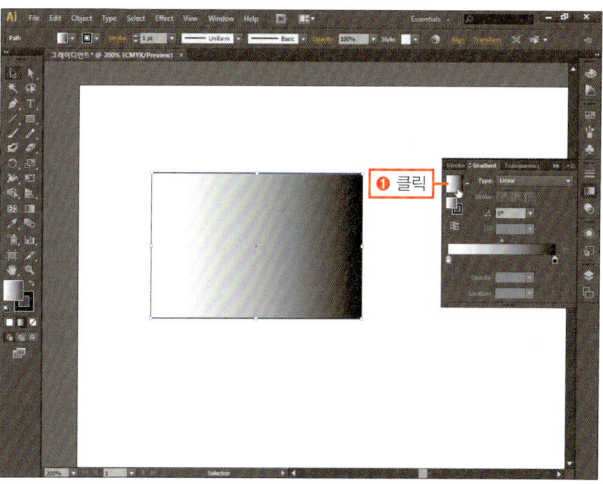

05 [Color] 패널 실행

❶ [Gradient Slider] 중에서 오른쪽의 검은색 색상 정지점을 더블클릭합니다. ❷ [Color]를 클릭합니다.

06 컬러 변경

❶ [Color] 패널 입력창에 'C=55, M=0, Y=30, K=0'을 입력합니다. 그레이디언트의 컬러가 변경되었습니다.

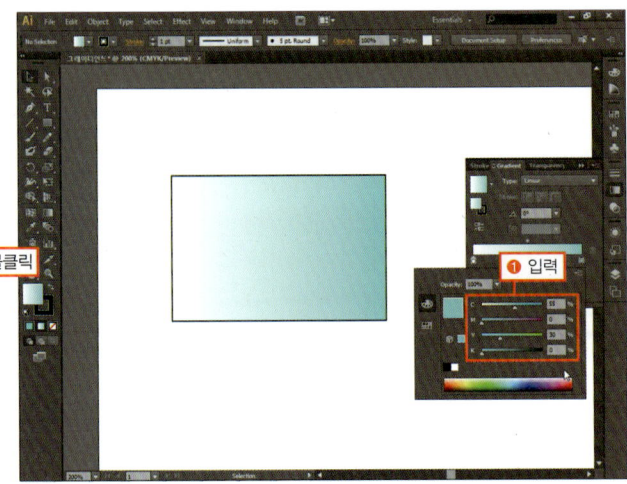

MEMO ● [Color] 패널이 위와 같이 보이지 않을 경우 [Color] 패널 상단의 ▼를 눌러 [CMYK]에 체크합니다.

07 컬러 배치 반전

직사각형이 선택된 상태에서 ❶ [Reverse Gradient]를 클릭합니다. 컬러가 좌우로 반전되었습니다.

08 각도 조절

❶ [Angle]의 목록 단추를 클릭합니다. ❷ '-120'을 선택합니다. 그레이디언트의 각도가 변경되었습니다.

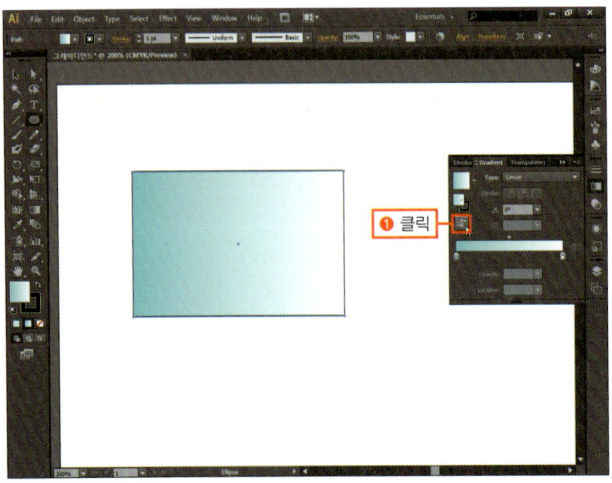

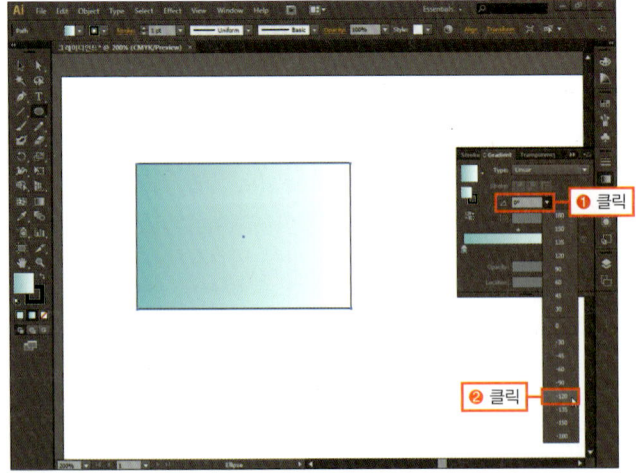

09 원 드로잉

❶[Ellipse Tool](◯)을 선택합니다. ❷아트보드의 빈 공간에 Shift 를 누른 채 드래그하여 원을 그립니다.

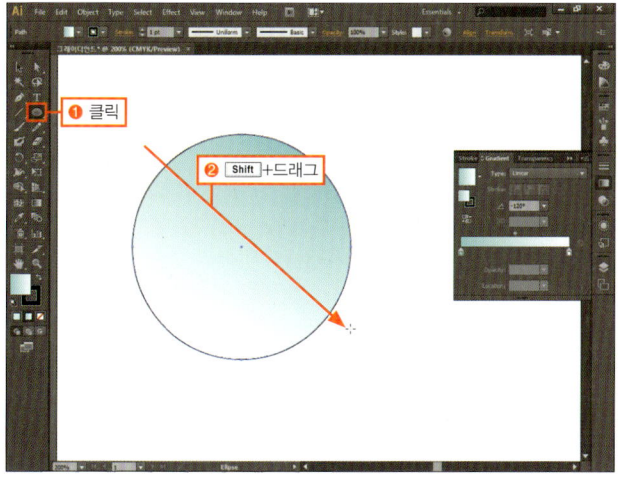

10 그레이디언트 형태 변경

❶[Gradient] 패널에서 [Type]의 목록 단추를 클릭합니다. ❷[Radial]을 선택합니다. 그레이디언트 형태가 원형으로 바뀐 것을 확인할 수 있습니다.

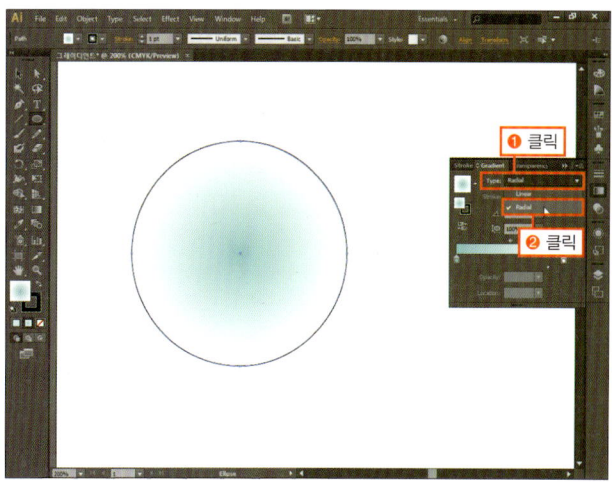

11 컬러 추가

❶[Gradient Slider] 하단에 마우스 포인터를 올린 후 포인터가 🖑 모양으로 바뀌면 클릭합니다. 색상 정지점이 추가되었습니다. ❷4개의 색상 정지점을 더 추가합니다.

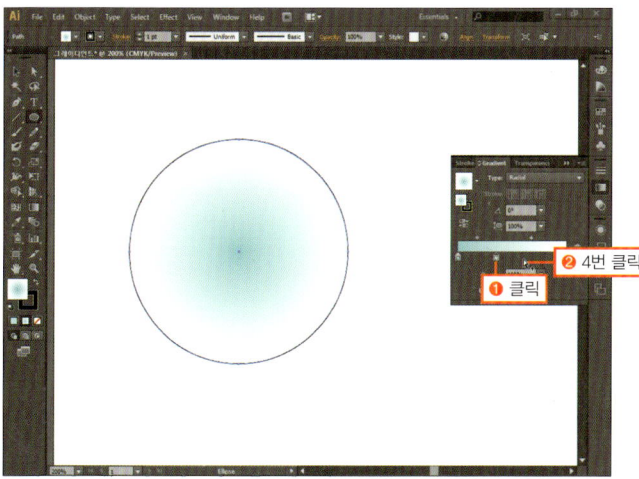

12 컬러 변경

❶가장 왼쪽에 있는 색상 정지점을 더블클릭한 후 ❷[Swatches]를 선택합니다. ❸빨간색을 선택합니다.

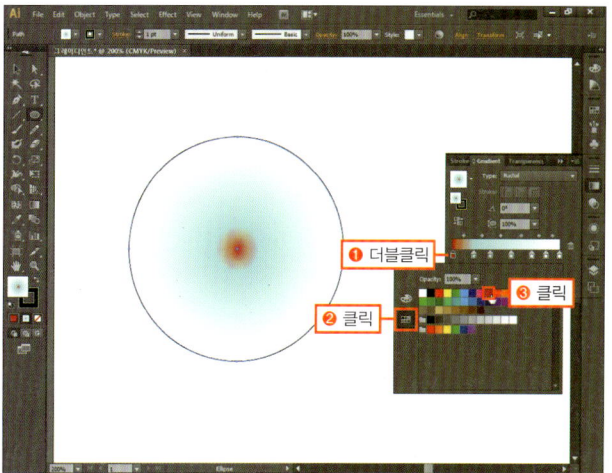

MEMO ● 특정한 색을 원할 경우 [Swatches] 패널에 해당 색을 등록하여 사용할 수 있습니다.

13 무지개 색으로 변경

❶바로 옆의 색상 정지점을 더블클릭합니다. ❷주황색을 선택합니다. ❸같은 방법으로 나머지 색상 정지점을 각각 노랑, 초록, 파랑, 남색, 보라색으로 바꿉니다.

14 컬러 비율 조절

❶두 색상 정지점 사이의 중간점(◆)을 클릭한 채 좌우로 드래그하여 컬러 비율을 조절합니다.

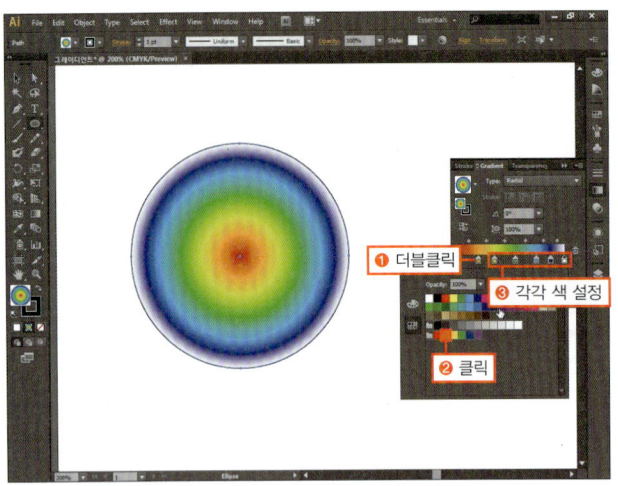

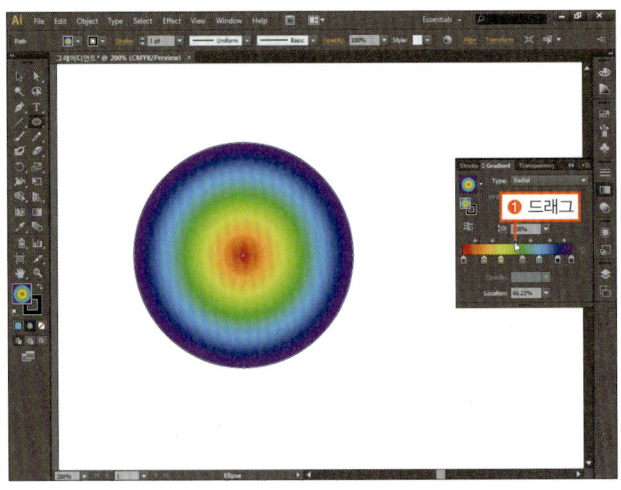

MEMO ● 선택된 색상 정지점은 삼각형의 화살표가 까맣게 표시됩니다.

MEMO ● 중간점을 선택한 후 [Location]의 목록 단추를 클릭하여 수치를 선택해 조절할 수도 있습니다.

15 주황색 삭제

❶주황색 색상 정지점을 선택합니다. ❷컬러 그래프 옆의 활성화된 [Delete Stop](🗑)을 클릭하여 삭제합니다.

16 남색 삭제

❶남색 색상 정지점을 클릭한 채 아래로 드래그합니다.

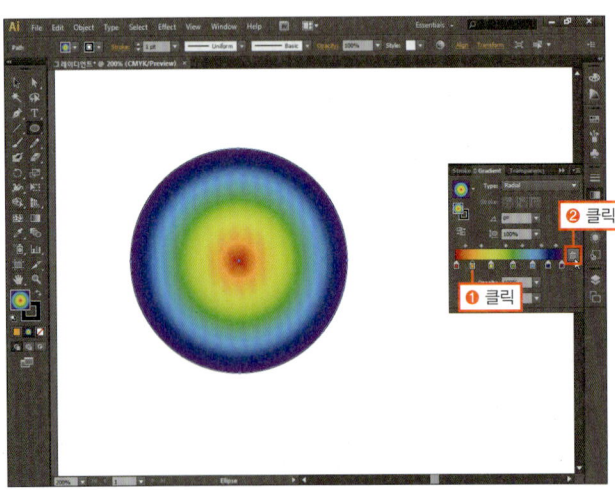

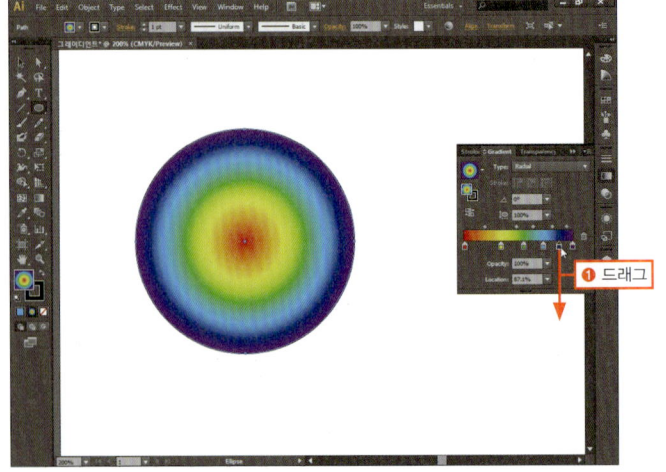

17 비율 변경

❶ [Aspect Ratio]의 목록 단추를 클릭합니다. ❷ '50%'를 선택합니다. 가로를 기준으로 세로의 비율이 50%로 줄어든 것을 확인할 수 있습니다.

MEMO ● [Aspect Ratio]는 가로를 기준으로 변형됩니다. 세로가 긴 형태로 만드려면 [Aspect Ratio]로 변형한 뒤 [Angle]을 '90°'나 '-90°'로 설정합니다.

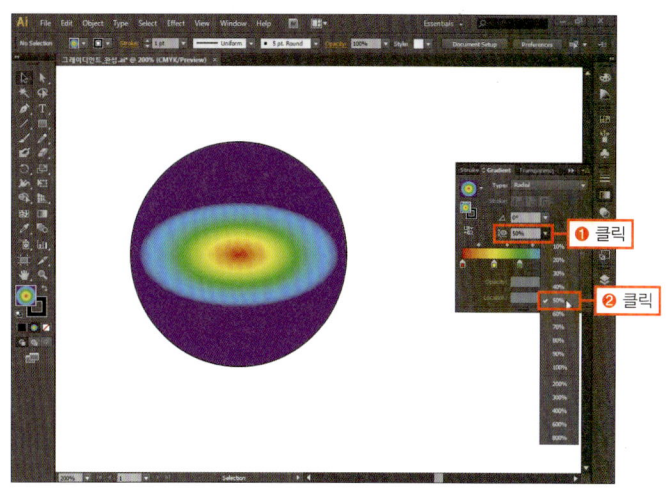

간단실습 [Gradient] 패널로 선에 그레이디언트 적용하기

앞의 과정에 이어 [Gradient] 패널을 사용해 선에 그레이디언트를 적용하겠습니다.

01 화면 이동

❶ Spacebar 를 누른 채 드래그하여 아트보드의 빈 공간으로 이동합니다. ❷ D 를 눌러 칠과 선을 기본 상태로 되돌립니다.

02 선 드로잉

❶ [Tool] 패널에서 칠을 활성화한 후 ❷ ☐를 클릭합니다. ❸ [Pen Tool]( )을 선택합니다. ❹ 사각형을 그립니다.

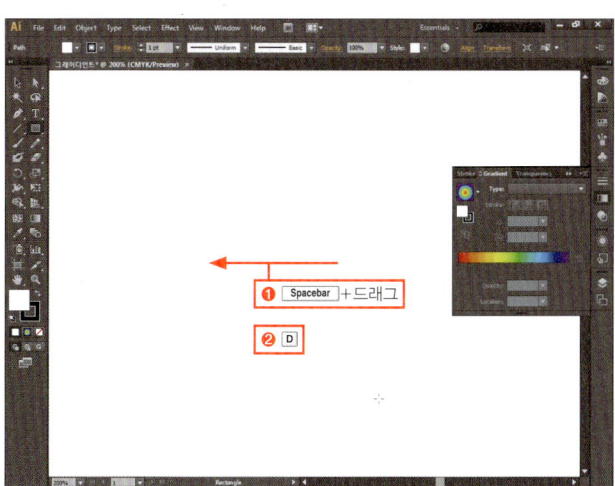

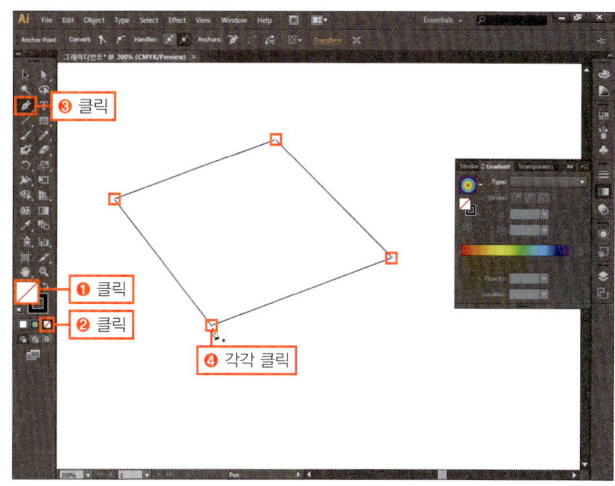

03 선 두께 조절

❶ [Selection Tool](화살표)을 선택하여 ❷ 사각형을 클릭합니다. ❸ 상단 컨트롤 바에서 [Stroke]를 [10 pt]로 설정합니다.

04 그레이디언트 적용

❶ [Tool] 패널에서 [Stroke]를 클릭합니다. ❷ [Gradient] 패널을 클릭합니다. ❸ 그레이디언트 종류를 선택하기 위해 [Gradient]의 목록 단추를 클릭합니다. ❹ [Orange, Yellow]를 선택합니다.

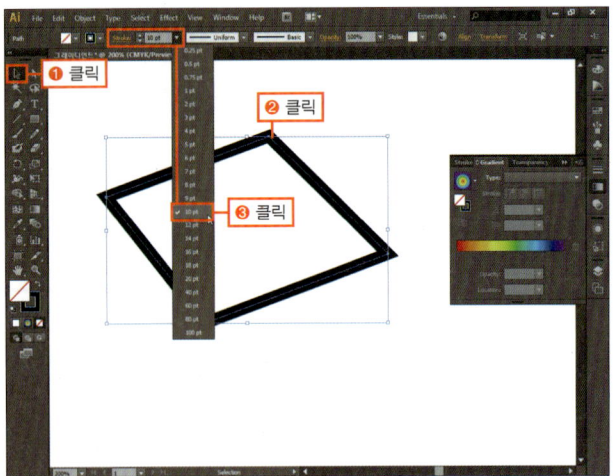

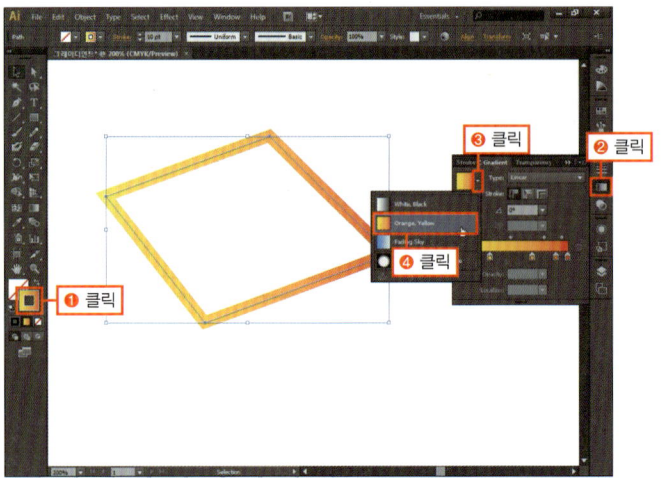

MEMO ● [Pen Tool](펜)로 사각형을 그린 후 [Selection Tool](화살표)을 선택하면 사각형이 선택된 것처럼 보이지만 상단의 컨트롤 바는 나타나지 않습니다. 그러므로 한 번 더 선택합니다.

MEMO ● 칠 색상이 [None]으로 설정되어 있더라도 칠 색상자가 활성화되어 있다면 그레이디언트가 적용됩니다.

05 [Stroke] 옵션 변경

현재는 칠에 그레이디언트를 적용한 것처럼 컬러 그래프 방향대로 색이 적용되었습니다([Angle] 0° 기준). ❶ [Apply gradient along stroke]를 클릭합니다. 사각형의 기준점에서 끝 점까지 세그먼트를 따라 색이 변화됨을 확인할 수 있습니다.

06 옵션 다시 변경

❶ [Apply gradient across stroke]를 클릭합니다. 세그먼트를 기준으로 바깥쪽에서 안쪽으로 그레이디언트가 변경된 것을 확인할 수 있습니다.

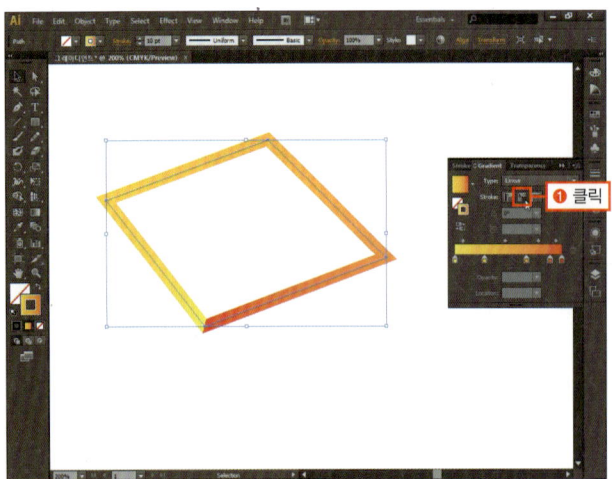

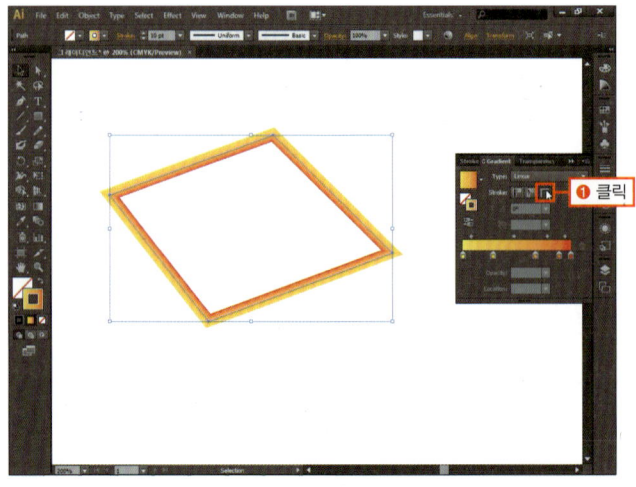

● 완성 파일 : Chapter03\그레이디언트_완성.ai

TIP [Gradient Swatches] 추가 · 삭제하기

■ **[Gradient Swatches] 추가하기**
① 원하는 그레이디언트 조합을 만듭니다.
② [Gradient]의 목록 단추를 클릭합니다.
③ 왼쪽 하단의 [Add to Swatches]를 클릭합니다.

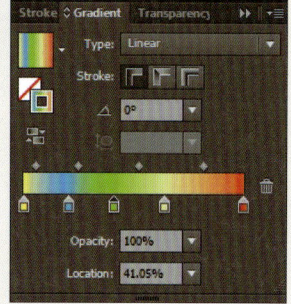

MEMO ● 그레이디언트가 적용된 [Tool] 패널의 선이나 칠을 [Swatches] 패널로 드래그하여 바로 등록하는 방법도 있습니다.

■ **[Gradient Swatches] 삭제하기**
① [Swatches] 패널에서 삭제하려는 그레이디언트를 선택합니다.
② [Delete Swatch](🗑)를 클릭합니다.

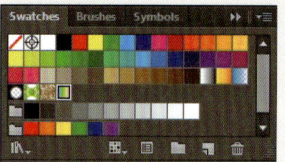

MEMO ● 등록된 스와치가 많아 찾기 어려울 경우 [Show Swatch Kinds menu](▦)를 클릭하고 [Show Gradient Swatches]를 선택하면 그레이디언트 스와치만 볼 수 있습니다.

MEMO ● 더 많은 그레이디언트 샘플을 보려면 ▼를 클릭한 후 [Open Swatch Library]–[Gradients] 메뉴를 클릭하여 원하는 그룹을 선택합니다.

[Gradient] 패널로 일러스트 완성하기

[Gradient] 패널로 그레이디언트를 적용하여 얼굴에 음영을 주고, 귀걸이 및 배경에도 그레이디언트 효과를 적용하겠습니다.

◉ **예제 파일** : Chapter03\unit03_01.ai

01 예제 파일 실행

❶ 'unit03_01.ai' 파일을 불러옵니다.

02 레이어 선택

❶[Layers] 패널을 클릭합니다. '얼굴'과 '배경' 레이어로 나뉘어 있는 것을 확인할 수 있습니다. ❷아트보드에서 하늘색 배경을 선택합니다. ❸[Tool] 패널에서 칠을 활성화합니다.

03 그레이디언트 적용

❶[Gradient] 패널을 클릭합니다. ❷[Gradient]를 클릭합니다. ❸컬러 그래프 오른쪽의 슬라이더를 더블클릭합니다. ❹[Swatches]에서 ❺'C=30, M=0, Y=11, K=0'을 선택합니다.

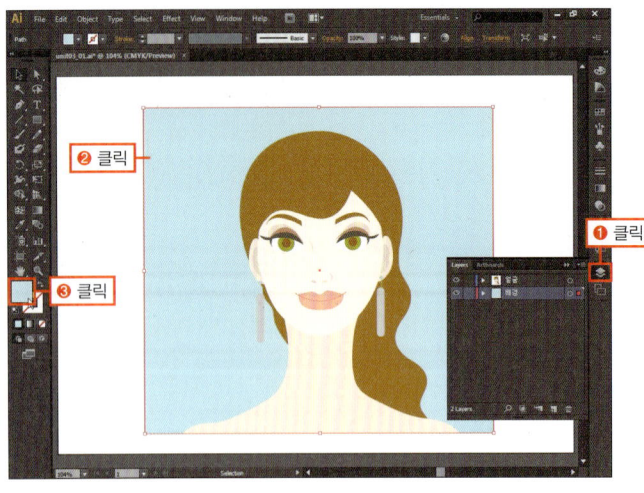
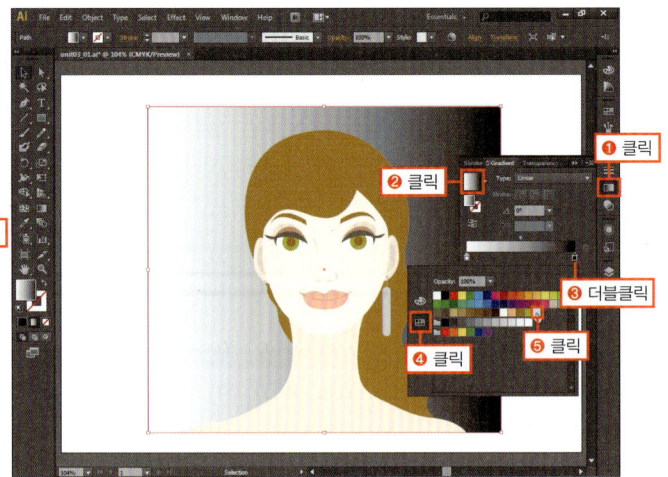

04 그레이디언트 방향 변경

❶[Angle]의 목록 단추를 클릭합니다. ❷'-90'을 선택합니다.

05 [Spiral Tool](◎) 선택

❶아트보드의 빈 공간을 클릭합니다. ❷ Shift + X 를 눌러 칠과 선의 컬러를 서로 바꿉니다. ❸[Spiral Tool](◎)을 선택합니다. ❹선이 선택되어 있지 않다면 X 를 눌러 활성화합니다.

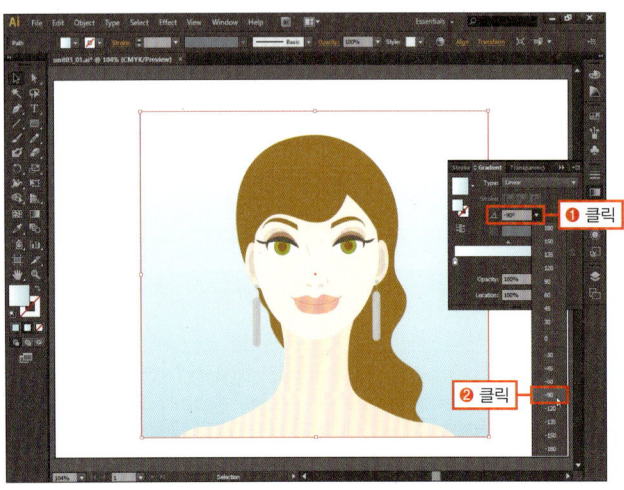
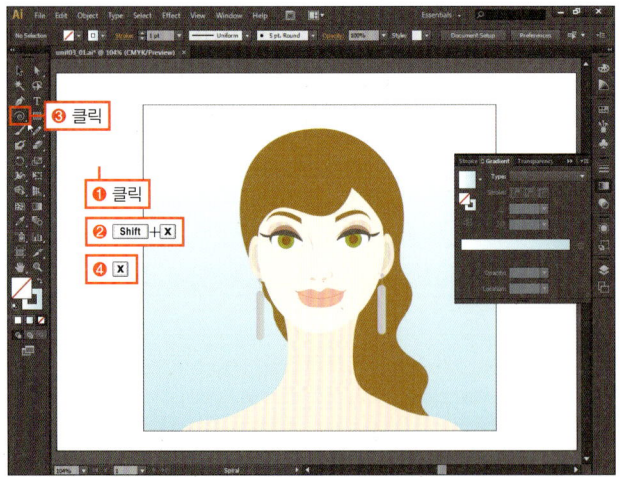

MEMO ● 단축키 X 는 선과 칠의 활성화 상태를 바꿔줍니다. Shift + X 는 선과 칠의 색을 서로 바꿔줍니다.

06 나선형 드로잉

❶ 아트보드 위를 드래그하여 나선형을 그립니다. ❷ 컨트롤 바의 [Stroke] 패널에서 '7pt'를 선택합니다. ❸ [Variable Width Profile]의 목록 단추를 클릭하고 ❹ [Width Profile 1]을 선택합니다.

07 복사, 배치

❶ 나선형을 선택한 후 Alt 를 누른 채 드래그하여 원하는 곳에 복사합니다. 여러 개를 복사한 뒤 배경 공간 안에 자유롭게 배치합니다.

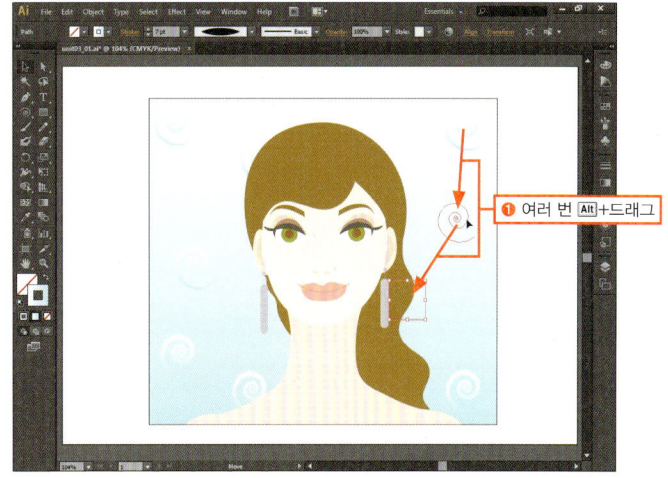

MEMO ● 나선형이 얼굴 위를 덮는다면 [Layers] 패널을 열어 '배경' 레이어에 작업 중인지 확인합니다. '배경' 레이어 옆에 빨갛게 가이드라인이 보여야 합니다.

08 레이어 잠금 실행

❶ [Layers] 패널을 열고 ❷ 배경 레이어 옆의 ◯를 클릭하여 배경 레이어의 모든 패스를 선택합니다. ❸ [Toggles Lock]을 클릭하여 레이어를 잠급니다.

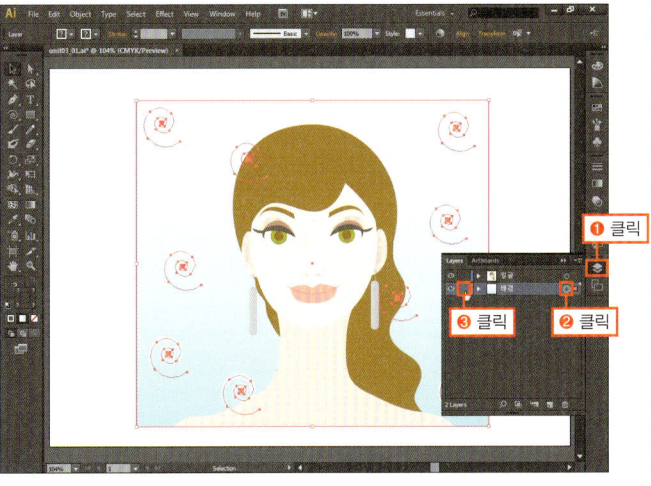

09 테두리 수정

❶ 검은색 테두리 패스를 선택합니다. ❷ [Stroke] 패널을 열어 ❸ [Weight]는 '20 pt', [Corner]는 [Round Join](⬜)을 선택합니다.

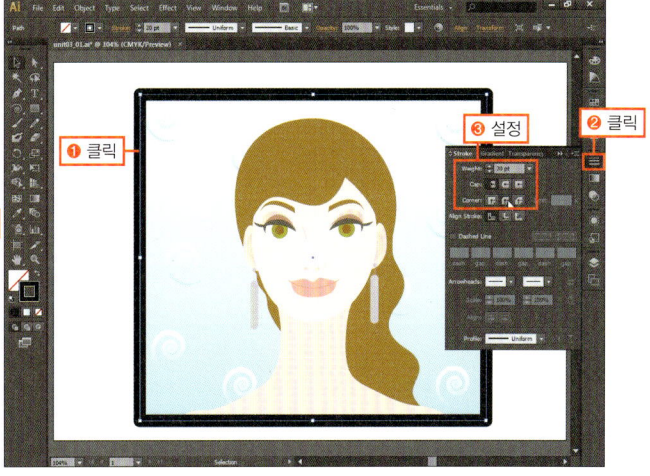

Unit 03. 그레이디언트로 여러 가지 색을 하나의 패스에 넣기 ◀ 175

10 그레이디언트 적용

❶[Gradient] 패널을 열어 ❷그레이디언트를 적용합니다. ❸[Type]는 [Radial], [Stroke]는 [Apply gradient across stroke](▣)를 선택합니다.

11 귀걸이 입체감 적용

❶양쪽 귀걸이를 선택합니다. ❷[Gradient] 패널에서 그레이디언트를 적용합니다. ❸[Type]는 [Radial], [Stroke]는 [Apply gradient across stroke](▣)를 선택합니다. ❹가장 오른쪽에 있는 슬라이더를 더블클릭하여 ❺[Swatches]의 ❻'C=0, M=0, Y=0, K=30'을 선택합니다.

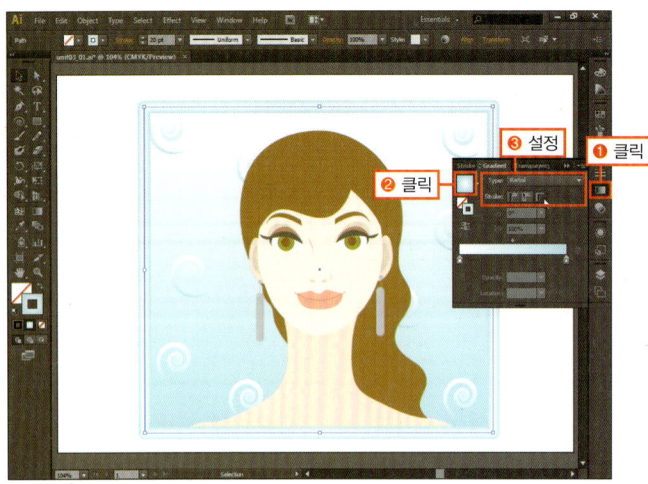

12 원 드로잉

❶ Shift + X 를 눌러 칠과 선의 컬러를 서로 바꿉니다. ❷[Ellipse Tool](◯)을 선택하여 ❸볼 위에 원을 그립니다.

13 컬러 변경

❶[Gradient] 패널의 [Reverse Gradient]를 눌러 컬러 배치를 반전합니다. [Swatches]에 등록된 색으로 색을 변경합니다. ❷왼쪽 슬라이더에 'C=0, M=39, Y=61, K=0'을 적용합니다. ❸오른쪽 슬라이더에는 'C=0, M=4, Y=11, K=0'의 미색을 적용합니다.

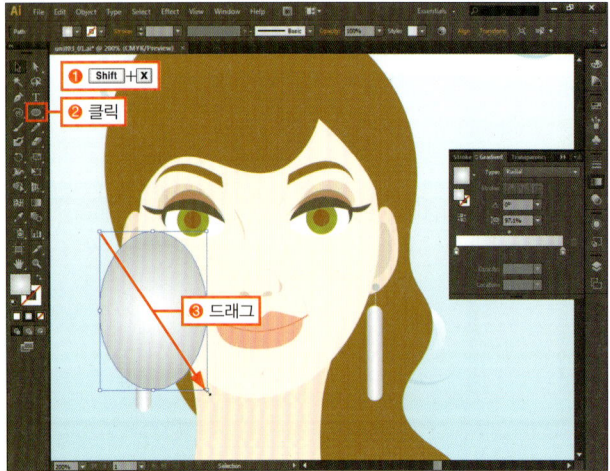

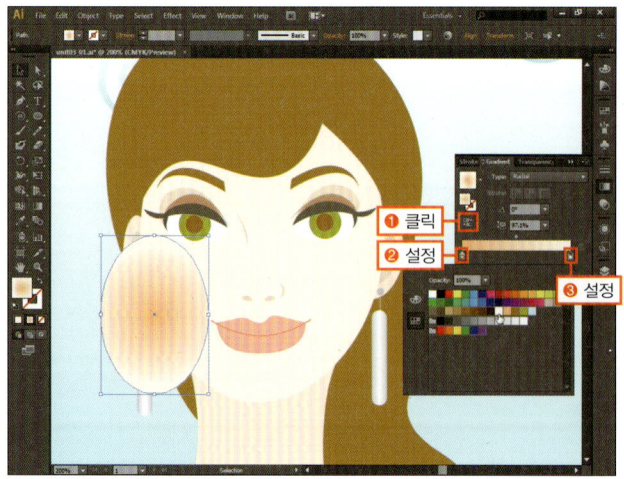

MEMO ● 입꼬리와 눈이 가려지지 않게 주의합니다.

14 슬라이더 조절

❶오른쪽 슬라이더를 선택합니다. ❷[Location]을 '75%'로 설정합니다.

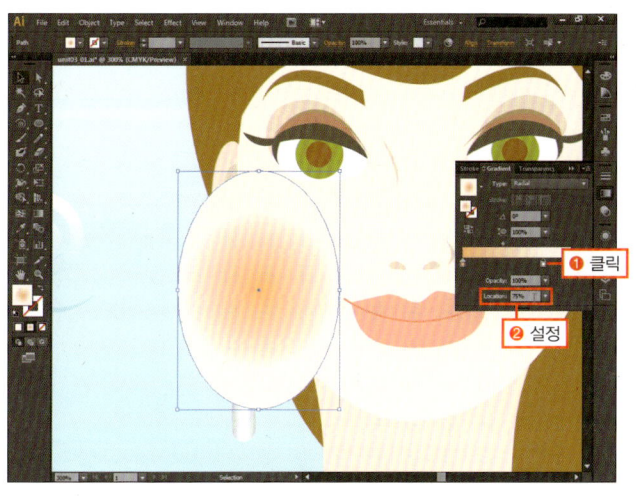

15 복사

❶Alt를 누르고 볼 패스를 클릭한 채 오른쪽으로 드래그합니다.

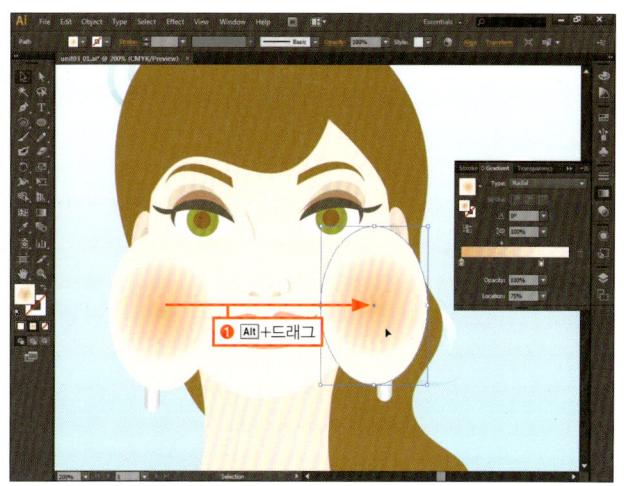

16 얼굴 복사

❶얼굴 패스를 선택한 후 ❷Ctrl+C를 누르고 ❸Ctrl+F를 눌러 복사합니다. ❹복사된 얼굴 패스를 선택한 후 ❺Shift를 누른 채 왼쪽 볼 패스를 함께 선택합니다.

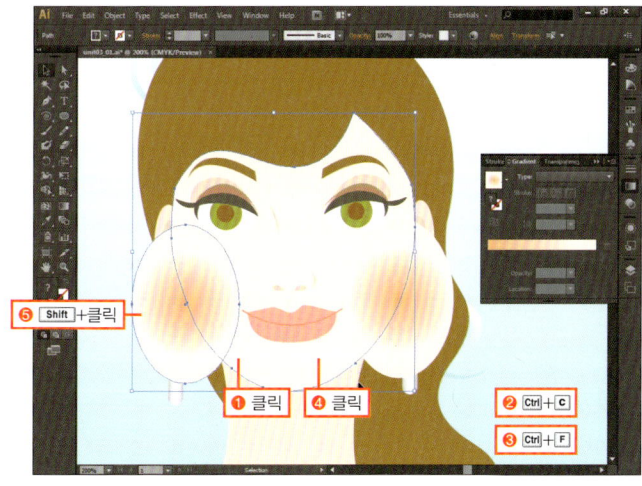

17 패스파인더로 자르기 실행

❶[Window]-[Pathfinder] 메뉴를 클릭하여 [Pathfinder] 패널을 불러옵니다. ❷[Intersect](□)를 선택합니다. ❸오른쪽 볼 패스도 같은 방법으로 자릅니다.

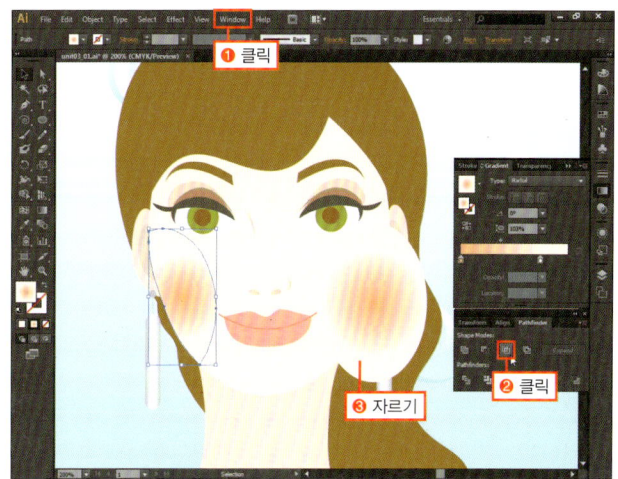

18 자연스럽게 수정

❶왼쪽 볼 패스를 선택합니다. ❷[Gradient Tool](▨)을 선택합니다. ❸ⓐ 지점을 클릭한 후 화살표 방향으로 드래그합니다. ❹오른쪽도 같은 방법으로 수정합니다.

19 투명도 조절

❶양쪽 볼 패스를 선택합니다. ❷컨트롤 바에서 [Opacity]를 '50%'로 설정합니다.

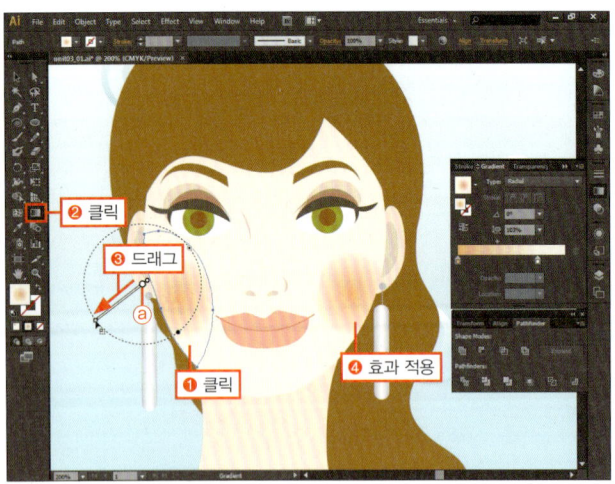

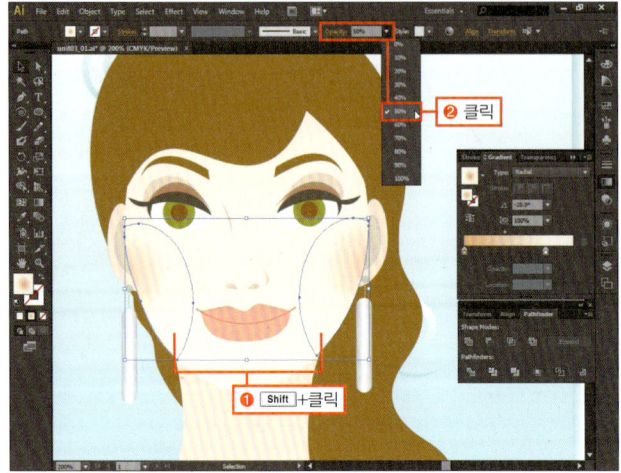

MEMO ● 오른쪽 볼 패스의 경우 [Gradient Tool](▨)로 클릭한 후 오른쪽 하단으로 드래그하면 됩니다.

20 완성

그레이디언트 작업이 완성되었습니다.

◉ **완성 파일** : Chapter03\unit03_01_완성.ai

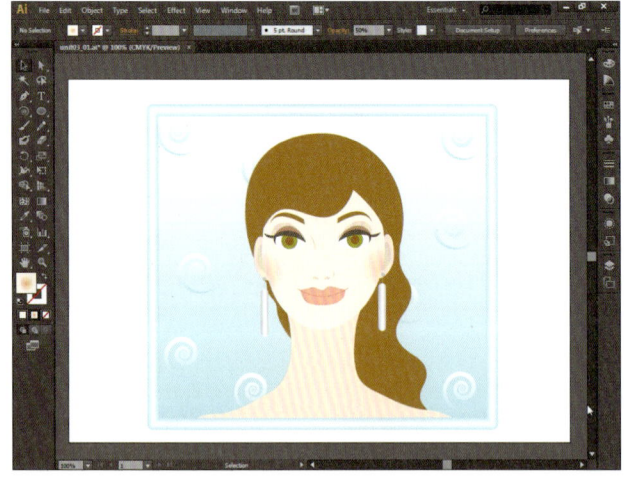

TIP [Gradient Tool] 살펴보기

[Gradient] 패널과 [Gradient Tool](■)은 같아 보이지만 각각 다릅니다. [Gradient] 패널은 그레이디언트를 생성하고 적용할 수 있으며, [Gradient Tool](■)로는 적용한 그레이디언트를 손쉽게 수정할 수 있습니다.

■ **[Gradient Tool](■) 사용법 알아보기**

① 다음과 같은 옵션의 그레이디언트를 만들었습니다.

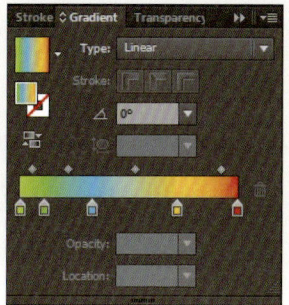

② [Gradient Tool](■)로 오브젝트를 선택하면 다음과 같은 바(bar)가 나타납니다. 왼쪽의 'ㅇ' 모양이 그레이디언트의 시작점, 오른쪽의 'ㅁ' 모양이 그레이디언트의 끝 점입니다.

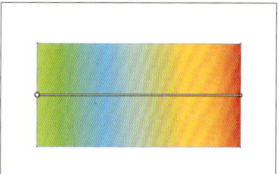

③ 바(bar) 위에 마우스 포인터를 올리면 슬라이더 형태로 바뀝니다. 이 슬라이더는 [Gradient] 패널의 슬라이더와 같은 역할을 합니다.

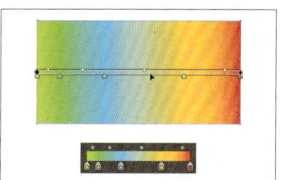

④ 시작점을 클릭하여 드래그하면 바(bar)를 이동할 수 있습니다. 다음 이미지를 보면 바(bar)의 오른쪽 일부가 오브젝트 밖으로 나와 있습니다. 이 경우 해당 지점의 컬러는 보이지 않습니다.

⑤ 끝 점을 클릭하여 드래그하면 바(bar)의 길이를 조절할 수 있습니다.

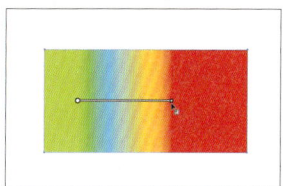

⑥ 끝 점 근처에 마우스 포인터를 올리면 포인터가 모양으로 변합니다. 이때 클릭한 후 원하는 방향으로 드래그해 회전하면 그레이디언트의 방향이 변경됩니다.

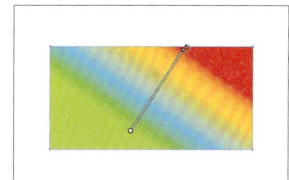

[Blend Tool]로 오브젝트 자연스럽게 이어주기

[Blend Tool]()을 이용한 채색에 대해 알아보겠습니다. [Blend Tool]()은 A와 B를 자연스럽게 이어주는 툴입니다. 오브젝트 간의 컬러, 투명도, 형태 조절은 물론 A 그룹과 B 그룹의 연결도 가능합니다. 간단한 일러스트는 물론 실무에서도 여러 방면으로 활용할 수 있는 유용한 툴입니다.

| 학습 주제 | • [Blend Tool] 이해하기
• [Blend Tool] 옵션 살펴보기
• [Blend Tool]로 오브젝트 컬러링하기 | 관련 학습 | • 그레이디언트로 여러 가지 색을 하나의 패스에 넣기 : 165쪽 |

[Blend Tool] 살펴보기

[Blend Tool]()은 A와 B를 부드럽게 연결하는 툴입니다. 무수히 많은 연결 고리를 만들 수 있으며, 부드러운 그레이디언트 효과를 줄 수도 있습니다.

● 블렌드 효과 미리 살펴보기

▲ 오브젝트에 블렌드를 적용한 모습

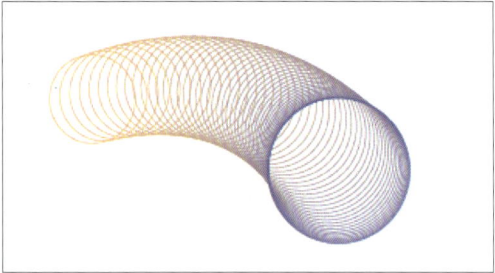

▲ 선 색만 설정한 오브젝트에 블렌드를 적용한 모습

▲ 그룹에 블렌드를 적용한 모습

● **[Blend Options] 대화상자 살펴보기**

[Blend Tool](　)을 더블클릭하면 옵션 대화상자가 나타납니다.

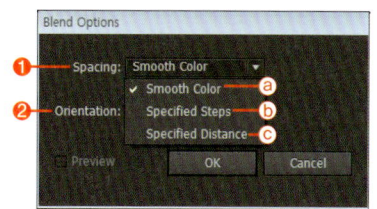

❶ **[Spacing]** : 블렌드 효과의 간격을 설정합니다.

ⓐ Smooth Color : A와 B 오브젝트를 부드럽게 연결합니다.

ⓑ Specified Steps : A와 B 오브젝트 사이에 들어갈 중간 단계의 개수를 설정합니다. '3'을 입력하면 A와 B 오브젝트 사이에 3개의 단계가 추가되어 총 5개의 형태를 볼 수 있습니다.

ⓒ Specified Distance : A와 B 오브젝트 사이에 들어갈 중간 단계의 거리를 지정하여 연결합니다. 지정한 거리가 가까울수록 많은 블렌드가 추가됩니다.

▲ 지정한 거리의 수치가 낮은 경우

▲ 지정한 거리의 수치가 높은 경우

❷ **[Orientation]** : 오브젝트를 원래의 상태대로 나란히 배치할 것인지 패스에 맞춰 정렬할 것인지 설정합니다.

MEMO ● A와 B 오브젝트의 형태나 컬러가 동일하지 않더라도 [Blend Tool](　)을 사용할 수 있습니다.

간단실습 [Blend Tool]을 이용한 컬러링 연습하기

[Blend Tool]( )을 사용하면 다양한 컬러링은 물론 재미있는 일러스트를 그릴 수 있습니다. [Blend Tool]( )의 세 가지 옵션을 사용하여 오브젝트를 채색하겠습니다.

◉ 예제 파일 : Chapter03\unit04_01.ai

01 레이어 선택

❶ [Layers] 패널을 선택합니다. 'Layer 1'은 잠겨 있습니다.
❷ 'Layer 2'를 선택합니다.

02 공 채색

❶ 작은 원의 칠 색을 'f3da26', 큰 원의 칠 색을 'dbe060'으로 설정합니다. ❷ Shift 를 누른 채 클릭하여 2개의 원을 모두 선택합니다. ❸ [Tool] 패널에서 선을 활성화한 후 ❹ 를 클릭합니다.

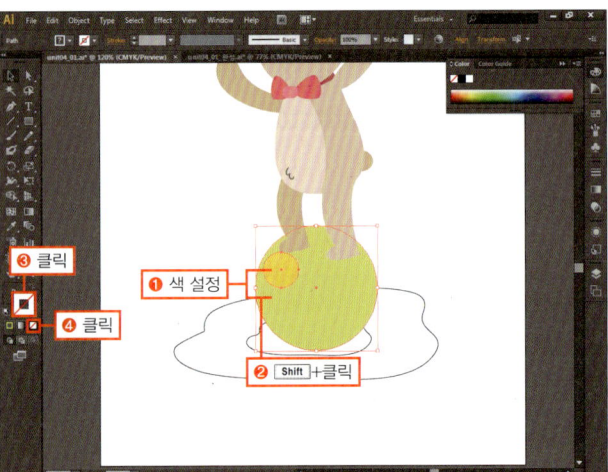

TIP 16진수 색상 코드 설정하는 방법

- [Color] 패널의 목록 단추( )를 클릭한 후 [RGB] 메뉴를 클릭합니다. [Color] 패널의 색상 슬라이더와 색상 스펙트럼이 RGB 모드로 바뀝니다. [#]에 16진수 색상 코드를 입력한 후 Enter 를 누르면 색상이 설정됩니다.
- [Tool] 패널의 색상자를 더블클릭하면 [Color Picker] 대화상자가 나타납니다. [#]에 16진수 색상 코드를 입력한 후 [OK]를 클릭하면 색상이 설정됩니다.

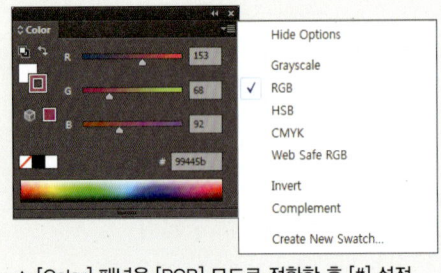

▲ [Color] 패널을 [RGB] 모드로 전환한 후 [#] 설정

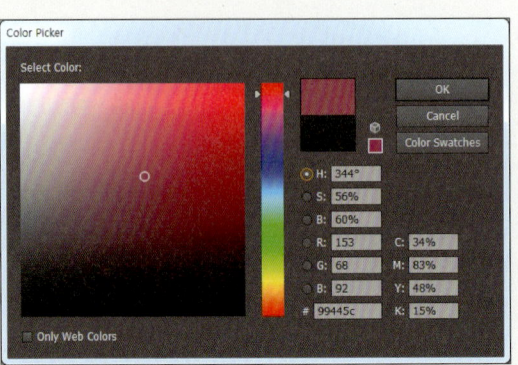

▲ [Color Picker] 대화상자에서 [#] 설정

03 [Smooth Color] 선택

❶ [Blend Tool](📷)을 더블클릭합니다. ❷ [Spacing]을 [Smooth Color]로 설정합니다. ❸ [OK]를 클릭합니다.

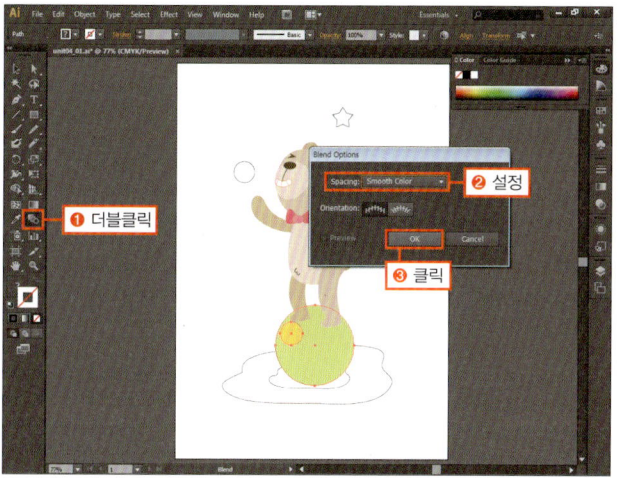

04 [Smooth Color] 효과 적용

❶ 큰 원을 클릭하고 ❷ 작은 원을 클릭합니다. 부드럽게 효과가 들어간 것을 확인할 수 있습니다.

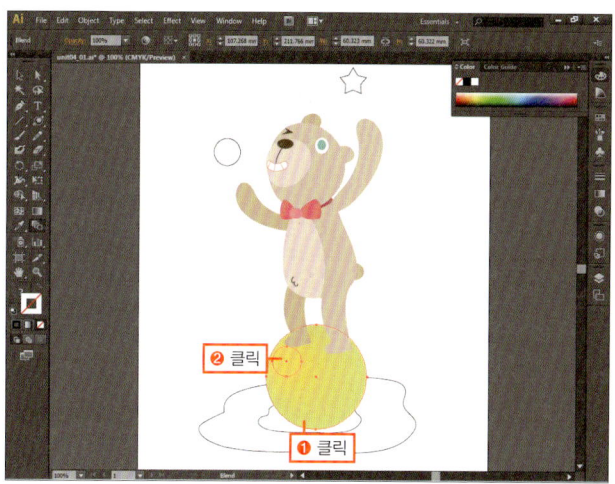

MEMO ● 색이 마음에 들지 않을 경우 [Direct Selection Tool](▶)로 각각의 오브젝트를 클릭하여 변경할 수 있습니다.

05 저글링 공 채색

❶ 공 주위의 원과 별 오브젝트에 각각 원하는 색을 적용합니다. ❷ Shift 를 누른 채 클릭하여 원과 별 오브젝트를 모두 선택합니다. ❸ [Tool] 패널에서 선을 활성화한 후 ❹ ⬜를 클릭합니다.

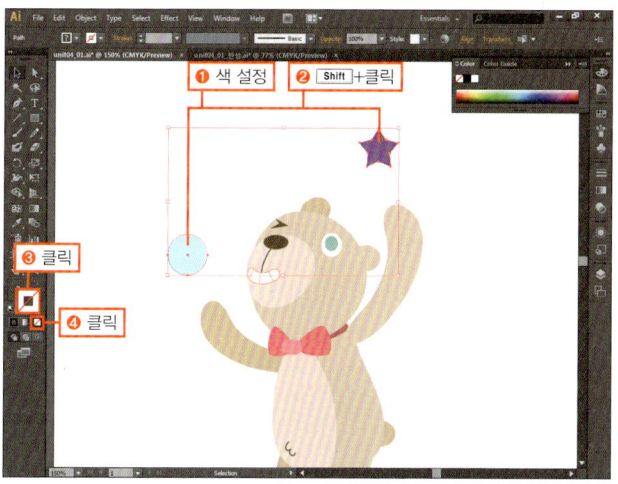

06 [Specified Steps] 선택

❶ [Tool] 패널에서 [Blend Tool](📷)을 더블클릭합니다. ❷ [Spacing]을 [Specified Steps]로 설정합니다. ❸ 오른쪽 옵션 상자에 '3'을 입력한 후 ❹ [OK]를 클릭합니다.

07 [Specified Steps] 효과 적용

❶ 왼쪽 원을 클릭하고 ❷ 오른쪽 별 오브젝트를 클릭합니다. 가운데 블렌딩을 포함하여 총 5개의 모양이 들어간 것을 확인할 수 있습니다.

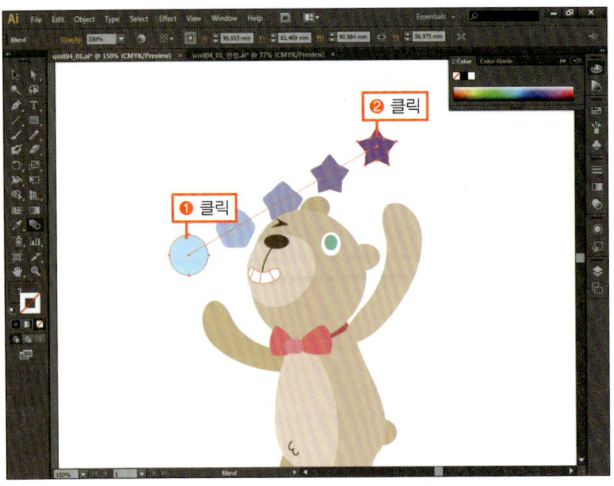

08 저글링 공 배치 변경

❶ [Convert Anchor Point Tool](☒)을 선택합니다. ❷ 왼쪽 원 중앙의 기준점을 클릭한 채 아래로 드래그하여 패스를 둥글게 만듭니다. 수정된 패스 라인에 따라 블렌딩 배치가 변경됩니다.

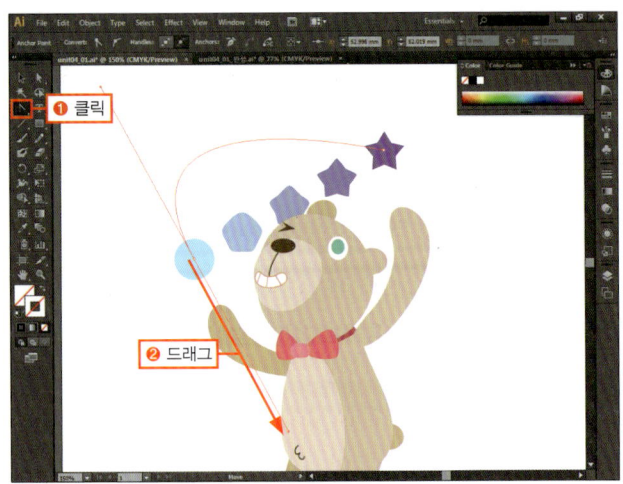

09 바닥 채색

❶ 바깥쪽 바닥의 칠 색을 'a6d9dd', 안쪽 바닥의 칠 색을 '72c7ce'로 설정합니다. ❷ 바깥쪽 바닥과 안쪽 바닥을 모두 선택합니다. ❸ [Tool] 패널에서 선을 활성화한 후 ❹ ▨를 클릭합니다.

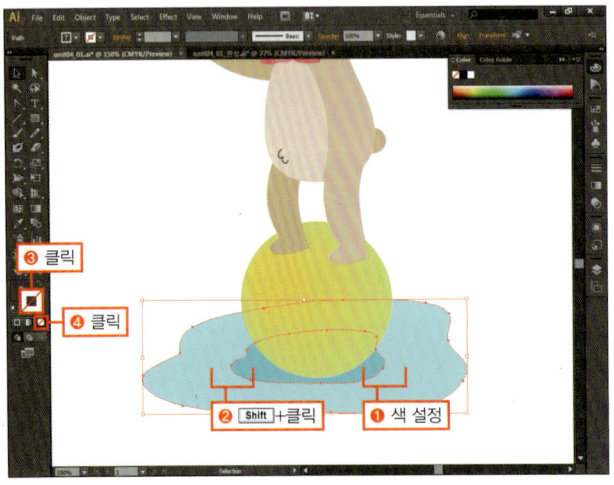

10 [Specified Distance] 선택

❶ [Blend Tool](☒)을 더블클릭합니다. ❷ [Spacing]을 [Specified Distance]로 설정합니다. ❸ 오른쪽 옵션 상자에 '7mm'를 입력한 후 ❹ [OK]를 클릭합니다.

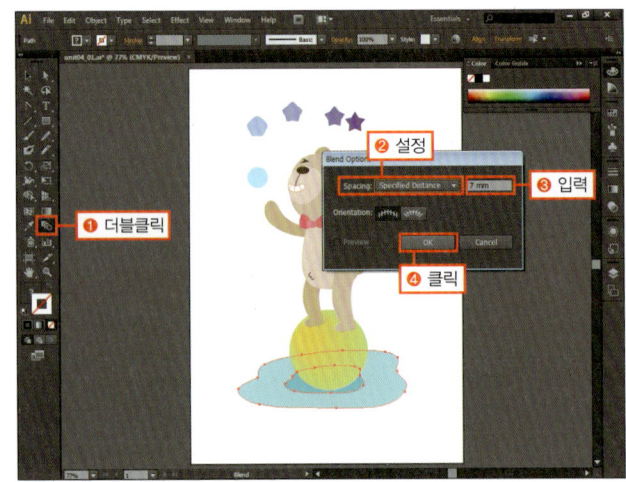

11 [Specified Distance] 효과 적용

❶ 바깥쪽 바닥을 클릭하고 ❷ 안쪽 바닥을 클릭합니다. 7mm 간격으로 블렌딩이 배치됩니다.

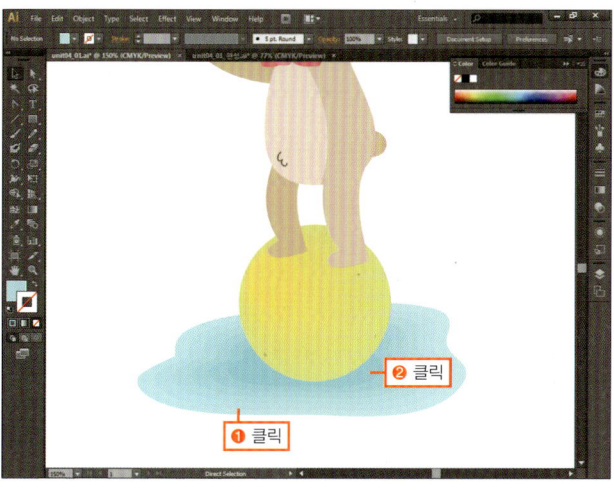

12 배경에 쓰일 원 드로잉

❶ 선 색을 'e54358'로 설정합니다. ❷ [Ellipse Tool](◯)을 선택한 후 ❸ Shift 를 누른 채 드래그하여 크기가 다른 정원 2개를 그립니다.

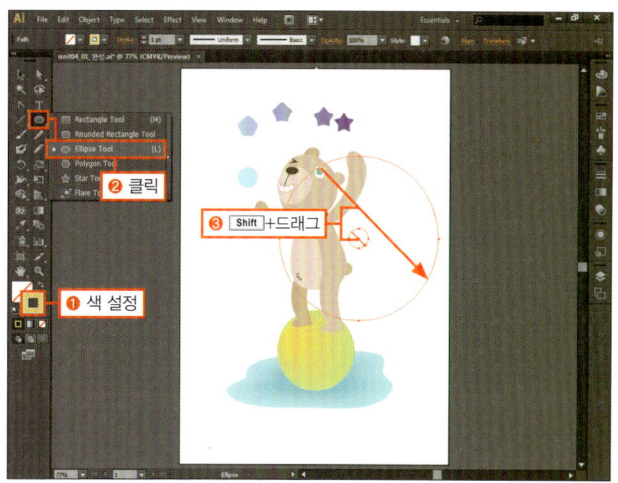

13 선 두께 조절

❶ 두 원을 선택합니다. ❷ 컨트롤 바에서 [Stroke]를 '3pt'로 설정합니다. ❸ 큰 원의 선 색을 'e54358'로 변경합니다.

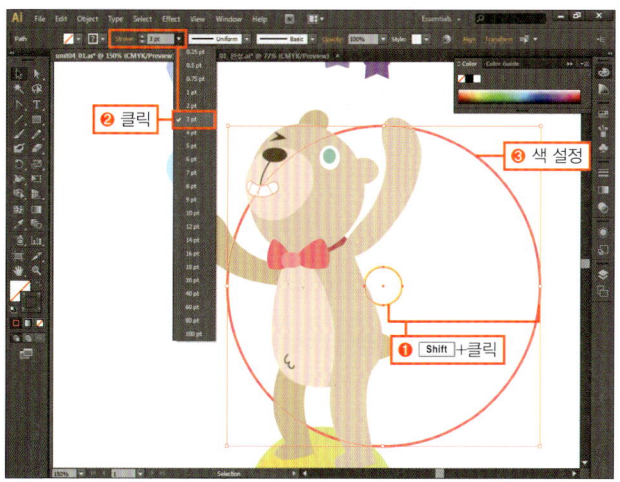

14 중앙 정렬

❶ 다시 두 원을 선택합니다. ❷ 컨트롤 바에서 [Align]을 클릭합니다. ❸ [Align To]를 'Align to Selection'으로 설정합니다. ❹ [Horizontal Align Center](◻)와 [Vertical Align Center](◻)를 눌러 중앙 정렬합니다.

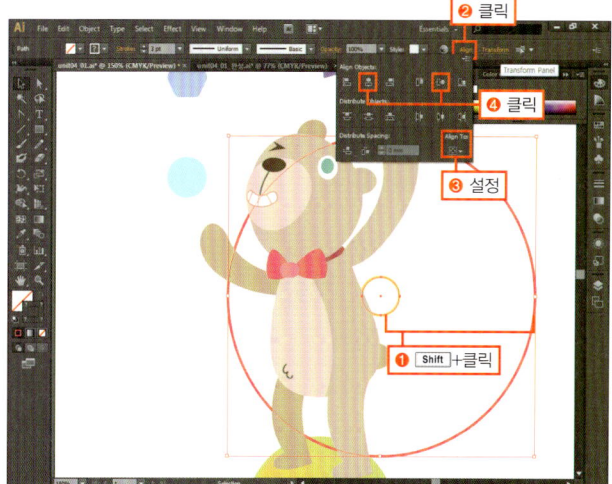

MEMO ● 해상도가 1024*768 이상일 경우에는 [Align]을 클릭하지 않아도 하위 옵션이 보입니다.

15 [Specified Distance] 선택

❶[Blend Tool](　)을 더블클릭합니다. ❷[Spacing]을 [Specified Distance]로 설정합니다. ❸오른쪽 옵션 상자에 '3mm'를 입력한 후 ❹[OK]를 클릭합니다.

16 [Specified Distance] 효과 적용

❶바깥쪽 원을 클릭하고 ❷안쪽 원을 클릭합니다. 3mm 간격으로 블렌딩이 배치됩니다. ❸[Selection Tool](　)을 선택합니다. ❹블렌드 오브젝트의 가운데에 있는 빈 공간이 보이지 않도록 적당한 위치로 이동합니다.

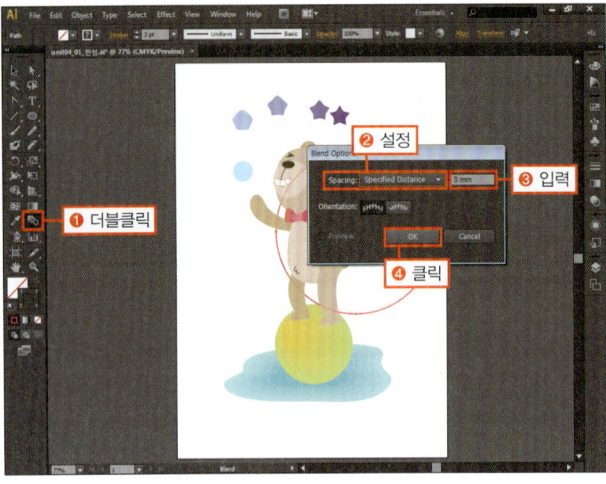

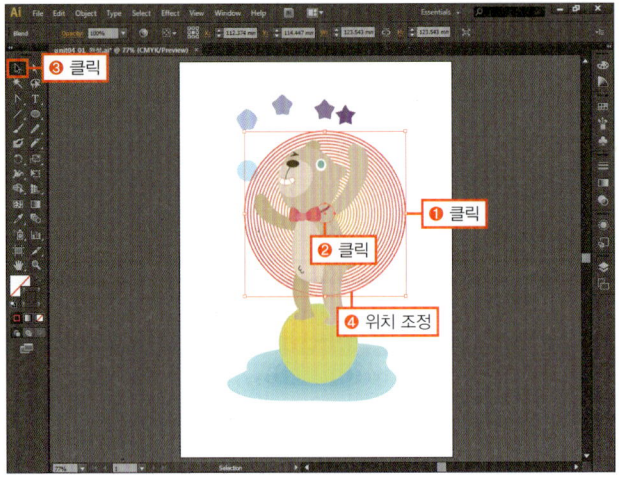

MEMO ● 선 색이 설정되어 있지 않으므로 원을 클릭할 때는 패스(선 부분)를 정확하게 클릭해야 합니다.

17 맨 뒤에 배치

❶원을 선택한 후 ❷오른쪽 클릭합니다. ❸[Arrange]-[Send To Back] 메뉴를 클릭합니다. 모든 오브젝트 중 가장 뒤쪽에 배치됩니다.

◉ 완성 파일 : Chapter03\unit04_01_완성.ai

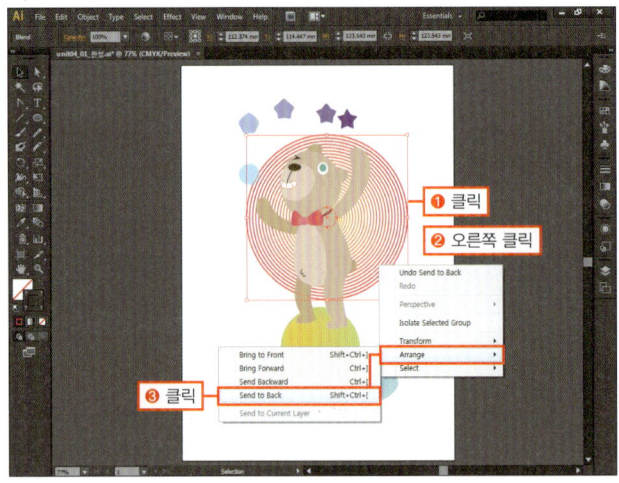

TIP 그룹으로 지정한 오브젝트에 블렌드 적용하기

[Blend Tool]( )은 채색 이외에도 재미있는 기능이 있습니다. 개별 오브젝트가 아닌 그룹 오브젝트끼리도 블렌드가 가능한 것입니다. 다음 이미지와 같이 사과와 배 사이에 [Specified Steps]를 적용하면 지정한 단계만큼 자연스럽게 변하는 과정을 볼 수 있습니다.

같은 방법으로 사람의 표정도 단계별로 바꿀 수 있습니다.

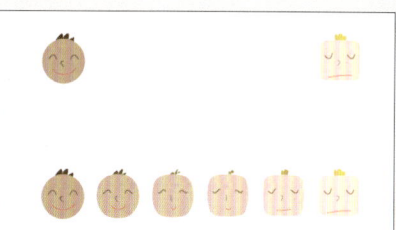

[Object]-[Blend] 메뉴 사용하기

또 다른 블렌드 기능을 알아보겠습니다. 일러스트레이터 상단 메뉴에서 블렌드 적용 취소 및 반전, 합성 기능을 선택하여 오브젝트에 효과를 줍니다.

◎ 예제 파일 : Chapter03\unit04_02.ai

[Object]-[Blend] 메뉴를 클릭하면 다음과 같은 하위 메뉴가 나타납니다.

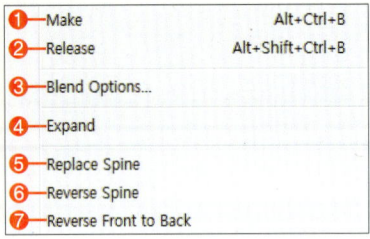

❶ **Make** : 설정한 옵션대로 블렌드가 적용됩니다.
❷ **Release** : 블렌드 적용을 취소합니다.
❸ **Blend Options** : 블렌드 옵션 대화창이 나타납니다. [Tool] 패널의 [Blend Tool](▣)을 더블클릭한 것과 같습니다.
❹ **Expand** : 블렌드된 효과를 오브젝트로 변환합니다.
❺ **Replace Spine** : 블렌드가 적용된 오브젝트를 다른 패스와 합성합니다.
❻ **Reverse Spine** : 블렌드가 적용된 오브젝트의 순서를 변경합니다.
❼ **Reverse Front to Back** : 오브젝트의 배열 순서가 바뀝니다.

1 두 오브젝트 선택

❶ 가장 위에 있는 별 블렌드 오브젝트와 그 아래의 패스를 함께 선택합니다.

2 [Replace Spine] 적용

❶ [Object]-[Blend]-[Replace Spine] 메뉴를 클릭합니다. 하단의 패스에 맞춰 별 블렌드 오브젝트가 배치된 것을 확인할 수 있습니다.

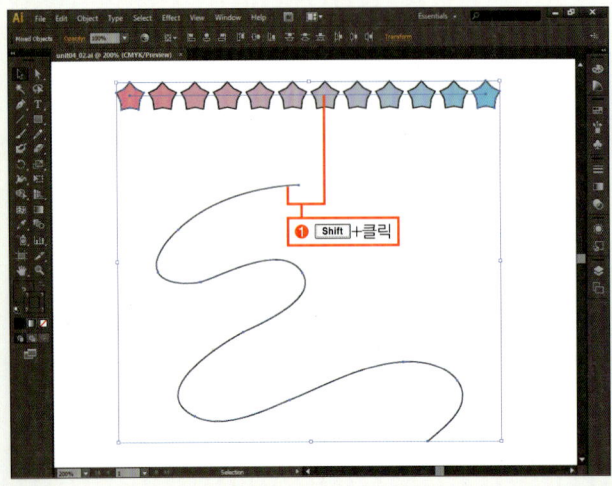

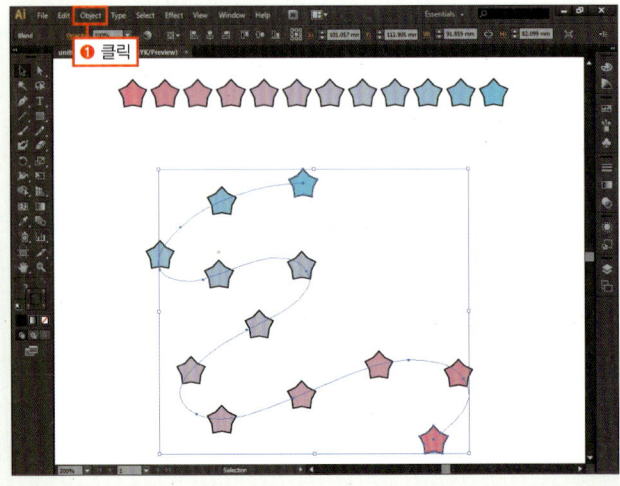

3 오브젝트 선택

❶ 두 번째 블렌드 오브젝트를 선택합니다.

4 [Reverse Spine] 적용

❶ [Object]-[Blend]-[Reverse Spine] 메뉴를 클릭합니다. 노란색에서 주황색으로 변하는 별의 컬러가 주황색에서 노란색의 흐름으로 바뀐 것을 확인할 수 있습니다.

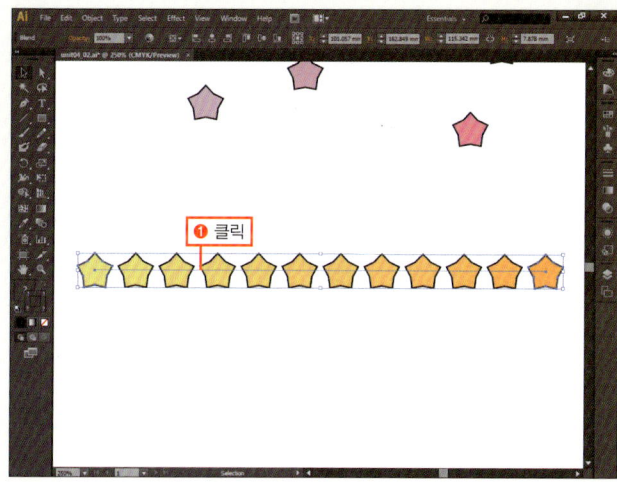
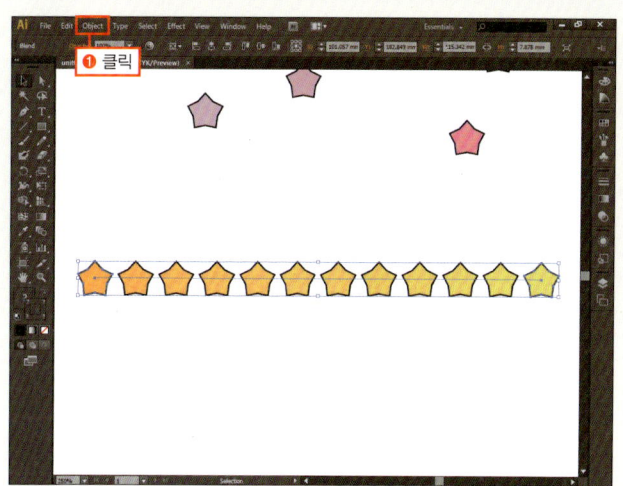

5 오브젝트 선택

❶ 세 번째 블렌드 오브젝트를 선택합니다. 녹색 별이 아래쪽, 분홍색 별이 위쪽으로 겹쳐 있습니다.

6 [Reverse Front to Back] 적용

❶ [Object]-[Blend]-[Reverse Front to Back] 메뉴를 클릭합니다. 본래의 배열과 반대로 녹색 별이 분홍색 별 위로 겹쳐진 것을 확인할 수 있습니다.

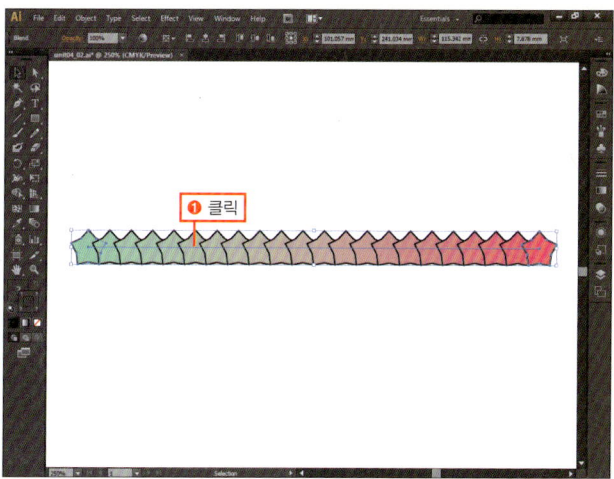
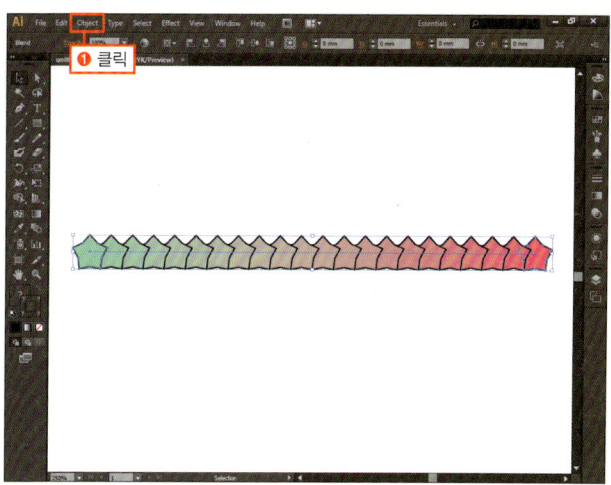

7 블렌드 오브젝트를 각각의 오브젝트로 전환

세 번째 블렌드 오브젝트를 선택한 상태에서 ❶[Object]–[Blend]–[Expand] 메뉴를 클릭합니다. 블렌드 효과들이 각각의 오브젝트로 만들어집니다.

◎ 완성 파일 : Chapter03\unit04_02_완성.ai

MEMO ● [Expand] 효과를 사용한 다음 Ctrl+Shift+G를 눌러 그룹 해제하면 각각의 오브젝트로 사용할 수 있습니다.

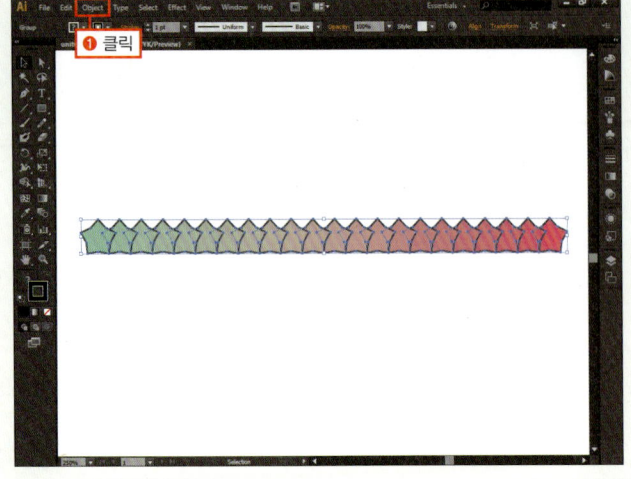

Unit 05. [Mesh Tool]로 섬세하게 컬러링하기

앞서 배운 [Gradient Tool](), [Blend Tool]()은 색을 부드럽게 연결하는 기능이 있었습니다. 이번에 배울 [Mesh Tool]()은 색을 부드럽게 표현하는 것은 물론 더욱 섬세한 작업도 할 수 있습니다. [Mesh Tool]()을 잘 다루면 일러스트레이터를 이용해 고급 작업물도 만들 수 있습니다.

학습 주제
- [Mesh Tool] 이해하기
- [Mesh Tool]을 이용해 꽃 일러스트 완성하기

관련 학습
- 그레이디언트로 여러 가지 색을 하나의 패스에 넣기 : 165쪽

[Mesh Tool] 이해하기

[Gradient Tool](), [Blend Tool](), [Mesh Tool]() 모두 컬러에 변화를 주는 툴이지만 쓰임새와 특징은 조금씩 다릅니다. 세 가지 툴을 비교한 후 [Mesh Tool]()의 사용 방법에 대해 알아보겠습니다.

● [Gradient Tool], [Blend Tool], [Mesh Tool] 비교하기

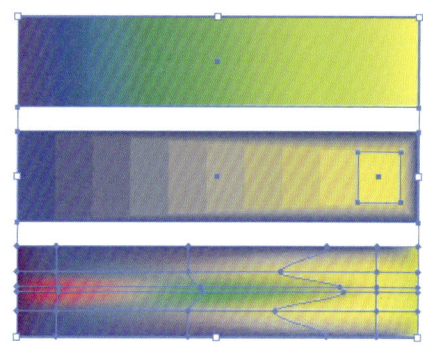

- **[Gradient Tool]** : 한 오브젝트 내에서 여러 가지 색의 변화를 줄 수 있습니다.

- **[Blend Tool]** : 두 오브젝트를 선택한 후 지정한 단계만큼 색과 형태의 변화를 줄 수 있습니다.

- **[Mesh Tool]** : 한 오브젝트 내에서 원하는 지점을 선택해 색의 변화를 줄 수 있으며, 색의 변화 형태 또한 조절할 수 있습니다.

● [Mesh Tool] 사용 방법 알아보기

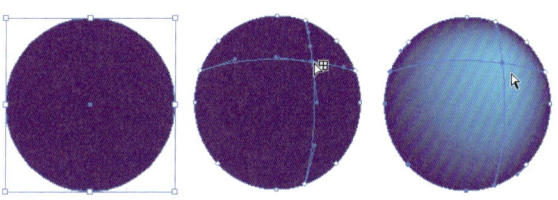

- 오브젝트를 그린 후 [Tool] 패널에서 [Mesh Tool]()을 선택합니다.
- 원하는 지점을 클릭합니다. 메시 포인트를 중심으로 가로 세로 2개의 메시 라인이 생깁니다.
- 칠이 활성화된 상태에서 [Color] 패널이나 [Color Picker] 등을 통해 원하는 색을 지정하면 컬러가 적용됩니다.

● [Create Gradient Mesh] 대화상자 살펴보기

[Mesh Tool]()을 이용하는 방법 외에 [Create Gradient Mesh]를 통해 작업할 수도 있습니다. [Object]-[Create Gradient Mesh] 메뉴를 클릭하면 됩니다.

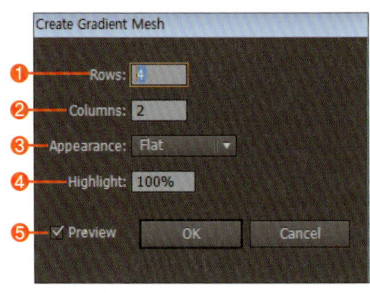

❶ **Rows** : 숫자를 입력하여 열의 개수를 설정합니다.
❷ **Columns** : 숫자를 입력하여 행의 개수를 설정합니다.
❸ **Appearance** : 메시의 밝기 형태를 선택합니다.
  • Flat : 변화가 없습니다.
  • To Center : 중심이 밝아집니다.
  • To Edge : 바깥쪽이 밝아집니다.
❹ **Highlight** : 밝기를 설정합니다.
❺ **Preview** : 체크할 경우 아트보드에서 적용 결과를 미리 볼 수 있습니다.

[Mesh Tool]로 꽃 일러스트 완성하기

[Mesh Tool]은 손이 많이 가지만 다른 툴보다 작업의 완성도가 높은 편입니다. 꽃 일러스트에 자연스러운 음영을 넣어 가며 [Mesh Tool]의 사용법을 배워봅니다.

◉ 예제 파일 : Chapter03\unit05_01.ai

01 예제 파일 실행

❶ 'unit05_01.ai' 파일을 불러옵니다.

02 격리 모드 실행

❶위쪽 꽃잎을 더블클릭합니다. 격리 모드가 실행되어 선택한 꽃잎 패스에만 작업이 가능합니다.

03 꽃잎에 메시 포인트 추가

❶[Mesh Tool]( )을 선택합니다. ❷꽃잎의 ⓐ 지점을 클릭하여 꽃잎에 메시 포인트를 추가합니다. [Tool] 패널에서 칠이 활성화되어 있는지 확인하고 ❸선이 활성화되어 있을 경우 X를 눌러 칠을 활성화합니다.

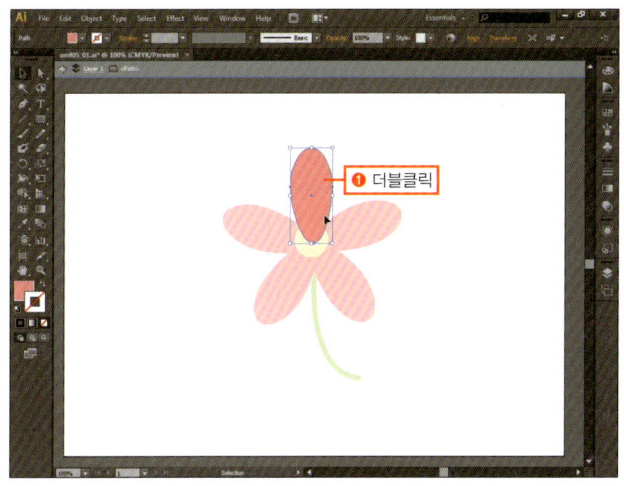

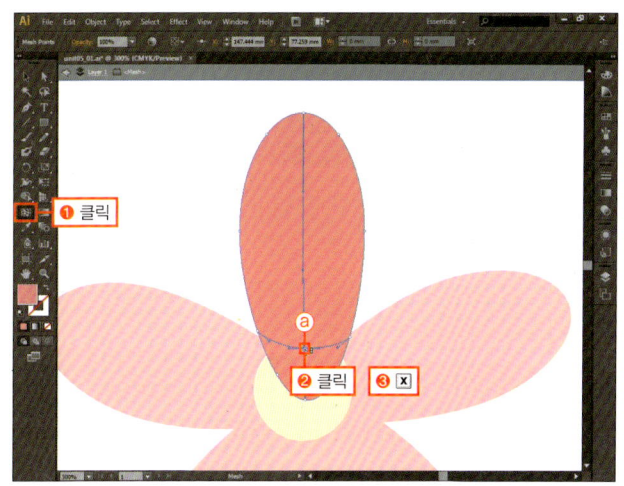

04 꽃잎에 색 적용

❶[Color] 패널을 클릭한 후 ❷'C=15, M=85, Y=65, K=0'을 입력합니다. 색이 조금 진해진 것을 확인할 수 있습니다.

05 여러 지점 선택 후 색 적용

❶[Direct Selection Tool]( )을 선택합니다. ❷오브젝트의 아래쪽을 드래그하여 아래쪽 기준점 3개를 모두 선택합니다. ❸[Color] 패널에 'C=35, M=88, Y=75, K=1'을 입력합니다.

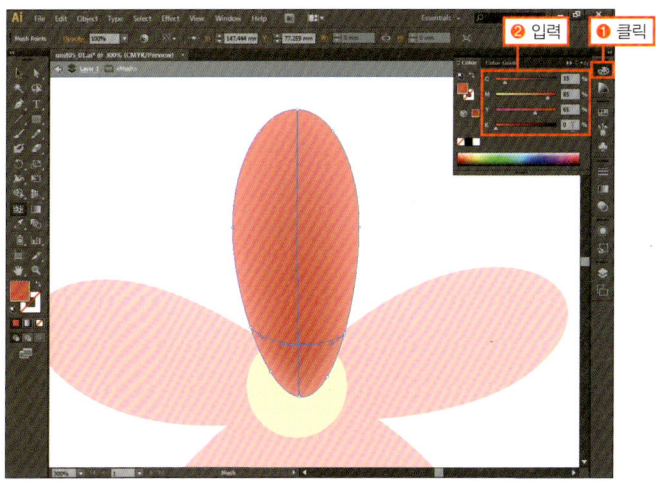

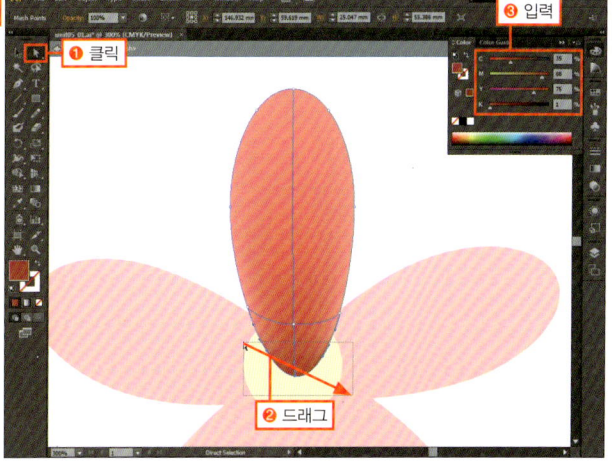

MEMO ● 메시 포인트는 [Direct Selection Tool]( )로 수정할 수 있습니다.

06 메시 포인트 추가

❶ [Mesh Tool](🔲)로 ❷ 다음과 같이 꽃잎의 양쪽 상단을 클릭합니다. ❸ [Direct Selection Tool](▶)로 ❹ 꽃잎 윗부분을 드래그하여 선택합니다.

07 밝은 색 적용

❶ [Color] 패널에 'C=0, M=10, Y=4 K=0'을 입력합니다.

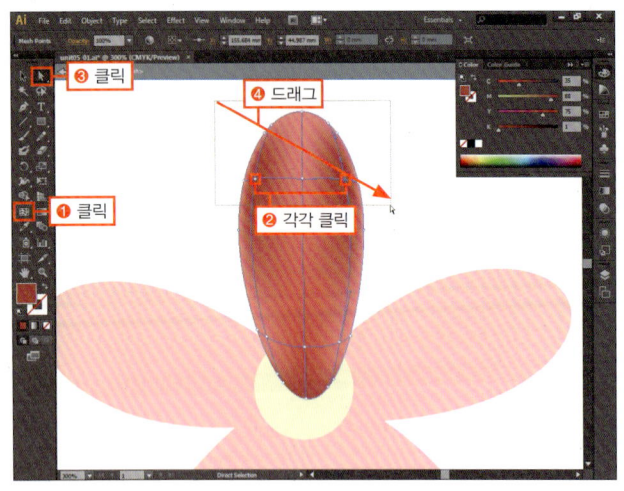
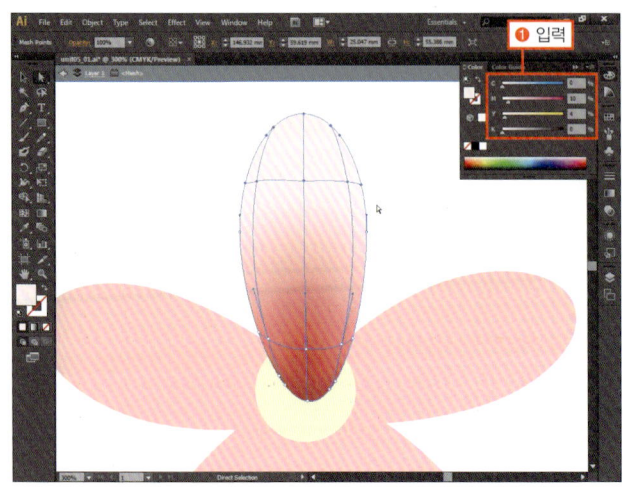

08 메시 라인 변경

❶ [Direct Selection Tool](▶)로 ⓑ, ⓒ 지점을 선택합니다. ❷ ⓑ나 ⓒ의 기준점을 클릭한 채 위로 드래그합니다. ❸ 선택된 오브젝트 이외의 공간을 더블클릭하여 격리 모드에서 나갑니다. 나머지 꽃잎들도 동일한 과정을 반복하여 완성합니다.

09 격리 모드 실행

❶ Ⓥ를 눌러 [Selection Tool](▶)로 돌아옵니다. ❷ 줄기 모양 패스를 더블클릭합니다.

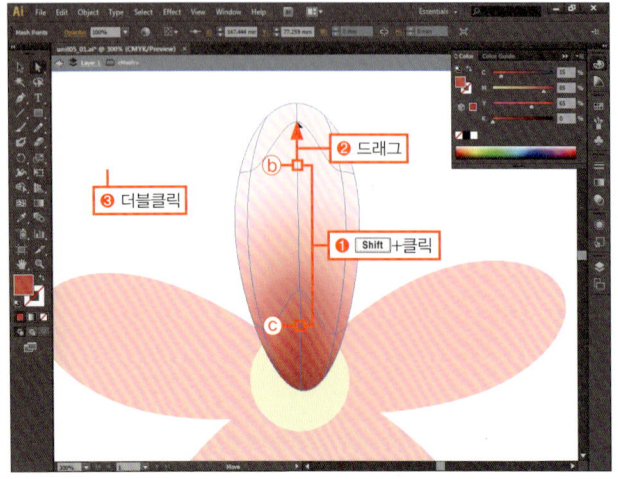
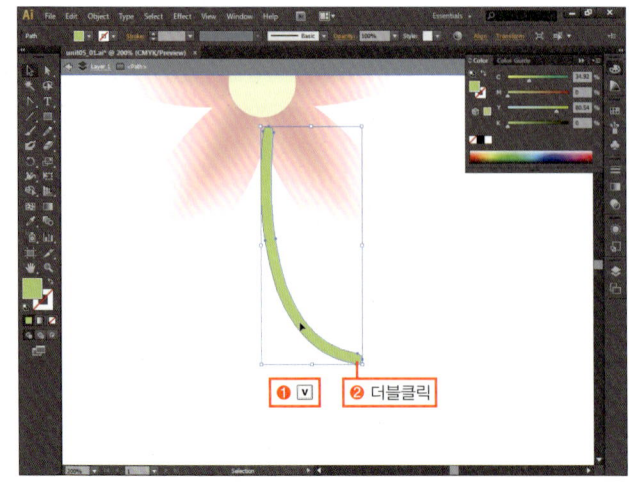

10 [Create Gradient Mesh] 실행

❶ [Object]-[Create Gradient Mesh] 메뉴를 클릭하여 대화상자를 불러옵니다. ❷ [Rows]는 '2', [Columns]는 '3', [Appearance]는 'Flat'으로 설정하고 ❸ [OK]를 클릭합니다.

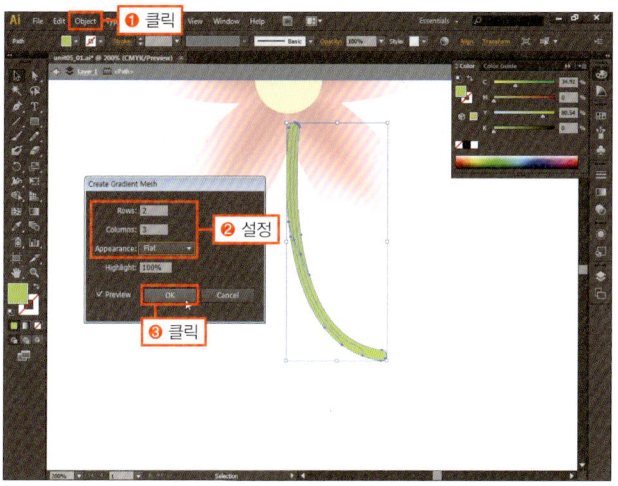

11 색 변경

❶ [Direct Selection Tool]( )을 이용해 ❷ 다음과 같은 지점을 선택합니다. ❸ [Color] 패널에 'C=55, M=10, Y=100, K=0'을 입력합니다.

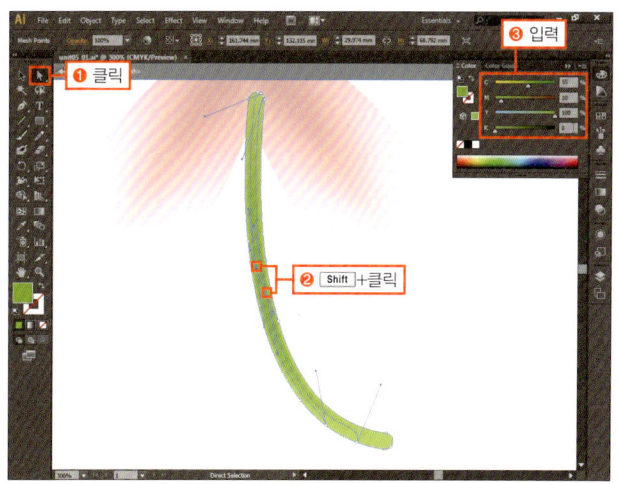

12 격리 모드 해제

❶ 줄기 패스를 제외한 곳을 더블클릭합니다. 격리 모드가 종료되었습니다.

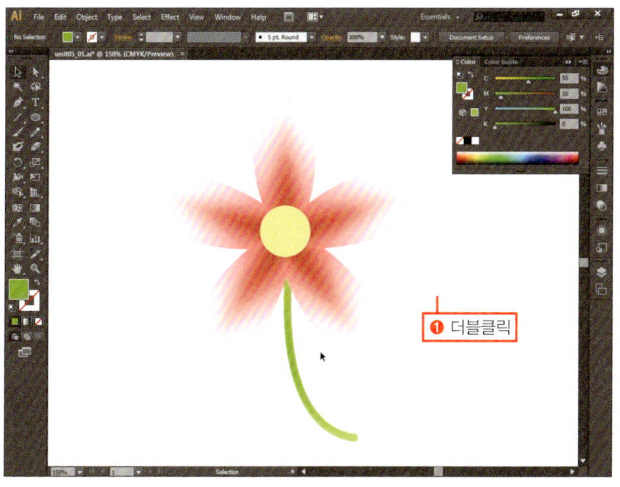

13 그레이디언트 적용

❶ 중앙의 수술 패스를 선택합니다. ❷ [Gradient] 패널을 클릭합니다. ❸ [Gradient]의 목록 단추를 클릭하여 ❹ 'Orange, Yellow'를 선택하고 ❺ [Type]은 'Radial'을 선택합니다.

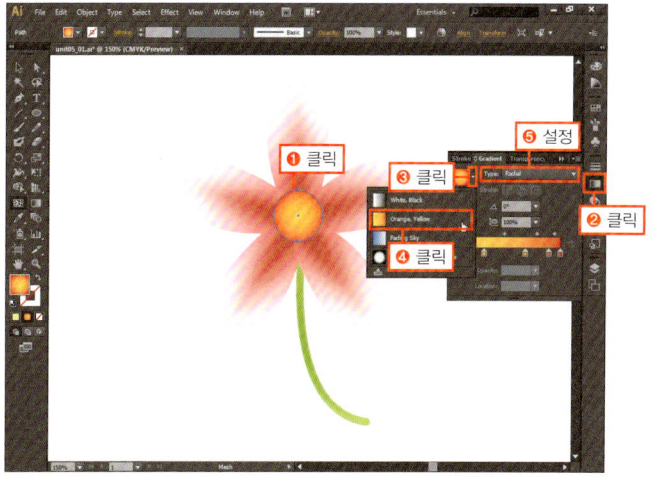

14 그레이디언트 수정

❶ [Reverse Gradient](　)를 클릭한 후 ❷ 가장 왼쪽 색상 정지점을 더블클릭합니다. ❸ [Color] 패널에 'C=12, M=45 Y=95, K=0'을 입력합니다.

15 슬라이더 삭제

❶ 두 번째 색상 정지점을 선택합니다. ❷ [Delete Stop](　)을 클릭하여 삭제합니다.

16 완성

[Mesh Tool](　)을 이용한 꽃 컬러링을 완성했습니다.

◎ 완성 파일 : Chapter03\unit05_01_완성.ai

이번 Chapter에서 학습한 내용을 바탕으로 다음의 실전 문제를 스스로 풀어봅니다.

❶ [Recolor Artwork] 대화상자를 이용하여 오브젝트들의 색상을 한꺼번에 바꿔보세요.

- 예제 파일 : Chapter03\s_unit03_01.ai
- 완성 파일 : Chapter03\s_unit03_01_완성.ai
- 해설 파일 : 해설파일\03_선택한오브젝트들의색상을한꺼번에바꾸기.hwp, pdf

Before

After

① Ctrl+A를 눌러 모든 오브젝트 선택하기 ➡ ② [Color Guide] 패널의 [Edit Colors]() 클릭하기 ➡ ③ [Recolor Artwork] 대화상자에서 색상 그룹 선택 상자를 'Analogous 2'로 설정하기 ➡ ④ [Randomly change color order](🔀)를 여러 번 클릭하여 색상 변경하기

❷ [Pattern Options] 패널을 이용하여 패턴을 만들어보세요.

- 예제 파일 : Chapter03\s_unit03_02.ai
- 완성 파일 : Chapter03\s_unit03_02_완성.ai
- 해설 파일 : 해설파일\03_패턴만들기.hwp, pdf

Before

After

① 300 px, 140 px 크기의 사각형 오브젝트를 만들고 최하위 순서로 변경하기 ➡ ② 사각형 오브젝트와 꽃 오브젝트 동시 선택하기 ➡ ③ [Object]-[Pattern]-[Make] 메뉴 클릭하기 ➡ ④ [Pattern Options] 패널의 [Tile Type]을 'Brick by Row', [Brick Offset]을 '1/3'로 설정하기 ➡ ⑤ Esc 눌러 패턴 만들기 모드 종료하기 ➡ ⑥ 880 px, 660 px 크기의 사각형 오브젝트 만들고 패턴 적용하기

ILLUSTRATOR CS6

오브젝트를 변형하거나 왜곡하는 도구들을 살펴봅니다. [Rotate Tool]과 [Scale Tool]을 이용하면 바운딩 박스를 조절하는 것보다 더욱 정확하게 오브젝트를 변형할 수 있습니다. 또한 오브젝트를 왜곡하거나 [Eraser Tool], [Scissors Tool], [Knife]로 패스를 지우고 자르는 방법도 배워보겠습니다.

오브젝트 변형 및 왜곡

UNIT 01 [Rotate Tool], [Reflect Tool]로 회전 및 반전 효과 주기
UNIT 02 [Scale Tool], [Shear Tool]로 크기와 형태 변경하기
UNIT 03 왜곡 툴로 재미있는 효과 주기
UNIT 04 [Eraser Tool], [Scissors Tool], [Knife]로 지우고 자르기

CHAPTER MAP

UNIT 01 [Rotate Tool], [Reflect Tool]로 회전 및 반전 효과 주기

오브젝트를 회전하거나 반전해야 할 때가 있습니다. [Rotate Tool]은 회전, [Reflect Tool]은 반전을 적용할 때 사용하면 됩니다. 이 두 가지 툴은 반복되는 오브젝트를 생성할 때 자주 사용합니다.

- [Rotate Tool]과 [Reflect Tool] 사용하기
- [Rotate Tool] 이용해 시계 그리기

UNIT 02 [Scale Tool], [Shear Tool]로 크기와 형태 변경하기

앞서 바운딩 박스를 조절하여 오브젝트의 크기를 변경하는 방법에 대해 배웠습니다. [Scale Tool]과 [Shear Tool]을 사용하면 더욱 복잡한 형태의 크기 변경과 모양 변형이 가능합니다. [Scale Tool]과 [Shear Tool]의 사용법을 배우고 예제를 통해 기능을 익혀보겠습니다.

- [Scale Tool]과 [Shear Tool] 사용하기
- [Reshape Tool]로 변형하기

U N I T **왜곡 툴로 재미있는 효과 주기**

[Width Tool] 그룹에는 7개의 왜곡 툴이 있습니다. [Pen Tool]과 [Pencil Tool]로는 작업하기 힘든 효과들이 많아 알아두면 편하게 작업할 수 있습니다. 다양한 왜곡 툴의 사용법을 알아보고 일러스트에 적용해보겠습니다.

● 왜곡 툴 사용해 오브젝트 그리기

U N I T **[Eraser Tool], [Scissors Tool], [Knife]로 지우고 자르기**

[Eraser Tool], [Scissors Tool], [Knife]는 실생활에서 사용하는 것과 큰 차이 없이 패스를 지우고 자를 때 사용합니다. 지우고 오려 내고 다시 그리는 수정의 개념보다 보조 툴로서의 역할이 큽니다. 세 가지 툴에 대해 알아보고 실습을 통해 기능을 익혀보겠습니다.

● [Eraser Tool], [Scissors Tool], [Knife] 사용하기   ● [Eraser Tool], [Scissors Tool], [Knife]로 바다 풍경 그리기

Unit 01

[Rotate Tool], [Reflect Tool]로 회전 및 반전 효과 주기

오브젝트를 회전하거나 반전해야 할 때가 있습니다. [Rotate Tool]은 회전, [Reflect Tool]은 반전을 적용할 때 사용하면 됩니다. 이 두 가지 툴은 반복되는 오브젝트를 생성할 때 자주 사용합니다.

학습 주제
- [Rotate Tool]과 [Reflect Tool] 살펴보기
- [Rotate Tool]과 [Reflect Tool] 적용법 이해하기
- [Rotate Tool]과 [Reflect Tool]을 이용하여 일러스트 완성하기

관련 학습
- [Scale Tool], [Shear Tool]로 크기와 형태 변경하기 : 216쪽

[Rotate Tool]과 [Reflect Tool] 살펴보기

[Rotate Tool](), [Reflect Tool]()의 기능과 간단한 사용법, 옵션 대화상자를 통한 적용 방법에 대해 알아보겠습니다.

● 회전과 반전 효과 미리 살펴보기

• [Rotate Tool]()로 회전하기

중앙 기준점( )을 기준으로 회전한 것을 확인할 수 있습니다.

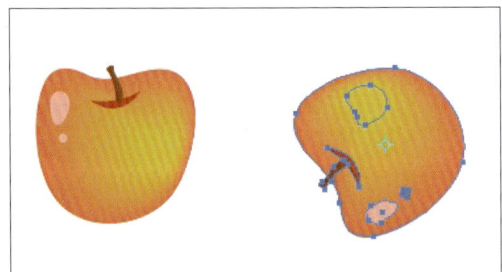

• [Reflect Tool]()로 반전하기

중앙 기준점( )을 기준으로 각각 좌우 반전, 상하 반전된 것을 확인할 수 있습니다.

● [Rotate Tool](　) 적용하기

• 중앙 기준점을 중심으로 드래그하여 회전하기

회전할 오브젝트를 선택합니다. [Tool] 패널에서 [Rotate Tool](　)을 선택하면 오브젝트 중앙에 기준점이 생성됩니다. 아트보드를 클릭한 채 위나 아래 방향으로 드래그합니다. 오브젝트가 중앙의 기준점(　)을 중심으로 회전합니다.

• 지정한 기준점을 중심으로 드래그하여 회전하기

회전할 오브젝트를 선택합니다. [Tool] 패널에서 [Rotate Tool](　)을 선택한 뒤 아트보드의 원하는 지점을 클릭합니다. 기준점(　)이 생긴 것을 확인하고 아트보드를 클릭하여 원하는 방향으로 드래그합니다. 오브젝트가 지정한 기준점을 중심으로 회전합니다.

• 중앙 기준점을 중심으로 입력한 수치만큼 회전하기

회전할 오브젝트를 선택합니다. 오른쪽 클릭한 뒤 [Transform]-[Rotate] 메뉴를 클릭하거나 [Tool] 패널에서 [Rotate Tool](　)을 더블클릭합니다. 옵션 대화상자가 나타납니다. 대화상자에 원하는 수치를 입력하고 옵션을 선택한 후 [OK]를 클릭하면 오브젝트가 중앙 기준점(　)을 중심으로 회전합니다.

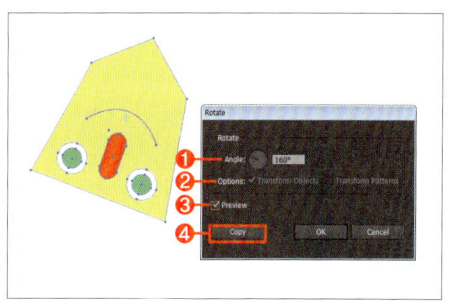

❶ **Angle** : 각도를 입력합니다.
❷ **Options** : Transform Objects-오브젝트를 회전합니다.
　　　　　　　Transform Patterns-오브젝트에 적용된 패턴을 회전합니다.
❸ **Preview** : 설정한 사항을 아트보드에서 미리 봅니다.
❹ **Copy** : 설정한 사항을 복사본으로 만듭니다.

• 지정한 기준점을 중심으로 입력한 수치만큼 회전하기

회전할 오브젝트를 선택합니다. [Tool] 패널에서 [Rotate Tool]( )을 선택한 뒤 Alt 를 누른 채 아트보드의 원하는 지점을 클릭합니다. 대화상자가 나타나면 원하는 수치를 입력하고 옵션을 선택한 후 [OK]를 클릭합니다. 오브젝트가 지정한 기준점을 중심으로 회전합니다.

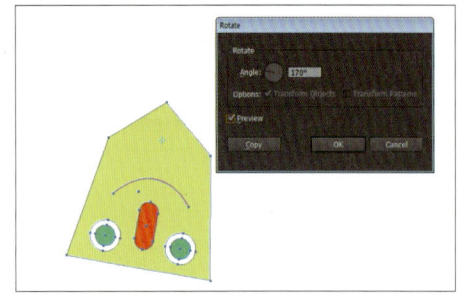

● [Reflect Tool]( ) 적용하기

• 중앙 기준점을 중심으로 드래그하여 반전하기

반전할 오브젝트를 선택합니다. [Tool] 패널에서 [Reflect Tool]( )을 선택하면 오브젝트 중앙에 기준점이 생성됩니다. 아트보드를 클릭한 채 가로나 세로 방향으로 드래그하면 선택한 오브젝트가 중앙의 기준점( )을 중심으로 반전합니다. Shift 를 누른 채 드래그하면 수평 반전, 수직 반전을 실행할 수 있습니다.

• 지정한 기준점을 중심으로 드래그하여 반전하기

반전할 오브젝트를 선택합니다. [Tool] 패널에서 [Reflect Tool]( )을 선택한 후 아트보드의 원하는 지점을 클릭합니다. 오브젝트를 클릭한 채 가로나 세로 방향으로 드래그합니다. 선택한 오브젝트가 지정한 기준점( )을 중심으로 반전합니다. Shift 를 누른 채 드래그하면 수평 또는 수직 반전을 실행할 수 있습니다.

• 중앙 기준점을 중심으로 입력한 수치만큼 반전하기

회전할 오브젝트를 선택합니다. 오른쪽 클릭한 후 [Transform]-[Reflect] 메뉴를 클릭하거나 [Tool] 패널에서 [Reflect Tool]( )을 더블클릭합니다. 옵션 대화상자가 나타납니다. 대화상자에 원하는 수치를 입력하고 옵션을 선택한 후 [OK]를 클릭합니다.

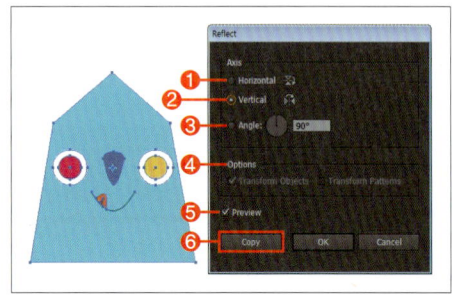

❶ **Horizontal** : 기준점을 중심으로 상하 반전합니다.
❷ **Vertical** : 기준점을 중심으로 좌우 반전합니다.
❸ **Angle** : 설정한 각도로 반전합니다.
❹ **Options** : Transform Objects - 오브젝트를 반전합니다.
　　　　　　　Transform Patterns - 오브젝트에 적용된 패턴을 반전합니다.
❺ **Preview** : 설정한 사항을 아트보드에서 미리 봅니다.
❻ **Copy** : 설정한 사항을 복사본으로 만듭니다.

- **지정한 기준점을 중심으로 입력한 수치만큼 반전하기**

회전할 오브젝트를 선택합니다. [Tool] 패널에서 [Reflect Tool](🔄)을 선택한 후 Alt를 누른 채 아트보드의 원하는 지점을 클릭합니다. 대화상자가 나타나면 원하는 수치를 입력하고 옵션을 선택한 후 [OK]를 클릭합니다. 오브젝트가 지정한 기준점을 중심으로 반전합니다.

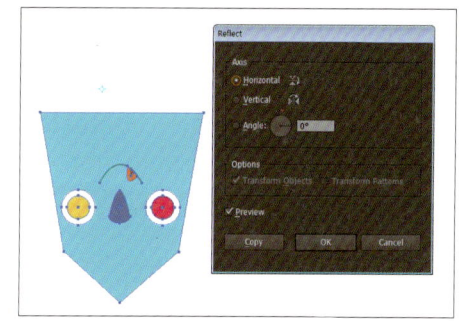

[Rotate Tool]과 [Reflect Tool] 사용하기

실습 예제를 통해 [Rotate Tool](🔄)과 [Reflect Tool](🔄)의 사용법을 익혀보겠습니다.

◎ **예제 파일** : Chapter04\unit01_01.ai

01 예제 파일 실행

❶ 'unit01_01.ai' 파일을 불러옵니다.

02 화면 확대

하트 오브젝트가 잘 보이도록 ❶ Ctrl + Spacebar 를 누른 채 아트보드를 클릭하여 화면 크기를 알맞게 조절합니다.

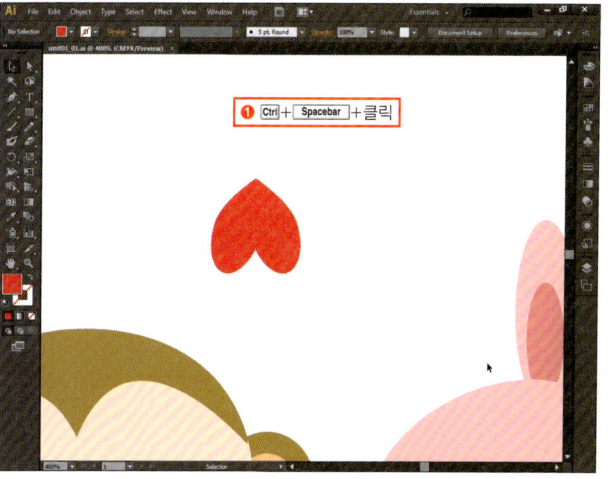

03 방향 회전

❶ 하트 오브젝트를 선택합니다. ❷ [Tool] 패널에서 [Rotate Tool](　)을 더블클릭합니다. ❸ [Angle]에 '210'을 입력하고 ❹ [OK]를 클릭합니다.

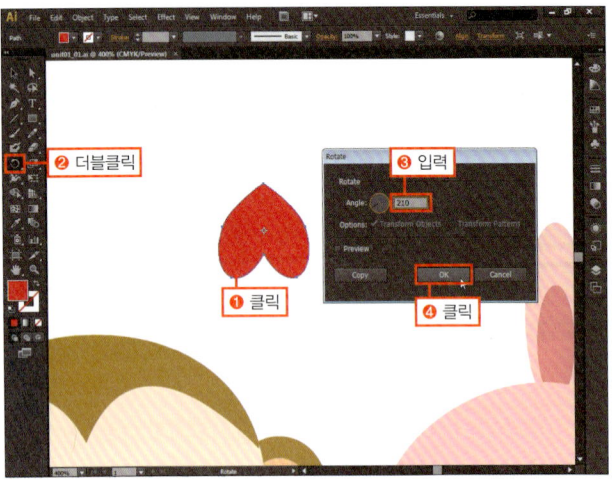

04 반전 복사

❶ [Tool] 패널에서 [Reflect Tool](　)을 선택합니다. ❷ Alt 를 누른 채 하트 오른쪽의 빈 공간을 클릭합니다. [Reflect] 대화상자가 열리면 ❸ [Vertical]을 선택한 뒤 ❹ [Copy]를 클릭합니다.

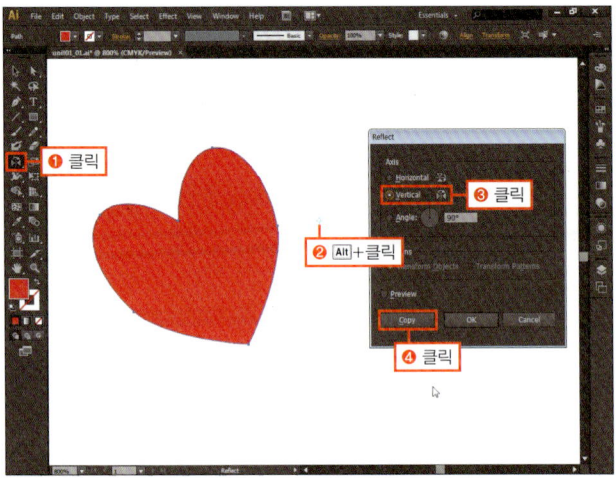

MEMO ● [Preview]를 체크하면 옵션이 적용된 모습을 미리 볼 수 있습니다. 옵션을 다시 수정할 경우에는 수정된 모습이 보이지 않는데, 이때는 [Preview]의 체크를 해제한 후 다시 체크하면 수정된 모습으로 볼 수 있습니다.

05 오브젝트 선택

❶ 일러스트 전체가 보이도록 Ctrl + Alt + Spacebar 를 누른 채 클릭하여 화면 크기를 알맞게 조절합니다. ❷ 원숭이 머리를 선택합니다.

06 방향 회전

❶ [Tool] 패널에서 [Rotate Tool](　)을 선택합니다. ❷ 아트보드를 클릭한 채 드래그하여 원숭이 머리를 약간 회전합니다.

07 토끼 귀 복사

❶ Ctrl 을 누른 채 토끼의 귀를 선택합니다. ❷ [Rotate Tool] ( )로 토끼의 귀 아래쪽을 Alt 를 누른 채 클릭합니다. [Rotate] 대화상자가 열리면 ❸ [Angle]에 '-60'을 입력하고 ❹ [Copy]를 클릭합니다.

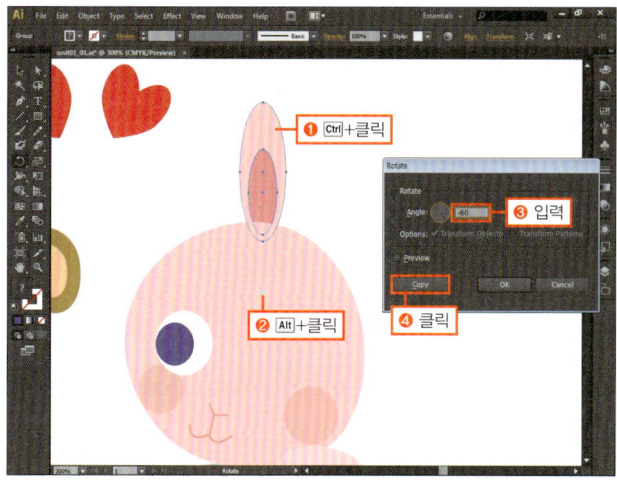

MEMO ● 귀가 원하는 위치에 복사되지 않으면 복사 후 적당한 위치로 직접 이동해도 됩니다.

08 토끼 팔 회전

❶ Ctrl 을 누른 채 토끼의 팔을 클릭합니다. ❷ ⓐ 지점에서 Alt 를 누른 채 클릭합니다. [Rotate] 대화상자가 열리면 ❸ [Angle]에 '-50'을 입력하고 ❹ [OK]를 클릭합니다.

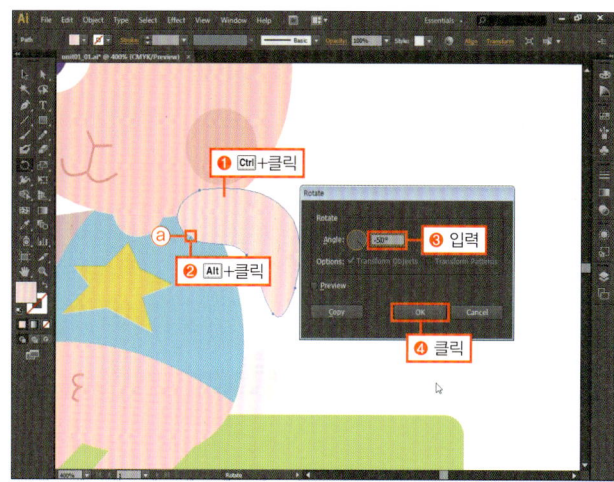

09 토끼 완성

❶ [Tool] 패널에서 [Selection Tool]( )을 선택합니다. ❷ 토끼의 눈을 클릭합니다. ❸ Alt 를 누른 채 오른쪽 빈 공간으로 드래그합니다.

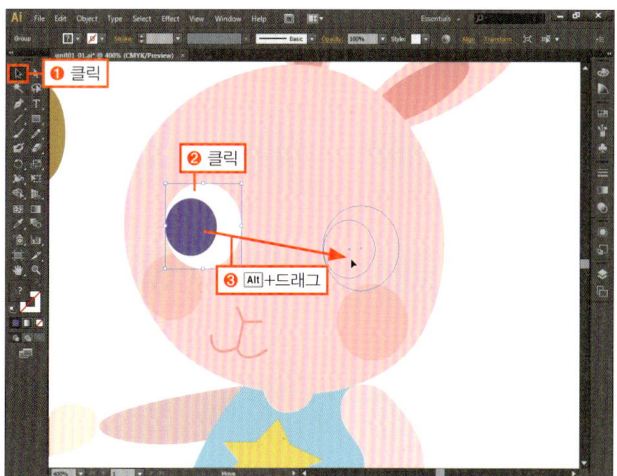

10 바나나 복사

❶ 바나나를 선택합니다. ❷ 오른쪽 클릭하여 ❸ [Transform]-[Reflect] 메뉴를 클릭합니다.

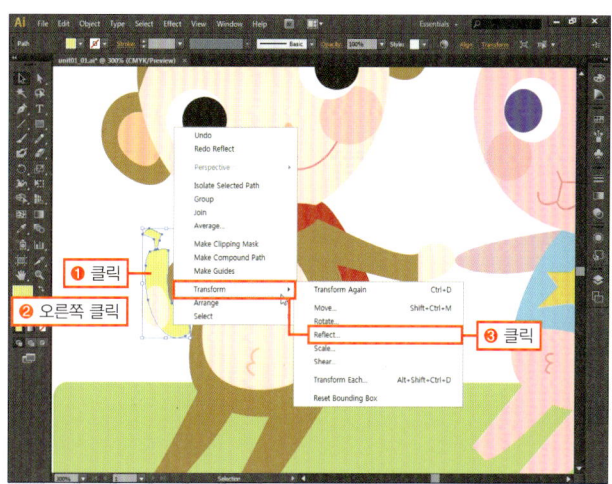

11 바나나 복사

[Reflect] 대화상자가 열리면 ❶[Vertical]을 선택한 후 ❷[Copy]를 클릭합니다.

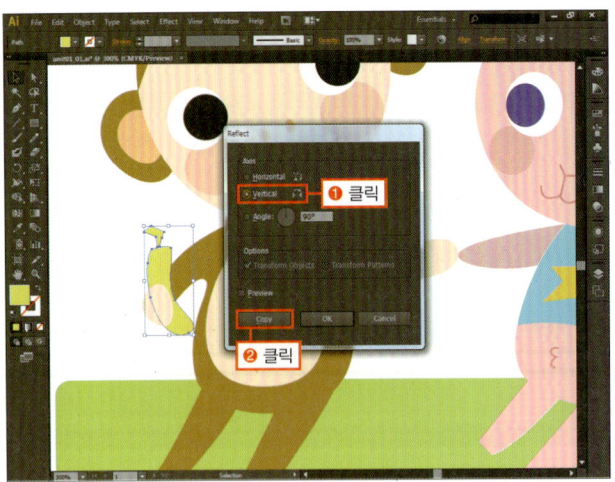

12 바나나 이동

❶복사한 바나나를 클릭한 채 드래그하여 원숭이와 토끼의 손 사이에 놓습니다.

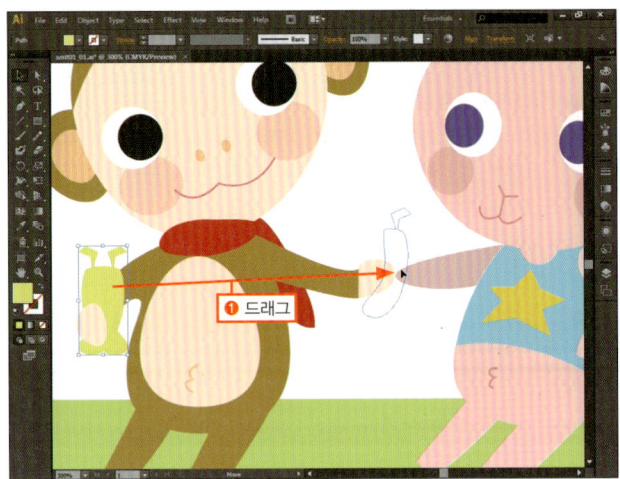

13 완성

예제가 완성되었습니다.

◎ **완성 파일** : Chapter04\unit01_01_완성.ai

[Rotate Tool]을 이용해 시계 그리기

[Rotate Tool]( )을 이용해 간단하게 시계를 그려보겠습니다.

01 새 도큐먼트 실행

❶[File]-[New] 메뉴를 클릭합니다. ❷[Name]에 '시계'를 입력하고 ❸[Size]는 'A4', ❹[Orientation]은 세로 방향을 선택합니다. ❺[OK]를 클릭합니다.

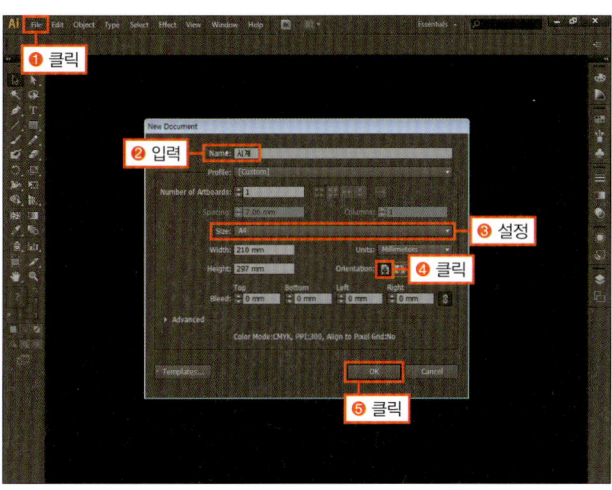

02 중심 드로잉

❶[Ellipse Tool]( )을 선택합니다. ❷ Alt + Shift 를 누른 채 드래그하여 아트보드 중앙에 작은 원을 그립니다.

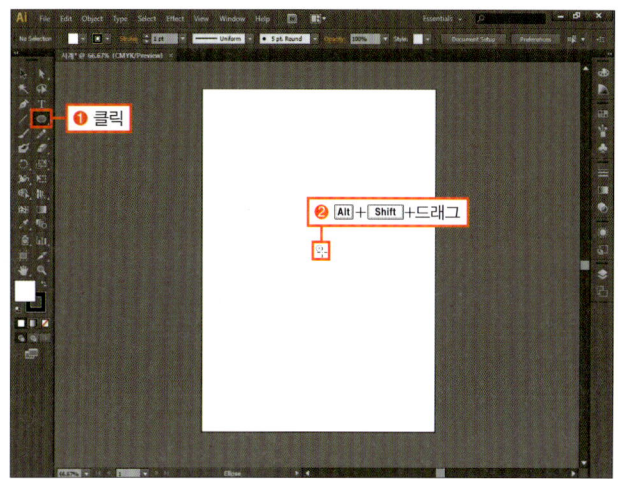

03 글자 입력

❶[Tool] 패널에서 [Type Tool]( )을 선택합니다. ❷아트보드 상단 중앙을 클릭합니다. ❸깜빡이는 커서가 나타나면 '12'를 입력합니다.

04 크기 변경

❶[Tool] 패널에서 [Selection Tool]( )을 선택합니다. ❷바운딩 박스가 나타나면 Shift 를 누른 채 드래그하여 크기를 키웁니다.

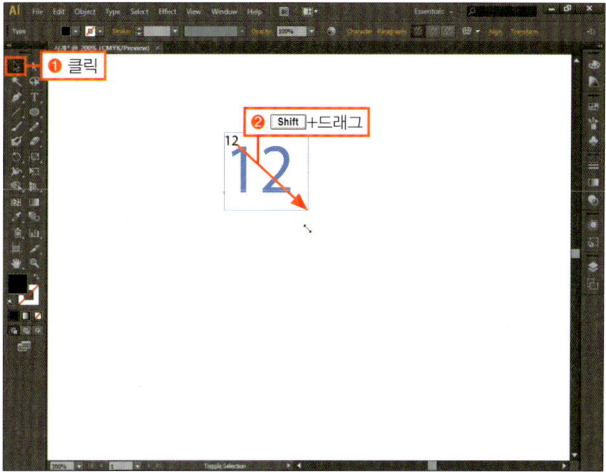

05 정렬

❶ '12'와 중앙의 원을 선택합니다. ❷ 상단의 컨트롤 바에서 [Align]를 클릭하고 ❸[Horizontal Align Center](⬇)를 선택하여 정렬합니다.

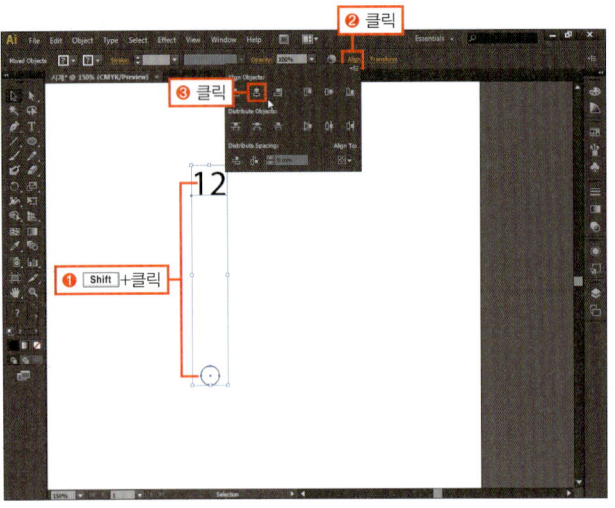

06 회전 복사

❶ '12'만 선택한 뒤 ❷[Rotate Tool](⟲)을 클릭합니다. ❸ 원 중앙에 마우스 포인터를 두고 Alt를 누른 채 클릭합니다. [Rotate] 대화상자가 열리면 ❹[Angle]에 '90'을 입력하고 ❺[Copy]를 클릭합니다.

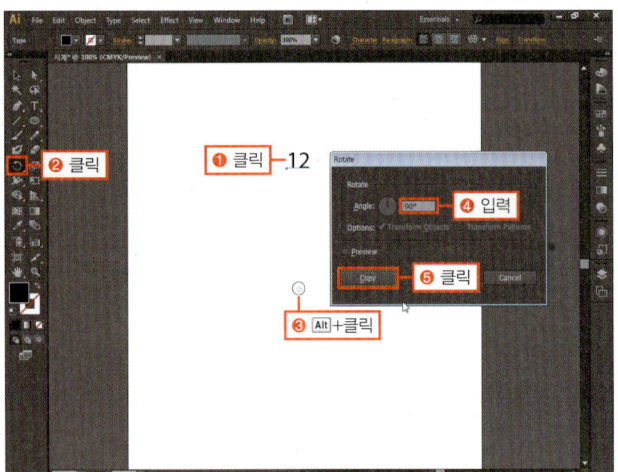

07 복사 반복

❶ Ctrl+D를 2번 누릅니다. 반복 복사가 2번 실행되어 총 4개의 '12'가 나타납니다.

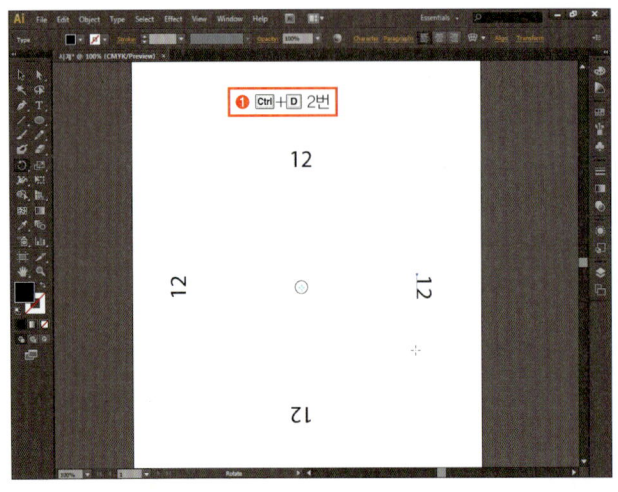

08 오브젝트 회전

❶[Tool] 패널에서 [Selection Tool](▶)을 선택합니다. ❷ 가장 왼쪽의 '12'를 클릭합니다. 바운딩 박스가 나타나면 ❸ Shift를 누른 채 드래그해 회전합니다. 가장 위의 '12'를 제외한 나머지 숫자들도 회전합니다.

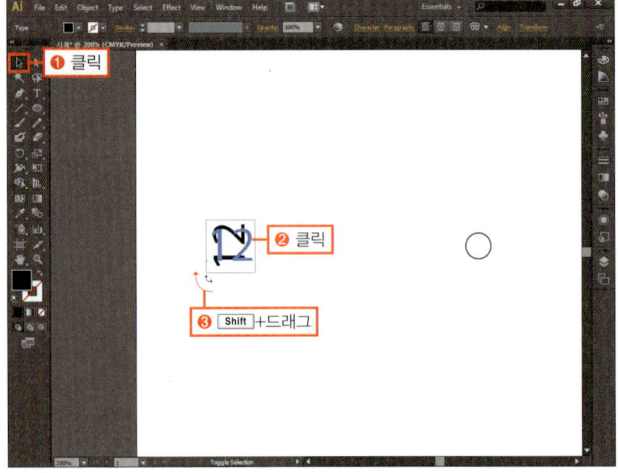

09 숫자 수정

❶ [Type Tool](T)을 선택합니다. ❷ 가장 왼쪽에 있는 '12'로 마우스 포인터를 가져가서 커서 모양이 I로 바뀌면 클릭한 채 왼쪽에서 오른쪽으로 드래그합니다. ❸ '9'를 입력하여 숫자를 바꾸고 나머지 숫자들도 각 위치에 맞게 '6'과 '3'으로 수정합니다.

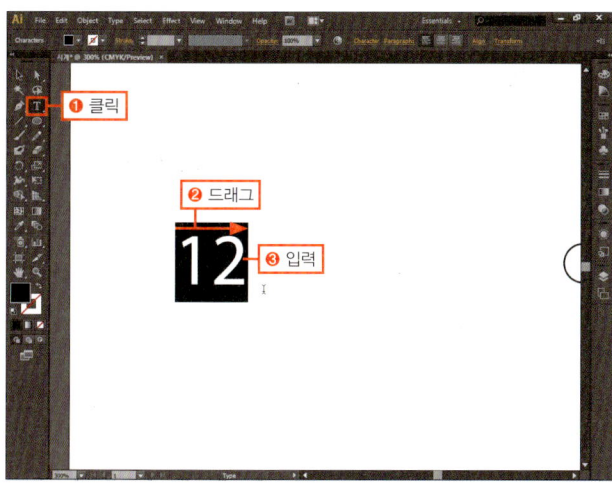

MEMO ● [Selection Tool](▶)이나 [Type Tool](T)을 선택하면 글자 입력 및 수정이 완료됩니다.

10 그룹 생성

❶ [Selection Tool](▶)을 선택합니다. ❷ Shift 를 누른 채 숫자 4개를 선택합니다. ❸ Ctrl+G 를 눌러 그룹으로 만듭니다.

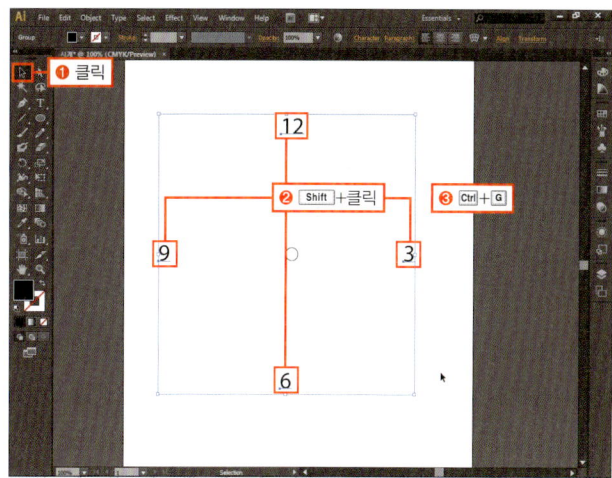

11 테두리 생성

❶ 가운데 원을 선택합니다. ❷ Ctrl+C, Ctrl+B 를 눌러 선택한 원 아래쪽에 복사합니다. ❸ Alt+Shift 를 누른 채 바운딩 박스를 드래그하여 복사한 원의 크기를 키웁니다.

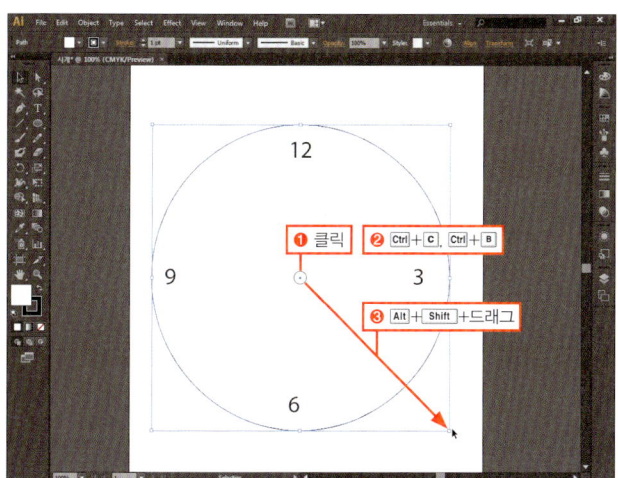

MEMO ● 복사, 붙이기 직후에는 복사된 오브젝트가 선택되어 있습니다.

12 또 다른 테두리 생성

❶ Ctrl+C, Ctrl+B 를 눌러 선택한 원 아래쪽에 다시 복사합니다. ❷ Alt+Shift 를 누른 채 바운딩 박스를 드래그하여 복사한 원의 크기를 살짝 더 키웁니다.

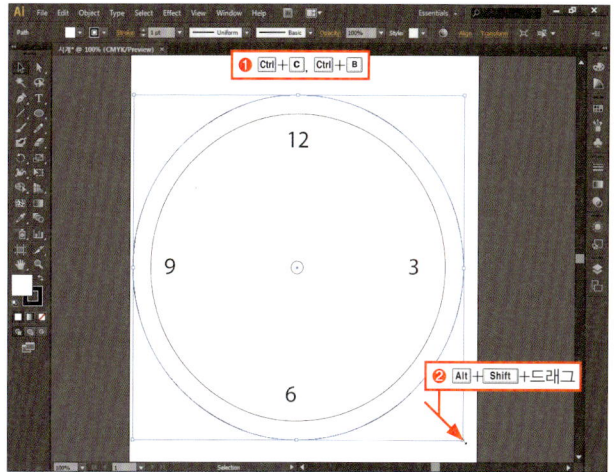

MEMO ● 앞서 만든 원이 클 경우 Ctrl+C, Ctrl+F 를 응용하여 안쪽에 원을 만들 수도 있습니다.

13 중앙 정렬

❶ Ctrl + A 를 눌러 모든 오브젝트를 선택합니다. ❷ 상단의 컨트롤 바에서 [Align]을 클릭한 후 ❸ [Horizontal Align Center](　), [Vertical Align Center](　)를 선택하여 정렬합니다.

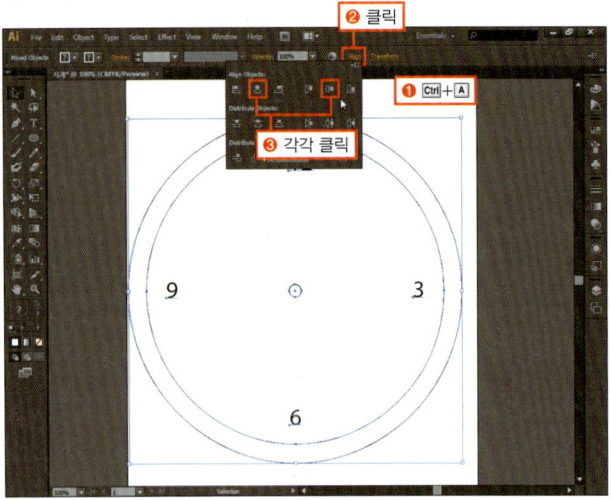

14 시곗바늘 드로잉

❶ [Line Tool](　)을 선택한 후 ❷ 드래그하여 시침과 분침을 그립니다. ❸ [Stroke] 패널에서 ❹ [Weight]를 '15'로 입력하여 시침과 분침의 굵기를 수정한 후 ❺ [Cap]을 [Round Cap]으로 설정합니다.

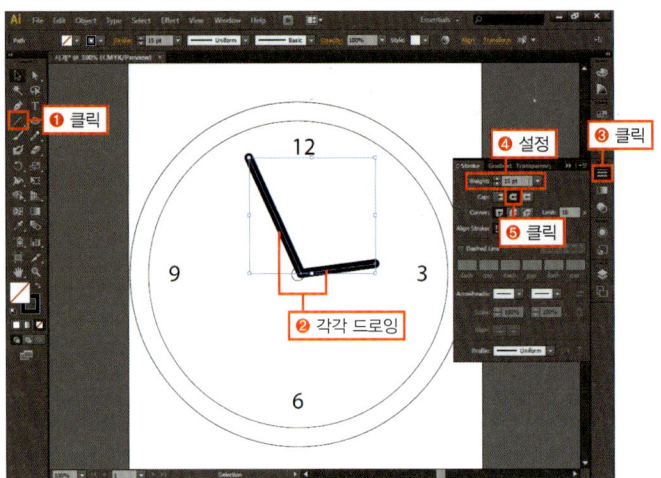

15 시곗바늘 스타일 적용

❶ 분침을 선택합니다. ❷ [Stroke] 패널의 [Arrowheads]에서 원하는 화살표를 선택하고 스케일을 조정하여 적당한 크기로 수정합니다. ❸ 같은 방법으로 시침도 꾸밉니다.

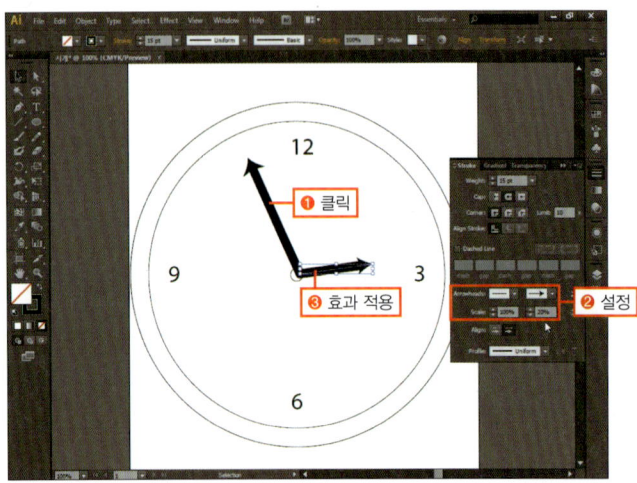

MEMO ● 분침은 [Arrowheads]를 'Arrow 4'로, [Scale]을 '30%'로 설정하였습니다. 시침은 [Arrowheads]를 'Arrow 1'로, [Scale]을 '20%'로 설정하였습니다.

16 배치 순서 교체

❶ 가운데 원을 선택합니다. ❷ Ctrl + Shift +] 를 눌러 맨 앞으로 배치합니다.

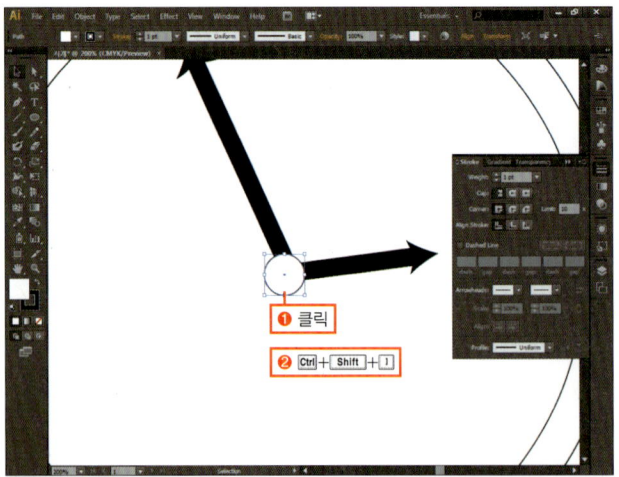

MEMO ● 바늘 크기가 너무 클 경우 Alt + Shift 를 누른 채 드래그하여 가운데 원의 크기를 살짝 변경해도 좋습니다.

TIP 레이어 배치 순서 변경하기

레이어의 배치 순서를 변경하려면 오브젝트를 선택한 후 오른쪽 클릭하여 나타나는 메뉴에서 [Arrange]의 하위 메뉴를 이용합니다. 작업 중 자주 사용하는 메뉴로, 단축키를 외워두면 좋습니다.

❶ Bring to Front(Shift+Ctrl+]) : 오브젝트를 맨 앞으로 불러옵니다.
❷ Bring Forward(Ctrl+]) : 오브젝트를 한 단계 앞으로 불러옵니다.
❸ Send Backward(Ctrl+[) : 오브젝트를 한 단계 뒤로 보냅니다.
❹ Send to Back(Shift+Ctrl+[) : 오브젝트를 맨 뒤로 보냅니다.

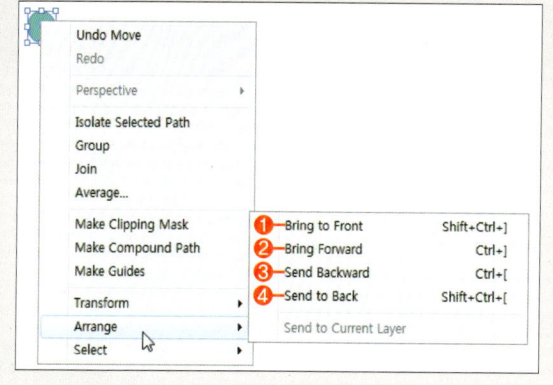

17 마무리

❶ 큰 원의 칠 색을 '#3e3a39', 작은 원의 칠 색을 '#595757'로 설정합니다. 시계 중앙 작은 원의 칠 색과 숫자 오브젝트들의 색상을 '#FFFFFF'로 설정합니다. 이어서 분침과 시침의 칠 색을 'None'으로, 선 색을 '#2ea7e0'으로 설정합니다.

◎ 완성 파일 : Chapter04\시계_완성.ai

MEMO ● 숫자의 크기가 작은 경우 숫자에서 오른쪽 클릭한 후 [Ungroup]을 클릭하여 그룹을 해제하고 각각의 크기를 변경합니다.

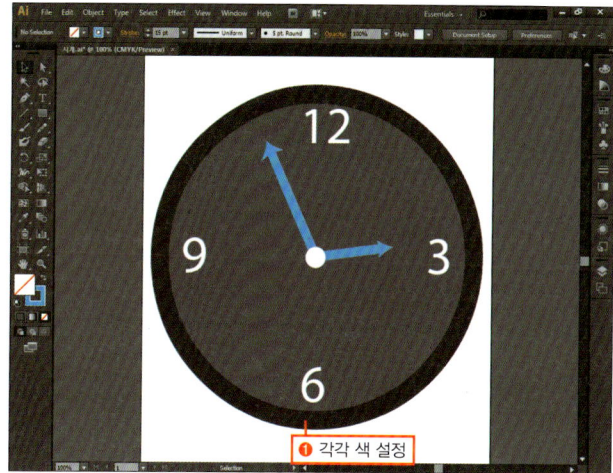

[Align] 패널을 이용해 정렬하기

오브젝트들을 정확한 위치에 정렬해야 할 때에는 [Align] 패널을 이용하여 간단하게 처리할 수 있습니다. 앞서 사용했던 [Align] 패널을 자세하게 살펴보겠습니다.

1 [Align] 패널 살펴보기

[Window]-[Align] 메뉴를 클릭하거나 Shift + F7 을 눌러 패널을 불러옵니다. 정렬하려는 오브젝트들을 선택한 후 사용합니다.

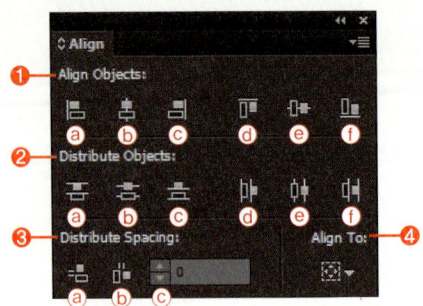

❶ **Align Objects** : 선택한 오브젝트들을 기준으로 정렬합니다.

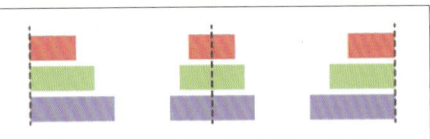

ⓐ Horizontal Align Left : 수평선의 왼쪽을 기준으로 정렬합니다.
ⓑ Horizontal Align Center : 수평선의 가운데를 기준으로 정렬합니다.
ⓒ Horizontal Align Right : 수평선의 오른쪽을 기준으로 정렬합니다.

ⓓ Vertical Align Top : 수직선의 위쪽을 기준으로 정렬합니다.
ⓔ Vertical Align Center : 수직선의 가운데를 기준으로 정렬합니다.
ⓕ Vertical Align Bottom : 수직선의 아래쪽을 기준으로 정렬합니다.

❷ **Distribute Objects** : 선택한 오브젝트들을 균일한 간격으로 정렬합니다.

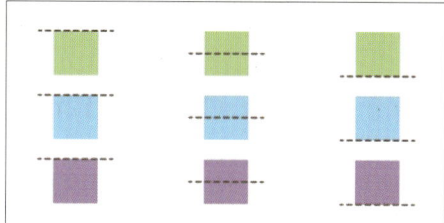

- ⓐ Vertical Distribute Top : 각 오브젝트의 위쪽을 기준으로 간격을 균일하게 정렬합니다.
- ⓑ Vertical Distribute Center : 각 오브젝트의 세로 중앙을 기준으로 간격을 균일하게 정렬합니다.
- ⓒ Vertical Distribute Bottom : 각 오브젝트의 아래쪽을 기준으로 간격을 균일하게 정렬합니다.

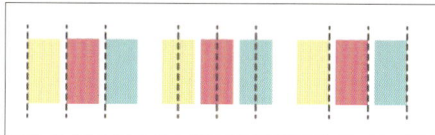

- ⓓ Horizontal Distribute Left : 각 오브젝트의 왼쪽을 기준으로 간격을 균일하게 정렬합니다.
- ⓔ Horizontal Distribute Center : 각 오브젝트의 가로 중앙을 기준으로 간격을 균일하게 정렬합니다.
- ⓕ Horizontal Distribute Right : 각 오브젝트의 오른쪽을 기준으로 간격을 균일하게 정렬합니다.

❸ **Distribute Spacing** : 패널 상단의 ▼를 클릭한 후 [Show Options]을 선택하면 나타나는 메뉴로, 오브젝트 간의 간격을 조절합니다.

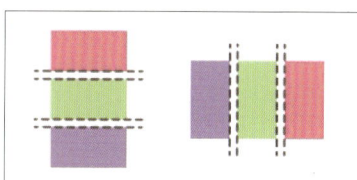

- ⓐ Vertical Distribute Space : 각 오브젝트의 세로 간격을 균일하게 조절합니다.
- ⓑ Horizontal Distribute Space : 각 오브젝트의 가로 간격을 균일하게 조절합니다.
- ⓒ 간격을 조절할 오브젝트를 모두 선택한 후 기준이 되는 오브젝트를 한 번 더 클릭하면 진한 테두리 선으로 표시됩니다(키 오브젝트). 그 후 입력 상자에 원하는 수치를 입력하면 그 수치만큼 간격이 균일하게 조절됩니다. [Align To]가 [Align To Key Object] 상태일 때만 해당됩니다.

❹ **Align To** : 오브젝트를 정렬할 기준을 설정합니다.
- Align To Selection : 선택한 오브젝트들의 가운데 지점을 기준으로 정렬됩니다.
- Align To Key Object : 선택한 오브젝트들 중에서 다시 한 번 클릭하여 기준이 된 키 오브젝트를 기준으로 정렬됩니다.
- Align To Artboard : 아트보드를 기준으로 정렬됩니다.

Unit 02. [Scale Tool], [Shear Tool]로 크기와 형태 변경하기

앞서 바운딩 박스를 조절하여 오브젝트의 크기를 변경하는 방법에 대해 배웠습니다. [Scale Tool]과 [Shear Tool]을 사용하면 더 복잡한 형태로 크기를 변경할 수 있습니다. 또한 평행사변형 모양으로 변형도 가능합니다. [Scale Tool] 과 [Shear Tool]의 사용법을 배우고 예제를 통해 기능을 익혀보겠습니다.

학습 주제
- [Scale Tool]과 [Shear Tool] 살펴보기
- [Scale Tool]과 [Shear Tool] 사용법 이해하기
- [Scale Tool]과 [Shear Tool]을 이용하여 일러스트 완성하기

관련 학습
- 왜곡 툴로 재미있는 효과 주기 : 227쪽

[Scale Tool]과 [Shear Tool] 살펴보기

[Scale Tool]()과 [Shear Tool]()을 적용한 이미지를 살펴보고 사용 방법에 대해 알아보겠습니다.

● **[Scale Tool]과 [Shear Tool] 미리 살펴보기**

• **[Scale Tool]( )로 크기 변경하기**

중앙 기준점(✧)을 중심으로 크기가 변경되는 것을 확인할 수 있습니다.

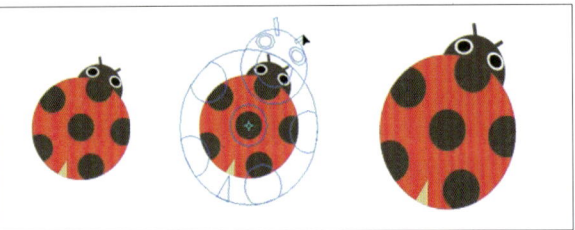

• **[Shear Tool]( )로 형태 변경하기**

중앙 기준점(✧)을 중심으로 평행사변형 형태로 변형되는 것을 확인할 수 있습니다.

● [Scale Tool](📐) 적용하기

사용법은 앞서 배운 [Rotate Tool](🔄)과 비슷합니다.

• 중앙 기준점을 중심으로 드래그하여 크기 변경하기

크기를 변경할 오브젝트를 클릭한 후 [Tool] 패널에서 [Scale Tool](📐)을 선택합니다. 오브젝트 중앙에 기준점이 생성됩니다. 아트보드를 클릭한 채 드래그합니다. 선택한 오브젝트가 중앙의 기준점(✧)을 중심으로 축소·확대됩니다.

• 지정한 기준점을 중심으로 드래그하여 크기 변경하기

크기를 변경할 오브젝트를 클릭한 후 [Tool] 패널에서 [Scale Tool](📐)을 선택하고 아트보드의 원하는 지점을 클릭합니다. 기준점(✧)이 생긴 것을 확인한 후 아트보드를 클릭한 채 드래그합니다. 지정한 기준점을 중심으로 축소·확대되는 것을 확인할 수 있습니다.

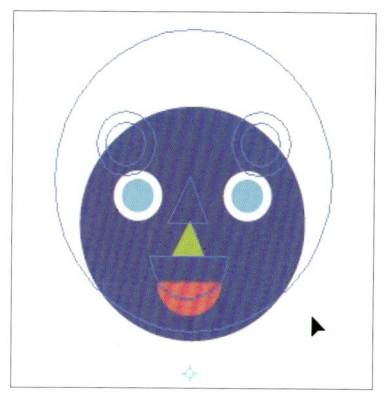

• 중앙 기준점을 중심으로 비율 설정하여 크기 변경하기

크기를 변경할 오브젝트를 선택합니다. 오른쪽 클릭한 후 [Transform]-[Scale] 메뉴를 클릭하거나 [Tool] 패널에서 [Scale Tool](📐)을 더블클릭하면 옵션 대화상자가 나타납니다. 대화상자에 원하는 수치를 입력하고 옵션을 선택한 후 [OK]를 클릭합니다.

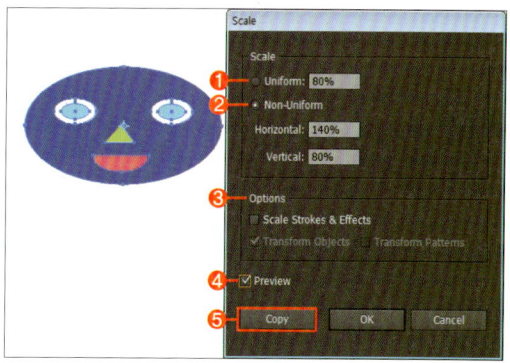

❶ **Uniform** : 입력한 수치만큼 가로세로의 비율이 동일하게 크기가 변경됩니다.

❷ **Non-Uniform** : 수평(Horizontal), 수직(Vertical)에 원하는 수치를 각각 입력하여 크기를 변경합니다.

❸ **Options** : 크기를 변경할 때 적용할 옵션을 설정합니다.

- Scale Stroke & Effects : 선(Stroke)도 비율에 맞춰 함께 변경됩니다.
- Transform Objects : 오브젝트의 크기를 변경합니다.
- Transform Patterns : 오브젝트에 적용된 패턴의 크기를 변경합니다.

❹ Preview : 설정한 사항을 아트보드에서 미리 봅니다.
❺ Copy : 설정한 사항을 복사본으로 만듭니다.

- **지정한 기준점을 중심으로 비율 설정하여 크기 변경하기**

크기를 변경할 오브젝트를 클릭한 후 [Tool] 패널에서 [Scale Tool](　)을 선택합니다. Alt를 누른 채 아트보드의 지점을 클릭합니다. 대화상자에 원하는 수치를 입력하고 옵션을 선택한 후 [OK]를 클릭합니다. 지정한 지점을 중심으로 크기가 변경됩니다.

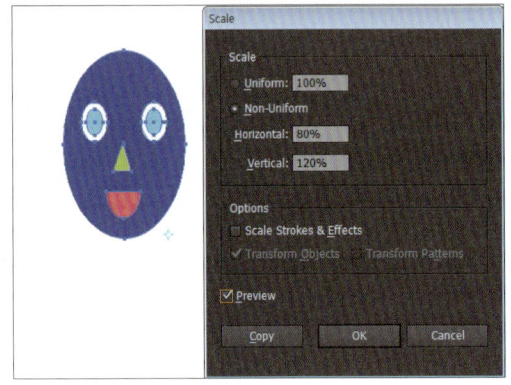

● **[Shear Tool](　) 적용하기**

- **중앙 기준점을 중심으로 드래그하여 형태 변경하기**

형태를 변경할 오브젝트를 클릭한 후 [Tool] 패널에서 [Shear Tool](　)을 선택합니다. 오브젝트 중앙에 기준점이 생성됩니다. 아트보드를 클릭한 채 드래그합니다. 선택한 오브젝트가 중앙의 기준점(　)을 기준으로 변형됩니다. Shift 를 누르고 드래그하면 가로나 세로가 평행인 상태로 변형 가능합니다.

- **지정한 기준점을 중심으로 드래그하여 형태 변경하기**

형태를 변경할 오브젝트를 클릭한 후 [Tool] 패널에서 [Shear Tool](　)을 선택하고 아트보드의 원하는 지점을 클릭합니다. 기준점(　)이 생성되면 아트보드를 클릭한 채 드래그합니다. 오브젝트가 지정한 기준점을 기준으로 변형됩니다.

- **중앙 기준점을 중심으로 비율 설정하여 형태 변경하기**

형태를 변경할 오브젝트를 선택합니다. 오른쪽 클릭한 후 [Transform]-[Shear] 메뉴를 클릭하거나 [Tool] 패널에서 [Shear Tool](📐)을 더블클릭하면 옵션 대화상자가 나타납니다. 대화상자에 원하는 수치를 입력하고 옵션을 선택한 후 [OK]를 클릭합니다.

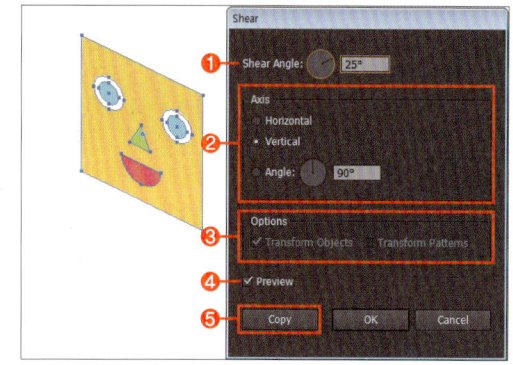

❶ **Shear Angle** : 변형할 각도를 입력합니다.
❷ **Axis** : 기준이 되는 축을 선택합니다.
  - Horizontal : 수평선을 기준으로 합니다.
  - Vertical : 수직선을 기준으로 합니다.
  - Angle : 축의 각도를 설정합니다.
❸ **Options** : 오브젝트를 변형할 때 적용할 옵션을 설정합니다.
  - Transform Objects : 오브젝트를 변형합니다.
  - Transform Patterns : 오브젝트에 적용된 패턴을 변형합니다.
❹ **Preview** : 설정한 사항을 아트보드에서 미리 봅니다.
❺ **Copy** : 설정한 사항을 복사본으로 만듭니다.

- **지정한 기준점을 중심으로 비율 설정하여 형태 변경하기**

형태를 변경할 오브젝트를 클릭한 후 [Tool] 패널에서 [Shear Tool](📐)을 선택합니다. Alt 를 누른 채 아트보드의 원하는 지점을 클릭합니다. 대화상자에 원하는 수치를 입력하고 옵션을 선택한 후 [OK]를 클릭합니다. 지정한 지점을 중심으로 형태가 변경됩니다.

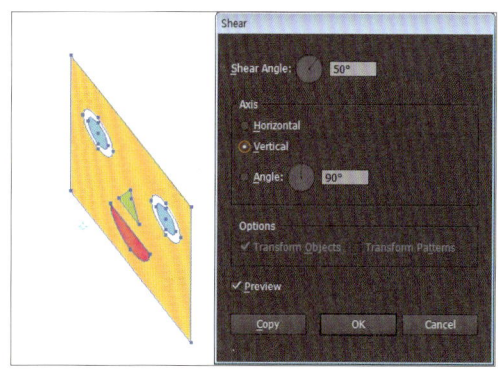

[Scale Tool]과 [Shear Tool] 사용하기

예제를 통해 [Scale Tool]( )과 [Shear Tool]( )의 사용법을 간단하게 연습해보겠습니다.

◉ 예제 파일 : Chapter04\도시남자.ai

01 예제 파일 실행

❶ '도시남자.ai' 파일을 불러옵니다. 실습에 사용하지 않는 오브젝트는 잠긴 상태입니다.

02 화면 확대

❶ Ctrl + Spacebar 를 누른 채 클릭하여 화면 크기를 알맞게 조절합니다.

03 [Scale Tool] 대화상자 실행

❶ 왼손의 커피 오브젝트를 클릭합니다. ❷ [Tool] 패널의 [Scale Tool]( )을 더블클릭하여 [Scale] 대화상자를 불러옵니다.

04 크기 조절

❶ [Uniform]에 '170'을 입력합니다. ❷ [Preview]의 체크 박스를 클릭하여 크기가 변경된 모습을 미리 확인합니다. ❸ [OK]를 클릭합니다.

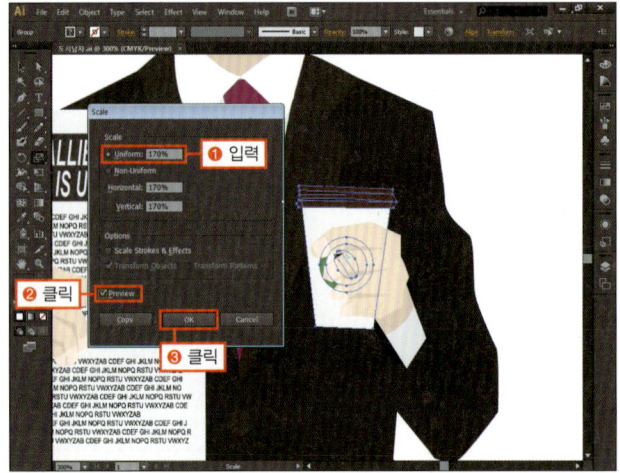

MEMO ● [Preview]가 체크되어 있지만 크기가 변경되지 않을 경우에는 체크를 해제한 후 다시 한 번 클릭합니다.

05 화면 조절

❶ `Alt`+`Ctrl`+`Spacebar`를 누른 채 클릭하여 화면 크기를 줄입니다. ❷ `V`를 눌러 [Selection Tool](🔲) 상태로 돌립니다.

06 [Shear Tool] 선택

❶ 오른손의 신문 오브젝트를 클릭합니다. ❷ [Tool] 패널의 [Scale Tool](🔲)을 길게 눌러 [Shear Tool](🔲)을 선택합니다.

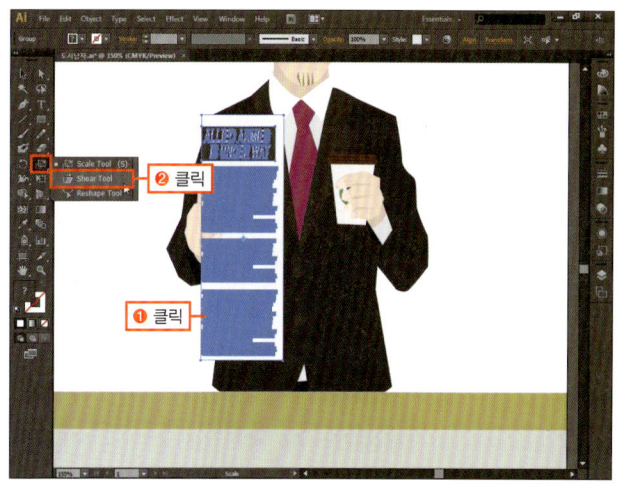

07 오브젝트 변형

❶ 신문 오브젝트를 클릭한 채 오른쪽으로 살짝 드래그하여 평행사변형 형태로 만듭니다. 신문이 손 밖으로 나올 경우 [Selection Tool](🔲)로 신문을 드래그하여 적당한 위치로 이동합니다.

08 화면 조절

❶ `Spacebar`를 누른 채 아트보드를 드래그하여 상단의 공간을 남긴 채 남자의 얼굴이 잘 보이도록 위치를 조절합니다. ❷ `V`를 눌러 [Selection Tool](🔲)을 활성화합니다.

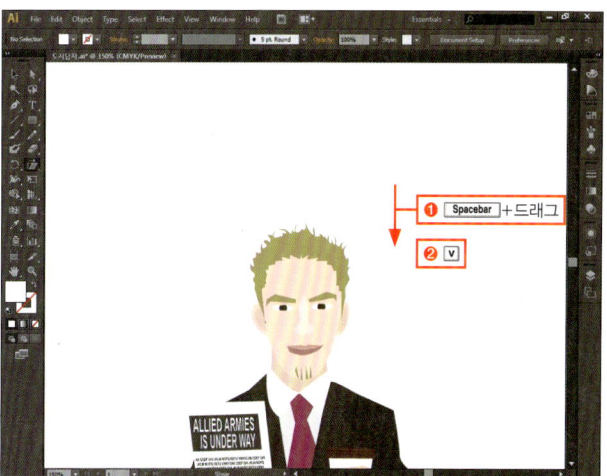

MEMO ● `Shift`를 누르고 오른쪽으로 드래그하면 가로선이 수평인 채로 변형 가능합니다.

09 얼굴 선택

❶얼굴 오브젝트를 선택합니다. ❷[Scale Tool](아이콘)을 선택합니다.

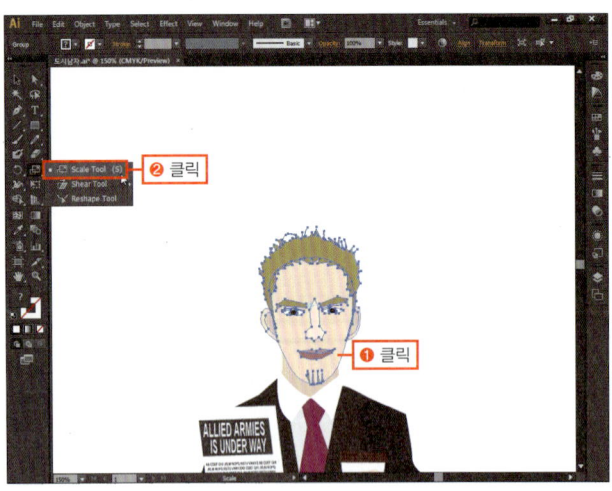

MEMO ● 단축키 S를 눌러도 [Scale Tool](아이콘)이 선택됩니다.

10 기준점 이동

기준점이 얼굴 오브젝트의 중앙에 있는 것을 확인할 수 있습니다. ❶목의 중간 지점을 클릭하여 기준점(✦)을 이동합니다.

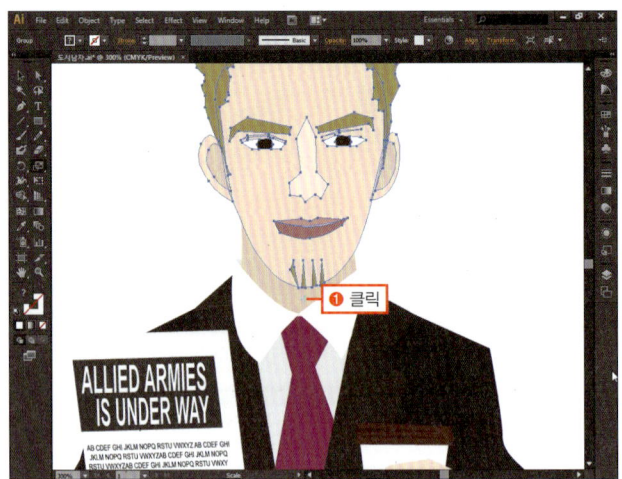

11 크기 변경

❶ Shift 를 누른 채 위쪽으로 드래그하여 머리 크기를 키웁니다. 목의 기준점을 기준으로 머리 오브젝트가 커지는 것을 확인할 수 있습니다.

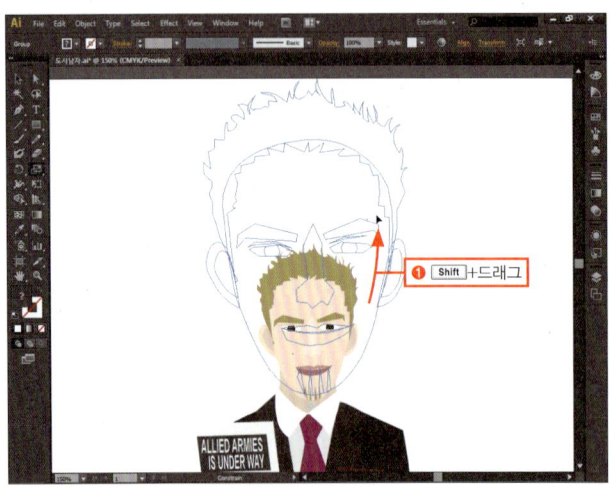

12 완성

예제가 완성되었습니다.

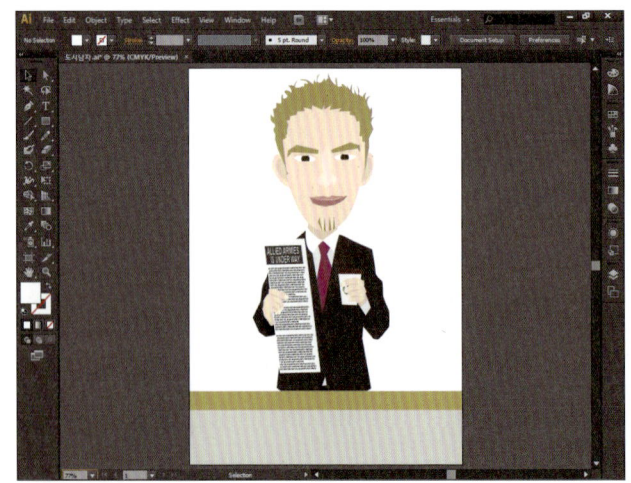

● 완성 파일 : Chapter04\도시남자_완성.ai

[Reshape Tool]로 변형하기

[Scale Tool](□)의 그룹을 보면 [Reshape Tool](□)이 있습니다. [Reshape Tool](□) 또한 변형 툴로, [Direct Selection Tool](□)과 비슷한 용도로 사용됩니다. 실습을 통해 [Reshape Tool](□)에 대해 알아봅니다.

예제 파일 : Chapter04\Reshape.ai

1 예제 파일 실행

❶ 'Reshape.ai' 파일을 불러옵니다. 실습에 사용하지 않는 오브젝트는 잠긴 상태입니다.

2 화면 조절

❶ Ctrl + Spacebar 를 누른 채 클릭하여 고슴도치가 잘 보이도록 화면을 확대합니다.

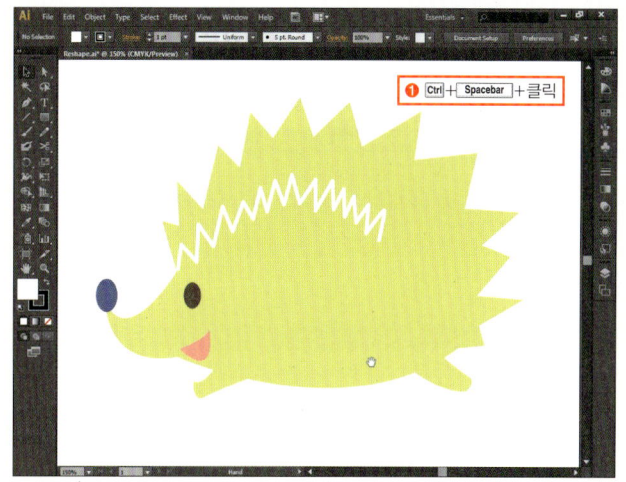

3 [Reshape Tool] 선택

❶ 고슴도치 몸통의 하얀 패스를 선택합니다. ❷ [Tool] 패널의 [Scale Tool](□)을 길게 눌러 [Reshape Tool](□)을 선택합니다.

4 기준점 선택

❶ 선택한 패스에서 가장 오른쪽의 두 기준점을 선택합니다.

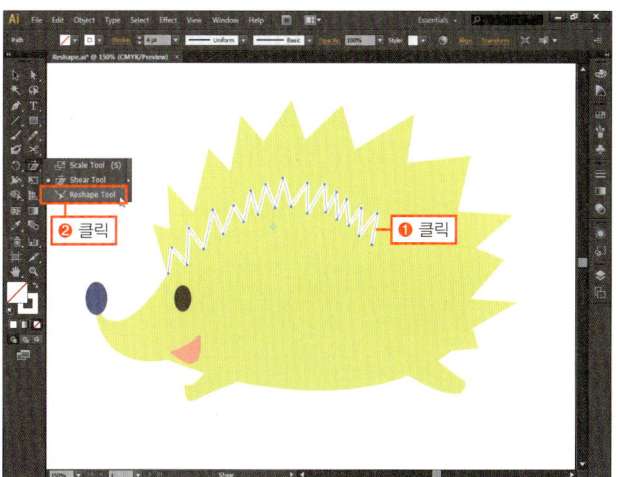
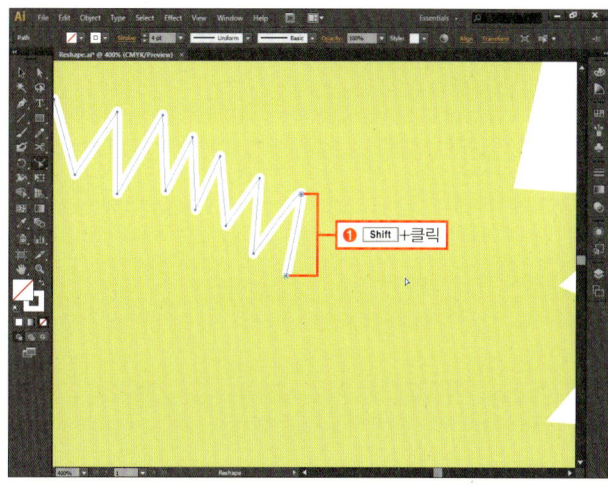

5 패스 변형

❶ 가장 오른쪽 기준점을 클릭한 뒤 다음과 같이 드래그합니다. 오른쪽의 두 기준점을 따라 나머지 기준점들도 변형되는 것을 확인할 수 있습니다.

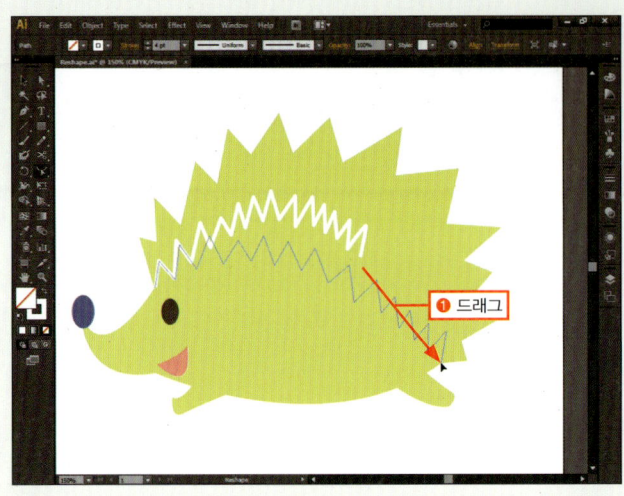

TIP [Reshape Tool]로 열린 패스 늘리기

위와 같이 [Reshape Tool](▶)을 이용해 열린 패스를 늘릴 경우 원하는 부분의 기준점만 선택할 수 있습니다.

- 모든 기준점을 선택한 후 [Reshape Tool](▶)을 사용하면 전체적으로 변형이 일어납니다.

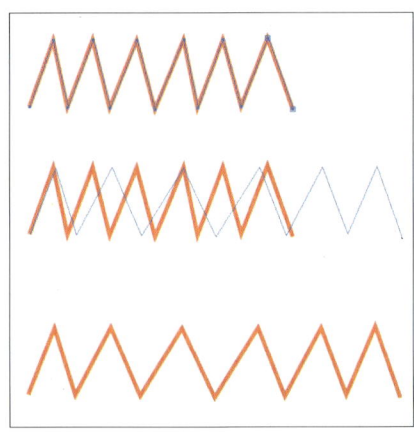

- [Direct Selection Tool](▶)로 원하는 부분의 기준점을 선택한 후 [Reshape Tool](▶)을 사용하면 선택한 부분에서만 변형이 일어납니다.

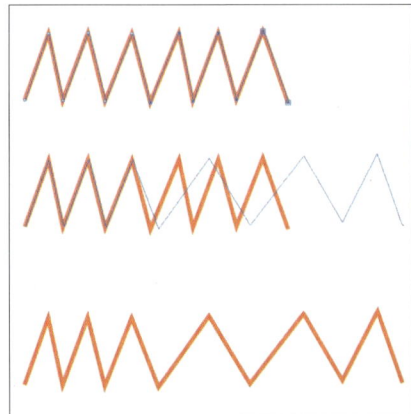

6 화면 조절

① `Spacebar`를 누른 채 드래그하여 아래쪽의 파란색 돼지가 잘 보이도록 이동합니다. ② `V`를 눌러 [Selection Tool]( )을 활성화합니다.

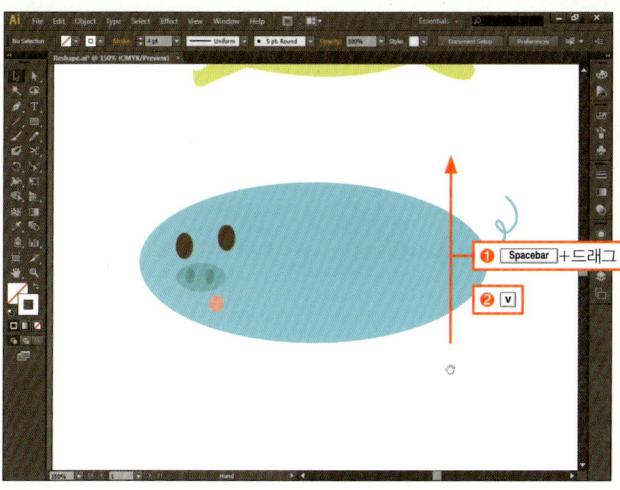

7 기준점 추가

[Reshape Tool]( )도 [Add Anchor Point Tool]( )처럼 기준점을 늘리는 것이 가능합니다. ①돼지 몸통 오브젝트를 선택합니다. ②[Reshape Tool]( )로 ③세그먼트 위의 Ⓐ, Ⓑ 지점을 클릭해 같은 간격으로 각각 3개의 기준점을 만듭니다.

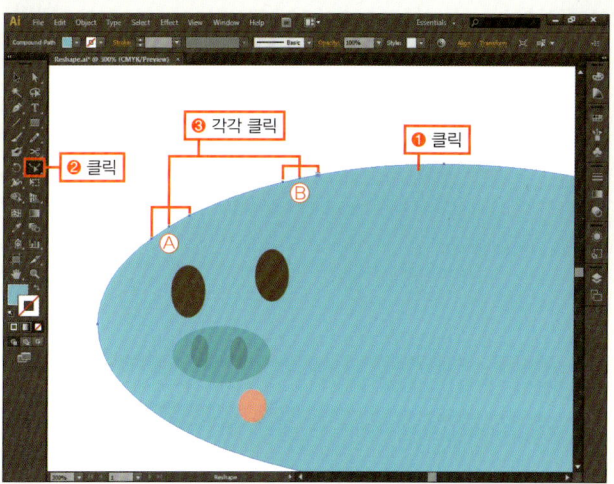

8 돼지 귀 생성

① `A`를 눌러 [Direct Selection Tool]( )을 선택합니다. ②Ⓐ 지점의 가운데 기준점을 선택한 채 위로 드래그하여 돼지 귀를 만듭니다. 같은 방법으로 Ⓑ 지점에도 귀를 만듭니다.

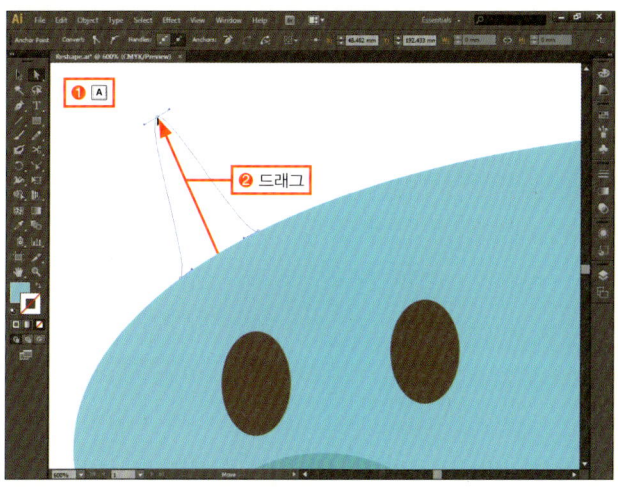

9 기준점 추가

①[Reshape Tool]( )을 선택하여 ②다음과 같이 몸통의 왼쪽 하단에 기준점 4개를 추가합니다. ③[Direct Selection Tool]( )로 ④가운데 2개의 기준점을 선택합니다.

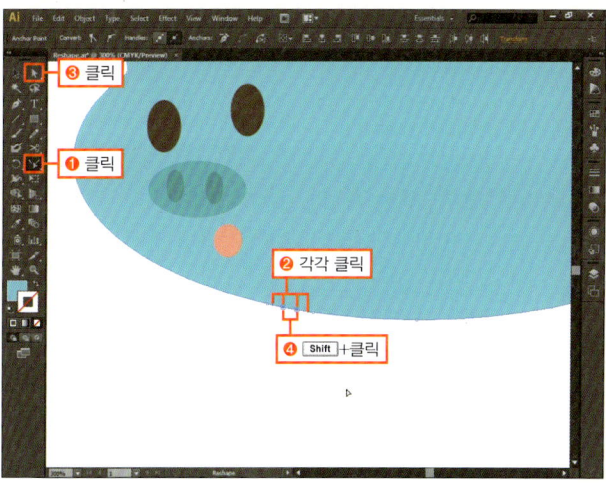

10 다리 추가

❶ 같은 방법으로 다리를 3개 더 추가합니다.

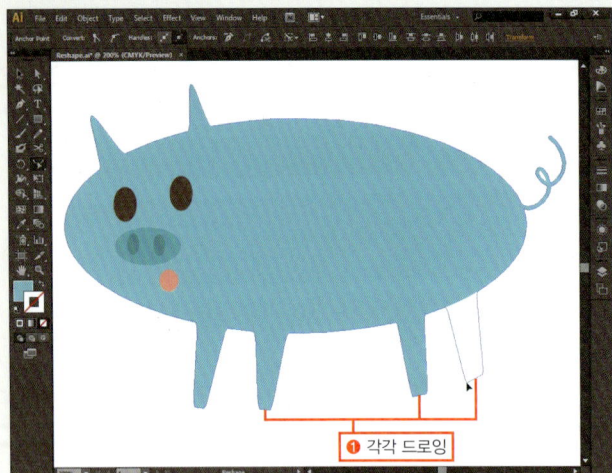

❶ 각각 드로잉

11 완성

예제가 완성되었습니다.

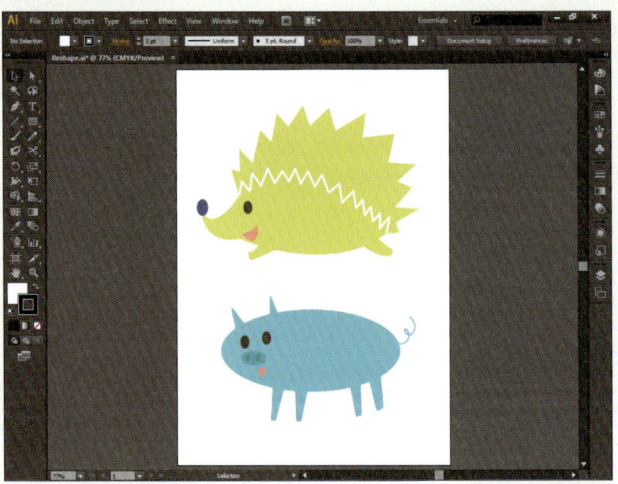

◎ 완성 파일 : Chapter04\Reshape_완성.ai

Unit 03 왜곡 툴로 재미있는 효과 주기

[Width Tool] 그룹에는 7개의 왜곡 툴이 있습니다. [Pen Tool]과 [Pencil Tool]로는 작업하기 힘든 효과들이 많아 알아두면 편하게 작업할 수 있습니다. 다양한 왜곡 툴의 사용법을 알아보고 일러스트에 적용해보겠습니다.

학습 주제
- 왜곡 툴 효과 살펴보기
- 왜곡 툴 사용하여 오브젝트 그리기

관련 학습
- 반복되는 재미가 있는 패턴 채우기 : 151쪽

왜곡 툴의 효과 이해하기

왜곡 툴에는 [Warp Tool](), [Twirl Tool](), [Pucker Tool](), [Bloat Tool](), [Scallop Tool](), [Crystallize Tool](), [Wrinkle Tool]()이 있습니다. 각 툴의 효과를 살펴보겠습니다.

● **왜곡 툴의 효과 살펴보기**

[Width Tool]()을 길게 클릭하면 7개의 왜곡 툴 목록이 나타납니다.

❶ **[Warp Tool]()** : 'Warp'는 '휘다, 비뚤어지게 하다'라는 뜻으로, 오브젝트 위에 사용하면 브러시의 움직임에 따라 모양이 늘어지고 휘게 됩니다. [Warp Tool]()을 더블클릭하면 옵션창이 나타납니다.

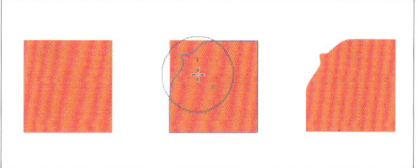

ⓐ Width : 브러시의 가로 크기를 설정합니다.
ⓑ Height : 브러시의 세로 크기를 설정합니다.
ⓒ Angle : 브러시의 각도를 설정합니다.
ⓓ Intensity : 브러시의 강도를 설정합니다. 수치가 높을수록 변화의 폭이 큽니다.
ⓔ Use Pressure Pen : 태블릿이나 압력 감지 펜 등을 사용할 때 체크합니다.

MEMO ● ⓐ~ⓔ 항목은 다른 왜곡 툴과 동일합니다.

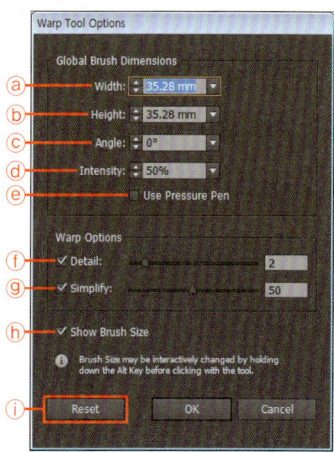

ⓕ Detail : 수치가 높을수록 효과가 세밀하게 나타납니다.
ⓖ Simplify : 수치가 높을수록 효과가 단순하게 적용됩니다.
ⓗ Show Brush Size : 체크하면 아트보드에 지정한 크기의 브러시 모양 커서가 보입니다.
ⓘ Reset : 옵션을 기본 수치로 되돌립니다.

❷ [Twirl Tool](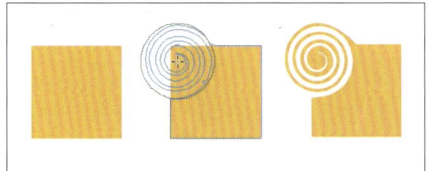) : 'Twirl'은 '빙글빙글 돌다'라는 뜻으로, 오브젝트에 브러시를 올리고 클릭하면 회오리 모양으로 변형됩니다. [Twirl Tool](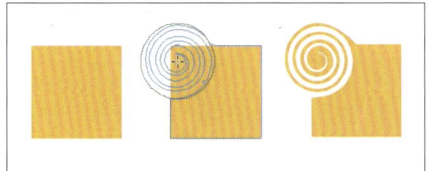)을 더블클릭하면 옵션창이 나타납니다.

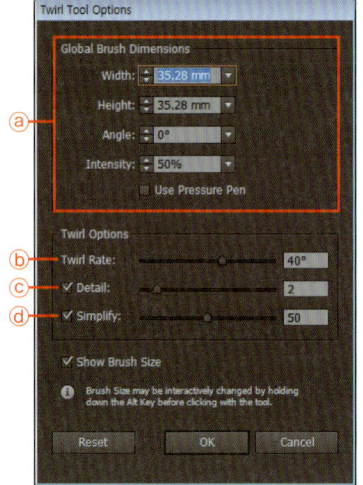

ⓐ Global Brush Dimensions : 브러시의 크기, 각도, 강도를 설정합니다.
ⓑ Twirl Rate : 속도와 방향을 설정합니다. 수치가 높을수록 변화 속도가 빠르며 '-' 값은 시계 방향, '+' 값은 반시계 방향으로 변화합니다.
ⓒ Detail : 수치가 높을수록 효과가 세밀하게 나타납니다.
ⓓ Simplify : 수치가 높을수록 모양이 변하지 않는 가운데 원의 크기가 커집니다.

❸ [Pucker Tool]() : 클릭, 드래그하여 브러시가 지나가는 곳으로 패스들이 모여듭니다. [Pucker Tool]()을 더블클릭하면 옵션창이 나타납니다.

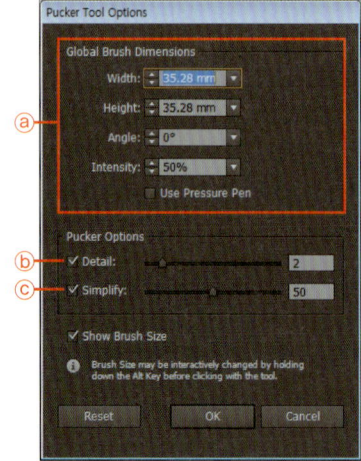

ⓐ Global Brush Dimensions : 브러시의 크기, 각도, 강도를 설정합니다.
ⓑ Detail : 수치가 높을수록 효과가 세밀하게 나타납니다.
ⓒ Simplify : 수치가 높을수록 효과가 단순하게 적용됩니다. 큰 차이는 없습니다.

❹ [Bloat Tool](): 클릭, 드래그하여 브러시가 지나가는 곳은 최대 브러시 크기만큼 팽창합니다.

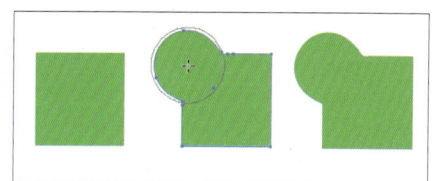

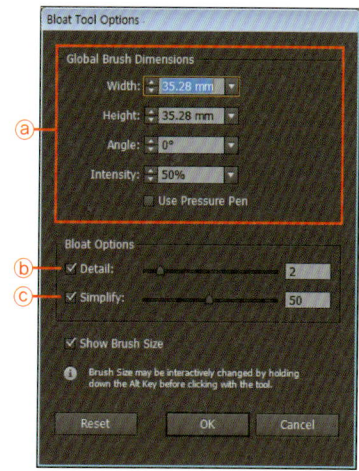

ⓐ Global Brush Dimensions : 브러시의 크기, 각도, 강도를 설정합니다.
ⓑ Detail : 수치가 높을수록 효과가 세밀하게 나타납니다.
ⓒ Simplify : 수치가 높을수록 효과가 단순하게 적용됩니다. 큰 차이는 없습니다.

❺ [Scallop Tool](): 조개껍질 모양의 효과를 주는 툴입니다. 클릭하면 브러시 중앙을 기점으로 패스가 말려들면서 다음과 같은 효과가 나타납니다.

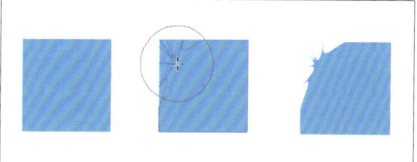

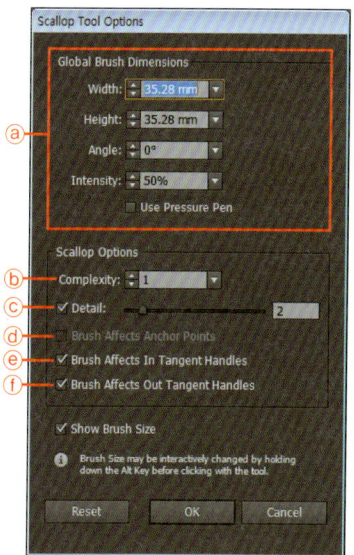

ⓐ Global Brush Dimensions : 브러시의 크기, 각도, 강도를 설정합니다.
ⓑ Complexity : 수치가 높을수록 더 복잡한 형태로 변형됩니다.
ⓒ Detail : 수치가 높을수록 효과가 세밀하게 나타납니다.
ⓓ Brush Affects Anchor Points : 체크하면 브러시 범위 내의 고정점도 변형됩니다. 체크 해제 시 고정점은 변형되지 않으며 고정점 내의 세그먼트만 변형됩니다.
ⓔ Brush Affects In Tangent Handles : 브러시가 기준점 안쪽으로 영향을 줍니다.
ⓕ Brush Affects Out Tangent Handles : 브러시가 기준점 바깥쪽으로 영향을 줍니다.

❻ [Crystallize Tool](📷) : 결정체 모양의 효과를 주는 툴입니다. 클릭하면 브러시 중앙을 기점으로 세그먼트들이 퍼지며 효과가 나타납니다.

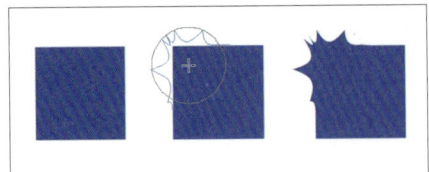

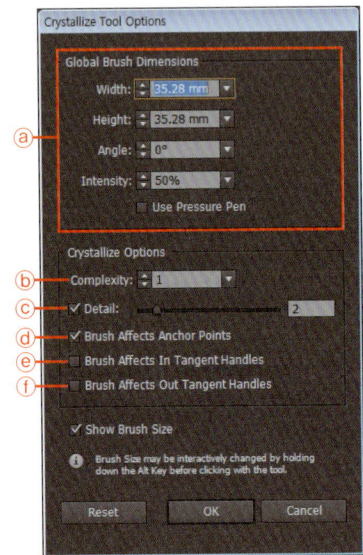

ⓐ Global Brush Dimensions : 브러시의 크기, 각도, 강도를 설정합니다.
ⓑ Complexity : 수치가 높을수록 더 복잡한 형태로 변형됩니다.
ⓒ Detail : 수치가 높을수록 효과가 세밀하게 나타납니다.
ⓓ Brush Affects Anchor Points : 체크하면 브러시 범위 내의 고정점도 변형됩니다. 체크 해제 시 고정점은 변형되지 않으며 고정점 내의 세그먼트만 변형됩니다.
ⓔ Brush Affects In Tangent Handles : 브러시가 기준점 안쪽으로 영향을 줍니다.
ⓕ Brush Affects Out Tangent Handles : 브러시가 기준점 바깥쪽으로 영향을 줍니다.

❼ [Wrinkle Tool](📷) : 클릭하면 해당 세그먼트가 울퉁불퉁해지며 불규칙적인 주름 효과를 줄 수 있습니다.

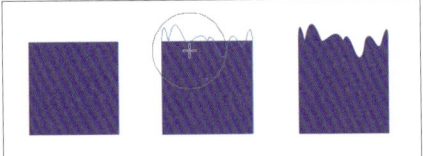

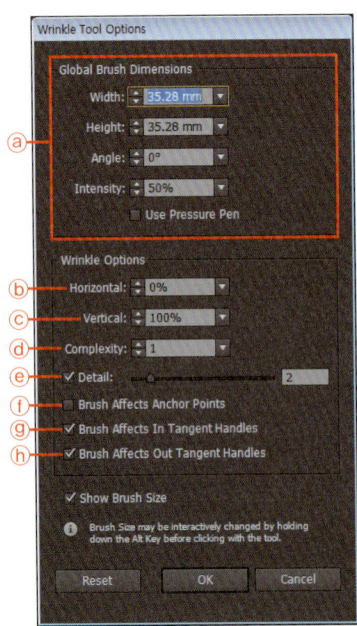

ⓐ Global Brush Dimensions : 브러시의 크기, 각도, 강도를 설정합니다.
ⓑ Horizontal : 수평 방향 주름의 수치를 설정합니다.
ⓒ Vertical : 수직 방향 주름의 수치를 설정합니다.
ⓓ Complexity : 수치가 높을수록 더 복잡한 형태로 변형됩니다.
ⓔ Detail : 수치가 높을수록 효과가 세밀하게 나타납니다.
ⓕ Brush Affects Anchor Points : 체크하면 브러시 범위 내의 고정점도 변형됩니다. 체크 해제 시 고정점은 변형되지 않으며 고정점 내의 세그먼트만 변형됩니다.
ⓖ Brush Affects In Tangent Handles : 브러시가 기준점 안쪽으로 영향을 줍니다.
ⓗ Brush Affects Out Tangent Handles : 브러시가 기준점 바깥쪽으로 영향을 줍니다.

왜곡 툴 사용해 오브젝트 그리기

패턴이 들어가 있는 나무 일러스트를 그리면서 왜곡 툴 사용법을 익혀보겠습니다.

01 새 도큐먼트 실행

❶ [File]-[New] 메뉴를 클릭합니다. ❷ [Name]에 '패턴나무'를 입력하고 ❸ [Size]는 'A4', ❹ [Orientation]은 가로 방향을 선택합니다. ❺ [OK]를 클릭합니다.

02 패턴 생성 모드 실행

❶ [Object]-[Pattern]-[Make] 메뉴를 클릭합니다.

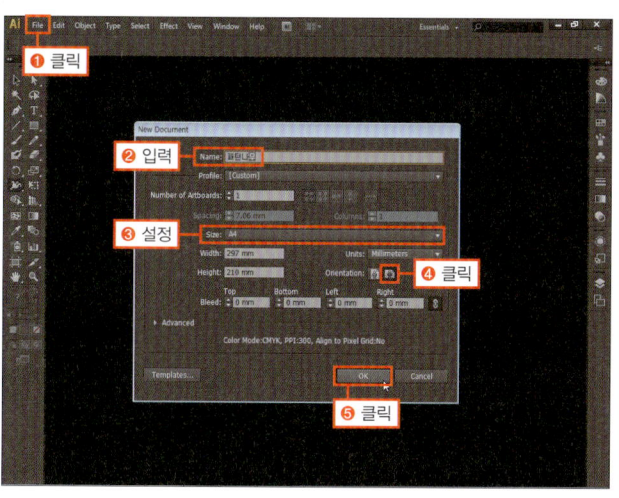
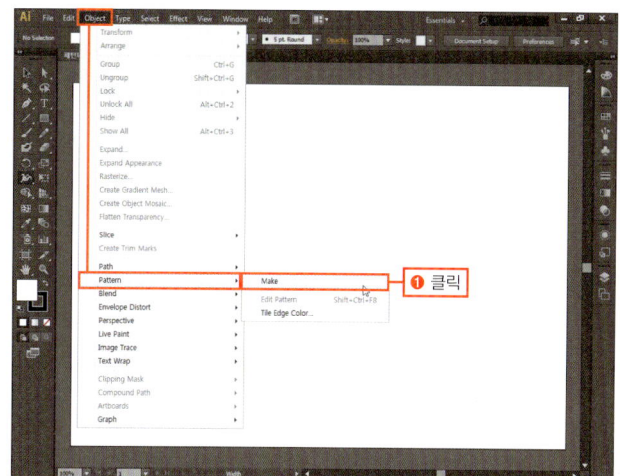

03 원 드로잉

❶ [Ellipse Tool](◯)을 선택합니다. ❷ 파란 사각형의 타일 안쪽에 Alt + Shift 를 누른 채 드래그하여 정원을 그립니다. ❸ [Move Tile with Art]를 체크 해제합니다.

04 복사, 크기 수정

❶ 원이 선택된 상태로 [Scale Tool](▦)을 더블클릭하여 옵션 대화창을 엽니다. ❷ [Uniform]에 '60'을 입력하고 ❸ [Copy]를 클릭합니다. ❹ 다시 한 번 [Scale Tool](▦)을 더블클릭하여 옵션 대화창을 열고 ❺ [Uniform]에 '40'을 입력한 후 ❻ [Copy]를 클릭합니다.

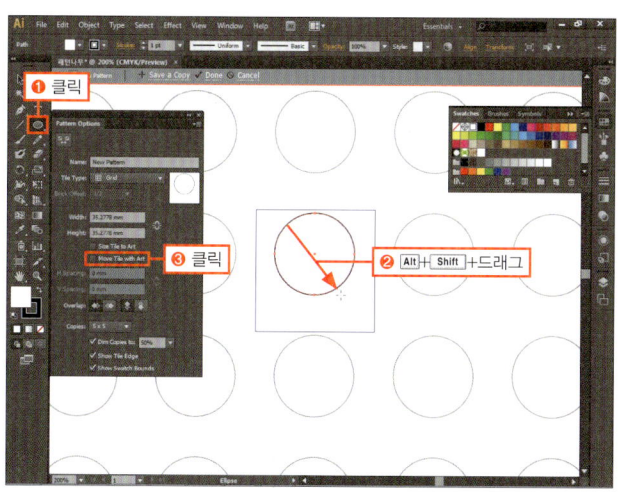
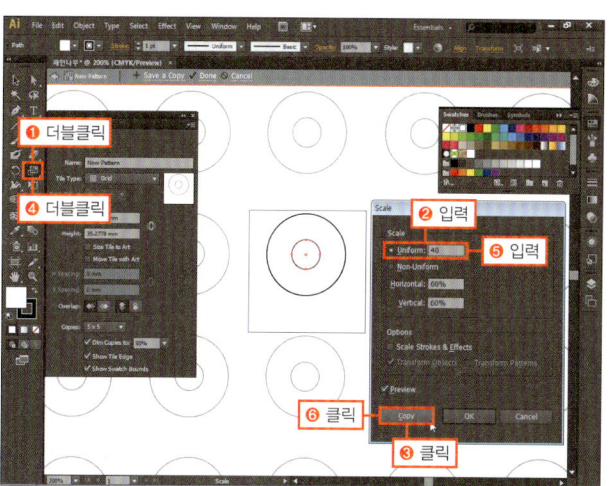

05 색상 적용

❶ [Color] 패널을 선택합니다. ❷ 가장 큰 원은 'C=11, M=93, Y=35, K=0', 중간의 원은 'C=8, M=30, Y=80, K=0', 작은 원은 'C=60, M=7, Y=98, K=0' 색상을 적용합니다.

06 선 비활성화

❶ 모든 원을 선택합니다. ❷ [Stroke]를 활성화한 후 ❸ [None](☐)을 클릭하여 선을 없앱니다.

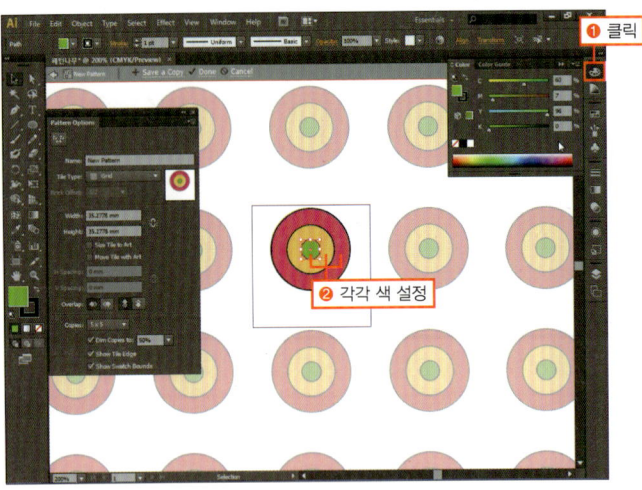

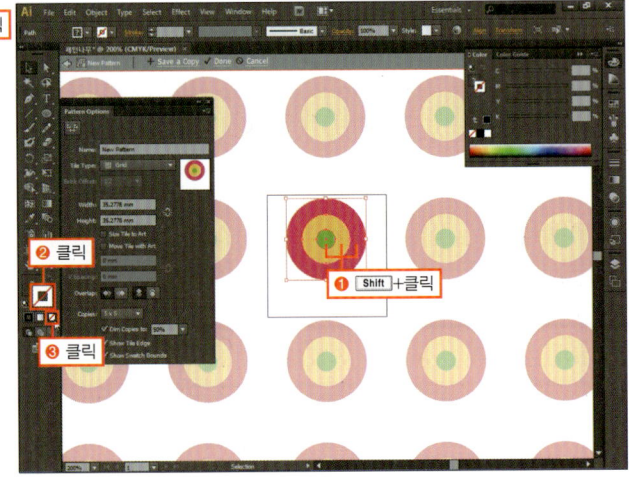

MEMO ● [Stroke]가 활성화된 상태에서 ☐를 눌러도 선이 없어집니다. [Fill]이 활성화되어 있을 때도 사용할 수 있습니다.

07 왜곡 툴 그룹 이동

여러 왜곡 툴을 계속 사용해야 하므로 그룹 패널을 따로 불러오겠습니다. ❶ [Width Tool](아이콘)을 길게 누릅니다. ❷ 그룹 목록 오른쪽의 화살표 버튼을 클릭합니다.

08 브러시 사이즈 조절

❶ 분리된 그룹 패널을 드래그하여 아트보드 내 사용하기 편한 곳으로 이동합니다. ❷ [Pucker Tool](아이콘)을 더블클릭하여 옵션 대화창을 엽니다. ❸ [Width]와 [Height]에 '20'을 입력하여 브러시 크기를 조절합니다. ❹ [OK]를 클릭합니다.

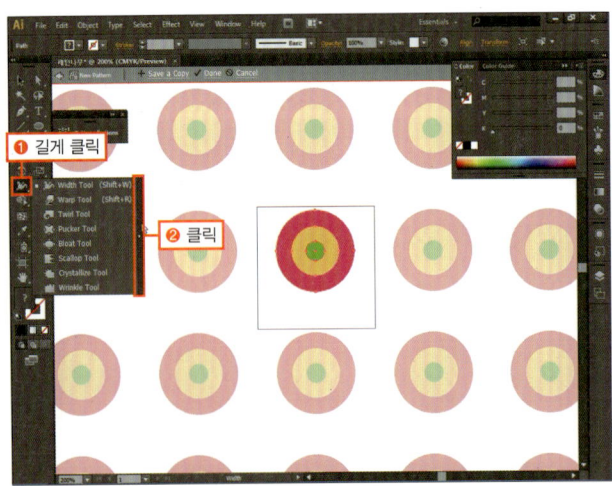

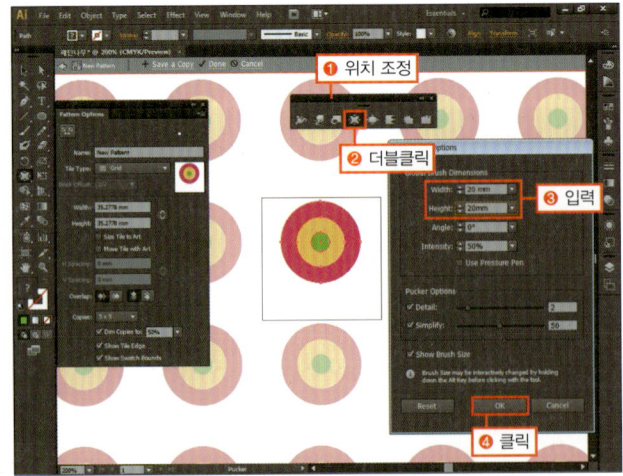

MEMO ● 그룹 툴바 상단의 ◀◀를 누르면 세로 형태로 패널이 변경됩니다.

MEMO ● 'Global Brush Dimensions'의 항목들은 수정 시 다른 왜곡 툴에도 동일하게 적용됩니다. 예를 들어 [Pucker Tool](아이콘)에서 브러시 크기를 조절하면 [Scallop Tool](아이콘)을 사용할 때에도 같은 크기의 브러시가 나타나게 됩니다.

09 [Pucker Tool] 적용

❶ 가장 큰 원의 다음과 같은 지점에 마우스 포인터를 올리고 살짝 길게 클릭합니다. 중앙 포인트를 따라 패스들이 모여든 것을 확인할 수 있습니다.

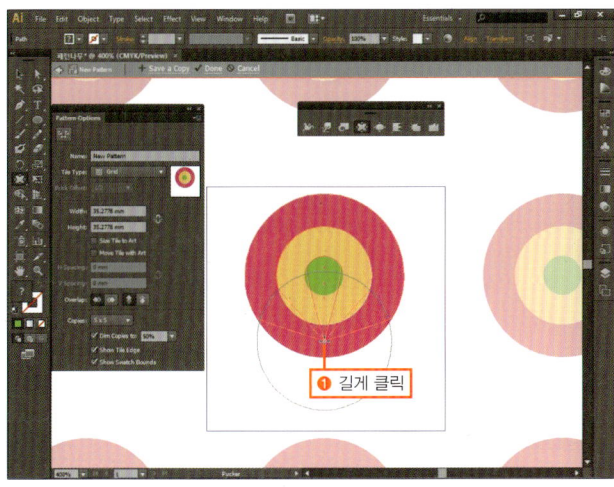

10 브러시 사이즈 조절

❶ [Bloat Tool](🔘)을 더블클릭하여 옵션 대화창을 엽니다. ❷ [Width]와 [Height]에 '10'을 입력하여 브러시 크기를 조절합니다. ❸ [OK]를 클릭합니다.

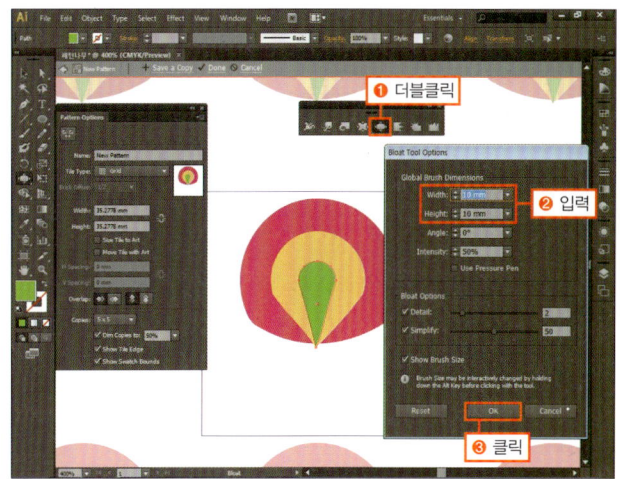

11 [Bloat Tool] 적용

❶ [Selection Tool](▶)로 ❷ 녹색 오브젝트만 선택합니다. ❸ 다시 [Bloat Tool](🔘)을 선택하여 ❹ 다음과 같은 지점에 마우스를 올리고 브러시 안이 다 차오를 때까지 클릭합니다.

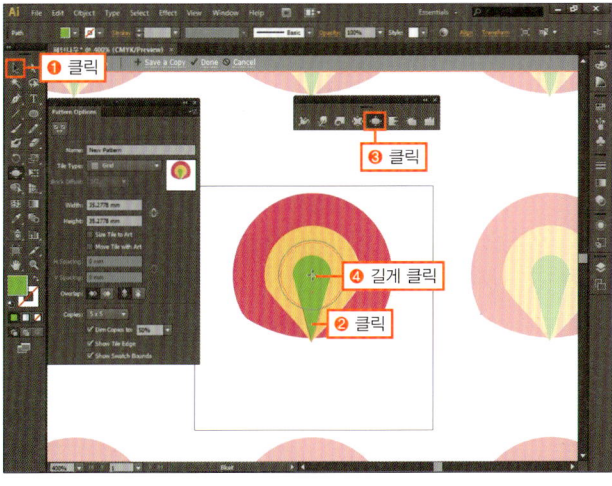

12 원 드로잉

❶ [Ellipse Tool](⬭)을 선택합니다. ❷ 타일 내의 빈 공간을 클릭하고 대화상자가 나타나면 ❸ [Width], [Height]에 각각 '8 mm'를 입력한 후 ❹ [OK]를 클릭합니다.

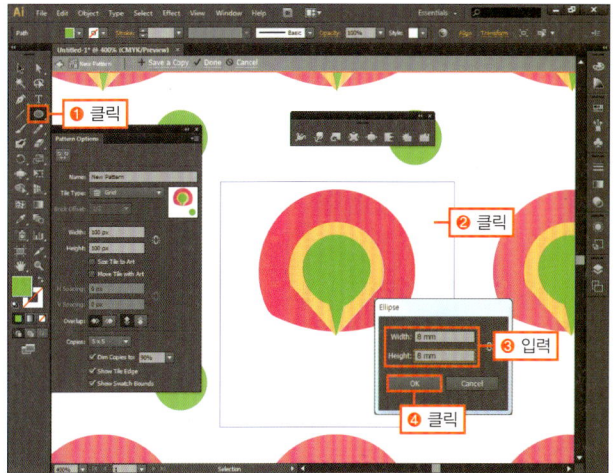

13 색상 변경

❶칠을 활성화한 후 ❷[Color] 패널에서 ❸'C=57, M=7, Y=12, K=0'으로 색상을 변경합니다.

14 오브젝트 정렬

❶ Ctrl + A 를 눌러 모든 오브젝트를 선택합니다. ❷컨트롤 바에서 [Align]을 클릭하고 ❸[Horizontal Align Center](　)를 선택합니다. ❹원 오브젝트만 선택한 후 Shift 를 누른 채 드래그해 상단 오브젝트와의 거리를 그림과 같이 조절합니다.

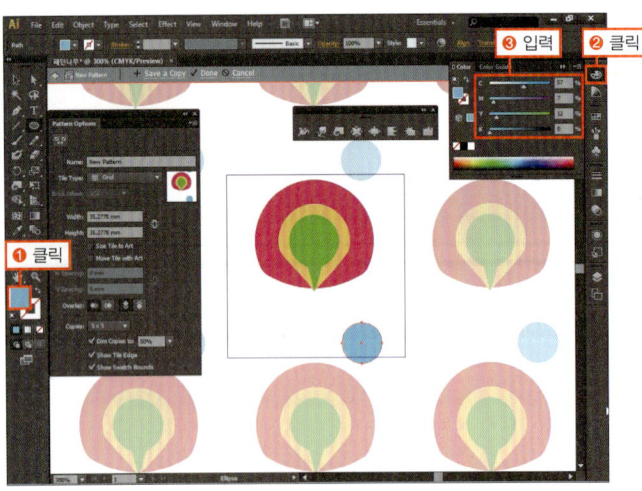

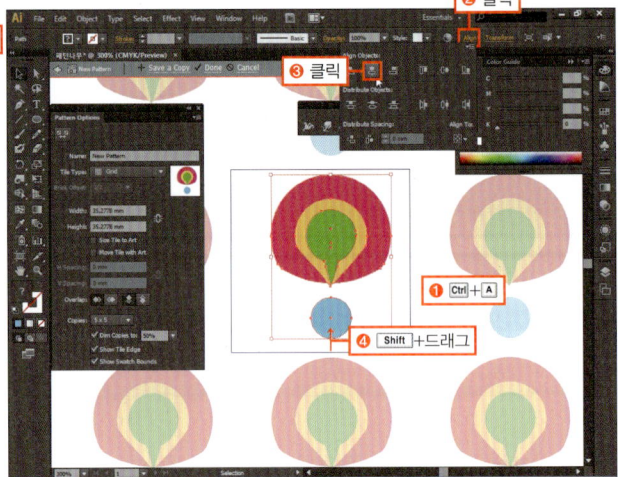

MEMO ● 각 오브젝트 사이의 거리를 조절한 후 [Horizontal Align Center](　)를 적용해도 됩니다.

15 [Twirl Tool] 적용

❶[Selection Tool](　)로 하단의 원 오브젝트만 선택합니다. ❷[Twirl Tool](　)을 선택합니다. ❸다음과 같은 지점에서 클릭한 채 1~2초간 유지합니다. 회오리 효과가 나타납니다. 사용자의 결과물에 따라 적당한 위치로 이동합니다.

16 타원 드로잉

❶[Tool] 패널에서 [Ellipse Tool](　)을 선택합니다. ❷아트보드의 빈 공간을 클릭하고 옵션창이 나타나면 ❸[Width], [Height]에 각각 '6', '16'을 입력한 후 ❹[OK]를 클릭하여 타원을 만듭니다.

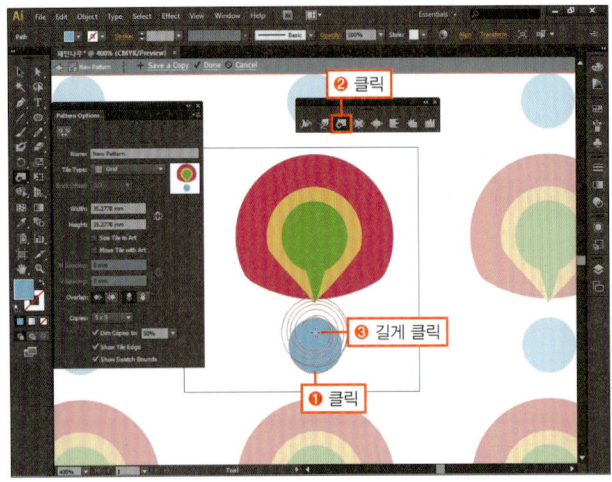

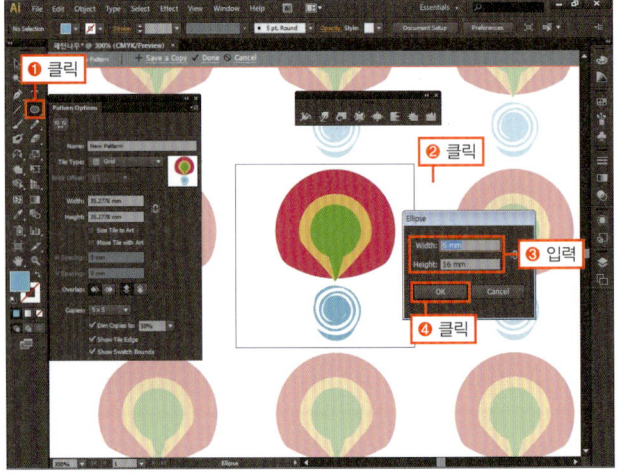

MEMO ● 클릭한 상태를 오래 유지할수록 여러 겹의 회오리 효과가 나타납니다.

17 타원 이동 및 회전

❶ 타원을 회오리 오브젝트의 왼쪽으로 이동합니다. ❷ 바운딩 박스를 드래그하여 다음과 같이 회전합니다.

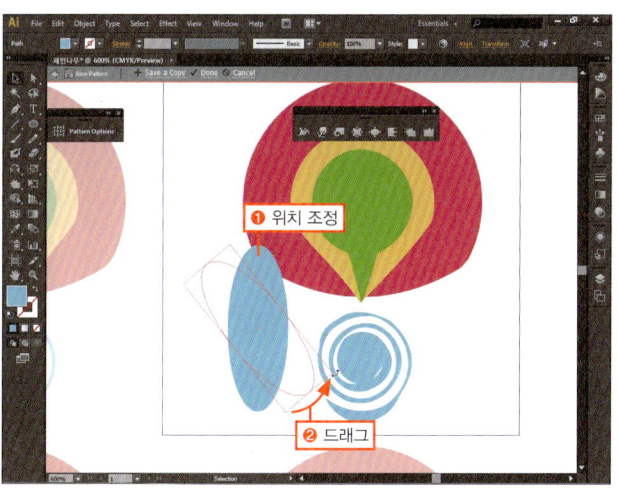

18 복사

❶ [Tool] 패널에서 [Reflect Tool](　)을 선택합니다. ❷ Alt 를 누른 채 회오리 오브젝트의 중앙을 클릭하면 [Reflect] 대화상자가 나타납니다. ❸ [Vertical]을 체크하고 ❹ [Copy]를 클릭합니다.

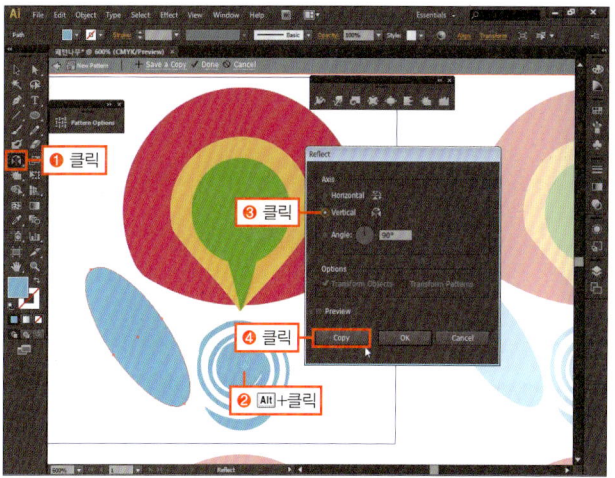

19 패턴 정리

❶ [Pattern Options] 대화상자의 [Size Tile to Art]에 체크합니다. ❷ [Tile Type]의 목록 단추를 클릭하여 [Brick by Row]를 선택합니다.

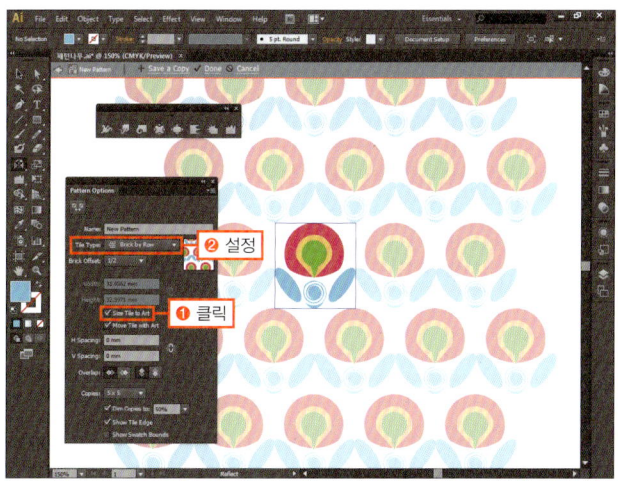

20 패턴 저장

❶ 아트보드 좌측 상단의 [Done]을 클릭합니다. ❷ [Swatches] 패널을 열면 'New Pattern'으로 등록된 Pattern Swatch를 확인할 수 있습니다.

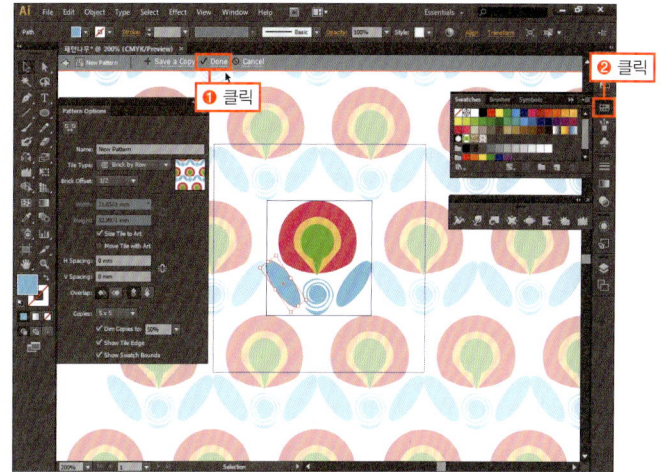

21 원 드로잉

❶ [Tool] 패널에서 [Ellipse Tool](◯)을 선택합니다. ❷ 아트보드 빈 공간을 클릭하여 대화상자가 나타나면 ❸ [Width], [Height]에 각각 '60'을 입력하고 ❹ [OK]를 클릭합니다.

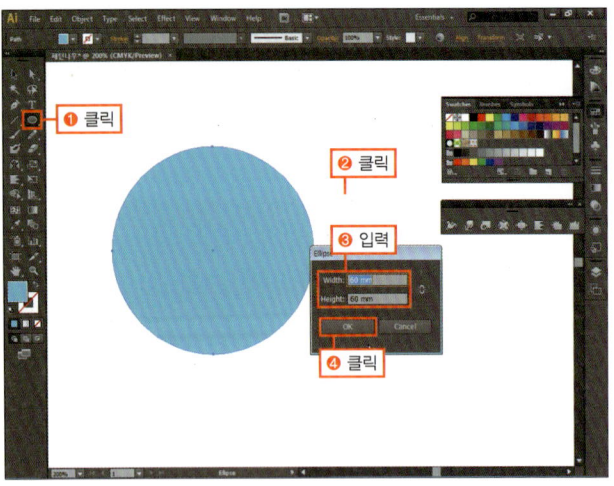

22 옵션 초기화

❶ [Scallop Tool](▤)을 더블클릭합니다. ❷ [Reset]을 클릭하여 옵션 설정을 초기화합니다. ❸ [OK]를 클릭합니다.

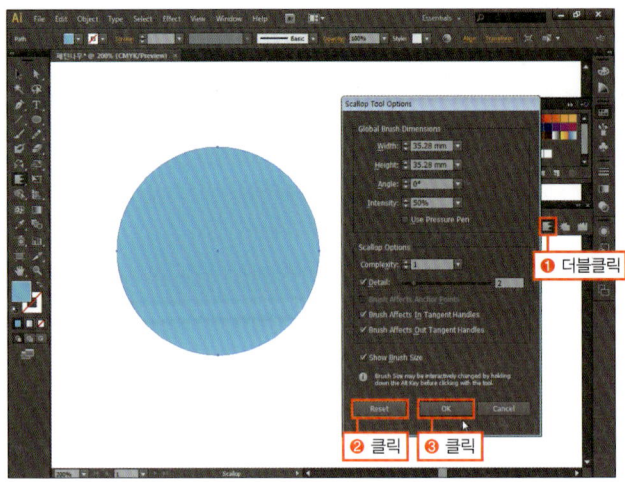

23 [Scallop Tool] 적용

원 오브젝트가 선택된 상태에서 ❶ 원 바깥쪽을 클릭한 채 같은 간격으로 3바퀴 정도 드래그합니다. 방향은 상관없지만 손가락을 떼지 않은 상태에서 작업하는 것이 중요합니다.

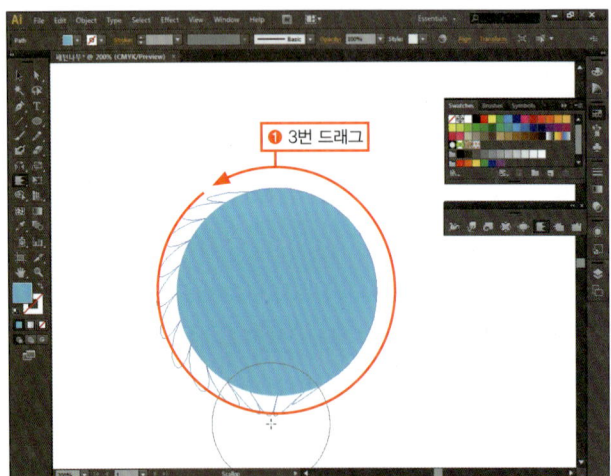

MEMO ● 마우스에서 손가락을 뗀 후 다시 클릭하여 작업하면 [Scallop Tool]이 한 번 적용된 상태에서 또 다시 중복 적용되므로 다른 결과물이 나옵니다. 이때는 Ctrl+Z를 눌러 이전 단계로 돌아갑니다.

24 색 변경 및 복사

❶ [Color] 패널에 ❷ 'C=80, M=10, Y=45, K=0'을 입력해 색상을 변경합니다. ❸ Ctrl+C를 누른 후 ❹ Ctrl+F를 눌러 기존 패스 앞에 복사본을 붙입니다.

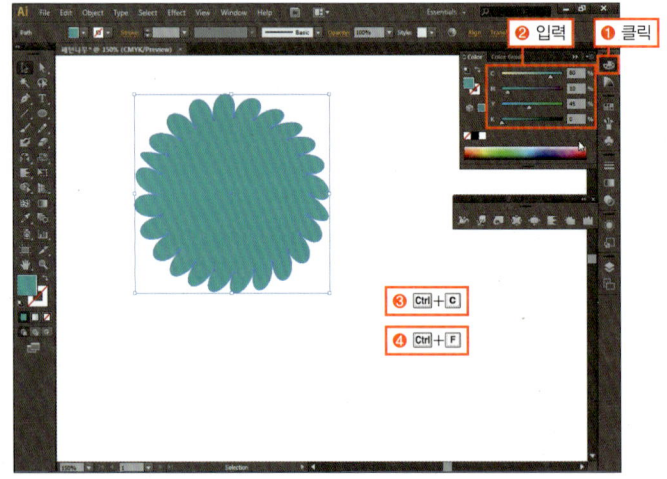

25 패턴 적용

❶ [Swatches] 패널에서 'New Pattern' 스와치를 선택합니다. ❷ 패턴의 크기를 줄이기 위해 [Scale Tool]( )을 더블클릭하여 옵션 대화창을 엽니다. ❸ [Uniform]에 '70'을 입력하고 ❹ [Options] 항목의 [Transform Patterns]를 제외한 옵션은 체크 해제합니다. ❺ [OK]를 클릭합니다.

26 직사각형 드로잉

❶ [Rectangle Tool]( )을 선택한 후 ❷ 아트보드의 빈 공간을 클릭합니다. ❸ 대화상자의 [Width]와 [Height]에 각각 '15', '75'를 입력한 후 ❹ [OK]를 클릭합니다. ❺ [Swatches] 패널에서 'C=30, M=50, Y=75, K=10'을 선택해 색을 변경합니다.

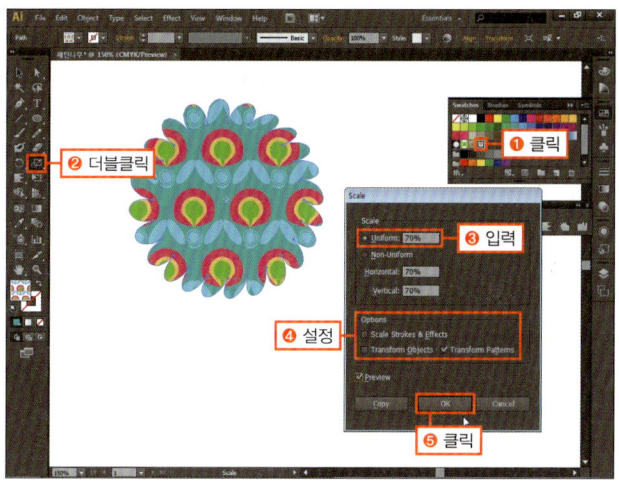

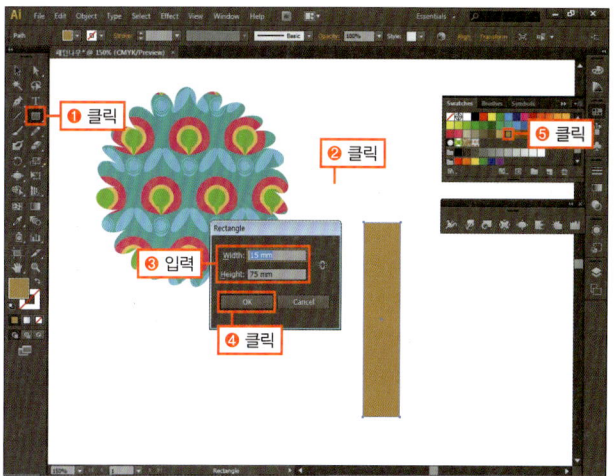

27 브러시 사이즈 변경

❶ Ctrl 을 누른 채 사각형을 드래그하여 그림과 같이 배치합니다. ❷ [Bloat Tool]( )을 더블클릭하여 옵션 대화창을 불러옵니다. ❸ [Width], [Height]에 각각 '5'를 입력하여 브러시 크기를 작게 조절합니다. ❹ [OK]를 클릭합니다.

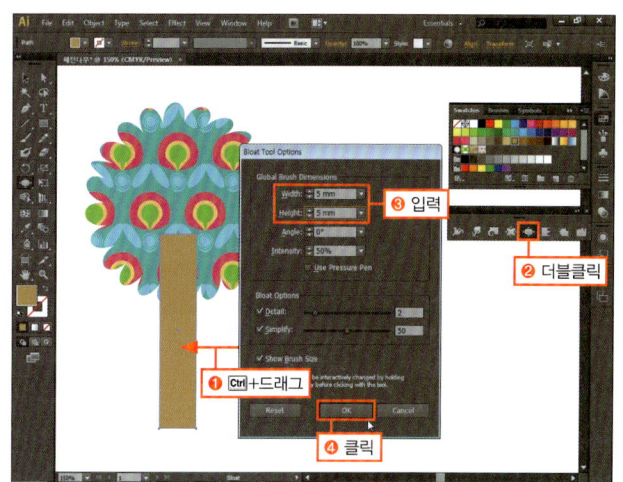

TIP 왜곡 툴의 브러시 크기 변경하기

옵션 대화창을 열지 않고도 간단하게 브러시 크기를 변경할 수 있습니다. 브러시 커서가 보일 때 Alt 를 누르고 드래그하면 방향에 따라 자유롭게 브러시 크기가 커지거나 작아집니다. Shift + Alt 를 누른 채 드래그하면 가로세로 비율을 유지하며 크기를 조절할 수 있습니다. 정확한 수치로 작업해야 하는 경우에는 옵션 대화창을 이용하는 것이 좋습니다.

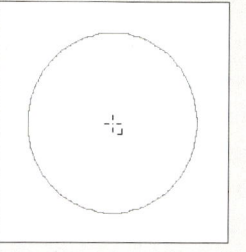

28 [Bloat Tool] 적용

[Bloat Tool]을 이용해 가지를 만듭니다. ❶ Ctrl 을 누른 채 사각형 오브젝트를 더블클릭하여 격리 모드로 들어갑니다. ❷ 사각형 오브젝트 안쪽에 마우스 포인터를 두고 천천히 바깥쪽으로 드래그합니다. 같은 방법으로 굵은 가지를 몇 개 더 만듭니다.

29 잔가지 드로잉

❶ Alt 를 누른 채 드래그하여 브러시 사이즈를 더 작게 조절합니다. ❷ 굵은 가지의 안쪽에서 바깥쪽으로 드래그하여 잔가지를 만듭니다.

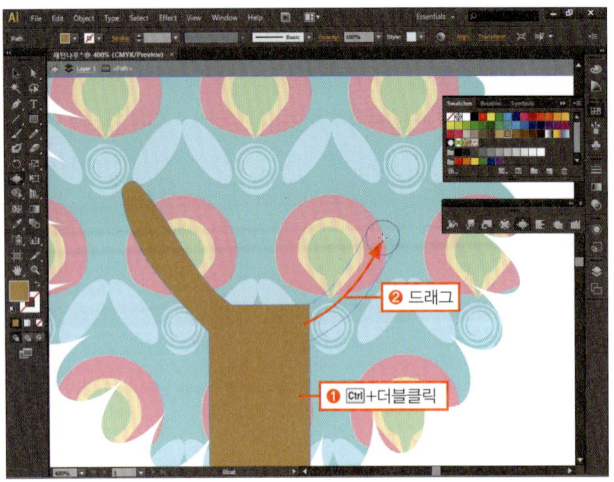

MEMO ● 빠른 속도로 드래그하면 짧게 끊길 수 있습니다. 천천히 잡아당기는 느낌으로 작업합니다.

30 완성

왜곡 툴을 이용해 패턴이 들어가 있는 나무를 완성하였습니다.

◉ 완성 파일 : Chapter04\패턴나무_완성.ai

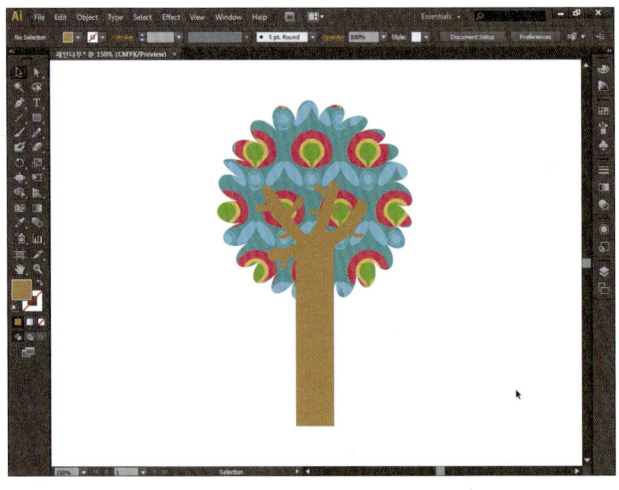

Unit 04

[Eraser Tool], [Scissors Tool], [Knife]로 지우고 자르기

[Eraser Tool], [Scissors Tool], [Knife]는 실생활에서 사용하는 것과 큰 차이 없이 패스를 지우고 자를 때 사용합니다. 세 가지 툴에 대해 알아보고 실습을 통해 기능을 익혀보겠습니다.

학습 주제
- [Eraser Tool], [Scissors Tool], [Knife] 살펴보기
- [Eraser Tool], [Scissors Tool], [Knife] 사용하기
- [Eraser Tool], [Scissors Tool], [Knife]로 바다 풍경 그리기

관련 학습
- 일러스트레이터의 기본, [Pen Tool] 사용하기 : 76쪽
- [Pencil Tool]로 그림 그리듯 드로잉하기 : 93쪽

간략 개요

[Eraser Tool], [Scissors Tool], [Knife] 살펴보기

[Eraser Tool](), [Scissors Tool](), [Knife]( )는 서로 비슷하면서도 다른 성질을 가지고 있습니다. 각 툴의 효과와 차이점을 알아보겠습니다.

● **[Eraser Tool]**

지우개처럼 브러시를 이용해 선택한 패스를 지울 수 있습니다. 브러시가 지나간 부분은 삭제됩니다. [Eraser Tool]로 인해 패스가 나뉘면 각각 닫힌 패스로 처리됩니다.

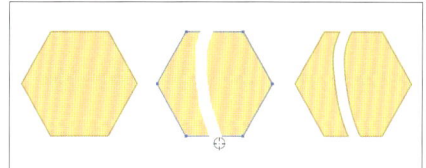

● **[Scissors Tool]**

세그먼트나 기준점을 클릭하면 해당 부분이 잘립니다. [Direct Selection tool]로 기준점의 위치를 이동하면 열린 패스로 처리됩니다. 두 개 이상의 지점을 클릭하여 해당 구간을 잘라 낼 수도 있습니다.

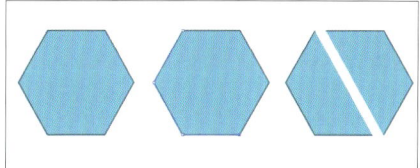

● **[Knife]**

클릭한 채 드래그하여 자유롭게 오브젝트를 자를 수 있습니다. 패스가 분리될 경우 각각 닫힌 패스로 처리됩니다. Alt 를 누르면 직선으로 자를 수 있습니다.

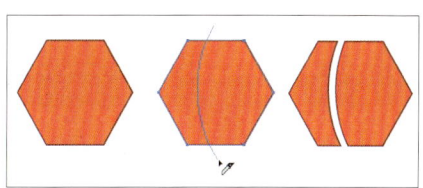

[Eraser Tool], [Scissors Tool], [Knife] 사용하기

[Eraser Tool](🧽), [Scissors Tool](✂), [Knife](🔪)를 사용하여 일러스트를 완성해보겠습니다.

◉ 예제 파일 : Chapter04\겨울잠.ai

01 레이어 확인

❶[Layers] 패널을 클릭하여 [Layer 2]가 잠겨 있는 것을 확인합니다. ❷[Layer 1]을 선택합니다. [Layer 1]도 사용하지 않는 오브젝트들은 잠겨 있습니다.

02 [Eraser Tool] 브러시 크기 조절

❶[Tool] 패널에서 [Eraser Tool](🧽)을 선택합니다. 마우스 포인터를 고양이 코 위에 두고 ❷ `]`를 눌러 브러시를 고양이 얼굴 크기 정도로 확대합니다.

MEMO ● [Eraser Tool](🧽)의 브러시 크기를 확대할 때는 `]`, 축소할 때는 `[`를 누릅니다.

03 [Eraser Tool] 사용

❶ `Ctrl`을 누른 채 땅 오브젝트를 클릭합니다. ❷왼쪽 점선의 안쪽을 드래그하여 모두 지웁니다. 밝은 색 땅이 지워지면서 뒤쪽의 어두운 색 땅 오브젝트가 나타납니다.

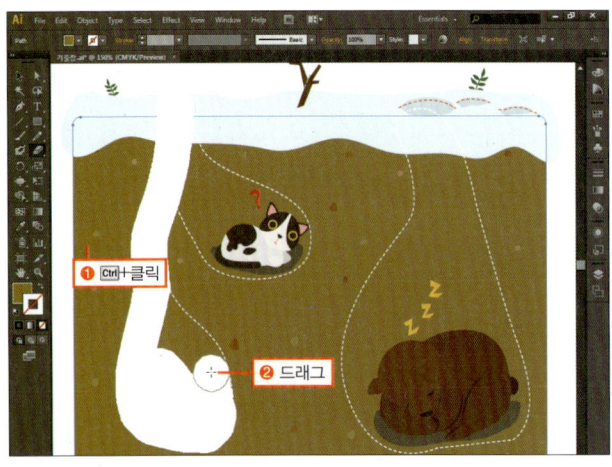

MEMO ● 편의에 따라 브러시 사이즈를 변경하면서 지워도 좋습니다.

04 [Eraser Tool] 계속 사용

밝은색 땅 오브젝트만 선택되어 있는지 확인한 후 같은 방법으로 ❶오른쪽 점선의 안쪽도 모두 지웁니다.

MEMO ● 오브젝트가 선택되지 않은 상태에서 [Eraser Tool](🧽)을 사용할 경우 브러시가 지나가는 경로의 오브젝트들이 모두 지워집니다. 단, 잠긴 오브젝트는 지워지지 않습니다.

05 화면 확대

❶ `Ctrl`+`Spacebar`를 누른 채 클릭하여 아트보드 상단의 나뭇가지가 잘 보이도록 화면을 확대합니다.

06 [Scissors Tool] 사용

❶ [Tool] 패널에서 [Scissors Tool](✂)을 선택합니다. ❷ 하늘색 점선과 나뭇가지가 교차하는 세그먼트나 기준점을 각각 클릭합니다.

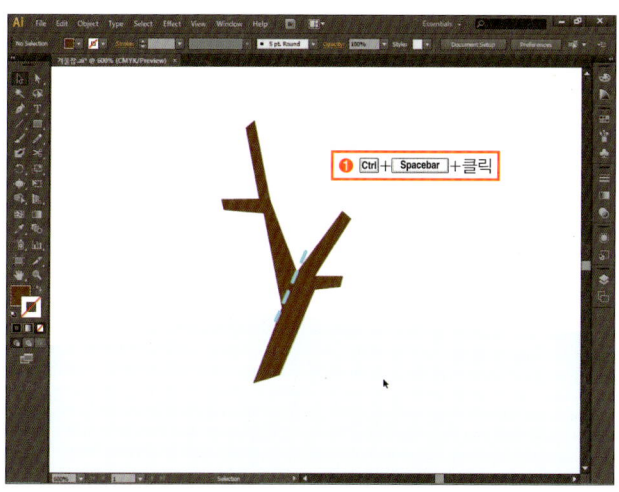

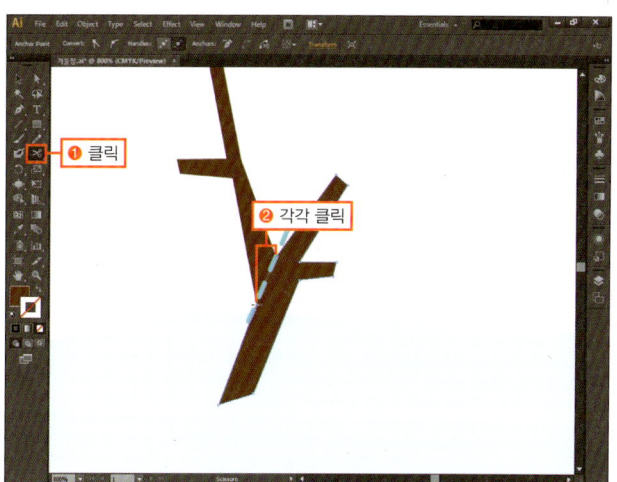

MEMO ● 기준점이나 세그먼트를 클릭하지 않은 경우 [Scissors Tool]을 세그먼트나 기준점에 클릭하라는(단, 열린 패스의 경우 마지막에 생성된 기준점 제외) 내용의 경고창이 나타납니다. [Don't Show Again]에 체크하면 이 경고창이 다시 나타나지 않습니다.

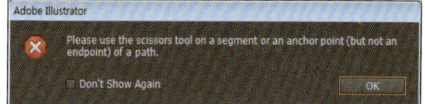

07 오브젝트 확인

❶ [Direct Selection Tool](▶)을 선택합니다. ❷ 왼쪽 나뭇가지를 드래그해 이동합니다. 나뭇가지의 아랫부분을 보면 열린 패스인 것을 확인할 수 있습니다.

08 조인

❶ 나뭇가지가 선택된 상태에서 오른쪽 클릭 후 ❷ [Join]을 선택하면 닫힌 패스로 변경됩니다. ❸ 나머지 나뭇가지도 선택한 후 닫힌 패스로 변경합니다. ❹ 왼쪽 나뭇가지는 원하는 곳으로 이동하여 배치합니다.

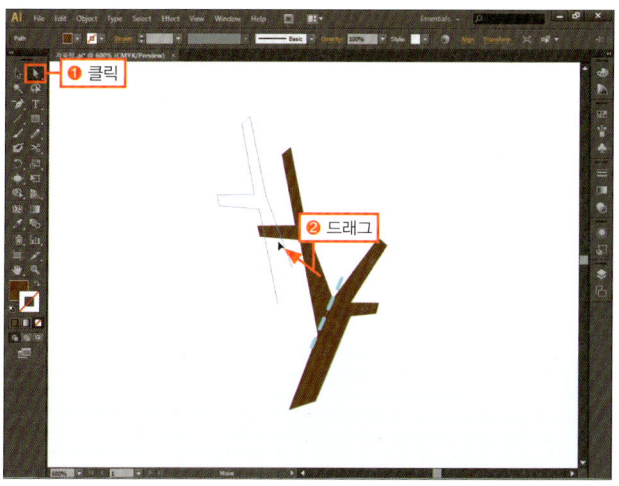

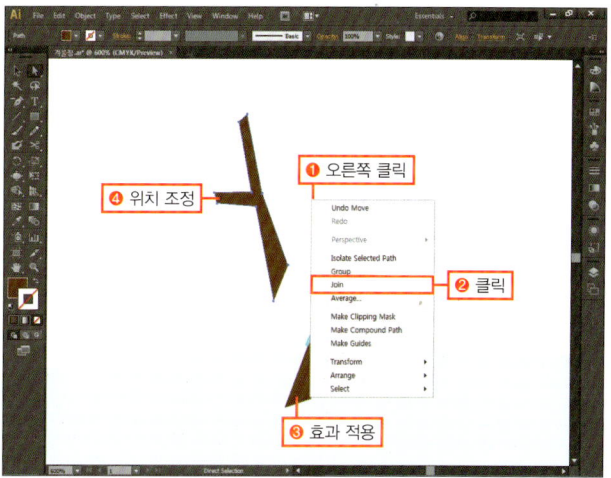

TIP 열린 패스를 닫아주는 [Join] 기능 살펴보기

[Join] 기능을 사용하면 간단하게 열린 패스를 닫힌 패스로 만들 수 있습니다.

다음과 같이 열린 끝 점이 2개일 경우 해당 오브젝트를 선택한 후 오른쪽 클릭하여 나타나는 메뉴 중 [Join]을 선택하거나 단축키 Ctrl+J를 눌러 [Join] 기능을 사용할 수 있습니다.

하지만 다음과 같이 열린 끝 점이 2개 이상일 경우에는 [Direct Selection Tool](▶)로 연결하려는 두 끝 점만 선택한 후 [Join] 기능을 사용해야 합니다.

09 화면 이동

❶ Spacebar 를 누른 채 드래그하여 아트보드의 오른쪽 상단으로 이동합니다. ❷가장 왼쪽의 타원 오브젝트를 클릭합니다.

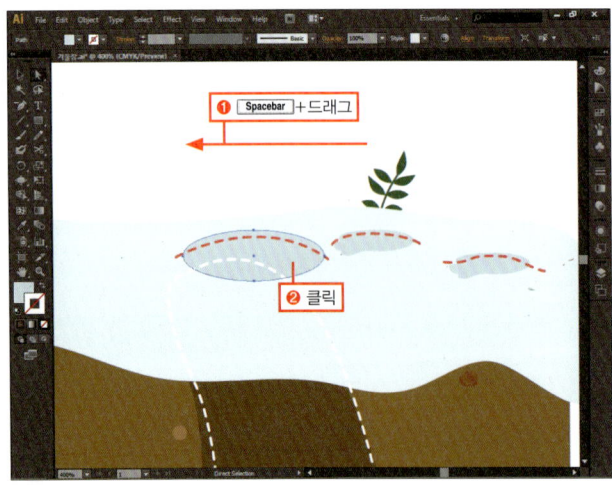

10 [Knife] 사용

❶[Knife](✎)를 선택합니다. ❷점선을 따라 오브젝트의 왼편에서 오른편 바깥쪽까지 드래그합니다.

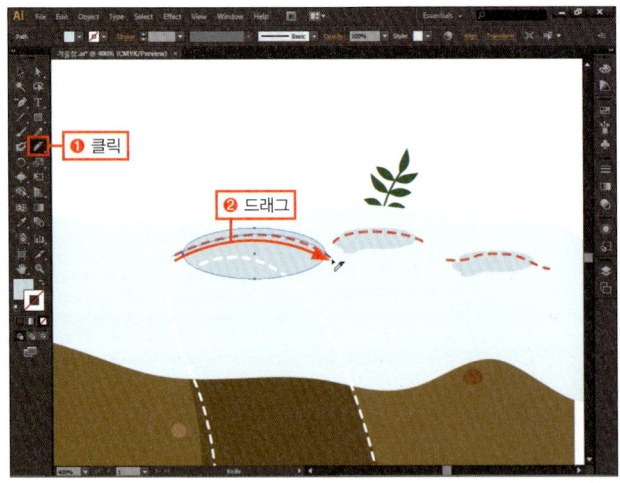

MEMO ● [Knife]는 실제 종이에 칼질하는 것과 같이 오브젝트의 바깥쪽에서 반대편 바깥쪽까지 확실하게 드래그해야 패스가 분리됩니다.

11 색상 변경

❶ [Direct Selection Tool](화살표)로 ❷ 아래쪽 오브젝트를 선택합니다. ❸ [Color] 패널에서 ❹ 'C=33, M=15, Y=15, K=0'으로 색상을 변경합니다.

12 [Knife] 사용

❶ 가운데 발자국을 선택합니다. ❷ 마찬가지로 [Knife](칼)를 이용해 ❸ 패스를 분리합니다.

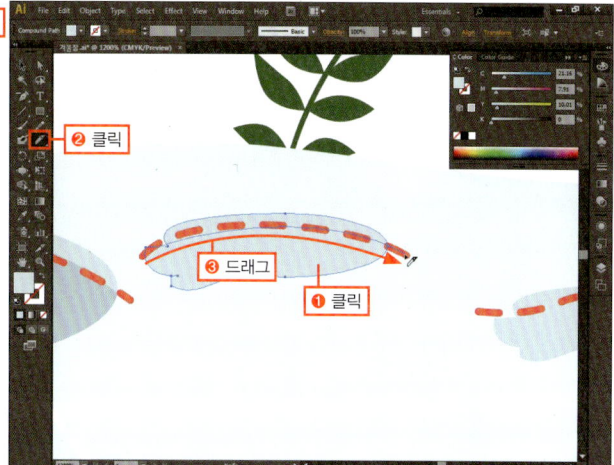

13 색상 변경

❶ 오른쪽 오브젝트를 선택합니다. ❷ ⓘ를 눌러 [Eyedropper Tool](스포이드)로 변경합니다. ❸ [Eyedropper Tool](스포이드)로 앞서 색상을 변경한 오브젝트를 클릭합니다. 나머지 발자국도 같은 방법으로 작업합니다.

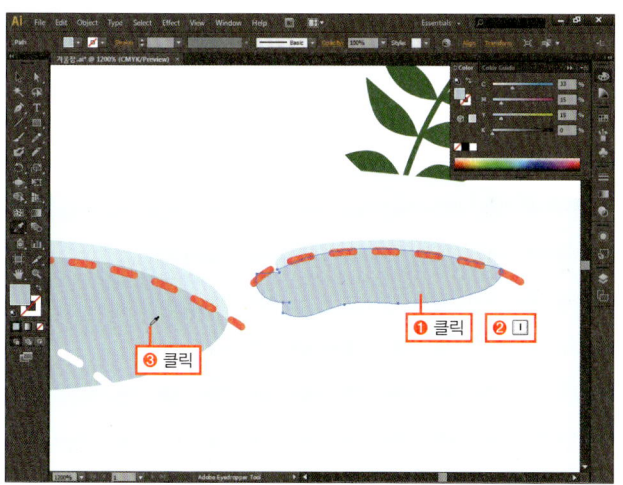

14 마무리

❶ 상태 바에서 화면 배율을 [Fit On Screen]으로 설정합니다. ❷ [Layers] 패널을 클릭하고 ❸ [Layer 2]를 선택합니다. ❹ [Delete Selection](휴지통)을 눌러 삭제합니다.

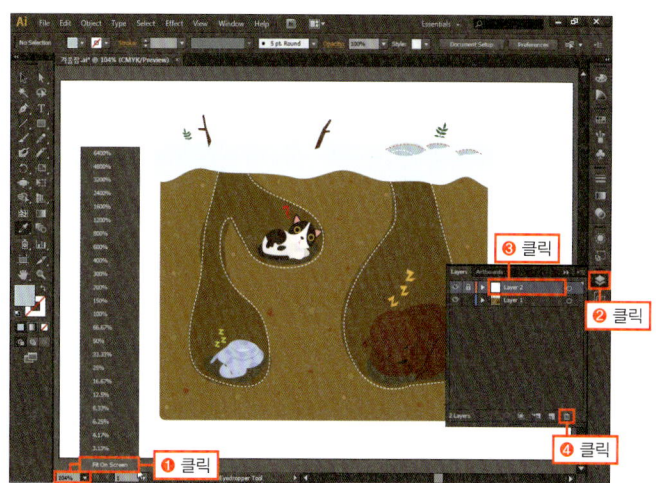

15 완성

겨울잠 일러스트가 완성되었습니다.

◉ 완성 파일 : Chapter04\겨울잠_완성.ai

[Eraser Tool], [Scissors Tool], [Knife]로 바다 풍경 그리기

앞서 [Eraser Tool]( ), [Scissors Tool]( ), [Knife]( )의 기본적인 사용법을 배웠습니다. 이번에는 3가지 툴을 활용하여 바다 풍경 일러스트를 그려보겠습니다.

01 새 도큐먼트 실행

❶[File]-[New] 메뉴를 클릭합니다. ❷[Name]에 '바다풍경'을 입력하고 ❸[Size]는 'A4', ❹[Orientation]은 가로 방향을 선택합니다. ❺[OK]를 클릭합니다.

02 바다 드로잉

❶[Pencil Tool]( )을 선택합니다. ❷아트보드 하단에 가로로 긴 형태의 타원을 자유롭게 그립니다. Alt를 누른 채 마무리해 닫힌 패스로 만듭니다.

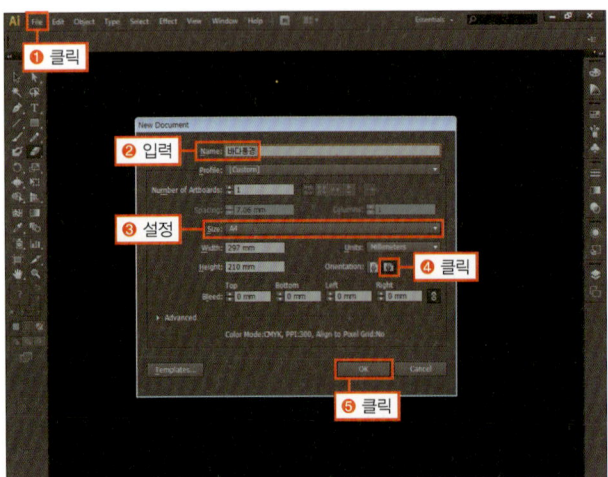

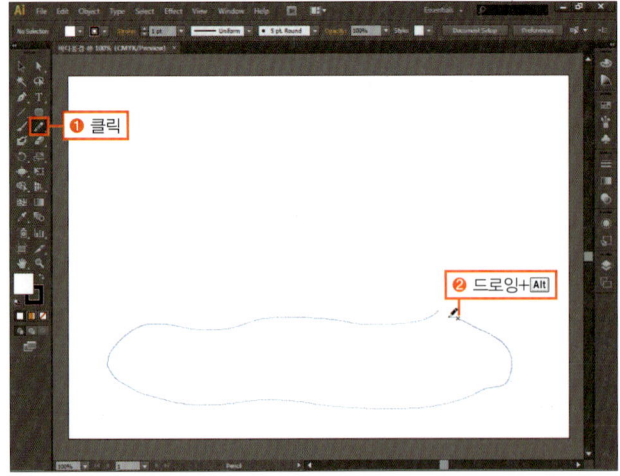

03 색 적용 및 복사

❶ [Selection Tool] (▶)로 패스를 클릭합니다. ❷ Shift + X 를 눌러 [Stroke]와 [Fill]을 전환합니다. ❸ [Stroke]는 [None]으로 설정하고 ❹ [Fill]은 ❺ [Color] 패널에서 'C=55, M=0, Y=25, K=0'으로 색상을 변경합니다. ❻ Ctrl + C, Ctrl + F 를 눌러 오브젝트 하나를 앞에 복사합니다.

04 [Knife] 사용

❶ [Tool] 패널에서 [Knife] (✂)를 선택합니다. ❷ [Knife] (✂)를 이용해 가로로 드래그하여 5등분합니다.

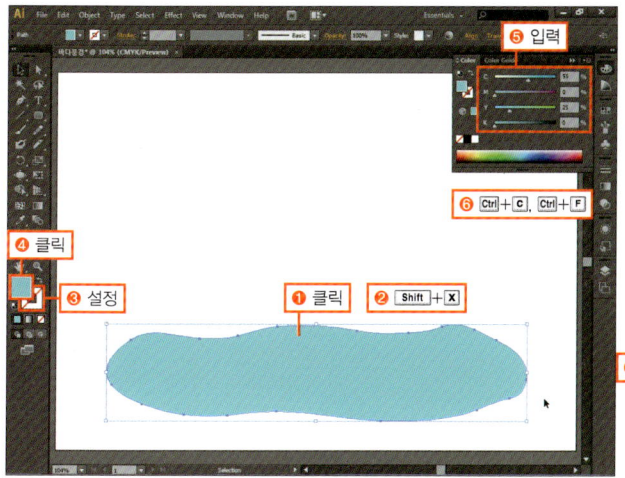

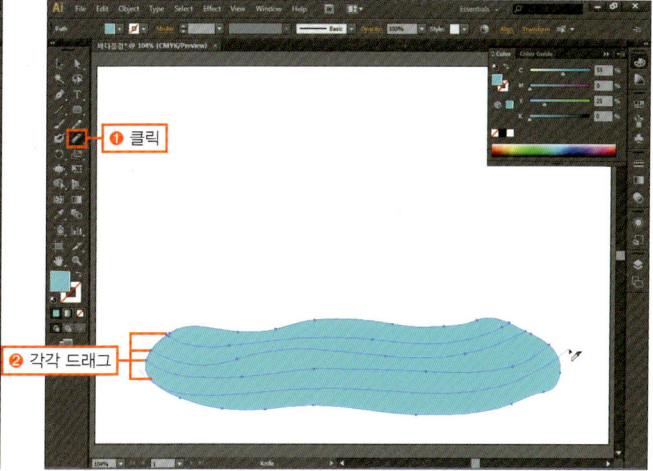

> **MEMO** 앞에 있는 오브젝트가 선택되어 있는지 확인합니다. 아트보드의 빈 공간을 클릭한 뒤 가장 위의 오브젝트를 선택하면 됩니다. 드래그하여 기존 오브젝트까지 선택된 경우 두 오브젝트 모두 분할됩니다.

05 색 변경

❶ [Selection Tool] (▶)로 ❷ 분할되어 있는 오브젝트를 하나 선택합니다. ❸ [Color] 패널의 'CMYK' 색상 그래프 슬라이더를 조금씩 이동해 비슷한 계열의 색상으로 변경합니다. ❹ 나머지 오브젝트들도 비슷한 계열의 다른 색으로 변경합니다.

06 오브젝트 잠금 설정

❶ 분할된 오브젝트를 하나 선택합니다. ❷ 오른쪽 클릭하여 ❸ [Select]-[Last Object Below] 메뉴를 클릭합니다. ❹ Ctrl + 2 를 눌러 오브젝트를 잠급니다.

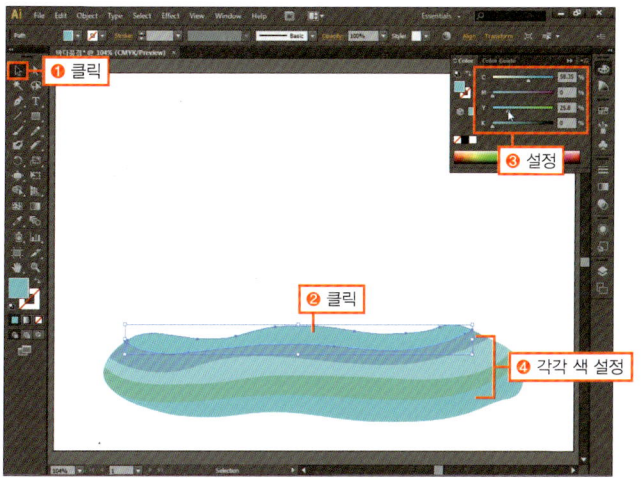

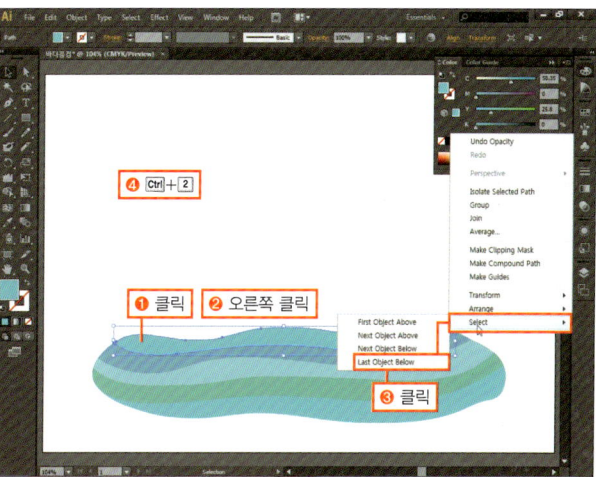

TIP 오브젝트 선택하기

여러 레이어가 겹쳐 있을 경우 원하는 오브젝트를 일일이 선택하는 것이 복잡합니다. 이때 [Select] 메뉴를 이용하면 오브젝트를 편하게 선택할 수 있습니다. 오브젝트를 선택한 후 오른쪽 클릭하여 [Select] 메뉴를 클릭하면 다음과 같은 하위 메뉴가 나타납니다.

- First Object Above : 선택한 오브젝트의 레이어에서 가장 앞쪽에 있는 오브젝트를 선택합니다.
- Next Object Above : 선택한 오브젝트의 바로 앞쪽에 있는 오브젝트를 선택합니다.
- Next Object Below : 선택한 오브젝트의 바로 뒤쪽에 있는 오브젝트를 선택합니다.
- Last Object Below : 선택한 오브젝트의 레이어에서 가장 뒤쪽에 있는 오브젝트를 선택합니다.

다음 이미지와 같이 순서대로 오브젝트가 쌓여 있을 경우 ⓒ 오브젝트를 선택하고 오른쪽 클릭한 후 [Select]의 하위 메뉴를 클릭하면 각각 다음과 같은 오브젝트가 선택됩니다.

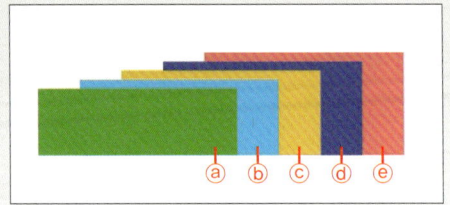

- First Object Above : ⓐ가 선택됩니다.
- Next Object Above : ⓑ가 선택됩니다.
- Next Object Below : ⓓ가 선택됩니다.
- Last Object Below : ⓔ가 선택됩니다.

07 [Opacity] 조절

❶ Ctrl+A를 눌러 모든 오브젝트를 선택합니다. ❷컨트롤 바에서 [Opacity]의 목록 단추를 클릭한 후 ❸[50%]로 설정합니다.

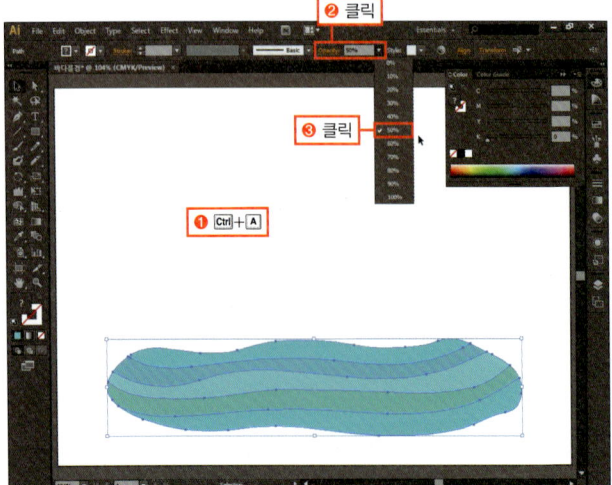

08 그룹화

❶위쪽의 두 오브젝트를 선택합니다. ❷Ctrl+G를 누릅니다. ❸나머지 세 개의 오브젝트도 선택한 후 ❹오른쪽 클릭하여 ❺[Group]을 선택합니다.

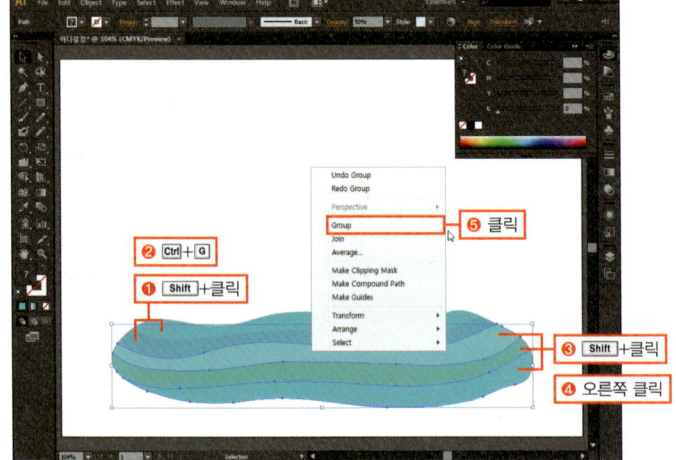

09 다각형 드로잉

❶[Polygon Tool](　)을 선택합니다. ❷아트보드의 빈 곳을 클릭하여 [Polygon] 대화상자가 열리면 ❸[Radius]는 '60', [Sides]는 '6'을 입력한 후 ❹[OK]를 클릭합니다.

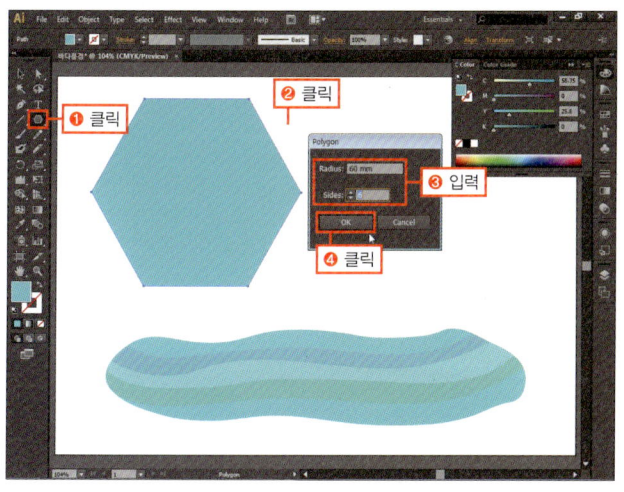

10 색 변경

❶[Color] 패널에서 'C=40, M=50, Y=80, K=0'으로 색상을 변경합니다.

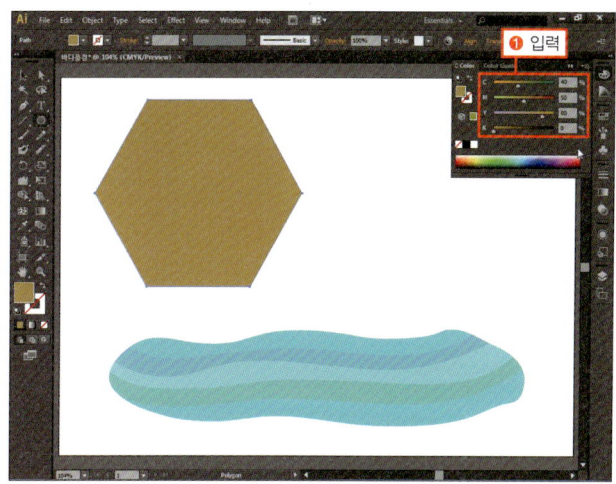

11 [Scissors Tool] 사용

❶[Scissors Tool](　)을 선택합니다. ❷그림과 같은 두 지점을 각각 클릭합니다.

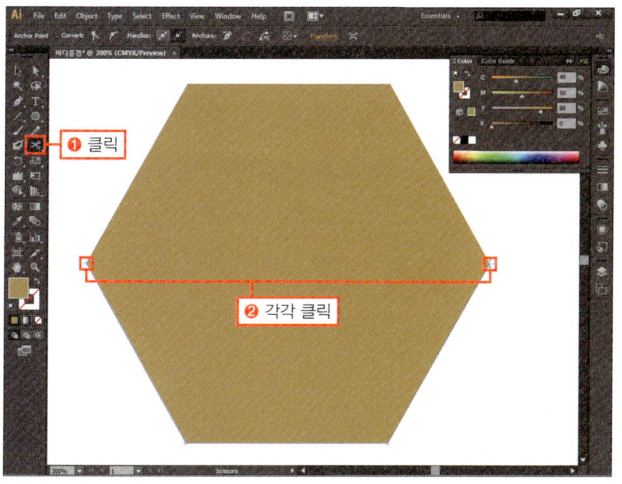

12 삭제 후 닫힌 패스로 변경

❶위쪽 오브젝트를 선택하고 ❷Delete를 눌러 삭제합니다. ❸남은 아래쪽 오브젝트를 선택한 후 ❹오른쪽 클릭하여 ❺[Join]을 선택해 닫힌 패스로 변경합니다.

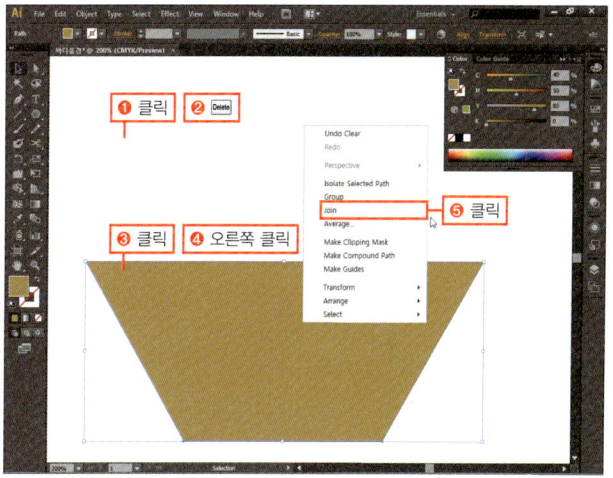

13 오브젝트 이동 및 수정

❶ 오브젝트를 드래그하여 바닷물 오브젝트 위로 이동합니다. ❷ [Direct Selection Tool](🔲)로 ❸ 오른쪽 상단의 기준점을 클릭한 채 Shift 를 누르고 왼쪽으로 드래그합니다.

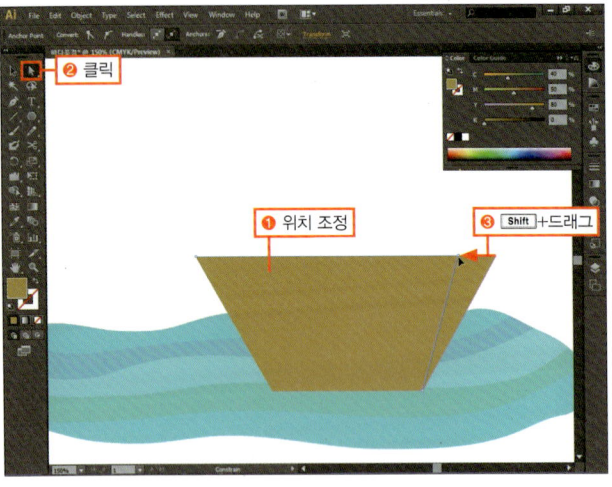

14 [Eraser Tool] 브러시 크기 수정

❶ [Eraser Tool](🔲)을 더블클릭합니다. ❷ [Eraser Tool Options] 대화상자의 [Size]에 '110'을 입력합니다. ❸ [OK]를 클릭합니다.

MEMO ● [Eraser Tool Options] 대화상자를 통해 [Eraser Tool]의 Angle(각도), Roundness(둥근형태), Size(크기) 등을 수치로 정확히 조절할 수 있습니다.

15 [Eraser Tool] 사용

❶ 배 오브젝트의 상단 중앙에 [Eraser Tool]이 1/3 정도 겹치게 올린 후 클릭하여 해당 부분을 지웁니다.

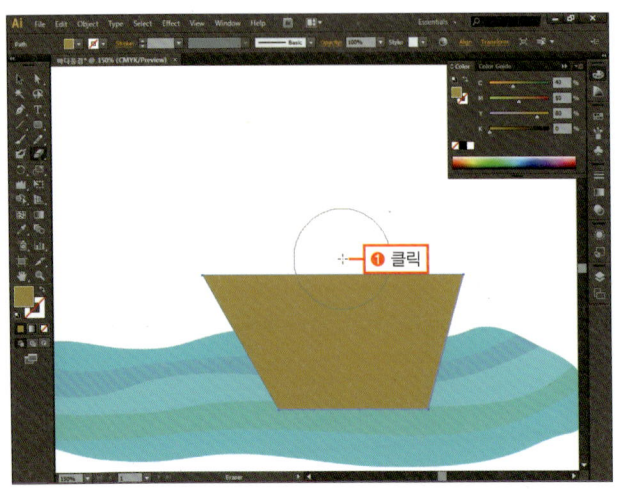

16 구조물 추가

❶ [Rectangle Tool](🔲)을 선택합니다. ❷ 배의 앞부분에 1개, 뒷부분에 2개의 직사각형을 추가합니다. ❸ 직사각형 오브젝트를 모두 선택한 뒤 ❹ [Color] 패널에서 'C=30, M=40, Y=70, K=0'으로 색상을 변경합니다.

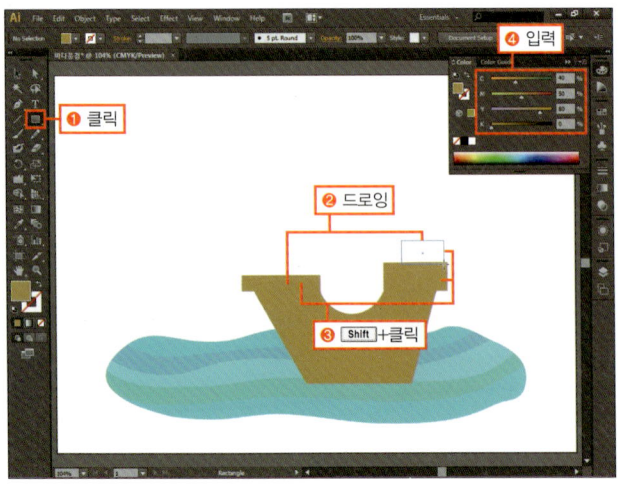

17 기둥 드로잉

❶ Ctrl 을 누르고 배 본체를 한 번 선택한 다음 ❷ [Rectangle Tool](▭)로 아트보드의 빈 공간을 클릭합니다. ❸ 대화상자가 나타나면 [Width]는 '4', [Height]는 '100'을 입력하고 ❹ [OK]를 클릭합니다. ❺ 직사각형을 배의 중앙으로 이동합니다.

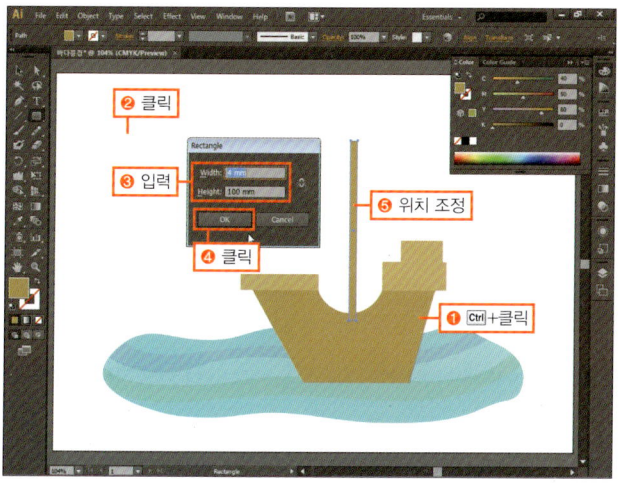

MEMO ● [Selection Tool](▶)로 배 본체를 선택한 후 사각형을 만들면 배 본체와 동일한 [Stroke], [Fill]의 옵션을 가진 오브젝트가 생성됩니다.

18 돛 드로잉

❶ [Pen Tool](✒)을 선택하고 ❷ 삼각형 모양의 돛을 두 개 그립니다. ❸ 돛 오브젝트를 모두 선택한 뒤 ❹ [Color] 패널에서 'C=1, M=1, Y=16, K=0'으로 색상을 변경합니다.

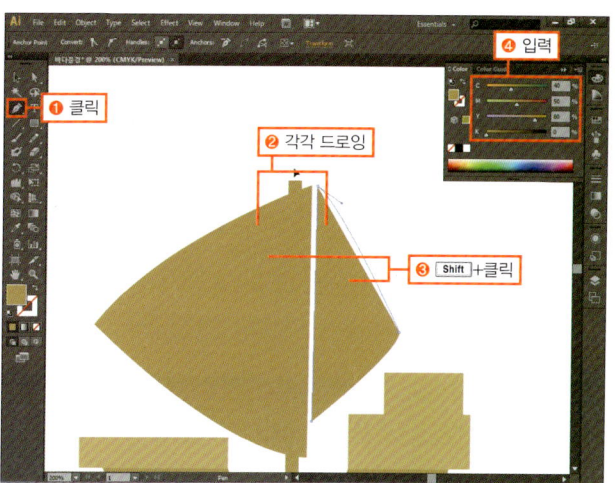

19 창 드로잉

❶ [Ellipse Tool](⬭)을 선택합니다. ❷ Shift + Alt 를 누른 채 드래그하여 배 뒤쪽에 두 개의 동그란 창문을 만듭니다. ❸ [Color] 패널에서 'C=15, M=1, Y=16, K=0'으로 색상을 변경합니다.

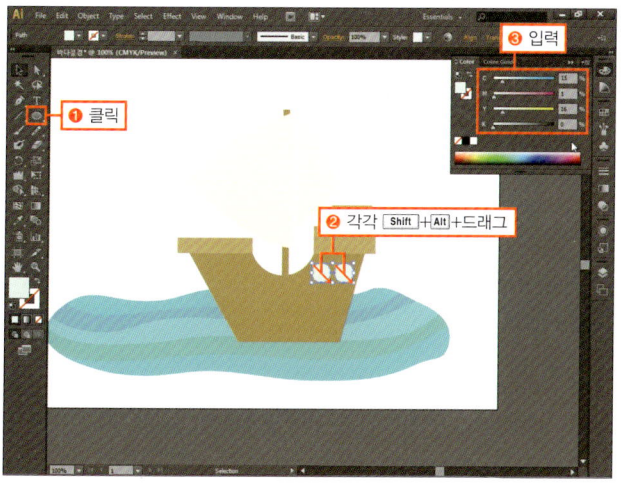

20 레이어 순서 변경

❶ 배 아래쪽의 바닷물 오브젝트 그룹을 선택합니다. ❷ 오른쪽 클릭 후 ❸ [Arrange]-[Bring to Front] 메뉴를 클릭하거나 단축키 Ctrl + Shift +] 를 눌러 맨 앞으로 배열합니다.

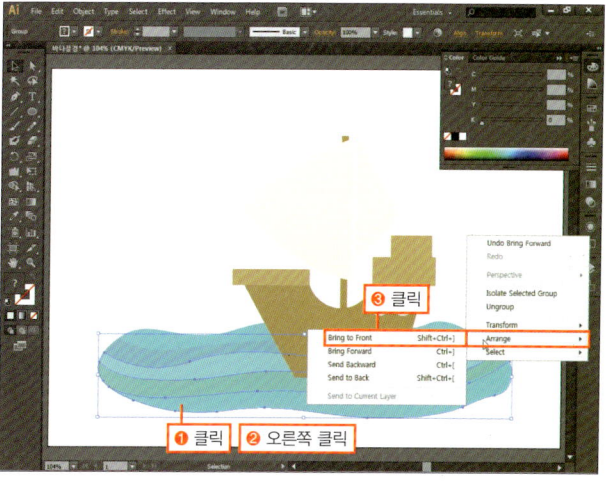

21 파도 효과 적용

❶ [Wrinkle Tool](🔳)을 선택합니다. ❷ 바닷물 그룹을 모두 선택합니다. ❸ 바닷물 그룹 위에서 드래그하여 출렁거리는 효과를 표현합니다.

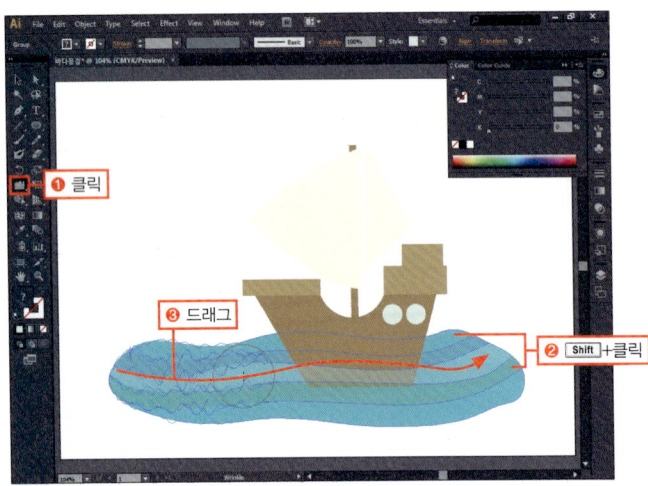

MEMO ● [Wrinkle Tool](🔳)은 기본 옵션으로 사용했습니다. 기본 옵션으로 되어 있지 않을 경우 [Wrinkle Tool](🔳)을 더블클릭한 후 [Reset]-[OK]를 클릭하고 사용하면 됩니다.

22 완성

바다 위에 배가 떠 있는 풍경이 완성되었습니다.

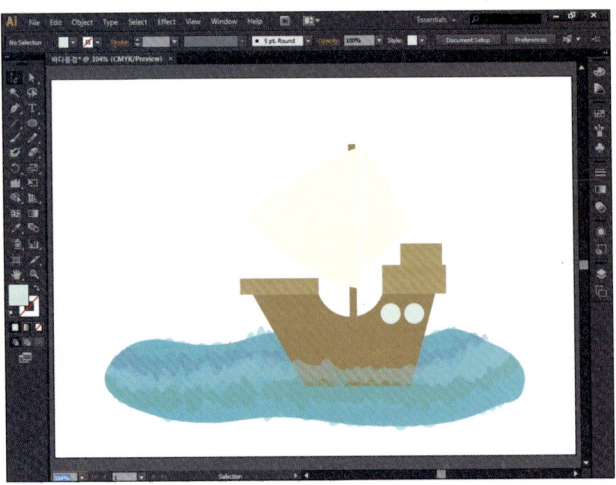

◉ **완성 파일** : Chapter04\바다풍경_완성.ai

잠금 기능 사용하기

앞서 실습한 예제 파일 중에는 미리 잠겨 있는 오브젝트들이 있었습니다. 오브젝트 잠금 기능을 통해 자주 사용하지 않는 오브젝트를 잠그면 작업의 영향을 받지 않게 됩니다. 특히 격리 모드와 함께 사용하면 작업이 무척 수월해집니다. 일러스트레이터의 잠금 기능에 대해 알아보겠습니다.

1 잠금 기능 사용하기

원하는 오브젝트를 선택한 후 Ctrl + 2 를 눌러 해당 오브젝트를 잠급니다. Ctrl + Alt + 2 를 누르면 잠금 상태가 해제됩니다. 예제 파일을 통해 잠금 기능을 실습해보겠습니다.

◎ 예제 파일 : Chapter04\잠금.ai

1 예제 파일 실행

❶ '잠금.ai' 파일을 불러옵니다.

2 색상 수정

❶ Shift 를 누른 채 클릭하여 중앙선 기준으로 왼쪽의 삼각형, 별 모양 오브젝트들을 모두 선택합니다. ❷ D 를 눌러 [Stroke]와 [Fill]을 기본으로 돌립니다.

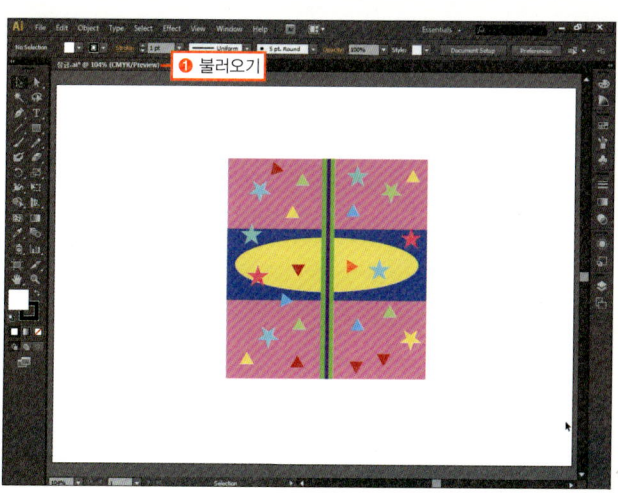

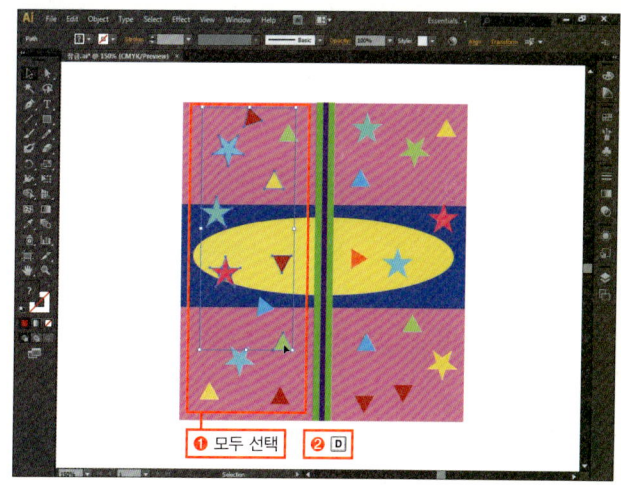

3 오브젝트 잠금 설정

① 오브젝트의 가운데를 드래그하여 배경과 중앙선을 선택합니다.
② Ctrl+2를 눌러 해당 오브젝트를 잠급니다.

4 색상 수정

① 드래그하여 오른쪽 오브젝트들을 모두 선택합니다. 배경과 중앙선은 잠겨 있는 상태이므로 선택되지 않습니다. ② D를 눌러 [Stroke]와 [Fill]을 기본 설정으로 돌립니다.

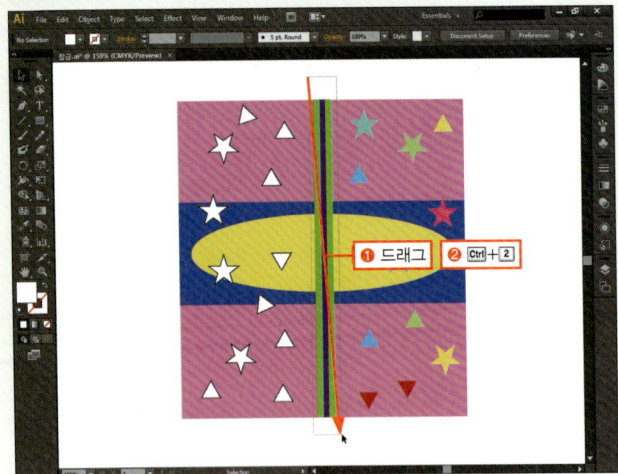

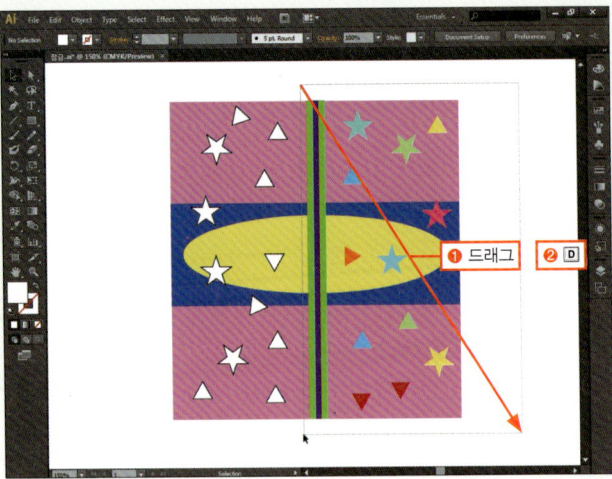

5 잠금 해제

① Ctrl+Alt+2를 눌러 잠금 해제합니다. 배경과 중앙선 오브젝트의 잠금이 풀렸습니다.

◉ 완성 파일 : Chapter04\잠금_완성.ai

MEMO ● 잠금 기능은 스케치 이미지를 잠그고 그 위에 다른 작업을 할 때에도 유용합니다.

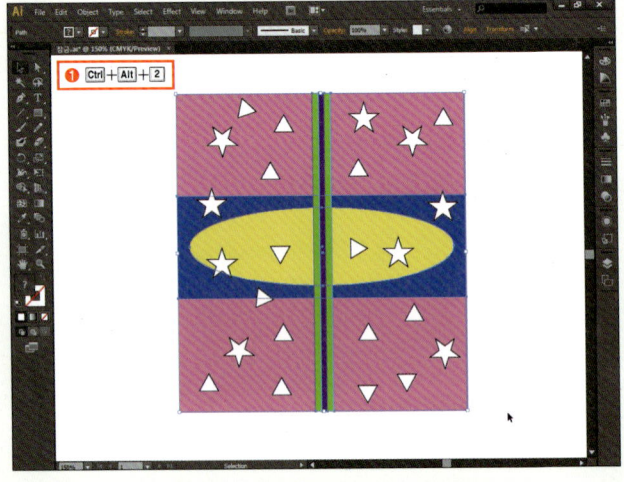

Illustrator CS6

이번 Chapter에서 학습한 내용을 바탕으로 다음의 실전 문제를 스스로 풀어봅니다.

❶ [Rotate Tool]과 [Transform] 패널을 이용하여 오브젝트를 회전해보세요.

- 예제 파일 : Chapter04\s_unit04_01.ai
- 완성 파일 : Chapter04\s_unit04_01_완성.ai
- 해설 파일 : 해설파일\04_회전복사하기.hwp, pdf

Before
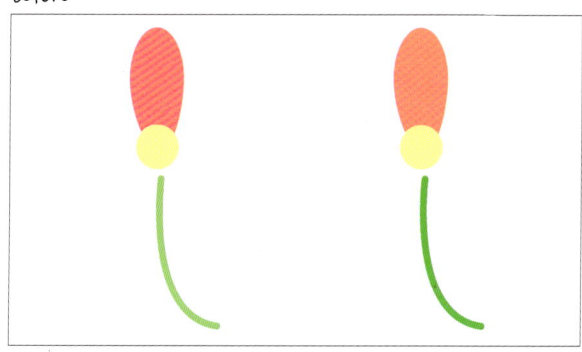

After

① [Selection Tool](🔲)로 꽃잎 오브젝트 선택하고 [Rotate Tool](🔄) 선택하기 ➡ ② Alt 를 누른 채 클릭하여 회전 기준점 변경하기 ➡ ③ [Angle]을 '72°'로 설정하고 [Copy] 클릭하기 ➡ ④ Ctrl + D 를 여러 번 눌러 오브젝트 반복 복사하기 ➡ ⑤ Shift + F8 을 눌러 [Transform] 패널 불러와 변형 기준점을 가운데로 설정하기 ➡ ⑥ 🔄를 '-50'으로 설정하여 회전하기

❷ 오브젝트들을 회전하고 기준에 맞게 정렬해보세요.

- 예제 파일 : Chapter04\s_unit04_02.ai
- 완성 파일 : Chapter04\s_unit04_02_완성.ai
- 해설 파일 : 해설파일\04_오브젝트회전하고기준에맞게정렬하기.hwp, pdf

Before

After

① Ctrl + A 를 눌러 모든 오브젝트 선택하기 ➡ ② [Rotate Tool](🔄) 더블클릭하여 [Angle]을 '15°'로 설정하기 ➡ ③ [Align] 패널 불러와 [Align To]를 'Align to Selection'으로 설정하기 ➡ ④ [Vertical Align Center](🔲)와 [Horizontal Distribute Center](🔲) 클릭하기 ➡ ⑤ Ctrl + G 눌러 그룹으로 만들기 ➡ ⑥ [Align To]를 'Align to Artboard'로 설정하고 [Horizontal Align Center](🔲)와 [Vertical Align Center](🔲) 클릭하기

ILLUSTRATOR CS6

글자를 입력하고 서식을 설정하는 방법, 그래픽 스타일(Graphic Style)이나 이펙트(Effect)로 글자를 꾸미고, 글자를 특정 모양으로 왜곡하는 등 글자와 관련된 기능들을 배워봅니다. 일러스트레이터는 드로잉 프로그램답게 입력한 글자를 다양한 스타일의 디자인으로 만들 수 있습니다.

글자 입력과
디자인 설정

UNIT 01 글자 입력하고 서식 설정하기
UNIT 02 그래픽 스타일과 이펙트로 글자 꾸미기
UNIT 03 글자를 특정 모양으로 왜곡하기
UNIT 04 다양한 방법으로 글자 꾸미기

CHAPTER MAP

UNIT 01 글자 입력하고 서식 설정하기

일러스트레이터에는 글자를 입력할 수 있는 여러 가지 도구들이 있습니다. 그중 대표적인 글자 입력 도구인 [Type Tool](T)을 이용한 글자 입력 방법, [Character] 패널로 서식을 설정하는 방법, 글자 스타일(Character Style)을 만들어 적용하는 방법을 배워보겠습니다.

- [Type Tool]로 글자 입력하고 [Character] 패널로 서식 설정하기
- 글상자 만들고 [Paragraph] 패널로 단락 설정하기

- 두 개의 글상자 연결하기
- 패스를 따라 글자 입력하기

UNIT 02 그래픽 스타일과 이펙트로 글자 꾸미기

그래픽 스타일(Graphic Style)은 [Appearance] 패널에서 설정한 오브젝트의 속성(칠, 선, 불투명도, 효과 등)을 계속해서 사용할 수 있도록 등록한 것입니다. 그래픽 스타일과 이펙트로 글자를 꾸미는 방법을 배워보겠습니다.

● 글자 오브젝트에 그래픽 스타일 적용하여 꾸미기

● [Appearance] 패널과 [Stroke] 패널로 글자 꾸미기

● 그래픽 스타일을 [Graphic Styles] 패널에 등록하고 사용하기

UNIT 03 글자를 특정 모양으로 왜곡하기

[Object]-[Envelope Distort] 메뉴를 이용하여 글자 오브젝트를 변형하는 방법들을 알아보겠습니다. [Object]-[Envelope Distort] 메뉴에는 메시를 이용하여 변형하는 [Make with Mesh], 특정 모양으로 변형하는 [Make with Warp], 지정한 오브젝트의 형태로 변형하는 [Make with Top Object] 등이 있습니다.

● [Make with Warp] 메뉴로 오브젝트 변형하기　　● [Make with Top Object] 메뉴로 오브젝트 변형하기

　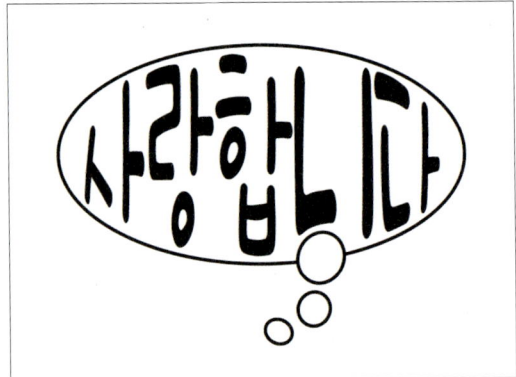

UNIT 04 다양한 방법으로 글자 꾸미기

글자 오브젝트를 패스로 만든 후 형태를 수정하여 글자를 꾸밀 수 있습니다. 또한 그림자 효과와 클리핑 마스크를 이용하여 색종이 글자 효과를 적용하고 태블릿 펜의 압력을 이용하여 캘리그라피를, 분필 효과 브러시로 글자 효과를 만들어보겠습니다.

● 글자 오브젝트를 패스로 만들고 수정하기　　● 오려진 테이프 글자 효과 만들기

● 태블릿 펜의 압력으로 캘리그라피 만들기　　● 브러시를 이용하여 분필 효과 만들기

Unit 01. 글자 입력하고 서식 설정하기

일러스트레이터에는 글자를 입력할 수 있는 여러 가지 도구들이 있습니다. 그중 대표적인 글자 입력 도구인 [Type Tool]( )을 이용한 글자 입력 방법, [Character] 패널로 서식을 설정하는 방법, 글자 스타일(Character Style)을 만들어 적용하는 방법을 배워보겠습니다.

학습주제
- 글자 입력하고 서식 설정하기
- 글상자 만들어 입력하기
- 패스를 따라 입력하기

관련학습
- 다양한 방법으로 글자 꾸미기 : 296쪽

[Type Tool]로 글자 입력하기

글자를 입력하는 방법과 특정 글자체가 설치되지 않은 컴퓨터에서 해당 글자체를 사용한 파일을 불러왔을 때의 문제점, 글자체를 다운로드하고 설치하는 방법을 알아보겠습니다.

● 글자를 입력하는 방법 알아보기

[Type Tool]( )은 가로 방향으로, [Vertical Type Tool]( )은 세로 방향으로 글자를 입력하는 도구입니다. 두 도구를 이용한 글자 입력 방법을 알아보겠습니다.

- 도구를 선택하고 아트보드를 클릭하면 글자를 입력할 수 있습니다. 이 방법은 간단한 단어를 입력하기에 적합하며, 다음 행으로 넘어가려면 필요할 때마다 Enter 를 눌러야 합니다.
- 도구를 선택한 후 아트보드에 드래그하면 글상자가 만들어지고, 글자를 입력하면 글상자 안으로 정렬됩니다. 글상자의 오른쪽 끝까지(혹은 하단 끝까지) 글자를 입력하면 Enter 를 누르지 않더라도 자동으로 다음 행으로 넘어갑니다. 글상자의 크기를 조절하면 입력한 글자들이 다시 정렬됩니다.

▲ 글자를 입력한 모습

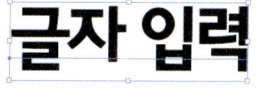

▲ 글상자에 글자를 입력한 모습   ▲ 글상자의 크기를 조절한 모습

● **특정 글자체가 설치되지 않은 컴퓨터에서 파일을 불러왔을 때**

특정 글자체(폰트)가 설치되어 있지 않은 컴퓨터에서 해당 글자체를 사용한 파일을 불러올 경우 기본 글자체로 바뀌게 됩니다. 이런 문제를 해결하려면 글자체 파일을 준비해야 합니다. 해당 글자체가 없다면 다른 글자체로 대체하여 사용해야 합니다. 글자 오브젝트를 패스로 전환하여 문제를 해결할 수도 있지만 패스로 만든 후에는 다시 글자 오브젝트로 사용할 수 없으므로 글자 내용을 수정하거나 글자체를 변경할 수 없습니다.

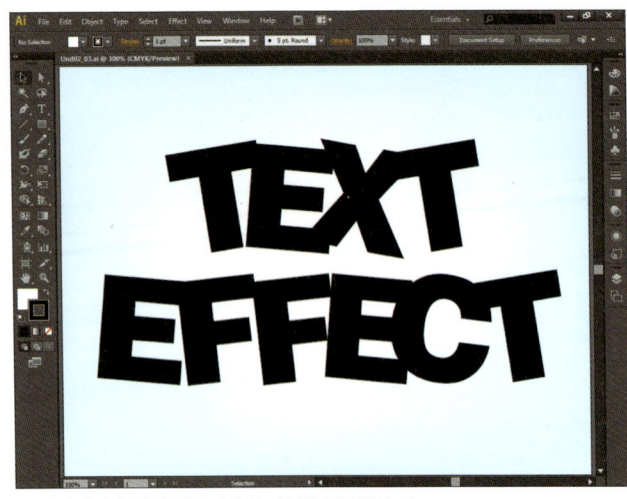
▲ 글자체가 설치된 컴퓨터에서 파일을 불러왔을 때

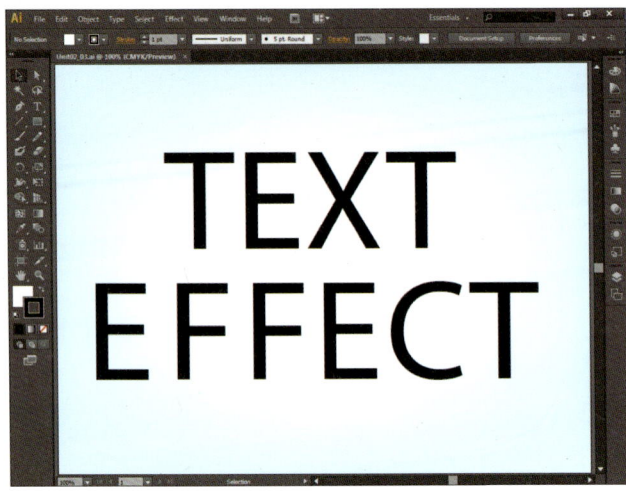
▲ 글자체가 설치되지 않은 컴퓨터에서 파일을 불러왔을 때

● **글자체 다운로드하고 설치하기**

- http://www.dafont.com, http://hangeul.naver.com/index.nhn에서 글자체 파일을 무료로 내려받을 수 있습니다.
- 내려받은 글자체 파일을 잘라 내거나 복사한 후 내 컴퓨터에서 'Windows'가 설치된 드라이브(기본 C:)로 들어갑니다. [Windows]-[Fonts] 폴더에 글자체 파일을 붙여 넣습니다. 일러스트레이터 프로그램을 재실행합니다.

[Type Tool]로 글자 입력하고 [Character] 패널로 서식 설정하기

[Type Tool]을 이용하여 글자를 입력하고 [Character] 패널로 글자의 서식을 설정하는 방법을 배워보겠습니다.

예제 파일 : Chapter05\unit01_01.ai

01 글자 입력

❶[Type Tool](T)을 선택합니다. ❷아트보드를 클릭하면 해당 위치에 커서가 나타납니다. ❸글자를 입력합니다. ❹[Selection Tool]( )을 선택합니다. 글자 입력이 완료됩니다.

02 글자체 설정

❶[Window]-[Type]-[Character] 메뉴를 클릭합니다. [Character] 패널이 나타나면 ❷글자체를 '나눔손글씨 펜'으로 설정합니다. 입력한 글자의 글자체가 변경됩니다.

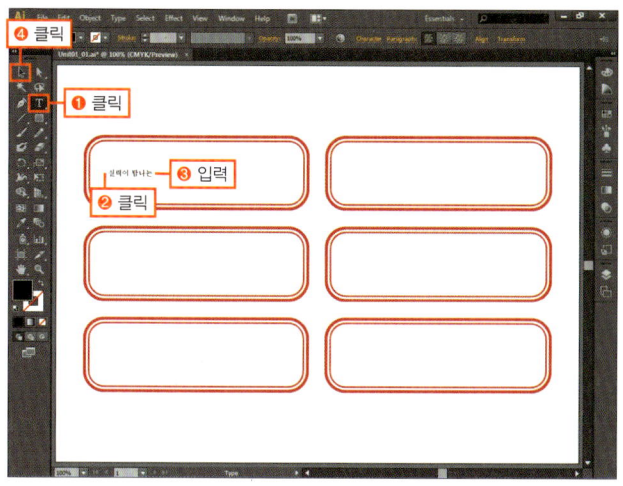

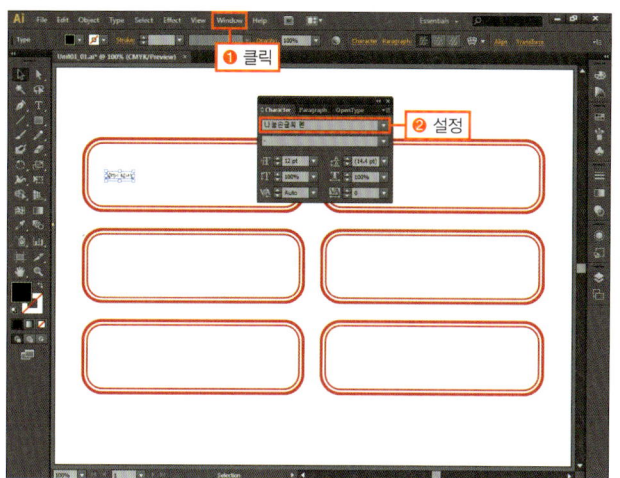

MEMO [Type Tool](T)을 한 번 더 클릭해도 글자 입력이 완료됩니다.

03 글자 크기 설정

❶[Character] 패널의 [Set the font size]( )를 '72 pt'로 설정합니다. 입력한 글자의 크기가 변경됩니다.

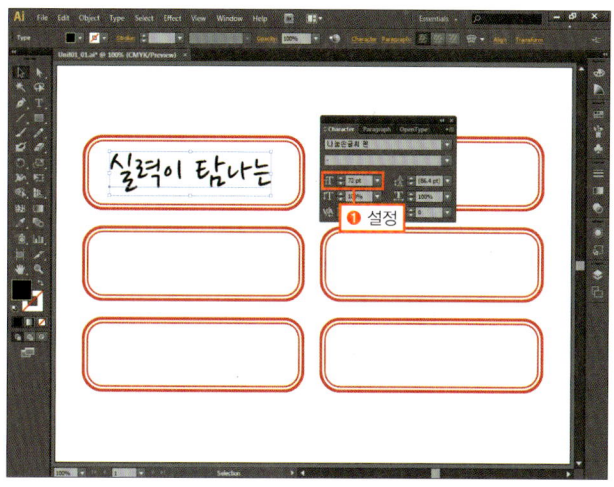

04 글자 입력

❶ [Type Tool](T)을 선택합니다. ❷ 글자를 입력한 후 ❸ [Selection Tool](▶)을 클릭합니다. 앞서 설정한 글자체와 글자 크기가 그대로 적용됩니다.

05 글자 수정

입력한 글자를 수정하겠습니다. ❶ [Type Tool](T)을 선택한 후 첫 글자로 마우스를 가져갑니다. ❷ 포인터가 모양으로 바뀌면 드래그하여 글자를 블록 설정합니다.

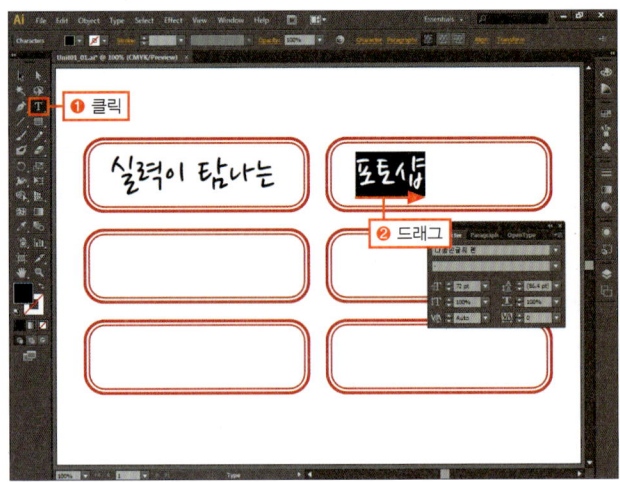

06 글자 수정

❶ 글자를 입력합니다. 블록 설정한 글자는 지워지고 새로 입력한 글자가 나타납니다. ❷ [Selection Tool](▶)을 클릭하여 글자 수정을 완료합니다.

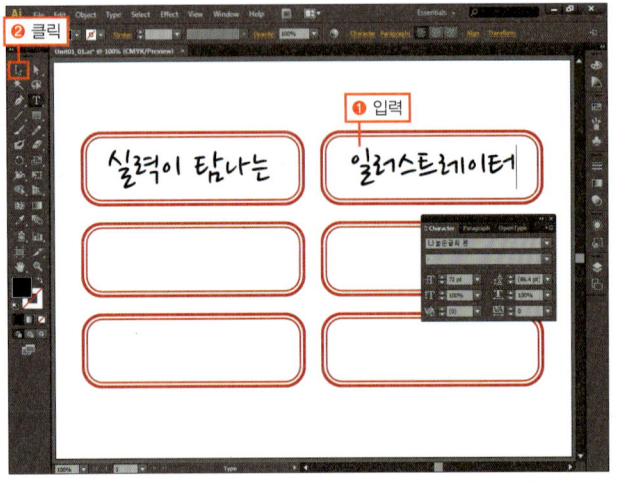

07 글자 오브젝트 복사

❶ 입력한 글자 오브젝트들을 복사하여 다음과 같이 만듭니다.

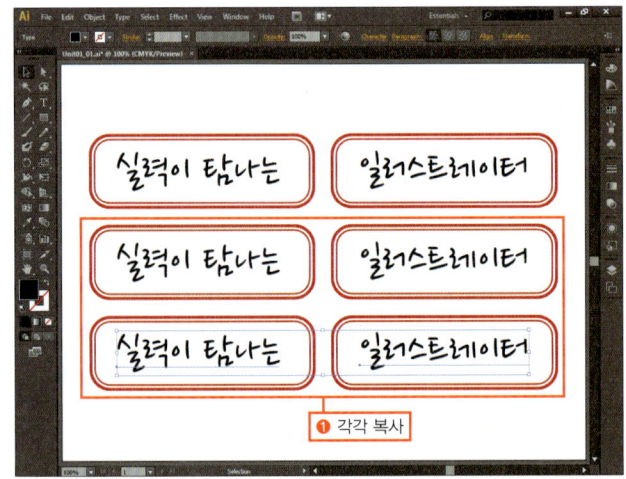

08 세로 비율 설정

❶ [Selection Tool]( )로 글자 오브젝트를 하나 선택합니다. ❷ [Character] 패널에서 [Vertical Scale]( )을 '120%'로 설정합니다. 세로 비율이 변경됩니다.

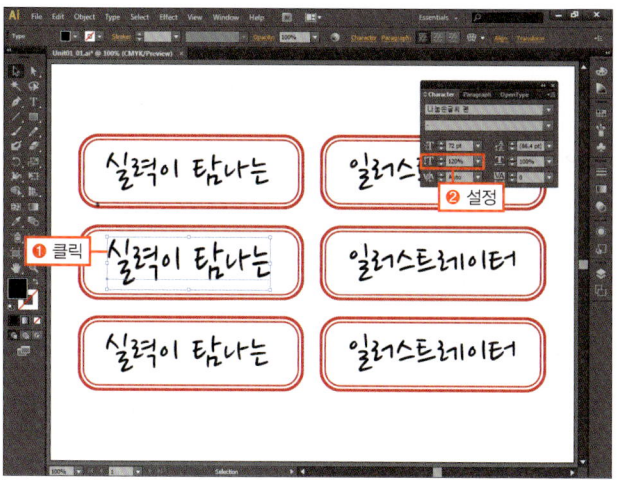

09 가로 비율 설정

❶ 또 다른 글자 오브젝트를 선택한 후 ❷ [Character] 패널에서 [Horizontal Scale]( )를 '120%'로 설정합니다. 가로 비율이 변경됩니다.

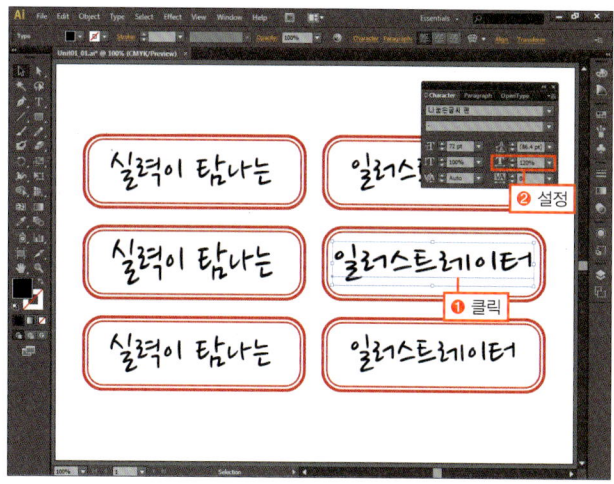

10 자간 설정

❶ 또 다른 글자 오브젝트를 선택한 후 ❷ [Character] 패널에서 [Tracking]( )을 '-100'으로 설정합니다. 자간이 변경됩니다.

11 글자 회전

❶ [Type Tool]( )을 선택하고 ❷ 또 다른 글자 오브젝트의 첫 번째 글자를 블록 설정합니다. ❸ [Character] 패널에서 [Character Rotation]( )을 '15°'로 설정합니다. 해당 글자가 회전합니다. ❹ [Selection Tool]( )을 클릭합니다.

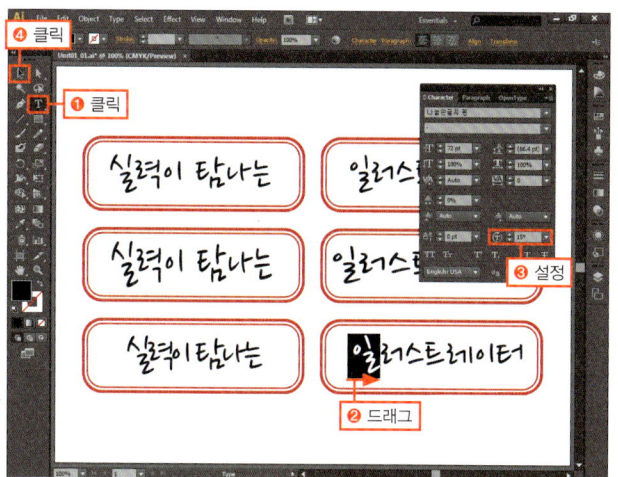

◎ 완성 파일 : Chapter05\unit01_01_완성.ai

TIP [Character] 패널 살펴보기

[Window]–[Type]–[Character] 메뉴를 클릭하면 [Character] 패널이 나타납니다(Ctrl+T). 패널 상단의 목록 단추(▼≡)를 클릭한 후 [Show Options] 메뉴를 클릭하면 숨겨진 옵션을 볼 수 있습니다.

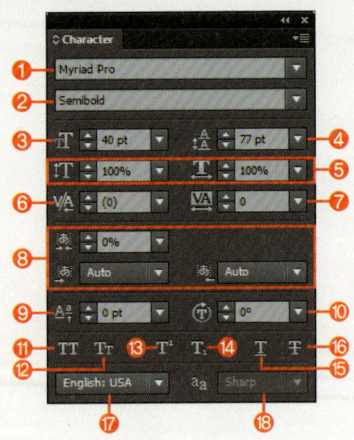

❶ **Set the font family** : 글자체(폰트)를 설정합니다.
❷ **Set the font style** : 선택한 글자체의 스타일을 설정합니다. 글자체에 따라 설정할 수 있는 스타일의 종류가 달라집니다.
❸ **Set the font size(📝)** : 글자의 크기를 설정합니다.
❹ **Set the font leading(📝)** : 행간(행 사이의 간격)을 설정합니다(기본 설정 : Auto).
❺ **Vertical Scale(📝), Horizontal Scale(📝)** : 문자의 세로 및 가로 비율을 설정합니다(기본 설정 : 100%).
❻ **Set the kerning between two characters(📝)** : 커닝(어간 좁히기)을 설정합니다(기본 설정 : Auto).
❼ **Set the tracking for the selected characters(📝)** : 자간(문자 사이의 간격)을 설정합니다(기본 설정 : 0).
❽ **Tsume(📝), Insert Aki(Left)(📝), Insert Aki(Right)(📝)** : 한글, 일본어, 중국어 등 2바이트 문자를 입력할 때 자간을 설정합니다.
❾ **Set the baseline shift(📝)** : 글자 오브젝트를 선택했을 때 글자 아래 나타나는 기준선의 위치를 설정합니다.
❿ **Character Rotation(📝)** : 글자를 회전합니다.
⓫ **All Caps(📝)** : 영문자를 모두 대문자로 변경합니다.
⓬ **Small Caps(📝)** : 영문자의 소문자들을 작은 크기의 대문자로 변경합니다.
⓭ **Superscript(📝)** : 위첨자를 만듭니다.
⓮ **Subscript(📝)** : 아래첨자를 만듭니다.
⓯ **Underline(📝)** : 문자에 밑줄을 긋습니다.
⓰ **Strikethrough(📝)** : 문자 중간에 취소를 표시하는 줄을 긋습니다.
⓱ **Language** : 언어를 설정합니다.
⓲ **Set the anti-aliasing method(📝)** : 안티 앨리어스(Anti-alias) 방식을 설정합니다.
  • **None** : 안티 앨리어스를 적용하지 않습니다.
  • **Sharp** : 가장 선명한 상태로 나타납니다.
  • **Crisp** : 약간 선명한 상태로 나타납니다.
  • **Strong** : 굵게(강하게) 나타납니다.

글상자 만들고 [Paragraph] 패널로 단락 설정하기

[Type Tool](T)로 글상자를 만들고, [Paragraph] 패널로 단락을 설정하는 방법을 알아보겠습니다.

◎ 예제 파일 : Chapter05\unit01_02.ai, Unit01.txt

01 메모장으로 파일 실행

❶메모장 프로그램으로 'Unit01.txt' 파일을 불러옵니다. ❷Ctrl+A를 눌러 전체 블록 설정한 후 ❸Ctrl+C를 눌러 클립보드로 복사합니다. ❹메모장 프로그램을 종료합니다.

02 글상자 생성

❶[Type Tool](T)을 선택한 후 ❷클릭한 채 드래그하여 사각형을 만듭니다.

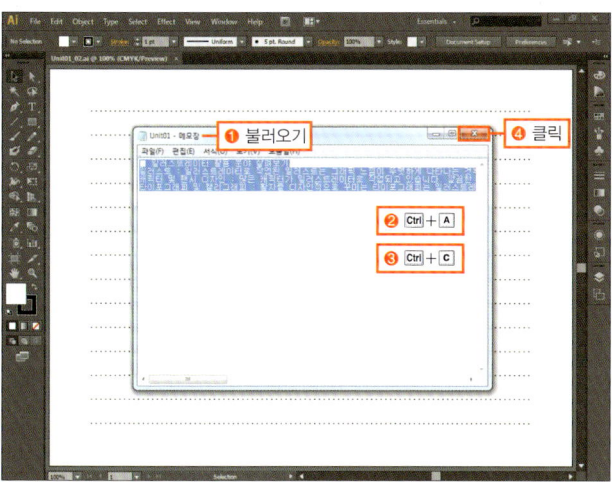

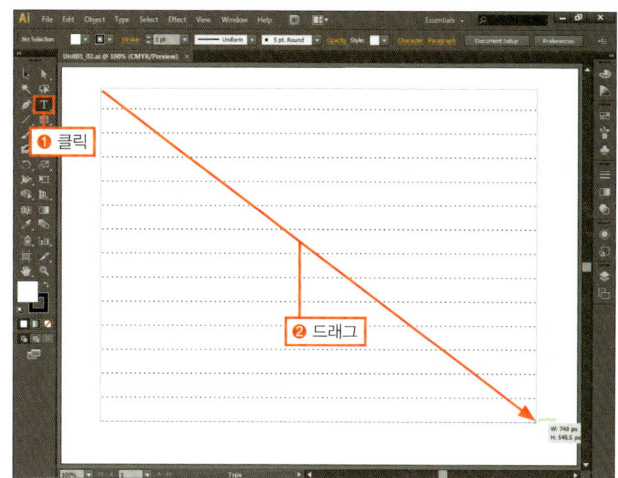

03 복사한 글자 붙여넣기 실행

드래그한 영역에 글상자가 만들어집니다. ❶Ctrl+V를 눌러 메모장에서 복사했던 내용을 붙여 넣습니다. ❷[Selection Tool](▶)을 클릭하여 입력을 완료합니다.

04 글자체, 글자 크기 설정

❶[Window]-[Type]-[Character] 메뉴를 클릭하여 [Character] 패널을 불러옵니다. ❷패널에서 글자체와 글자 크기를 설정합니다.

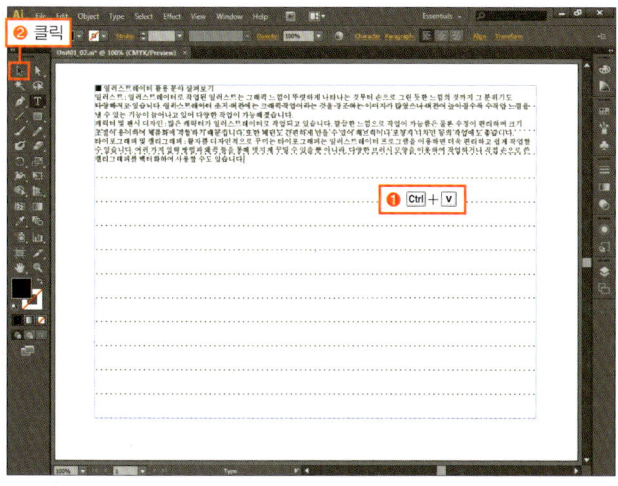

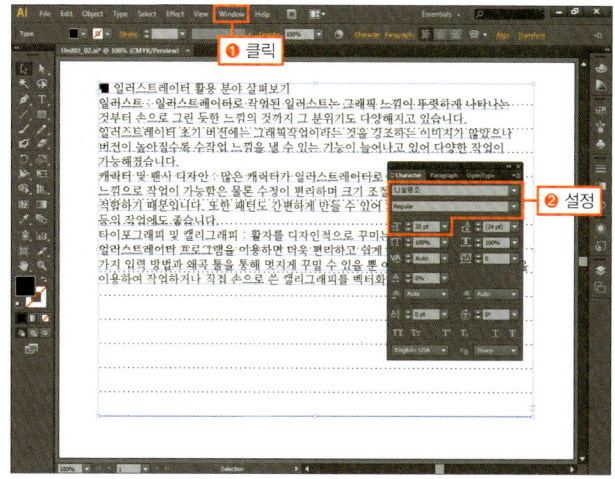

MEMO ● 글자체는 '나눔명조', 글자 크기는 '20 pt'로 설정했습니다.

05 행간 설정

❶ [Character] 패널의 [Set the leading](🅰)에서 글자가 각 줄에 맞게 들어가도록 행간을 설정합니다.

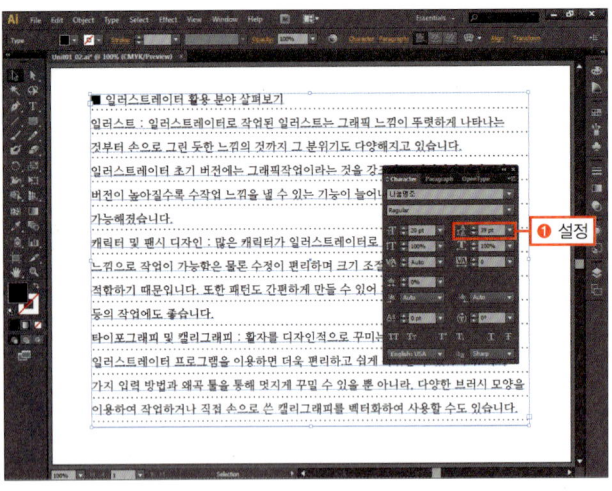

MEMO ● 여기서는 '39 pt'로 설정했습니다.

06 오른쪽으로 정렬

❶ [Paragraph] 패널의 탭을 클릭합니다. [Paragraph] 패널에서 ❷ [Align right](▤)를 클릭합니다. 글상자의 글자들이 모두 오른쪽으로 정렬됩니다.

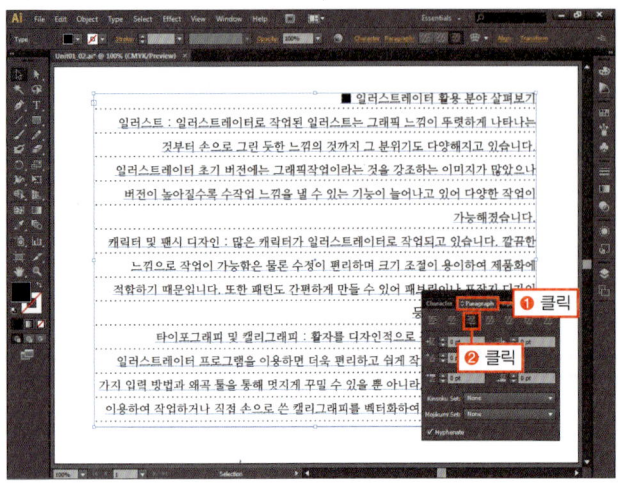

07 왼쪽으로 정렬

❶ [Align left](▤)를 클릭합니다. 글자들이 다시 왼쪽으로 정렬됩니다. ❷ 를 '15 pt'로 설정합니다. 각 문단의 첫 번째 행에 들여쓰기가 적용됩니다.

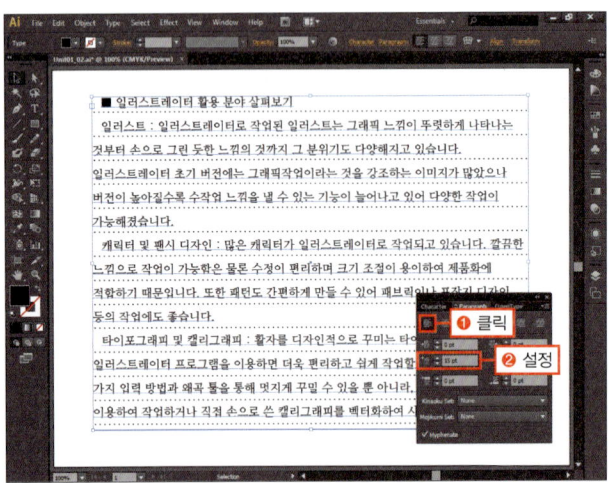

08 완성

❶ 아트보드의 빈 공간을 클릭하여 글자 오브젝트의 선택을 해제합니다.

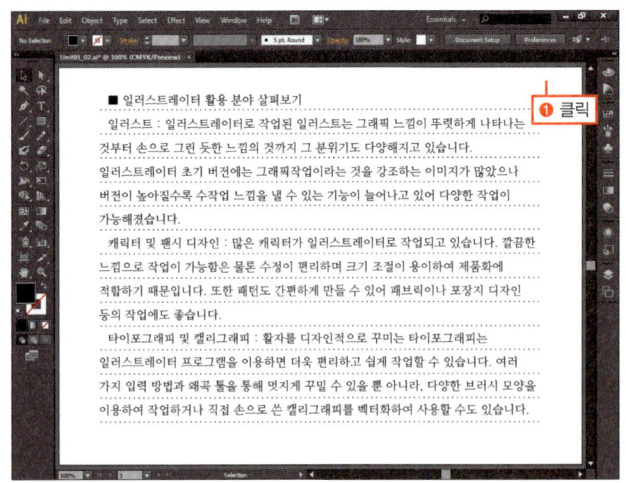

◉ 완성 파일 : Chapter05\unit01_02_완성.ai

MEMO ● 글자를 많이 입력하여 글상자의 영역 내에 모든 글자가 표시되지 않을 경우 글상자 가장자리에 ⊞ 아이콘이 나타납니다. 이때는 글상자의 영역을 넓히거나 다른 글상자와 연결하여 내용이 이어지도록 만들어 해결할 수 있습니다.

두 개의 글상자 연결하기

오브젝트를 글상자로 만들고 두 글상자를 연결하여 내용이 이어지도록 만들 수 있습니다. 또한 TXT 파일에 입력되어 있는 글자들을 일러스트레이터로 불러오는 방법을 알아보겠습니다.

◎ 예제 파일 : Chapter05\unit01_04.ai, Unit02.txt

01 원 오브젝트 생성

❶ [Ellipse Tool](◯)을 선택합니다. ❷ 아트보드의 빈 공간을 클릭합니다. ❸ 대화상자에서 [Width]와 [Height]를 '320 px'로 설정합니다. ❹ [OK]를 클릭합니다.

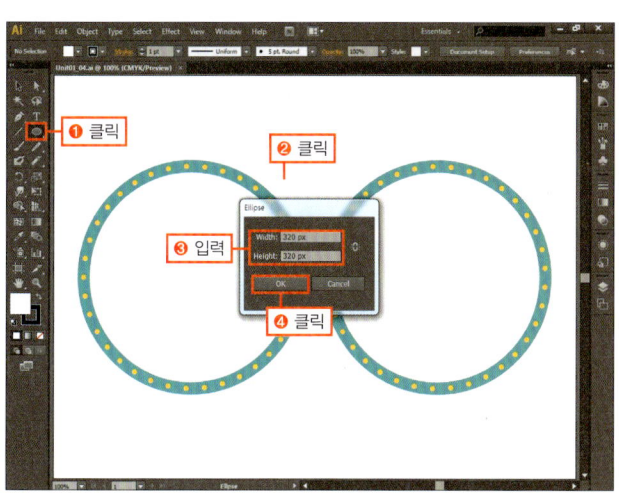

02 오브젝트 이동 및 복사

❶ [Selection Tool](▶)로 ❷ 원 오브젝트의 위치를 이동합니다. ❸ Alt 를 누른 채 드래그하여 오브젝트를 복사합니다. ❹ 왼쪽 원을 선택합니다.

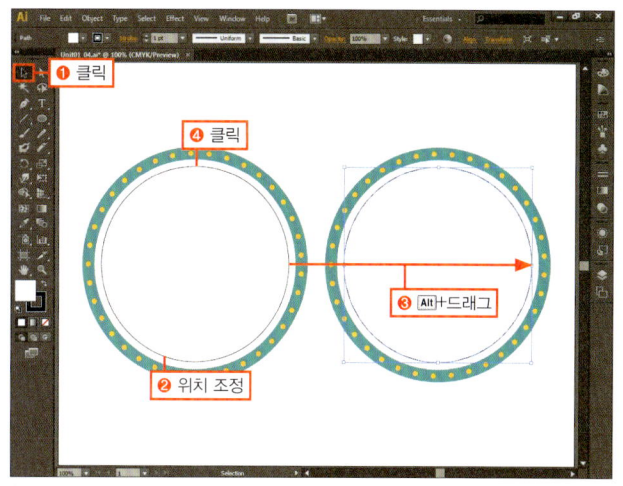

03 오브젝트를 글상자로 변환

❶ [Type Tool](T)을 선택하고 ❷ 원 오브젝트의 상단에 마우스를 가져가 포인터가 모양으로 바뀌면 클릭합니다. 오브젝트가 글상자로 변경되고 커서가 나타납니다.

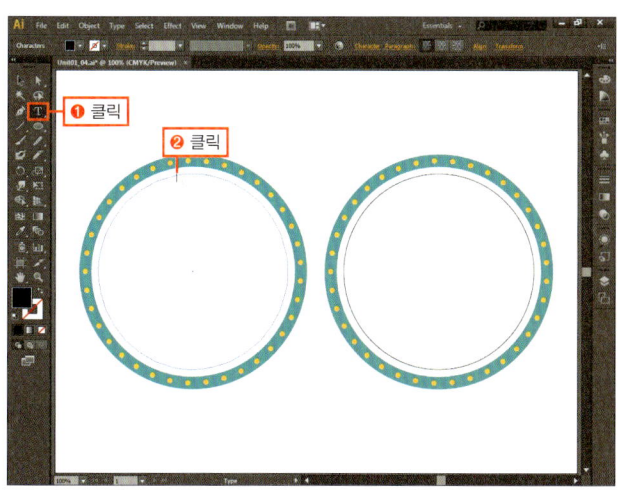

04 TXT 파일의 글자 불러오기 실행

❶ [File]-[Place] 메뉴를 클릭합니다. ❷ 'Unit02.txt' 파일을 찾아 선택합니다. ❸ [Place]를 클릭합니다.

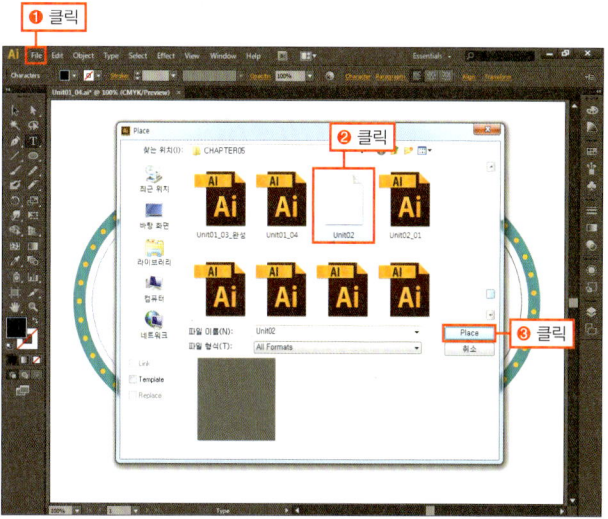

05 TXT 파일의 글자 불러오기 실행

대화상자가 나타나면 ❶[OK]를 클릭합니다.

06 글자 확인

텍스트 파일에 기록되어 있는 글자들이 글상자에 입력됩니다. ❶[Selection Tool]( )을 선택하여 입력을 완료합니다.

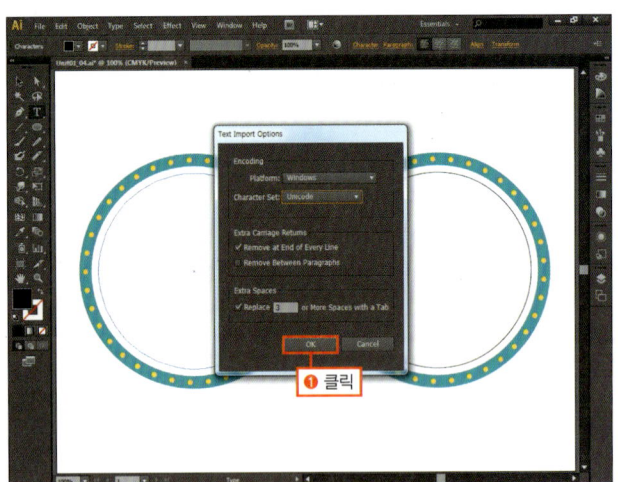
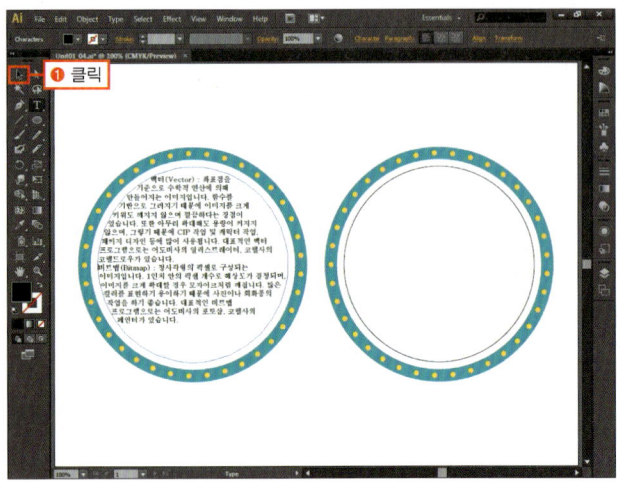

TIP 일러스트레이터에서 단위 설정하기

● **[Preferences] 대화상자에서 단위를 설정하는 방법**

[Edit]-[Preferences]-[Units] 메뉴를 클릭하거나 Ctrl+K를 눌러 [Preferences] 대화상자를 열고 [Units]를 클릭합니다. 사용할 단위를 설정할 수 있는 화면이 나타납니다.

❶ **General** : 기본 단위를 설정합니다. 도형을 만들거나 브러시 크기를 설정하는 등 대부분의 설정에서 사용됩니다. 이 책에서는 'Millimeters'와 'Pixels'를 사용합니다.

❷ **Stroke** : 선의 굵기를 설정할 때 사용하는 단위입니다. 이 책에서는 기본 설정인 'Points'를 사용합니다.

❸ **Type** : 글자 크기를 설정할 때 사용하는 단위입니다. 이 책에서는 기본 설정인 'Points'를 사용합니다.

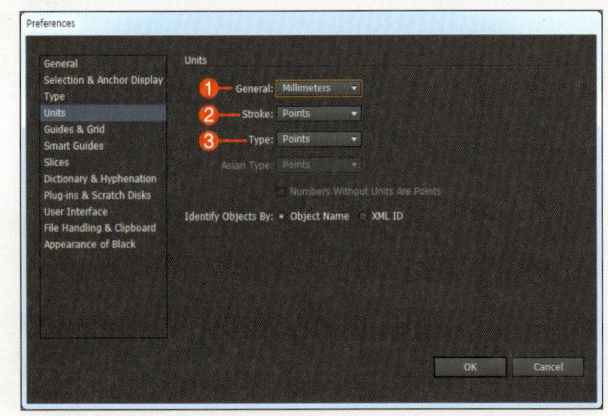

● **다른 단위를 사용하는 방법**

대부분의 대화상자에서 기본 단위 외에 다른 단위를 사용할 수 있습니다. 다음과 같이 기본 단위(General)가 'Millimeters'로 설정되어 있는 상태에서 [Width]에 '200 px'을 입력하면 [Width]의 입력 값이 자동으로 '70.5556 mm'로 변환됩니다.

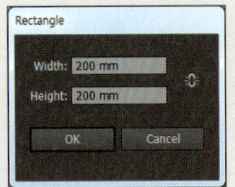
▲ 기본 단위가 'Millimeters'로 설정되어 있는 상태

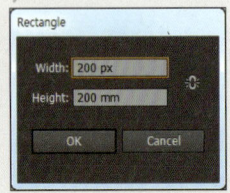
▲ [Width]에 '200 px' 입력

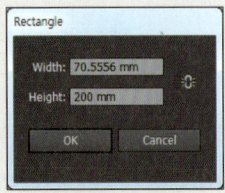
▲ [Width]의 입력 값이 'mm' 값으로 자동 변환된 모습

07 [Character] 패널 설정

❶ [Window]-[Type]-[Character] 메뉴를 클릭합니다.
❷ [Character] 패널에서 글자체를 '맑은 고딕', 글자 크기(T)를 '16 pt', 행간(A)을 '25 pt'로 설정합니다.

08 글상자와 오브젝트 동시 선택

❶ [Selection Tool]( )을 선택합니다. ❷ Shift 를 누르고 오른쪽 원 오브젝트를 클릭하여 모두 선택합니다.

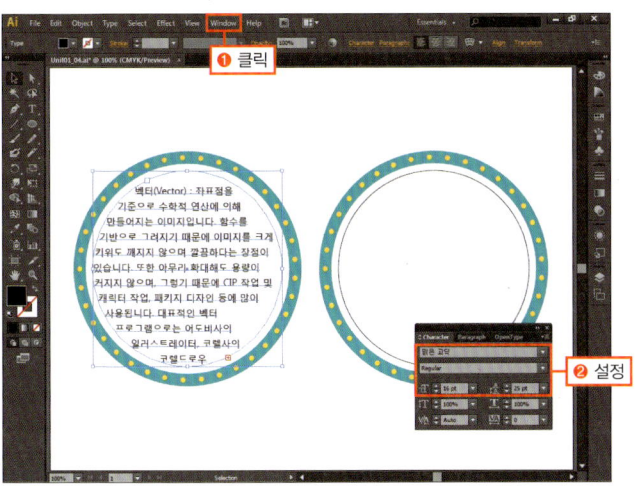
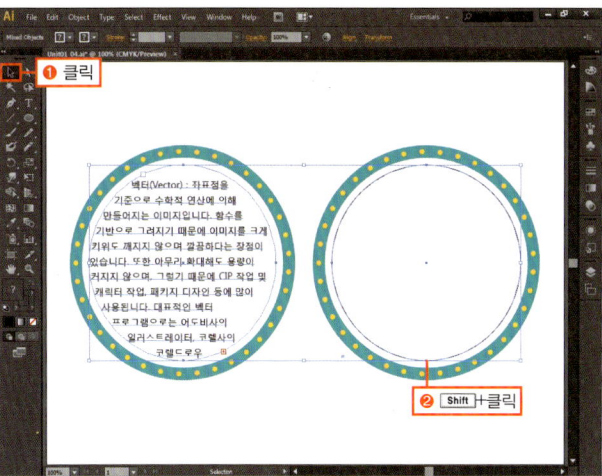

MEMO ● 글상자의 영역 내에 글자가 모두 포함되지 못해 ⊞ 아이콘이 나타난 것을 확인할 수 있습니다.

TIP [Paragraph] 패널 살펴보기

[Window]-[Type]-[Paragraph] 메뉴를 클릭하면 [Paragraph] 패널이 열립니다(Alt + Ctrl + T). 패널 상단의 목록 단추( )를 클릭한 후 [Show Options] 메뉴를 클릭하면 숨겨진 옵션이 나타납니다.

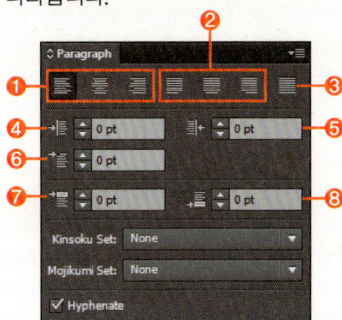

❶ : 글자를 각각 왼쪽, 가운데, 오른쪽으로 정렬합니다.
❷ : 마지막 행을 각각 왼쪽, 가운데, 오른쪽으로 정렬합니다.
❸ : 모든 행을 양쪽으로 정렬합니다.
❹ : 왼쪽에 들여쓰기를 설정합니다.
❺ : 오른쪽에 들여쓰기를 설정합니다.
❻ : 첫 번째 행에 들여쓰기를 설정합니다.
❼ : 단락 위의 간격을 설정합니다.
❽ : 단락 아래의 간격을 설정합니다.

09 두 개의 글상자 연결

❶ [Type]-[Threaded Text]-[Create] 메뉴를 클릭합니다. 오른쪽의 원 오브젝트가 글상자로 바뀌고 글 내용이 이어집니다.

10 완성

❶ 아트보드의 빈 공간을 클릭하여 선택을 해제합니다.

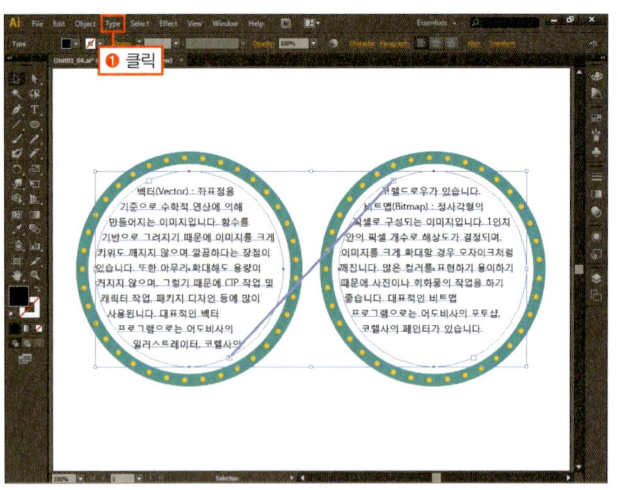

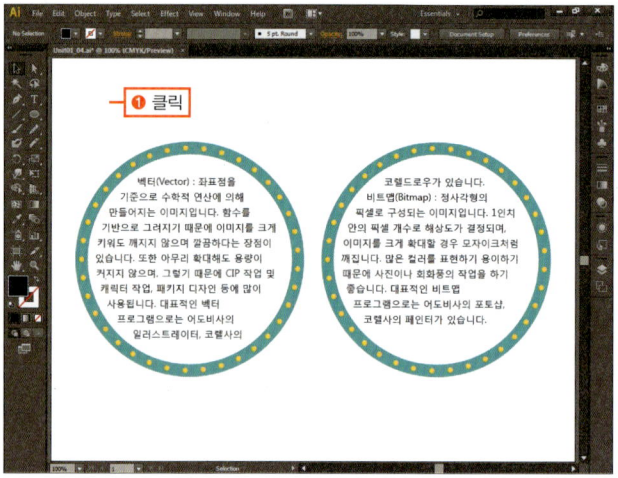

MEMO ● 첫 번째 글상자의 배열 순서가 두 번째 글상자보다 하위에 존재해야 합니다.

◉ 완성 파일 : Chapter05\unit01_04_완성.ai

패스를 따라 글자 입력하기

패스를 따라 글자를 입력하는 방법을 배워보겠습니다.

◉ 예제 파일 : Chapter05\unit01_03.ai

01 글자 입력

❶ [Type Tool](T)을 선택합니다. ❷ 패스에 마우스 포인터를 가져간 후 모양으로 바뀌면 클릭합니다. ❸ 커서가 나타나면 'Super Duper Love Love Days…'를 입력합니다. 패스를 따라 글자가 입력됩니다. ❹ [Selection Tool]()을 선택합니다.

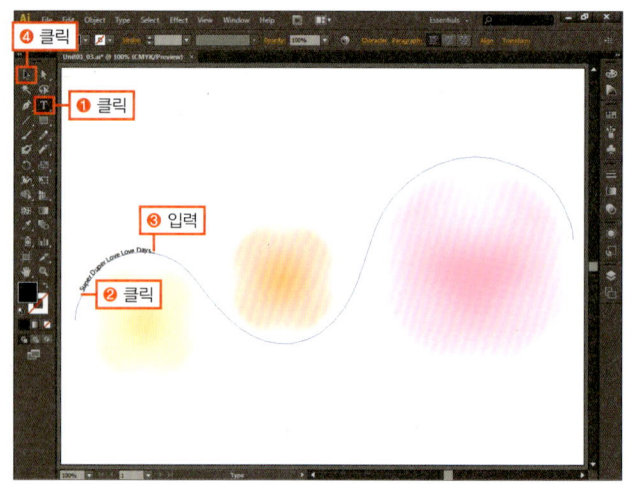

02 글자체, 글자 크기 설정

❶ [Window]-[Type]-[Character] 메뉴를 클릭하여 [Character] 패널을 불러옵니다. ❷ 글자체를 '210 유럽여행', 글자 크기를 '68 pt'로 설정합니다.

03 글자 색상 설정

❶ 칠 색상자를 더블클릭합니다. ❷ [Color Picker] 대화상자의 [#]에 'f74160'을 입력합니다. ❸ [OK]를 클릭합니다.

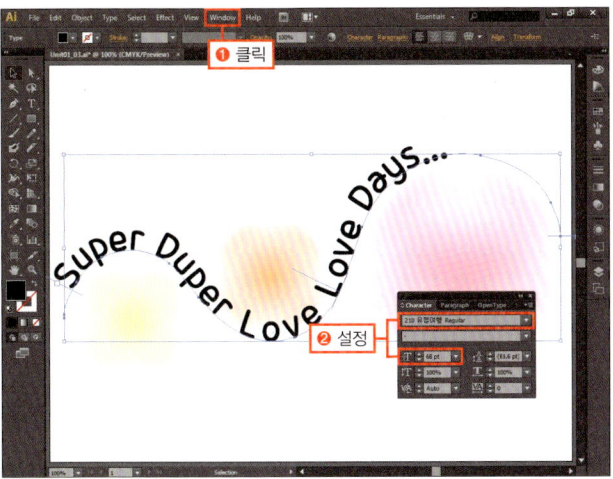

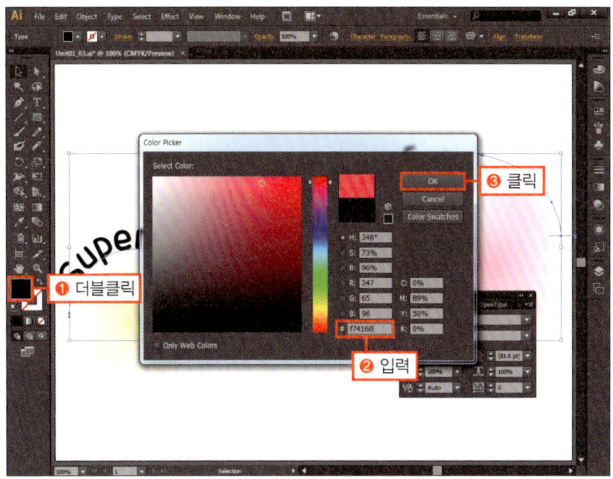

MEMO 해당 글자체가 없을 경우 다른 글자체로 작업합니다.

04 글자 위치 이동

❶ 글자 앞부분에 있는 조절점 근처의 직선에 마우스를 가져갑니다. 포인터가 모양으로 바뀝니다.

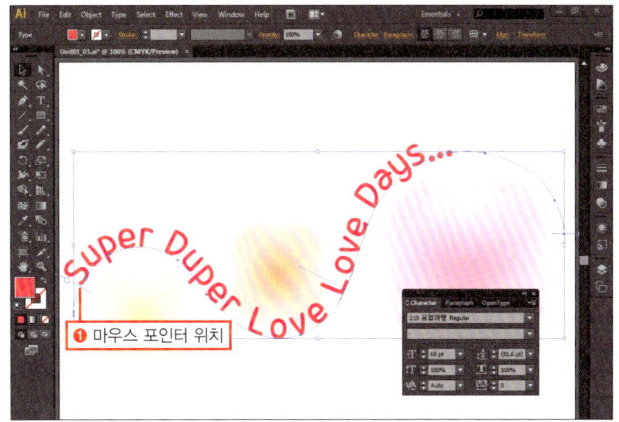

TIP 글자의 색상이 변경되지 않을 경우

글자의 색상이 변경되지 않을 경우에는 [Appearance] 패널에서 [Fill]과 [Stroke]를 활성화한 후 [Delete Selected Item]( )을 클릭하여 삭제합니다. [Characters]를 더블클릭한 후 색상을 다시 설정합니다.

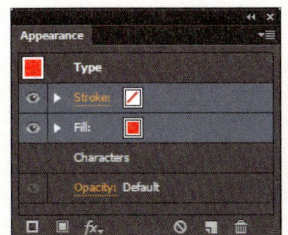
▲ [Fill], [Stroke] 활성화한 후 삭제

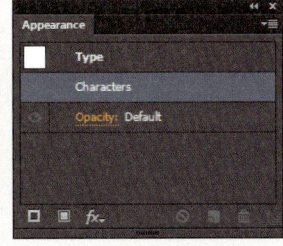
▲ [Characters] 더블클릭

▲ 색상 설정

05 글자 위치 이동

❶ 클릭한 채 드래그하면 패스를 따라 글자들이 이동합니다.

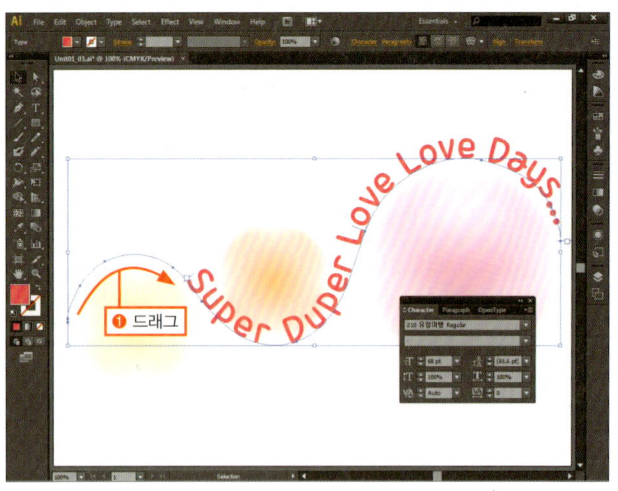

06 옵션 설정

❶ [Type]-[Type on a Path]-[Type on a Path Options] 메뉴를 클릭합니다. ❷ [Effect]를 'Stair Step', [Align to Path]를 'Baseline'으로 설정합니다. ❸ [OK]를 클릭합니다.

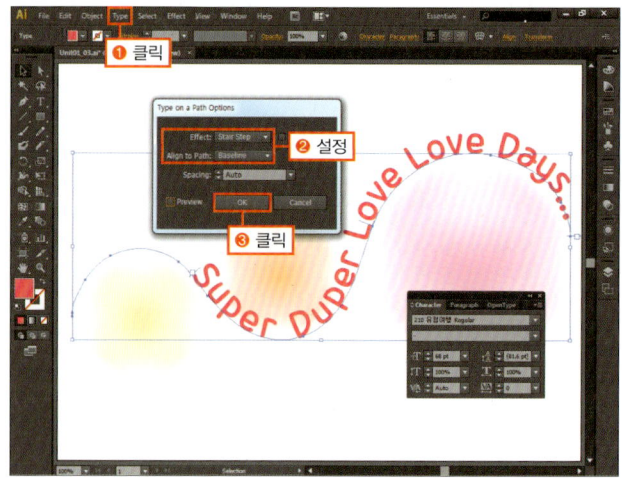

07 변경된 모습 확인

글자의 정렬 방식이 변경되었습니다. 일부 글자가 패스에 모두 나타나지 않을 경우 04~05번 과정을 참고하여 글자 위치를 다시 조정합니다.

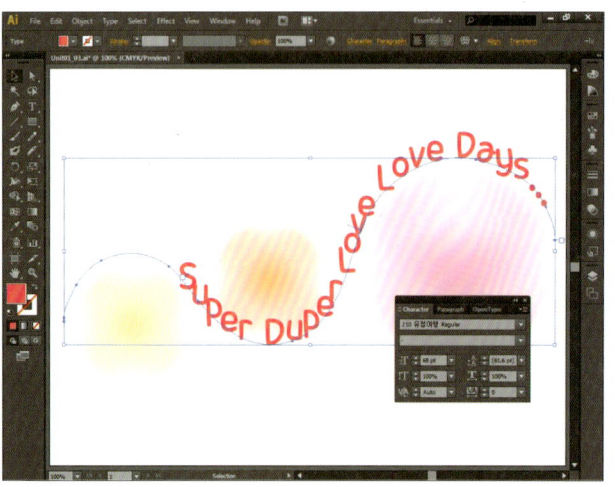

08 글자 정렬 방식 변경

❶ [Type]-[Type on a Path]-[Rainbow] 메뉴를 클릭합니다.

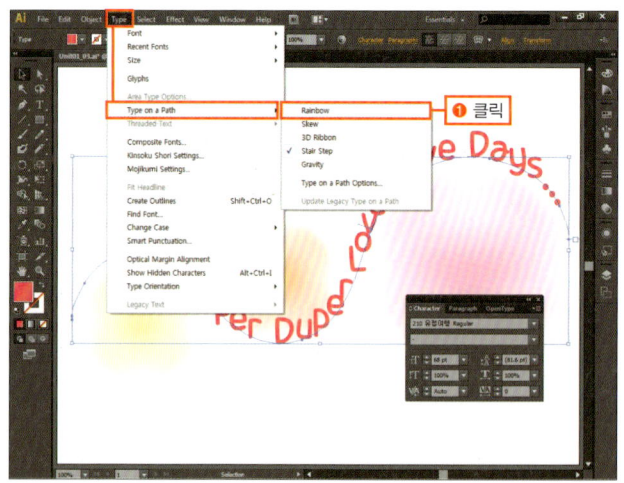

09 완성

글자의 정렬 방식이 원래대로 돌아왔습니다. ❶ Shift + Ctrl + A 를 눌러 선택을 해제합니다.

◎ 완성 파일 : Chapter05\unit01_03_완성.ai

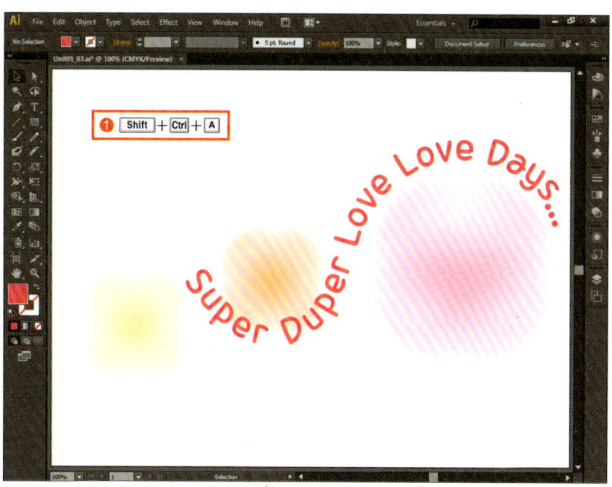

MEMO ● [Direct Selection Tool]( )로 패스의 형태를 변형하면 입력한 글자들도 패스의 모양에 따라 다시 정렬됩니다.

TIP [Type on a Path Options] 대화상자 살펴보기

[Type]–[Type on a Path]–[Type on a Path Options] 메뉴를 클릭하면 패스를 따라 입력한 글자들의 옵션을 설정할 수 있는 [Type on a Path Options] 대화상자가 나타납니다.

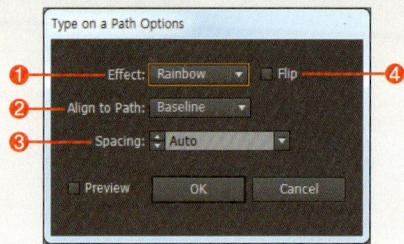

❶ **Effect** : 글자의 모양을 변경합니다.

▲ Rainbow

▲ Skew

▲ 3D Ribbon

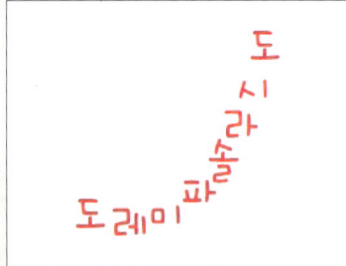
▲ Stair Step

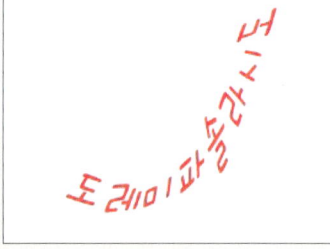
▲ Gravity

❷ **Align to path** : 글자의 위치를 설정합니다.
- Ascender : 글자를 패스의 아래로 이동합니다.
- Descender : 글자를 패스의 위로 이동합니다.
- Center : 글자를 패스의 가운데로 이동합니다.
- Baseline : 기본 설정입니다. 글자를 패스의 위치로 이동합니다.

❸ **Spacing** : 자간을 조절합니다.
❹ **Flip** : 글자의 방향을 거꾸로 반전시킵니다.

그래픽 스타일과 이펙트로 글자 꾸미기

그래픽 스타일(Graphic Style)은 [Appearance] 패널에서 설정한 오브젝트의 속성(칠, 선, 불투명도, 효과 등)을 계속해서 사용할 수 있도록 등록한 것입니다. 그래픽 스타일과 이펙트로 글자를 꾸미는 방법을 배워보겠습니다.

- 그래픽 스타일로 글자 꾸미기
- [Appearance] 패널에서 설정한 속성을 그래픽 스타일로 등록하고 적용하기

- 다양한 방법으로 글자 꾸미기 : 296쪽

그래픽 스타일로 간단하게 글자 꾸미기

그래픽 스타일(Graphic Style)과 [Graphic Styles] 패널에 대해 알아보겠습니다.

● 그래픽 스타일 활용하기

그래픽 스타일을 활용하여 오브젝트에 다양한 속성을 적용할 수 있습니다. [Window]-[Graphic Styles Libraries] 메뉴를 클릭하면 일러스트레이터에서 기본적으로 제공하는 그래픽 스타일 라이브러리를 불러올 수 있으며, 사용자가 설정한 속성을 [Graphic Styles] 패널에 등록해두고 사용할 수도 있습니다.

▲ 글자 오브젝트 선택 후 그래픽 스타일 클릭

▲ 그래픽 스타일이 적용된 모습

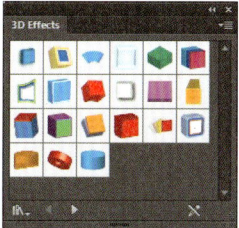

▲ 3D Effects

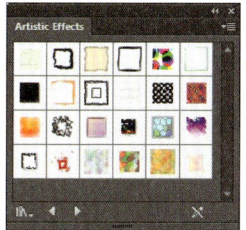

▲ Artistic Effects

▲ Illuminate Styles

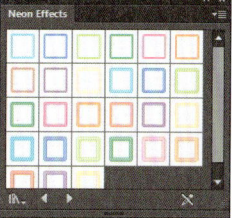

▲ Neon Effects

● **[Effect]-[Stylize] 메뉴 살펴보기**

[Effect]-[Stylize] 메뉴에는 글자에 적용하여 유용하게 사용할 수 있는 이펙트 메뉴들이 있습니다.

❶ **Drop Shadow** : 그림자 효과를 만듭니다.

❷ **Feather** : 가장자리를 흐리게 만듭니다.

❸ **Inner Glow** : 안쪽으로 빛나는 효과를 만듭니다.

❹ **Outer Glow** : 바깥쪽으로 빛나는 효과를 만듭니다.

❺ **Round Corners** : 각진 모서리를 둥글게 깎아 냅니다.

❻ **Scribble** : 손으로 스케치한 듯한 효과를 만듭니다.

▲ 원본 글자 오브젝트　▲ Drop Shadow　▲ Feather　▲ Inner Glow　▲ Outer Glow

▲ Round Corners　▲ Scribble

글자 오브젝트에 그래픽 스타일 적용하여 꾸미기

일러스트레이터에서 기본적으로 제공하는 그래픽 스타일을 글자 오브젝트에 적용하여 꾸며보겠습니다.

예제 파일 : Chapter05\unit02_01.ai

01 그래픽 스타일 라이브러리 실행

❶ [Window]-[Graphic Style Libraries]-[3D Effects] 메뉴를 클릭합니다. [3D Effects] 패널이 나타납니다. ❷ [Selection Tool]( )을 선택합니다.

02 스타일 적용

❶ 'A' 글자 오브젝트를 선택합니다. ❷ 라이브러리 패널의 '3D Effect 2' 스타일을 클릭합니다. 선택한 글자 오브젝트에 해당 스타일이 적용됩니다.

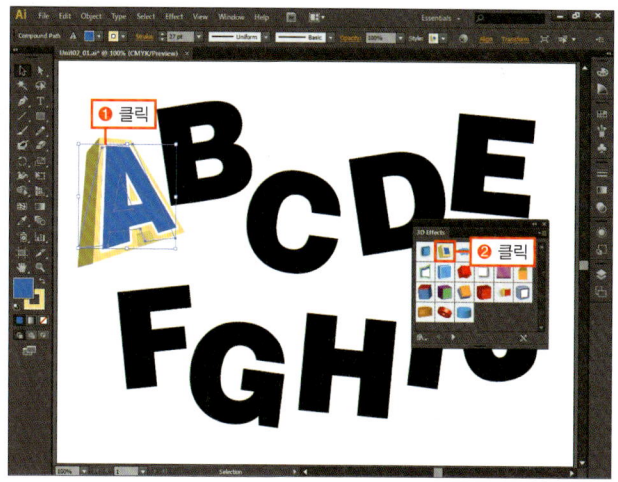

03 스타일 적용

❶ 패널의 목록 단추( )를 클릭하여 [Large List View] 메뉴를 클릭합니다. 스타일의 섬네일과 이름을 동시에 확인할 수 있습니다. ❷ 'B' 글자 오브젝트를 선택합니다. ❸ 패널에서 '3D Effect 6' 스타일을 클릭하여 해당 스타일을 적용합니다.

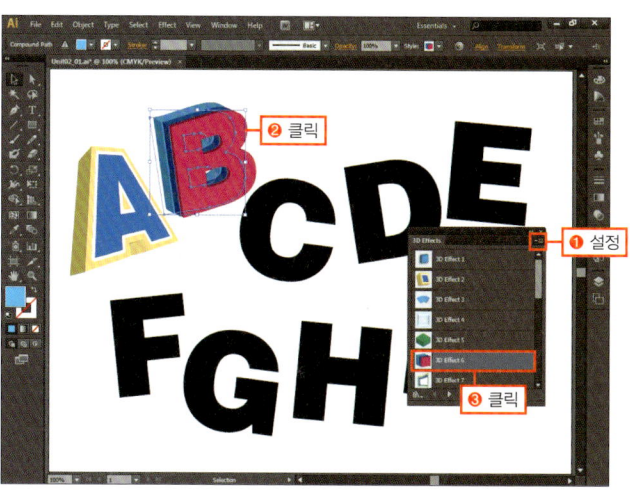

04 스타일 적용

❶ 'C' 글자 오브젝트는 '3D Effect 5' 스타일을, 'D' 글자 오브젝트는 '3D Effect 1' 스타일을, 'E' 글자 오브젝트는 '3D Effect 17' 스타일을 적용합니다.

05 스타일 적용

❶ ▶를 클릭하면 다른 라이브러리로 넘어갑니다. ❷ 'F' 글자 오브젝트는 ❸ [Artistic Effects]의 'Spray Paint' 스타일을 적용합니다.

06 완성

❶ 다른 글자 오브젝트들도 그래픽 스타일 라이브러리를 이용하여 스타일을 적용합니다.

MEMO ◀를 클릭하면 이전 라이브러리로 돌아갑니다.

완성 파일 : Chapter05\unit02_01_완성.ai

TIP 라이브러리 패널 살펴보기

[Window] 메뉴를 클릭하면 브러시, 그래픽 스타일, 스와치, 심벌 등 각종 라이브러리를 불러올 수 있는 메뉴가 있습니다. 메뉴를 선택하면 해당 라이브러리 패널이 나타납니다.

▲ 브러시 라이브러리

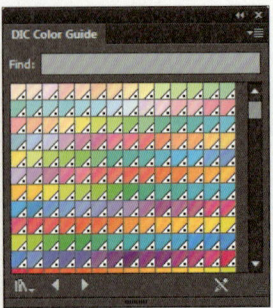

▲ 스와치 라이브러리

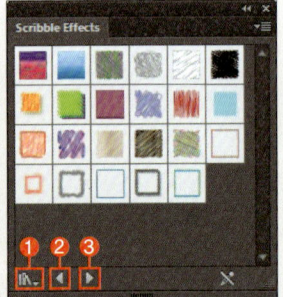

▲ 그래픽 스타일 라이브러리

❶ Libraries Menu( ) : 라이브러리 메뉴가 나타납니다.
❷ ◀ : 이전 라이브러리로 돌아갑니다.
❸ ▶ : 다음 라이브러리로 넘어갑니다.

[Appearance] 패널과 [Stroke] 패널로 글자 꾸미기

[Appearance] 패널을 이용하면 하나의 오브젝트에 여러 개의 선을 만들어서 적용할 수 있습니다. [Appearance] 패널과 [Stroke] 패널로 선을 적용하여 오브젝트를 꾸며보겠습니다.

예제 파일 : Chapter05\unit02_02.ai

01 그레이디언트 적용

❶ [Window]-[Swatch Libraries]-[Gradients]-[Pastels] 메뉴를 클릭합니다. ❷ [Selection Tool]( )로 글자 오브젝트들을 모두 선택합니다. ❸ 'Red' 그레이디언트를 칠 색상으로 설정합니다.

02 선 설정

❶ [Appearance] 패널을 펼칩니다. ❷ [Stroke]의 입력 상자에 '16 pt'를 입력하여 선 굵기를 설정합니다.

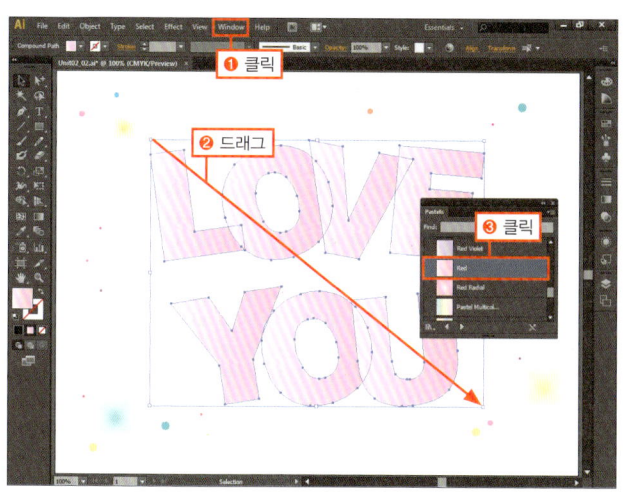

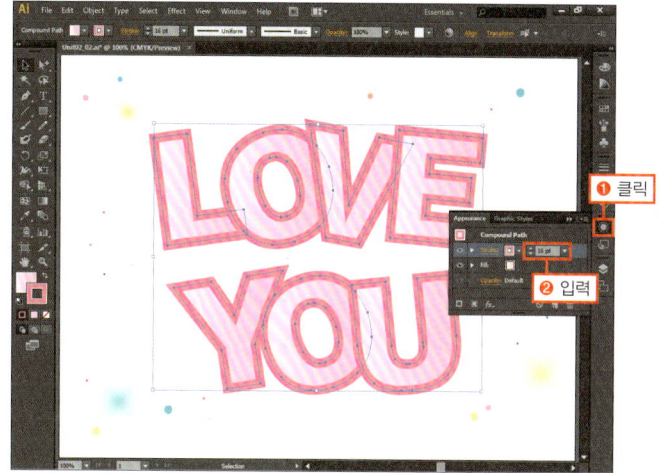

MEMO 이번 간단 실습 내용을 다른 글자 오브젝트에 그대로 적용하려면 [Type]-[Create Outlines] 메뉴를 클릭하여 글자 오브젝트를 패스로 만든 후 1번 과정부터 따라 합니다.

03 선 설정

❶ Shift 를 누른 채 색상자를 클릭합니다. ❷ [#]를 'f1769c'로 설정합니다. 선 색상이 변경됩니다.

MEMO 색상 슬라이더가 'RGB Color' 모드로 나타나지 않을 경우 목록 단추( )를 클릭하고 [RGB] 메뉴를 클릭합니다.

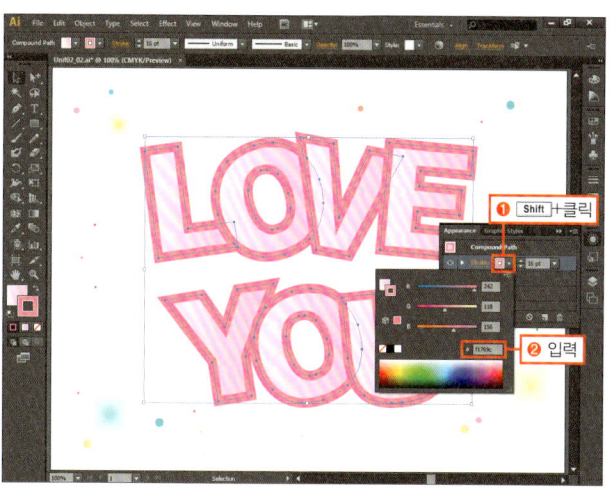

04 선 설정

① [Stroke]를 클릭합니다. [Stroke] 패널이 나타납니다.
② [Align Stroke]를 'Align Stroke to Outside'로 설정합니다.

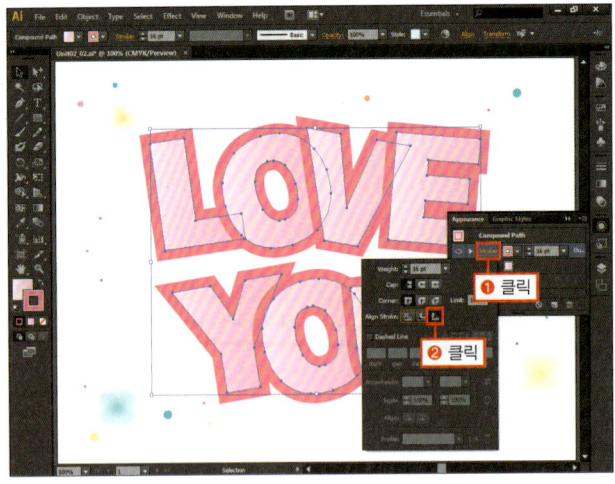

05 선 추가

① [Add New Stroke](□)를 클릭합니다. [Stroke] 항목이 추가됩니다.

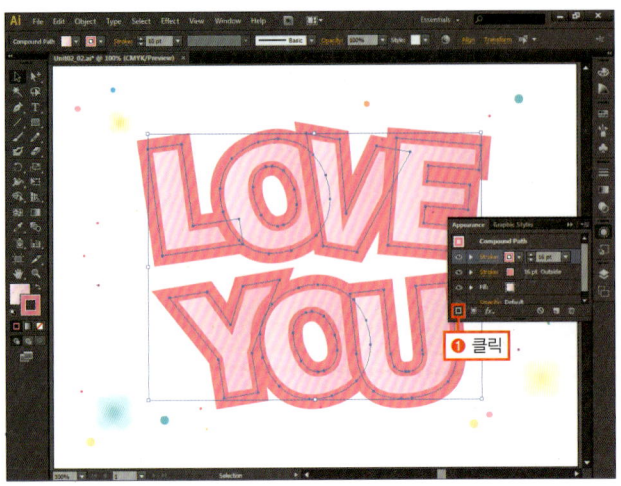

06 두 번째 선 설정

① [Stroke]를 클릭합니다. ② [Weight]를 '10 pt'로, [Align Stroke]를 'Align Stroke to Outside'로 설정합니다. ③ 선 색상을 흰색으로 설정합니다.

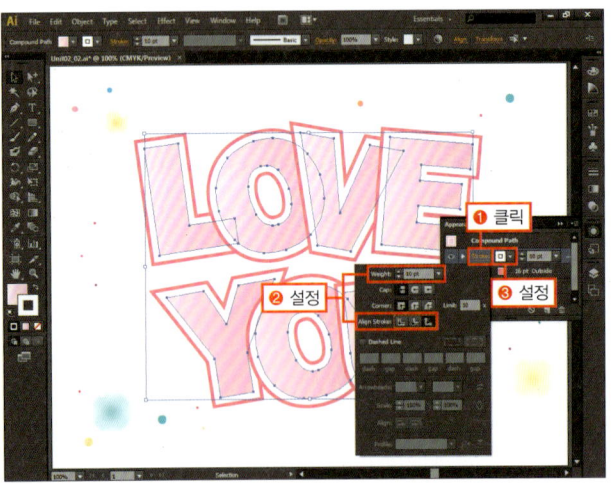

07 세 번째 선 설정

① [Add New Stroke](□)를 클릭하여 [Stroke] 항목을 하나 더 추가합니다. ② [Weight]를 '3 pt'로, [Align Stroke]를 'Align Stroke to Center'로 설정합니다. ③ [Dashed Line]을 체크하고 하단의 첫 번째 입력 상자에 '6 pt'를 입력합니다. ④ 선 색상을 'f1769c'로 설정합니다.

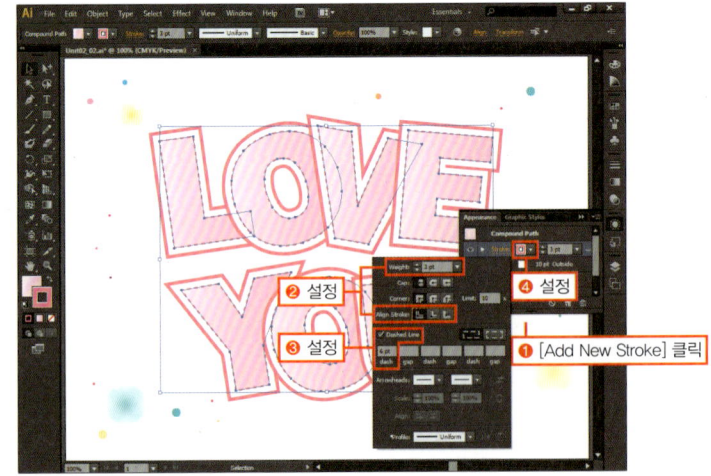

08 가장자리 효과 설정

❶ [Appearance] 패널에서 [Compound Path](혹은 [Type])를 클릭합니다. ❷ [Effect]-[Stylize]-[Round Corners] 메뉴를 클릭합니다. ❸ [Radius]를 '22 px'로 설정합니다. ❹ [OK]를 클릭합니다.

09 그림자 효과 추가

❶ [Effect]-[Stylize]-[Drop Shadow] 메뉴를 클릭합니다. ❷ [Mode]를 'Multiply', [Opacity]를 '85%', [X Offset]을 '8 px', [Y Offset]을 '8 px', [Blur]를 '0 px', [Color]를 검은색으로 설정합니다. ❸ [OK]를 클릭합니다.

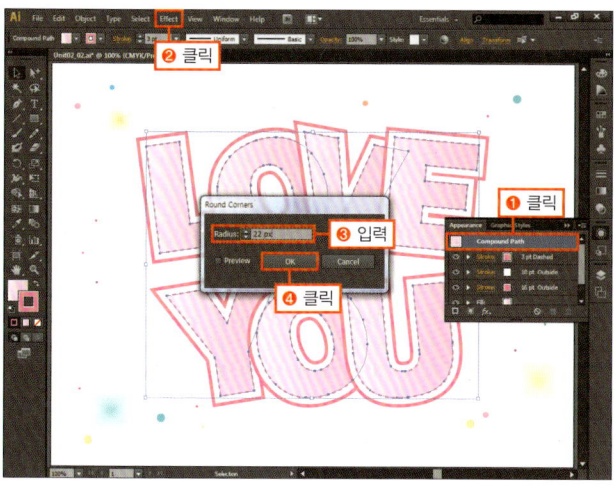

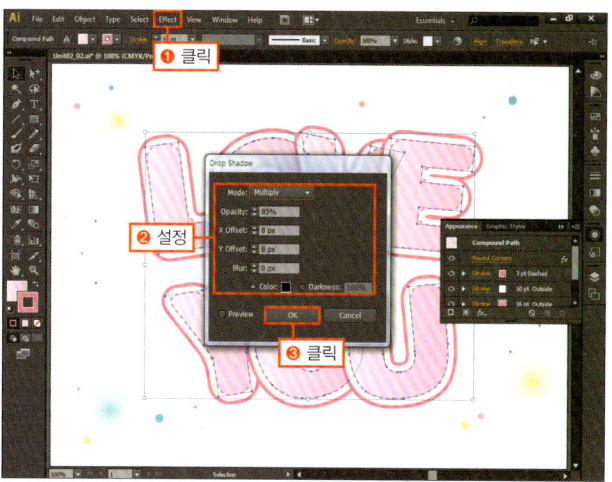

TIP [Appearance] 패널 살펴보기

선택한 오브젝트의 칠, 선, 불투명도, 이펙트 등의 속성을 확인하고 수정할 수 있습니다. 패널의 단축키는 Shift + F6 입니다.

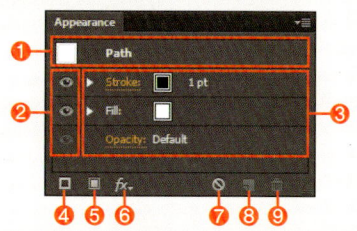

❶ 선택한 오브젝트의 섬네일 이미지, 오브젝트의 종류를 표시합니다.
❷ Click to Toggle Visibility : 해당 항목을 오브젝트에 적용하거나 적용되지 않도록 합니다.
❸ 오브젝트에 적용되어 있는 속성의 목록이 나타납니다. 클릭하면 해당 항목은 파란색 바탕으로 활성화됩니다. 주황색 글자를 클릭하면 해당 속성을 설정할 수 있는 패널이나 대화상자가 나타납니다.
❹ Add New Stroke( ) : 새로운 선을 추가합니다.
❺ Add New Fill( ) : 새로운 칠을 추가합니다.
❻ Add New Effect( ) : 선택한 오브젝트나 활성화된 속성 항목에 새로운 이펙트를 적용합니다.
❼ Clear Appearance( ) : 모든 항목을 삭제합니다.
❽ Duplicate Selected Item( ) : 선택한 항목을 복사합니다.
❾ Delete Selected Item( ) : 선택한 항목을 삭제합니다.

10 완성

❶ Shift + Ctrl + A 를 눌러 선택을 해제합니다.

◎ 완성 파일 : Chapter05\unit02_02_완성.ai

그래픽 스타일을 [Graphic Styles] 패널에 등록하고 사용하기

[Appearance] 패널에서 설정한 속성을 [Graphic Styles] 패널에 등록한 후 다른 오브젝트에 적용하는 방법을 배워보겠습니다.

◎ 예제 파일 : Chapter05\unit02_03.ai

01 글자 오브젝트 선택

❶ [Selection Tool](화살표)로 첫 번째 글자 오브젝트를 선택합니다. ❷ [Appearance] 패널에서 ❸ [Characters] 항목을 더블클릭합니다.

MEMO ● 이번 간단 실습 내용을 글자 오브젝트가 아닌 일반 오브젝트나 패스에 그대로 적용하려면 01~03번 과정을 생략하고 04번 과정부터 시작하면 됩니다.

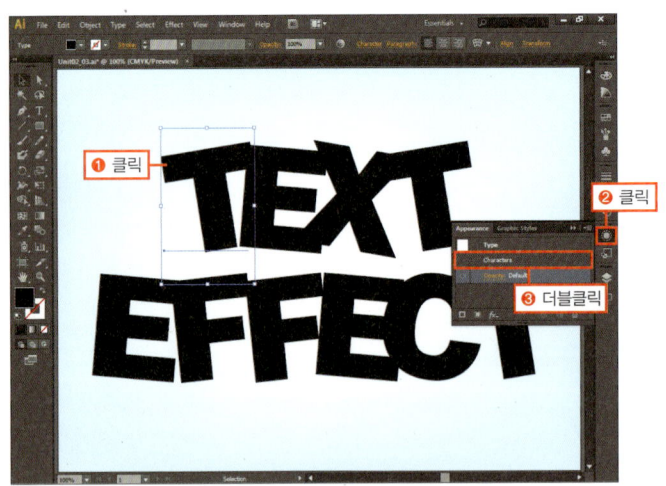

TIP 특정 글자체가 설치되지 않은 컴퓨터에서 파일을 불러왔을 때

예제 파일에 사용된 글자체는 'Soopafresh'입니다. 해당 글자체가 설치되지 않은 컴퓨터에서 예제 파일을 불러오면 다음과 같은 경고창이 나타납니다. 이때 [Open]을 클릭하면 기본 글자체로 대체되어 파일이 열립니다. [Cancel]을 클릭하면 파일이 열리지 않습니다.

http://www.dafont.com에 접속한 후 오른쪽 입력 상자에 'Soopafresh'로 검색하여 [Download]를 클릭하면 해당 글자체를 설치할 수 있습니다.

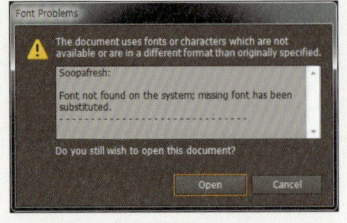

02 항목 선택, 삭제

❶ Shift 를 누른 채 클릭하여 [Stroke]와 [Fill] 항목을 모두 선택합니다. ❷[Delete Selected Item]( )을 클릭하여 두 항목을 삭제합니다. ❸[Type: No Appearance] 항목을 더블클릭합니다.

03 새 칠과 선 추가

❶[Add New Fill]( )을 클릭합니다. 새로운 [Fill]과 [Stroke] 항목이 만들어집니다.

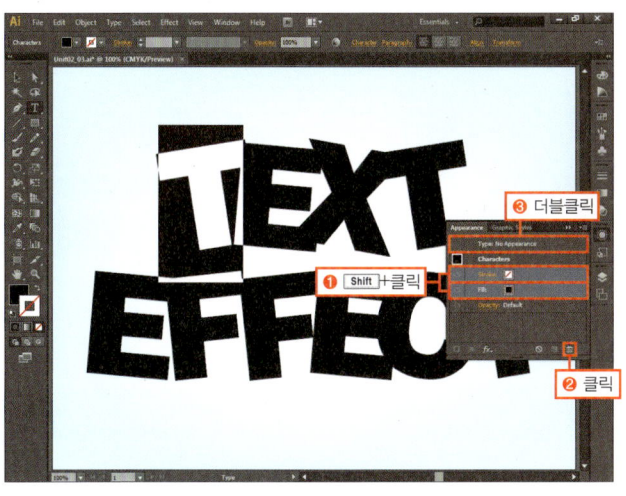

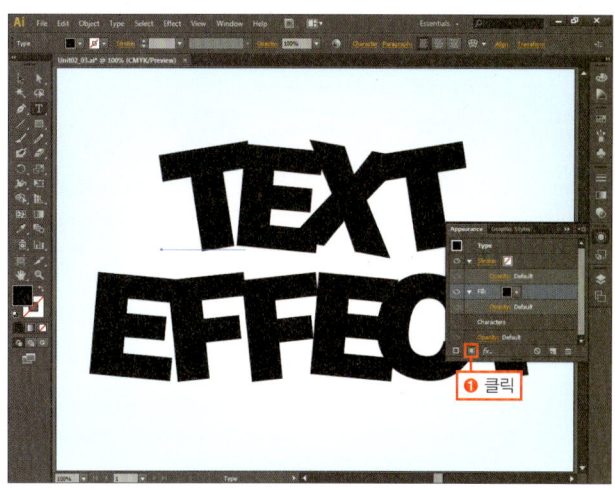

04 칠 색상, 선 설정

❶칠 색상을 '33bedd'로 설정합니다. ❷선 굵기를 '12 pt'로, 선 색상을 흰색으로 설정합니다. ❸[Fill] 항목을 선택합니다.

05 Inner Glow 효과 적용

❶[Effect]-[Stylize]-[Inner Glow] 메뉴를 클릭합니다. ❷[Mode]를 'Screen', [Opacity]를 '75%', [Blur]를 '22 px'로 설정합니다. 색상자를 'c9e8e7'로 설정하고 [Center]를 클릭합니다. ❸[OK]를 클릭합니다.

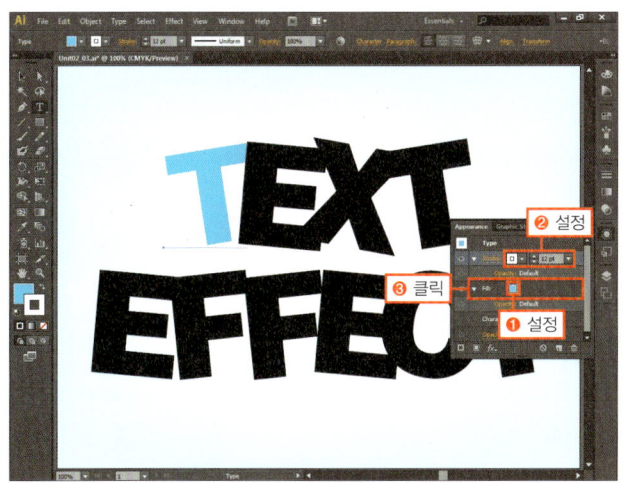

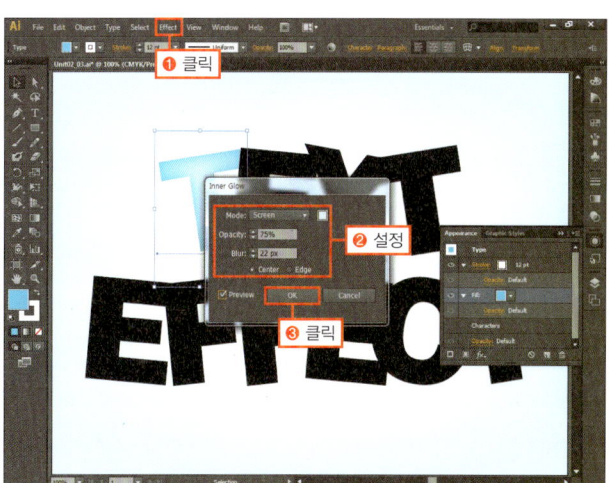

MEMO ● [Tool] 패널 아래의 색상자를 더블클릭하면 [Color Picker] 대화상자에서 색상을 설정할 수 있습니다.

06 [Graphic Styles] 패널에 등록

❶[Graphic Styles] 패널을 펼칩니다. ❷[New Graphic Style](■)을 클릭합니다. 선택한 글자 오브젝트에 적용되어 있는 스타일이 패널에 등록됩니다.

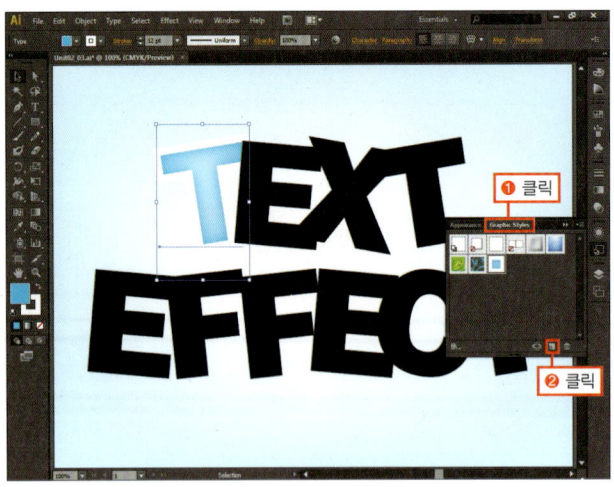

07 스타일 적용

❶ Ctrl + A 를 눌러 글자 오브젝트를 모두 선택합니다. ❷[Graphic Styles] 패널에서 방금 등록한 스타일을 클릭합니다. 모든 글자 오브젝트에 스타일이 적용됩니다.

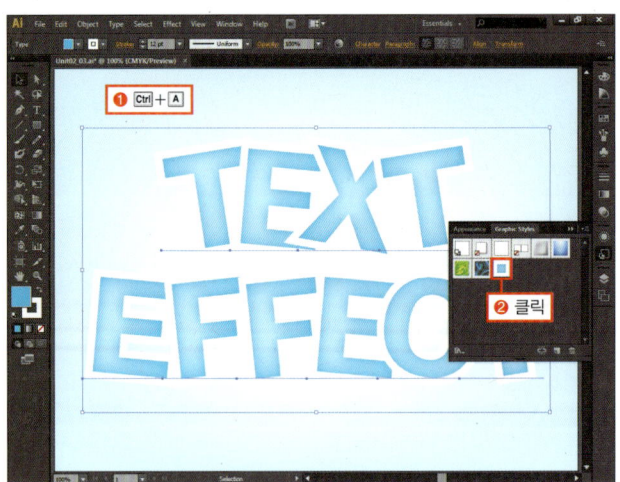

08 그룹 설정

❶[Selection Tool](▶)로 상단의 글자 오브젝트들만 선택합니다. ❷[Object]-[Group] 메뉴를 클릭하여 그룹으로 만듭니다(Ctrl+G).

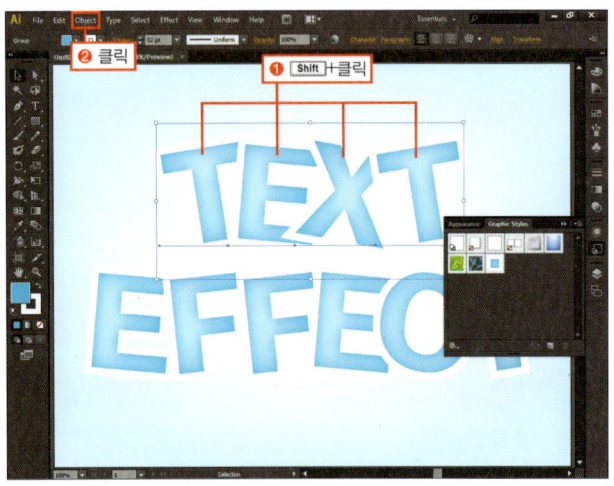

09 Scribble 효과 적용

❶[Effect]-[Stylize]-[Scribble] 메뉴를 클릭합니다. ❷[Settings]를 'Sketch'로 설정한 후 ❸하단의 [Variation] 옵션을 '5 px'로 설정합니다. ❹[OK]를 클릭합니다.

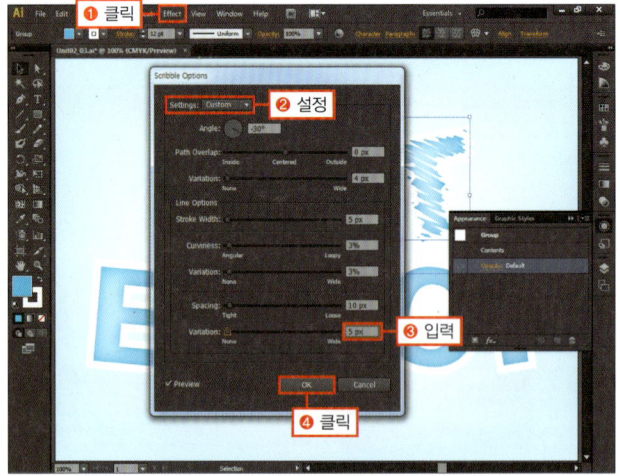

10 Outer Glow 효과 적용

❶ [Effect]-[Stylize]-[Outer Glow] 메뉴를 클릭합니다. ❷ [Mode]를 'Normal', [Opacity]를 '75%', [Blur]를 '7 px', 색상자를 '84d3e8'로 설정합니다. ❸ [OK]를 클릭합니다.

11 [Graphic Styles] 패널에 등록

❶ [Graphic Styles] 패널을 펼칩니다. ❷ [New Graphic Style](   )을 클릭합니다. 선택한 그룹에 적용되어 있는 스타일이 패널에 등록됩니다.

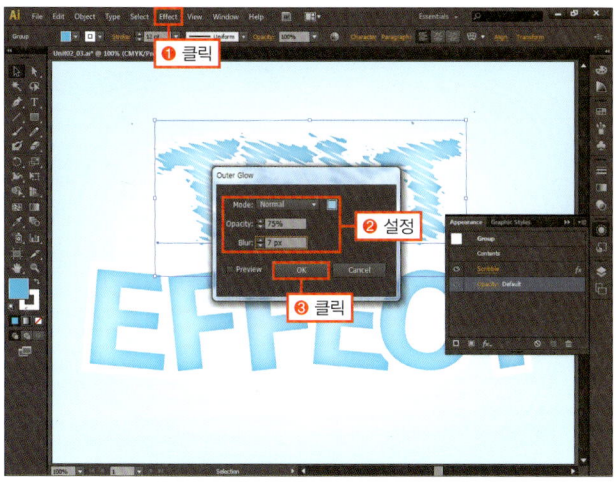

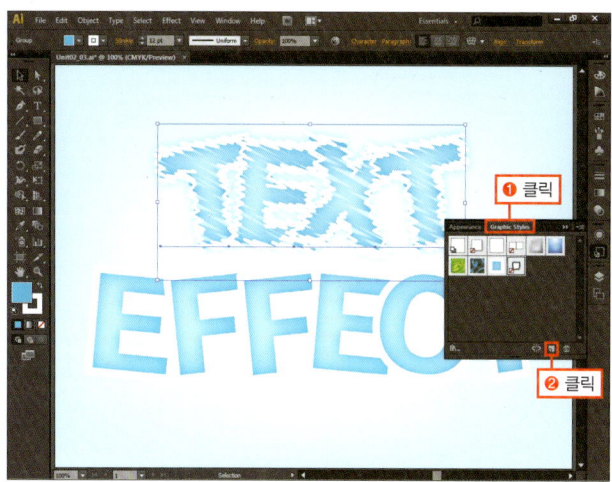

12 스타일 적용

❶ 하단의 글자 오브젝트들만 선택합니다. ❷ Ctrl+G를 눌러 그룹으로 만든 후 ❸ [Graphic Styles] 패널에서 방금 등록한 스타일을 클릭합니다. 모든 글자 오브젝트에 스타일이 적용됩니다.

13 완성

❶ Shift+Ctrl+A를 눌러 선택을 해제합니다.

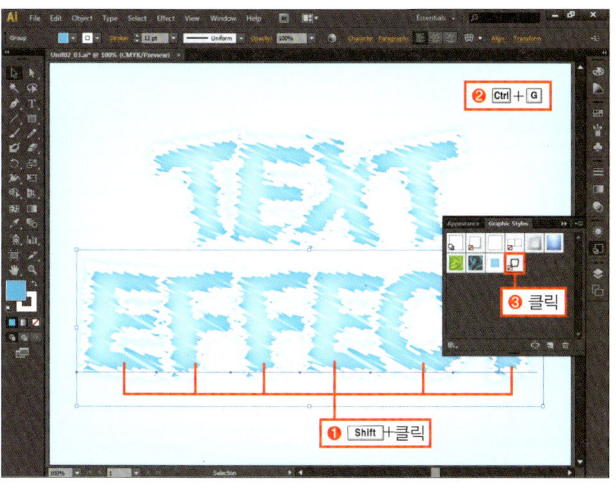

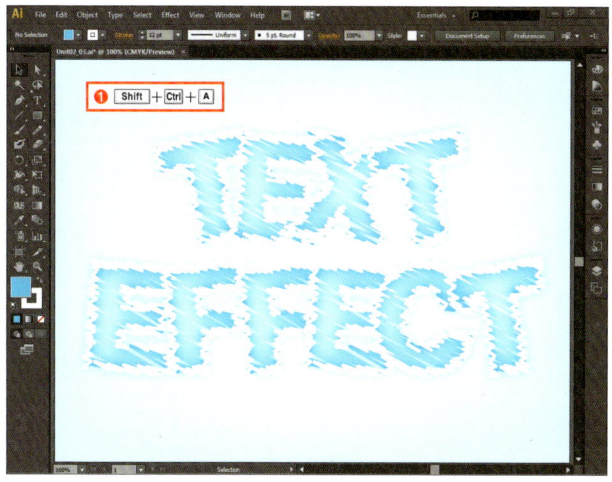

완성 파일 : Chapter05\unit02_03_완성.ai

TIP [Scribble Options] 대화상자의 프리셋 미리보기

[Scribble Options] 대화상자의 [Settings] 항목을 선택하여 특별한 설정 없이 간단하게 손그림 효과를 적용할 수 있습니다.

▲ 원본 오브젝트 ▲ Default ▲ Childlike ▲ Dense

▲ Loose ▲ Moire ▲ Sharp ▲ Sketch

▲ Snarl ▲ Swash ▲ Tight ▲ Zig-zag

Unit 03 글자를 특정 모양으로 왜곡하기

[Object]-[Envelope Distort] 메뉴를 이용하여 글자 오브젝트를 변형하는 방법들을 알아보겠습니다. [Object]-[Envelope Distort] 메뉴에는 메시를 이용하여 변형하는 [Make with Mesh], 특정 모양으로 변형하는 [Make with Warp], 지정한 오브젝트의 형태로 변형하는 [Make with Top Object] 등이 있습니다.

| 학습 주제 | • 글자 오브젝트를 특정 모양으로 변형하기 | 관련 학습 | • 글자 입력하고 서식 설정하기 : 259쪽 |

글자 오브젝트를 패스로 만들기

글자 오브젝트를 패스로 만드는 방법을 알아보겠습니다.

● 글자 오브젝트를 패스로 만들기

글자 오브젝트를 선택한 후 [Type]-[Create Outlines] 메뉴를 클릭하거나(Shift + Ctrl + O), 마우스 오른쪽 단추를 클릭하여 [Create Outlines] 메뉴를 클릭하면 글자 오브젝트가 패스로 변환됩니다.

▲ 글자 오브젝트(Preview/Outline 모드)   ▲ 패스로 변환(Preview/Outline 모드)

패스로 만든 후에는 [Direct Selection Tool]()이나 [Warp Tool](), [Pathfinder] 패널 등으로 패스를 수정하거나 형태를 왜곡할 수 있습니다. 하지만 다시 글자 오브젝트로 되돌릴 수 없으므로 글자의 내용을 수정하거나 글자체를 변경할 수 없습니다.

▲ [Pathfinder] 패널로 수정한 모습   ▲ 형태를 왜곡한 모습

[Make with Warp] 메뉴로 오브젝트 변형하기

[Object]-[Envelope Distort]-[Make with Warp] 메뉴를 클릭하면 나타나는 [Warp Options] 대화상자에서 오브젝트를 다양한 모양으로 변형할 수 있습니다.

◉ 예제 파일 : Chapter05\unit03_02.ai

01 그룹 선택

❶ [Selection Tool]( )로 첫 번째 그룹을 선택합니다.
❷ [Object]-[Envelope Distort]-[Make with Warp] 메뉴를 클릭합니다(Alt + Shift + Ctrl + W).

02 [Warp Options] 대화상자 설정

❶ [Style]을 'Arc Upper'로 선택하고 [Horizontal]을 체크한 후 [Bend]를 '25%', [Horizontal]과 [Vertical]을 '0%'로 설정합니다. ❷ [OK]를 클릭합니다.

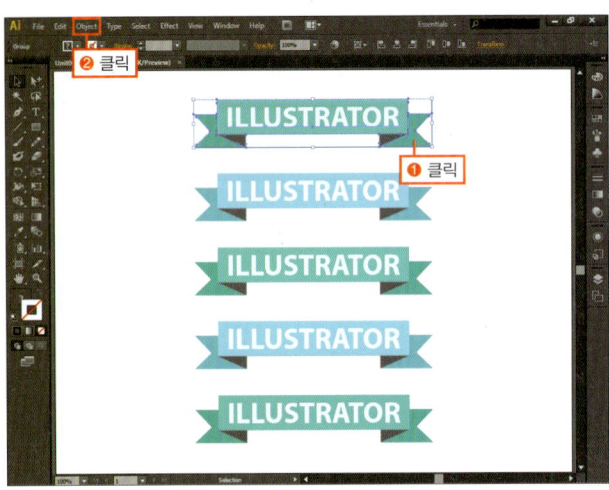

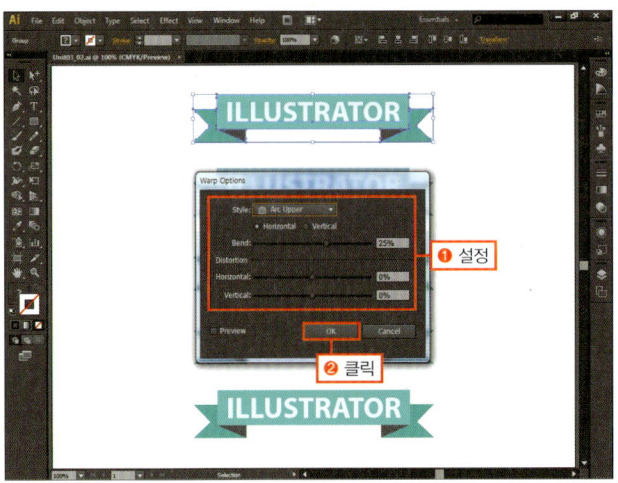

03 변형된 모습 확인

❶ 아트보드의 빈 공간을 클릭하여 선택을 해제합니다. 첫 번째 그룹이 아치 모양으로 변형되었습니다. ❷ 두 번째 그룹을 선택합니다.

04 [Warp Options] 대화상자 설정

❶ [Object]-[Envelope Distort]-[Make with Warp] 메뉴를 클릭합니다. ❷ [Style]을 'Flag'로 선택하고 [Horizontal]을 체크한 후 [Bend]를 '25%', [Horizontal]과 [Vertical]을 '0%'로 설정합니다. ❸ [OK]를 클릭합니다.

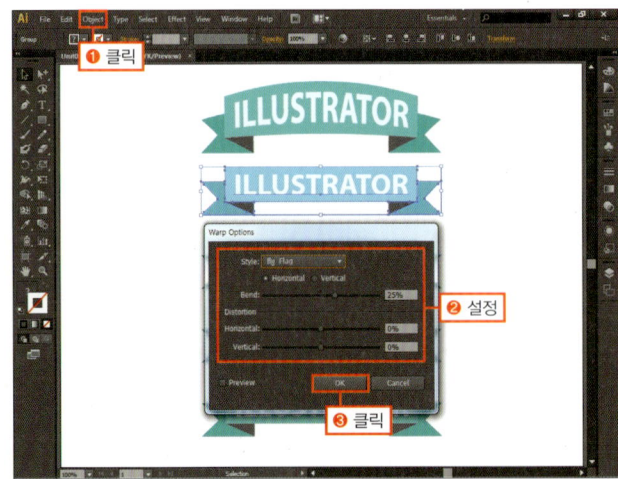

05 변형된 모습 확인

두 번째 그룹이 깃발 모양으로 변형되었습니다. ❶세 번째 그룹을 선택합니다.

06 [Warp Options] 대화상자 설정

❶[Object]-[Envelope Distort]-[Make with Warp] 메뉴를 클릭합니다. ❷[Style]을 'Arc'로 선택하고 [Horizontal]을 체크한 후 [Bend]를 '25%', [Horizontal]을 '25%', [Vertical]을 '0%'로 설정합니다. ❸[OK]를 클릭합니다.

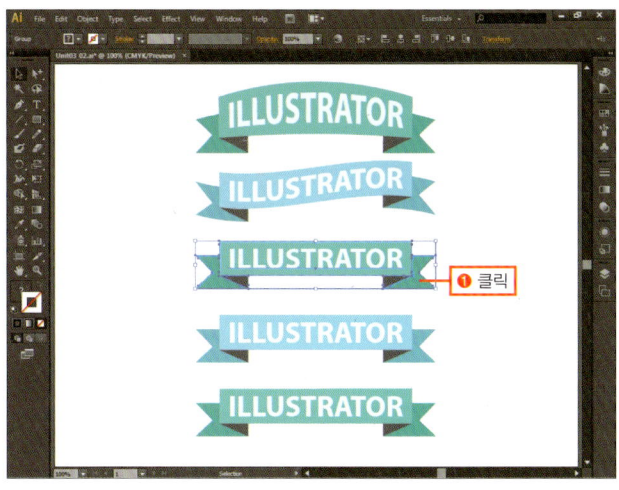

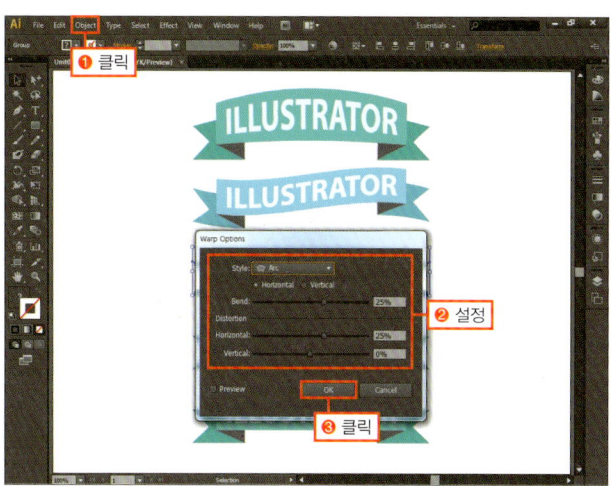

07 [Warp Options] 대화상자 설정

❶네 번째 그룹을 선택합니다. ❷[Object]-[Envelope Distort]-[Make with Warp] 메뉴를 클릭합니다. ❸[Style]을 'Arc'로 선택하고 [Horizontal]을 체크한 후 [Bend]를 '25%', [Horizontal]을 '-25%', [Vertical]을 '0%'로 설정합니다. ❹[OK]를 클릭합니다.

08 [Warp Options] 대화상자 설정

❶다섯 번째 그룹을 선택합니다. ❷[Object]-[Envelope Distort]-[Make with Warp] 메뉴를 클릭합니다. ❸[Style]을 'Shell Lower'로 선택하고 [Horizontal]을 체크한 후 [Bend]를 '25%', [Horizontal]과 [Vertical]을 '0%'로 설정합니다. ❹[OK]를 클릭합니다.

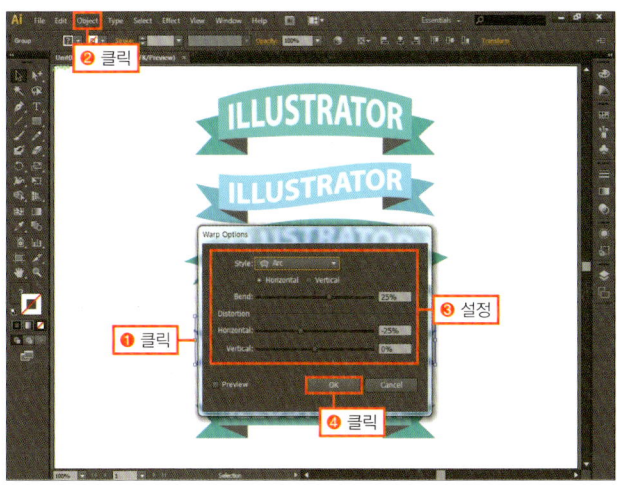

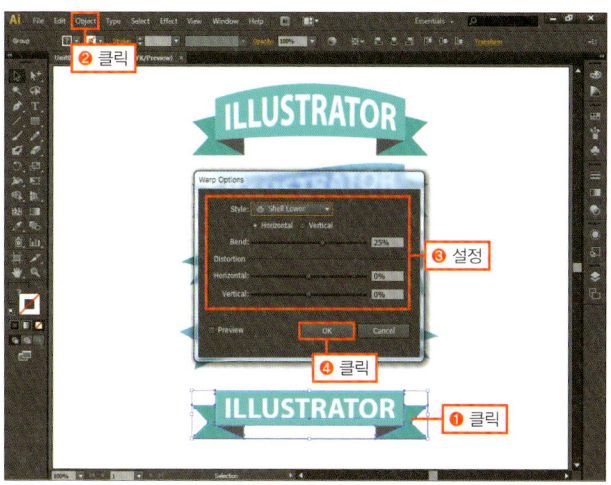

09 완성

❶ 아트보드의 빈 공간을 클릭하여 선택을 해제합니다.

◎ 완성 파일 : Chapter05\unit03_02_완성.ai

TIP [Envelope Distort] 메뉴로 변형한 오브젝트 다루기

[Envelope Distort] 메뉴로 변형한 오브젝트를 선택한 후 [Object]-[Envelope Distort] 메뉴를 클릭하면 관련 메뉴가 나타납니다.

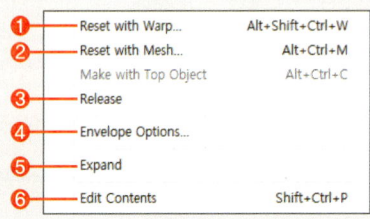

❶ **Reset with Warp** : [Warp Options] 대화상자가 나타나며, 변형 옵션을 수정할 수 있습니다.
❷ **Reset with Mesh** : [Reset Envelope Mesh] 대화상자가 나타나며, 메시를 수정할 수 있습니다.
❸ **Release** : 변형 효과가 제거되고 원래의 모습으로 돌아옵니다.
❹ **Envelope Options** : [Envelope Options] 대화상자가 나타나며, 옵션을 설정할 수 있습니다.
❺ **Expand** : 변형된 모습 그대로 오브젝트가 만들어집니다.
❻ **Edit Contents** : 원본 오브젝트를 편집할 수 있는 상태로 전환됩니다. 오브젝트의 색상을 변경하거나 글자를 수정하고, 서식을 다시 설정할 수 있습니다.

[Make with Top Object] 메뉴로 오브젝트 변형하기

[Object]-[Envelope Distort]-[Make with Top Object] 메뉴를 클릭하여 최상위 순서의 오브젝트 모양으로 다른 오브젝트들을 변형할 수 있습니다.

◎ **예제 파일** : Chapter05\unit03_03.ai

01 [Offset Path] 대화상자 설정

❶큰 원을 선택합니다. ❷[Object]-[Path]-[Offset Path] 메뉴를 클릭합니다. ❸[Offset]을 '-13 px', [Joins]를 'Miter', [Miter limit]를 '4'로 설정합니다. ❹[OK]를 클릭합니다.

02 패스 분리

새로운 패스가 만들어집니다. ❶[Knife]( )를 선택합니다. ❷말풍선의 양쪽을 다음과 같이 드래그하여 자릅니다.

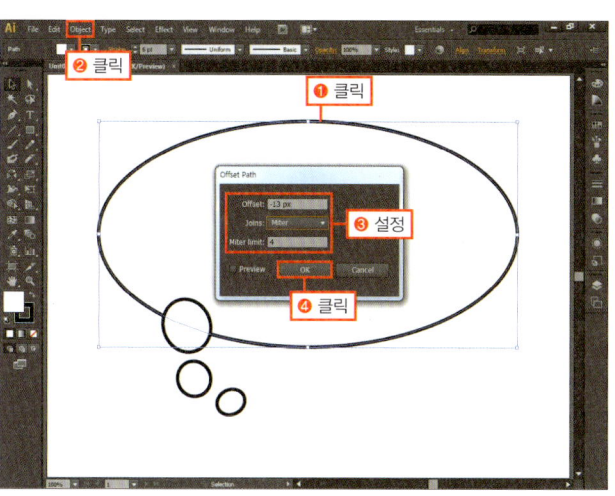
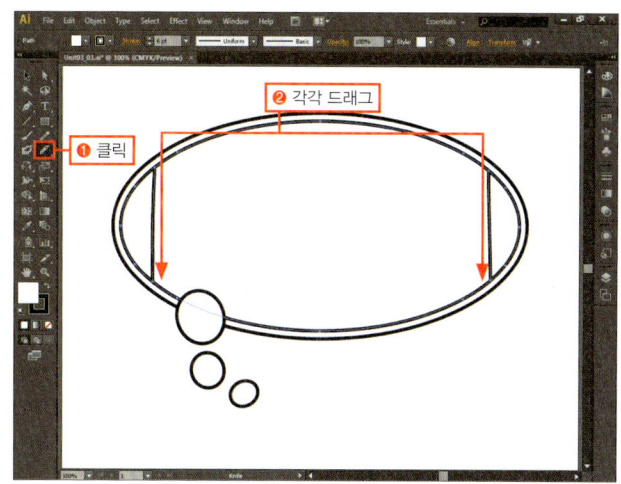

03 패스 삭제

❶[Selection Tool]( )로 ❷Shift를 누른 채 클릭하여 양쪽 패스만 선택합니다. ❸Delete를 눌러 선택한 패스를 삭제합니다. ❹가운데 패스를 선택합니다.

04 패스 분리

❶[Knife]( )를 이용하여 ❷다음과 같이 다섯 칸이 만들어지도록 패스를 자릅니다.

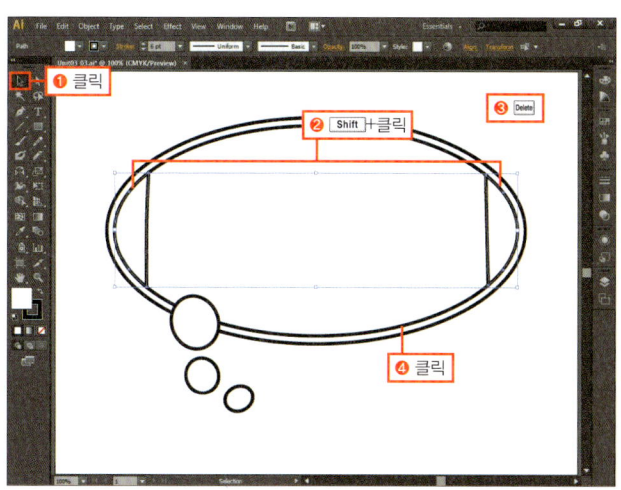
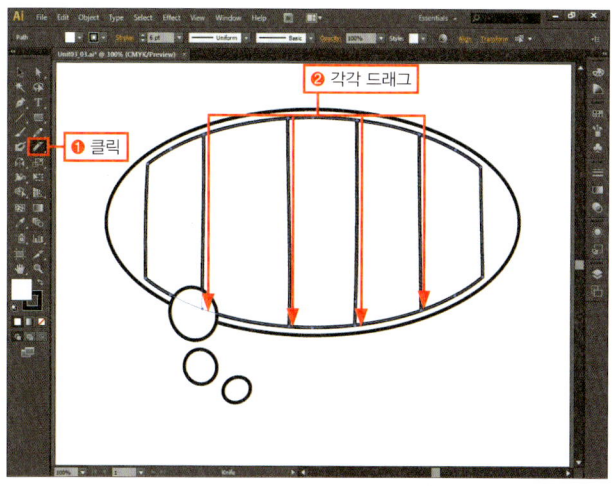

05 [Offset Path] 대화상자 설정

❶[Selection Tool](   )로 ❷말풍선과 겹쳐진 원을 선택합니다. ❸[Object]-[Path]-[Offset Path] 메뉴를 클릭합니다. ❹[Offset]을 '13 px', [Joins]를 'Miter', [Miter limit]를 '4'로 설정합니다. ❺[OK]를 클릭합니다.

06 복사하고 붙여넣기 실행

❶새로 만들어진 패스가 선택된 상태에서 [Edit]-[Copy] 메뉴를 클릭하여 클립보드로 복사합니다(Ctrl+C). ❷[Edit]-[Paste in Front] 메뉴를 클릭하여 동일한 위치에 붙여 넣습니다(Ctrl+F).

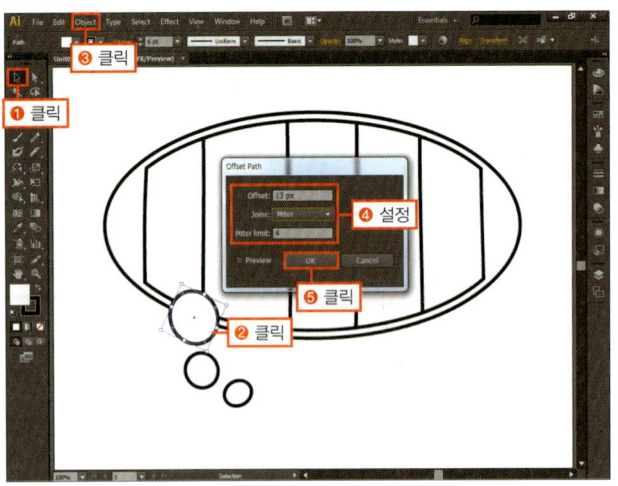

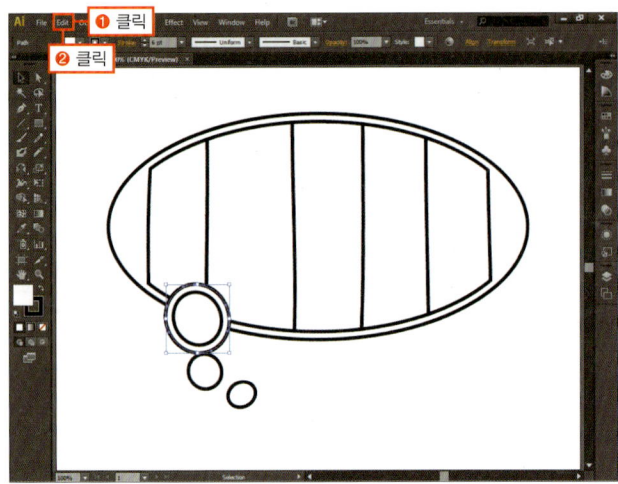

MEMO ● 다음 그림과 같이 패스를 분리할 때 원과 겹치는 칸을 한 칸으로 만들었다면 06~08번 과정을 생략하고 09번부터 따라 합니다.

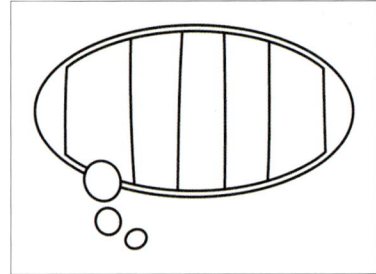

07 패스 선택

06번 과정에서 붙여 넣은 패스가 선택된 상태에서 ❶ Shift 를 누르고 말풍선 안의 첫 번째 패스를 클릭하여 동시 선택합니다.

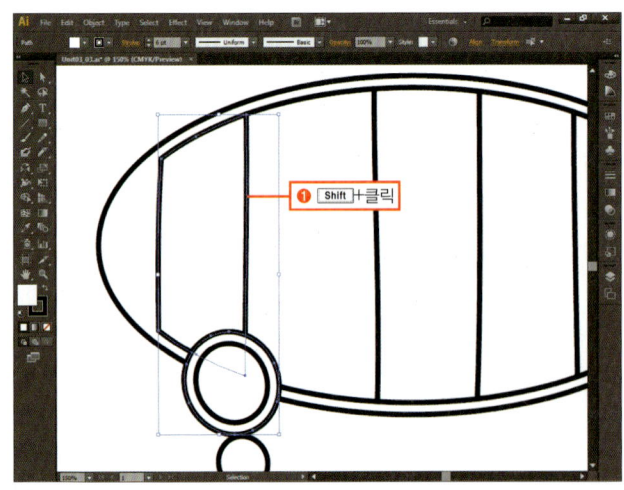

08 [Pathfinder] 패널에서 패스 분리

❶[Window]-[Pathfinder] 메뉴를 클릭하여 [Pathfinder] 패널을 불러옵니다. ❷[Minus Front]()를 클릭합니다. 패스가 분리되어 다음과 같은 모양이 만들어집니다.

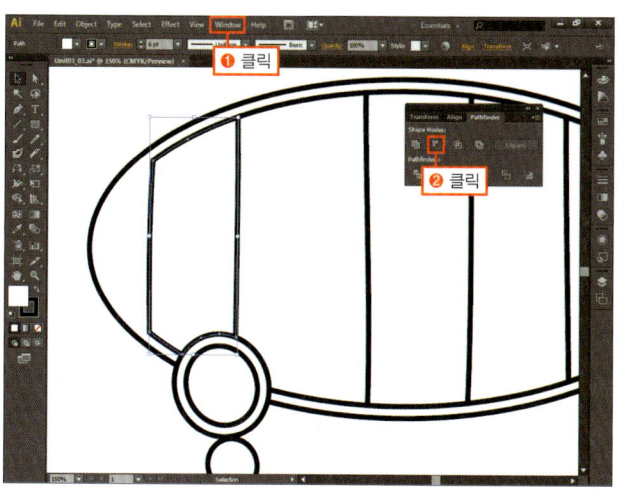

09 패스 선택

❶05번 과정에서 만들어진 패스와 말풍선 안의 두 번째 패스를 동시 선택합니다.

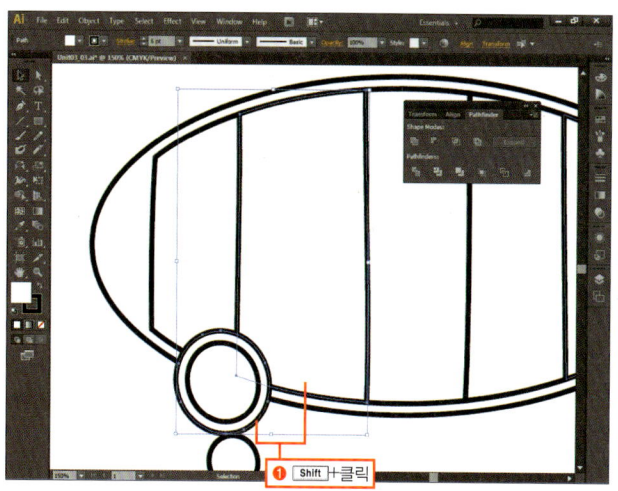

10 [Pathfinder] 패널에서 패스 분리

❶[Minus Front]()를 클릭합니다. 패스가 분리되어 다음과 같은 모양이 만들어집니다.

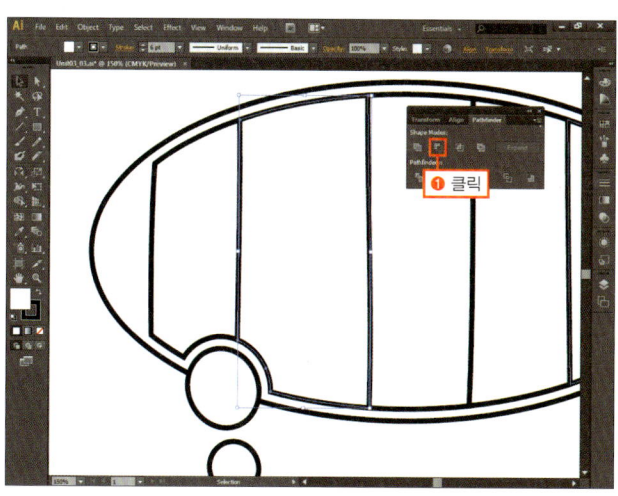

11 패스 위치 이동

❶첫 번째 패스를 선택하고 ❷←를 6번 누릅니다. ❸두 번째 패스를 선택하고 ❹←를 3번 누릅니다. ❺네 번째 패스를 선택하고 ❻→를 3번 누릅니다. ❼다섯 번째 패스를 선택하고 ❽→를 6번 누릅니다.

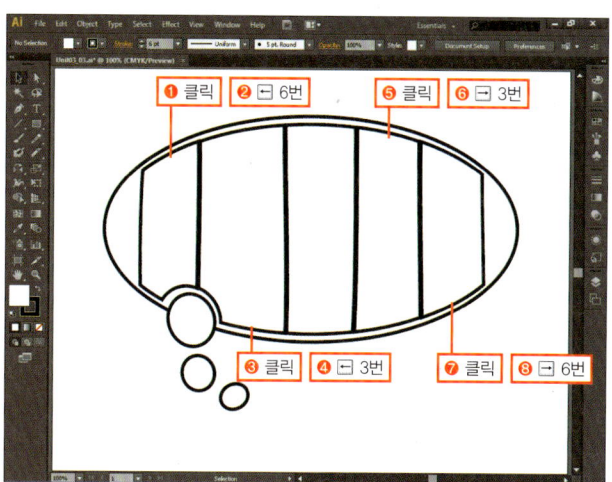

12 글자 입력

❶ [Type Tool](T)을 선택하고 ❷ 다음과 같이 글자를 입력합니다. ❸ [Selection Tool](▶)을 선택하여 글자 입력을 완료합니다. ❹ Ctrl + T 를 눌러 [Character] 패널을 불러온 후 ❺ 글자체를 '훈하얀고양이', 글자 크기를 '150 pt'로 설정합니다.

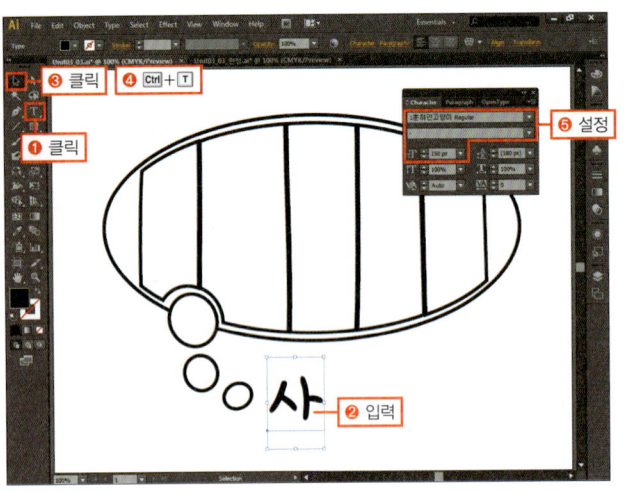

13 글자 입력

❶ [Type Tool](T)로 다음과 같이 글자를 입력합니다. 입력할 때는 한 글자씩 따로 입력합니다.

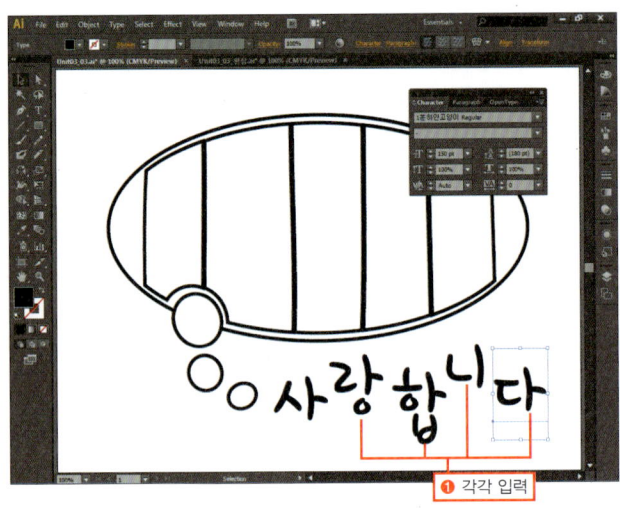

14 배열 순서 변경

❶ [Selection Tool](▶)로 글자 오브젝트들을 모두 선택합니다. ❷ [Object]-[Arrange]-[Send to Back] 메뉴를 클릭하여 배열 순서를 최하위로 변경합니다(Shift + Ctrl + [ ).

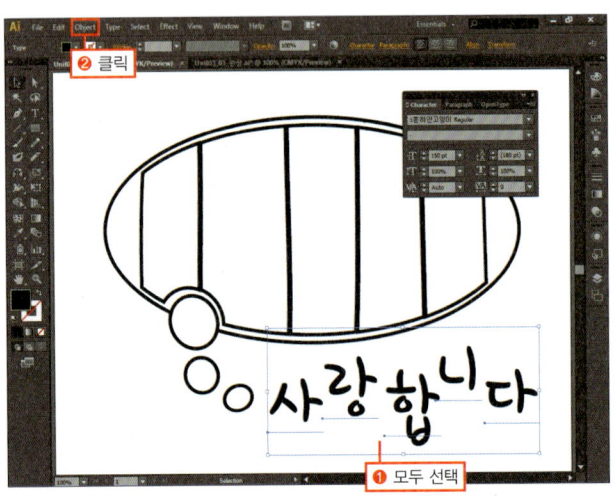

MEMO ● 변형하려는 모양의 오브젝트가 상위 순서로 존재해야 합니다.

15 패스 선택, 변형

❶ 첫 번째 글자 오브젝트와 첫 번째 패스를 동시에 선택합니다. ❷ [Object]-[Envelope Distort]-[Make with Top Object] 메뉴를 클릭합니다(Alt + Ctrl + C).

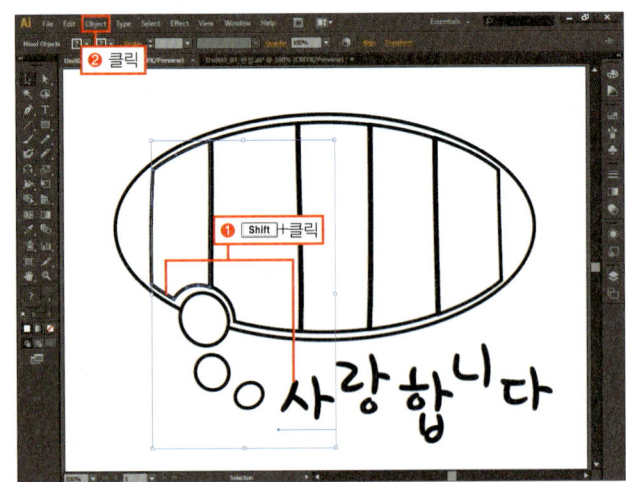

16 변형된 모습 확인

선택한 패스 중 하위 순서인 글자 오브젝트가 상위 순서의 패스 모양으로 변형됩니다.

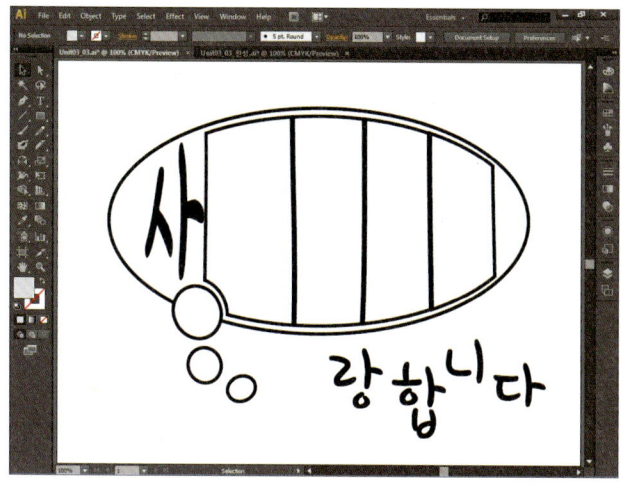

17 패스 선택, 변형

❶ 두 번째 글자 오브젝트와 두 번째 패스를 동시에 선택합니다. ❷ [Object]-[Envelope Distort]-[Make with Top Object] 메뉴를 클릭합니다(Alt+Ctrl+C).

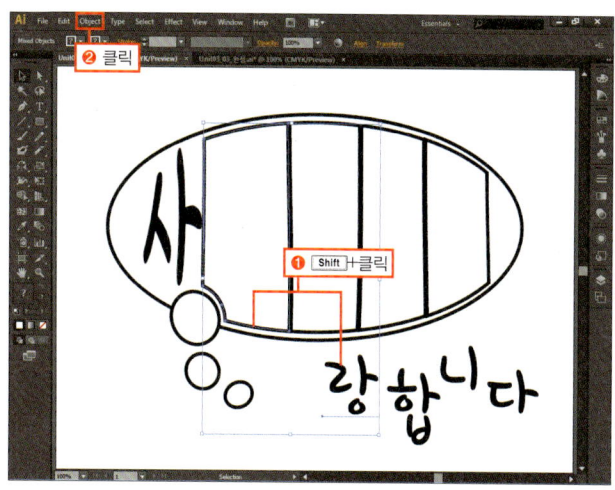

18 변형된 모습 확인

선택한 패스 중 하위 순서인 글자 오브젝트가 상위 순서의 패스 모양으로 변형됩니다.

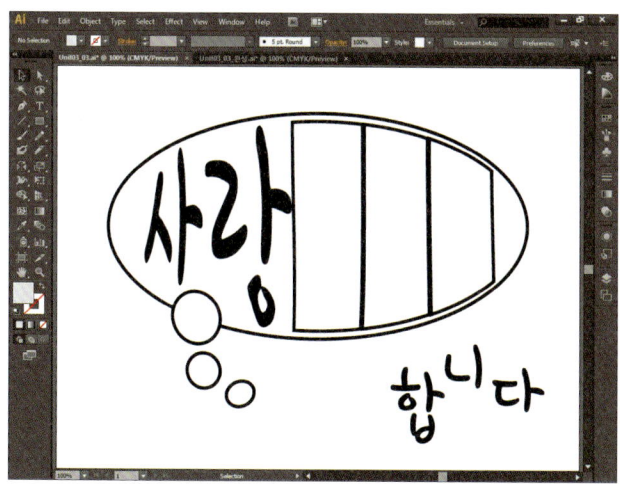

19 완성

❶ 앞의 과정을 반복하여 다음과 같이 완성합니다.

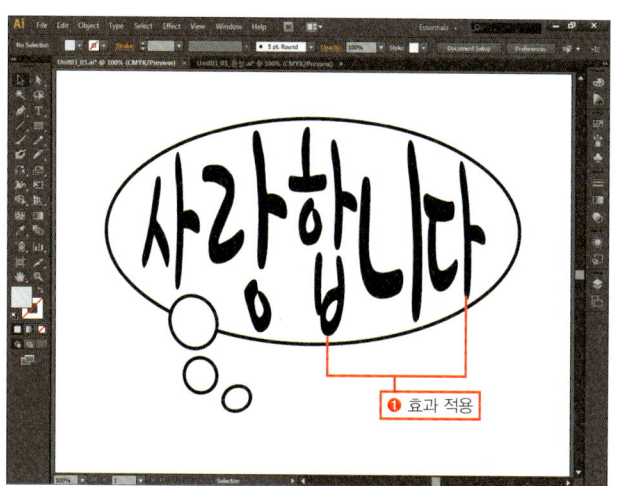

완성 파일 : Chapter05\unit03_03_완성.ai

MEMO [Object]-[Envelope Distort]-[Release] 메뉴를 클릭하면 효과가 제거되고 원래의 모습으로 돌아옵니다. [Expand] 메뉴를 클릭하면 변형된 모습 그대로 패스가 만들어집니다.

Unit 04. 다양한 방법으로 글자 꾸미기

글자 오브젝트를 패스로 만든 후 형태를 수정하여 글자를 꾸밀 수 있습니다. 또한 그림자 효과와 클리핑 마스크를 이용하여 색종이 글자 효과를 적용하고 태블릿 펜의 압력을 이용하여 캘리그라피를, 분필 효과 브러시로 글자 효과를 만들어보겠습니다.

학습 주제
- 글자 오브젝트를 패스로 만들기
- 태블릿 펜 압력을 이용하여 선 그리기
- 브러시 적용하여 선 그리기

관련 학습
- 글자 입력하고 서식 설정하기 : 259쪽

간략 개요 — 브러시 이해하기

[Pencil Tool]()과 [Paintbrush Tool](), 브러시에 대해 알아보겠습니다.

● 브러시 이해하기

[Pencil Tool](   )이나 [Paintbrush Tool](   )로 패스를 그리면 [Brushes] 패널에서 선택한 브러시 효과가 패스에 적용됩니다. 예를 들어 분필과 같은 브러시 효과를 선택한 후 원을 그리면 다음 이미지의 왼쪽과 같은 결과가 나타납니다. 이는 Preview 모드에서 보여지는 모습이며, Outline 모드로 볼 경우 오른쪽과 같은 패스로 만들어져 있는 것을 확인할 수 있습니다. 패스는 [Direct Selection Tool]() 등으로 수정할 수 있습니다.

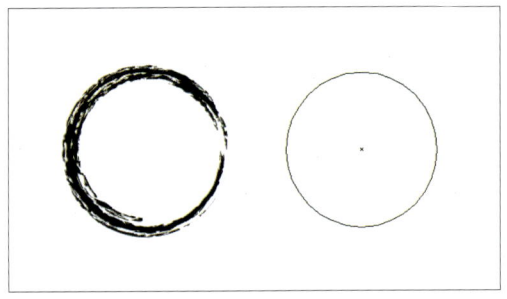

▲ Preview 모드와 Outline 모드

[Window]-[Brush Libraries] 메뉴를 클릭하면 브러시 라이브러리를 불러올 수 있습니다. 브러시 라이브러리에는 다양한 모양의 브러시 효과들이 있습니다.

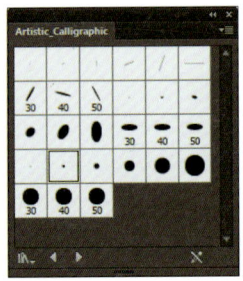

▲ Artistic_Calligraphic

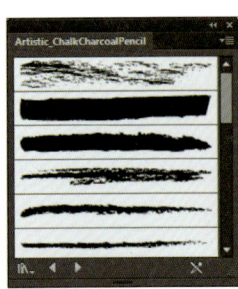

▲ Artistic_ChalkCharcoal Pencil

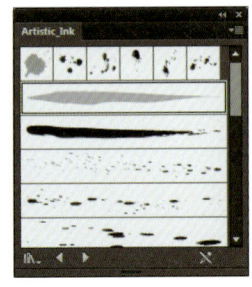

▲ Artistic_Ink

▲ Artistic_Paintbrush

▲ 다양한 브러시를 적용한 모습

글자 오브젝트를 패스로 만들고 수정하기

[Create Outlines] 메뉴를 이용하여 글자 오브젝트를 패스로 만들 수 있습니다. 패스로 변환된 후에는 제한 없이 형태를 수정할 수 있습니다.

01 새 파일 실행

❶ [File]-[New] 메뉴를 클릭합니다(Ctrl+N). ❷ [Width]를 '880 px', [Height]를 '660 px'로 설정합니다. ❸ [OK]를 클릭하여 새 파일을 만듭니다.

02 글자 입력

❶ [Type Tool](T)로 ❷ 글자를 입력합니다. ❸ [Selection Tool](▶)을 선택하여 글자 입력을 완료합니다. ❹ Ctrl+T를 눌러 [Character] 패널을 불러온 후 ❺ 글자체를 '훈떡볶이', 글자 크기를 '320 pt', 자간(VA)을 '50'으로 설정합니다.

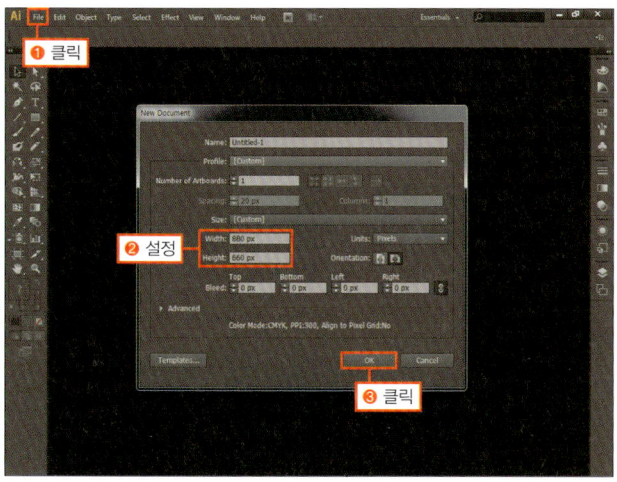

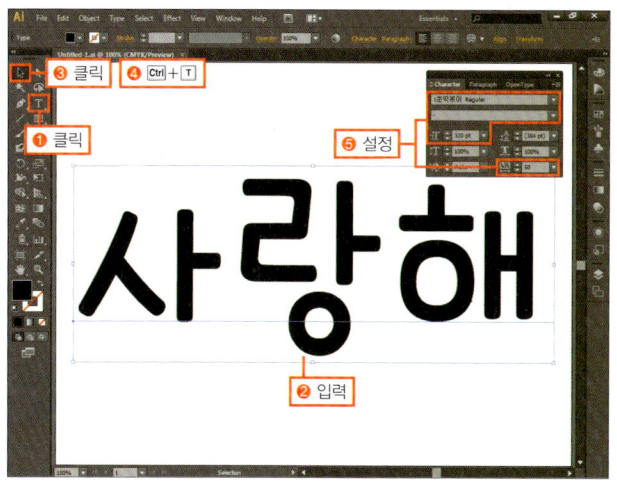

MEMO ● 해당 글자체가 없을 경우 다른 글자체를 선택하여 작업합니다.

03 패스로 변환

❶오른쪽 클릭한 후 ❷[Create Outlines] 메뉴를 클릭합니다. 글자 오브젝트가 패스로 변환됩니다.

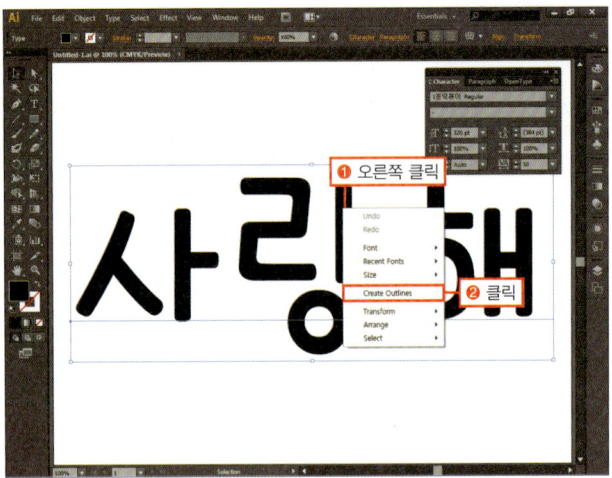

04 그룹 해제

❶다시 오른쪽 클릭한 후 ❷[Ungroup] 메뉴를 클릭합니다 (Shift+Ctrl+G). 그룹이 해제됩니다.

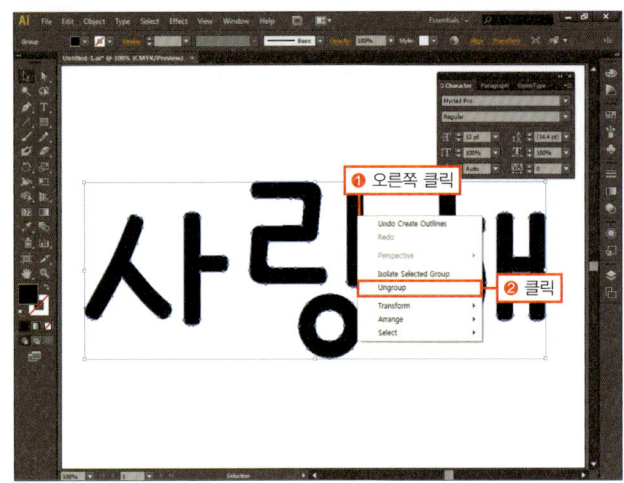

05 패스 분리

❶첫 번째 패스를 선택합니다. ❷[Knife]( )로 ❸다음과 같이 패스를 자릅니다.

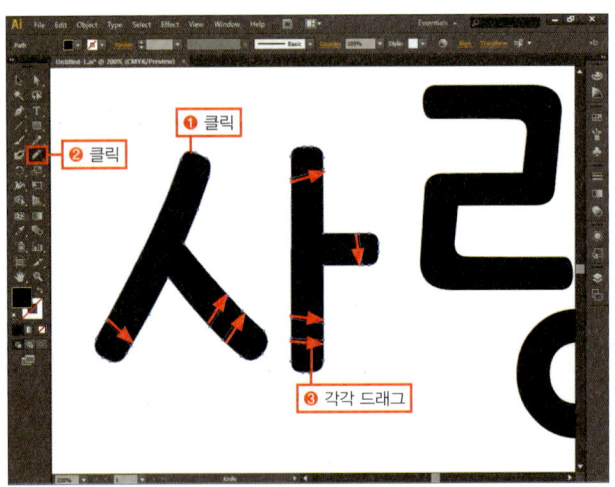

06 칠 색상 변경

❶[Window]-[Swatch Libraries]-[Color Books]-[DIC Color Guide] 메뉴를 클릭하여 스와치 라이브러리를 불러옵니다. ❷잘린 패스의 칠 색상을 각각 변경합니다.

07 앞 과정 반복

❶ 같은 방법으로 다음과 같이 만듭니다.

08 그룹 생성

❶ Ctrl+A를 눌러 모든 오브젝트를 선택합니다. ❷ 오른쪽 클릭하여 ❸ [Group] 메뉴를 클릭합니다(Ctrl+G). 그룹으로 만들어집니다.

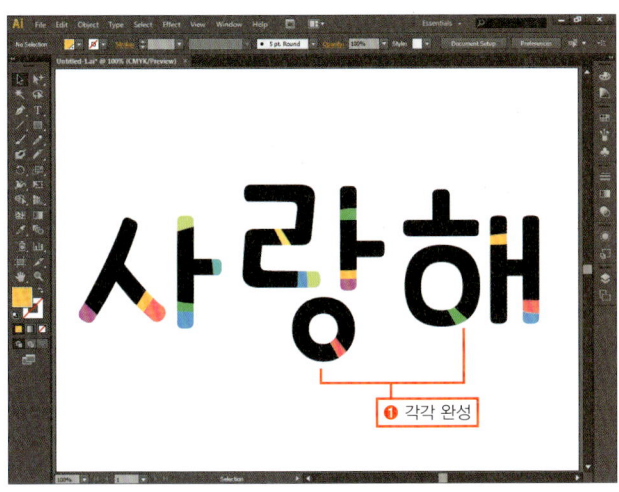

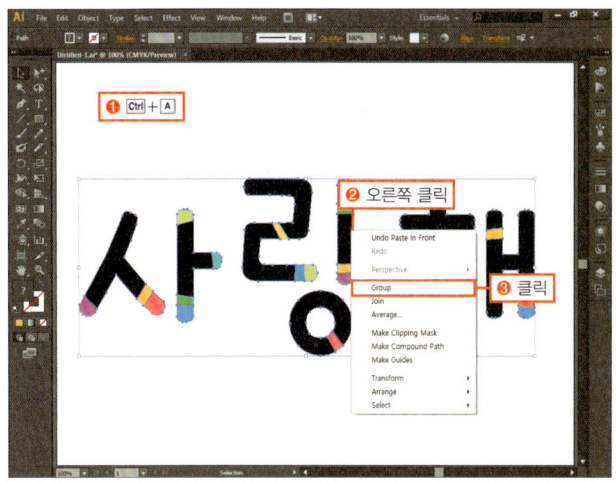

09 선 추가

❶ [Appearance] 패널을 열고 ❷ [Add New Stroke](□)를 클릭합니다. 새로운 칠과 선이 만들어집니다. ❸ [Stroke] 항목을 클릭한 채 [Contents] 항목 아래로 드래그합니다.

10 선 설정

[Stroke] 항목이 [Contents] 항목의 하위 순서로 변경됩니다. ❶ 선 굵기를 '15 pt', 선 색상을 회색으로 설정합니다.

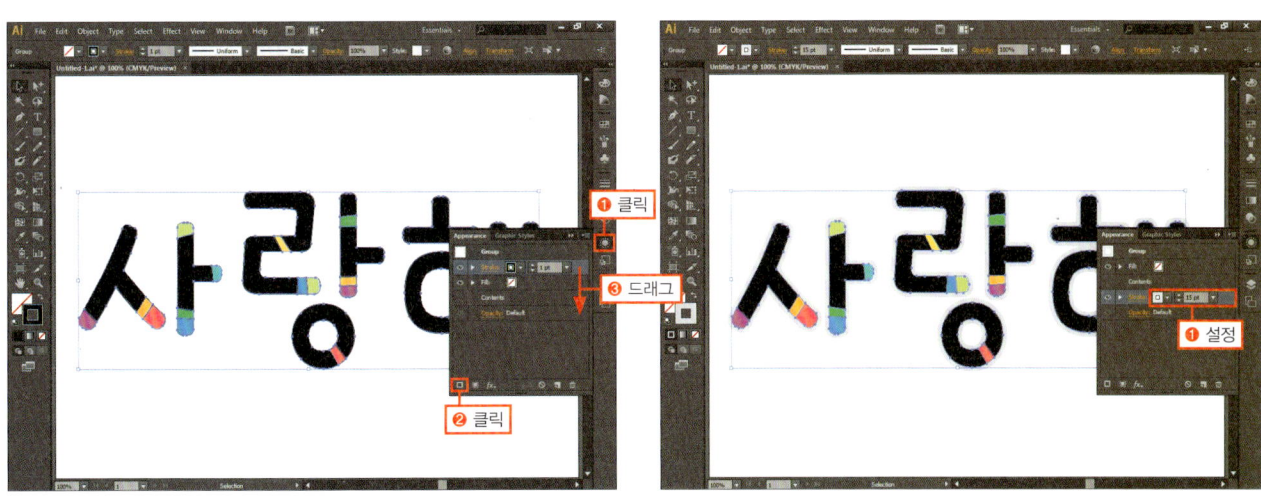

11 [Blob Brush Tool] 적용

❶[Blob Brush Tool](🖌)을 선택합니다. ❷칠 색을 [None](∅), 선 색을 흰색으로 설정합니다. ❸다음과 같이 패스 위를 드래그하거나 클릭하여 글자를 꾸밉니다.

12 [Blob Brush Tool] 적용

❶같은 방법으로 두 번째 글자도 꾸밉니다.

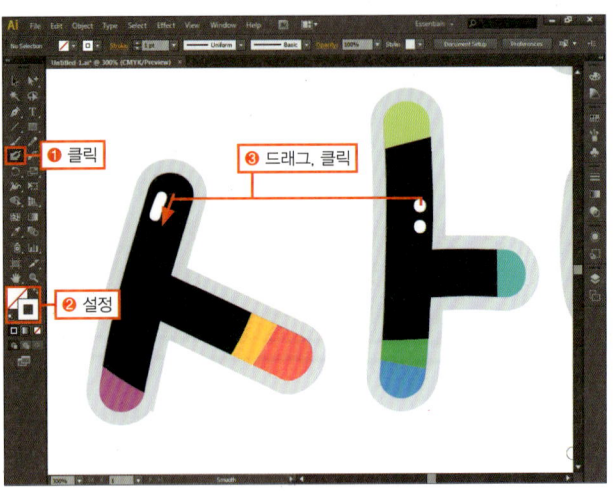

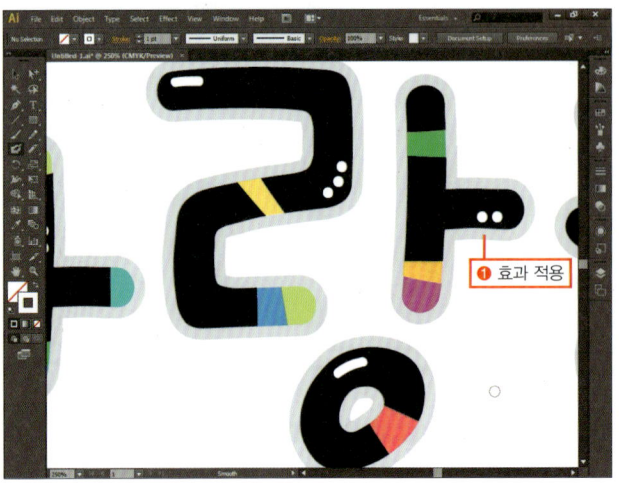

MEMO ▶ [ ] 와 [ ] 를 눌러 브러시 크기를 조절할 수 있습니다.

13 [Blob Brush Tool] 적용

❶세 번째 글자도 다음과 같이 꾸밉니다.

14 특수문자 입력

❶[Type Tool](T)로 ❷특수문자를 입력합니다. ❸[Selection Tool](▶)을 선택하여 글자 입력을 완료합니다. ❹Ctrl+T를 눌러 [Character] 패널을 불러온 후 ❺글자체를 'a하늘이좋아'로 설정합니다.

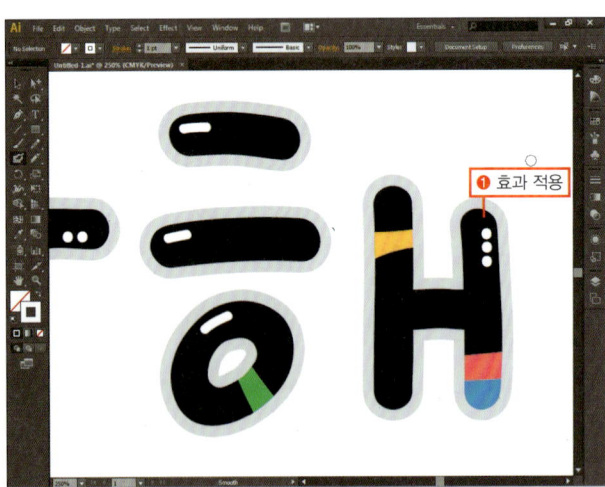

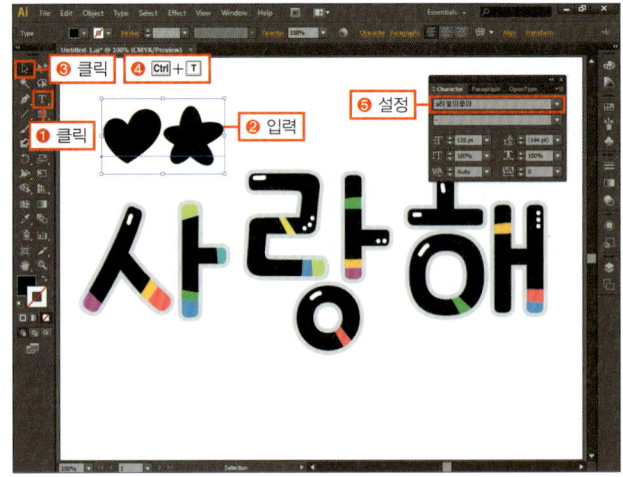

15 패스로 변환, 그룹 해제

❶오른쪽 클릭한 후 ❷[Create Outlines] 메뉴를 클릭합니다. 글자 오브젝트가 패스로 변환됩니다. ❸다시 오른쪽 클릭한 후 ❹[Ungroup] 메뉴를 클릭합니다(Shift+Ctrl+G). 그룹이 해제됩니다.

16 완성

❶특수문자 오브젝트를 복사하여 배치합니다. ❷크기를 조절하고 적당히 회전한 후 ❸칠 색을 변경합니다.

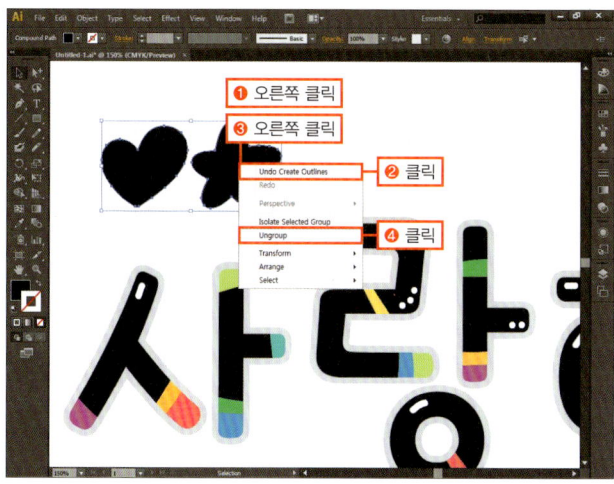

◉ 완성 파일 : Chapter05\unit04_01_완성.ai

TIP 특수문자 입력하기

'ㅁ'을 입력한 후 [한자]를 눌러 특수문자를 입력할 수도 있지만 일러스트레이터에는 특수문자는 물론 특정 글자체에 등록되어 있는 문자들을 모두 확인하고 입력할 수 있는 패널이 있습니다.

- [Window]-[Type]-[Glyphs] 메뉴를 클릭하면 [Glyphs] 패널이 나타납니다. 하단의 선택 상자를 설정하면 해당 글자체에 등록되어 있는 문자들의 목록이 나타납니다. 아트보드에 커서가 깜빡이는 상태에서 패널의 문자를 더블클릭하면 해당 문자가 입력됩니다.

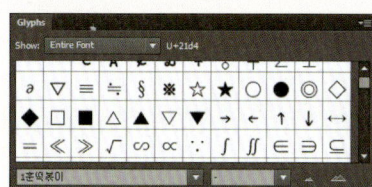
▲ 선택한 글자체의 특수문자들

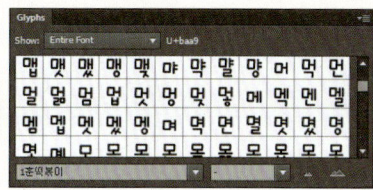
▲ 선택한 글자체의 일반 문자들

- 딩벳 폰트는 한글이나 알파벳 등 일반 문자를 입력하면 해당 문자 코드에 등록되어 있는 그림이 입력되는 폰트입니다. 문자를 패스로 만들어 다양한 방법으로 활용할 수 있습니다.

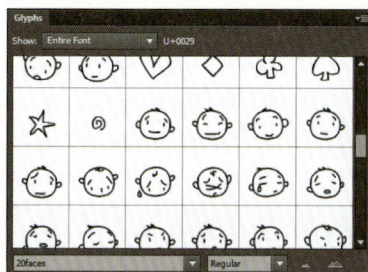
▲ 딩벳 폰트 '20faces'

▲ 딩벳 폰트 'MTF Sweet Dings'

간단실습 02 오려진 테이프 글자 효과 만들기

[Knife]로 패스를 자른 후 그림자 효과를 적용하고, 클리핑 마스크를 만들어 오려진 테이프 같은 효과를 만들어보겠습니다.

◎ 예제 파일 : Chapter05\unit04_02.ai

01 오브젝트 선택, 복사

❶ [Selection Tool]( )로 첫 번째 오브젝트를 선택합니다. ❷ Ctrl + C 를 눌러 클립보드로 복사합니다.

02 오브젝트 분할

❶ [Knife]( )를 선택합니다. ❷ Shift + Alt 를 누른 채 드래그하여 직선을 그립니다. 오브젝트가 잘립니다.

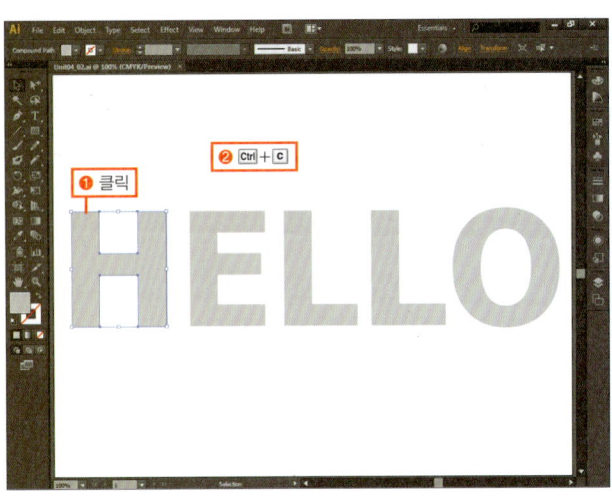

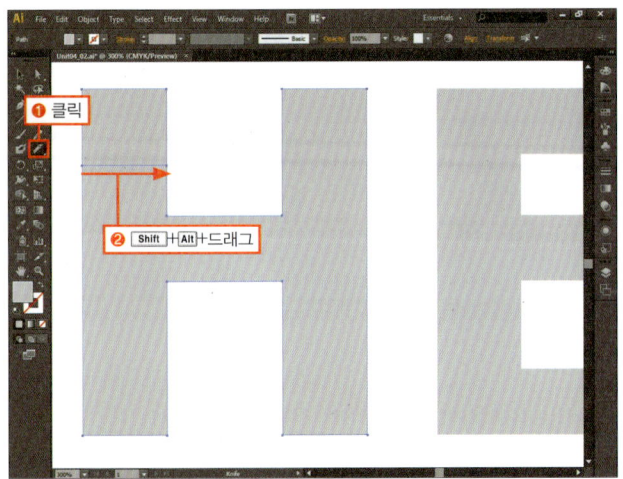

03 오브젝트 분할

❶ [Knife]( )로 드래그하여 다음과 같이 오브젝트를 자릅니다.

MEMO ● Ctrl + Y 를 눌러 Outline 모드로 전환한 모습입니다.

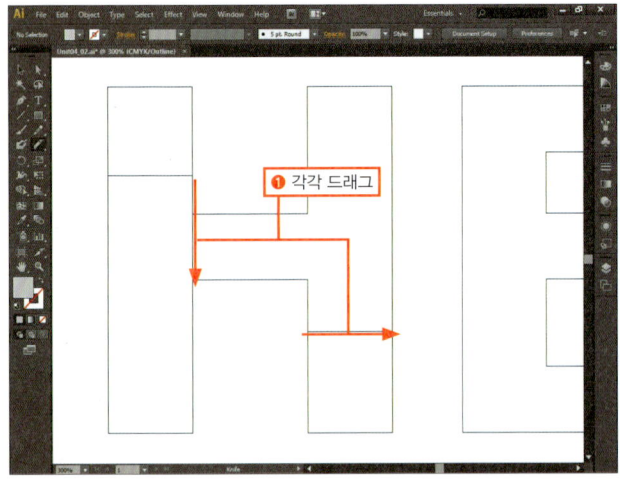

04 그림자 효과 적용

❶ [Selection Tool](화살표)로 ❷다음과 같이 오브젝트를 선택합니다. ❸[Effect]-[Stylize]-[Drop Shadow] 메뉴를 클릭합니다. ❹[Opacity]를 '50%', [X Offset]을 '0 px', [Y Offset]과 [Blur]를 '5 px'로 설정합니다. ❺[OK]를 클릭합니다.

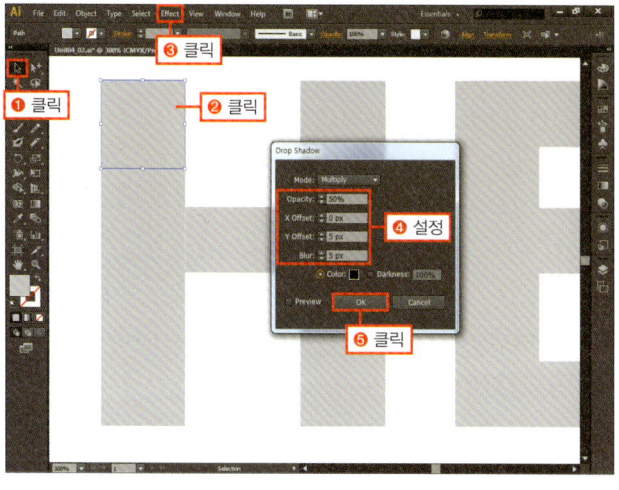

05 그림자 효과 적용

❶다음 오브젝트를 선택합니다. ❷[Effect]-[Stylize]-[Drop Shadow] 메뉴를 클릭합니다. ❸[Opacity]를 '50%', [X Offset]를 '5 px', [Y Offset]를 '0 px', [Blur]를 '5 px'로 설정합니다. ❹[OK]를 클릭합니다.

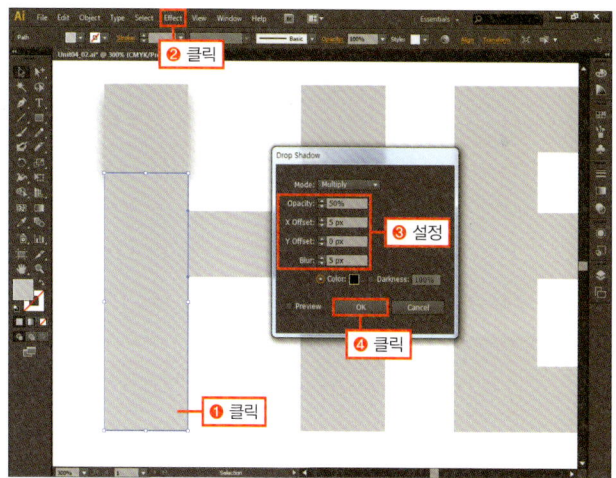

06 속성 복사

❶다음 오브젝트를 선택합니다. ❷[Eyedropper Tool](스포이드)을 선택하고 ❸04번 과정에서 효과를 준 오브젝트를 클릭합니다. 클릭한 오브젝트의 속성이 그대로 적용됩니다.

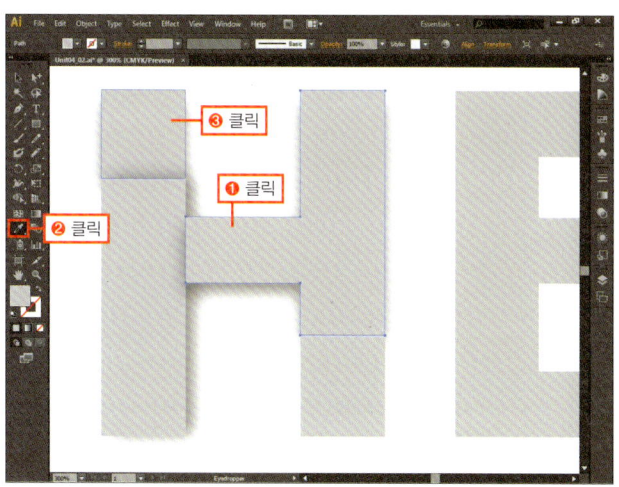

07 배열 순서 변경

❶ⓐ 오브젝트를 선택하고 ❷Ctrl+[를 한 번만 누릅니다. 오브젝트의 배열 순서가 변경됩니다.

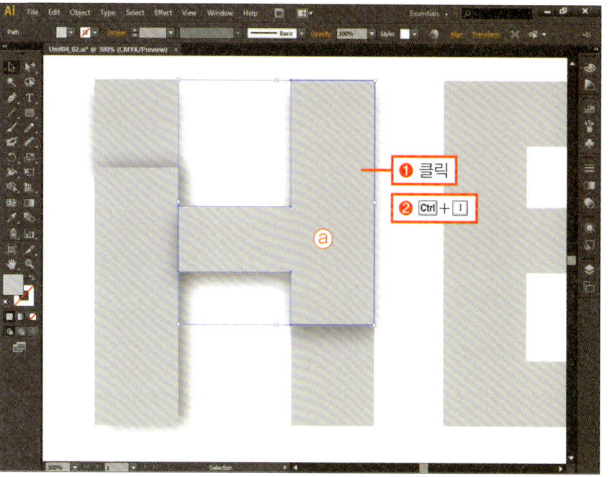

MEMO ● 그림자 효과가 복사되지 않을 경우 [Eyedropper Tool](스포이드)을 더블클릭한 후 [Eyedropper Picks Up]의 [Appearance] 항목을 체크합니다.

08 배열 순서 변경

❶ⓑ 오브젝트를 선택하고 ❷Ctrl+]를 두 번 누릅니다.
❸ⓒ 오브젝트를 선택하고 ❹Ctrl+]를 세 번 누릅니다.

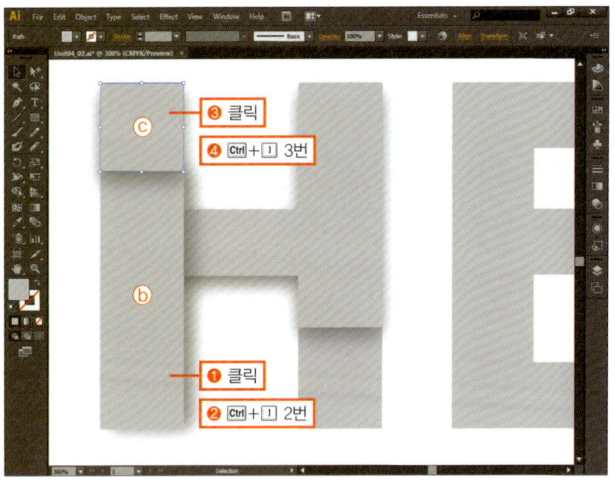

09 중간 단계 확인

각 오브젝트의 배열 순서를 변경하여 그림자 효과가 다음과 같이 나타납니다.

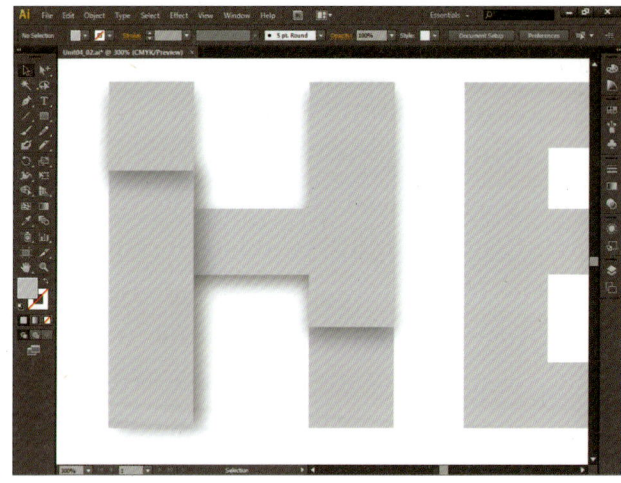

10 클리핑 마스크 적용

❶Ctrl+F를 누릅니다. 01번 과정에서 복사한 오브젝트가 최상위 순서로 붙여집니다. ❷드래그하여 겹쳐진 오브젝트들을 모두 선택한 후 ❸오른쪽 클릭하여 ❹[Make Clipping Mask] 메뉴를 클릭합니다.

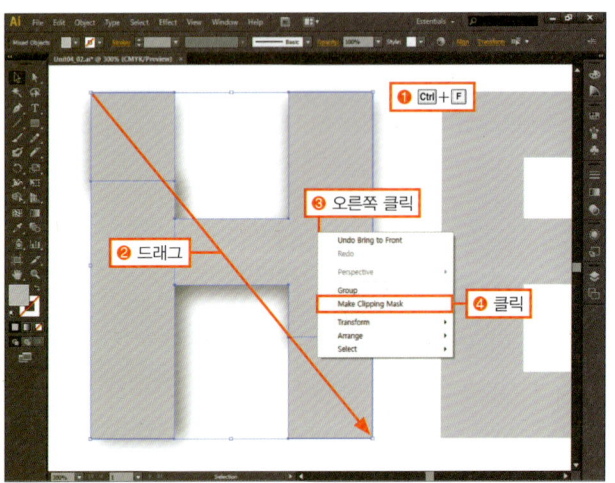

11 색상 변경

선택한 오브젝트들이 클리핑 마스크로 만들어져 오브젝트 주위의 그림자 효과들이 사라집니다. ❶컨트롤 바에서 [Edit Contents](◉)를 클릭합니다. ❷[Swatches] 패널에서 칠 색을 설정합니다.

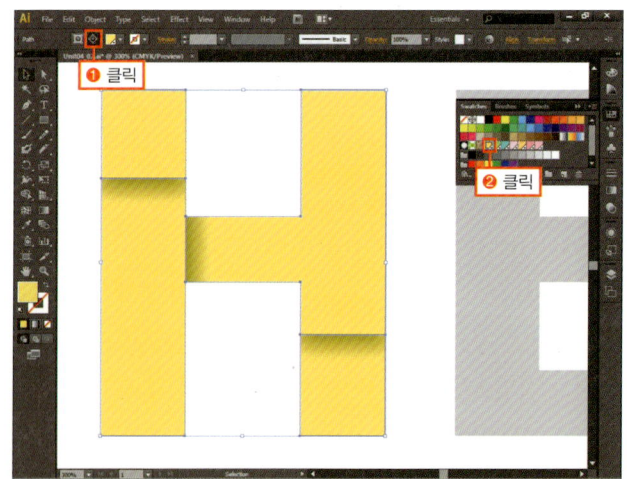

12 오브젝트 선택, 복사

❶ 나머지 글자들을 선택합니다. ❷ Ctrl+C를 눌러 클립보드로 복사합니다.

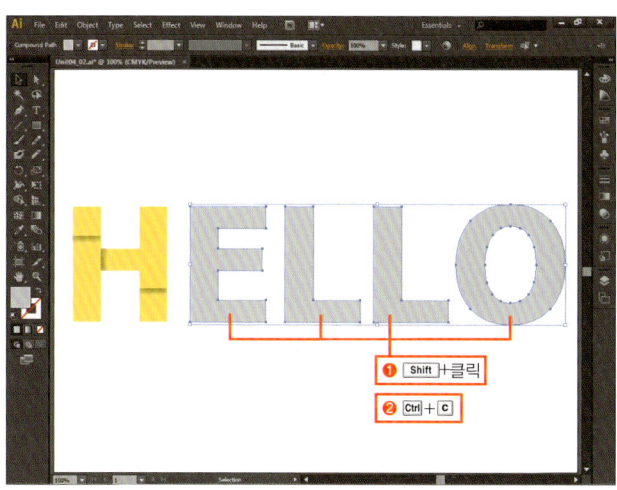

13 오브젝트 분할

❶ [Knife](✎)를 선택하여 ❷ 다음과 같이 오브젝트를 자릅니다.

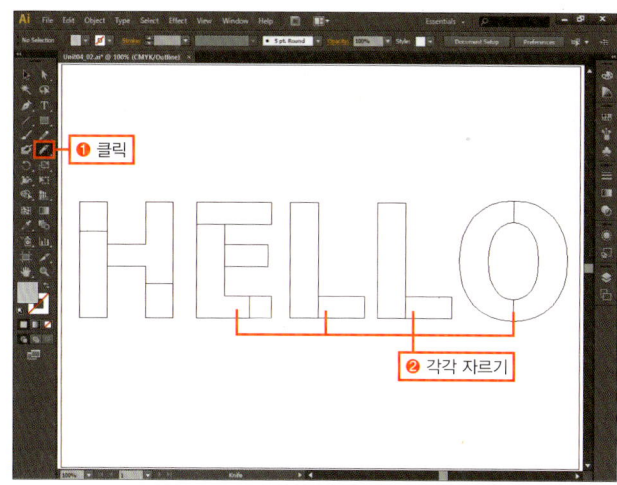

TIP 클리핑 마스크 이해하기

클리핑 마스크는 선택한 오브젝트들을 최상위 오브젝트의 모양으로 잘라 낸 것처럼 보이도록 만드는 기능입니다. 최상위 오브젝트의 모양에 따라 다양한 결과가 나타나게 됩니다.

▲ 원본 이미지

▲ 클리핑 마스크를 적용한 모습

❶ 원하는 모양의 오브젝트를 만듭니다. [Object]-[Arrange]-[Bring to Front] 메뉴를 클릭하여 최상위 순서로 변경합니다(Shift + Ctrl +]).

❷ 오브젝트들을 모두 선택한 후 오른쪽 클릭하여 [Make Clipping Mask] 메뉴를 클릭합니다(Ctrl + F7). 선택한 오브젝트들이 최상위 오브젝트의 모양으로 잘린 듯이 만들어집니다. 효과를 해제하려면 오른쪽 클릭하여 [Clipping Mask] 메뉴를 클릭합니다(Alt + Ctrl + F7).

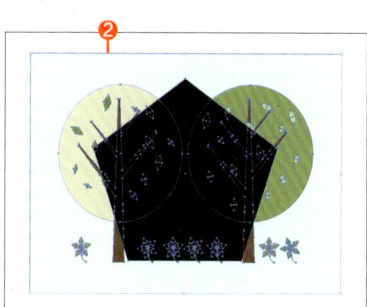

14 속성 복사

❶ [Eyedropper Tool](💧)을 이용하여 몇몇 오브젝트에 그림자 효과를 적용합니다.

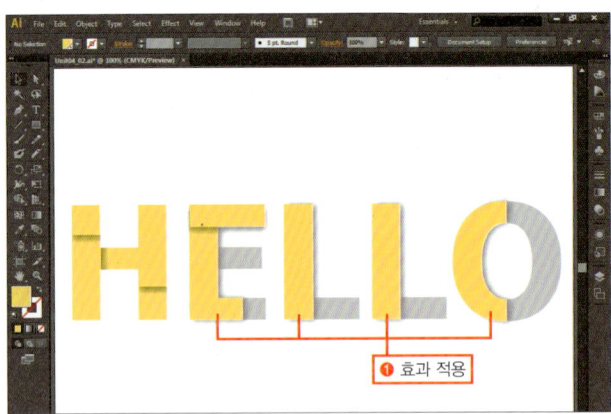

15 클리핑 마스크 적용

❶ Ctrl + F 를 눌러 복사한 오브젝트를 붙여 넣습니다. ❷ 두 번째 글자 오브젝트들을 모두 선택한 후 ❸ 오른쪽 클릭하여 ❹ [Make Clipping Mask] 메뉴를 클릭합니다.

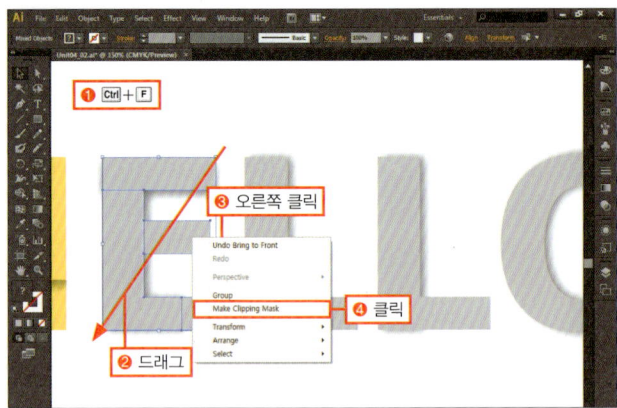

16 클리핑 마스크 적용

❶ 같은 방법으로 다른 글자들도 클리핑 마스크를 만들어 글자 주위의 그림자 효과가 보이지 않도록 합니다.

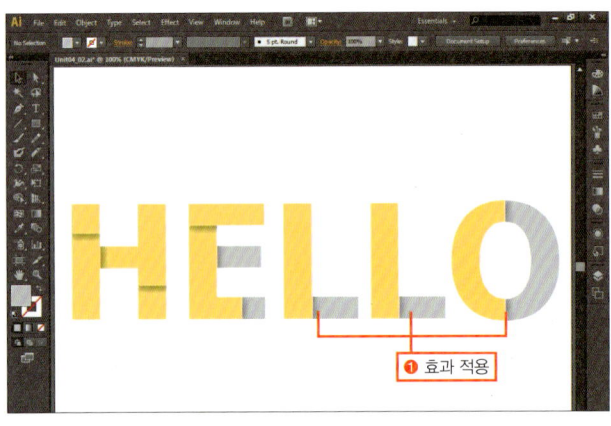

17 색상 변경

❶ [Group Selection Tool](▶+)을 선택합니다. ❷ 각 오브젝트들을 선택한 후 칠 색상을 변경합니다.

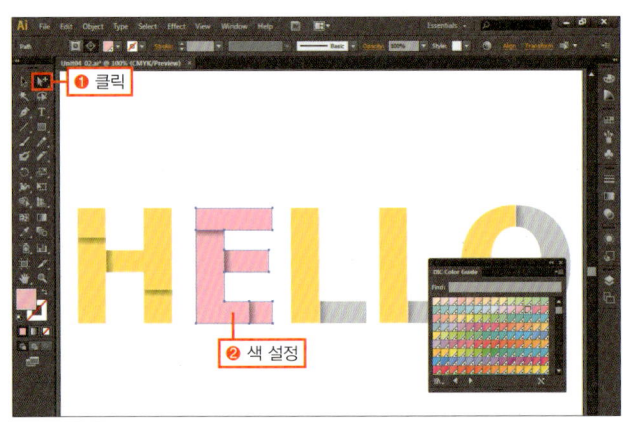

18 완성

❶ 다음과 같이 글자들의 색상을 모두 변경합니다.

⊙ 완성 파일 : Chapter05\unit04_02_완성.ai

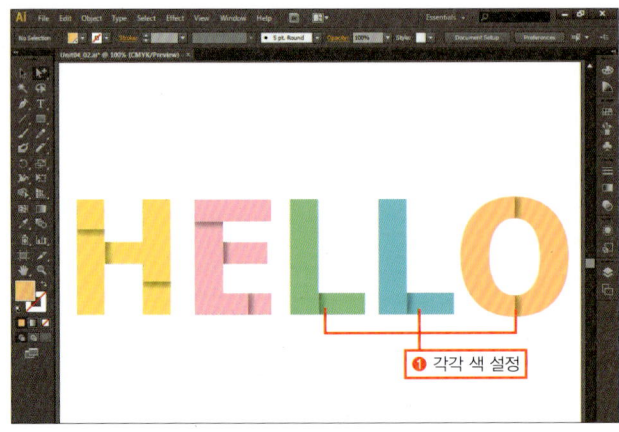

태블릿 펜의 압력으로 캘리그라피 만들기

브러시 옵션을 설정하여 펜 압력에 따라 굵기가 다른 선을 그릴 수 있습니다. 이 기능은 태블릿에서만 사용할 수 있으며, 마우스로는 작업할 수 없습니다.

01 새 파일 실행

❶ [File]-[New] 메뉴를 클릭합니다(Ctrl+N). ❷ [Units]를 'Pixels', [Width]를 '880 px', [Height]를 '660 px'로 설정합니다. ❸ [OK]를 클릭합니다.

02 브러시 설정

❶ [Paintbrush Tool](🖌)을 선택합니다. ❷ [Brushes] 패널을 열고 ❸ 등록되어 있는 '15 pt. Round' 브러시를 더블클릭합니다.

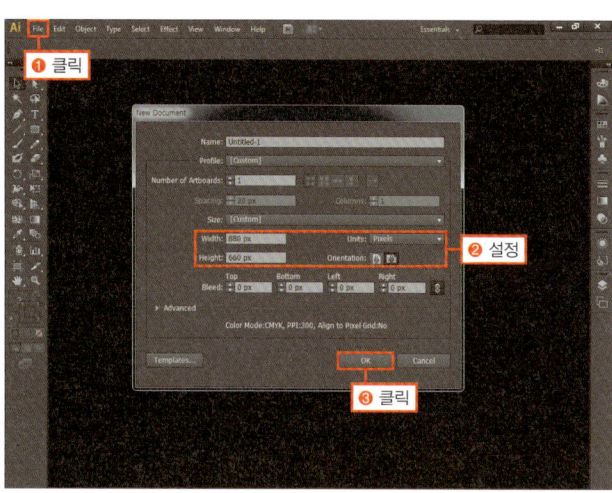

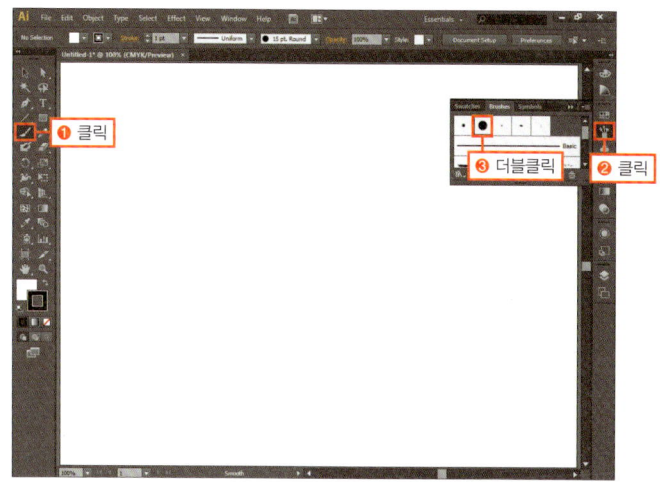

03 브러시 설정

❶ [Size]의 선택 상자를 [Pressure], [Variation]을 '15 pt'로 설정합니다. ❷ [OK]를 클릭합니다.

04 선 드로잉

❶ 태블릿 펜으로 드래그하여 그림을 그리듯 선을 그립니다. 압력에 따라 선의 굵기가 자동으로 조절되는 것을 확인할 수 있습니다.

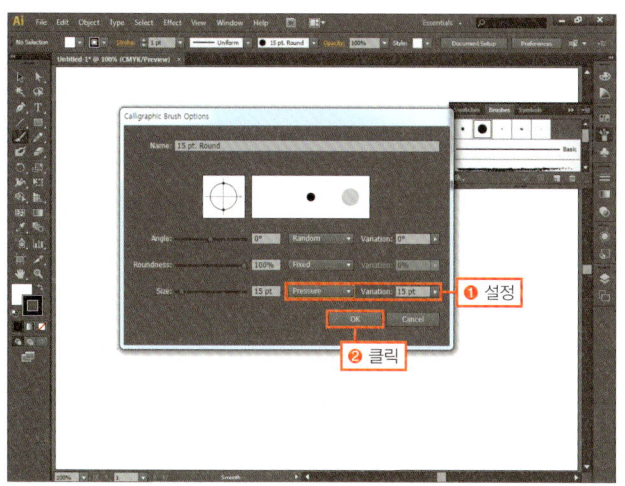

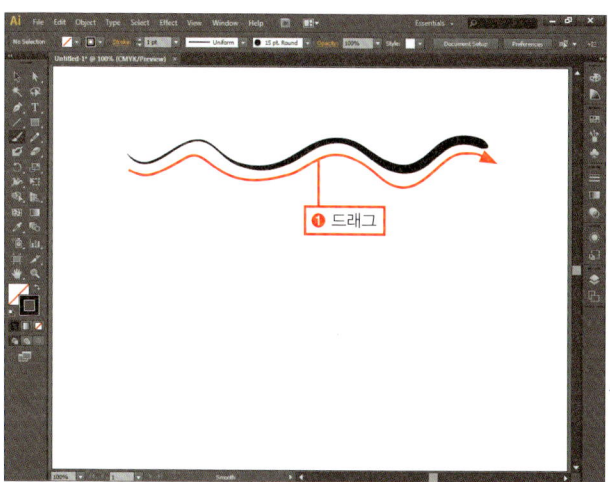

05 선 드로잉

❶ 같은 방법으로 다른 모양의 선도 그려봅니다.

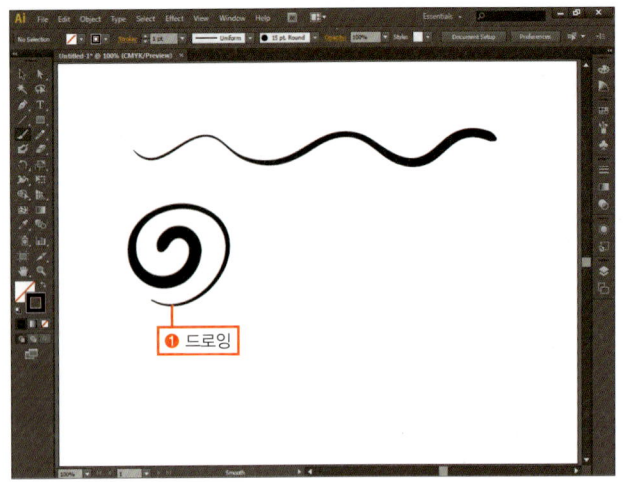

06 선 드로잉

❶ 계속해서 선의 굵기를 조절하는 연습을 합니다.

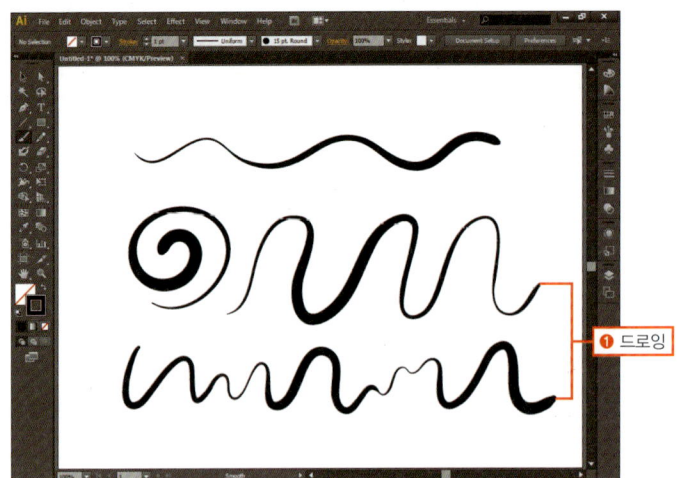

07 선 제거

❶ Ctrl + A 를 눌러 모든 패스들을 선택한 후 ❷ Delete 를 눌러 삭제합니다.

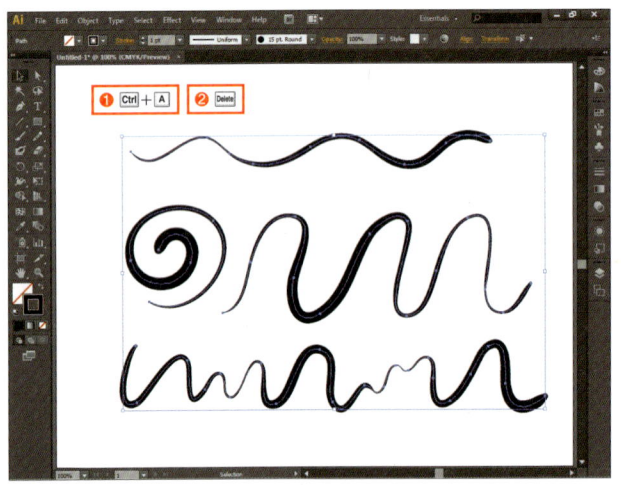

08 선 드로잉

❶ 펜의 압력으로 선의 굵기를 조절하며 글자를 씁니다.

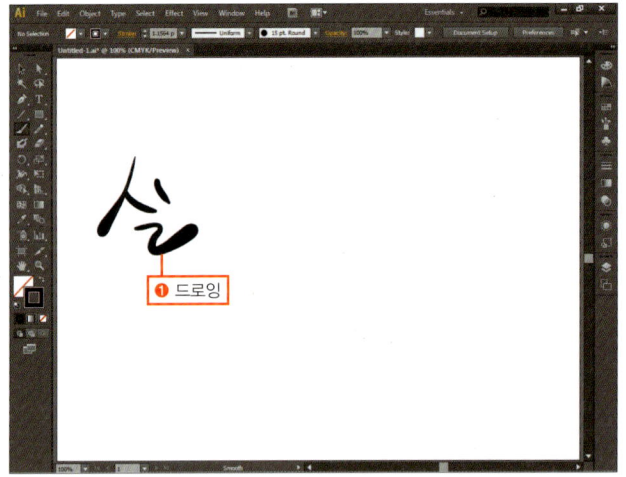

09 선 드로잉

❶ 다음 글자도 씁니다. 잘못 그려진 경우에는 Ctrl+Z를 눌러 이전 단계로 돌아간 후 다시 선을 그립니다.

10 완성

❶ 글자를 모두 그려서 다음과 같이 완성합니다.

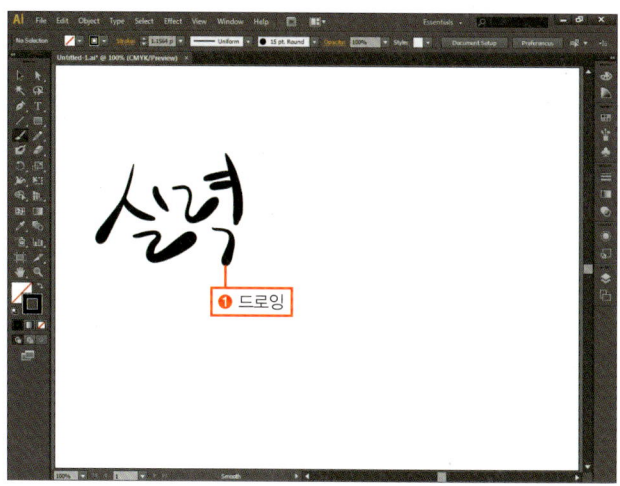

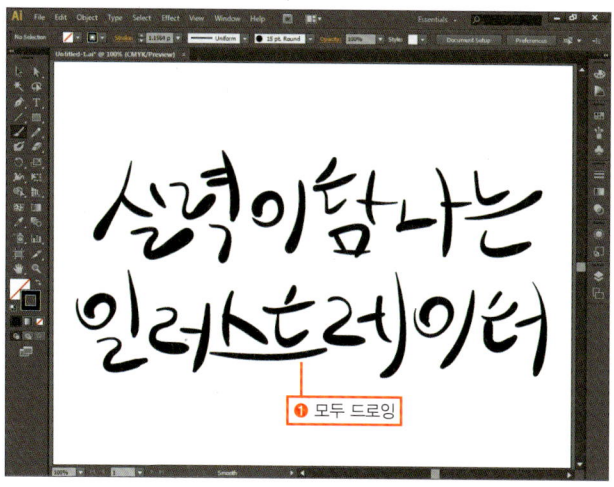

◉ 완성 파일 : Chapter05\unit04_03_완성.ai

브러시를 이용하여 분필 효과 만들기

[Brushes] 패널이나 브러시 라이브러리에서 선택한 브러시 효과가 패스에 적용되어 나타납니다. 브러시를 이용하여 분필 효과를 만들어보겠습니다.

◉ 예제 파일 : Chapter05\unit04_04.ai

01 브러시 선택

❶ [Paintbrush Tool](✏️)을 선택합니다. ❷ [Brushes] 패널을 열고 ❸ 'Charcoal - Feather' 브러시를 클릭합니다. ❹ 칠 색상은 [None](☐), 선 색상은 흰색으로 설정합니다.

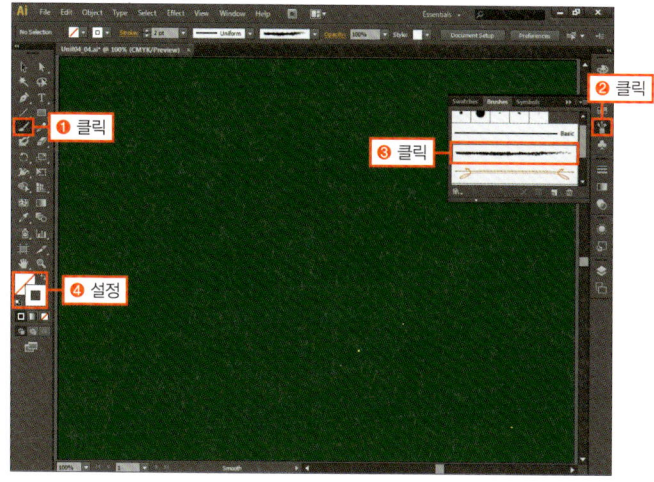

02 선 굵기 설정

❶ [Stroke] 패널을 열고 ❷ [Weight]를 '2 pt'로 설정합니다.

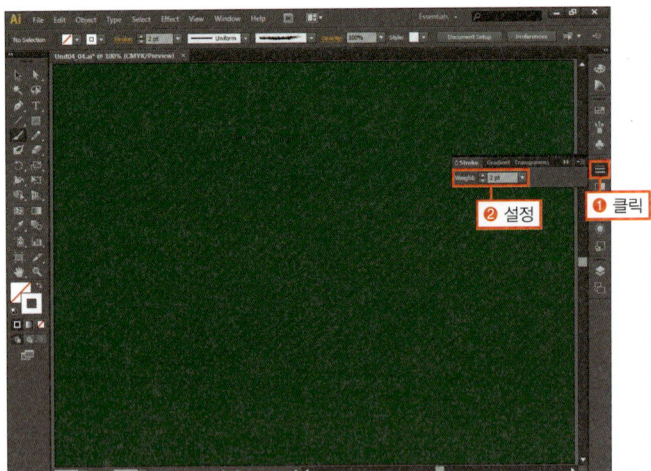

03 선 드로잉

❶ 클릭한 채 드래그하여 선을 그립니다. 'Charcoal - Feather' 브러시가 적용된 채로 선이 나타납니다.

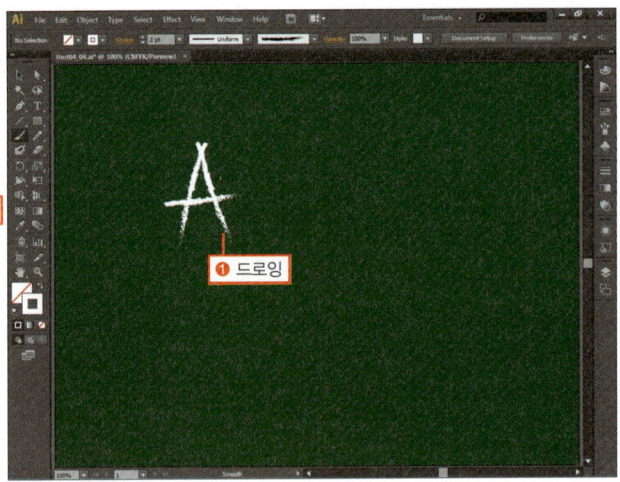

MEMO ● 태블릿 펜을 이용하여 선을 그려도 됩니다.

04 선 드로잉

❶ 클릭한 채 드래그하여 선을 그립니다.

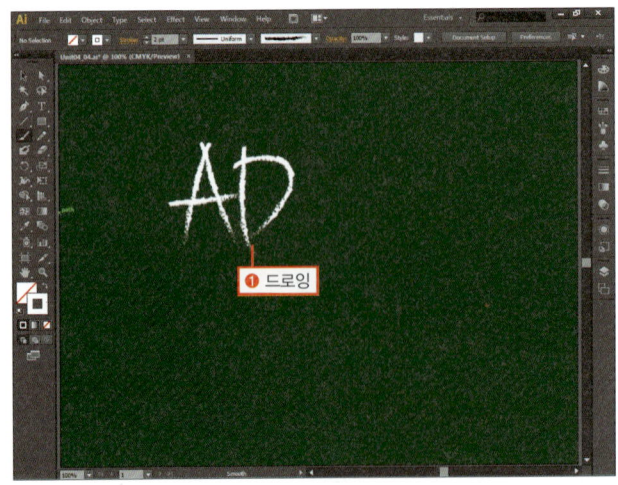

05 완성

❶ 다음과 같이 글자들을 모두 그립니다.

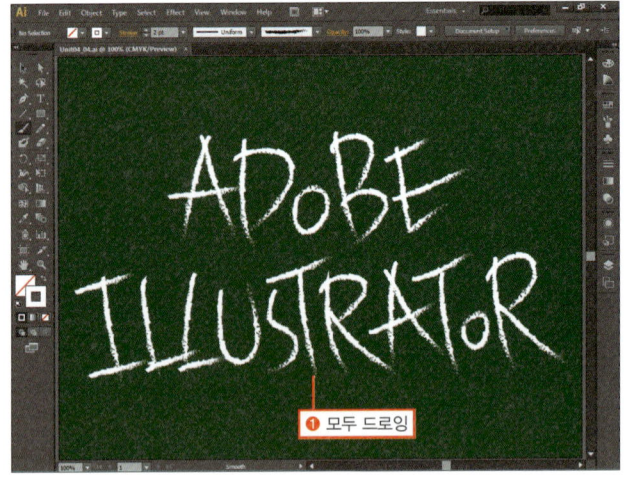

◉ 완성 파일 : Chapter05\unit04_04_완성.ai

Illustrator CS6

이번 Chapter에서 학습한 내용을 바탕으로 다음의 실전 문제를 스스로 풀어봅니다.

1 오브젝트를 글상자로 만든 후 오브젝트를 감싸는 효과를 적용해보세요.

- 예제 파일 : Chapter05\s_unit05_01.ai, s_unit05_01.txt
- 완성 파일 : Chapter05\s_unit05_01_완성.ai
- 해설 파일 : 해설파일\05_오브젝트를감싸는글상자만들기.hwp, pdf

Before / After

① [Type Tool](T)로 오브젝트를 글상자로 만들기 ➡ ② [File]-[Place] 메뉴 클릭하여 's_unit05_01.txt' 파일의 글자들을 불러오기 ➡ ③ Ctrl+T를 눌러 [Character] 패널 불러와 글자체와 글자 크기 설정하기 ➡ ④ Ctrl+A를 눌러 모두 선택하기 ➡ ⑤ [Object]-[Text Warp]-[Make] 메뉴 클릭하여 글자 감싸기 효과 적용하기

2 글자 오브젝트를 선택한 오브젝트의 모양에 맞게 변형해보세요.

- 예제 파일 : Chapter05\s_unit05_02.ai
- 완성 파일 : Chapter05\s_unit05_02_완성.ai
- 해설 파일 : 해설파일\05_글자를오브젝트모양에맞게변형하기.hwp, pdf

Before

After

① [Selection Tool]( )로 오브젝트 선택하고 컨트롤 바에서 크기 확인하기 ➡ ② [Ellipse Tool]( )로 동일한 크기의 원 오브젝트 만들기 ➡ ③ [Selection Tool]( )로 오브젝트 위치 이동하기 ➡ ④ 반복 작업하여 원 오브젝트 5개 만들고 글자 입력 후 글자 크기와 글자체 설정하기 ➡ ⑤ 글자 오브젝트들을 모두 선택하고 최하위 순서로 변경하기 ➡ ⑥ 글자 오브젝트와 원 오브젝트 하나씩 동시 선택하기 ➡ ⑦ [Object]-[Envelope Distort]-[Make with Top Object] 메뉴 클릭하여 변형하기 ➡ ⑧ 반복 작업하여 글자 오브젝트를 원 모양에 맞게 변형하기 ➡ ⑨ [Selection Tool]( )로 변형된 오브젝트 선택하여 [Edit Contents]( ) 클릭 후 글자 색상 변경하기

ILLUSTRATOR CS6

패스를 편집하여 깔끔한 캐릭터 일러스트를 그려봅니다. 아트 브러시와 강모 브러시를 이용하여 감각적인 패션 일러스트와 회화 느낌의 일러스트를, 원근감 도구와 격자를 이용하여 건물 일러스트도 완성해봅니다. 또한 3D 효과를 주는 이펙트로 3D 일러스트를 만드는 방법, [Image Trace] 패널로 비트맵 이미지를 벡터 이미지로 만드는 방법을 배워보겠습니다. 여러 가지 종류의 브러시와 이펙트들로 다양한 스타일의 일러스트를 완성할 수 있습니다.

다양한 스타일의
일러스트

UNIT 01 깔끔한 캐릭터 일러스트 그리기
UNIT 02 감각적인 패션 일러스트 그리기
UNIT 03 다양한 브러시 이용하여 회화 느낌의 일러스트 그리기
UNIT 04 격자를 이용한 건물 일러스트 그리기
UNIT 05 [Image Trace] 패널 이용하여 비트맵 이미지를 패스로 만들기
UNIT 06 입체감이 돋보이는 3D 일러스트 만들기

CHAPTER MAP

UNIT 01 깔끔한 캐릭터 일러스트 그리기

일러스트레이터는 사이즈 변환이 쉽고 깔끔한 느낌의 작업이 가능하며 제품화 또한 용이하기 때문에 캐릭터 일러스트 작업에 적합합니다. 캐릭터 일러스트에 대해 살펴보고 직접 일러스트를 그려보면서 캐릭터 일러스트에 대해 학습합니다.

● 로봇 캐릭터 그리고 색상 적용하기

UNIT 02 감각적인 패션 일러스트 그리기

패션 일러스트는 입지가 점점 더 넓어지고 있습니다. 의상 디자인을 위해 그리는 일러스트는 물론 광고에도 사용되며, 패션 일러스트의 상품화도 활발하게 이루어지고 있습니다. 패션 일러스트에 대해 살펴보고 간단하지만 감각적인 패션 일러스트를 그려봅니다.

● 패션 일러스트 그리기

UNIT **다양한 브러시 이용하여 회화 느낌의 일러스트 그리기**

일러스트레이터 CS6는 다양한 브러시를 제공합니다. 이를 이용하여 앞서 배운 캘리그라피는 물론 회화 느낌의 일러스트 작업, 테두리 및 패턴 꾸미기 등에 자유롭게 활용할 수 있습니다. 이번에는 브러시에 대해 알아보고 브러시를 제작하는 방법을 배우겠습니다. 마지막으로 강모 브러시(Bristle Brush)를 이용하여 회화 느낌이 나는 일러스트를 그려보겠습니다.

● 사용자에 맞게 브러시 생성하기   ● 강모 브러시를 이용해 맥주병 완성하기

UNIT **격자를 이용한 건물 일러스트 그리기**

원근감 드로잉 기능은 일러스트레이터 CS5 버전부터 추가된 기능입니다. 원근감 격자와 도구를 이용하여 인간의 눈이 인식하는 것과 유사한 장면을 평면에 표현할 수 있습니다.

● 원근감 드로잉 활용하여 일러스트 완성하기

unit 05 [Image Trace] 패널 이용하여 비트맵 이미지를 패스로 만들기

비트맵 이미지를 벡터화하여 패스로 만들 수 있습니다. CS6 버전에서 새롭게 추가된 [Image Trace] 패널을 이용하여 비트맵 이미지를 벡터화한 후 패스로 만드는 방법을 배워보겠습니다.

● 비트맵 이미지를 패스로 만든 후 색상 다시 설정하기

● 비트맵 이미지를 캐릭터 배경으로 사용하기

unit 06 입체감이 돋보이는 3D 일러스트 만들기

[Effect]-[3D]-[Extrude & Bevel] 메뉴를 클릭하면 일반 오브젝트에 3D 효과가 적용되어 육면체나 3D 글자 등을 만들 수 있습니다. 또한 [Effect]-[3D]-[Revolve] 메뉴를 이용하여 열린 패스를 유리잔이나 유리병 등의 회전체로 만들 수도 있습니다. 간단하게 3D 효과를 줄 수 있으므로 편리합니다.

● [Revolve] 메뉴로 3D 회전체 만들기

● [Extrud & Bevel] 메뉴로 3D 그래프 만들기

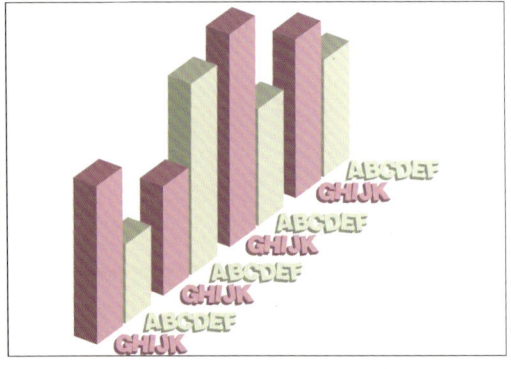

● [Revolve] 메뉴로 3D 유리병 만들기

Unit 01. 깔끔한 캐릭터 일러스트 그리기

일러스트레이터는 사이즈 변환이 쉽고 깔끔한 느낌의 작업이 가능하며 제품화 또한 용이하기 때문에 캐릭터 일러스트 작업에 적합합니다. 캐릭터 일러스트에 대해 살펴보고 직접 일러스트를 그려보면서 캐릭터 일러스트에 대해 학습합니다.

 학습 주제
- 캐릭터 일러스트 살펴보기
- 캐릭터 그리기
- 캐릭터에 색상 적용하기

 관련 학습
- 일러스트레이터의 기본, [Pen Tool] 사용하기 : 76쪽
- 간단하게 드로잉할 수 있는 도형 툴 사용하기 : 107쪽

캐릭터 일러스트 살펴보기

일상에서도 흔히 발견할 수 있는 캐릭터 일러스트에 대해 알아봅니다. 캐릭터 일러스트란 무엇인지 그 종류에는 어떤 것들이 있는지 함께 살펴보겠습니다.

● 캐릭터 일러스트

캐릭터는 사전적 의미로 소설, 만화 등에 나오는 인물이나 동물의 모습을 디자인한 것을 의미하며, 상품이나 홍보 대상의 이미지를 가지고 있는 일러스트레이션을 말합니다. 기본적으로 홍보 대상의 이미지를 소비자에게 쉽고 친근하게 전달하기 위해 만들어지며, 흔히 인물이나 동물 또는 홍보 대상물을 의인화하는 작업을 합니다.

● 캐릭터의 종류

❶ **인물 캐릭터** : 사람 형태의 캐릭터 일러스트로, 일반 사진에 비해 소비자가 홍보 대상에 친근함과 호감을 갖기 쉽습니다.

❷ **동식물 캐릭터** : 가장 많이 사용하는 캐릭터 일러스트입니다. 동물이나 식물을 의인화한 형태로, 다방면에서 사용되고 있습니다.

❸ **홍보물 의인화 캐릭터** : 홍보하고자 하는 대상을 개성적으로 의인화한 형태입니다. 소비자에게 홍보물에 대한 직접적이고 강렬한 인상을 줄 수 있습니다.

❹ **만화, 애니메이션, 게임 캐릭터** : 만화나 애니메이션, 게임에서 인기 있는 캐릭터가 상품화된 형태입니다. 기존 매체의 인지도 때문에 다른 캐릭터보다 쉽게 인기를 얻을 수 있습니다.

❺ **기타** : 그 밖에도 신화나 전설을 바탕으로 하는 판타지 캐릭터나 프로그램을 캐릭터화하는 경우가 있습니다. 또 신체 일부분을 의인화한 캐릭터는 의약 부문에서 자주 사용되며, 기업이나 단체의 이미지를 의인화한 캐릭터 등이 있습니다.

▲ 인물 캐릭터

▲ 동식물 캐릭터

로봇 캐릭터 머리 그리기

로봇 캐릭터를 그려보겠습니다.

01 새 도큐먼트 실행

❶ [File]-[New] 메뉴를 클릭하여 새 도큐먼트를 만듭니다. ❷ [Name]에 '로봇캐릭터'를 입력하고 ❸ [Size]는 'A4', ❹ [Orientation]은 세로 방향으로 설정합니다. ❺ [OK]를 클릭합니다.

02 사각형 드로잉

❶ [Tool] 패널에서 [Rectangle Tool](■)을 선택합니다. ❷ Alt + Shift 를 누른 채 드래그하여 정사각형을 그립니다.

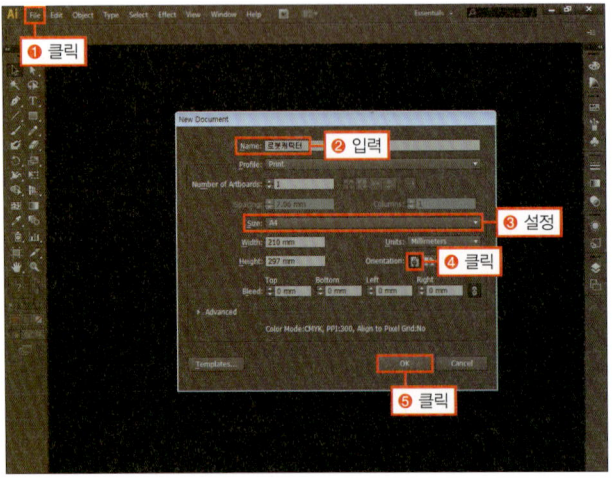

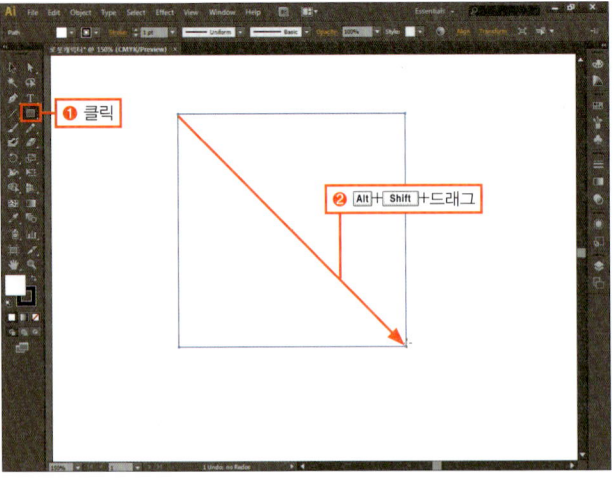

03 직선 드로잉

❶ [Line Tool]( )을 선택합니다. ❷ Shift 를 누른 채 드래그하여 가로선과 세로선을 그립니다.

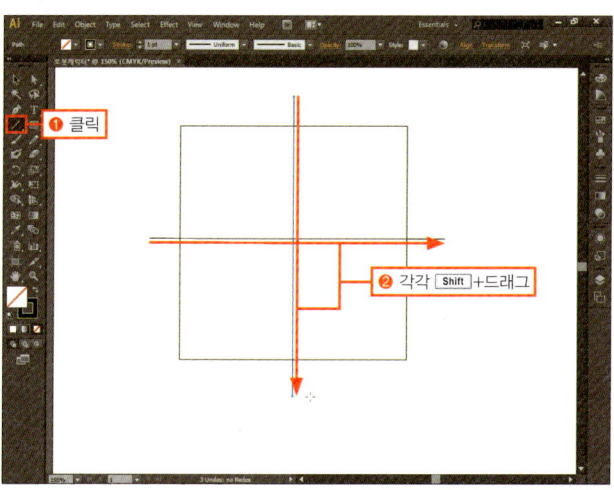

04 오브젝트 정렬

❶ 사각형과 직선을 모두 선택합니다. ❷ 상단의 컨트롤 바에서 [Align]을 클릭한 후 ❸ [Horizontal Align Center]( )와 [Vertical Align Center]( )를 선택하여 중앙 정렬합니다.

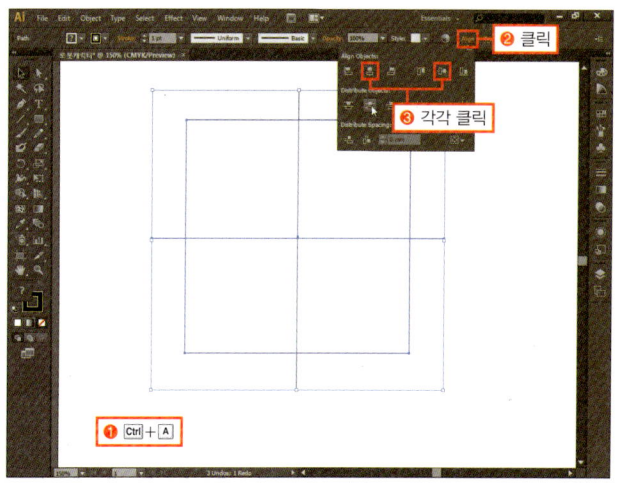

05 오브젝트 분할

❶ [Window]-[Pathfinder] 메뉴를 클릭하거나 Ctrl + Shift + F9 를 눌러 [Pathfinder] 패널을 불러옵니다. ❷ [Divide]( )를 클릭하여 사각형을 분할합니다.

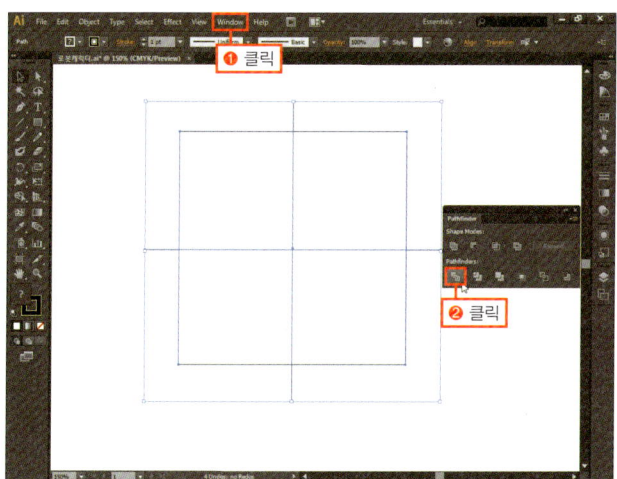

06 삭제

❶ [Direct Selection Tool]( )을 선택합니다. ❷ 오른쪽 상단의 사각형을 선택한 뒤 ❸ Delete 를 눌러 삭제합니다.

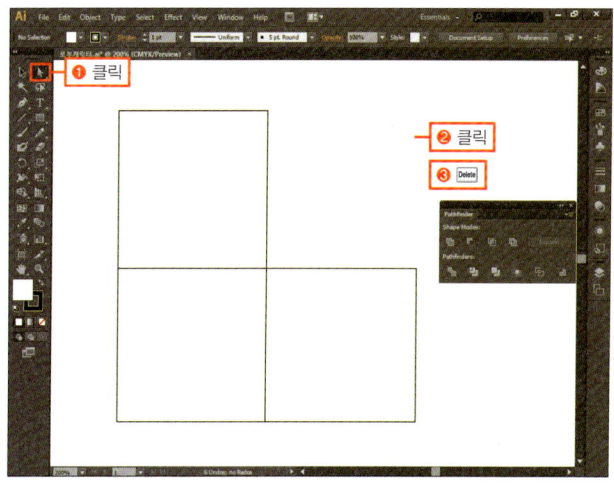

07 기준점 이동

❶ 드래그하여 가장 오른쪽의 두 기준점을 선택합니다. ❷ 다음과 같이 드래그하여 측면을 만듭니다.

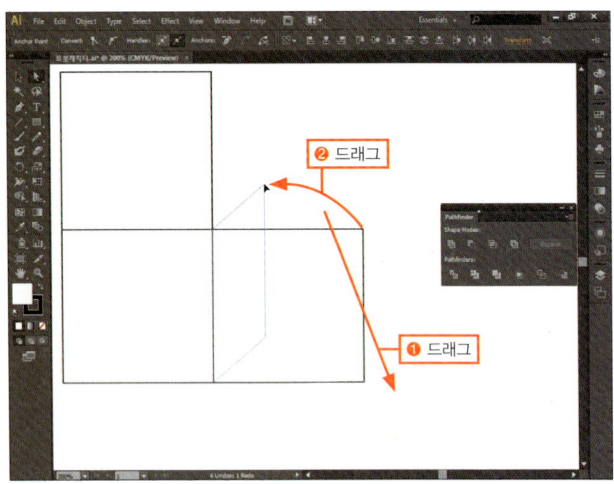

08 기준점 이동

❶ 같은 방법으로 드래그하여 가장 위쪽의 두 기준점을 선택합니다. ❷ 다음과 같이 기준점을 오른쪽 하단으로 드래그하여 측면의 위쪽 기준점과 맞닿도록 이동합니다. 사각 박스 모양이 완성되었습니다.

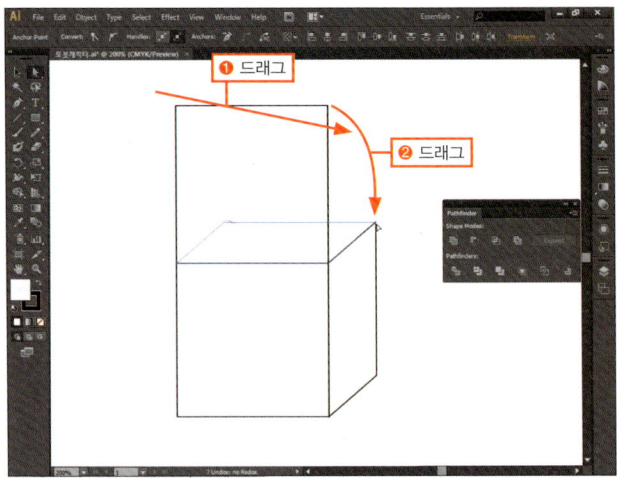

09 복사

❶ [Selection Tool]( )을 선택합니다. ❷ Ctrl + A 를 눌러 사각 박스 전체를 선택합니다. ❸ Ctrl + C , Ctrl + V 를 눌러 오브젝트를 복사합니다. ❹ 같은 방법으로 총 4개의 박스를 만들고 위치를 이동합니다.

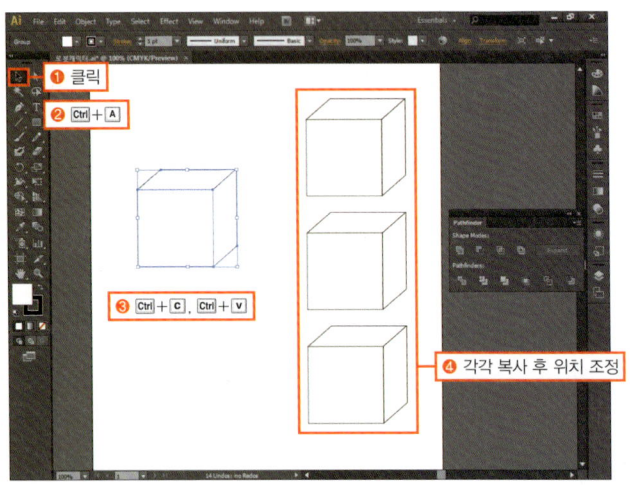

MEMO ● Ctrl + Alt 를 누른 채 드래그하여 각각의 위치에 복사, 배치할 수도 있습니다. 복사한 사각 박스는 몸통, 발을 만들 때 사용합니다.

10 기준점 선택

좀 더 귀엽고 생동감 있는 모양으로 만들기 위해 형태를 변환하겠습니다. ❶ [Direct Selection Tool]( )로 ❷ 다음과 같이 오른쪽 상단을 위에서 아래로 드래그하여 선택합니다. ⓐ, ⓑ 지점의 기준점이 동시에 선택됩니다.

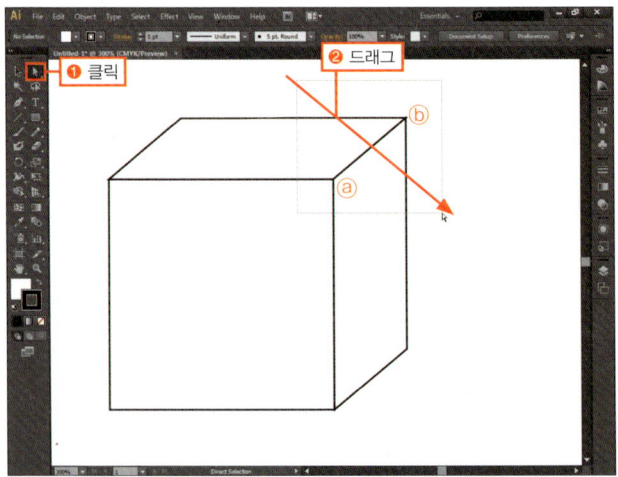

MEMO ● 기준점이 선택되지 않고 사각 박스 전체가 선택된다면 현재 [Direct Selection Tool]( )이 활성화되어 있는지 확인합니다.

11 기준점 이동

❶ Shift 를 누른 채 다음과 같이 드래그합니다. ⓑ 지점의 기준점은 선택이 해제되고, ⓐ 지점의 기준점만 선택된 상태로 남게 됩니다.

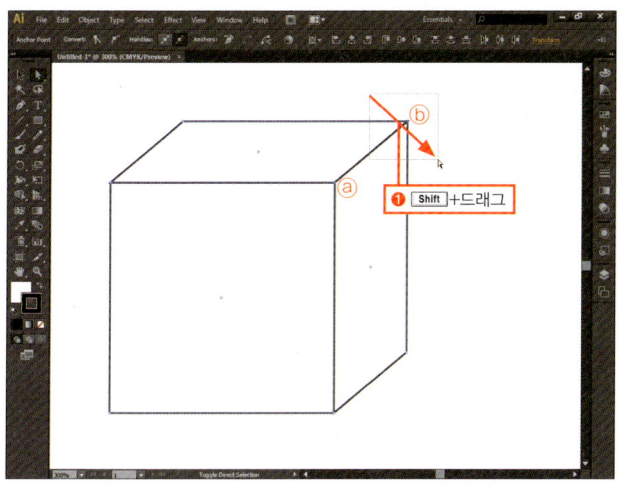

12 기준점 이동

❶ ⓐ 지점의 기준점을 클릭한 채 오른쪽 상단으로 드래그합니다.

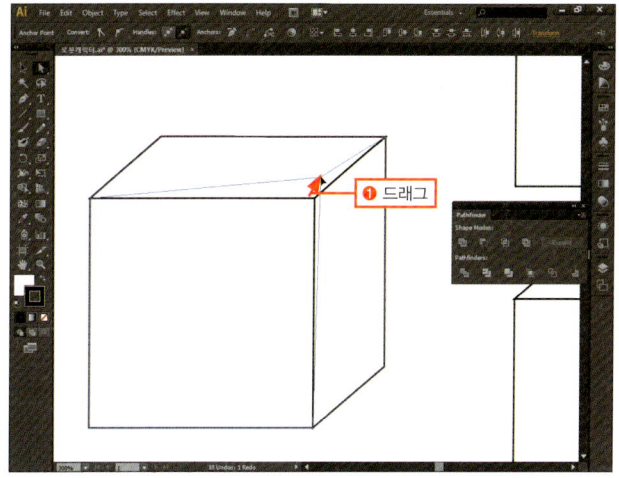

MEMO ● 두 개 이상의 패스가 겹쳐진 기준점은 주변을 드래그하여 겹쳐진 기준점을 모두 선택하여 이동합니다.

13 기준점 이동

다른 기준점들의 위치도 조금씩 이동하여 다음과 같은 모양을 만듭니다.

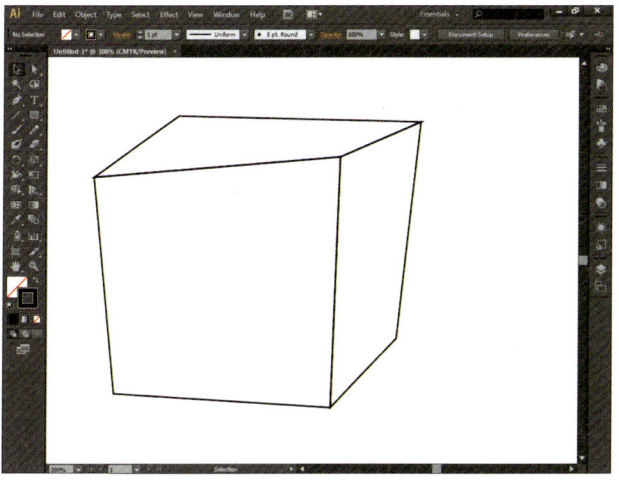

14 귀 드로잉

❶ [Rounded Rectangle Tool]( )을 선택합니다. ❷ 사각 박스 ½ 높이로 모서리가 둥근 사각형 패스를 만듭니다. ❸ Alt 를 누른 채 오른쪽으로 드래그하다가 Shift 를 함께 눌러 겹쳐진 형태로 복사합니다.

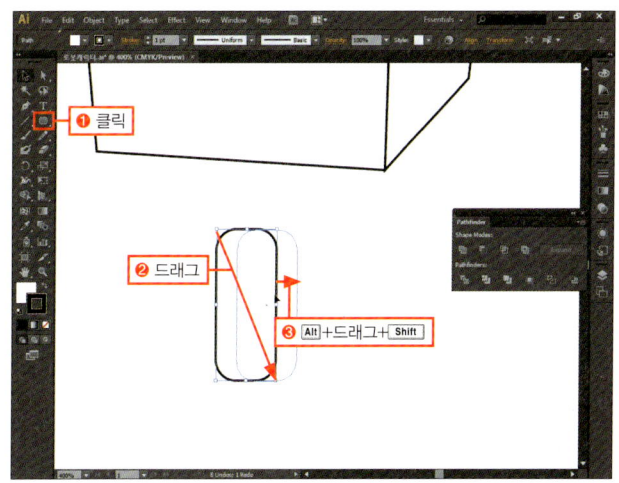

15 분리, 삭제

❶ 모서리가 둥근 사각형 두 개를 모두 선택한 후 ❷ [Pathfinder] 패널을 열고 ❸ [Divide]( )를 클릭합니다. ❹ [Direct Selection Tool]( )로 ❺ 가장 오른쪽 패스를 클릭한 후 ❻ Delete 를 2번 눌러 패스를 삭제합니다.

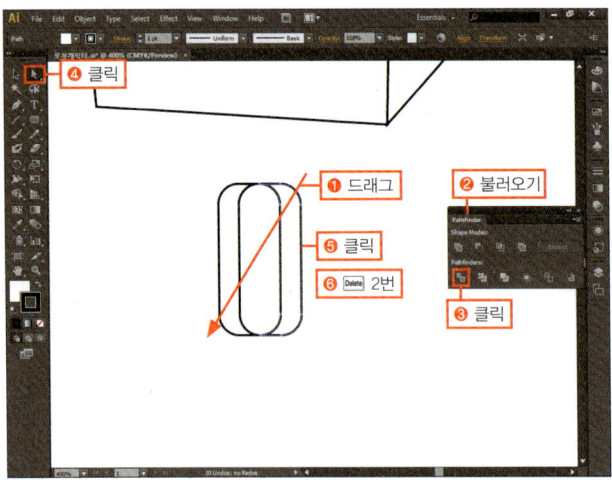

16 이동

❶ [Selection Tool]( )을 선택합니다. ❷ 완성한 귀 모양 패스를 드래그하여 사각 박스 오른쪽으로 이동합니다.

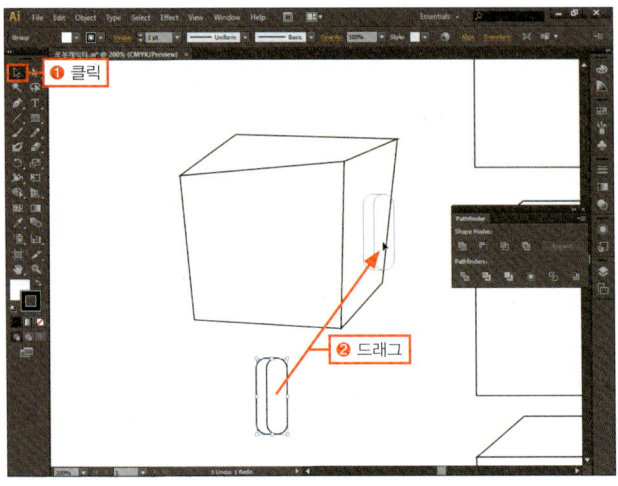

17 눈 드로잉

❶ [Ellipse Tool]( )을 선택합니다. ❷ 사각 박스의 앞면에 Shift 를 누른 채 드래그하여 원을 그립니다.

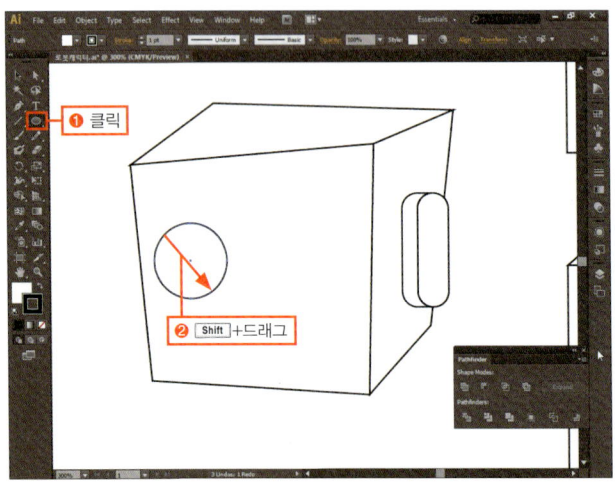

18 크기 조절하여 복사

❶ [Tool] 패널에서 [Scale Tool]( )을 더블클릭하여 옵션 대화창을 불러옵니다. ❷ [Scale] 항목의 [Uniform]을 체크하고 '80'을 입력합니다. ❸ [Copy]를 클릭합니다.

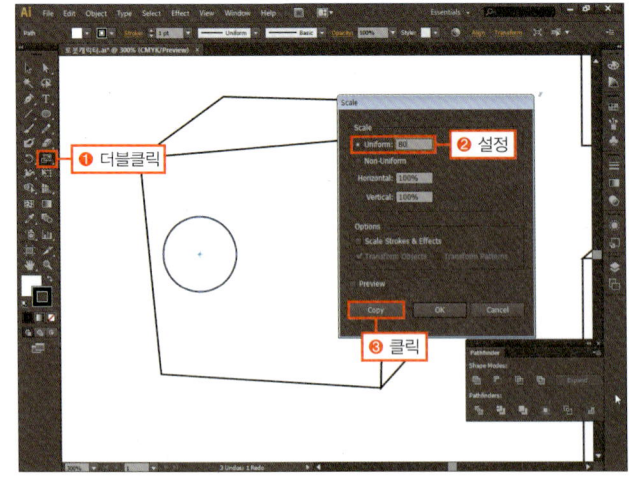

19 복사

❶ 2개의 원 모양 패스를 모두 선택합니다. ❷ Alt 를 누른 채 오른쪽으로 드래그하다가 Shift 도 함께 눌러 수평으로 복사합니다.

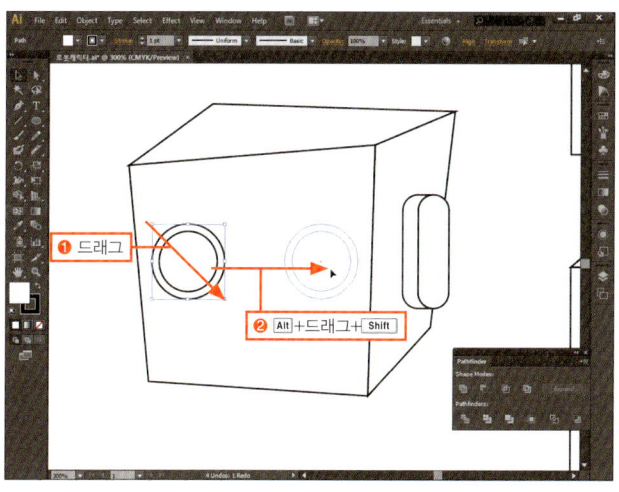

20 입 드로잉

❶ [Rectangle Tool](▣)을 선택합니다. ❷ 왼쪽 눈 아래에 작은 정사각형을 그립니다. ❸ Alt 를 누른 채 아래로 드래그하다가 Shift 도 함께 눌러 하단에 붙어 있는 형태로 정사각형 패스를 복사합니다.

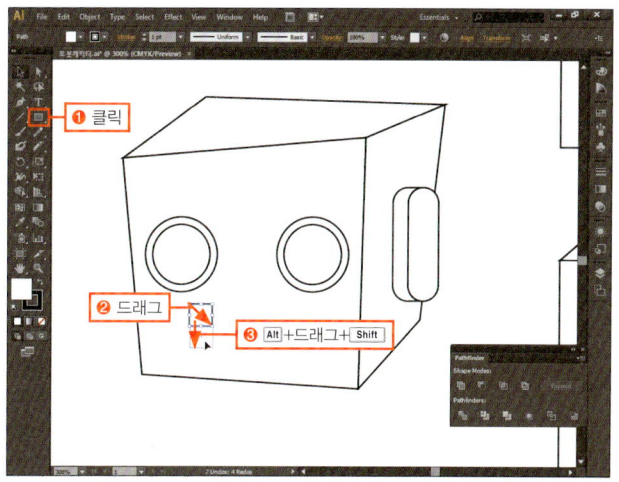

21 복사

❶ [Selection Tool](▶)로 2개의 정사각형 패스를 모두 선택합니다. ❷ Alt 를 누른 채 오른쪽으로 드래그하다가 Shift 도 함께 눌러 오른쪽에 붙어 있는 형태로 복사합니다. ❸ Ctrl + D 를 2번 눌러 같은 간격으로 패스를 반복 복사합니다.

22 안테나 드로잉

❶ [Rectangle Tool](▣)로 사각 박스 위쪽에 기다란 직사각형을 그립니다. ❷ [Ellipse Tool](●)로 ❸ 방금 그린 직사각형 위에 원을 그립니다.

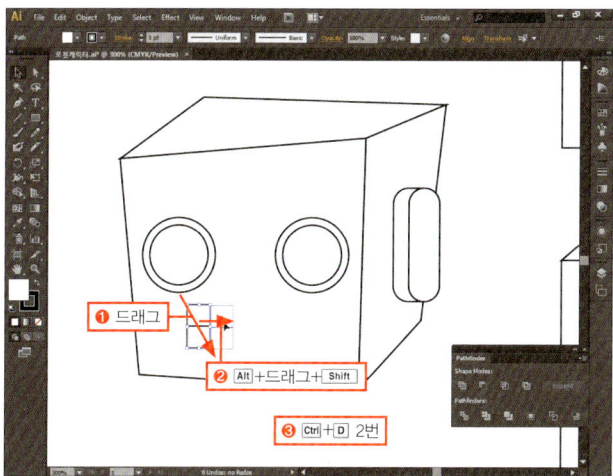

MEMO ● 위치가 어색할 경우 패스를 드래그하여 이동합니다.

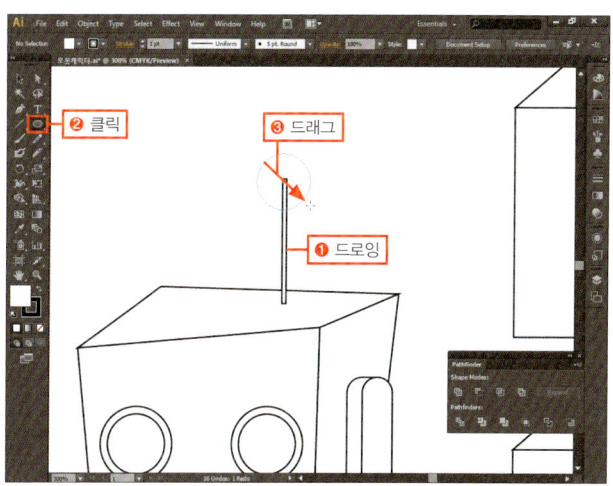

23 복사

❶ 안테나 패스를 모두 선택합니다. ❷ Alt 를 누른 채 왼쪽으로 드래그하여 복사합니다. ❸ 바운딩 박스의 조절점을 드래그하여 각도를 조절합니다.

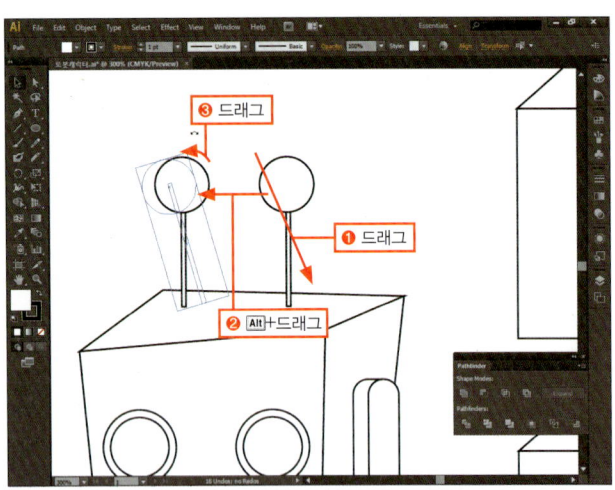

24 완성

로봇의 머리가 완성되었습니다.

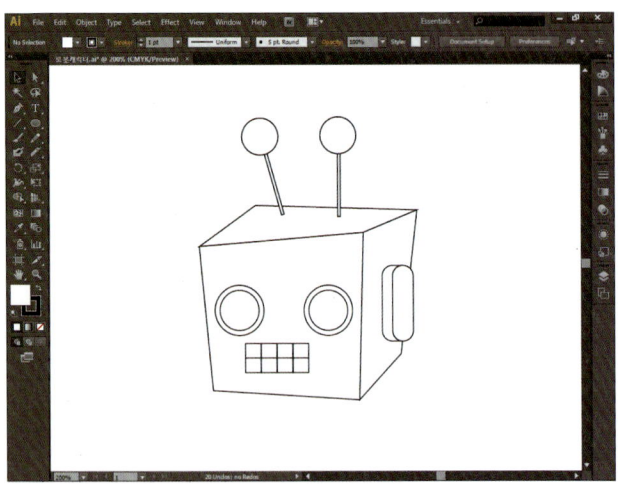

로봇 캐릭터 몸통 그리기

계속해서 로봇 캐릭터의 몸통을 그려 캐릭터를 완성하겠습니다.

01 크기 조절

앞서 만든 3개의 사각 박스를 가지고 몸통과 발을 만들겠습니다. ❶ 2개의 사각 박스를 선택합니다. ❷ [Scale Tool](🔳)을 더블클릭하여 [Scale] 대화상자를 열고 ❸ [Uniform]에 체크하고 '30'을 입력한 후 ❹ [OK]를 클릭합니다.

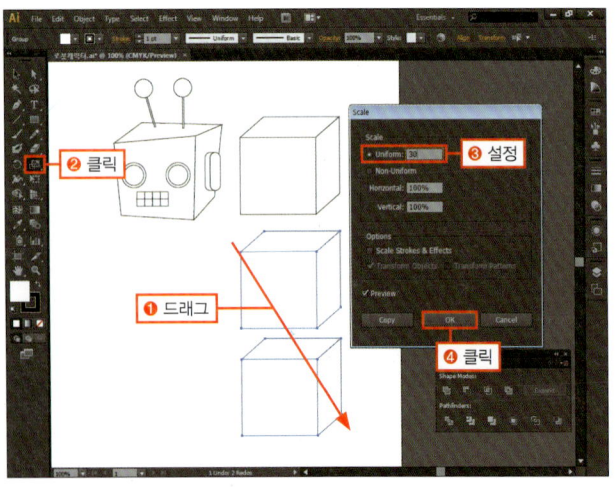

02 이동

❶ 큰 사각 박스를 로봇 머리의 아래로 이동합니다. ❷ 작은 사각 박스는 큰 사각 박스 아래로 각각 이동합니다.

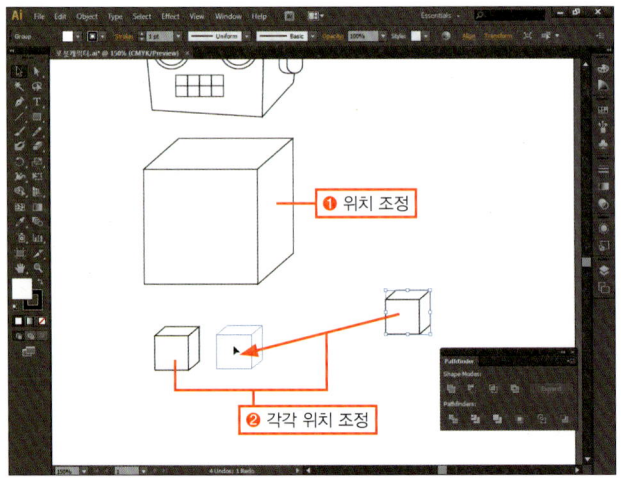

03 몸통 기준점 이동

❶[Direct Selection Tool](▶)을 선택합니다. ❷변형하려는 기준점을 선택한 후 ❸드래그하여 이동합니다.

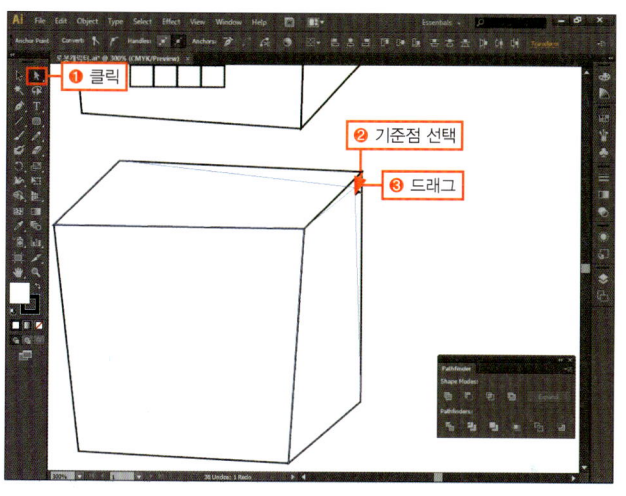

04 발 기준점 이동

❶작은 사각 박스의 ⓐ, ⓑ 기준점을 모두 선택합니다. ❷ Shift 를 누른 채 클릭하여 ⓒ 기준점도 선택합니다. ❸ⓐ, ⓑ, ⓒ 기준점이 모두 선택된 상태에서 2시 방향으로 드래그하여 기준점을 이동합니다. ❹나머지 사각 박스도 같은 방법으로 수정합니다.

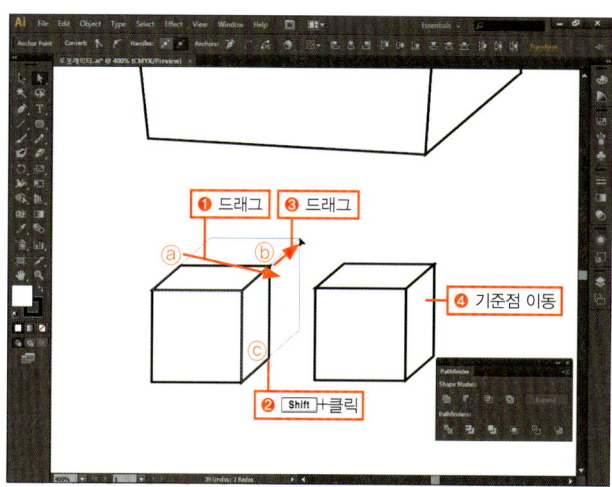

05 목 파이프 드로잉

❶[Rounded Rectangle Tool](▣)을 선택합니다. ❷가로로 길게 둥근 직사각형을 그립니다. ❸[Selection Tool](▶)로 ❹ Alt + Shift 를 누른 채 드래그하여 패스를 아래쪽으로 2개 복사합니다.

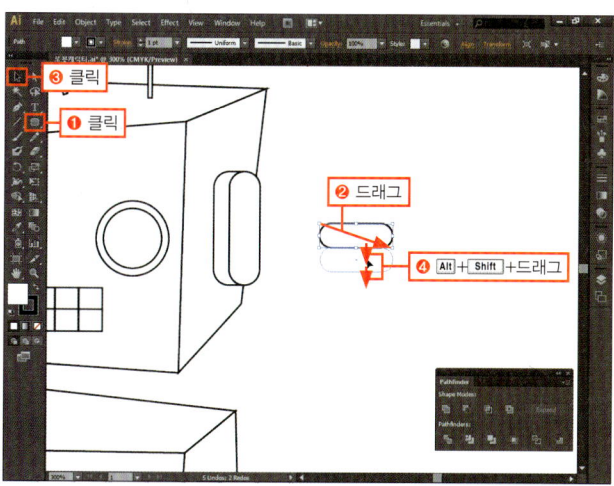

06 이동

❶3개의 둥근 직사각형을 모두 선택합니다. ❷ Ctrl + G 를 눌러 그룹으로 만듭니다. ❸로봇 머리와 몸통 사이로 이동합니다.

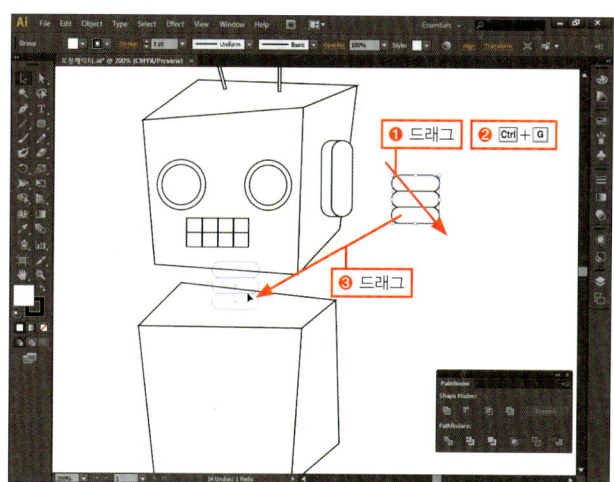

07 패스 순서 변경

❶ 로봇 머리의 패스를 모두 선택합니다. ❷ 오른쪽 클릭합니다. ❸ [Arrange]-[Bring to Front] 메뉴를 클릭하여 가장 앞으로 배치합니다.

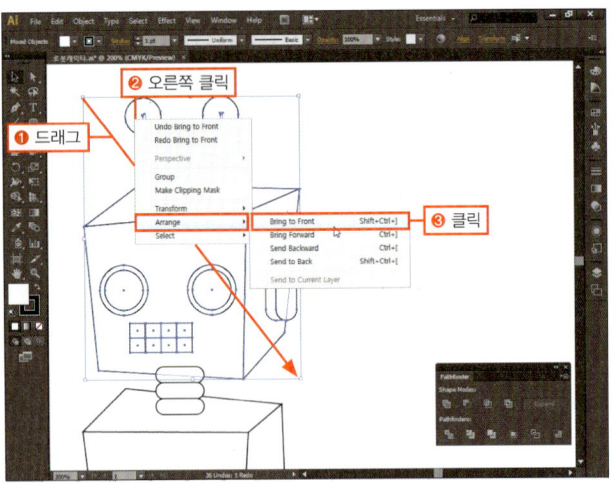

MEMO ● 반대로 로봇의 몸통과 발을 선택한 상태에서 오른쪽 클릭한 후 [Arrange]-[Send to Back] 메뉴를 클릭해도 됩니다.

08 다리 파이프 드로잉

❶ [Rounded Rectangle Tool]( )을 선택합니다. ❷ 가로로 길게 둥근 직사각형을 그립니다. ❸ [Selection Tool]( )로 ❹ Alt + Shift 를 누른 채 드래그하여 패스를 아래쪽으로 4개 복사합니다.

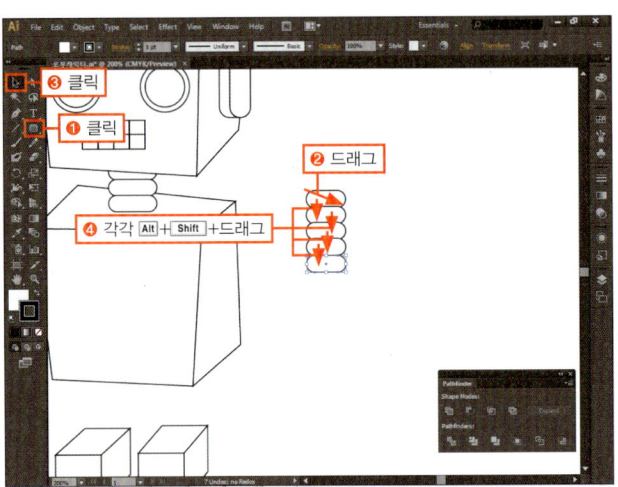

09 복사하고 이동

❶ 5개의 둥근 직사각형을 모두 선택합니다. ❷ Ctrl + G 를 눌러 그룹으로 만듭니다. ❸ Alt 를 누른 채 드래그하여 복사합니다. ❹ 각각의 다리 패스를 몸통 박스와 발 모양 박스 사이로 이동합니다.

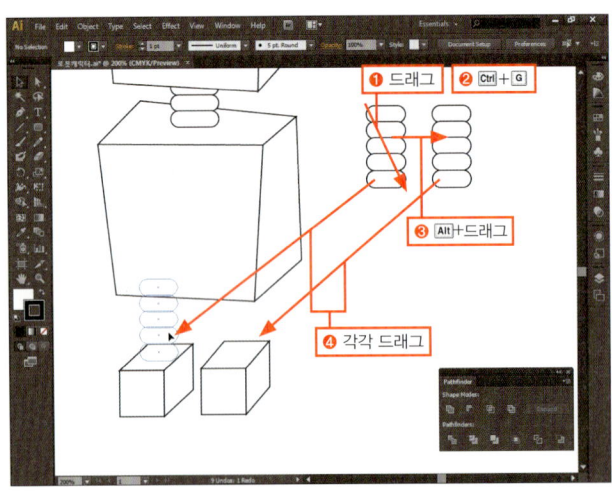

MEMO ● 길이나 크기가 적당하지 않을 경우 바운딩 박스를 드래그하여 조절합니다.

10 패스 순서 변경

❶ 양쪽 발 모양 사각 박스와 다리 패스를 모두 선택합니다. ❷ 오른쪽 클릭한 후 ❸ [Arrange]-[Send to Back] 메뉴를 클릭하여 배열 순서를 맨 뒤로 변경합니다.

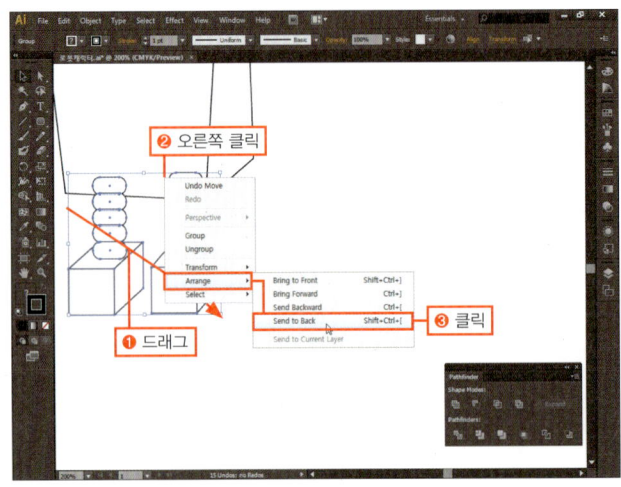

11 타원 드로잉

❶[Ellipse Tool](◯)을 선택합니다. ❷몸통 박스 안쪽에 타원을 그립니다.

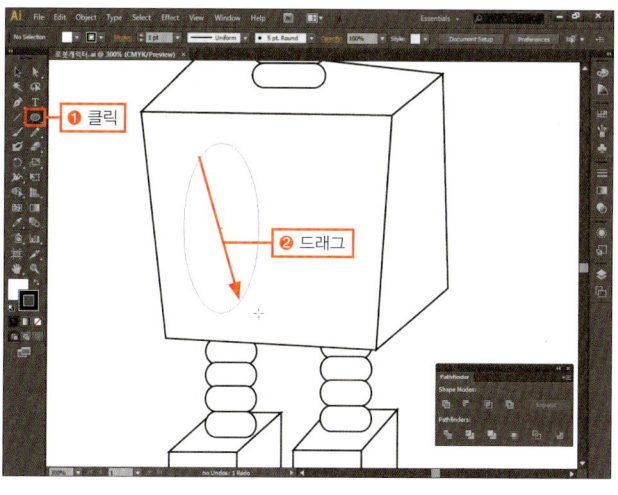

12 타원 변형

❶[Convert Anchor Point Tool](◣)을 선택합니다. ❷타원 패스의 아래쪽 기준점을 클릭합니다. ❸[Direct Selection Tool](▶)로 ❹타원 패스의 가운데 두 기준점을 선택한 후 ❺위로 살짝 드래그합니다.

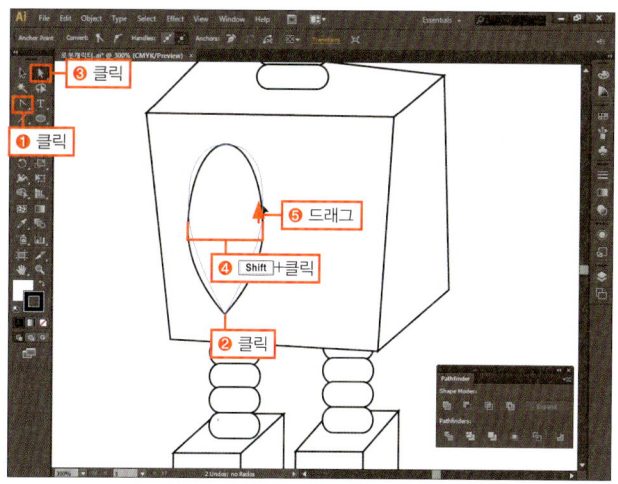

13 회전

❶[Rotate Tool](◯)을 더블클릭합니다. ❷[Angle]에 '25'를 입력하고 ❸[OK]를 클릭합니다.

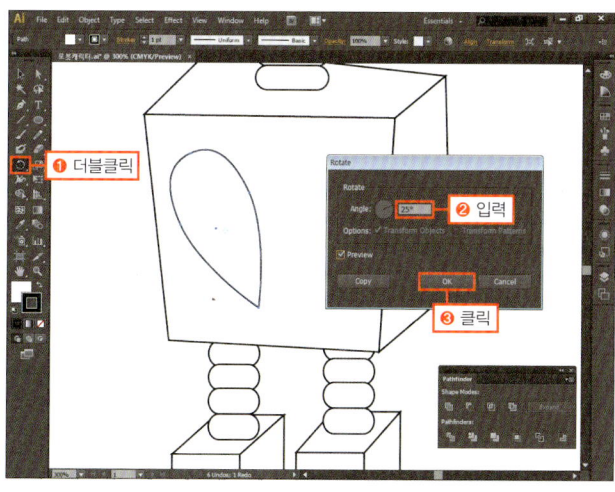

14 반전, 복사

❶[Reflect Tool](◯)을 선택합니다. ❷Alt를 누른 채 다음과 같은 지점을 클릭하여 옵션 대화창을 불러옵니다. ❸[Axis] 항목의 [Vertical]을 선택하고 ❹[Copy]를 클릭합니다.

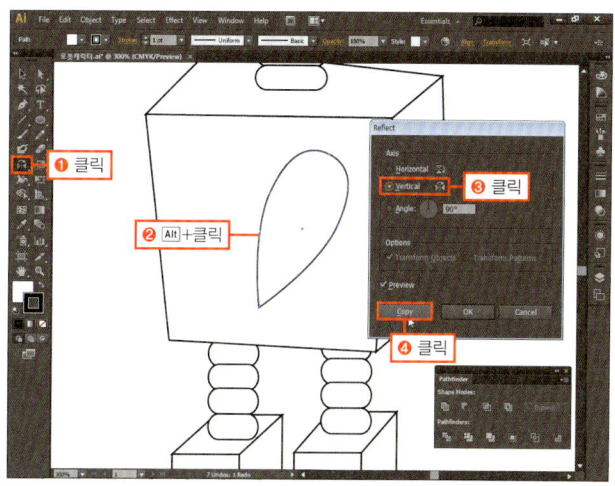

15 패스파인더 적용

❶ 만들어진 2개의 패스를 모두 선택합니다. ❷ [Pathfinder] 패널에서 [Unite](🔲)를 선택합니다.

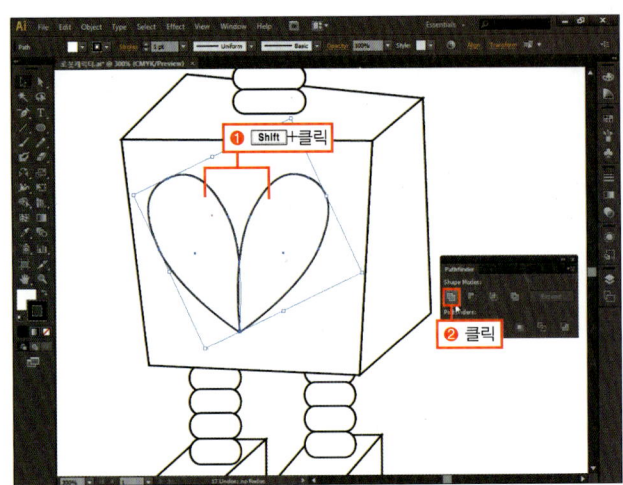

> **TIP** 기준점 삭제하여 패스 다듬기

- [Unite](🔲)를 적용하면 패스가 제대로 겹쳐지지 않는 경우가 있습니다.

- 이때는 [Delete Anchor Tool](✏️)을 이용하여 필요 없는 기준점을 클릭합니다.

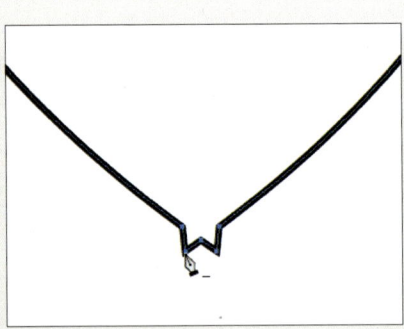

- 기준점들을 삭제하면 원하는 결과물을 얻을 수 있습니다.

16 팔 드로잉

❶ [Pen Tool](✒)을 선택합니다. ❷ [Fill]을 [None]으로 설정합니다. ❸ ⓓ 지점을 클릭한 후 ❹ ⓔ 지점을 클릭한 채 드래그하여 팔 모양을 만듭니다. ❺ [Stroke] 패널을 열고 ❻ [Weight]를 '16'으로 변경합니다.

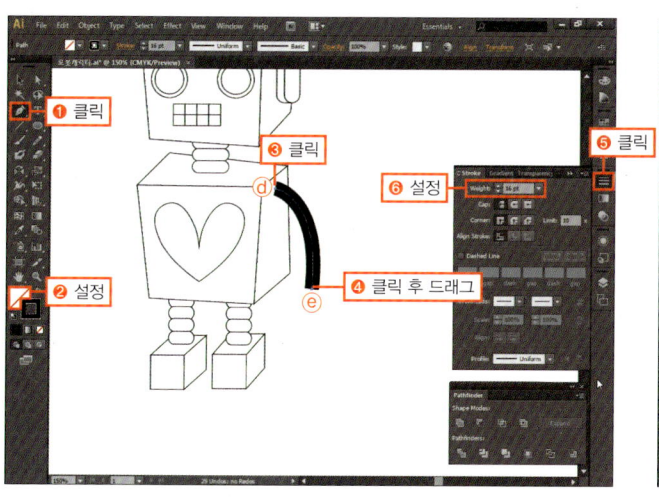

17 손 드로잉

❶ [Pen Tool](✒)로 팔 패스 아래쪽에 곡선 모양의 손 패스를 그립니다. ❷ [Stroke] 패널에서 [Profile]의 목록 단추를 클릭하여 ❸ 'Width Profile 1'을 선택합니다.

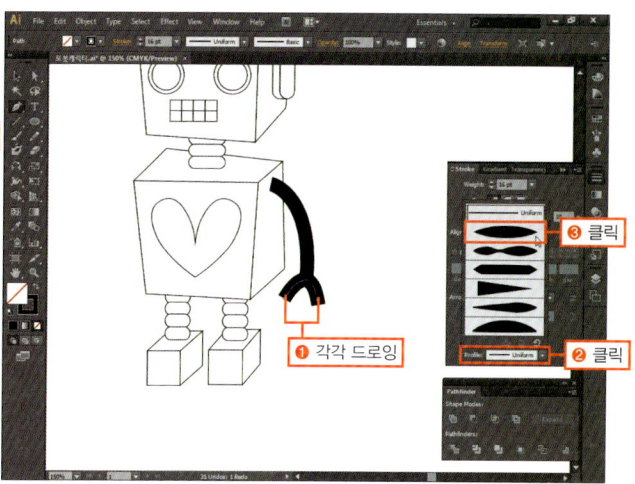

MEMO ● 손 패스가 팔 패스의 기준점과 연결되지 않도록 주의합니다.

18 선을 닫힌 패스로 변경

❶ 팔과 손 패스를 모두 선택합니다. ❷ [Object]-[Path]-[Outline Stroke] 메뉴를 클릭하여 선 패스를 닫힌 패스로 변경합니다.

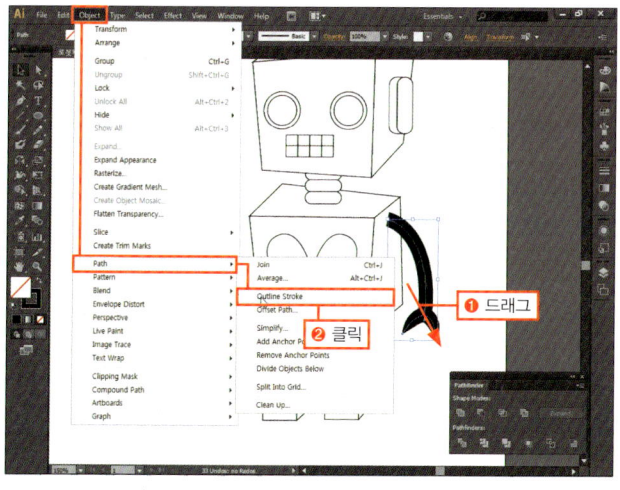

19 반전, 복사

❶ [Reflect Tool](🪞)을 선택합니다. ❷ Alt 를 누른 채 다음과 같은 지점을 클릭하여 [Reflect] 대화상자가 열리면 ❸ [Vertical]을 선택한 뒤 ❹ [Copy]를 클릭합니다.

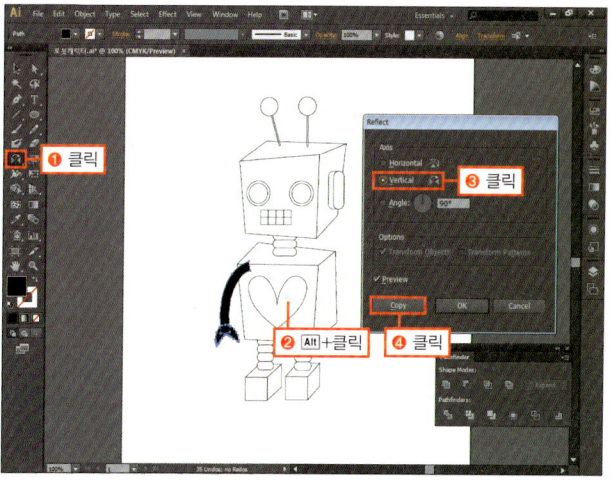

20 순서 변경

복사한 패스의 배열 순서를 맨 뒤로 변경하겠습니다. ❶복사한 패스를 선택합니다. ❷ Ctrl + Shift + [를 누릅니다.

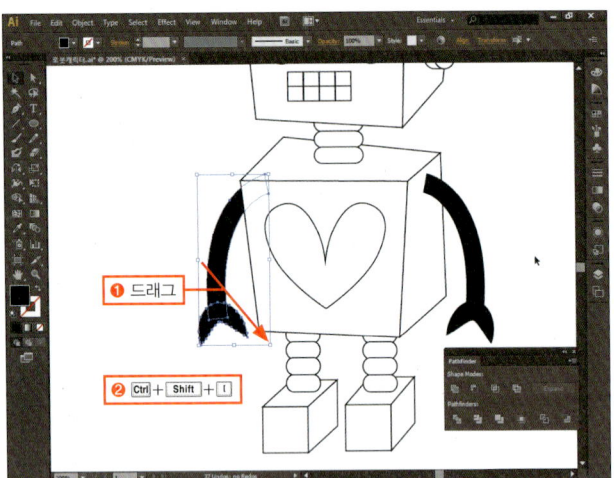

21 몸통 완성

로봇이 완성되었습니다.

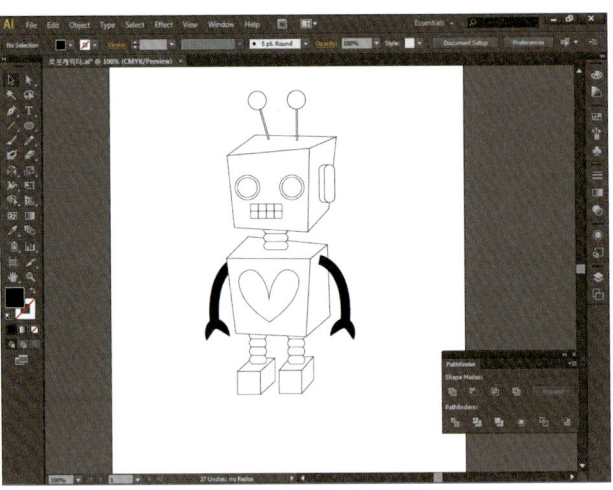

로봇 캐릭터에 색상 적용하기

로봇 캐릭터에 색상을 적용하여 일러스트를 완성하겠습니다.

01 스와치 라이브러리 실행

[Swatch Library]를 불러오겠습니다. ❶[Swatches] 패널을 열고 ❷[Swatch Libraries menu]( )를 클릭합니다. ❸[Other Library]를 선택하여 '로봇캐릭터_Swatch.ai' 파일을 불러옵니다.

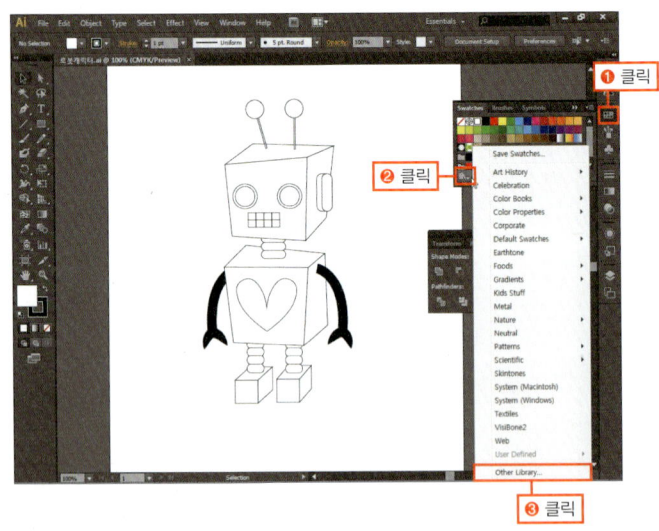

02 파이프 색 적용

❶목과 다리 패스를 선택합니다. ❷[Fill]이 활성화된 상태에서 '로봇캐릭터_Swatch'의 밝은 회색(C=20, M=21, Y=18, K=0)을 클릭하여 적용합니다.

03 머리와 몸통 색 적용

❶[Direct Selection Tool]( )을 선택합니다. ❷ⓐ 부분은 '로봇캐릭터_Swatch'의 세 번째 색상(C=45, M=13, Y=24, K=0)을 클릭하여 적용합니다. ⓑ 부분은 네 번째 색상 (C=56, M=16, Y=31, K=0)을 클릭하여 적용합니다.

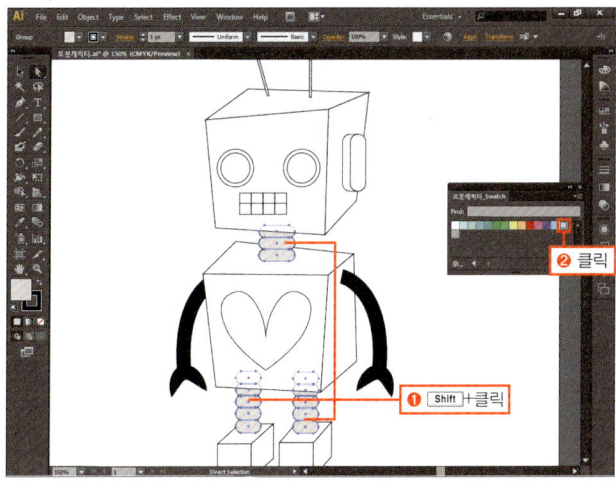

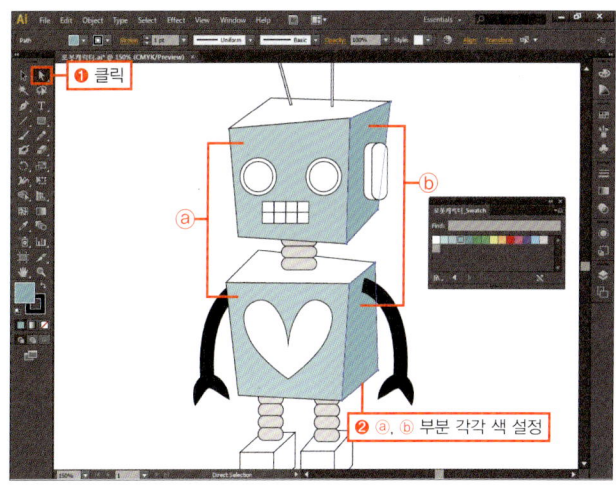

MEMO ● 목과 다리를 구성하는 각 패스들을 구별하여 연출하고 싶을 경우 회색, 진회색을 번갈아 적용해도 좋습니다.

04 머리와 몸통, 하트 색 적용

❶ⓒ 부분은 '로봇캐릭터_Swatch'의 두 번째 색상(C=40, M=3, Y=20, K=0)을 클릭하여 적용합니다. ⓓ 부분은 다섯 번째 색상(C=64, M=27, Y=39, K=0)을 클릭하여 적용합니다. ❷하트는 분홍색(C=16, M=76, Y=6, K=0)을 클릭하여 적용합니다.

05 눈 색 적용

❶바깥쪽 눈을 양쪽 모두 선택합니다. ❷'로봇캐릭터_Swatch'의 주황색(C=5, M=37, Y=59, K=0)을 클릭하여 적용합니다. ❸안쪽 눈을 양쪽 모두 선택합니다. ❹노란색(C=11, M=5, Y=60, K=0)을 클릭하여 적용합니다.

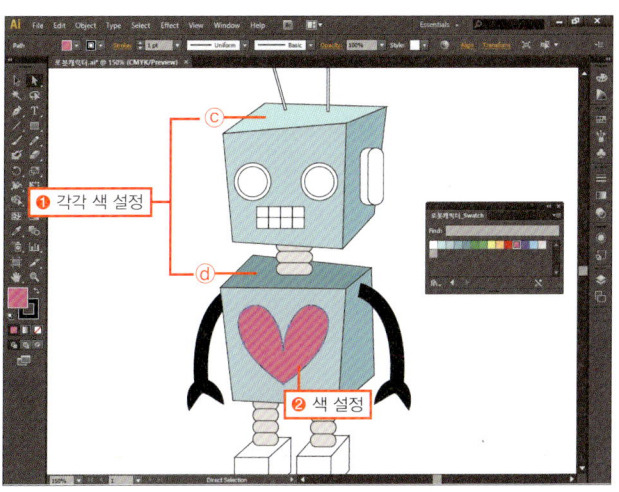

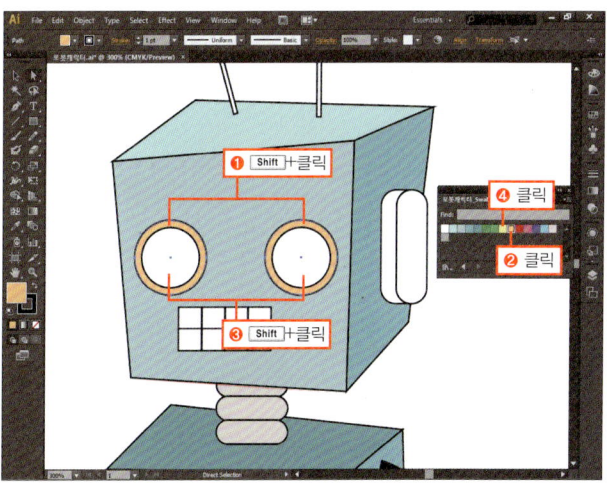

06 귀 색 적용

❶ 귀 패스 중 왼쪽 부분을 선택합니다. ❷ '로봇캐릭터_Swatch'의 밝은 초록색(C=64, M=11, Y=67, K=0)을 클릭하여 적용합니다. ❸ 나머지 부분을 선택합니다. ❹ 초록색(C=70, M=19, Y=74, K=0)을 클릭하여 적용합니다.

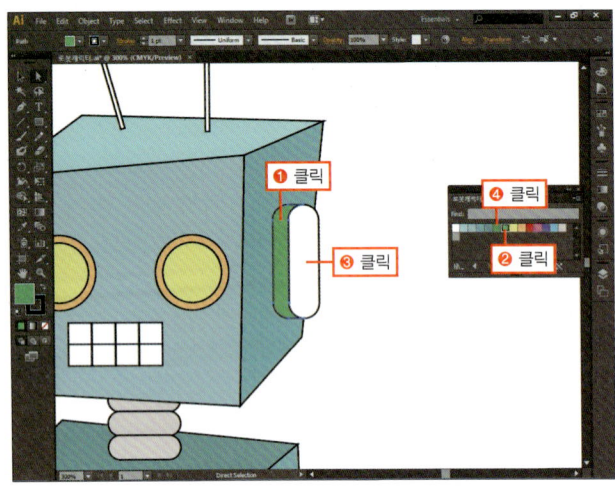

07 안테나 색 적용

❶ 안테나 패스 중에서 원 모양을 모두 선택합니다. ❷ '로봇캐릭터_Swatch'의 빨간색(C=17, M=93, Y=76, K=0)을 클릭하여 적용합니다. ❸ 직사각형 모양을 모두 선택합니다. ❹ 어두운 회색(C=44, M=36, Y=34, K=0)을 클릭하여 적용합니다.

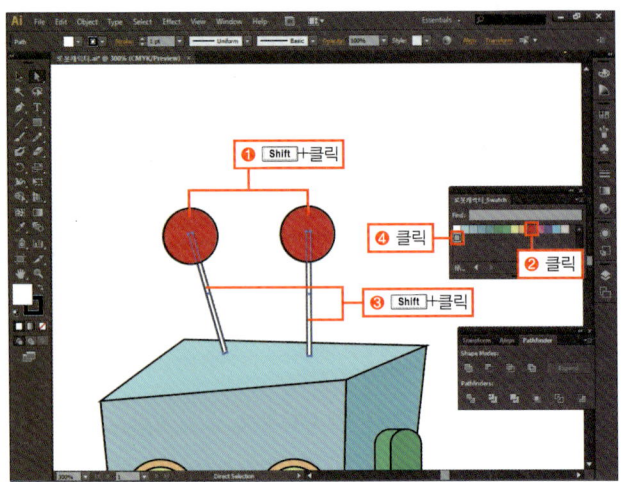

08 입 색 적용

❶ 입 모양 패스를 하나씩 선택하여 '로봇캐릭터_Swatch'에서 얼굴, 몸통에 사용된 색상(청록 계열)을 제외한 색들로 자유롭게 적용합니다.

09 손과 팔 색 적용

❶ 팔 패스를 모두 선택합니다. ❷ '로봇캐릭터_Swatch'의 어두운 회색(C=44, M=36, Y=34, K=0)을 클릭하여 적용합니다. ❸ 손 패스를 모두 선택합니다. ❹ 보라색(C=68, M=68, Y=7, K=0)을 클릭하여 적용합니다.

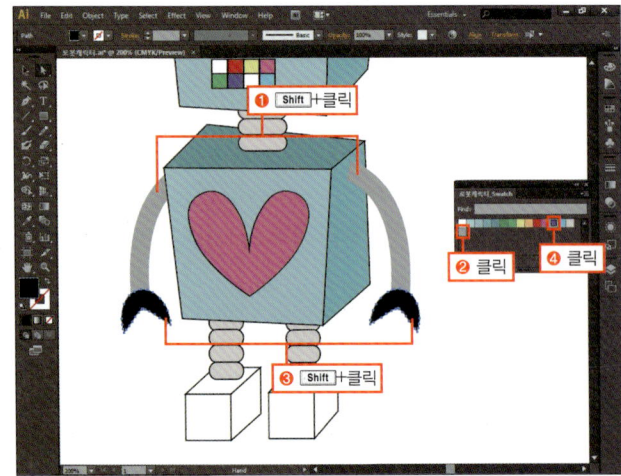

10 발 색 적용

❶ 발 패스를 모두 선택합니다. ❷ '로봇캐릭터_Swatch'의 빨간색(C=17, M=93, Y=76, K=0)을 클릭하여 적용합니다. ❸ [Direct Selection Tool]( )로 ❹ 사각 박스의 앞면과 측면을 모두 선택한 뒤 ❺ [Color] 패널에서 [K]를 '20%'로 변경합니다. ❻ 사각 박스의 윗면을 모두 선택한 뒤 ❼ [Color] 패널에서 [C]를 '0%'로 변경합니다.

11 선 제거

❶ 로봇 캐릭터를 모두 선택합니다. ❷ X 를 눌러 [Stroke]를 활성화합니다. ❸ / 를 눌러 선을 제거합니다.

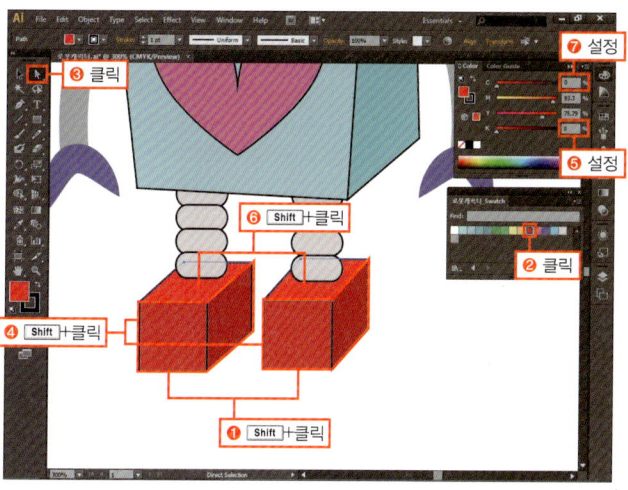

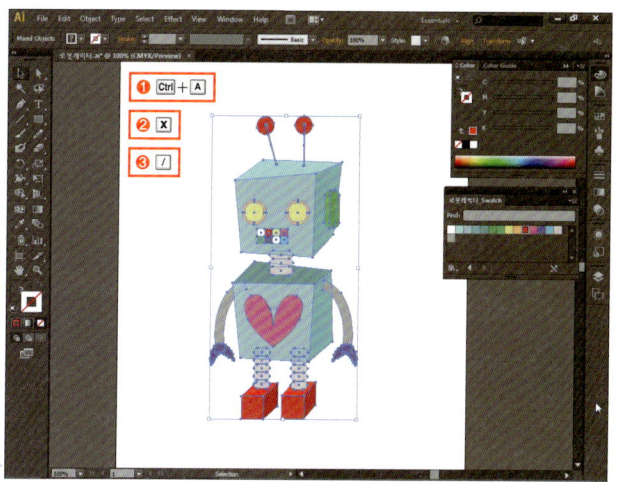

12 완성

로봇 캐릭터가 완성되었습니다.

◎ **완성 파일** : Chapter06\로봇캐릭터_완성.ai

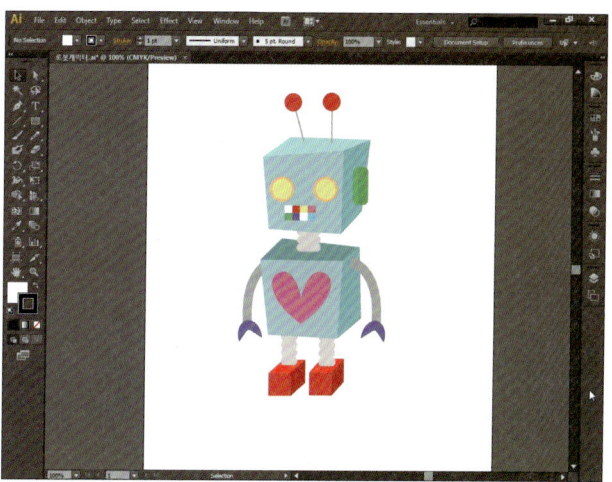

[Swatch Library] 등록하기

자주 사용하는 색상들은 [Swatch Library]에 등록하여 저장한 후 사용하면 편리합니다. [Swatch Library]를 등록하는 방법에 대해 알아보겠습니다.

1 [Swatches] 패널 선택

❶원하는 컬러 모드의 도큐먼트를 만듭니다. ❷[Swatches] 패널을 선택합니다.

2 스와치 삭제

❶패널 상단의 목록 단추(≡)를 클릭하여 [Select All Unused] 메뉴를 선택하면 흰색과 검은색을 제외한, 현재 사용되지 않은 모든 스와치가 선택됩니다. ❷패널 하단의 [Delete Swatch](🗑)를 클릭해 선택한 스와치들을 삭제합니다.

MEMO ● [Select All Unused] 메뉴를 클릭하면 현재 사용되지 않은 모든 스와치가 선택됩니다. 예를 들어 작업 중 [Swatches] 패널에 기본적으로 등록되어 있는 'CMYK Red'를 사용한 후 [Select All Unused] 메뉴를 클릭하면 'CMYK Red'를 제외한 나머지 색상이 모두 선택됩니다.

MEMO ● 기본적으로 [None]과 [Registration]은 삭제되지 않습니다.

3 패널에서 바로 삭제

패널에 남아 있는 흰색과 검은색 스와치도 삭제하겠습니다. ❶흰색 스와치를 선택합니다. ❷ Shift 를 누른 채 아랫줄에 있는 'C=0, M=0, Y=0, K=100'을 선택합니다. ❸[Delete Swatch](🗑)를 클릭하여 선택한 스와치들을 삭제합니다.

4 스와치 등록

❶ [Tool] 패널의 [Fill]이나 [Stroke] 색을 드래그하여 스와치를 등록합니다. ❷ [Swatches] 패널 하단의 [New Swatch](□)를 클릭한 후 ❸ 옵션 대화창에서 각 항목을 조절해 원하는 컬러를 만듭니다. ❹ [OK]를 클릭하여 스와치를 등록합니다.

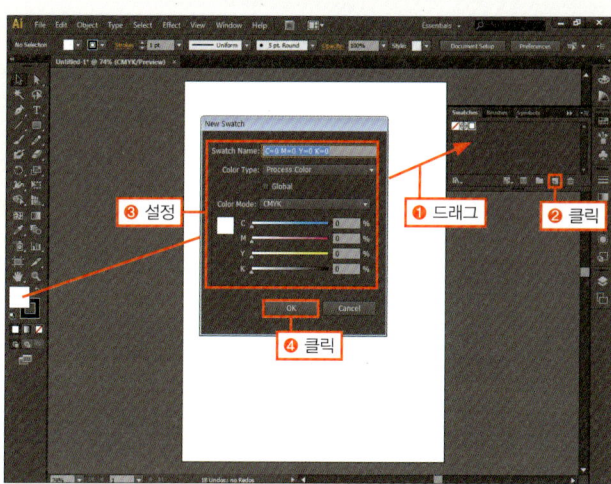

5 메뉴 선택

❶ 패널 하단의 [Swatch Libraries menu](▥)를 클릭하여 ❷ [Save Swatches]를 선택합니다.

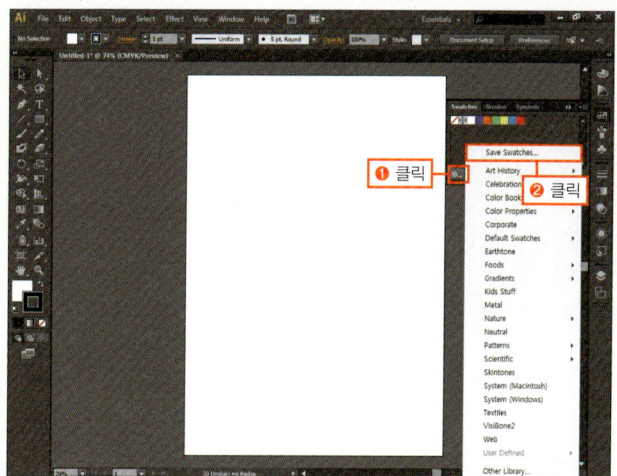

6 저장

❶ [다른 이름으로 저장] 대화상자가 나타나면 저장할 폴더 위치를 설정합니다. ❷ 파일 이름을 입력하고 ❸ [저장]을 클릭합니다.

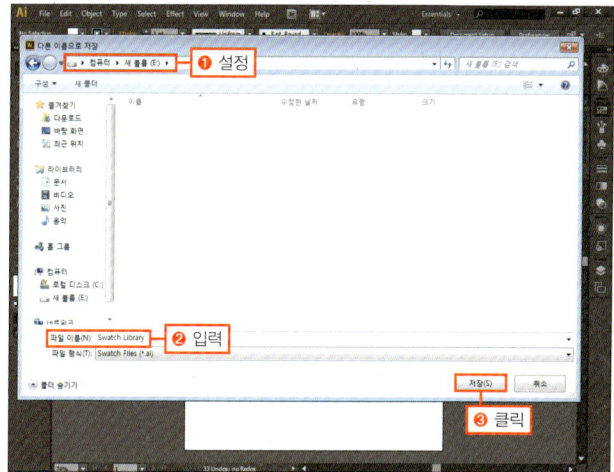

Unit 02 감각적인 패션 일러스트 그리기

패션 일러스트는 입지가 점점 더 넓어지고 있습니다. 의상 디자인을 위해 그리는 일러스트는 물론 광고에도 사용되며, 패션 일러스트의 상품화도 활발하게 이루어지고 있습니다. 패션 일러스트에 대해 살펴보고 간단하지만 감각적인 패션 일러스트를 그려봅니다.

 학습 주제
- 패션 일러스트 살펴보기
- 패션 일러스트 그리기

 관련 학습
- 일러스트레이터의 기본, [Pen Tool] 사용하기 : 76쪽
- [Width Tool]로 느낌 있게 드로잉하기 : 124쪽

 **간략 개요**

패션 일러스트 살펴보기

패션 일러스트에 대해 간단히 알아보겠습니다.

● 패션 일러스트란?

패션 일러스트는 패션 디자이너가 자신의 아이디어, 스타일 등을 전달하기 위해 19세기 초부터 나타난 장르입니다. 주로 패션 디자이너가 의상을 만들기 전에 그리는 디자인 컷이었지만 최근에는 잡지 화보, 광고, 팬시 제품, 뷰티 상품 등에 다양하게 활용하고 있습니다. 기본적으로 의상과 액세서리 등을 표현하며, 인물 중심의 일러스트가 대부분입니다. 따라서 인체 드로잉과 전반적인 분위기를 효과적으로 연출하는 기술이 필요합니다. 감각적인 연출과 다양한 재료 사용을 통해 패션 사진 화보와는 또 다른 느낌을 줄 수 있습니다.

패션 일러스트의 종류로는 패션쇼나 의상 개발 전에 그리는 디자인화(패션 스케치), 디자인화와 별도로 제작 공정에서 의상의 구조 등을 이해하기 쉽게 그리는 도식화, 광고나 화보 등에 사용되는 패션 일러스트 등이 있습니다. 비슷한 장르로는 메이크업, 헤어스타일 등을 표현하는 뷰티 일러스트가 있습니다.

▲ 초기 패션 일러스트, George Barbier(조르주 바비에, 1882-1932)

패션 일러스트 그리기

스케치 파일을 가지고 패션 일러스트 작업을 하겠습니다. [Pen Tool]( )이 많이 사용되므로 적당한 위치에 기준점을 찍고 자연스럽게 패스를 이어가는 것에 신경 써서 작업합니다. 우선 눈, 코, 입을 그려보겠습니다.

◉ **예제 파일** : Chapter06\패션_스케치.jpg

01 스케치 파일 실행

❶ '패션_스케치.jpg' 파일을 불러옵니다. ❷ 그림을 선택한 후 ❸ Ctrl + 2 를 눌러 잠금 상태로 만듭니다.

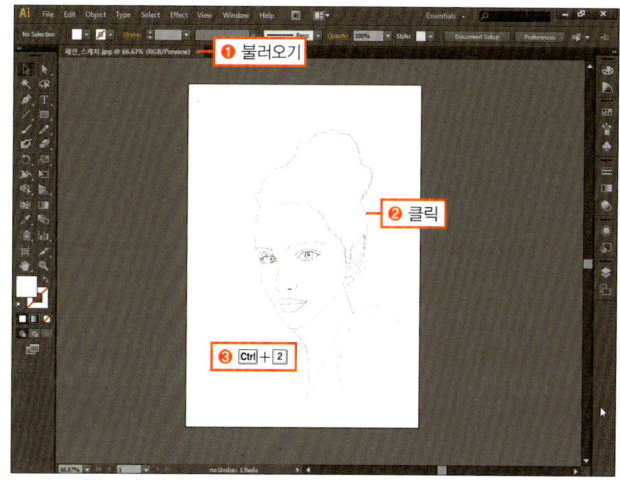

TIP 파일의 색상 모드 변경하기

이미지 파일은 보통 RGB 모드로 되어 있습니다. 이런 파일을 열어 작업할 경우 자동으로 RGB 모드에서 시작하게 됩니다. RGB 색상 모드를 CMYK 모드로 변경해보겠습니다.

1 파일 실행

❶ [File]–[Open] 메뉴를 클릭하여 JPEG 파일을 불러옵니다. 파일의 탭을 보면 색상 모드가 'RGB'로 설정되어 있는 것을 확인할 수 있습니다.

2 색상 모드 변경

❶ [File]–[Document Color Mode]–[CMYK Color] 메뉴를 클릭합니다. 파일의 색상 모드가 'RGB'에서 'CMYK'로 변경됩니다.

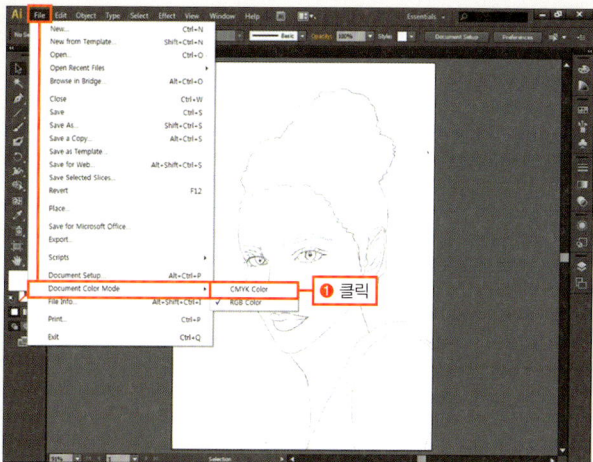

02 [Color] 패널 옵션 설정

❶ Shift + X 를 눌러 [Fill]과 [Stroke]를 반전한 후 ❷ [Stroke]를 활성화합니다. ❸ [Color] 패널 상단의 목록 단추(≡)를 클릭합니다. ❹ [Show Options]와 [RGB]를 클릭합니다.

03 색상 변경

❶ [Color] 패널에서 'R=73, G=73, B=73'을 입력하여 색상을 변경합니다. ❷ [Pen Tool](✒)을 선택합니다.

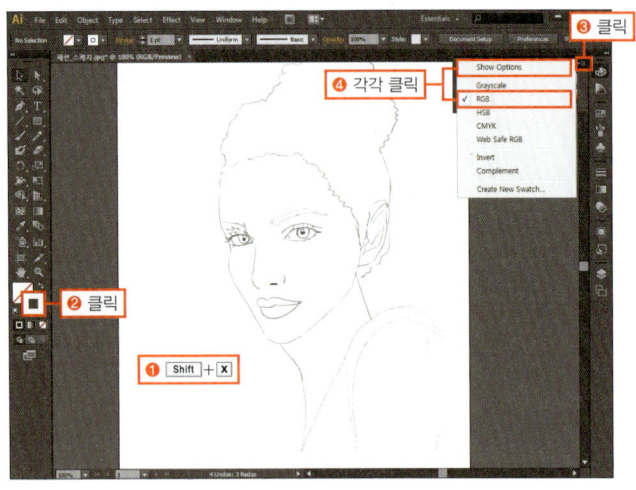

MEMO ● 기본이 되는 색이므로 [Swatches] 패널에 컬러를 등록합니다.

04 얼굴 패스 작업

❶ⓐ 지점을 클릭하여 기준점을 만듭니다. ❷ⓑ 지점을 클릭한 채 5시 방향으로 살짝 드래그하여 곡선을 만듭니다. ❸ⓑ 지점의 기준점을 다시 클릭하여 방향선 한쪽을 삭제합니다. ❹ⓒ 지점을 클릭한 채 7시 방향으로 살짝 드래그하여 곡선을 만듭니다. ❺ⓒ 지점의 기준점을 다시 클릭하여 방향선 한쪽을 삭제합니다.

05 얼굴 패스 작업

❶ 이어서 ⓓ 지점을 클릭한 채 5시 방향으로 살짝 드래그하여 곡선을 만들고 ❷ 기준점을 클릭하여 방향선 한쪽을 삭제합니다. ❸ⓔ 지점을 클릭한 채 아래쪽으로 드래그하여 선을 만들고 ❹ 다시 ⓔ 지점의 기준점을 클릭하여 방향선 한쪽을 삭제합니다. ❺ⓕ 지점을 클릭한 채 위쪽으로 드래그하여 선을 만들고 ❻ 다시 ⓕ 지점의 기준점을 클릭하여 방향선 한쪽을 삭제합니다.

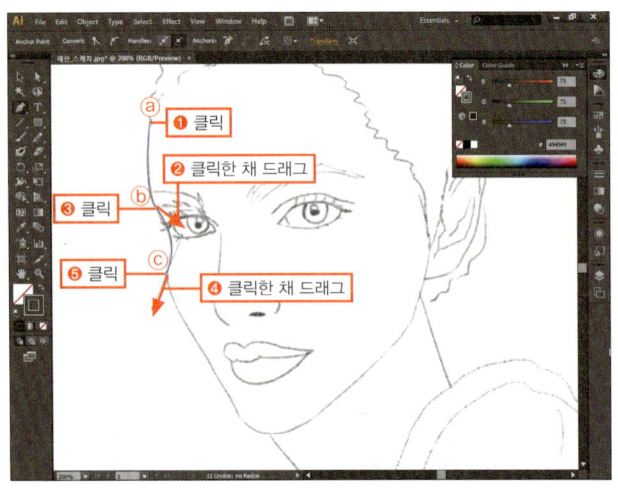

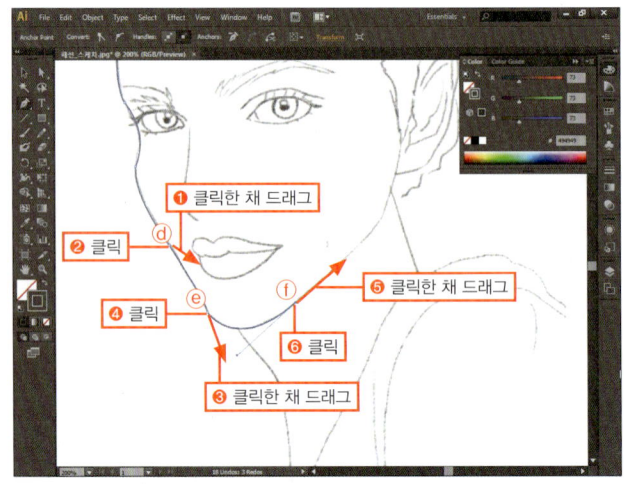

06 얼굴 패스 작업

❶ⓖ 지점을 클릭한 채 위쪽으로 드래그하여 선을 만들고 ❷다시 ⓖ 지점의 기준점을 클릭하여 방향선 한쪽을 삭제합니다. ❸ⓗ 지점을 클릭한 채 위쪽으로 드래그하여 선을 만들고 ❹다시 ⓗ 지점의 기준점을 클릭하여 방향선 한쪽을 삭제합니다. ❺ⓘ 지점을 클릭한 채 드래그하여 선을 만든 뒤 ❻기준점을 클릭해 방향선 한쪽을 없애고 ❼ⓐ 지점과 연결합니다.

07 브러시 선택

❶[Brushes] 패널을 열어 ❷[Brush Libraries menu]( )를 클릭하고 ❸[Artistic]-[Artistic_ChalkCharcoalPencil]을 선택합니다.

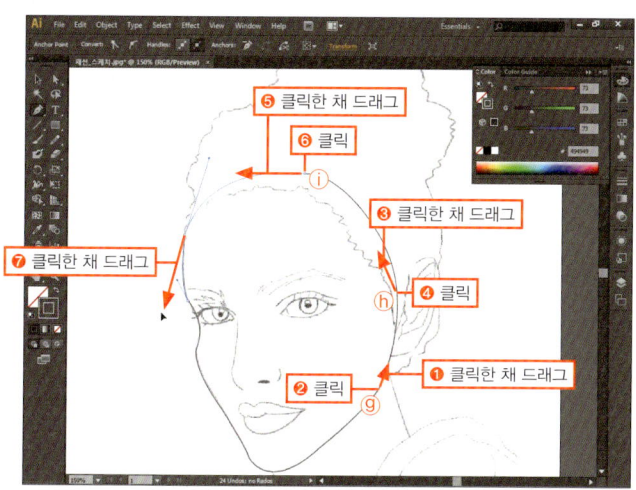

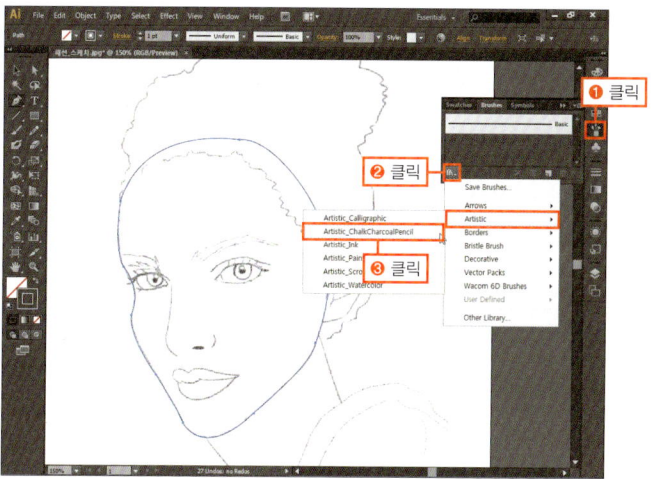

MEMO ● [Window]-[Blush Libraries]-[Artistic]-[Artistic_ChalkCharcoalPencil] 메뉴를 클릭해도 됩니다.

08 브러시 적용

❶얼굴 패스가 선택된 상태에서 'Charcoal-Rough'를 선택합니다. ❷[Stroke] 패널에서 [Weight]를 '0.25'로 수정합니다.

09 눈동자 드로잉

❶화면을 확대한 후 ❷ Shift + X 를 눌러 [Fill]과 [Stroke]를 반전합니다. ❸[Ellipse Tool](◉)을 선택합니다. ❹눈동자 크기의 원을 그립니다. ❺ Ctrl + C 를 눌러 복사한 뒤 Ctrl + F 를 눌러 붙입니다. ❻[Selection Tool](▶)로 Alt + Shift 를 누른 채 드래그하여 크기를 줄입니다.

10 눈동자 드로잉

❶바깥쪽 원을 선택하고 ❷[Color] 패널에 'R=186, G=221, B=227'을 입력하여 색상을 변경합니다. ❸[Direct Selection Tool](▷)로 ❹바깥쪽 원의 위쪽 기준점만 선택한 후 아래로 드래그하여 아이라인에 맞춰 모양을 수정합니다.

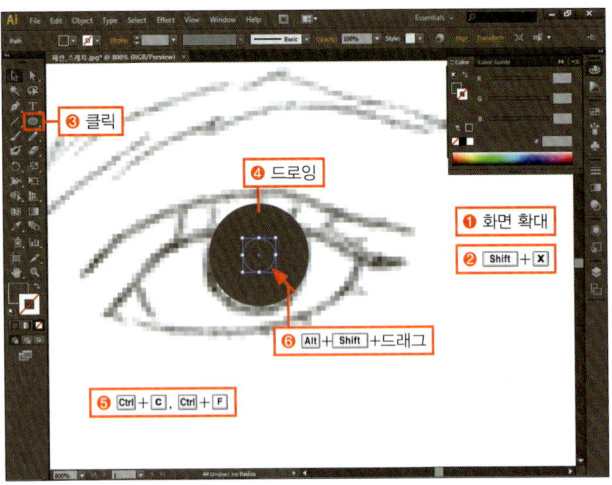

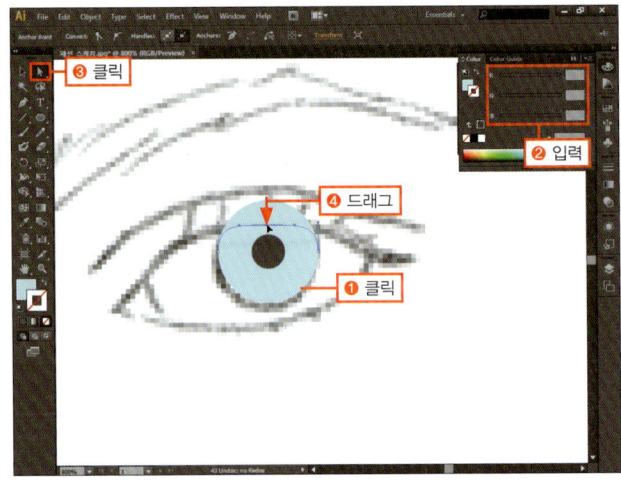

MEMO ● 원은 스케치의 눈동자 아래쪽을 기준으로 그립니다. 원의 위쪽 부분이 스케치를 벗어나도 됩니다.

11 색 설정

❶ Shift + X 를 눌러 [Fill]과 [Stroke]을 반전합니다. ❷[Swatches] 패널을 열고 ❸등록해놓은 기본색을 선택합니다.

12 아이라인 드로잉

❶[Pen Tool]( )로 ❷ⓐ 지점을 클릭합니다. ❸ⓑ 지점을 클릭한 채 4시 방향으로 드래그하여 곡선을 그린 뒤 ❹ⓑ 지점을 다시 클릭해 한쪽 방향선을 삭제합니다. ❺ⓒ 지점을 클릭한 채 왼쪽으로 드래그하여 선을 그리고 ❻ⓒ 지점을 다시 클릭해 한쪽 방향선을 삭제합니다. ❼ⓐ 지점을 클릭한 채 드래그하여 닫힌 오브젝트로 만듭니다.

13 선 변경

❶[Stroke] 패널에서 [Weight]를 '2'로 수정합니다.
❷[Profile]은 'Width Profile 1'로 변경합니다.

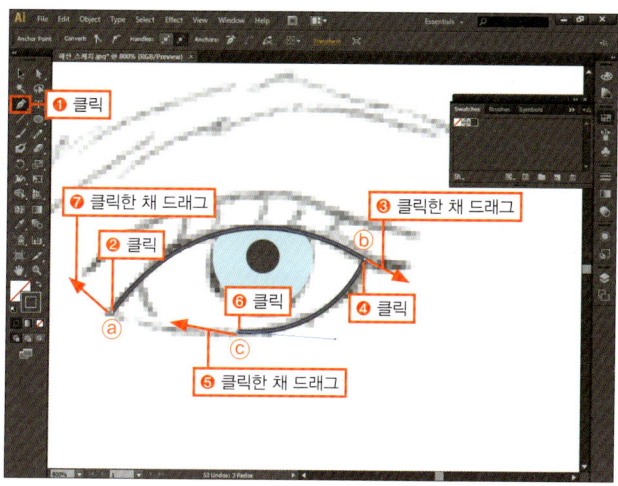

MEMO ● 곡선이 부드럽게 그려지지 않을 경우 [Direct Selection Tool]( )이나 [Smooth Tool]( )을 사용해 수정합니다.

14 쌍꺼풀 드로잉

❶[Pen Tool]( )로 ⓐ 지점을 클릭합니다. ❷ⓑ 지점을 클릭한 채 드래그하여 곡선을 그립니다. ❸ Enter 를 누른 뒤 ❹ⓒ 지점을 클릭합니다. ❺ⓓ 지점을 클릭한 채 드래그하여 곡선을 그리고 ❻ⓓ 지점을 다시 클릭해 한쪽 방향선을 삭제합니다. ❼ⓔ 지점을 클릭한 채 드래그하여 선을 그립니다.

MEMO ● Enter 를 누르는 대신 Ctrl 을 누른 채 아트보드의 빈 공간을 클릭해도 됩니다.

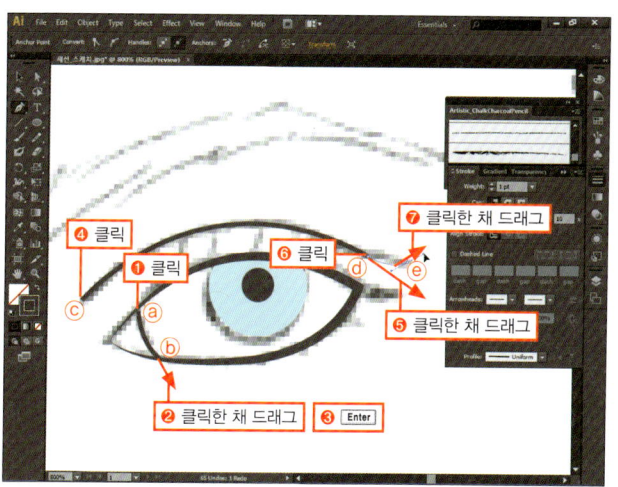

15 속눈썹 드로잉

❶ Enter 를 누르고 ❷ⓐ 지점을 클릭합니다. ❸ⓑ 지점을 클릭한 채 드래그하여 곡선을 그립니다. ❹[Stroke] 패널에서 [Profile]을 'Width Profile 5'로 변경합니다. ❺[Flip Along]( )을 클릭하여 방향을 변경합니다.

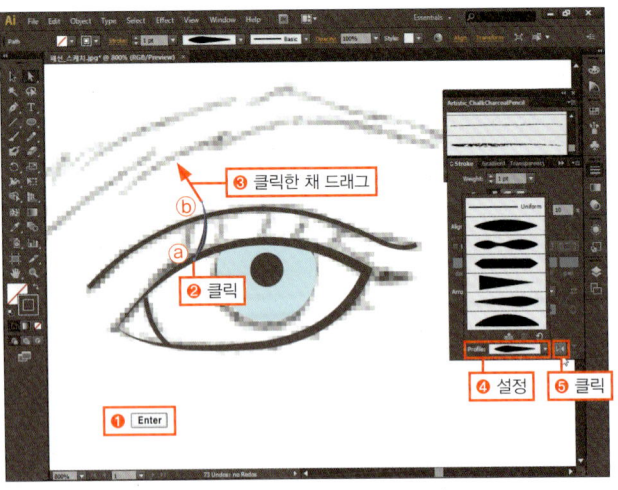

16 속눈썹 복사

❶[Selection Tool]( )을 선택합니다. ❷ Alt 를 누른 채 속눈썹을 드래그하여 복사합니다. ❸ 마지막 속눈썹은 바운딩 박스를 이용해 각도를 변경합니다.

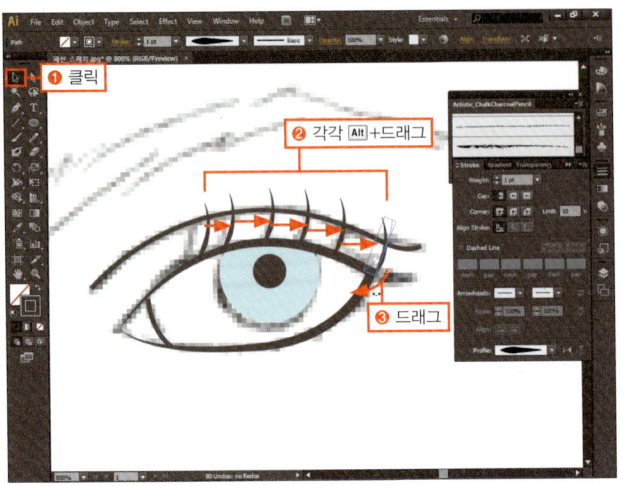

17 눈동자 드로잉

❶ Spacebar 를 누른 채 화면을 이동합니다. ❷ 08~11번 과정과 동일한 방법으로 눈동자를 그립니다. ❸[Direct Selection Tool]( )로 ❹ 바깥쪽 원 패스의 오른쪽 기준점을 선택합니다. ❺[Convert Anchor Point Tool]( )로 ❻ 위쪽의 방향선을 클릭하여 삭제합니다.

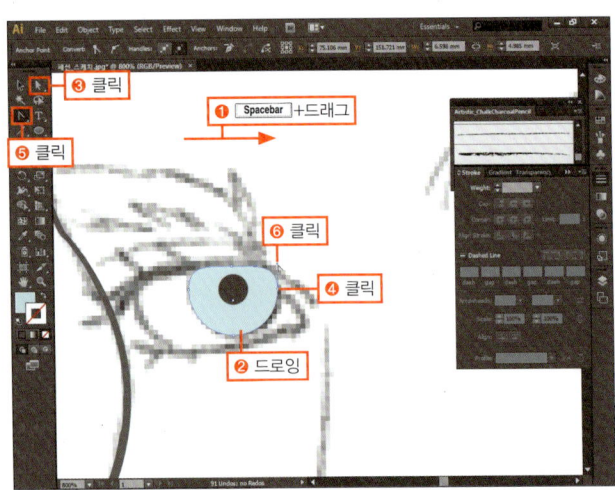

18 아이라인 드로잉

❶ Shift + X 를 누른 후 ❷[Swatches] 패널에서 등록해놓은 기본색을 선택합니다. ❸[Pen Tool]( )로 ⓐ 지점을 클릭합니다. ❹ⓑ 지점을 클릭한 채 드래그하여 곡선을 그립니다. ❺ Enter 를 누른 후 ❻ⓒ 지점을 클릭합니다. ❼ⓓ 지점을 클릭한 채 드래그하여 곡선을 그립니다.

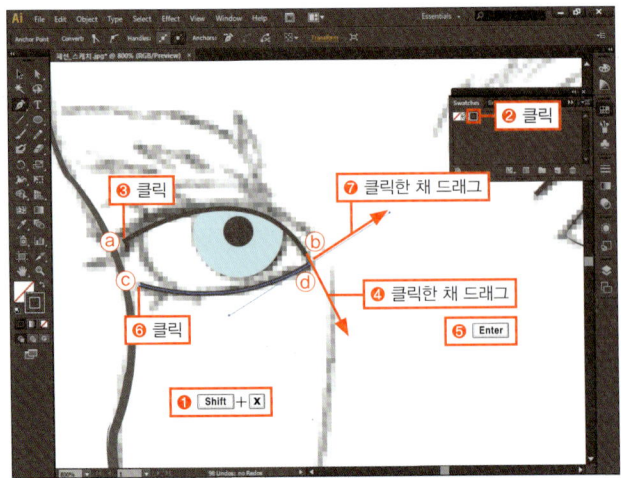

MEMO ● 08~11번 과정을 반복하는 대신 오른쪽 눈동자를 복사한 후 이동하여 크기를 조절해도 됩니다.

19 아이라인 변경

❶ [Stroke] 패널에서 [Weight]를 '2'로 수정합니다.
❷ [Profile]을 'Width Profile 5'로 변경합니다. ❸ [Flip Along](⇥)을 클릭하여 방향을 변경합니다.

20 쌍꺼풀 드로잉

❶ [Pen Tool](✒)로 ⓐ 지점을 클릭합니다. ❷ ⓑ 지점을 클릭한 채 드래그하여 곡선을 그립니다. ❸ Enter 를 누른 뒤 ❹ ⓒ 지점을 클릭합니다. ❺ ⓓ 지점을 클릭한 채 드래그하여 곡선을 그립니다. ❻ Enter 를 누릅니다.

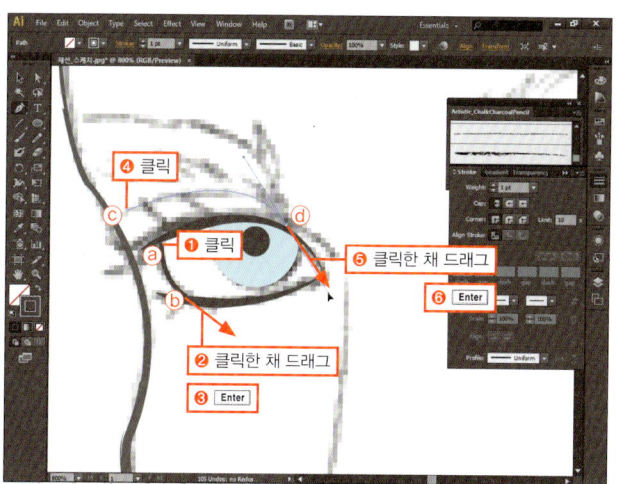

21 속눈썹 드로잉

❶ ⓐ 지점을 클릭합니다. ❷ ⓑ 지점을 클릭한 채 드래그하여 곡선을 그립니다. ❸ [Stroke] 패널에서 [Profile]을 'Width Profile 5'로 변경합니다. ❹ [Flip Along](⇥)을 클릭하여 방향을 변경합니다. ❺ Ctrl + Alt 를 누른 채 속눈썹을 드래그하여 복사하고 ❻ 마지막 속눈썹은 바운딩 박스를 이용해 각도를 변경합니다.

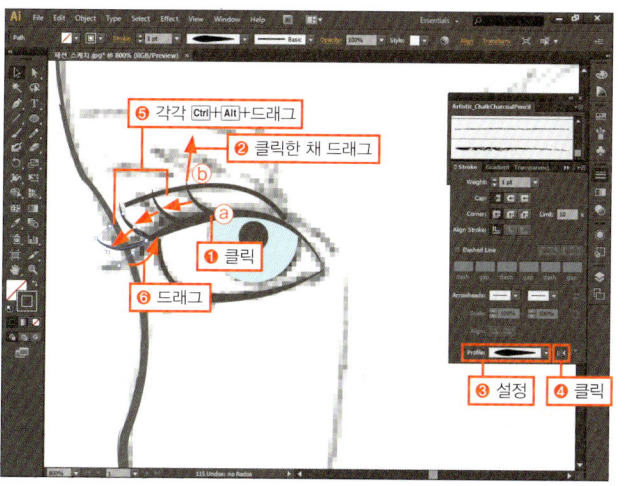

22 눈썹 드로잉

❶ [Pen Tool](✒)로 ⓐ 지점을 클릭합니다. ❷ ⓑ 지점을 클릭한 채 드래그하여 곡선을 그립니다. ❸ Enter 를 누른 뒤 ❹ ⓒ 지점을 클릭합니다. ❺ ⓓ 지점을 클릭한 채 살짝 드래그하여 곡선을 그리고 ❻ ⓓ 지점을 다시 클릭해 방향선의 한쪽을 제거합니다. ❼ ⓔ 지점을 클릭한 채 드래그하여 곡선을 그려 마무리합니다.

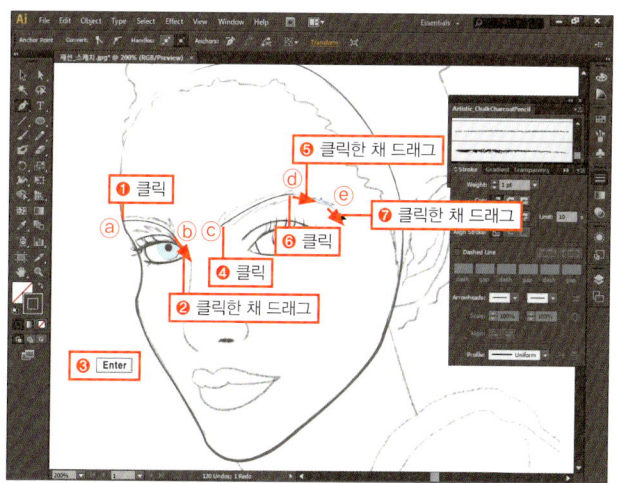

23 눈썹 수정

❶ Ctrl + Shift 를 누른 채 클릭하여 양쪽 눈썹을 모두 선택합니다. ❷ [Artistic_ChalkCharcoalPencil] 패널에서 'Charcoal'을 선택합니다. ❸ [Stroke] 패널에서 'Profile'을 'Width Profile 5'로 변경합니다. ❹ 오른쪽 눈썹 패스만 선택한 뒤 ❺ [Flip Along](⇔)을 클릭하여 방향을 변경합니다.

24 코 드로잉

❶ [Pen Tool](✒)로 ⓐ 지점을 클릭합니다. ❷ ⓑ 지점을 클릭한 채 드래그하여 곡선을 그린 뒤 ❸ ⓑ 지점을 다시 클릭해 한쪽 방향선을 삭제합니다. ❹ ⓒ 지점을 클릭한 채 드래그하여 선을 그립니다. ❺ Enter 를 누른 뒤 ❻ ⓓ 지점을 클릭한 다음 ❼ ⓔ 지점을 클릭한 채 드래그하여 콧볼을 완성합니다. ❽ 같은 방법으로 콧구멍에도 라인을 그립니다.

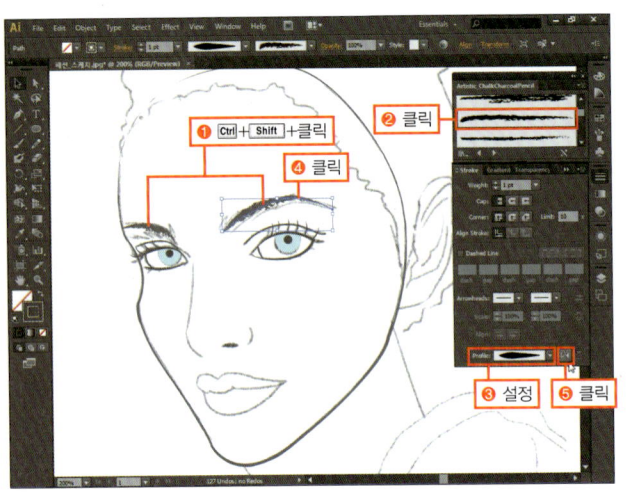
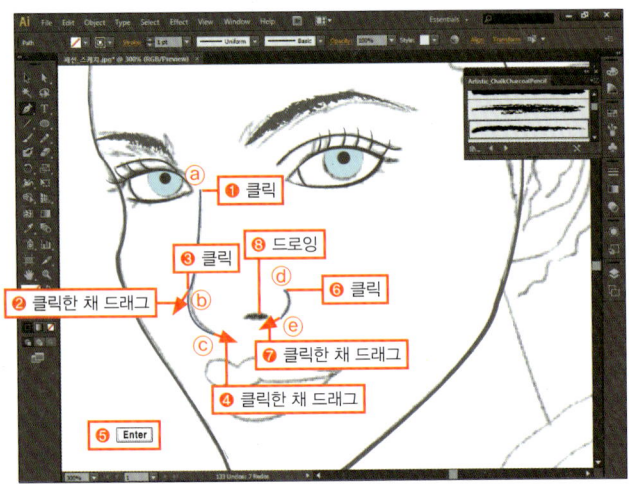

25 코 수정

❶ 코 패스를 모두 선택합니다. ❷ [Stroke] 패널에서 [Weight]를 '2'로 수정합니다. ❸ [Profile]을 'Width Profile 1'로 변경합니다.

26 입술 드로잉

❶ 눈, 코를 그린 것과 같은 방법으로 [Pen Tool](✒)을 이용해 입술 패스를 닫힌 오브젝트로 그립니다.

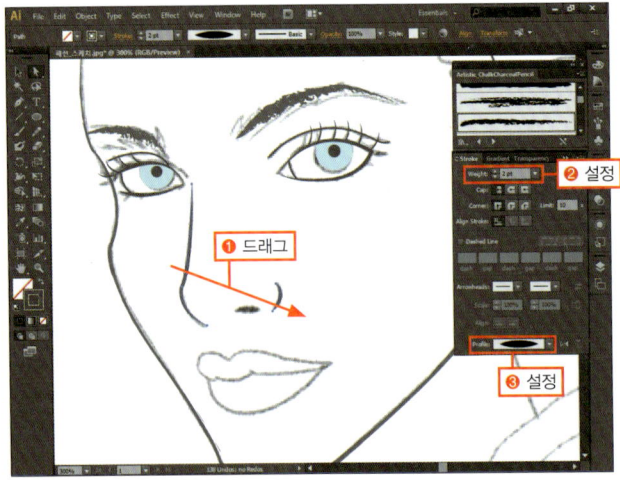
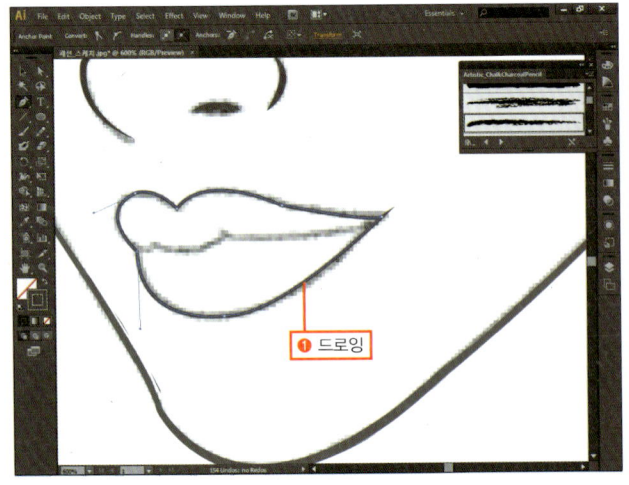

27 입술 드로잉

❶ 계속해서 입술 패스를 그립니다.

28 입술 드로잉

❶ 바깥쪽 입술 패스를 선택합니다. ❷ 선은 없애고 칠 색상을 'R=225, G=80, B=80'으로 변경합니다. ❸ 안쪽 입술 라인을 선택합니다. ❹ [Stroke] 패널에서 [Profile]을 'Width Profile 1'로 변경합니다.

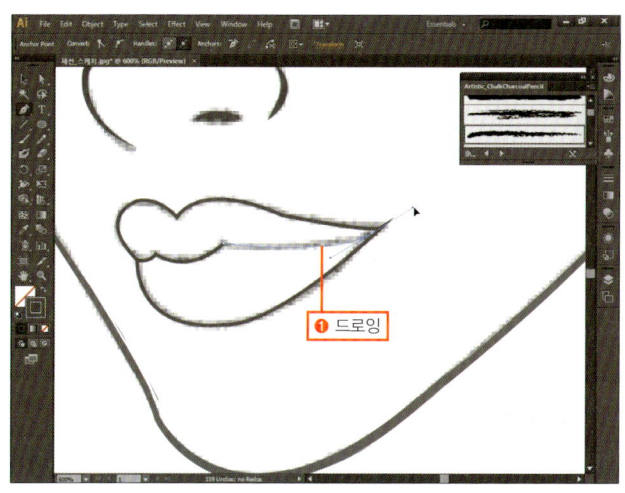
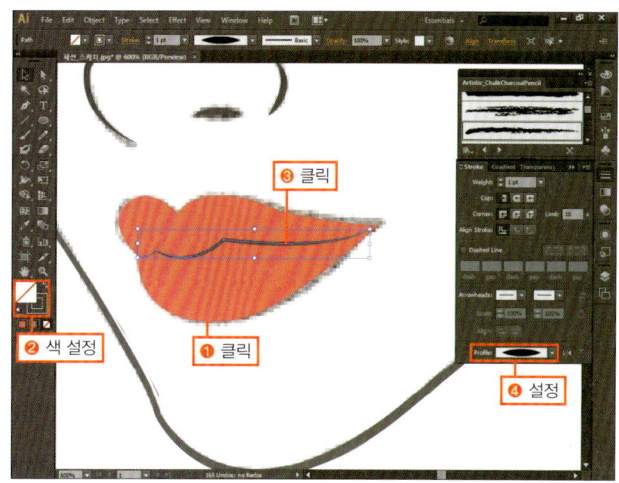

패션 일러스트 완성하기

나머지 부분을 작업하여 패션 일러스트를 완성하겠습니다.

01 귀 드로잉

❶ [Pen Tool]( )로 귀 패스를 그립니다.

02 귀 드로잉

❶ 계속해서 귀 패스를 그립니다. 시작점과 연결하여 닫힌 오브젝트로 만듭니다.

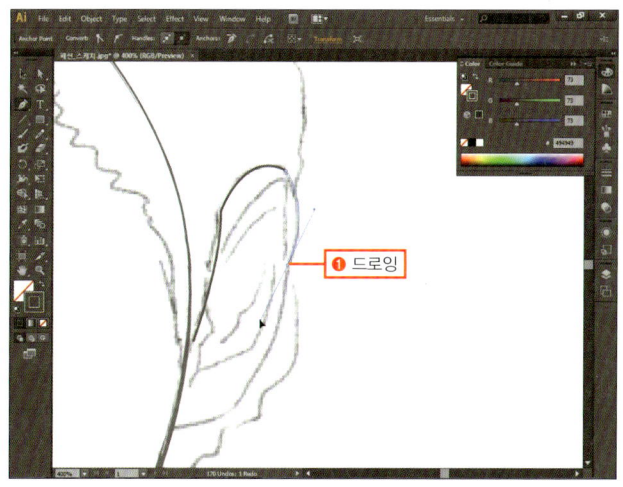
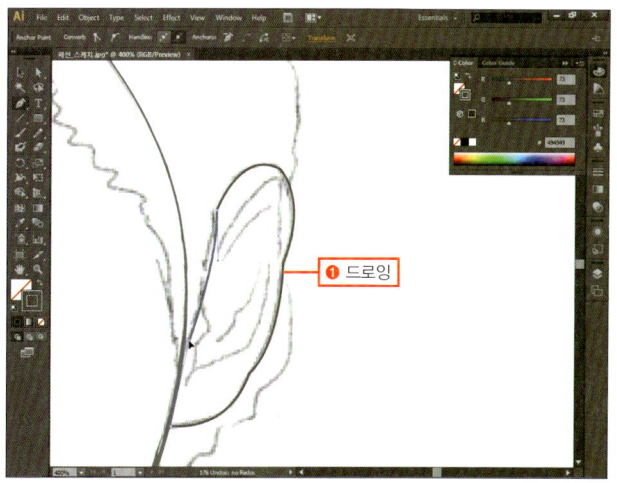

03 귀 드로잉

❶[Pencil Tool]( )을 선택합니다. ❷스케치를 따라 드래그하여 라인을 그립니다. ❸앞서 완성한 귀 오브젝트를 선택한 후 ❹[Fill]을 ❺흰색으로 설정합니다. ❻모든 귀 패스를 선택한 후 ❼Ctrl+G를 눌러 그룹으로 만듭니다.

04 설정 변경

❶[Pencil Tool]( )을 더블클릭합니다. ❷[Pencil Tool Options] 대화상자에서 [Tolerances] 항목의 [Fidelity]를 '0.5'로 설정하고 ❸[OK]를 클릭합니다. ❹/를 눌러 [Fill]을 없앱니다.

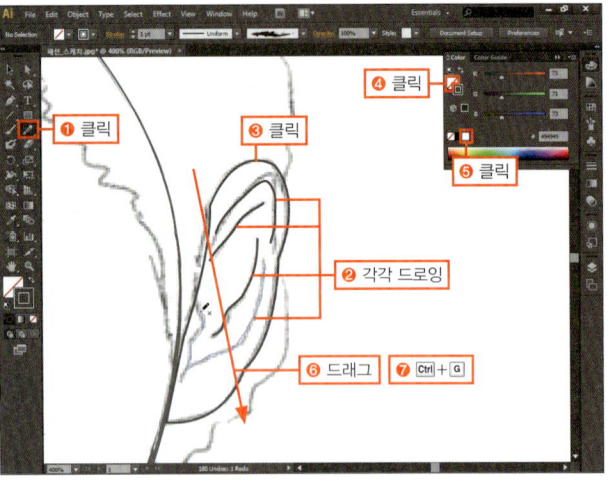

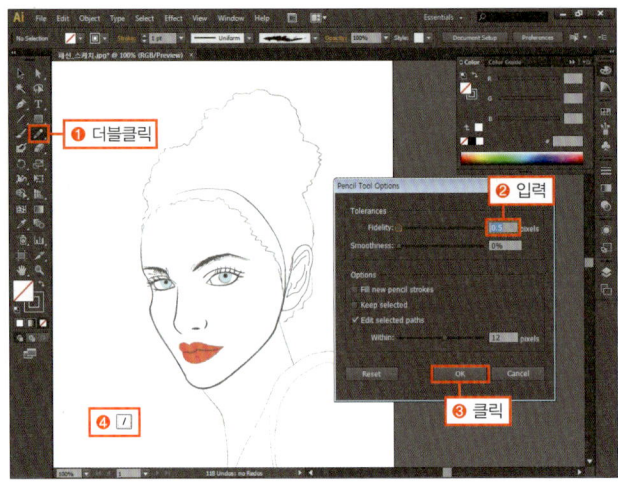

05 머리카락 드로잉

❶[Pencil Tool]( )을 이용해 머리카락 라인을 따라 그립니다. ❷닫힌 오브젝트로 만들기 위해 시작점과 끝 점이 만날 때쯤 Alt를 눌러 마무리합니다.

MEMO ● [Pencil Tool]( )로 작업할 때 방금 그린 패스가 선택된 상태를 유지하도록 설정하기 위해서는 [Pencil Tool]( )을 더블클릭하여 [Pencil Tool Options] 대화상자를 불러온 다음 [Options] 항목의 [Keep selected]를 체크하면 됩니다.

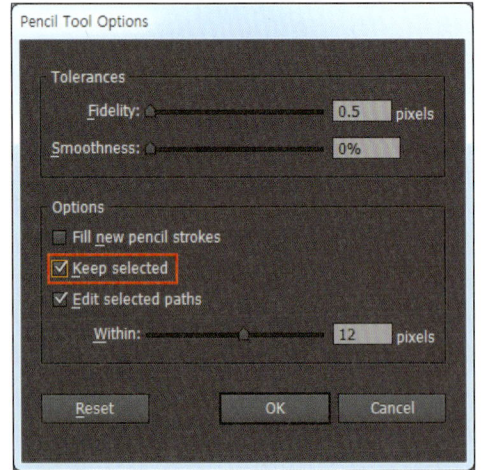

06 머리카락 색 적용

❶머리카락 오브젝트를 선택합니다. ❷Shift+X를 눌러 [Fill]과 [Stroke]를 반전합니다. ❸Ctrl+[를 눌러 오브젝트를 한 단계 뒤로 보냅니다.

07 머리카락 드로잉

머리카락 오브젝트가 선택된 상태에서 ❶[Tool] 패널 하단에 있는 [Draw Inside]( )를 클릭합니다. ❷Shift+Ctrl+A를 눌러 선택을 해제합니다. ❸[Paintbrush Tool]( )을 선택합니다. ❹[Brushes] 패널에서 'Charcoal'을 선택합니다. ❺머리카락 오브젝트 안쪽에서 자유롭게 드래그합니다.

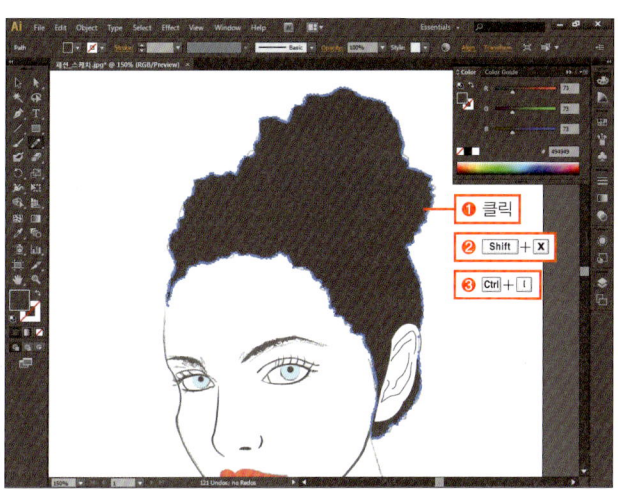

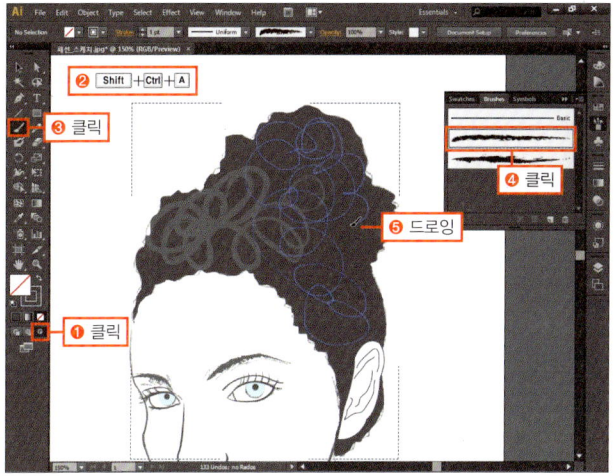

MEMO ● 한 번 사용한 브러시는 자동으로 [Brushes] 패널에 등록됩니다.

08 머리카락 드로잉

❶[Tool] 패널에서 [Draw normal]( )을 클릭합니다. ❷[Stroke] 패널에서 [Weight]를 '0.5'로 수정합니다. ❸머리카락 오브젝트 주변을 드래그하여 잔머리를 표현합니다.

09 목 드로잉

❶[Pen Tool]( )을 선택한 후 ❷ⓐ 지점을 클릭합니다. ❸ⓑ 지점을 클릭한 채 드래그하여 곡선을 그린 뒤 ❹ⓑ 지점을 다시 클릭해 한쪽 방향선을 삭제합니다. ❺ⓒ 지점을 클릭한 채 드래그하여 선을 그리고 ❻Enter를 누릅니다. ❼ⓓ 지점을 클릭한 다음 ❽ⓔ 지점을 클릭한 채 드래그하여 곡선을 그립니다.

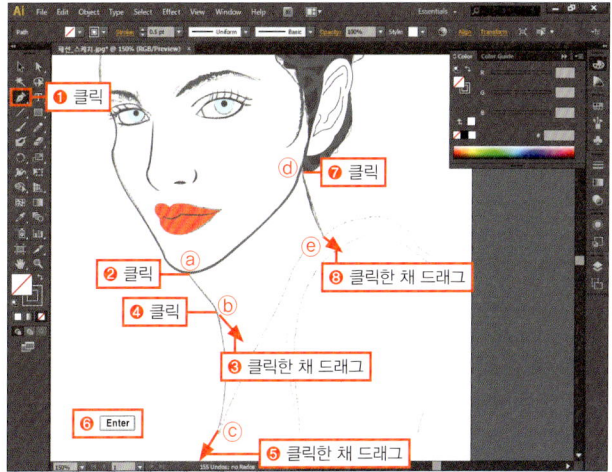

10 브러시 적용

❶ 목의 라인 패스를 모두 선택한 후 ❷ [Brushes] 패널에서 'Charcoal-Rough'를 선택합니다. ❸ [Stroke] 패널에서 [Weight]를 '0.25'로 수정합니다.

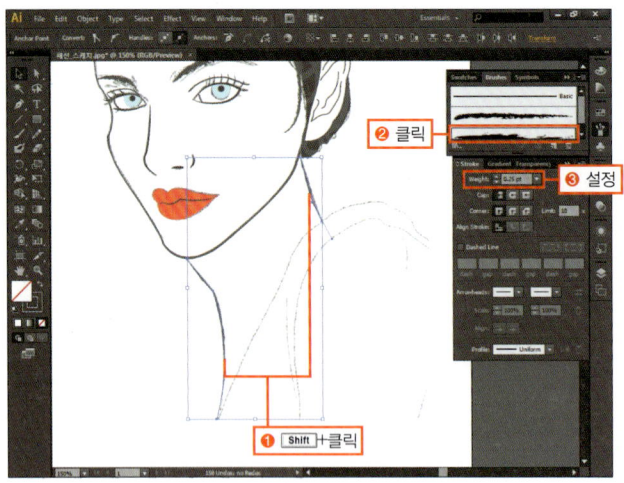

11 옵션 조절

❶ [Blob Blush Tool]( )을 더블클릭합니다. ❷ [Default Brush Options] 항목에서 [Size]는 '7pt', [Angle]은 '70°', [Roundness]는 '70%'로 변경하고 ❸ [OK]를 클릭합니다.

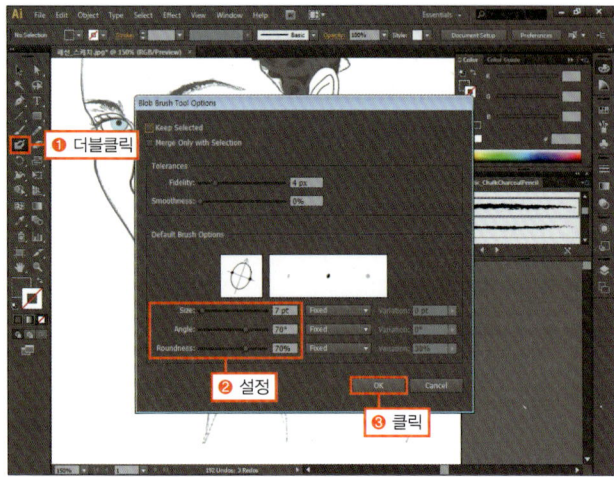

12 옷 드로잉

❶ 파랗게 표시된 부분에 여러 번 드래그하여 털옷을 표현합니다.

MEMO ● 마우스 버튼에서 손을 떼지 않고 계속 드래그하여 넓은 면적을 다 칠한 후 가장자리 쪽은 짧게 클릭, 드래그하여 털 모양을 연출하면 빠르게 작업할 수 있습니다.

13 글자 입력

❶[Type Tool](T)을 선택합니다. ❷아트보드를 클릭한 후 ❸'Fashion is Passion'이라고 입력합니다. ❹Ctrl+T를 눌러 [Character] 패널을 불러옵니다. ❺글자체는 'Arial/Bold', 글자 크기는 '36 pt'로 설정합니다.

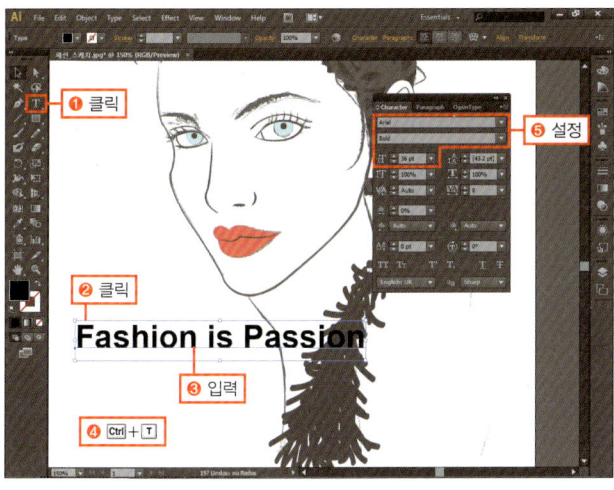

14 색상 변경

❶문구 위에 마우스 포인터를 올린 후 포인터 모양이 I로 바뀌면 'Passion' 부분만 드래그하여 선택합니다. ❷[Eyedropper Tool]( )을 선택한 후 ❸입술 오브젝트를 클릭하여 색을 변경합니다.

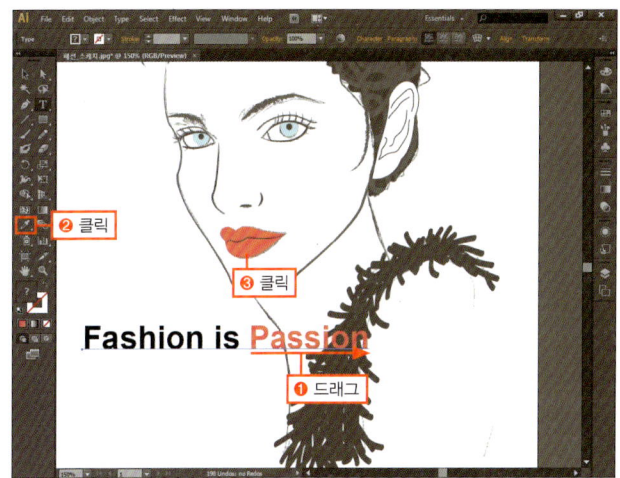

15 글자 형태 변환

❶[Selection Tool]( )로 ❷문구를 선택합니다. ❸상단 컨트롤 바에서 [Make Envelope]( )를 클릭합니다. ❹[Warp Options] 대화상자가 열리면 [Style]은 'Arc/Horizontal', [Bend]는 '-35%', [Horizontal]은 '-90%', [Vertical]은 '10%'로 설정하고 ❺[OK]를 클릭합니다.

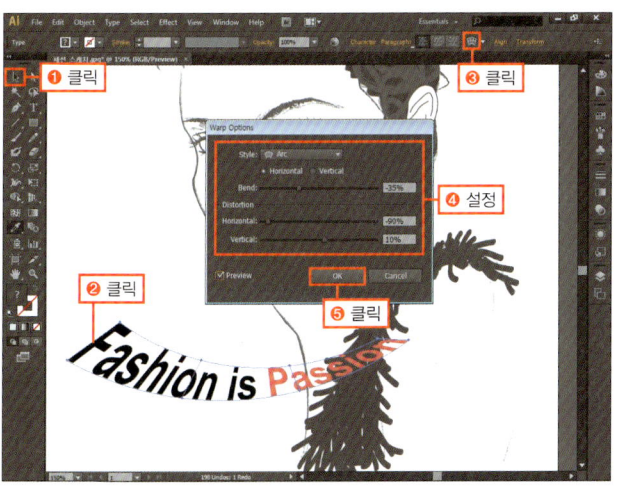

16 배치

❶문구를 드래그하여 그림 하단으로 이동한 후 ❷바운딩 박스를 조절하여 'F'가 위쪽을 향하도록 각도를 변경합니다.

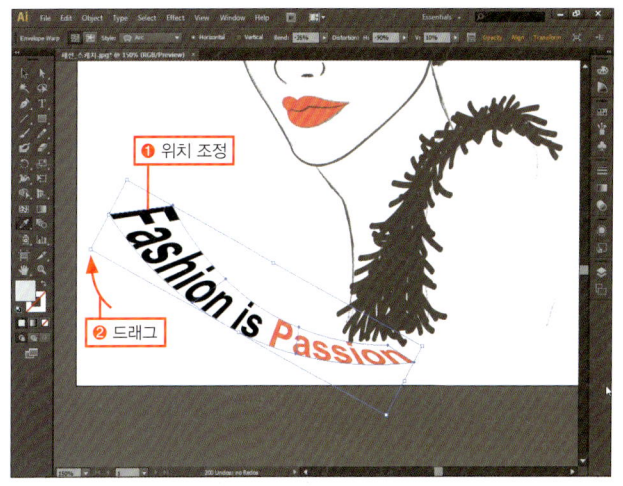

17 스케치 삭제

❶ Ctrl+Alt+2를 눌러 스케치 잠금을 해제합니다. ❷ Delete를 눌러 스케치를 삭제합니다.

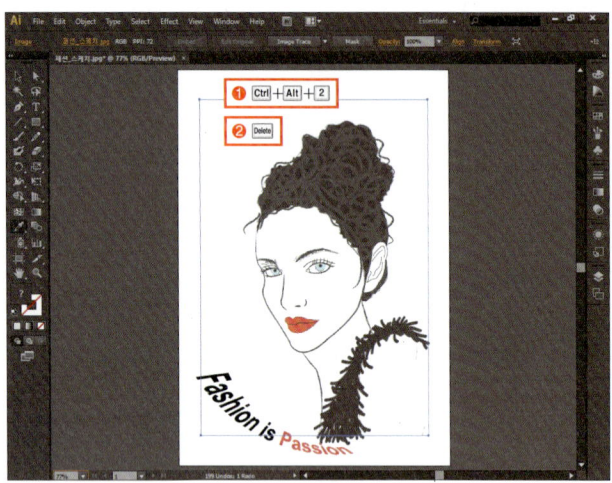

18 완성

패션 일러스트가 완성되었습니다.

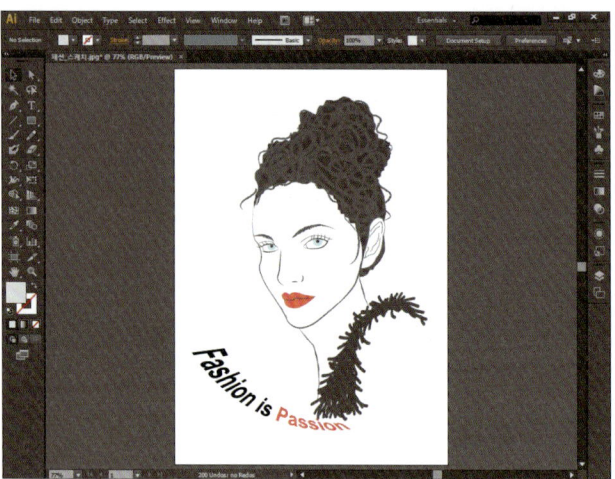

◉ 완성 파일 : Chapter06\패션_스케치.ai

Unit 03. 다양한 브러시 이용하여 회화 느낌의 일러스트 그리기

일러스트레이터 CS6는 다양한 브러시를 제공합니다. 앞서 배운 캘리그라피는 물론 회화 느낌의 일러스트 작업, 테두리 및 패턴 꾸미기 등에 브러시를 자유롭게 활용할 수 있습니다. 이번에는 브러시에 대해 알아보고 브러시를 제작하는 방법을 배우겠습니다. 마지막으로 강모 브러시(Bristle Brush)를 이용하여 회화 느낌이 나는 일러스트를 그려보겠습니다.

학습 주제
- 브러시 살펴보기
- 사용자에 맞게 브러시 제작하기
- 강모 브러시를 이용해 맥주병 완성하기

관련 학습
- [Pencil Tool]로 그림 그리듯 드로잉하기 : 93쪽
- [Color] 패널을 이용해 손쉽게 컬러링하기 : 134쪽

간략 개요

다양한 브러시 도구 살펴보기

브러시는 크게 2가지로 구분됩니다. 선을 기본으로 붓 터치 느낌이 나는 [Paintbrush Tool]과 드로잉의 결과물이 닫힌 패스로 나타나는 [Blob Brush Tool]이 있습니다. 각 브러시에 대해 살펴보겠습니다.

● **[Paintbrush Tool]의 종류 알아보기**

선택한 브러시를 패스에 적용할 수 있습니다. 클릭, 드래그하여 사용하며, [Brushes] 패널이나 [Brush Libraries]에 등록된 스타일을 선택하여 화살표, 캘리그라피, 테두리 등을 연출할 수 있습니다. 또한 사용자가 디자인한 브러시를 직접 등록하여 사용할 수도 있습니다.

❶ Calligraphic Brush(붓글씨 브러시) : 붓으로 그린 듯한 효과를 줍니다.

❷ Scatter Brush(산포 브러시) : 패스를 따라 소스 오브젝트들을 스프레이로 뿌린 듯한 효과를 줍니다.

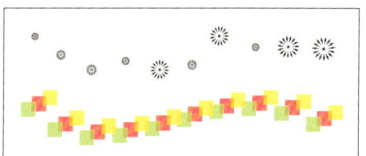

❸ Art Brush(아트 브러시) : 소스 오브젝트를 패스 모양에 맞춰 펼쳐놓은 듯한 효과를 줍니다.

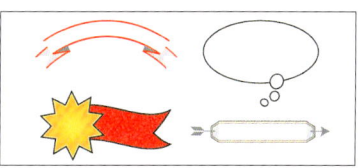

❹ **Bristle Brush(강모 브러시)** : 실제 붓을 이용한 듯한 드로잉 효과를 줍니다.

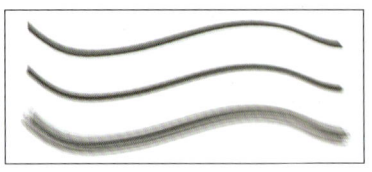

❺ **Pattern Brush(패턴 브러시)** : 패스를 따라 반복되는 패턴 효과를 줍니다. 모서리 부분, 시작과 끝 부분 등을 따로 구성할 수 있어 테두리 작업으로도 사용할 수 있습니다.

● **[Blob Brush Tool] 살펴보기**

[Paintbrush Tool]( )과 달리 [Blob Brush Tool]( )은 작업 결과가 [Stroke](선)가 아닌 [Fill](칠)로 나타납니다. [Outline Stroke] 과정을 거치지 않아도 바로 닫힌 패스를 만들 수 있습니다.

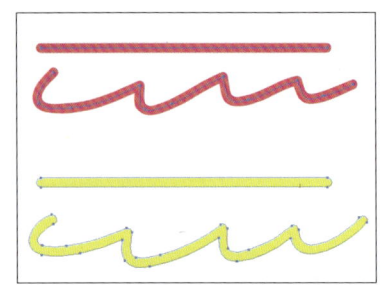

▲ [Paintbrush Tool]로 작업한 자주색 패스(위)와 [Blob Brush Tool]로 작업한 노란색 패스(아래)

사용자에 맞게 브러시 생성하기

[Brush Libraries]에 원하는 스타일의 브러시가 없을 경우 직접 만들어 사용할 수 있습니다. 브러시를 생성하고 수정하는 방법을 실습을 통해 알아보겠습니다.

◎ 예제 파일 : Chapter06\unit03_01.ai

01 예제 파일 실행

❶ 'unit03_01.ai' 파일을 불러옵니다.

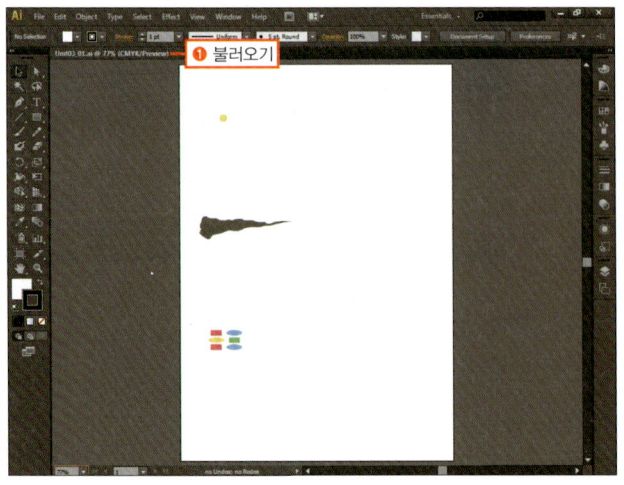

02 오브젝트 선택

❶ 꽃 오브젝트를 선택합니다.

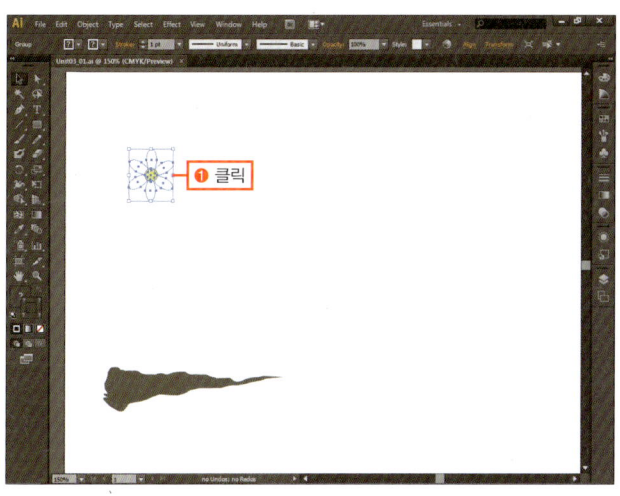

03 'Scatter Brush' 등록

❶ [Brushes] 패널을 클릭합니다. ❷ 선택한 오브젝트를 [Brushes] 패널로 드래그합니다. ❸ [New Brush] 대화상자가 나타나면 [Scatter Brush]를 선택한 뒤 ❹ [OK]를 클릭합니다.

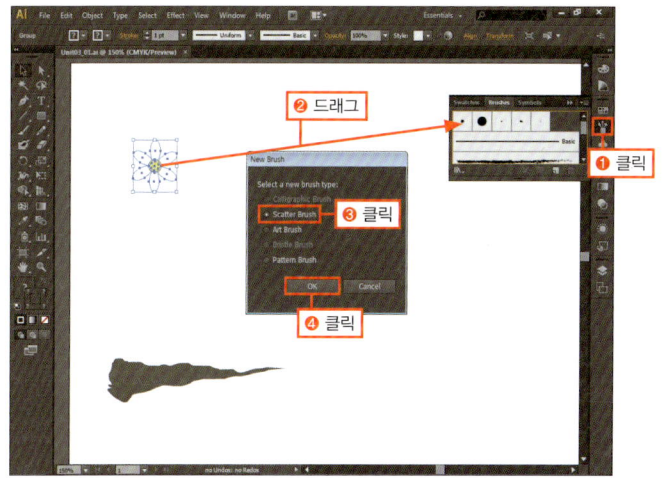

04 'Scatter Brush' 설정

[Scatter Brush Options] 대화상자가 나타나면 ❶ [Name]에 '꽃'을 입력합니다. ❷ [OK]를 클릭합니다.

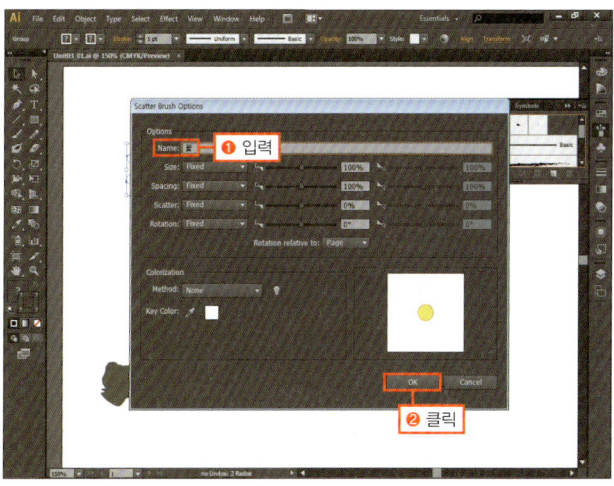

05 'Scatter Brush' 적용

[Brushes] 패널에 꽃 브러시가 등록된 것을 확인할 수 있습니다. ❶ [Paintbrush Tool]( )을 선택합니다. ❷ 꽃 오브젝트 아래쪽의 빈 공간에 드래그합니다.

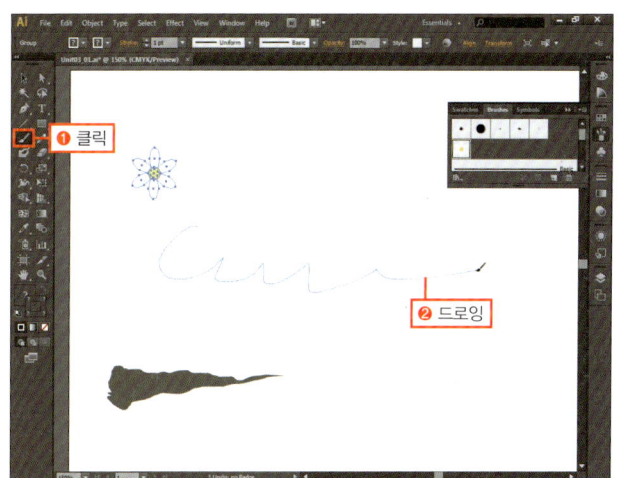

TIP [Scatter Brush Options] 대화상자 살펴보기

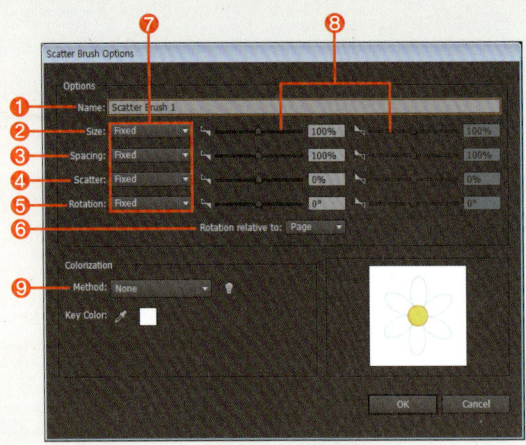

■ **Options**

❶ **Name** : 브러시의 이름을 입력합니다.
❷ **Size** : 브러시에 사용되는 오브젝트의 크기를 설정합니다.
❸ **Spacing** : 산포되는 간격을 설정합니다.
❹ **Scatter** : 패스와 오브젝트 사이의 간격을 설정합니다.
❺ **Rotation** : 브러시에 사용되는 오브젝트의 회전을 설정합니다.
❻ **Rotation relative to** : 오브젝트 회전의 기준을 선택합니다. 'Page(화면)' 기준과 'Path(패스)' 기준이 있습니다.
❼ 브러시 변형의 기준을 선택합니다.
- Fixed : 설정한 수치대로 고정합니다.
- Random : 설정한 수치 내에서 무작위로 변화합니다.
- Pressure, Stylus Wheel, Tilt, Bearing, Rotation : 태블릿을 연결한 경우 펜의 압력에 따라 변화합니다.

❽ 해당 옵션의 설정값을 조절합니다.

■ **Colorization**

❾ **Method** : 브러시의 컬러 방식을 선택합니다.
- None : 브러시를 등록했을 때의 색을 그대로 사용합니다.
- Tints : 사용자가 선택한 [Stroke]의 색이 적용됩니다.
- Tints and Shades : 검은색을 제외하고 지정된 색의 혼합으로 나타납니다.
- Hue Shift : 하단의 [Key Color]와 함께 사용합니다. 스포이트를 클릭한 후 오른쪽 오브젝트의 기준색을 선택합니다. 나머지 부분은 기준색과 비슷한 색으로 변경됩니다. 단, 무채색일 경우에는 그대로 유지됩니다.

06 'Scatter Brush' 완성

패스에 선택한 브러시가 적용됩니다.

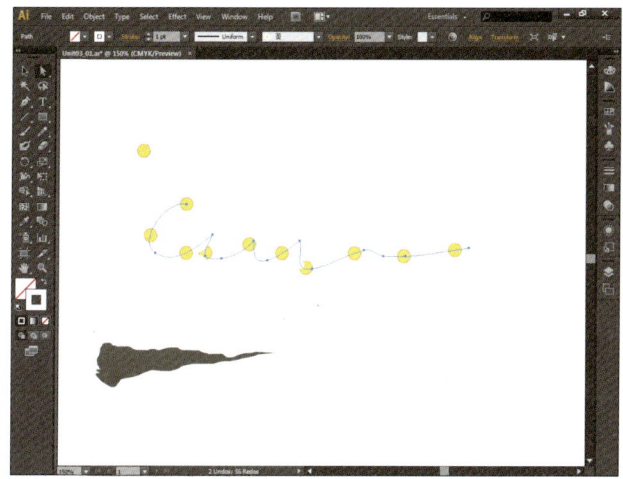

07 'Art Brush' 등록

❶진회색의 먹선 오브젝트를 선택하고 ❷[Brushes] 패널로 드래그합니다. ❸[New Brush] 대화상자에서 'Art Brush'를 선택한 뒤 ❹[OK]를 클릭합니다.

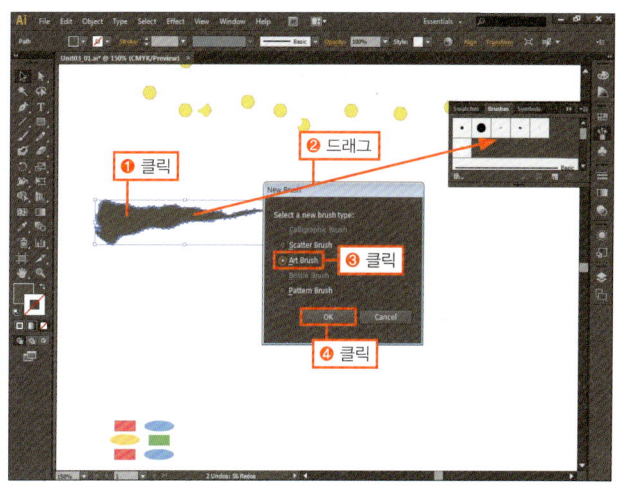

08 'Art Brush' 설정

[Art Brush Options] 대화상자가 나타나면 ❶[Name]에 '먹선'을 입력합니다. ❷[OK]를 클릭합니다.

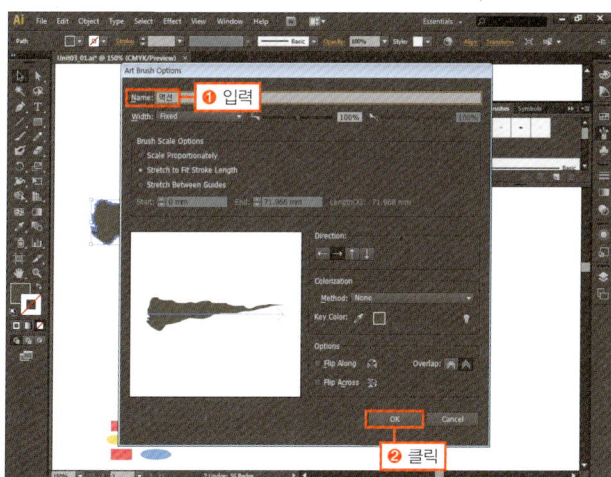

MEMO ● [Width]는 'Fixed', [Brush Scale Options]는 'Stretch to Fit Stroke Length', [Direction]은 '→'로, 기본 상태입니다.

09 'Art Brush' 적용

[Brushes] 패널에 먹선 브러시가 등록된 것을 확인할 수 있습니다. ❶[Paintbrush Tool](🖌)을 선택합니다. ❷먹선 오브젝트 아래쪽의 빈 공간에 드래그합니다.

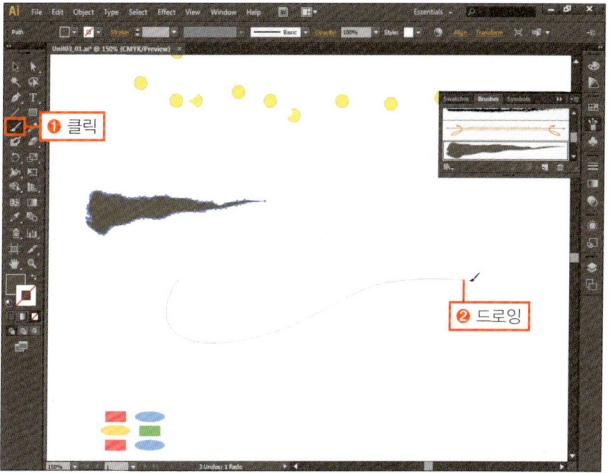

10 'Art Brush' 완성

패스에 선택한 브러시가 적용됩니다.

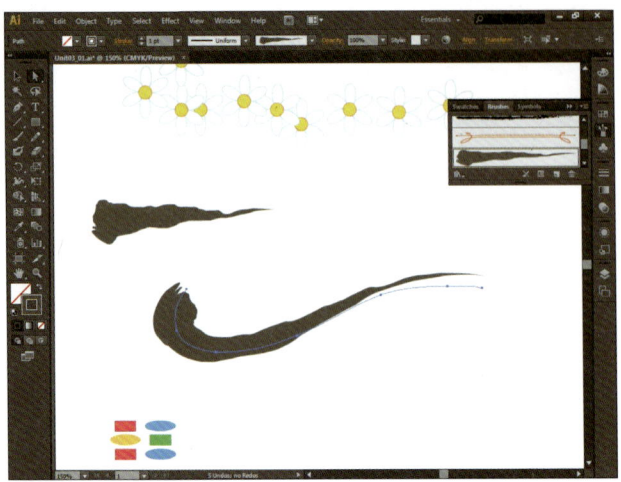

> **TIP** [Art Brush Options] 대화상자 살펴보기

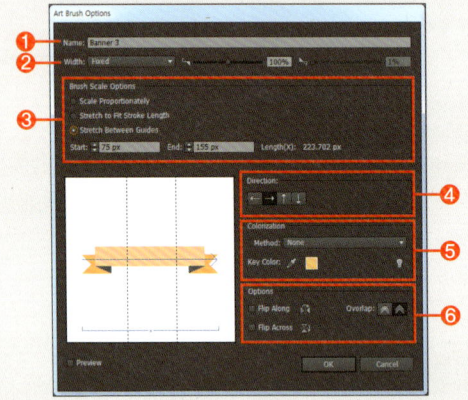

❶ **Name** : 브러시의 이름을 입력합니다.
❷ **Width** : 브러시의 너비를 설정합니다.
❸ **Brush Scale Options** : 브러시 크기 관련 옵션을 설정합니다.
  ⓐ Scale Proportionately : 브러시의 길이가 늘어나는 비율만큼 폭도 넓어집니다.
  ⓑ Stretch to Fit Stroke Length : 브러시가 패스에 맞춰 늘어납니다.
  ⓒ Stretch Between Guides : 브러시가 늘어나고 늘어나지 않는 영역을 설정할 수 있습니다. [Start]와 [End] 사이의 영역은 늘어나는 영역입니다. 가이드라인 안쪽의 모양은 그대로 유지하면서 전체적으로 늘어납니다.

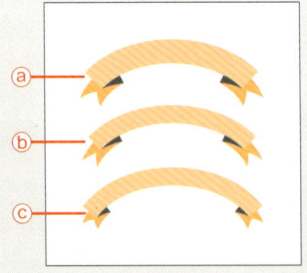

❹ **Direction** : 브러시의 진행 방향을 선택합니다.
❺ **Colorization** : 브러시의 색을 설정합니다. [Scatter Brush Options] 대화상자의 [Colorization] 항목과 동일합니다.
❻ **Options** : 기타 옵션을 설정합니다.
  • Flip Along : 브러시를 좌우 반전하여 적용합니다.
  • Flip Across : 브러시를 상하 반전하여 적용합니다.
  • Overlap : 브러시가 꺾이는 지점에서 브러시가 접히거나 연결되는 방식을 선택합니다.

11 'Pattern Brush' 등록

❶ 세 번째 도형 오브젝트를 선택하고 ❷ [Brushes] 패널로 드래그합니다. ❸ 'Pattern Brush'를 선택한 뒤 ❹ [OK]를 클릭합니다.

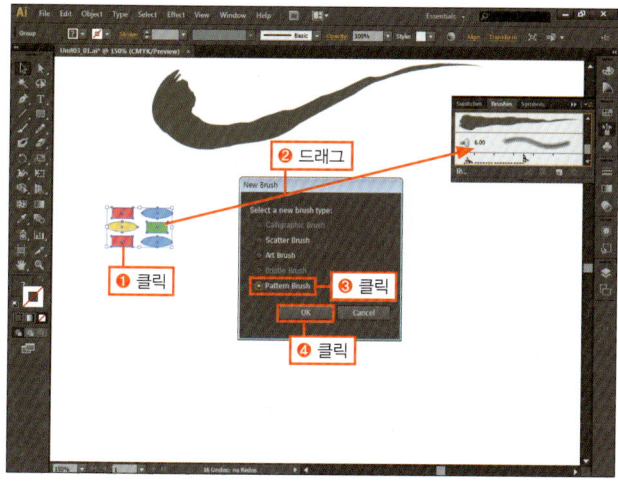

12 'Pattern Brush' 설정

[Pattern Brush Options] 대화상자가 나타나면 ❶ [Name]에 '도형'을 입력합니다. ❷ [OK]를 클릭합니다.

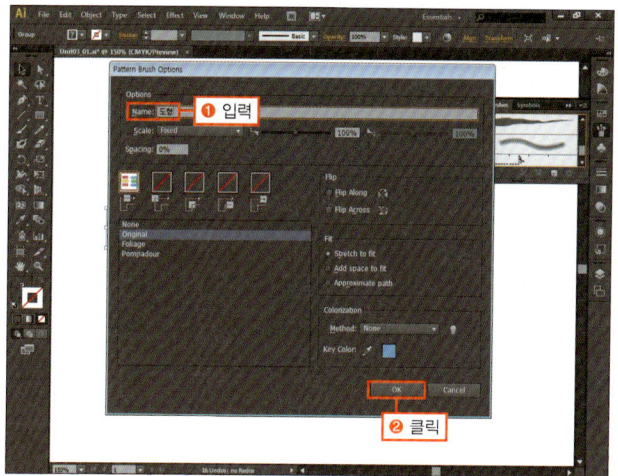

MEMO · [Scale]은 'Fixed', [Fit]은 'Stretch to fit'의 기본 상태입니다.

13 'Pattern Brush' 적용

[Brushes] 패널에 도형 브러시가 등록된 것을 확인할 수 있습니다. ❶ [Paintbrush Tool]( )을 선택합니다. ❷ 도형 오브젝트 아래쪽의 빈 공간에 드래그합니다.

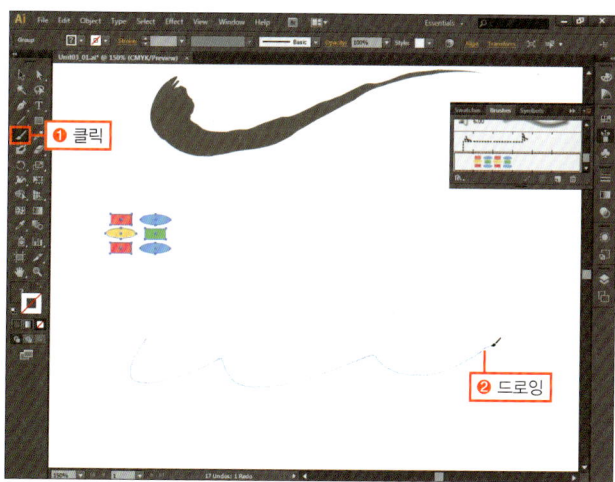

14 'Pattern Brush' 완성

패스에 선택한 브러시가 적용됩니다.

◎ 완성 파일 : Chapter06\unit03_01_완성.ai

[Pattern Brush Options] 대화상자 살펴보기

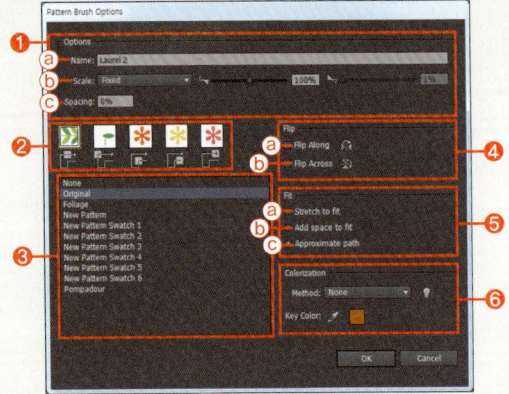

❶ **Options** : 브러시의 기본 옵션을 설정합니다.
  ⓐ **Name** : 브러시의 이름을 입력합니다.
  ⓑ **Scale** : 브러시의 크기를 설정합니다.
  ⓒ **Spacing** : 각 타일 간의 간격을 설정합니다.

❷ 패턴 브러시의 경우 패스에 브러시 효과를 적용할 때 패스의 각 부분마다 다른 패턴이 적용되도록 설정할 수 있습니다. 순서대로 옆 타일(기본 타일), 외부 모퉁이 타일, 내부 모퉁이 타일, 시작 타일, 끝 타일을 설정합니다.

  ⓐ 옆 타일(기본 타일) : 패스에 전반적으로 나타나는 기본 패턴을 설정합니다. 옆 타일만 설정해도 패턴 브러시를 만들 수 있습니다.
  ⓑ 외부/내부 모퉁이 타일 : 직선과 직선이 만나는 기준점 중에서 각각 외부 기준점과 내부 기준점에 나타나는 패턴을 설정합니다.
  ⓒ 시작 타일/끝 타일 : 패스의 시작과 끝 기준점에 나타나는 타일입니다. 열린 패스에만 적용되며, 닫힌 패스에서는 나타나지 않습니다.

  • 원 오브젝트에 브러시를 적용한 모습입니다. 직선과 직선이 만나는 기준점이 없고, 닫힌 패스이므로 옆 타일(기본 타일)만 적용됩니다.

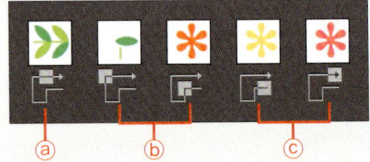

  • 사각형 오브젝트에 브러시를 적용한 모습입니다. 직선과 직선이 만나는 기준점에는 외부 모퉁이 타일이, 그 사이에는 옆 타일(기본 타일)이 적용되었습니다. 닫힌 패스이므로 시작 타일과 끝 타일은 적용되지 않습니다.

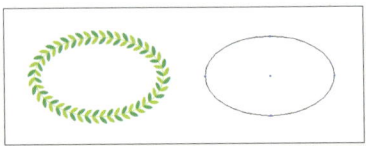

  • 곡선 패스에 브러시를 적용한 모습입니다. 직선과 직선이 만나는 기준점이 없으므로 외부/내부 모퉁이 타일은 적용되지 않습니다. 열린 패스이므로 왼쪽 끝 기준점과 오른쪽 끝 기준점에 각각 시작 타일과 끝 타일이 적용되었고, 그 사이에는 옆 타일(기본 타일)이 적용되었습니다.

  • 직선 패스에 브러시를 적용한 모습입니다. 직선과 직선이 만나는 기준점들 중에서 위쪽 기준점에는 외부 모퉁이 타일이, 아래쪽 기준점에는 내부 모퉁이 타일이 적용되었습니다. 열린 패스이므로 왼쪽 끝 기준점과 오른쪽 끝 기준점에 각각 시작 타일과 끝 타일이 적용되었고, 그 사이에는 옆 타일(기본 타일)이 적용되었습니다.

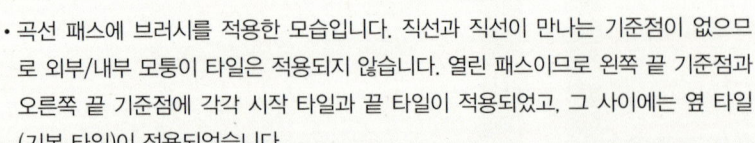

❸ [Swatches] 패널에 등록되어 있는 패턴의 목록입니다. 클릭하여 패턴을 선택하면 ❷에서 선택한 타일에 해당 패턴이 적용됩니다.
❹ Flip : 패턴의 방향을 바꿉니다.
  ⓐ Flip Along : 패턴의 방향을 좌우로 반전하여 적용합니다.
  ⓑ Flip Across : 패턴의 방향을 상하로 반전하여 적용합니다.
❺ Fit : 패턴을 패스에 맞추는 방식을 설정합니다.
  ⓐ Stretch to fit : 패턴 타일의 크기를 늘리거나 줄여서 패스에 맞춥니다.
  ⓑ Add space to fit : 패턴 타일의 크기를 변경하지 않고 패턴을 적용합니다. 각 패턴 타일 사이에 빈 공간이 추가되므로 패턴이 균일하게 적용되지 않을 수 있습니다.
  ⓒ Approximate path : 패턴 타일의 크기를 변경하지 않고 패턴을 적용합니다. 균일한 패턴 적용을 위해 패스의 중앙이 아닌 패스의 안쪽 또는 바깥쪽에 패턴이 적용될 수 있습니다.
❻ Colorization : 패턴 타일의 색상을 변경합니다. 패스의 선 색상을 설정한 후 [Key Color]의 색상을 변경하고, [Method]를 설정하면 됩니다. 를 클릭하고 ❷의 패턴을 클릭하면 해당 지점의 색상이 [Key Color] 색상으로 설정됩니다.

강모 브러시를 이용해 맥주병 완성하기

브러시 중 회화적인 느낌을 연출할 수 있는 강모 브러시를 이용해 맥주병을 완성하겠습니다.

예제 파일 : Chapter06\Brush_bottle.ai

01 예제 파일 실행
❶ 'Brush_bottle.ai' 파일을 불러옵니다.

02 병 영역 설정
❶ 병 오브젝트를 선택합니다. ❷ [Tool] 패널 하단의 [Draw Inside]( )를 클릭합니다.

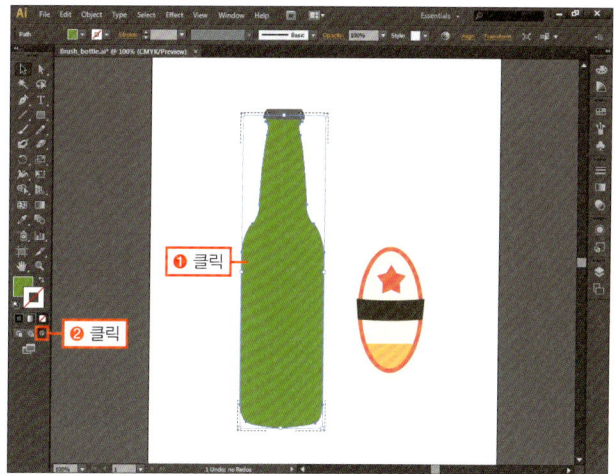

03 강모 브러시 라이브러리 실행

❶ [Brushes] 패널을 선택합니다. ❷ [Blush Libraries menu](　)를 클릭하고 ❸ [Bristle Brush]-[Bristle Brush Library]를 선택합니다.

04 브러시 설정

❶ 아트보드의 빈 공간을 클릭하여 선택을 해제합니다. ❷ [Bristle Brush Library] 패널에서 'MOP' 브러시를 선택합니다. ❸ [Tool] 패널에서 [Stroke]를 더블클릭한 후 ❹ 선색을 'C=72, M=38, Y=100, K=1'로 설정합니다. ❺ [OK]를 클릭합니다.

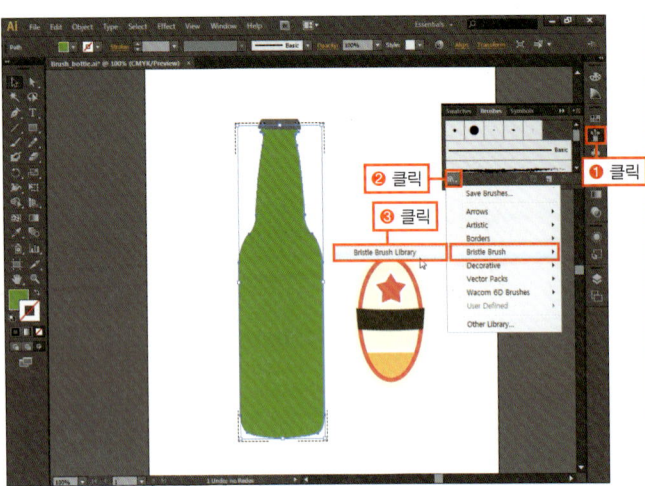
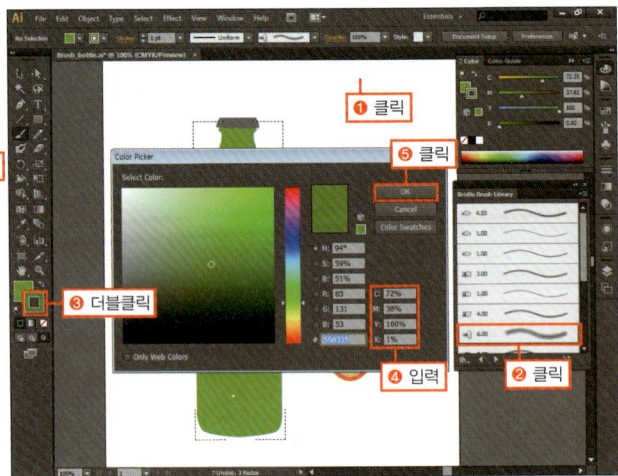

MEMO ● [Window]-[Blush Libraries]-[Bristle Brush]-[Bristle Brush Library] 메뉴를 클릭해도 됩니다.

05 병 채색

❶ [Paintbrush Tool](　)을 선택합니다. ❷ 병의 중앙 부분을 제외한 가장자리를 드래그하여 채색합니다.

MEMO ●
- 병을 크게 세 부분으로 나눠 중앙의 ⅓을 제외한 양옆에 채색합니다.
- 태블릿을 사용할 경우 펜의 압력에 따라 선이 다르게 나타납니다.

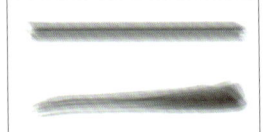
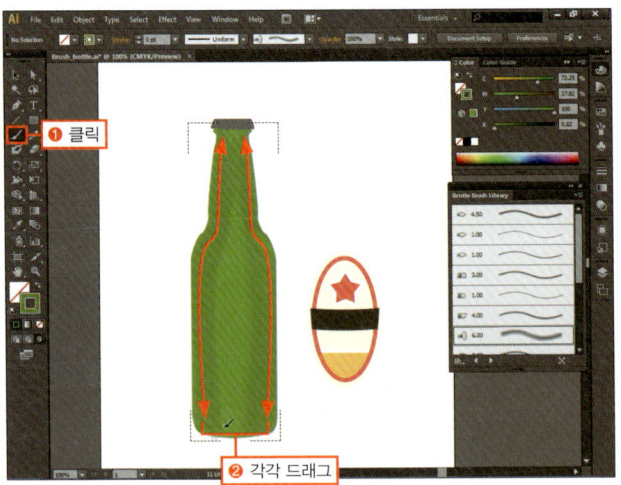

06 병 채색

❶ [Stroke]의 색을 'C=79, M=44, Y=100, K=6'으로 설정합니다. ❷ 병의 양옆과 아래쪽 가장자리를 드래그하여 채색합니다.

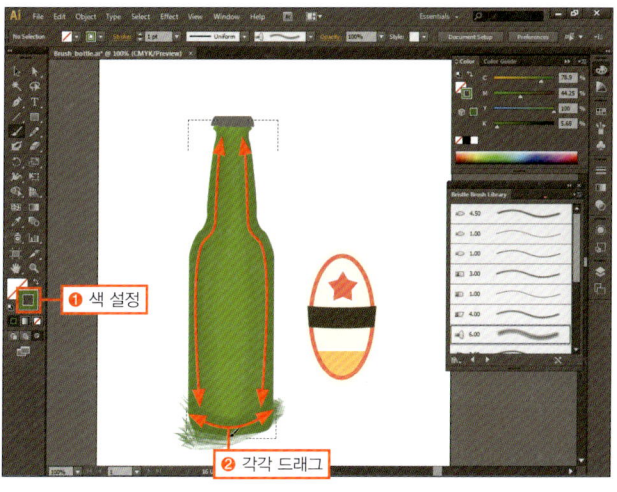

07 병 채색

❶ⓐ 지점을 가로로 드래그하여 채색합니다. ❷ [Stroke] 패널에서 [Weight]를 '0.5pt'로 변경합니다. ❸ⓑ 지점에 가로로 드래그하여 채색합니다.

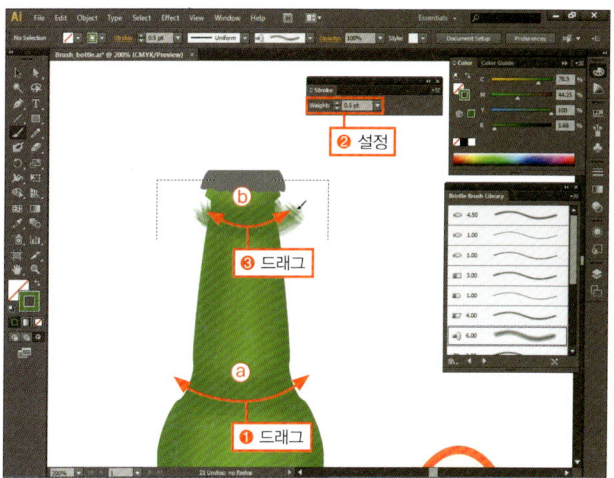

08 하이라이트 적용

❶ [Stroke]의 색을 'C=37 M=0, Y=66, K=0'으로 설정합니다. ❷ 상단의 컨트롤 바에서 [Opacity]를 '50%'로 변경합니다. ❸ 병의 오른쪽 부분에 길게 드래그하여 하이라이트를 넣습니다.

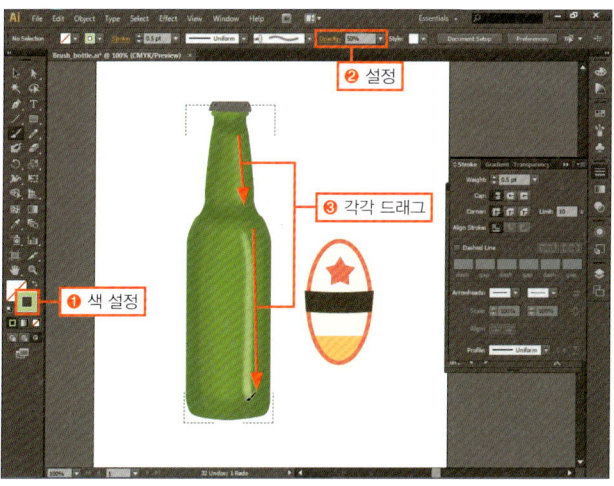

09 화면 확대

❶ [Tool] 패널 하단의 [Draw normal](　)을 클릭합니다. ❷ 병뚜껑이 잘 보이도록 화면을 확대합니다.

10 병뚜껑 영역 설정

❶ 병뚜껑 오브젝트를 선택합니다. ❷ [Tool] 패널 하단의 [Draw Inside](   )를 클릭합니다.

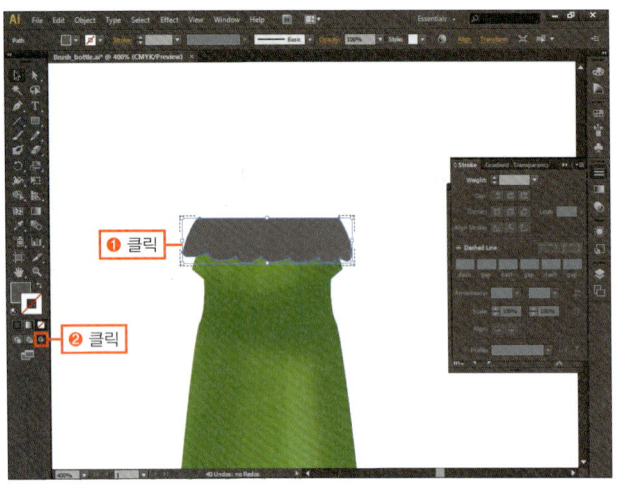

11 브러시 설정

❶ 아트보드의 빈 공간을 클릭하여 선택을 해제합니다. ❷ [Bristle Brush Library] 패널에서 'Liner' 브러시를 선택합니다. ❸ [Tool] 패널에서 [Stroke]를 더블클릭한 후 ❹ 선 색을 'C=73, M=65, Y=65, K=20'으로 설정합니다. ❺ [OK]를 클릭합니다.

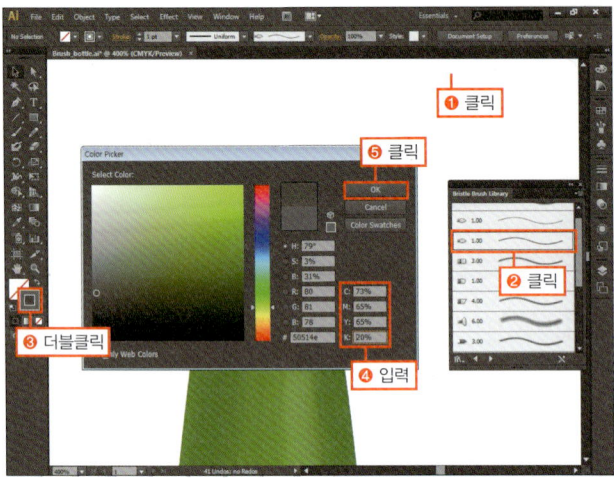

12 병 뚜껑 채색

❶ [Paintbrush Tool](   )을 선택합니다. ❷ 다음과 같이 병뚜껑의 곡선과 곡선 사이를 드래그하여 채색합니다.

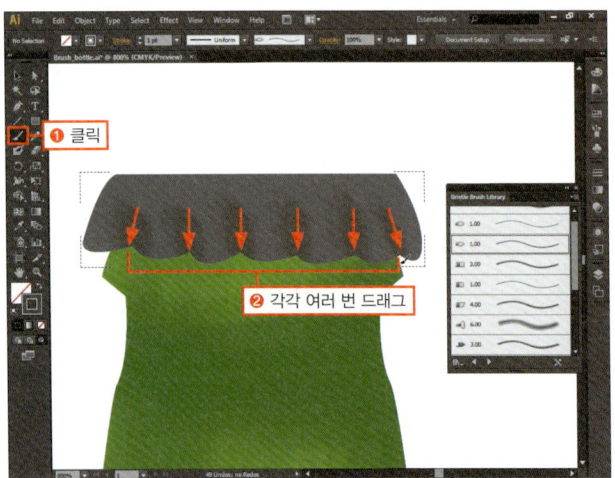

MEMO ● 병뚜껑의 절반 높이 정도만 채색합니다.

13 하이라이트 적용

❶ [Stroke] 색상을 'C=35, M=30, Y=30, K=0'으로 설정합니다. ❷ [Stroke] 패널에서 [Weight]를 '0.5pt'로 변경합니다. ❸ 상단의 컨트롤 바에서 [Opacity]를 '60%'로 변경합니다. ❹ 앞서 작업했던 지점 양쪽으로 짧게 드래그하여 하이라이트를 넣습니다.

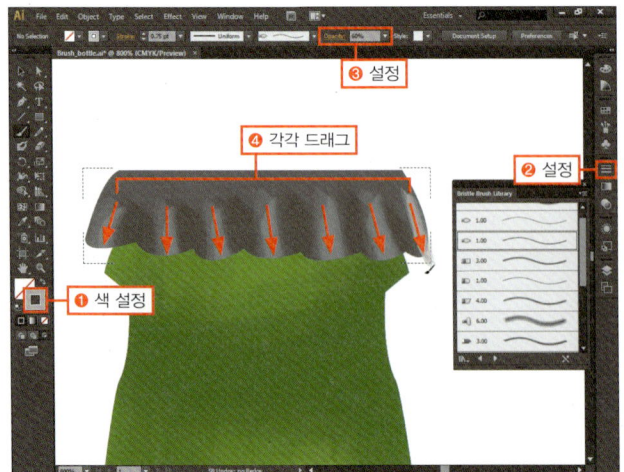

14 로고 스티커 이동

❶ [Tool] 패널 하단의 [Draw normal]( )을 클릭합니다.
❷ Ctrl 을 누른 채 오른쪽에 있는 로고 스티커 오브젝트를 선택하여 병 위로 이동합니다.

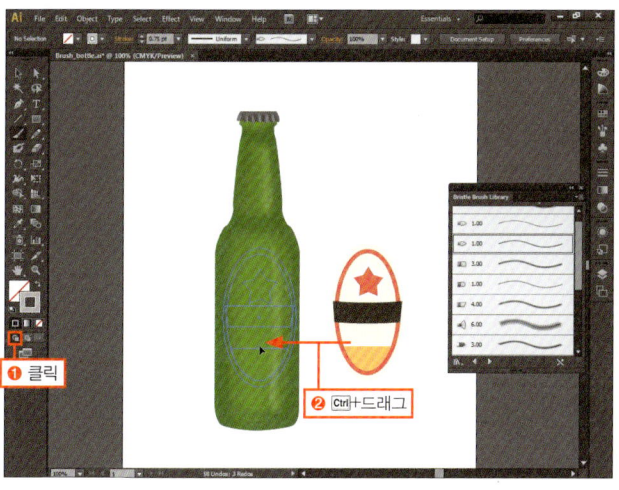

15 복사

❶ 로고가 잘 보이도록 화면을 확대합니다. ❷ [Direct SelectionTool]( )을 클릭합니다. ❸ 로고 스티커의 가장 바깥쪽 큰 원을 선택합니다. ❹ Ctrl + C 를 눌러 복사한 다음 Ctrl + F 를 눌러 붙입니다.

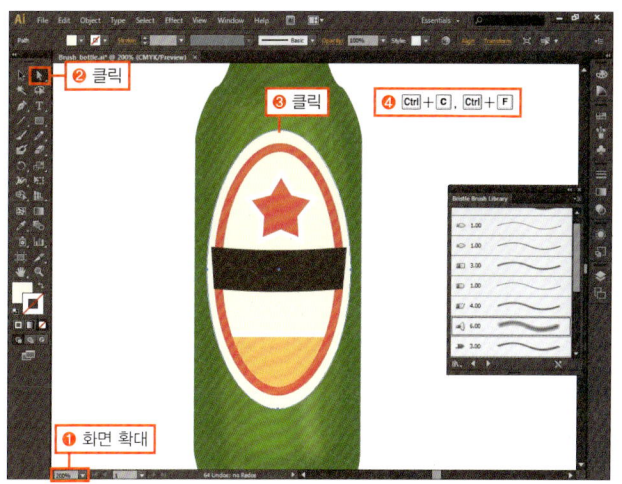

16 순서 변경하고 투명도 조절

❶ 복사된 오브젝트가 선택된 상태에서 Ctrl + Shift +] 를 눌러 맨 앞으로 배열 순서를 변경합니다. ❷ 컨트롤 바에서 [Opacity]의 목록 단추를 클릭하여 ❸ '0%'로 변경합니다.

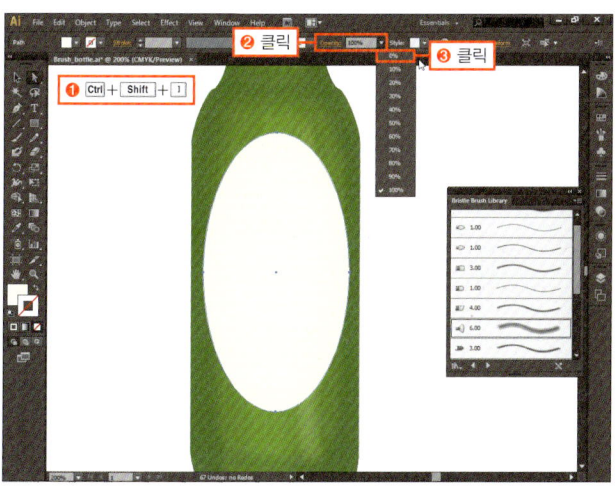

17 영역 설정

❶ [Tool] 패널 하단의 [Draw Inside]( )를 클릭합니다.
❷ 아트보드의 빈 공간을 클릭하여 선택 해제합니다.

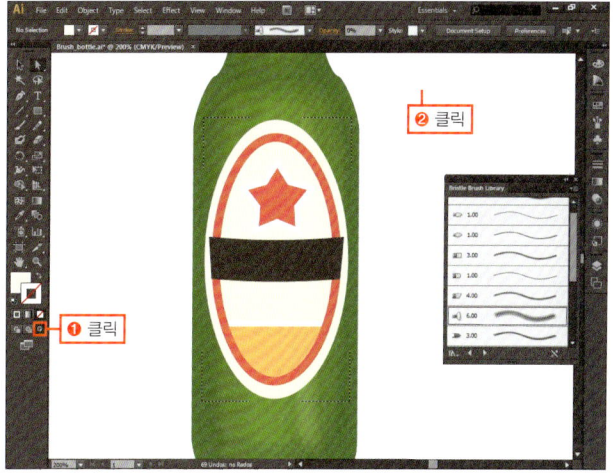

18 브러시 설정

❶[Paintbrush Tool]( )을 선택합니다. ❷[Bristle Brush Library] 패널에서 'MOP' 브러시를 선택합니다. ❸[Tool] 패널에서 [Stroke]를 더블클릭하여 ❹선 색을 'C=65, M=60, Y=60, K=7'로 설정하고 ❺[OK]를 클릭합니다. ❻[Opacity]를 '60%'로 변경합니다.

19 로고 스티커 채색

❶로고 스티커 양옆의 가장자리에 드래그하여 채색합니다.

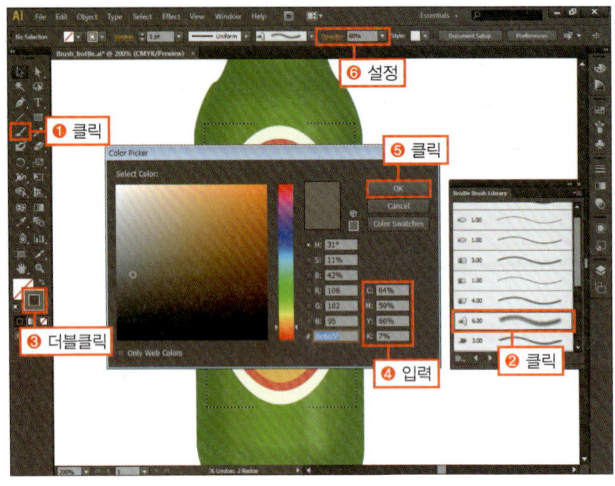

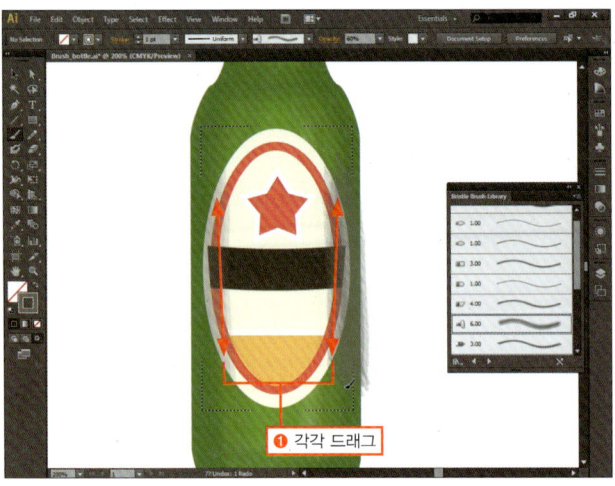

MEMO ● 너무 두껍게 칠해질 경우에는 [Stroke] 패널에서 [Weight]의 수치를 줄인 후 작업합니다.

20 글자 입력

❶[Tool] 패널 하단의 [Draw normal]( )을 클릭합니다. ❷[Type Tool]( )을 선택합니다. ❸아트보드의 빈 공간을 클릭한 뒤 ❹'BEER'를 입력합니다.

21 글자체 수정

❶[Selection Tool]( )로 문구를 선택합니다. ❷Ctrl+T를 눌러 [Character] 패널을 불러옵니다. ❸글자체는 'Arial-Bold'로, 글자 크기는 '35 pt'로 변경합니다. ❹상단의 컨트롤 바에서 ❺글자 색을 흰색으로 변경합니다.

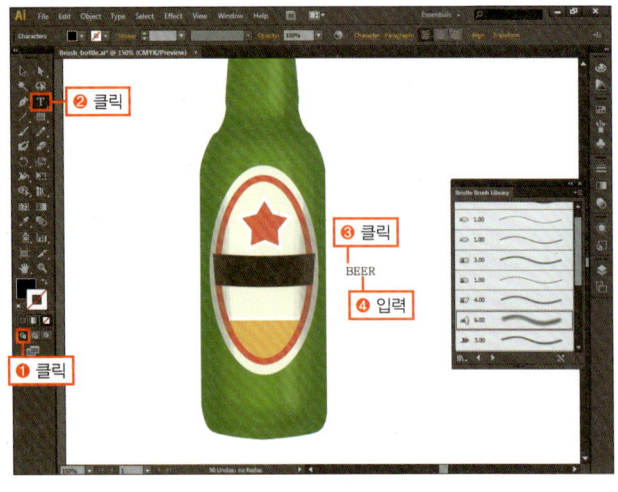

22 이동

❶ Ctrl를 누른 채 문구를 드래그하여 로고 스티커 중앙의 검은색 면 위로 이동합니다.

23 완성

회화 느낌이 나는 맥주병 오브젝트가 완성되었습니다.

완성 파일 : Chapter06\Brush_bottle_완성.ai

TIP 강모 브러시를 사용한 오브젝트 저장하기

강모 브러시를 많이 사용하여 작업한 오브젝트는 저장할 때 '강모 브러시를 많이 사용하여 하위 버전 저장이나 인쇄 시 문제가 발생할 수 있다'는 내용의 경고창이 나타납니다.

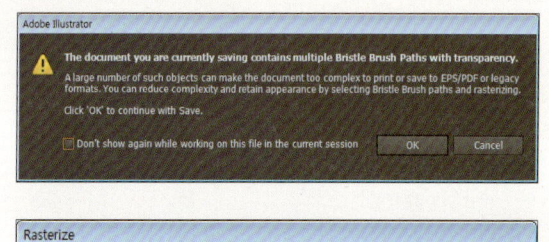

이때는 강모 브러시를 사용한 오브젝트를 선택한 후 [Object]-[Rasterize] 메뉴를 클릭합니다. [Rasterize] 대화상자에서 [Color Model](컬러 모드), [Resolution](해상도), [Background](흰색, 투명 배경 설정) 등의 옵션을 설정한 후 [OK]를 클릭합니다. 오브젝트가 자동으로 변환되어 하위 버전에서도 확인할 수 있게 됩니다.

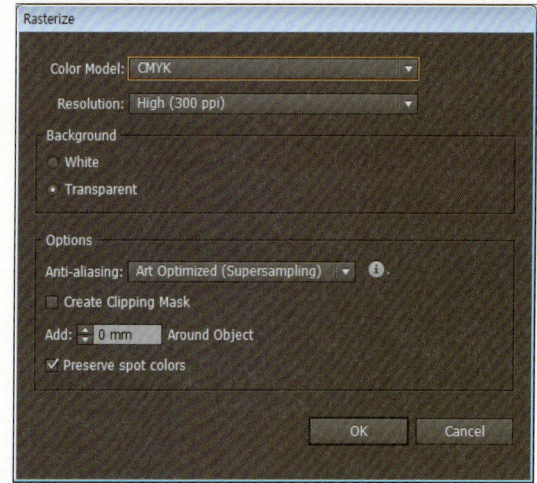

그 외의 브러시 옵션 살펴보기

앞서 Scatter Brush, Art Brush, Pattern Brush는 사용자가 만든 오브젝트를 이용하여 생성할 수 있다는 것을 배웠습니다. 이 밖에 Calligraphic Brush, Bristle Brush는 [Brushes] 패널의 [New Brush]( )를 통해 만들 수 있습니다. 이 2가지 브러시에 대해 좀 더 자세히 알아보겠습니다.

1 [Calligraphic Brush Options] 대화상자

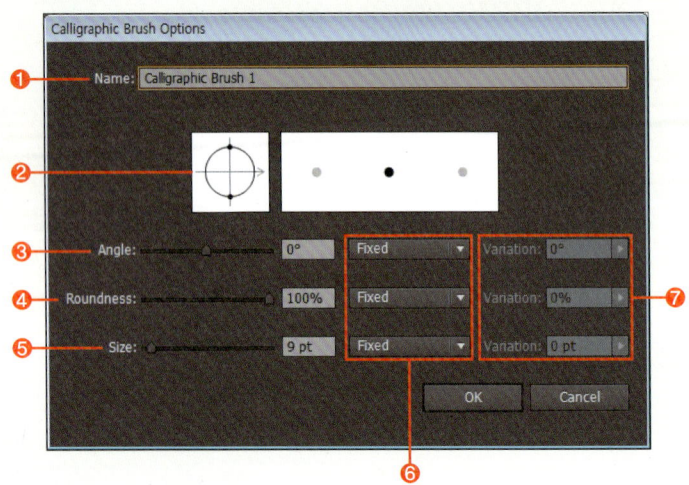

❶ Name : 브러시의 이름을 입력합니다.
❷ 설정한 브러시를 미리 볼 수 있습니다.
❸ Angle : 브러시의 각도를 설정합니다.
❹ Roundness : 브러시의 둥근 정도를 선택합니다. 수치가 낮을수록 타원형으로 나타납니다.
❺ Size : 브러시의 크기를 설정합니다.
❻ 브러시 변형의 기준을 선택합니다.
　ⓐ Fixed : 설정한 수치대로 고정합니다.
　ⓑ Random : 설정한 수치 내에서 무작위로 변화합니다.
　ⓒ Pressure, Stylus Wheel, Tilt, Bearing, Rotation : 태블릿을 연결한 경우 펜의 압력에 따라 변화합니다.
❼ Variation : 변화도를 설정합니다. 'Fixed' 상태가 아닌 경우에 설정 가능합니다.

❷ [Bristle Brush Options] 대화상자

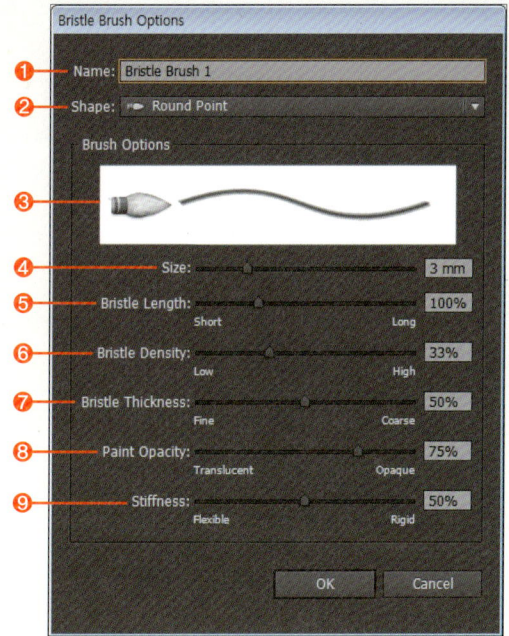

❶ Name : 브러시의 이름을 입력합니다.
❷ Shape : 브러시의 종류를 선택합니다.
❸ 설정한 브러시를 미리 볼 수 있습니다.
❹ Size : 브러시의 사이즈를 설정합니다.
❺ Bristle Length : 브러시 모(毛)의 길이를 설정합니다.
❻ Bristle Density : 브러시 모(毛)의 밀도를 설정합니다.
❼ Bristle Thickness : 브러시 모(毛)의 두께를 설정합니다.
❽ Paint Opacity : 투명도를 설정합니다.
❾ Stiffness : 브러시 모(毛)의 뻣뻣한 정도를 설정합니다.

Unit 04. 격자를 이용한 건물 일러스트 그리기

원근감 드로잉 기능은 일러스트레이터 CS5 버전부터 추가된 기능입니다. 원근감 격자와 도구를 이용하여 인간의 눈이 인식하는 것과 유사한 장면을 평면에 표현할 수 있습니다.

| 학습 주제 | • 원근감 드로잉 기능 이해하기
• 원근감 있는 오브젝트 만들기 | 관련 학습 | • 간단하게 드로잉할 수 있는 도형 툴 사용하기 : 107쪽 |

원근감 드로잉 이해하기

원근감 드로잉 기능에 대해 알아보겠습니다.

● 원근감 드로잉 이해하기

[Perspective Grid Tool]()을 선택하면 원근감 격자가 나타납니다. 이 상태에서 오브젝트를 그리면 격자에 맞게 변형된 상태로 만들어집니다. 예를 들어 [Rectangle Tool]()로 사각형 오브젝트를 만들어도 아래와 같이 변형된 모양으로 생성됩니다. [Perspective Selection Tool]()을 이용하면 일반 오브젝트를 격자에 맞게 변형할 수 있습니다.

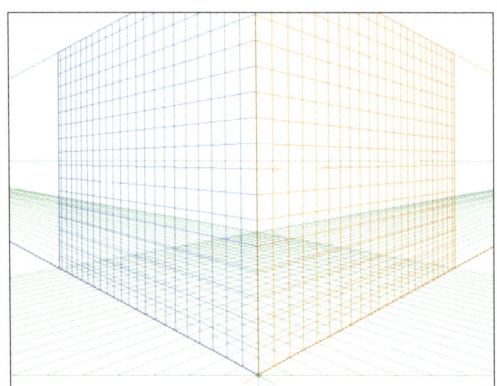
▲ 원근감 격자 활성화

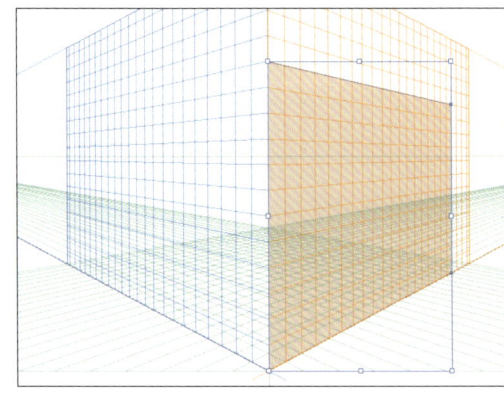
▲ 사각형 오브젝트를 만든 모습

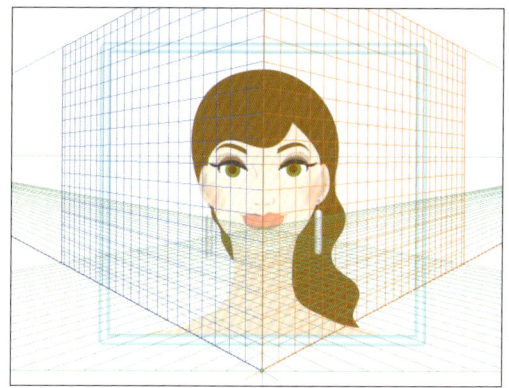
▲ 변형되지 않은 원본 오브젝트

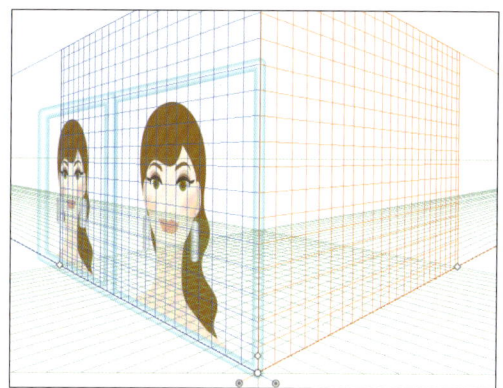
▲ 원근감 격자에 맞춰 변형한 모습

원근감 드로잉 활용하여 일러스트 완성하기

원근감 드로잉 기능으로 일러스트에 원근감을 적용해보겠습니다.

◎ **예제 파일** : Chapter06\unit04_01.ai, unit04_02.ai

01 원근감 격자 생성

❶ [Perspective Grid Tool](■)을 선택합니다. 원근감 격자가 나타납니다.

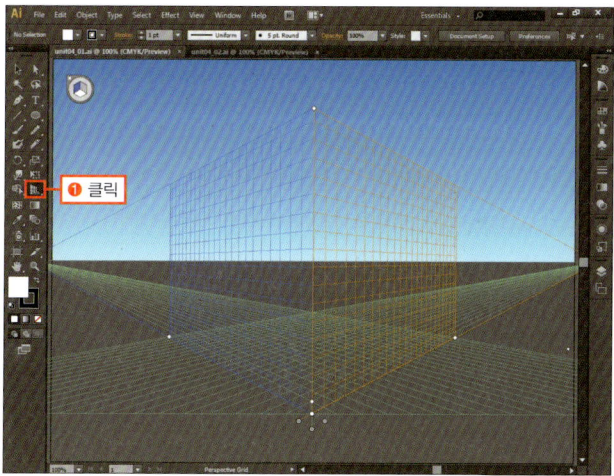

02 그룹 복사

❶ 'unit04_02.ai' 파일의 탭을 클릭합니다. ❷ [Selection Tool](■)로 오브젝트를 선택합니다. ❸ Ctrl + C 를 눌러 클립보드로 복사합니다.

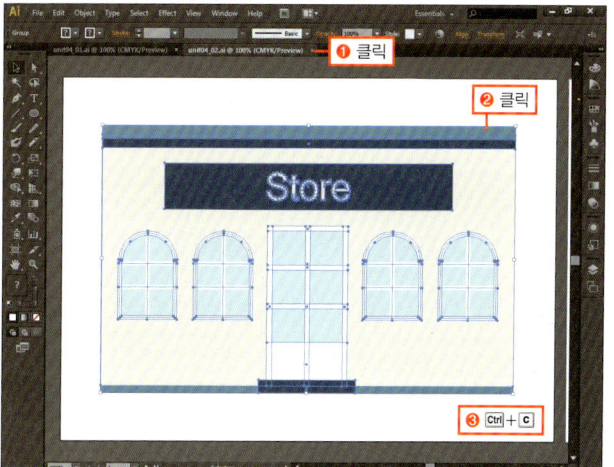

03 붙여넣기 실행

❶ 'unit04_01.ai' 파일의 탭을 클릭합니다. ❷ Ctrl+V를 눌러 복사한 오브젝트를 붙여 넣습니다.

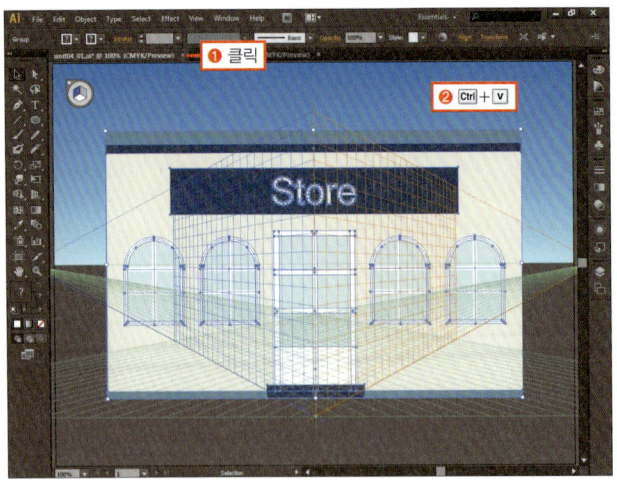

04 원근감 적용

❶ [Perspective Selection Tool](아이콘)을 선택합니다. ❷ 오브젝트를 드래그하여 이동합니다. 격자에 맞춰 오브젝트가 원근감 있게 변형됩니다.

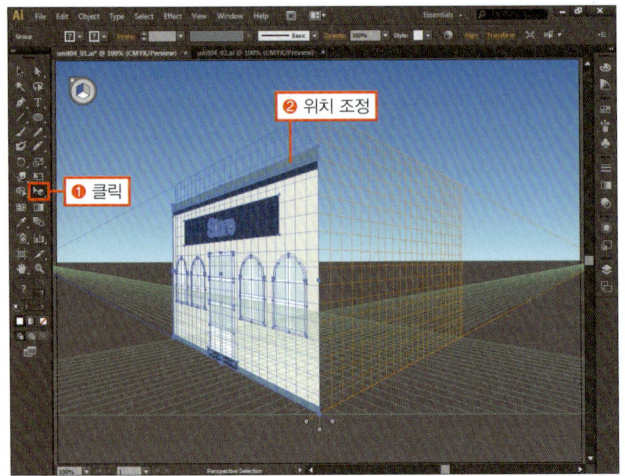

05 그룹 복사

❶ 'unit04_02.ai' 파일의 탭을 클릭합니다. ❷ [Artboards] 패널을 열고 ❸ 'Artboard 2'를 더블클릭합니다. ❹ [Selection Tool](아이콘)로 오브젝트를 선택합니다. ❺ Ctrl+C를 눌러 클립보드로 복사합니다.

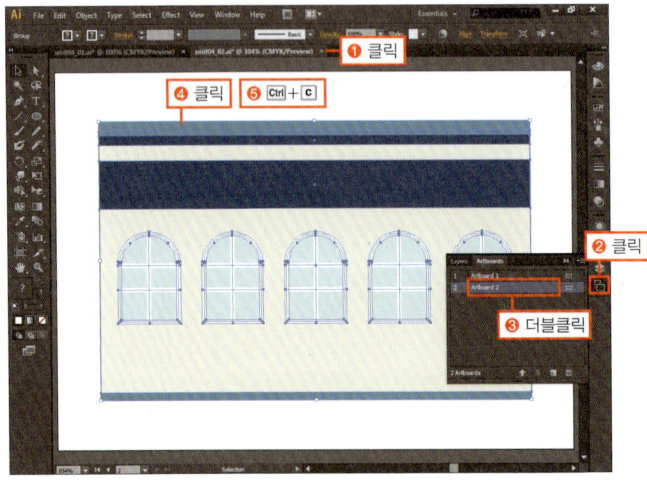

06 붙여넣기 실행

❶ 'unit04_01.ai' 파일의 탭을 클릭합니다. ❷ Ctrl+V를 눌러 복사한 오브젝트를 붙여 넣습니다.

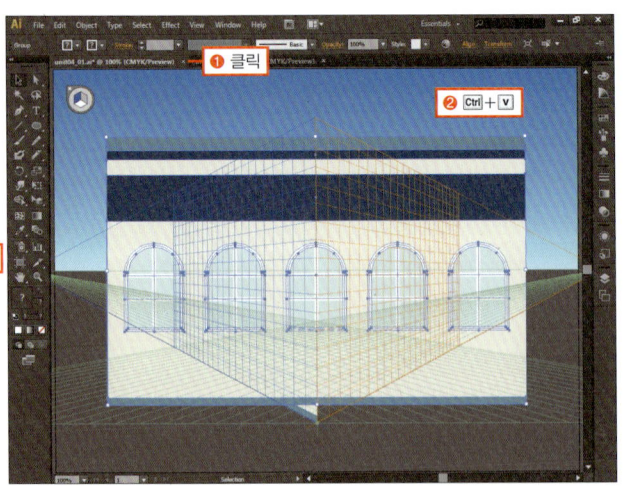

07 원근감 적용

❶ [Perspective Selection Tool](아이콘)을 선택합니다. ❷왼쪽 상단의 평면 전환 위젯을 [Right Grid]로 설정합니다. ❸오브젝트를 드래그하여 원근감 있게 변형합니다.

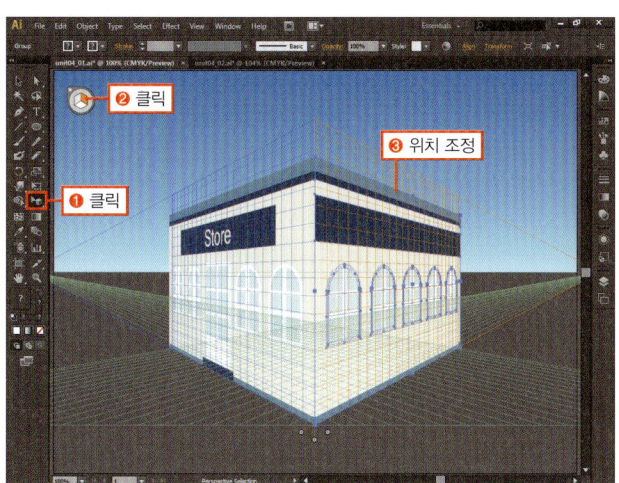

08 사각형 드로잉

❶ [Rectangle Tool](아이콘)을 선택합니다. ❷클릭한 채 드래그하여 사각형 오브젝트를 만듭니다.

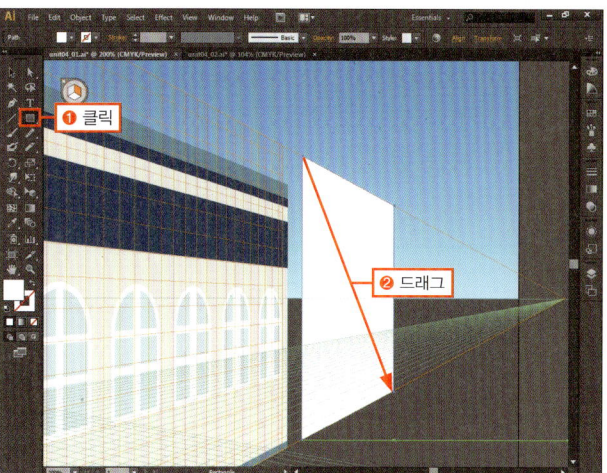

MEMO ● 평면 전환 위젯을 통해 오브젝트를 원근감 있게 가져오거나 만들 기준을 설정할 수 있습니다. 원근감 격자를 무시하고 원래 형태의 오브젝트를 만들고 싶다면 [No Active Grid]로 설정합니다.

▲ Left Grid ▲ Right Grid ▲ Horizontal Grid ▲ No Active Grid

09 원근감 있는 오브젝트 생성

❶왼쪽 상단의 평면 전환 위젯을 [Left Grid]로 설정합니다. ❷클릭한 채 드래그하여 사각형 오브젝트를 만듭니다. ❸왼쪽 건물이 모두 나타날 때까지 Ctrl + [를 눌러 배열 순서를 변경합니다.

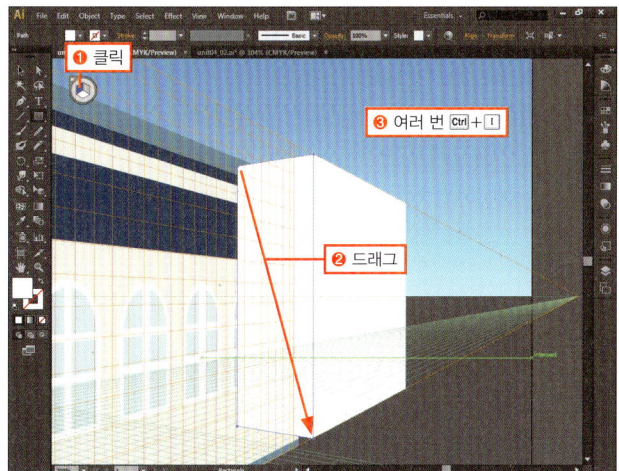

10 원근감 있는 오브젝트 생성

❶평면 전환 위젯을 다시 [Right Grid]로 설정합니다. ❷클릭한 채 드래그하여 사각형 오브젝트를 만듭니다.

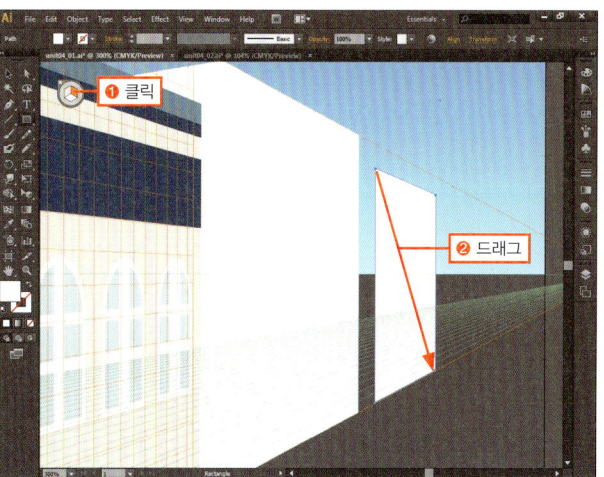

11 배열 순서 변경, 칠 색 설정

❶ 앞의 과정을 참고하여 원근감 있는 사각형 오브젝트를 하나 더 만듭니다. ❷ Ctrl+[를 여러 번 눌러 배열 순서를 변경합니다. ❸ [Swatches] 패널에서 칠 색을 회색 계열로 설정하여 다음과 같이 만듭니다.

12 완성

❶ 같은 방법으로 [Left Grid]에도 오브젝트를 추가하여 다음과 같이 완성합니다. ❷ [View]-[Perspective Grid]-[Hide Grid] 메뉴를 클릭하여 원근감 격자를 숨깁니다 (Shift + Ctrl + D).

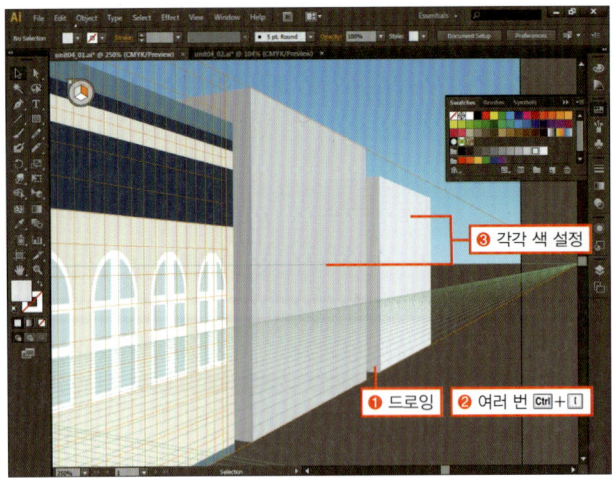

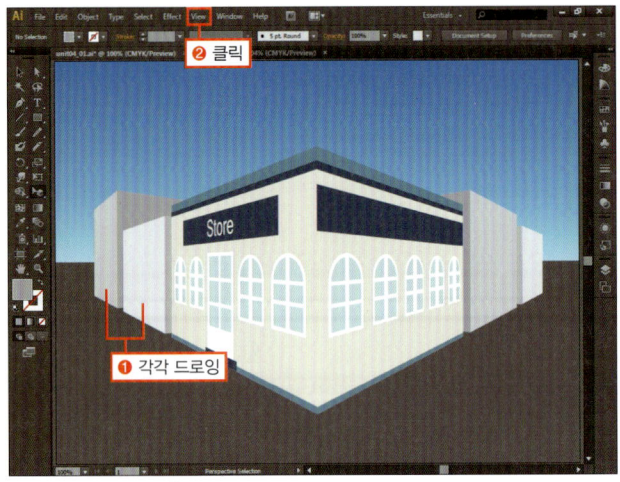

완성 파일 : Chapter06\unit04_01_완성.ai

TIP 원근감 격자와 [View]-[Perspective Grid] 메뉴 살펴보기

■ 원근감 격자 살펴보기

[Perspective Grid Tool]( )을 선택하거나 [View]-[Perspective Grid]-[Show Grid] 메뉴를 클릭하면 원근감 격자가 나타납니다(Shift + Ctrl + I).

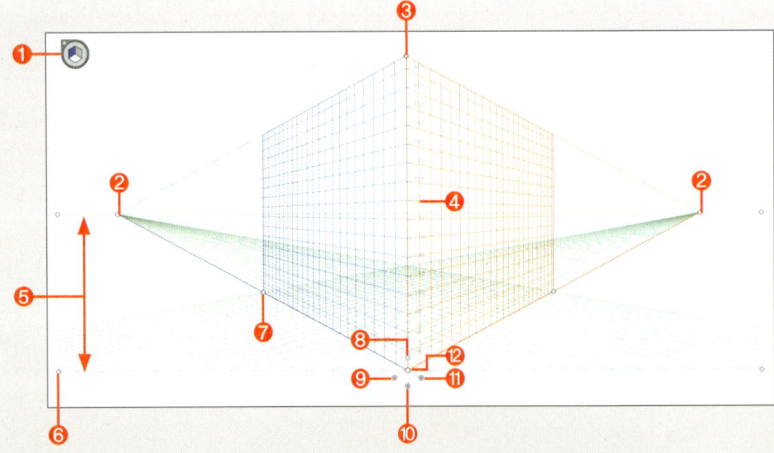

❶ 평면 전환 위젯 : 특정 평면을 활성화하는 평면 전환 위젯입니다.
❷ 왼쪽/오른쪽 소실점 : 원근감 격자의 소실점입니다. 클릭한 채 드래그하면 이동합니다.
❸ 수직 격자 범위 : 수직 격자의 범위를 조절합니다.
❹ 원근감 격자 눈금자 : 원근감 격자의 눈금자입니다. [View]-[Perspective Grid]-[Show Rulers] 메뉴를 클릭하면 나타납니다.

❺ **가로 높이** : 가로선을 움직여 가로 높이를 조절합니다.
❻ **지표 높이** : 격자 전체를 이동합니다.
❼ **격자 범위** : 격자의 범위를 조절합니다.
❽ **격자 셀 크기** : 격자의 셀 크기를 조절합니다.
❾ **오른쪽 격자 평면 컨트롤** : 오른쪽 격자(Right Grid)를 조절합니다.
❿ **수평 격자 평면 컨트롤** : 수평 격자(Horizontal Grid)를 조절합니다.
⓫ **왼쪽 격자 평면 컨트롤** : 왼쪽 격자(Left Grid)를 조절합니다.
⓬ **출처** : 격자를 수정할 때 참고할 수 있는 눈금을 만듭니다.

■ **[View]-[Perspective Grid] 메뉴 살펴보기**

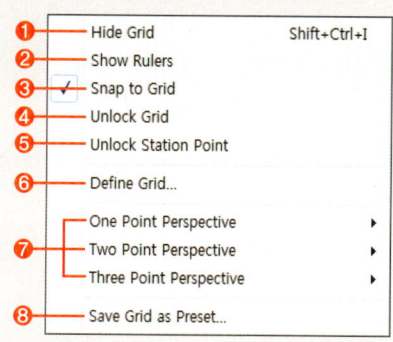

❶ **Show/Hide Grid** : 원근감 격자를 표시하거나 숨깁니다(Shift + Ctrl + I).
❷ **Show/Hide Rulers** : 원근감 격자에 눈금자를 표시하거나 숨깁니다.
❸ **Snap to Grid** : 체크하면 원근감 격자에 스냅 기능을 활성화합니다.
❹ **Lock/Unlock Grid** : 활성화하면 격자 이동과 편집을 제한합니다.
❺ **Lock/Unlock Station Point** : 활성화한 후 소실점을 이동하면 다른 소실점이 따라서 이동합니다. 활성화되지 않은 경우 독립적으로 이동합니다.
❻ **Define Grid** : 원근감 격자를 정의하고 설정하는 대화상자를 불러옵니다.
❼ **One/Two/Three Point Perspective** : 각각 1점, 2점, 3점 원근감 격자로 전환합니다.
❽ **Save Grid as Preset** : 현재의 원근감 격자를 프리셋으로 등록합니다.

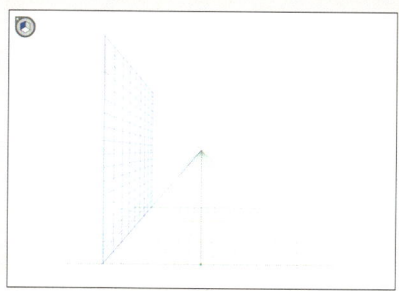

▲ One Point Perspective

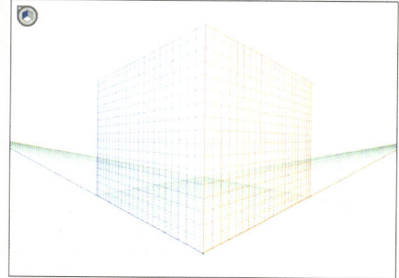

▲ Two Point Perspective

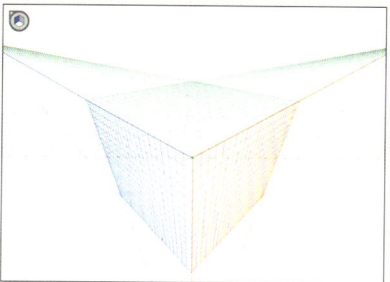

▲ Three Point Perspective

Unit 05

[Image Trace] 패널 이용하여 비트맵 이미지를 패스로 만들기

비트맵 이미지를 벡터화하여 패스로 만들 수 있습니다. CS6 버전에서 새롭게 추가된 [Image Trace] 패널을 이용하여 비트맵 이미지를 벡터화한 후 패스로 만드는 방법을 배워보겠습니다.

 학습 주제
- [Image Trace] 패널로 비트맵 이미지 벡터화하기

 관련 학습
- [Color] 패널을 이용해 손쉽게 컬러링하기 : 134쪽

 간략 개요

이미지 트레이스(Image Trace) 이해하기

이미지 트레이스(Image Trace) 기능에 대해 간단히 살펴보겠습니다.

● 이미지 트레이스(Image Trace) 알아보기

이미지 트레이스는 비트맵 이미지를 벡터화하는 기능입니다. 벡터화하면 일러스트레이터에서 편집할 수 있는 패스로 만들어집니다. 일러스트레이터 CS6 버전에는 이미지 트레이스 기능을 모은 [Image Trace] 패널이 추가되었습니다.

▲ 비트맵 이미지

▲ 벡터화하여 만들어진 패스를 선택한 모습(각각 Preview/Outline 모드)

비트맵 이미지를 패스로 만든 후 색상 다시 설정하기

[Image Trace] 패널을 이용하여 비트맵 이미지를 패스로 만든 후 색상을 다시 설정해보겠습니다.

예제 파일 : Chapter06\unit05_01.jpg

01 [Image Trace] 메뉴 선택

❶ [Selection Tool](　)로 비트맵 이미지를 선택합니다.
❷ 컨트롤 바에서 [Image Trace]의 목록 단추를 클릭한 후 ❸ [High Fidelity Photo] 메뉴를 클릭합니다.

02 이미지 벡터화

잠시 기다리면 비트맵 이미지가 벡터 이미지로 전환됩니다.

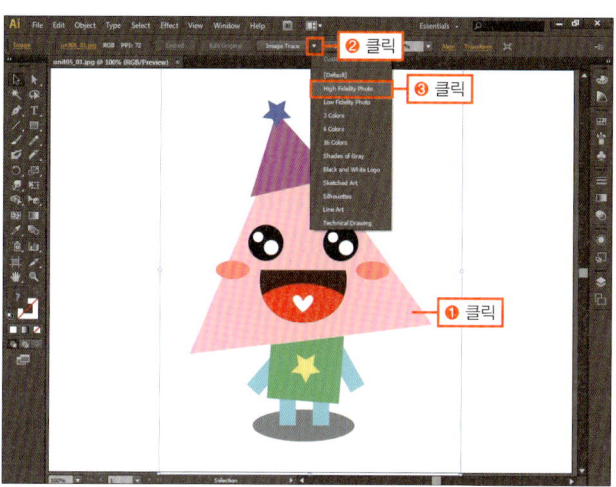

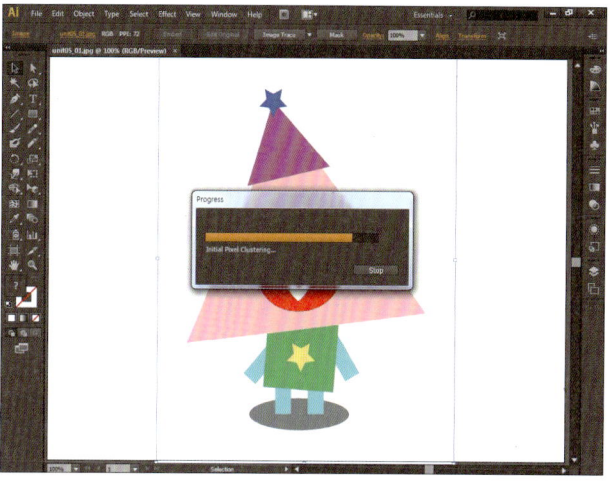

03 패스로 전환

❶ 컨트롤 바에서 [Expand]를 클릭합니다.

04 그룹 해제

비트맵 이미지가 벡터화되어 패스로 만들어졌습니다.
❶ [Object]-[Ungroup] 메뉴를 클릭하여 그룹을 해제합니다. ❷ [Selection Tool](　)로 캐릭터 바깥의 흰색 사각형 오브젝트를 선택하고 ❸ Delete 를 눌러 제거합니다.

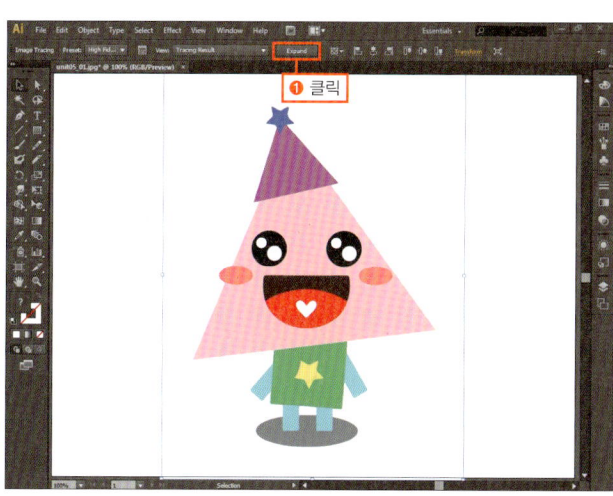

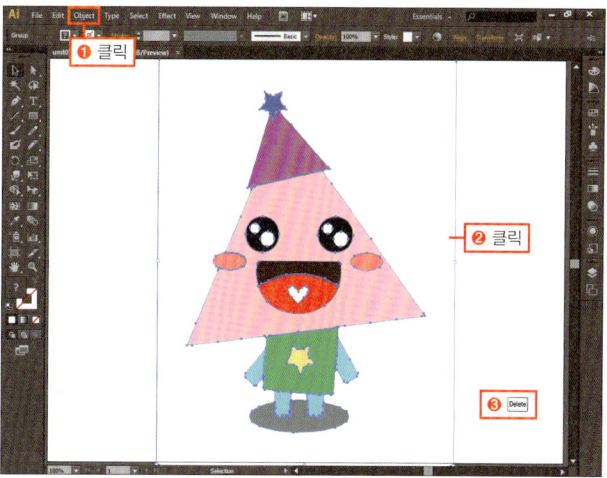

05 색상 설정

❶ [Window]-[Swatch Libraries]-[Color Books]-[DIC Color Guide] 메뉴를 클릭합니다. ❷ 얼굴 오브젝트를 선택하고 ❸ 라이브러리를 활용하여 칠 색을 변경합니다.

06 오브젝트 복사

❶ 옷에 있는 별 모양 오브젝트를 삭제한 후 ❷ Alt 를 누른 채 모자 위의 별 모양 오브젝트를 옷으로 드래그하여 복사합니다.

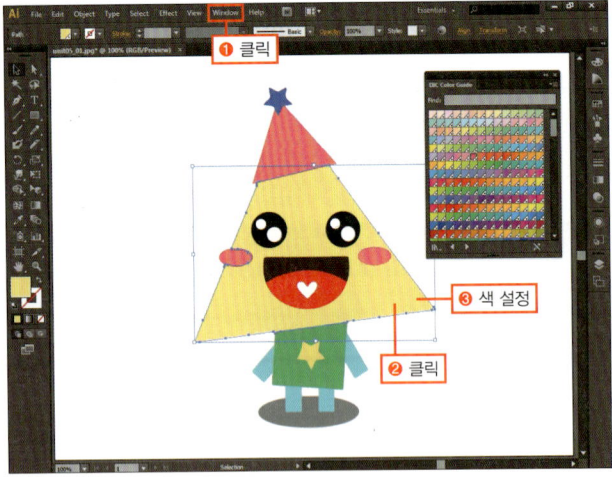
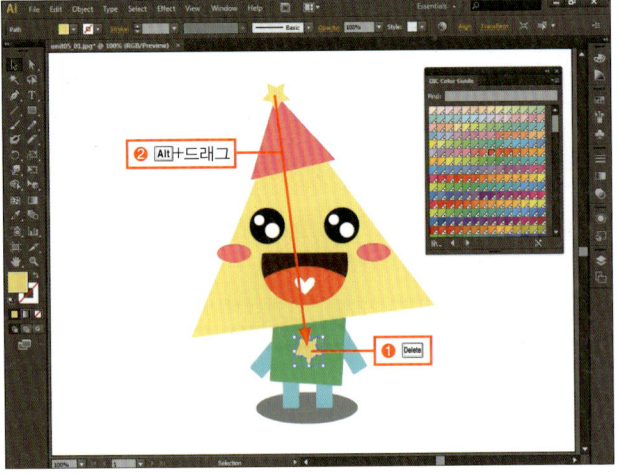

MEMO ● [Selection Tool]( )로 오브젝트를 선택한 후 Alt 를 누른 채 드래그하면 오브젝트가 복사됩니다.

07 완성

❶ 아트보드의 빈 공간을 클릭하여 선택을 해제합니다.

◎ 완성 파일 : Chapter06\unit05_01_완성.ai

비트맵 이미지를 캐릭터 배경으로 사용하기

[Image Trace] 패널을 이용하여 사진을 벡터화한 후 캐릭터의 배경으로 사용해보겠습니다.

예제 파일 : Chapter06\unit05_02.jpg

01 크기 조절

❶ [Selection Tool]( )로 비트맵 이미지를 선택합니다.
❷ 컨트롤 바에서 [Transform]을 클릭하면 패널이 나타납니다. ❸ [W]를 '880 px', [H]를 '660 px'로 설정합니다.

02 벡터화

❶ [Window]-[Image Trace] 메뉴를 클릭하여 [Image Trace] 패널을 불러옵니다. ❷ [High Color]( )를 클릭합니다. 비트맵 이미지가 벡터화됩니다.

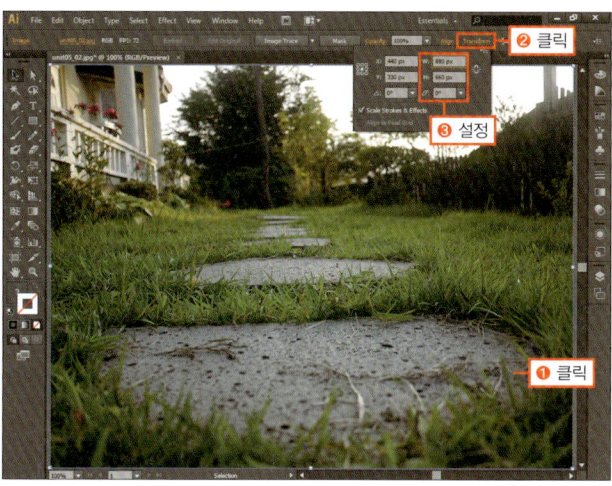

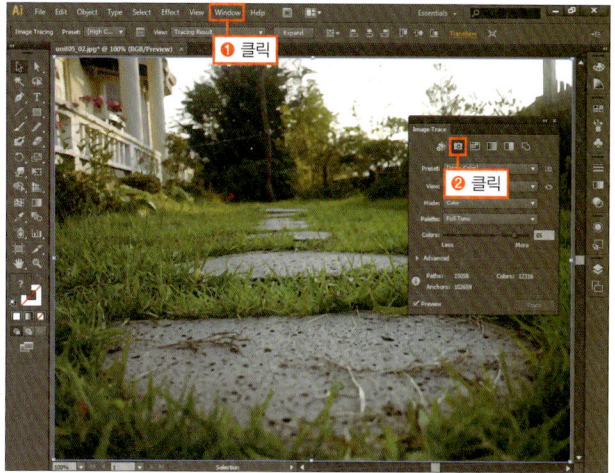

03 벡터화

❶ [Colors]를 '30'으로 설정합니다. [Advanced]를 클릭한 후 [Paths]를 '50%', [Corners]를 '50%', [Noise]를 '5 px'로 설정합니다. ❷ 컨트롤 바에서 [Expand]를 클릭합니다.

04 잠금 설정

❶ [Object]-[Lock]-[Selection] 메뉴를 클릭하여 패스로 만들어진 오브젝트를 잠금 설정합니다(Ctrl + 2).

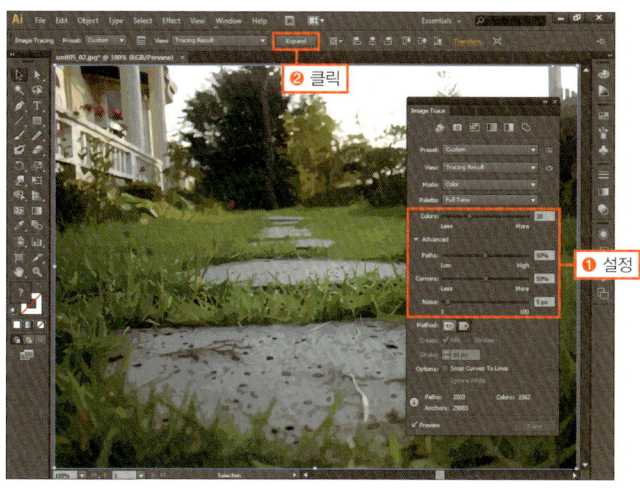

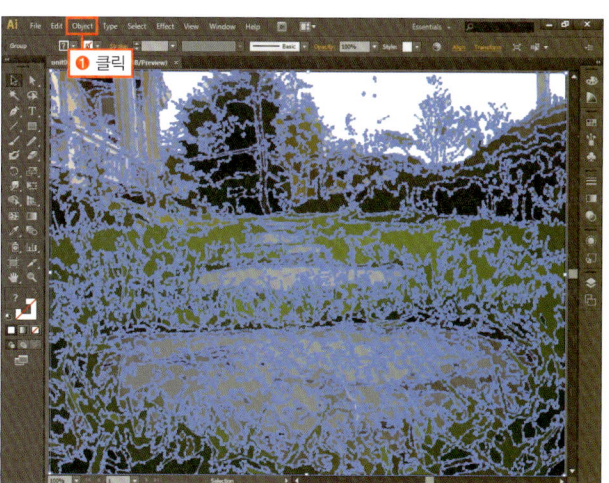

05 파일 불러온 후 복사

❶ [File]-[Open] 메뉴를 클릭하여 'unit05_01_완성.ai' 파일을 불러옵니다. ❷ [Selection Tool]( )로 오브젝트를 모두 선택한 후 ❸ Ctrl + C 를 눌러 클립보드로 복사합니다.

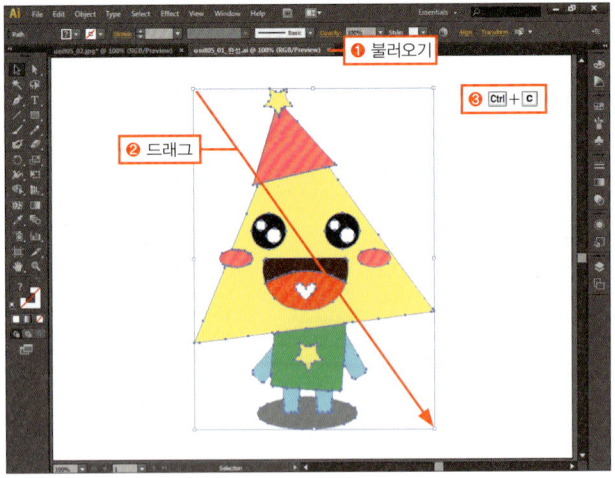

06 붙여 넣고 그룹 생성

❶ 'unit05_02.jpg' 파일의 탭을 클릭합니다. ❷ Ctrl + V 를 눌러 복사한 오브젝트를 붙여 넣습니다. ❸ Ctrl + G 를 눌러 붙여 넣은 오브젝트를 그룹으로 만듭니다.

07 [Outer Glow] 효과 적용

❶ [Effect]-[Stylize]-[Outer Glow] 메뉴를 클릭합니다. ❷ [Mode]를 'Normal', [Opacity]를 '100%', [Blur]를 '30 px'로 설정합니다. 색상자를 검은색으로 설정합니다. ❸ [OK]를 클릭합니다.

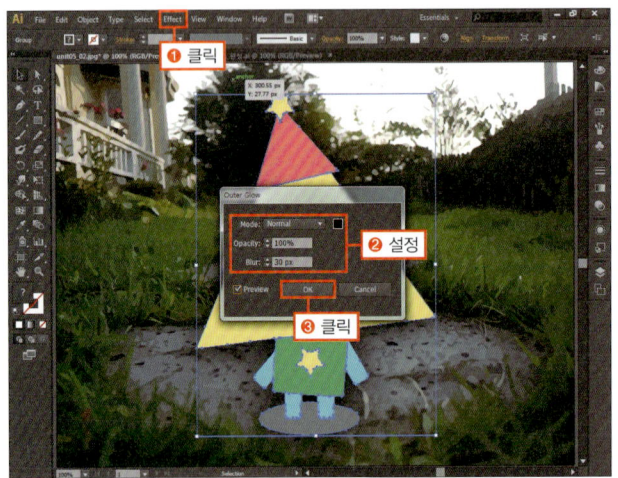

08 완성

❶ 아트보드의 빈 공간을 클릭하여 선택을 해제합니다.

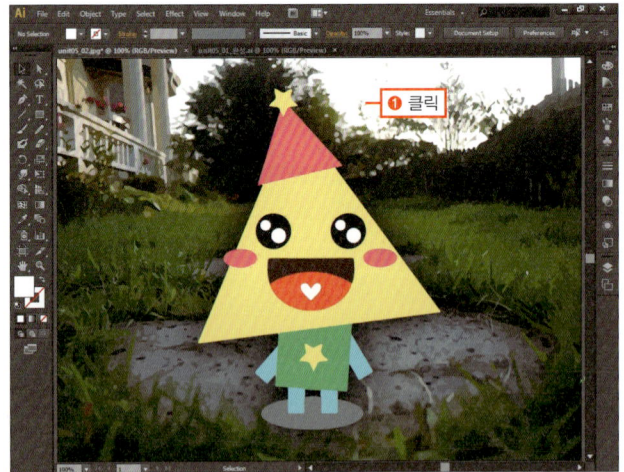

완성 파일 : Chapter06\unit05_02_완성.ai

TIP [Image Trace] 패널 살펴보기

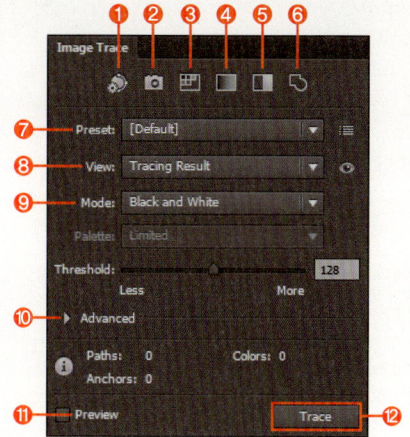

❶ **Auto-Color(**🎨**)** : 기본 메뉴입니다. 자동으로 이미지를 변환합니다.
❷ **High Color(**📷**)** : 원본 이미지와의 차이가 최대한 적도록 높은 품질로 변환합니다.
❸ **Low Color(**▦**)** : 비교적 낮은 품질로 변환합니다.
❹ **Grayscale(**▣**)** : 회색 색조로만 구성되도록 변환합니다.
❺ **Black and White(**◨**)** : 흰색과 검은색만을 사용하여 판화로 찍어낸 듯 변환합니다.
❻ **Outline(**↺**)** : 외곽선만 남도록 변환합니다.
❼ **Preset** : 옵션을 미리 설정해놓은 프리셋입니다.
❽ **View** : 미리보기 방식을 설정합니다.
❾ **Mode** : 색상 모드를 설정합니다. 색상(Color), 회색 색조(Grayscale), 흑백(Black and White)의 3가지 종류가 있습니다.
❿ **Advanced** : 변환 옵션을 세부적으로 설정할 수 있습니다.
⓫ **Preview** : 체크하면 변환될 모습을 미리 확인할 수 있습니다.
⓬ **Trace** : 클릭하면 패널에서 설정한 옵션으로 비트맵 이미지를 벡터화합니다. 이후 컨트롤 바에서 [Expand]를 클릭하면 패스로 만들어집니다.

입체감이 돋보이는 3D 일러스트 만들기

[Effect]–[3D]–[Extrude & Bevel] 메뉴를 클릭하면 일반 오브젝트에 3D 효과가 적용되어 육면체나 3D 글자 등을 만들 수 있습니다. 또한 [Effect]–[3D]–[Revolve] 메뉴를 이용하여 열린 패스를 유리잔이나 유리병 등의 회전체로 만들 수도 있습니다. 간단하게 3D 효과를 줄 수 있으므로 편리합니다.

학습주제
- 3D 오브젝트 만들기
- 이미지 매핑하기
- 글자 오브젝트에 3D 효과 적용하기
- 열린 패스를 회전체로 만들기

관련학습
- 글자 입력하고 서식 설정하기 : 259쪽

3D 효과를 주는 이펙트 알아보기

[Effect]–[3D] 메뉴를 클릭하면 아래와 같은 하위 메뉴가 나타납니다. 오브젝트에 3D 효과를 줄 수 있습니다.

❶ Extrude & Bevel...
❷ Revolve...
❸ Rotate...

❶ **Extrude & Bevel** : 평면의 오브젝트를 돌출시켜 입체로 만듭니다. 사각형 오브젝트를 육면체로 만들거나 원 오브젝트를 원기둥으로, 글자를 입체로 만들 수 있습니다.

❷ **Revolve** : 중심축을 기준으로 패스를 회전하여 입체로 만듭니다. 유리잔이나 유리병 등을 만들 수 있습니다.

❸ **Rotate** : 평면의 오브젝트를 변형하여 입체감을 줍니다.

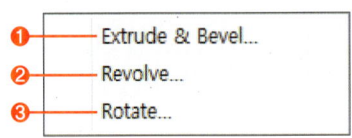 ▶

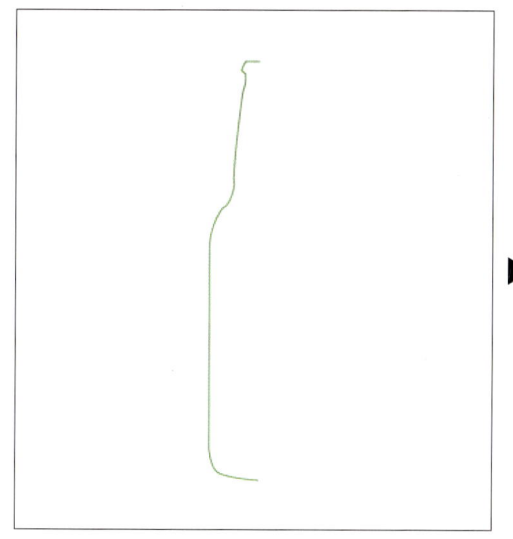
▲ [Extrude & Bevel] 적용

▲ [Revolve] 적용

[Revolve] 메뉴로 3D 회전체 만들기

[Effect]-[3D]-[Revolve] 메뉴를 클릭하면 열린 패스를 회전하여 3D 회전체로 만들 수 있습니다. 열린 패스로 유리잔을 만들어보겠습니다.

예제 파일 : Chapter06\unit06_01.ai

01 선 색상, 선 굵기 설정

❶[Selection Tool](　)로 패스를 선택합니다. ❷선 색상을 흰색으로 설정하고 ❸[Stroke] 패널을 열어 ❹[Weight]를 '6 pt'로 설정합니다.

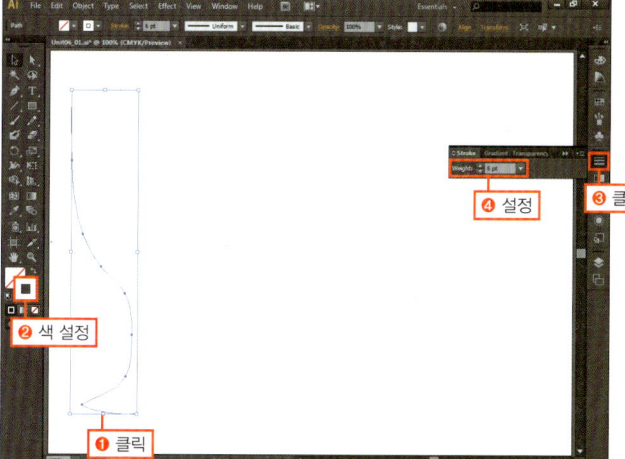

02 [3D Revolve Options] 대화상자 설정

❶[Effect]-[3D]-[Revolve] 메뉴를 클릭합니다. ❷[from]을 'Right Edge'로 설정합니다. ❸[More Options]를 클릭합니다.

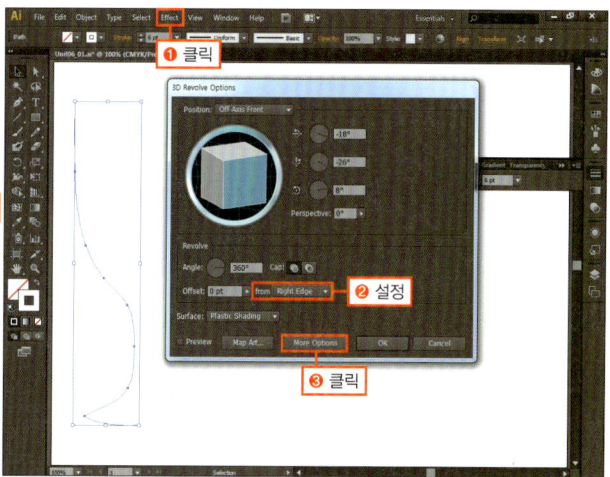

03 [3D Revolve Options] 대화상자 설정

❶[Light Intensity]를 '100%', [Ambient Light]를 '0%', [Highlight Intensity]를 '80%', [Highlight Size]를 '80%', [Blend Steps]를 '200'으로, [Shading Color]를 'Custom'으로 설정합니다. ❷색상자를 클릭합니다.

04 [3D Revolve Options] 대화상자 설정

❶[#]를 'aadeea'로 설정합니다. ❷[OK]를 클릭합니다.

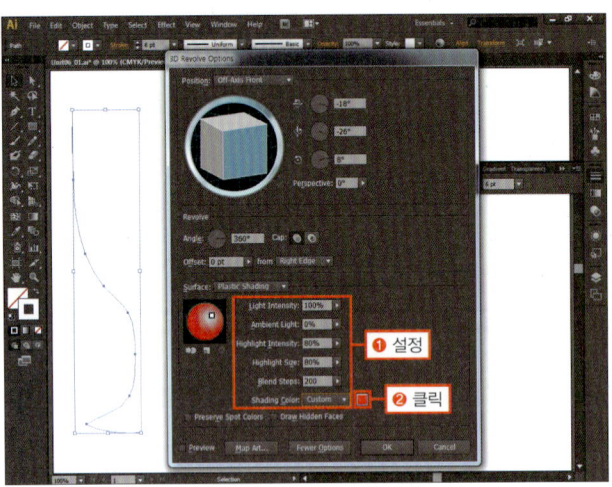

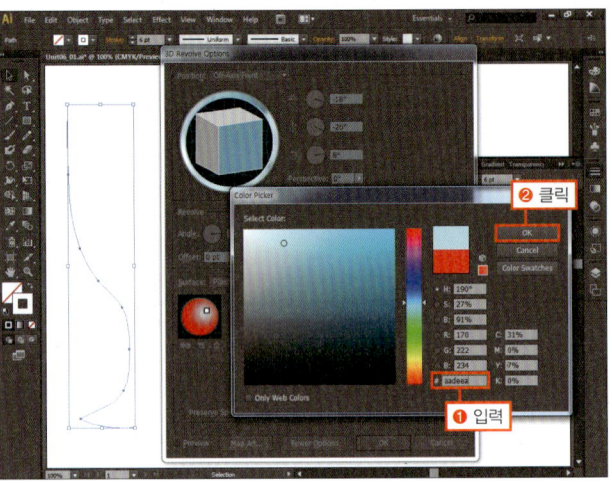

05 [3D Revolve Options] 대화상자 설정

❶[Preview]를 체크합니다. ❷□를 클릭한 채 드래그하여 조명의 방향을 설정합니다. ❸[OK]를 클릭합니다.

06 복사

패스에 3D 효과가 적용되어 유리잔으로 만들어졌습니다. ❶Alt를 누르고 클릭한 채 드래그하여 복사합니다. ❷[Appearance] 패널을 열고 ❸[3D Revolve]를 클릭합니다.

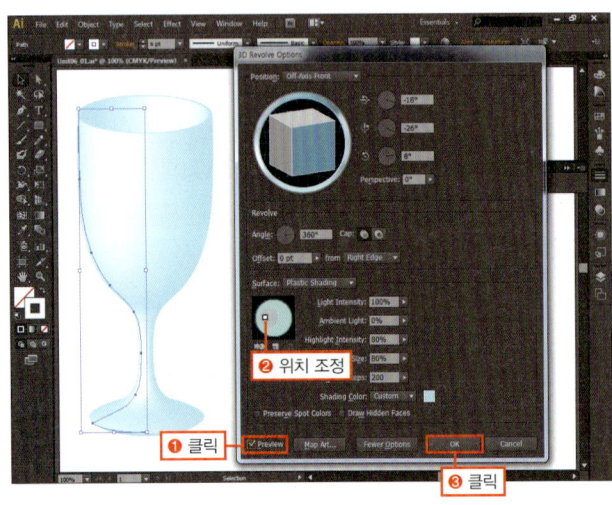

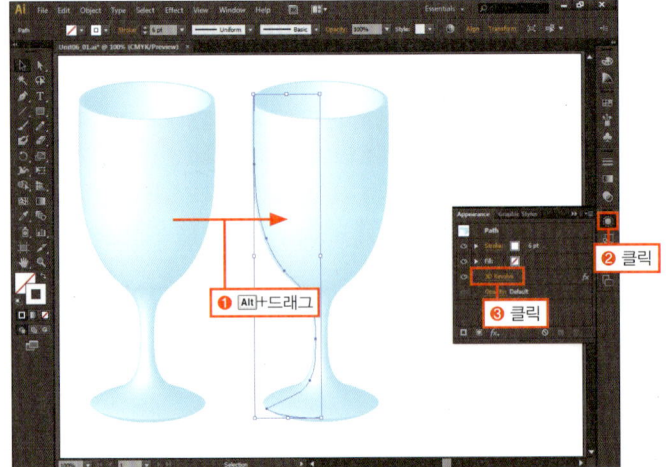

MEMO

- [Move selected light to back of object]( ) : 클릭하면 해당 조명을 오브젝트의 뒷면으로 보냅니다.
- [New Light]( ) : 클릭하면 새 조명이 만들어집니다.
- [Delete Light]( ) : 클릭하면 선택한 조명이 삭제됩니다.

07 [3D Revolve Options] 대화상자 설정

❶ [Surface]를 'Wireframe'으로 설정합니다. ❷ [OK]를 클릭합니다.

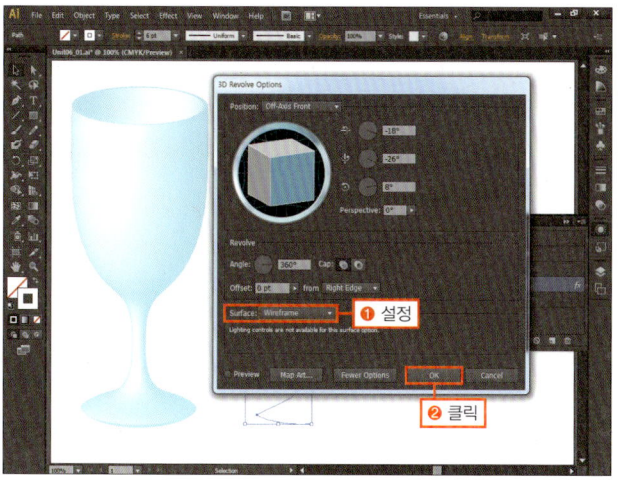

08 완성

오른쪽 유리잔은 와이어프레임으로 나타납니다.

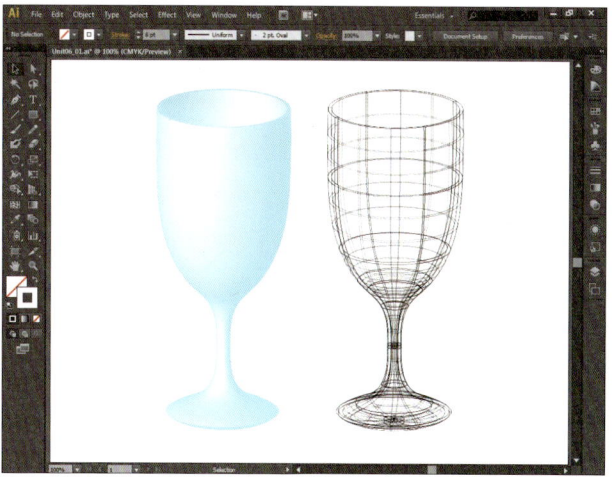

◉ 완성 파일 : Chapter06\unit06_01_완성.ai

[Extrude & Bevel] 메뉴로 3D 그래프 만들기

[Effect]-[3D]-[Extrude & Bevel] 메뉴를 클릭하여 3D 오브젝트를 만들 수 있습니다. 육면체와 3D 글자를 통해 그래프를 만들어보겠습니다.

◉ 예제 파일 : Chapter06\unit06_02.ai

01 그룹 선택

❶ [Selection Tool]( )로 그룹을 선택합니다. ❷ [Effect]-[3D]-[Extrude & Bevel] 메뉴를 클릭합니다.

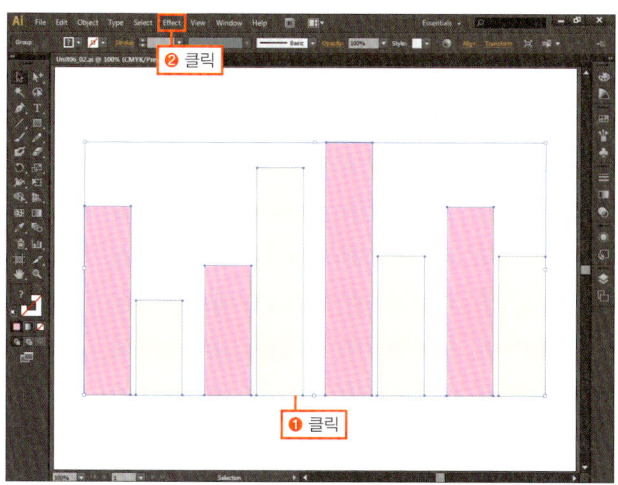

02 [3D Revolve Options] 대화상자 설정

❶ 를 '-45°', 를 '-45°', 를 '35°'로, [Extrude Depth]를 '50 pt'로 설정합니다. ❷ [OK]를 클릭합니다.

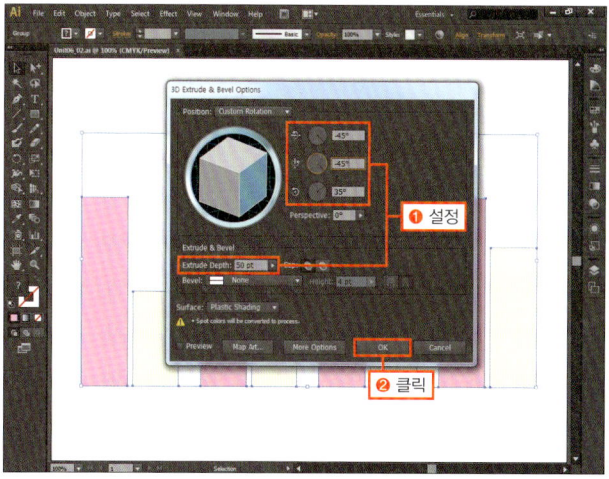

03 위치 이동

막대그래프가 만들어졌습니다. ❶[Selection Tool]( )로 위치를 이동합니다. ❷[Appearance] 패널에서 [3D Extrude & Bevel]을 클릭합니다.

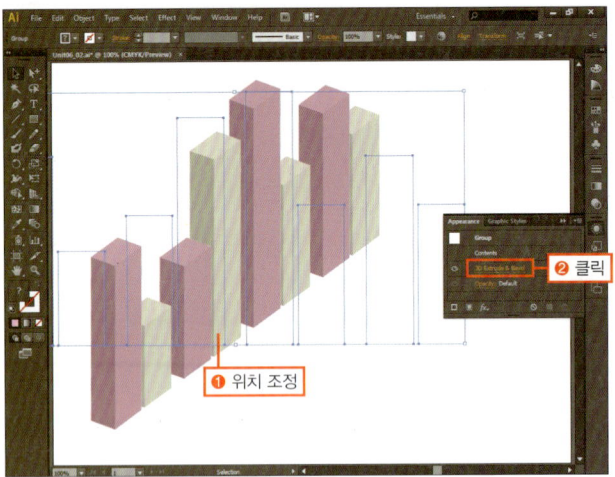

04 [3D Revolve Options] 대화상자 설정

❶[Preview]에 체크합니다. ❷[More Options]를 클릭합니다. ❸□를 드래그하여 조명의 위치를 이동합니다. ❹[OK]를 클릭합니다.

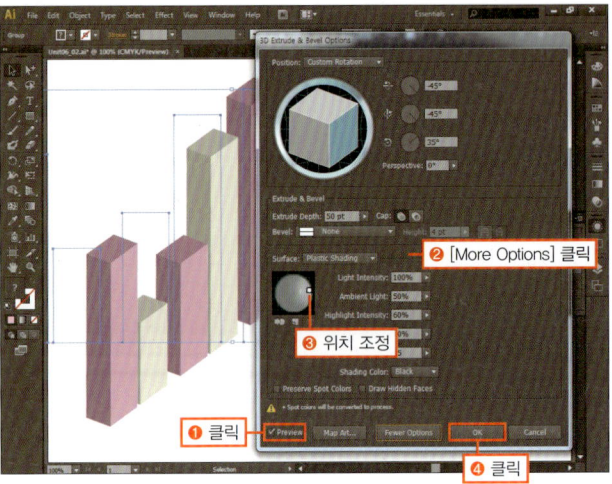

05 글자 입력

❶[Type Tool]( )을 선택하여 ❷글자를 입력합니다. ❸[Character] 패널에서 글자체와 글자 크기를 설정합니다. ❹[Selection Tool]( )로 글자 오브젝트들을 선택합니다.

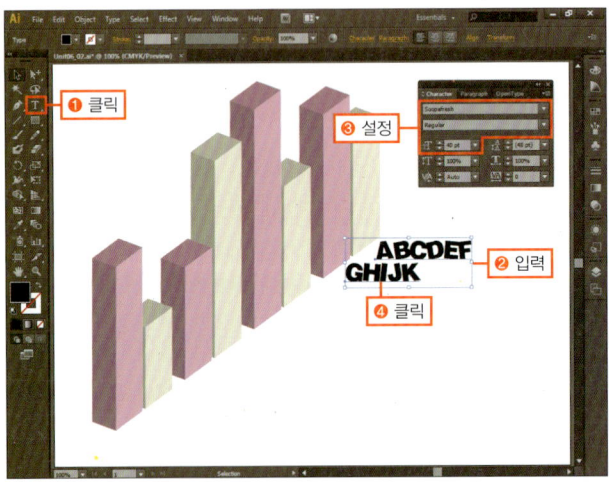

memo ● 글자는 한 줄씩 따로 입력합니다.

06 [3D Revolve Options] 대화상자 설정

❶[Effect]-[3D]-[Extrude & Bevel] 메뉴를 클릭합니다. ❷ 를 '5°', 를 '-5°', 를 '0°'로 설정합니다. ❸[OK]를 클릭합니다. 글자 오브젝트에 3D 효과가 적용됩니다.

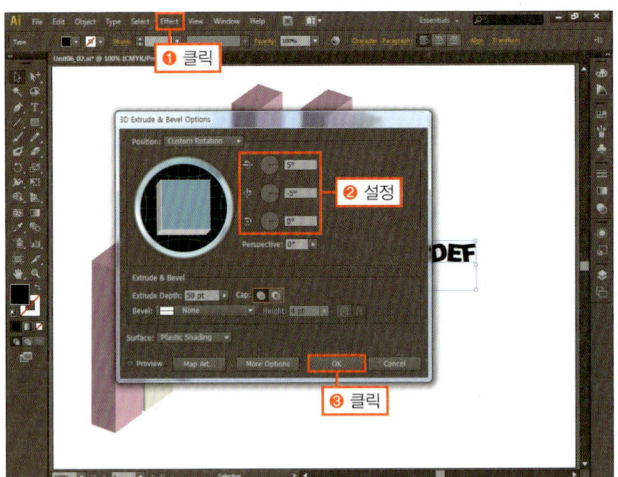

07 완성

❶ 글자의 색상을 각각 'fdfadd', 'f5accc'로 설정합니다.
❷ [Selection Tool]( )로 두 글자 오브젝트를 모두 선택하고 ❸ Alt 를 누른 채 드래그하여 다음과 같이 복사합니다.

◎ 완성 파일 : Chapter06\unit06_02_완성.ai

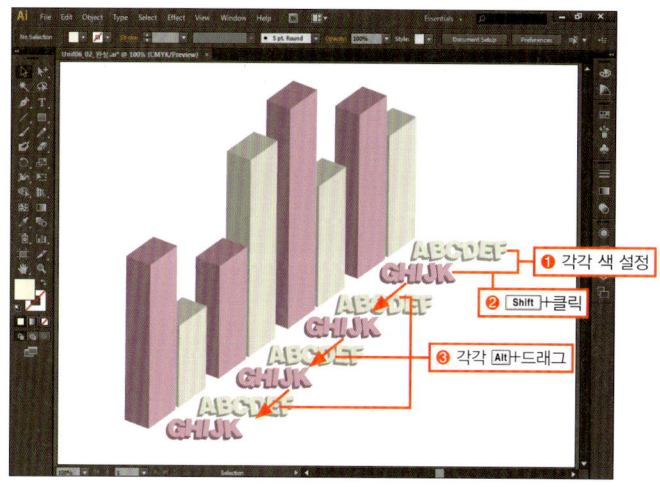

TIP [3D Extrude & Bevel] 대화상자 살펴보기

[Effect]-[3D]-[Extrude & Bevel] 메뉴를 클릭하면 대화상자가 나타납니다. 세부 옵션을 설정하여 3D 오브젝트를 만들고 이미지를 매핑할 수 있습니다.

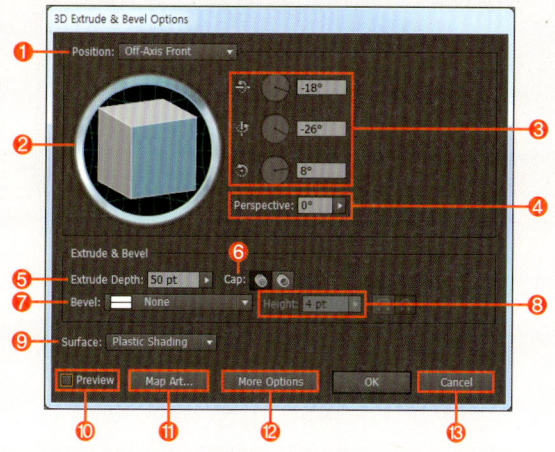

❶ **Position** : 미리 설정된 포지션으로 3D 오브젝트를 회전합니다.
❷ 육면체나 푸른색의 테두리를 클릭한 채 드래그하면 3D 오브젝트가 회전됩니다. 육면체의 변에 마우스를 가져가 색상이 바뀔 때 클릭한 채 드래그하면 해당 축으로만 회전됩니다.
❸ 를 클릭한 채 드래그하여 해당 축으로만 회전하거나 각도를 입력하여 회전합니다.
❹ **Perspective** : 3D 오브젝트에 원근감을 적용합니다.
❺ **Extrude Depth** : 3D 오브젝트가 돌출되는 정도(깊이)를 설정합니다.
❻ **Cap** : 안쪽이 가득 차거나 속이 빈 3D 오브젝트를 만듭니다.
❼ **Bevel** : 3D 오브젝트의 모서리 부분에 특정 모양을 적용합니다.

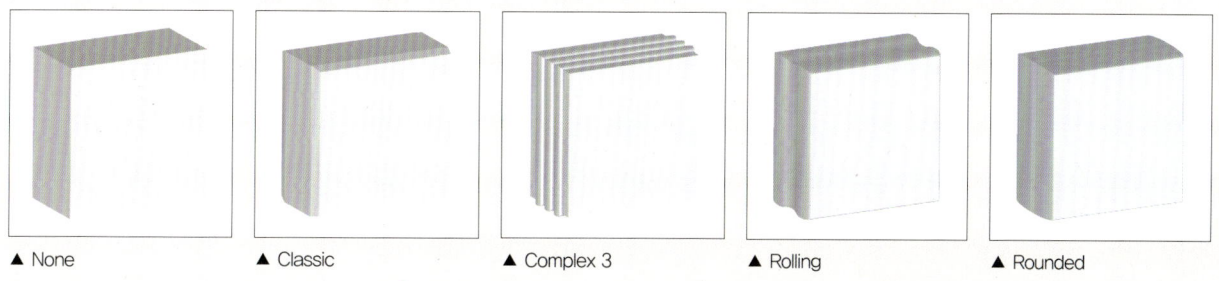

▲ None   ▲ Classic   ▲ Complex 3   ▲ Rolling   ▲ Rounded

❽ Height : [Bevel] 설정으로 활성화되는 옵션입니다. 모서리의 모양이 적용되는 정도를 설정합니다.
❾ Surface : 3D 오브젝트가 출력되는 방식을 설정합니다.
❿ Preview : 체크하면 적용될 모습을 미리 확인할 수 있습니다.
⓫ Map Art : 3D 오브젝트의 표면에 심벌을 입힐 수 있는 [Map Art] 대화상자가 나타납니다.
⓬ More Options : 클릭하면 조명을 설정할 수 있는 화면이 펼쳐집니다.
⓭ Cancel/Reset : Alt 를 누르고 있는 동안 [Cancel]이 [Reset]으로 바뀝니다. [Reset]을 클릭하면 대화상자의 옵션 설정이 초기화됩니다.

[Revolve] 메뉴로 3D 유리병 만들기

[Effect]-[3D]-[Revolve] 메뉴를 클릭하여 열린 패스를 회전체로 만들고, 심벌을 매핑하는 방법을 배워보겠습니다.

예제 파일 : Chapter06\unit06_03.ai

01 심벌로 등록

❶[Selection Tool]()로 왼쪽 상단의 그룹을 선택합니다. ❷[Symbols] 패널을 열고 ❸[New Symbol]( )을 클릭합니다.

02 심벌로 등록

대화상자가 나타납니다. ❶[OK]를 클릭합니다.

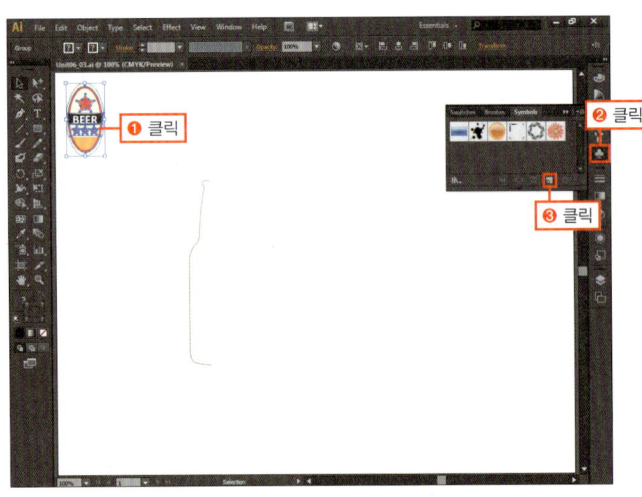
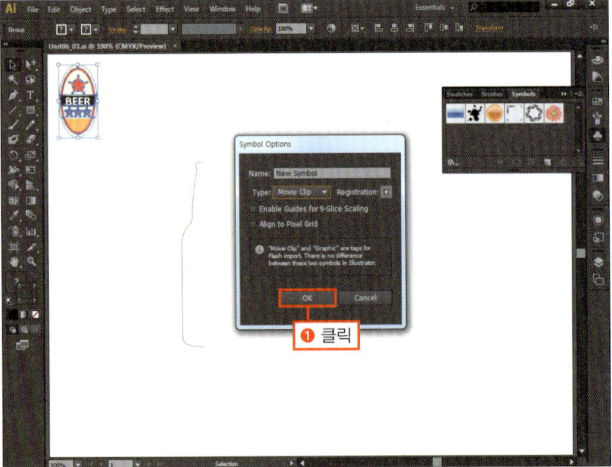

03 패스 선택

선택한 그룹이 심벌로 등록됩니다. ❶패스를 선택합니다.
❷[Effect]-[3D]-[Revolve] 메뉴를 클릭합니다.

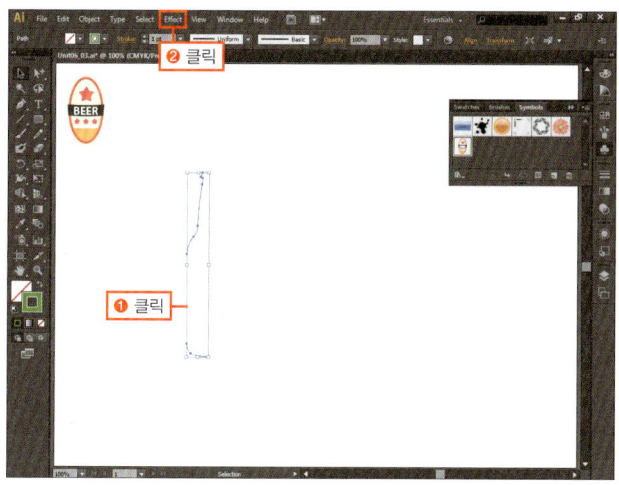

04 [3D Revolve Options] 대화상자 설정

❶[Offset]을 '3 pt'로, [from]을 'Right Edge'로 설정합니다. ❷[Map Art]를 클릭합니다.

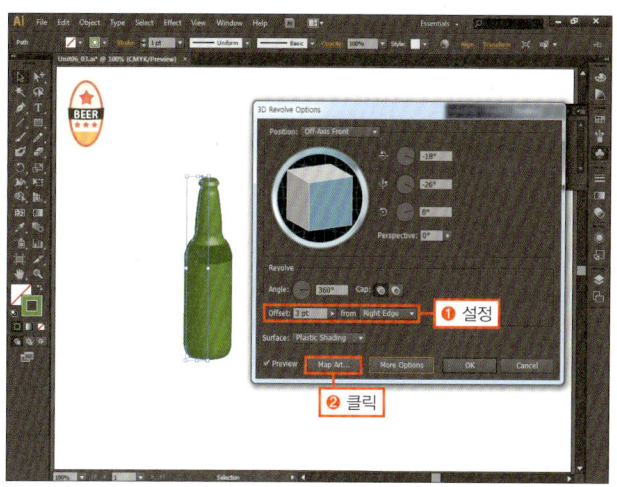

05 [Map Art] 대화상자 설정

❶[Surface]가 '12 of 16'이 되도록 화살표 모양 아이콘을 계속해서 클릭합니다.

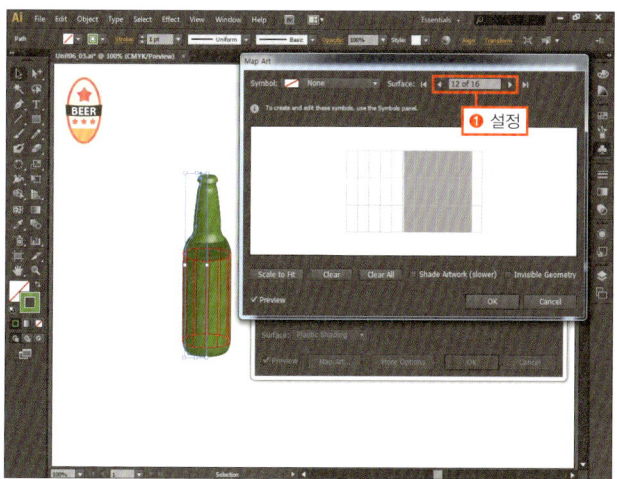

06 [Map Art] 대화상자 설정

❶[Symbol]을 앞서 등록한 심벌로 설정합니다. ❷심벌의 위치와 크기를 조절합니다. ❸[OK]를 클릭합니다. ❹[3D Revolve Options] 대화상자의 [OK]를 클릭합니다.

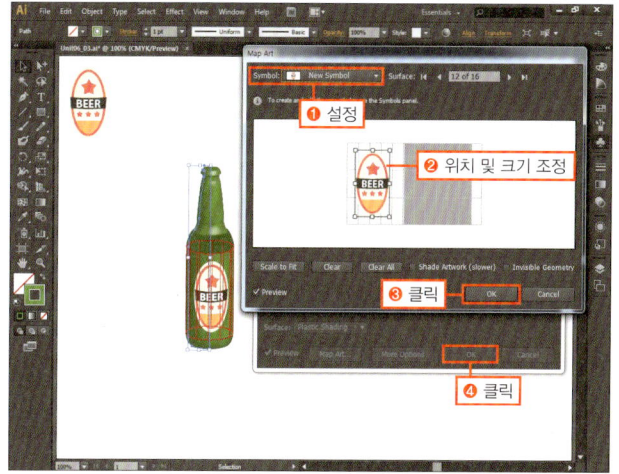

MEMO
- 심벌을 클릭한 채 드래그하면 위치가 이동됩니다.
- [Scale to Fit]을 클릭하면 선택한 표면에 가득 차도록 크기가 자동으로 조절됩니다.
- [Clear]를 클릭하면 설정한 심벌이 삭제됩니다.

07 복사

3D 효과가 적용되었습니다. ❶ Alt 를 누른 채 드래그하여 복사합니다. ❷ [Appearance] 패널을 열고 ❸ [3D Revolve (Mapped)]를 클릭합니다.

08 [3D Revolve Options] 대화상자 설정

❶ [Preview]를 체크합니다. ❷ 대화상자에서 3D 육면체를 클릭한 채 드래그하여 회전합니다. 3D 효과가 적용된 오브젝트도 따라서 회전합니다. ❸ [OK]를 클릭합니다. ❹ 심벌로 등록했던 오브젝트를 선택한 후 Delete 를 눌러 삭제합니다.

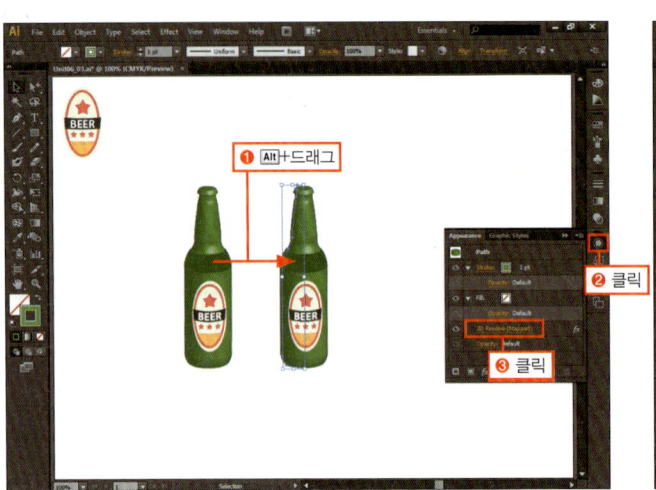

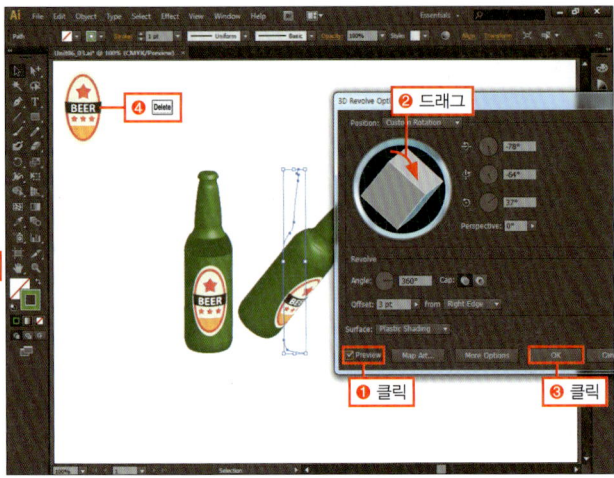

09 완성

07~08번 과정을 반복하여 다음과 같이 만듭니다.

완성 파일 : Chapter06\unit06_03_완성.ai

Illustrator CS6

이번 Chapter에서 학습한 내용을 바탕으로 다음의 실전 문제를 스스로 풀어봅니다.

① 꽃 일러스트를 산포 브러시로 만들어 다음과 같이 완성해보세요.

- 예제 파일 : Chapter06\s_unit06_01.ai
- 완성 파일 : Chapter06\s_unit06_01_완성.ai
- 해설 파일 : 해설파일\06_산포브러시만들기.hwp, pdf

Before

After

① 꽃 일러스트를 각각 산포 브러시로 등록하기 ➡ ② [Brushes] 패널에서 등록한 산포 브러시 선택하기 ➡ ③ [Paintbrush Tool](🖌) 선택하고 자유 곡선 패스 만들기

② 오브젝트에 3D 효과를 적용하여 주사위를 만들어보세요.

- 예제 파일 : Chapter06\s_unit06_02.ai
- 완성 파일 : Chapter06\s_unit06_02_완성.ai
- 해설 파일 : 해설파일\06_3D육면체만들고매핑하여주사위만들기.hwp, pdf

Before

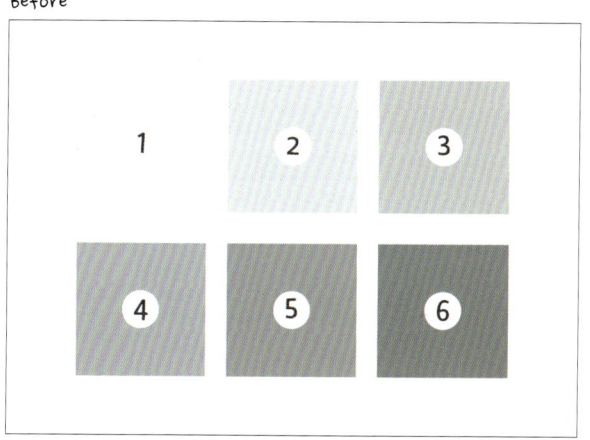

After

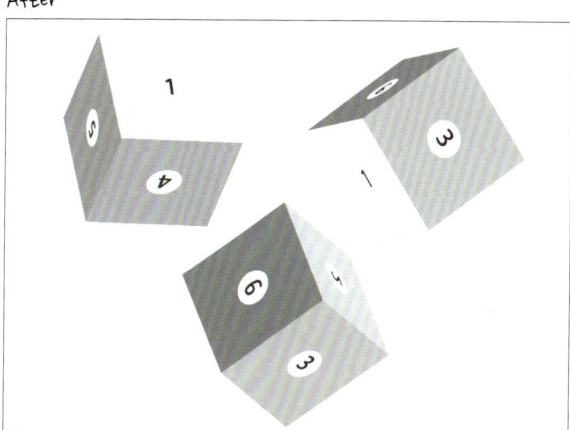

① 각 주사위 눈 오브젝트를 심벌로 등록하기 ➡ ② 사각형 오브젝트를 만들고 [Extrude & Bevel] 효과 적용하여 3D 육면체로 만들기 ➡ ③ 심벌을 3D 육면체에 매핑하기 ➡ ④ 오브젝트를 복사하고 3D 육면체 회전하기

I L L U S T R A T O R   C S 6

일러스트레이터의 고급 기능과 함께 앞서 배운 기능들을 활용하여 크리스마스 카드를 직접 만들어보고, 일반 그래프와 일러스트 그래프를 완성해봅니다. 또한 [Character Style] 패널을 이용하여 메뉴판을, [Tabs] 패널을 이용하여 캘린더를, 패스를 따라 글자를 입력하여 라벨을 만드는 방법을 알아보겠습니다.

일러스트레이터 고급 기능 활용법

UNIT 01 글자 관련 기능으로 카드와 메뉴판, 캘린더 만들기
UNIT 02 패스를 따라 글자 입력하여 라벨 만들기
UNIT 03 데이터를 입력하여 그래프 만들기

CHAPTER MAP

UNIT 01 글자 관련 기능으로 카드와 메뉴판, 캘린더 만들기

[Character Styles] 패널을 이용하여 글자 스타일을 만들어 적용하는 방법, [Text Wrap] 기능으로 글상자의 글자들을 오브젝트 주위로 감싸는 방법, [Tab] 패널로 글자들의 위치를 이동시키고 조정하는 방법 등으로 새해, 크리스마스 카드와 메뉴판, 캘린더를 만들어보겠습니다.

● 새해 카드 만들기

● 크리스마스 카드 만들기

● 글자 스타일(Character Style) 활용하여 메뉴판 만들기

● [Tabs] 패널 활용하여 캘린더 만들기

UNIT 02 패스를 따라 글자 입력하여 라벨 만들기

[Pathfinder] 패널로 패스를 편집하여 로고를 만드는 방법, 패스를 따라 입력되는 글자를 이용하여 도장과 라벨을 만드는 방법을 배워보겠습니다. 패스를 따라 입력되는 글자는 [Type Tool]이나 [Type on a Path Tool]로 입력할 수 있습니다.

● 오렌지 일러스트 이용하여 로고 만들기

● 패스 따라 글자 입력하여 도장 만들기

● 패스 따라 글자 입력하여 상품 라벨 만들기

UNIT 데이터를 입력하여 그래프 만들기

[Graph Tool]로 입력한 데이터에 맞는 그래프를 만들 수 있습니다. 일러스트레이터에서 만들 수 있는 그래프는 모두 9가지 유형의 그래프이며, 오브젝트를 디자인으로 사용하는 일러스트 그래프도 만들 수 있습니다.

● 일러스트레이터에서 그래프 만들기

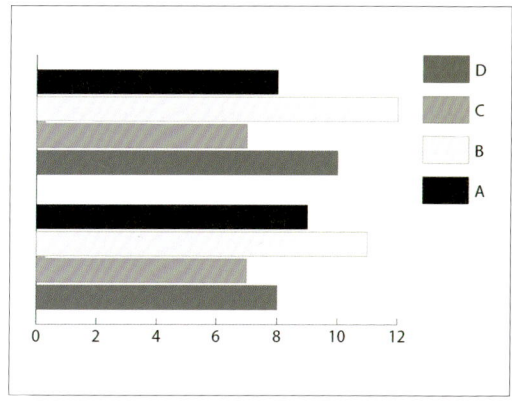

● 데이터 수정하고 그래프 색상 변경하기

● 일러스트 그래프 만들기

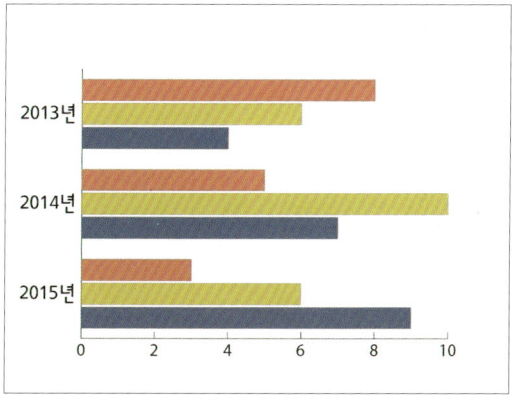
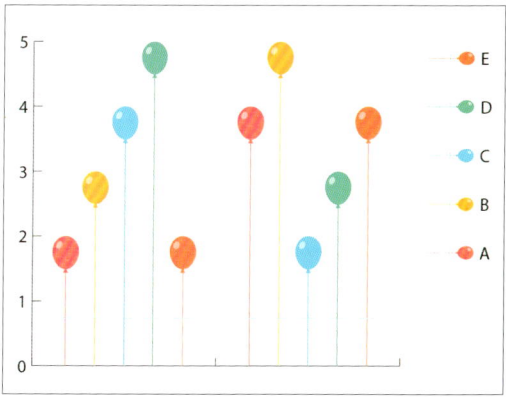

글자 관련 기능으로 카드와 메뉴판, 캘린더 만들기

[Character Styles] 패널을 이용하여 글자 스타일을 만들어 적용하는 방법, [Text Wrap] 기능으로 글상자의 글자들을 오브젝트 주위에 감싸는 방법, [Tabs] 패널로 글자들의 위치를 이동하고 조정하는 방법 등을 배운 후 새해 및 크리스마스 카드와 메뉴판, 캘린더를 만들어보겠습니다.

 학습 주제
- [Character Styles] 패널로 글자 스타일 만들기
- 오브젝트를 감싸는 글상자 만들기
- [Tabs] 패널로 캘린더 만들기

 관련 학습
- 반복되는 재미가 있는 패턴 채우기 : 151쪽
- 글자 입력하고 서식 설정하기 : 259쪽

글자 스타일과 글자 감싸기 기능 살펴보기

글자 스타일을 만들어 활용하고, [Text Wrap] 기능으로 글상자를 오브젝트 주위에 감싸는 방법을 간단히 살펴보겠습니다.

● 글자 스타일(Character Style)

[Character Styles] 패널을 이용하여 글자 스타일을 만들 수 있습니다. 미리 설정해놓은 글자의 서식을 블록 설정한 글자나 선택한 글자 오브젝트에 클릭 한 번으로 바로 적용하는 기능입니다. 또한 블록 설정한 후 [Character Styles] 패널의 를 클릭하면 해당 글자의 서식이 바로 글자 스타일로 등록됩니다. 이 기능은 많은 글자를 가지고 작업할 때 유용합니다.

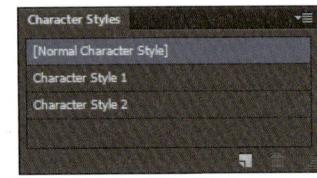

▲ Character Styles 패널

● 글자 감싸기(Text Wrap)

[Text Wrap]은 글상자의 글자들이 오브젝트 주위를 감싸게 만드는 기능입니다. 오브젝트와 글상자를 동시 선택한 후 [Object]-[Text Wrap]-[Make] 메뉴를 클릭하면 만들어집니다. [Text Wrap] 기능은 글상자에만 적용할 수 있으며, 오브젝트는 글상자보다 상위 순서로 존재해야 합니다.

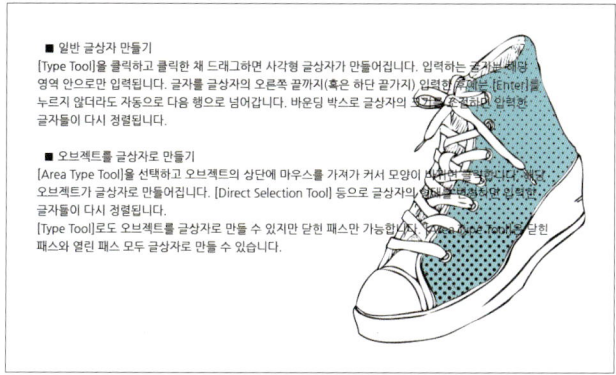

▲ 오브젝트와 글상자

▲ [Text Wrap] 기능을 적용한 모습

새해 카드 만들기

새해 카드를 만들어보겠습니다. 가로 520 px, 세로 650 px 크기의 새 도큐먼트를 만들어 시작합니다.

01 사각형 생성

❶ [Rectangle Tool](■)을 선택합니다. ❷ 아트보드에 클릭합니다. ❸ [Width]를 '520 px', [Height]를 '325 px'로 설정합니다. ❹ [OK]를 클릭합니다.

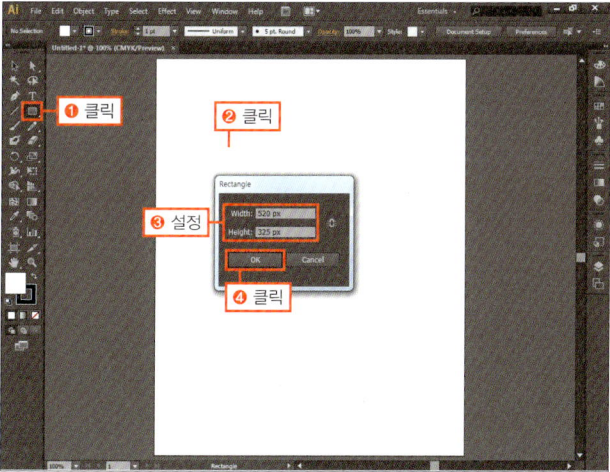

02 색상 설정, 위치 이동

❶ 칠 색상을 '#d1282b', 선 색상을 [None](☑)으로 설정합니다. ❷ [Selection Tool](▶)로 오브젝트의 위치를 이동합니다.

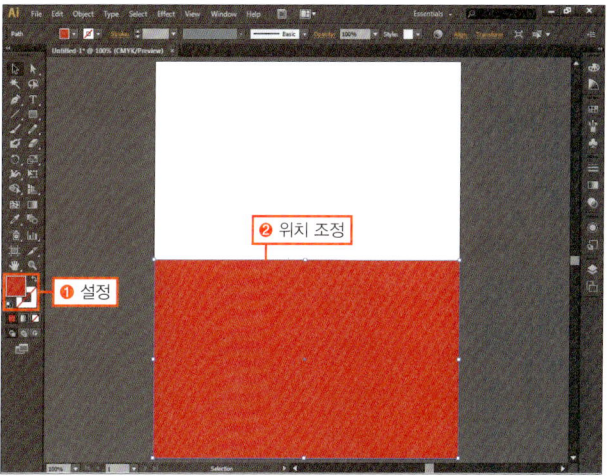

03 사각형 생성

❶ [Rectangle Tool](▦)을 선택합니다. ❷아트보드에 클릭합니다. ❸ [Width]를 '15 px', [Height]를 '15 px'로 설정합니다. ❹ [OK]를 클릭합니다.

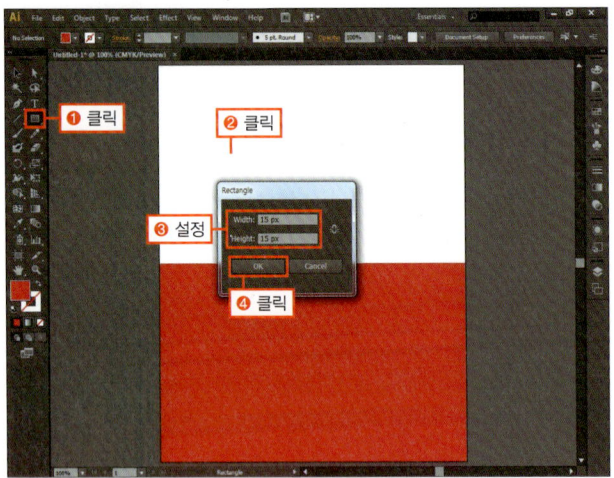

04 색상 설정, 복사

❶ [Selection Tool](▸)을 선택합니다. ❷ Alt 를 누른 채 드래그하여 방금 만든 사각형을 복사합니다. ❸복사한 사각형의 칠 색을 '#ddc391'로 설정합니다.

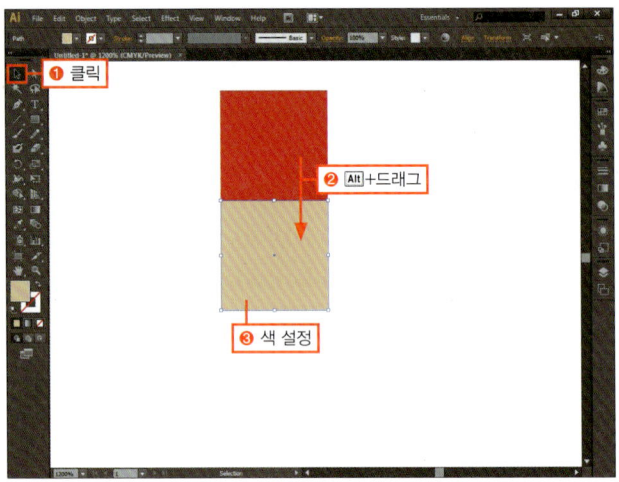

05 복사, 색상 설정

❶사각형 오브젝트를 4개 더 복사합니다. ❷네 번째 오브젝트와 여섯 번째 오브젝트의 칠 색은 그대로 두고 세 번째 오브젝트의 칠 색은 '#1f663c', 다섯 번째 오브젝트의 칠 색은 '#539746'으로 변경합니다.

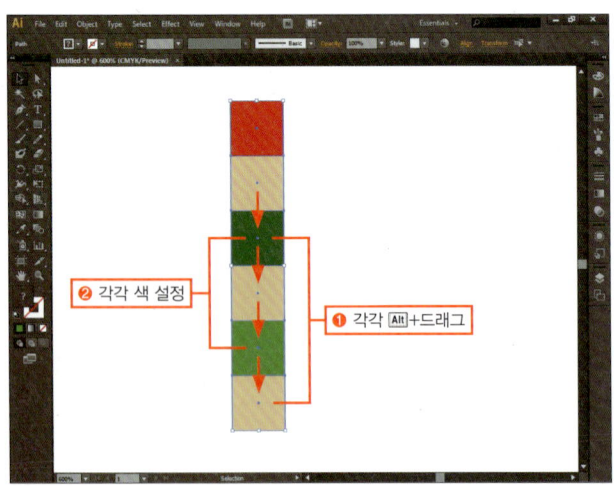

06 패턴 등록

❶6개의 사각형 오브젝트를 전부 선택합니다. ❷ [Object]-[Pattern]-[Make] 메뉴를 클릭합니다. ❸메시지창이 나타나면 [OK]를 클릭합니다.

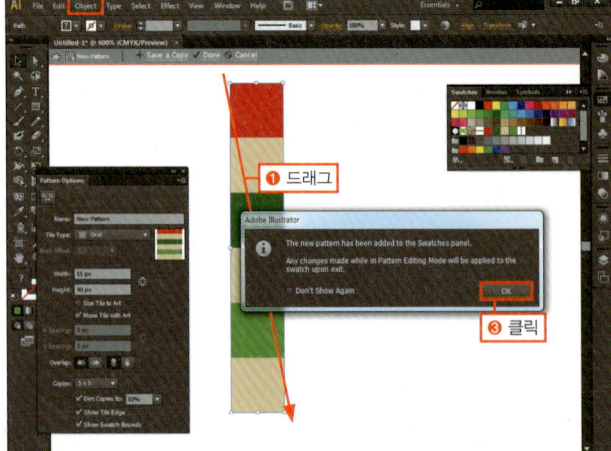

07 패턴 등록

❶ [New Pattern]의 화살표 모양 아이콘을 클릭합니다. [Swatches] 패널에 패턴으로 등록됩니다.

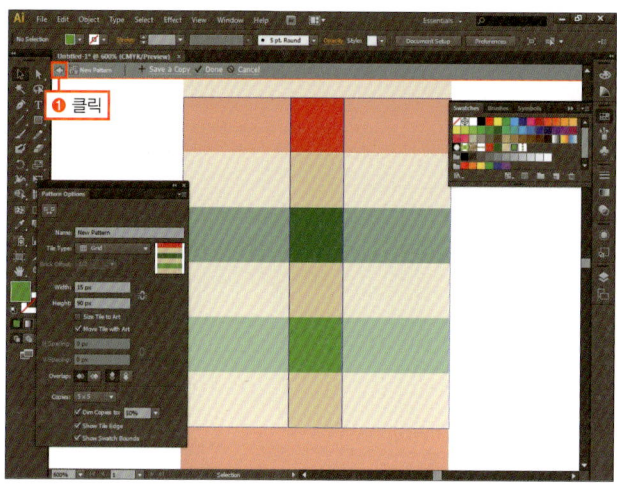

08 오브젝트 삭제

❶ 패턴으로 등록한 오브젝트들은 선택한 후 Delete를 눌러 삭제합니다.

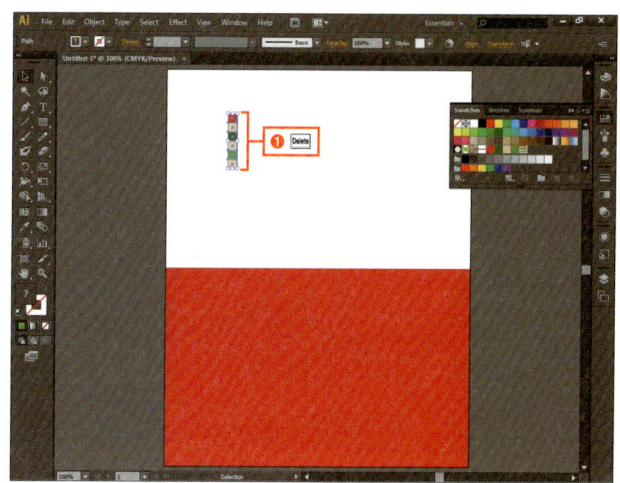

09 복사 후 패턴 적용

❶ 빨간색 사각형 오브젝트를 선택합니다. ❷ Alt를 누른 채 드래그하여 복사합니다. ❸ 칠 색을 등록한 패턴으로 설정합니다.

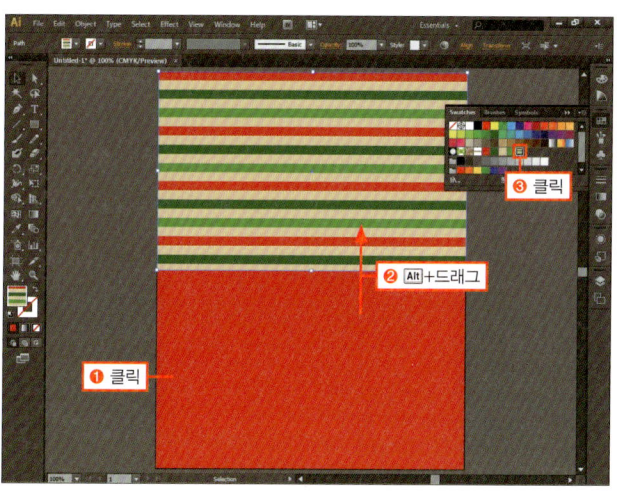

10 사각형 만들고 색상 설정

❶ [Rectangle Tool](□)로 가로 380 px, 세로 520 px 크기의 사각형을 만듭니다. ❷ 칠 색을 '#1f663c', 선 색을 '#ddc391'로 설정합니다. ❸ [Stroke] 패널을 열고 ❹ [Weight]를 '5 pt'로 설정합니다.

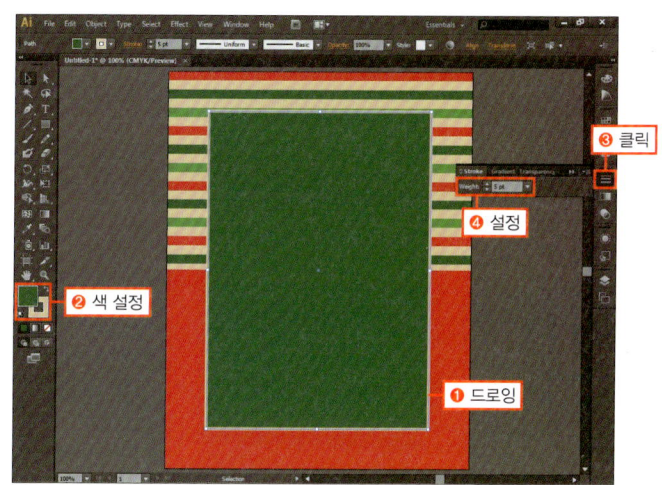

11 원 만들고 복사

❶ [Ellipse Tool] ( )을 선택하여 ❷ 가로세로 80 px 크기의 원을 만듭니다. ❸ 원을 3개 복사하고 각각 다음과 같은 위치로 이동합니다.

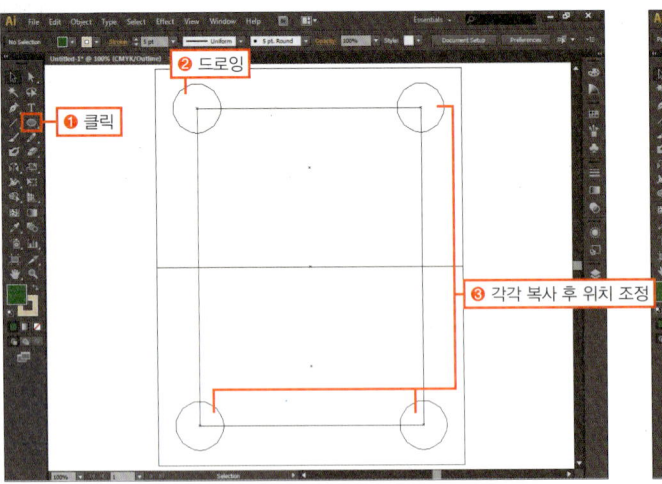

memo ● Ctrl+Y를 눌러 [Outline] 모드로 전환하면 오브젝트를 정확한 위치에 이동할 수 있습니다. 다시 Ctrl+Y를 누르면 [Preview] 모드로 전환됩니다.

12 패스 편집

❶ [Selection Tool] ( )로 원 오브젝트 4개와 초록색 사각형 오브젝트를 동시 선택합니다. ❷ [Pathfinder] 패널을 열고 ❸ [Minus Front] ( )를 클릭합니다.

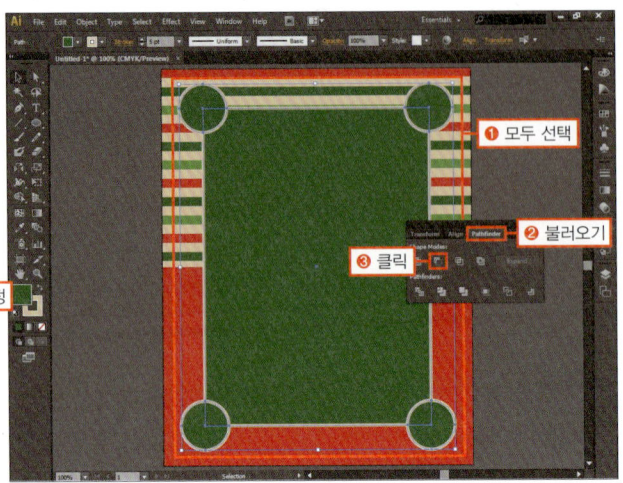

13 오브젝트 선택

❶ 빨간색 사각형 오브젝트와 초록색 오브젝트를 동시 선택합니다.

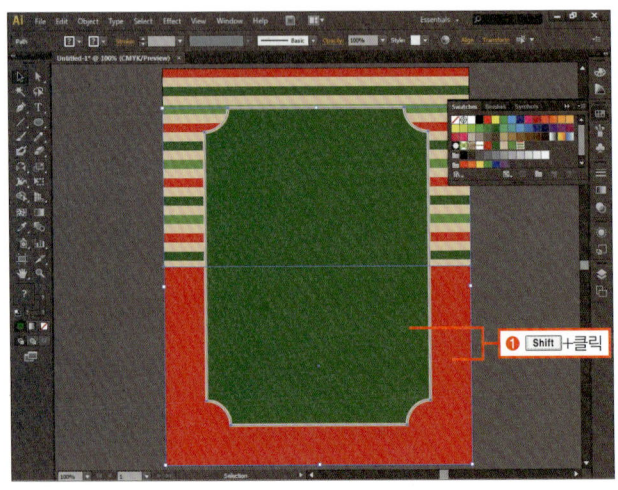

14 오브젝트 편집

❶ [Shape Builder Tool] ( )을 선택합니다. ❷ 칠 색을 '#d1282b'로 설정합니다. ❸ 다음과 같은 위치를 클릭합니다.

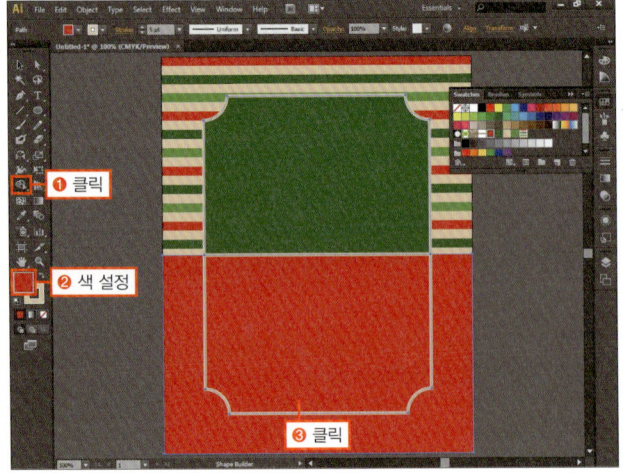

15 오브젝트 편집

❶ 오브젝트 중앙의 선에 마우스를 가져가 Alt 를 누르고 빨간색 선이 나타나면 클릭합니다. 선이 제거됩니다.

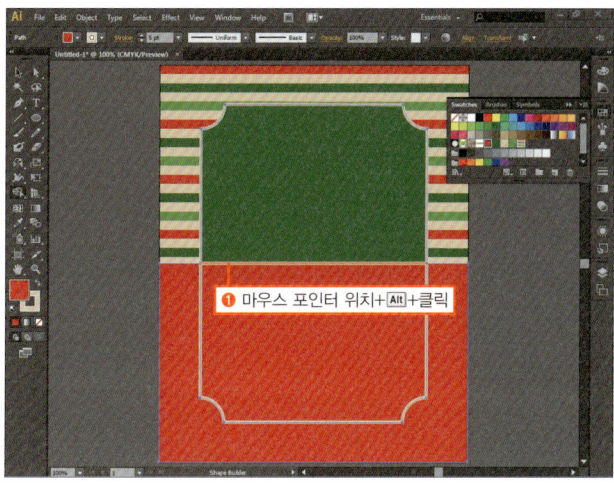

16 글자 입력

❶ [Type Tool](T)로 ❷ 글자를 입력합니다. ❸ [Character] 패널에서 글자체는 'BroadwayEngraved BT'로 설정하고 ❹ 글자 색상은 '#ddc391'로 설정합니다.

17 배너 실행

❶ [Window]-[Brush Libraries]-[Decorative]-[Decorative_Banners and Seals] 메뉴를 클릭합니다. ❷ 'Banner 2'를 클릭한 채 아트보드로 드래그합니다.

MEMO ● 아트보드로 드래그할 때 오브젝트가 없는 곳으로 드래그해야 합니다.

18 색상 변경

❶ [Group Selection Tool](▶+)을 선택합니다. ❷ 다음과 같은 오브젝트들을 동시 선택합니다. ❸ 칠 색을 '#ddc391'로 설정합니다. ❹ [Selection Tool](▶)을 선택합니다.

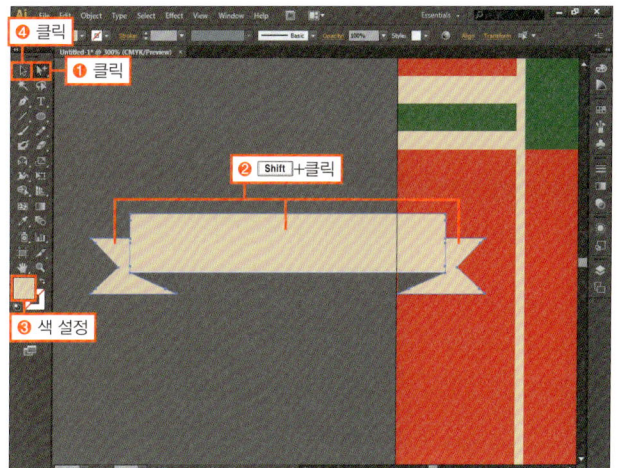

19 오브젝트 반전

❶ 아트보드의 빈 곳을 클릭하여 선택을 해제합니다. ❷ 다시 배너를 클릭하여 선택합니다. ❸ [Reflect Tool](🔄)을 더블클릭합니다. ❹ [Axis] 항목을 'Horizontal'로 선택합니다. ❺ [Copy]를 클릭합니다.

20 완성

❶ 배너에 들어갈 글자를 입력합니다. 글자체는 'Lighthouse Personal Use', 글자 색상은 각각 '#1f663c', '#d1282b'로 설정합니다. 배너의 위치를 다음과 같이 각각 이동합니다.

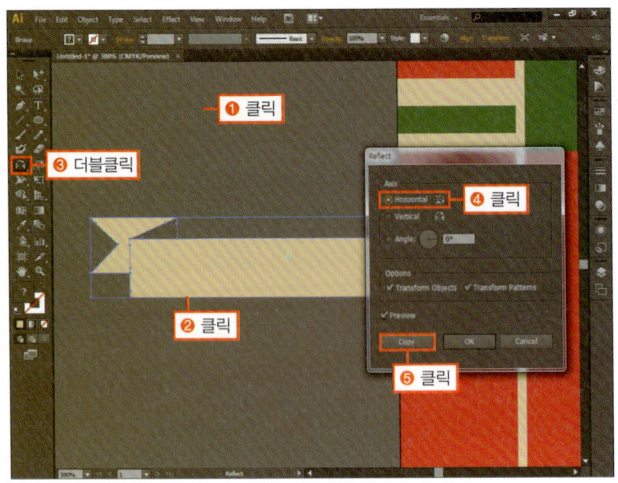

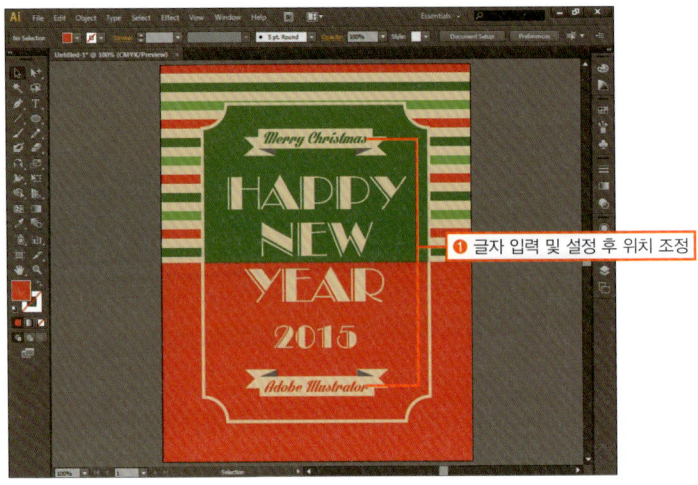

완성 파일 : Chapter07\unit01_01_완성.ai

크리스마스 카드 만들기

크리스마스 카드를 만들어보겠습니다. 가로 880 px, 세로 660 px 크기의 새 파일을 만들어 시작합니다.

01 사각형 생성

❶ [Rectangle Tool](▭)을 선택합니다. ❷ 아트보드에 클릭합니다. ❸ [Width]를 '40 px', [Height]를 '100 px'로 설정합니다. ❹ [OK]를 클릭합니다.

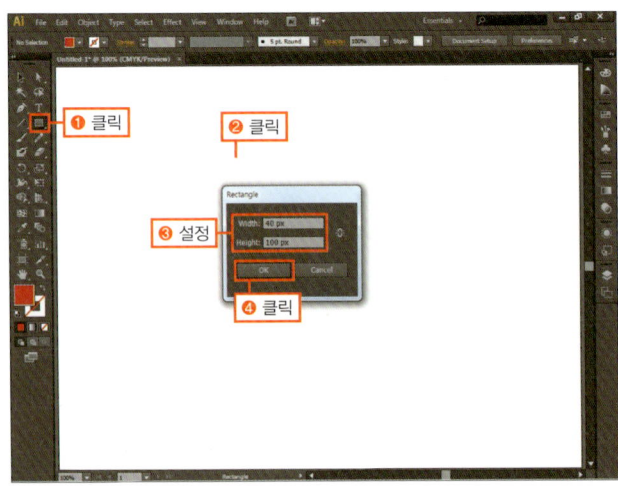

02 원 생성

❶ 칠 색을 '#d1272a', 선 색을 [None]([ ])로 설정합니다.
❷ [Ellipse Tool]([ ])을 선택한 후 ❸ 아트보드를 클릭하여
❹ [Width]와 [Height]를 '40 px'로 설정합니다. ❺ [OK]를
클릭합니다.

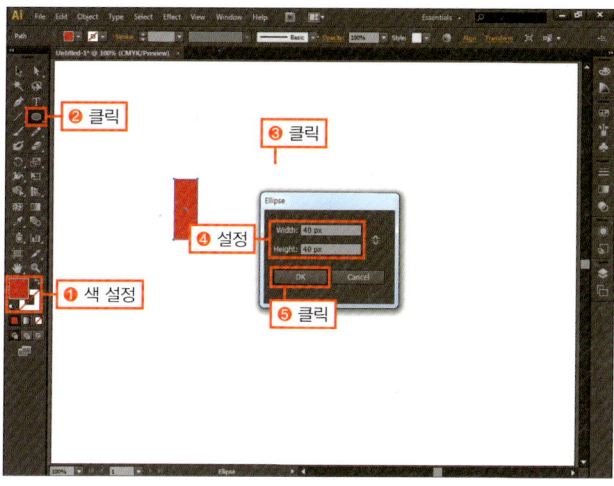

03 복사, 색상 설정

❶ [Selection Tool]([ ])로 드래그하여 원을 사각형의 아래
쪽으로 이동합니다. ❷ 사각형과 원 오브젝트를 모두 선택
합니다. ❸ Alt 를 누른 채 드래그하여 복사합니다. ❹ 칠 색
을 '#1f663c'로 설정합니다.

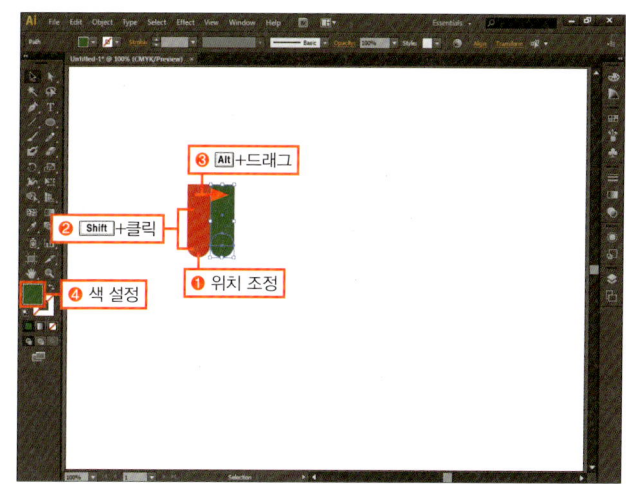

04 오브젝트 복사

❶ 오브젝트를 복사하고 ❷ 위치를 이동하여 아래와 같이
만듭니다. ❸ Ctrl + A 를 눌러 모든 오브젝트를 선택합니다.

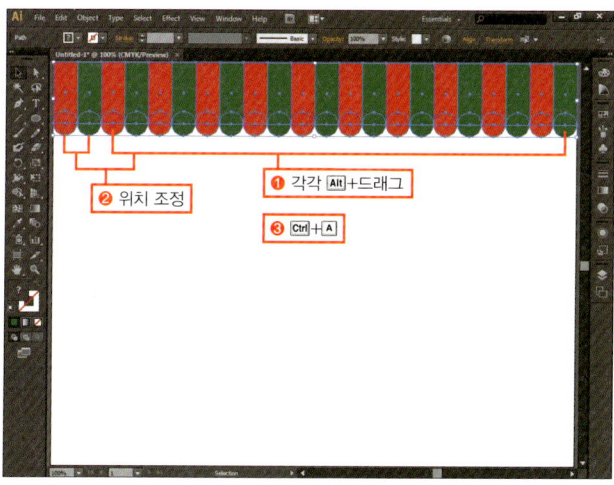

05 오브젝트 반전

❶ [Reflect Tool]([ ])을 더블클릭합니다. ❷ [Axis] 항목을
'Horizontal'로 설정합니다. ❸ [Copy]를 클릭합니다.

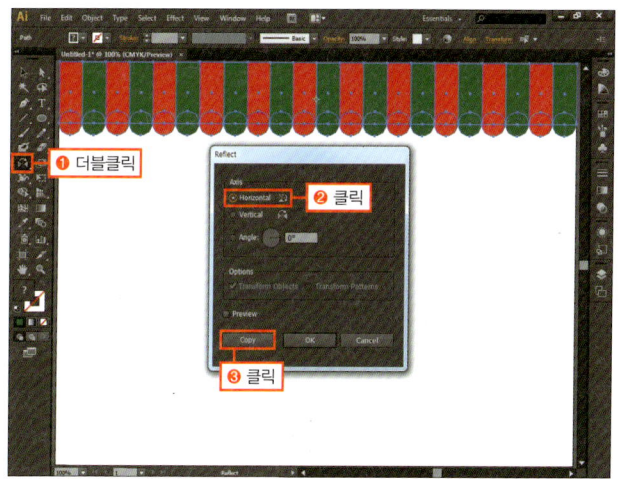

06 위치 이동

❶ 위치를 이동하여 다음과 같이 만듭니다.

07 모서리가 둥근 사각형 생성

❶ [Rounded Rectangle Tool](▢)을 선택합니다. ❷ 아트보드에 클릭합니다. ❸ [Width]를 '550 px', [Height]를 '300 px', [Coner Radius]를 '35 px'로 설정합니다. ❹ [OK]를 클릭합니다.

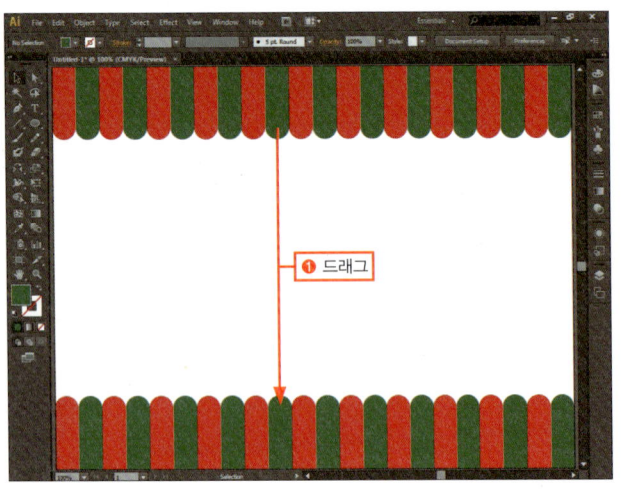

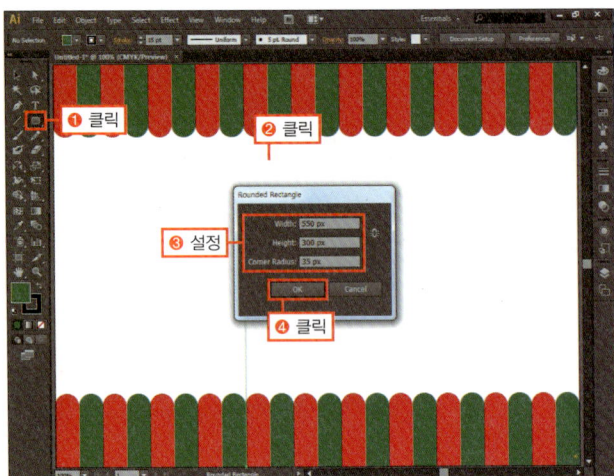

08 [Offset] 대화상자 설정

❶ [Object]-[Path]-[Offset Path] 메뉴를 클릭합니다. ❷ [Offset]을 '15 px'로 설정합니다. ❸ [OK]를 클릭합니다.

09 선 설정

❶ 칠 색을 흰색, 선 색을 '#d1272a'로 설정합니다. ❷ [Stroke] 패널에서 ❸ [Weight]를 '15 px', ❹ [Align Stroke]를 [Align Stroke to Inside](▣)로 설정합니다. ❺ [Dashed Line]을 체크하고 아래의 첫 번째 입력 상자에 '40 pt', 두 번째 입력 상자에 '35 pt'를 입력합니다.

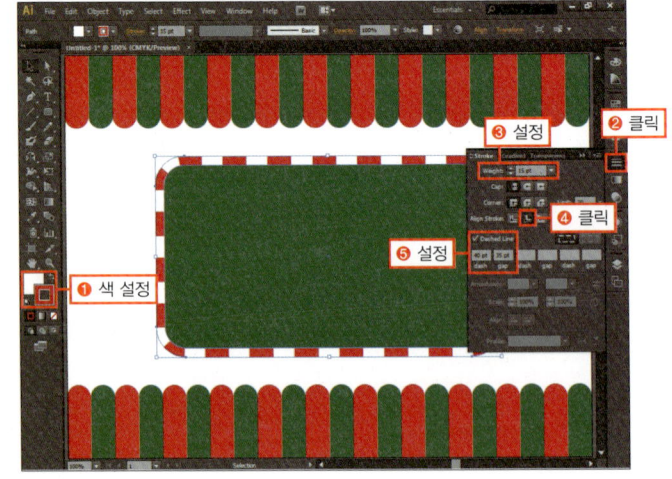

10 선 추가

❶ [Appearance] 패널을 열고 ❷ [Add New Stroke](□)를 클릭합니다. 새로운 [Stroke] 항목이 만들어집니다.

11 선 설정

❶ [Stroke] 패널에서 [Weight]를 '1.5 pt', ❷ [Align Stroke]를 [Align Stroke to Center](└)로 설정합니다. ❸ [Dashed Line]을 체크 해제합니다.

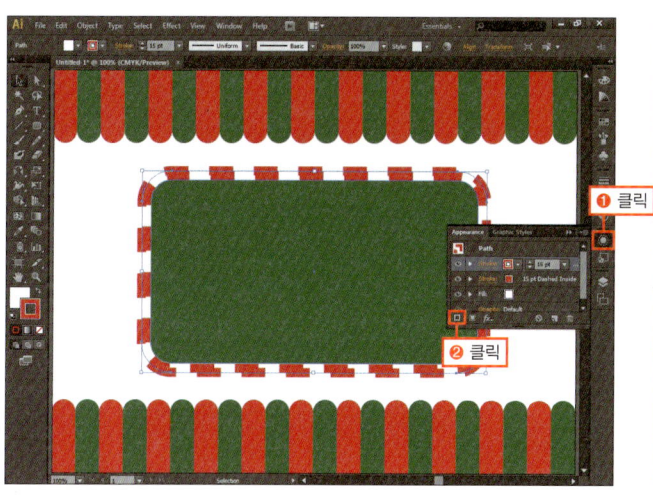

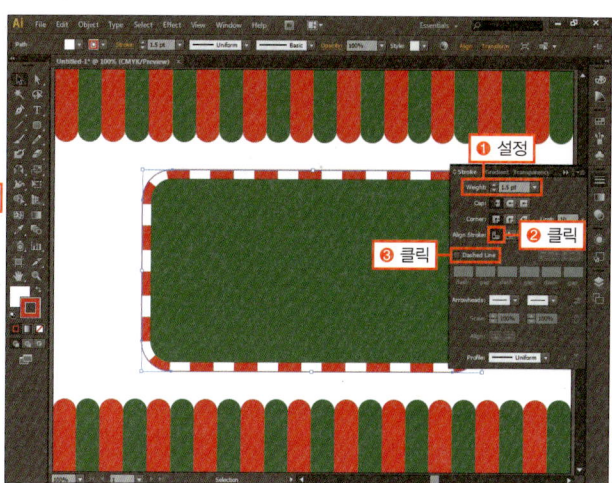

12 오브젝트 선택, 선 설정

❶ 안쪽 오브젝트를 선택합니다. ❷ 칠 색을 흰색, 선 색을 '#d1272a'로 설정합니다. ❸ [Stroke] 패널에서 [Weight]를 '1.5 pt'로 설정합니다.

13 오브젝트 복사

❶ [File]-[Open] 메뉴를 클릭하여 '트리.ai' 파일을 불러옵니다. ❷ Ctrl+A를 눌러 모든 오브젝트를 선택하고 ❸ Ctrl+C를 눌러 클립보드로 복사합니다.

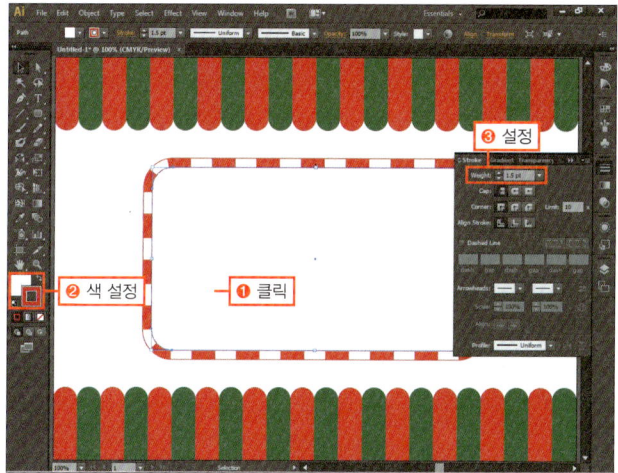

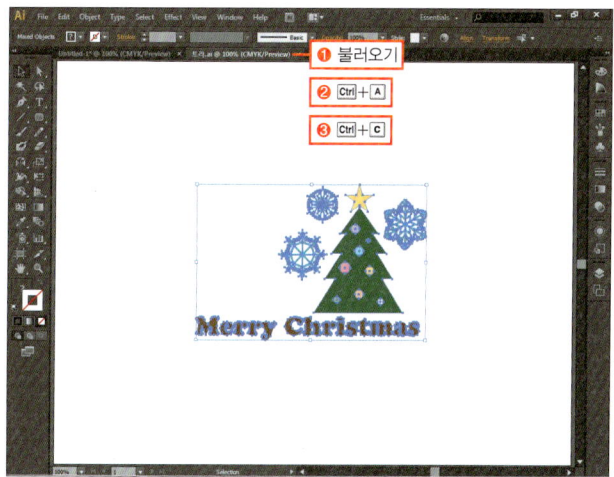

14 오브젝트 붙여넣기 실행

❶다시 작업 중이던 파일로 돌아옵니다. ❷ Ctrl + V 를 눌러 복사한 오브젝트들을 붙여 넣습니다. ❸[Selection Tool]( )로 드래그하여 위치를 조절합니다.

15 [Type Tool]로 편지 줄 입력

❶[Type Tool](T)을 선택한 후 ❷ . 와 Spacebar 를 반복해서 눌러 다음과 같이 줄을 만듭니다.

16 완성

❶눈송이 오브젝트들을 복사한 후 ❷칠 색상을 흰색으로 변경합니다. ❸다음과 같이 눈송이 오브젝트를 원하는 위치로 이동하고 크기를 조정하여 완성합니다.

◎ 완성 파일 : Chapter07\unit01_02_완성.ai

글자 스타일(Character Style) 활용하여 메뉴판 만들기

[Character Styles] 패널로 글자 스타일을 만들어 선택한 글자에 서식을 바로 적용하고, 오브젝트 주위를 감싸는 글상자를 만들어 메뉴판을 완성하겠습니다.

예제 파일 : Chapter07\unit01_03.ai

01 브러시 적용

❶ 바깥쪽 사각형을 선택합니다. ❷ [Window]-[Brush Libraries]-[Borders]-[Borders_Novelty] 메뉴를 클릭합니다. ❸ 'Jester'를 클릭하여 선택한 오브젝트에 적용합니다.

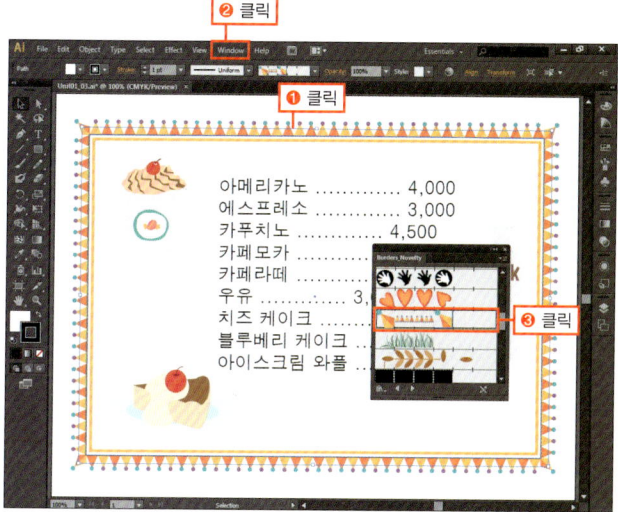

02 새 글자 스타일 생성

❶ [Window]-[Type]-[Character Styles] 메뉴를 클릭합니다. ❷ [Character Styles] 패널이 나타나면 [Create New Style](󰀁)을 클릭합니다. 'Character Style 1'이 만들어집니다. ❸ 더블클릭합니다.

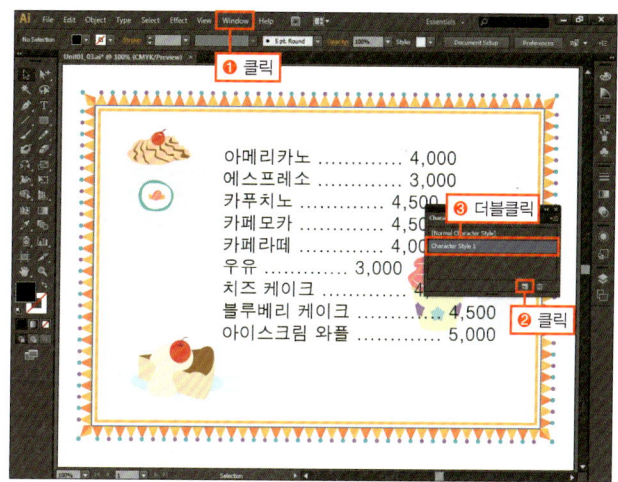

03 서식 설정

❶ [Basic Character Formats]를 클릭합니다. ❷ [Font Family]는 'Rix멜랑쏠리 M', [Size]는 '36 pt'로 설정합니다.

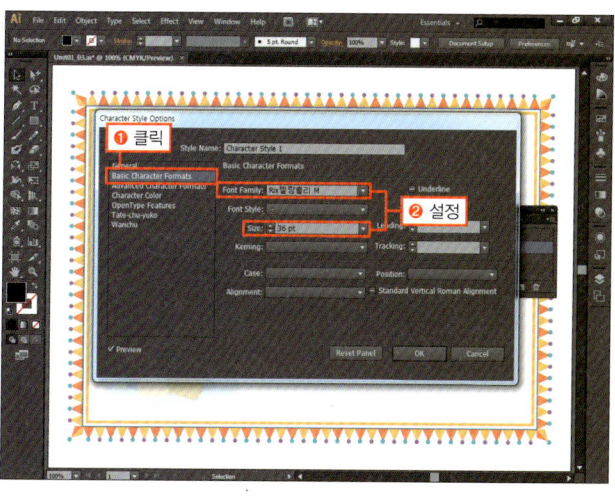

04 서식 설정

❶ [Character Color]를 클릭합니다. ❷ 'C=35, M=60, Y=80, K=25' 색상을 선택합니다. ❸ [OK]를 클릭합니다.

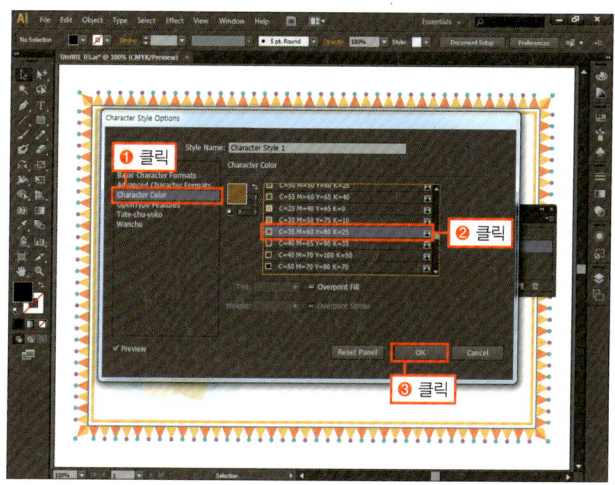

MEMO ● 컴퓨터에 설치되어 있는 글자체에서 자유롭게 선택하면 됩니다.

05 글자 스타일 적용

❶[Type Tool](T)을 선택하고 ❷서식을 변경할 글자를 블록 설정합니다. ❸[Character Styles] 패널에서 'Character Style 1'을 클릭합니다.

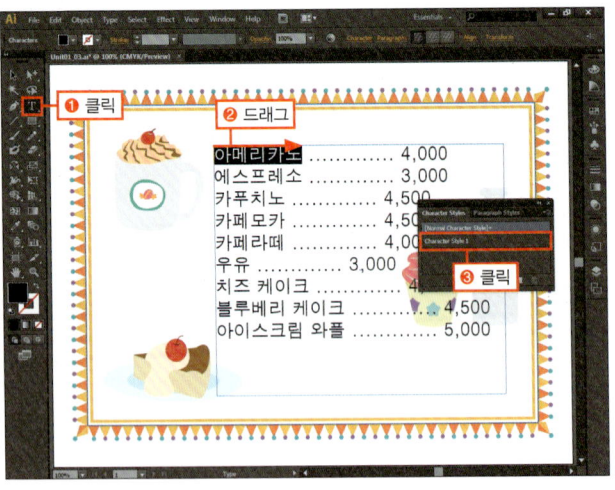

06 글자 스타일 확인

블록 설정한 글자에 서식이 적용됩니다.

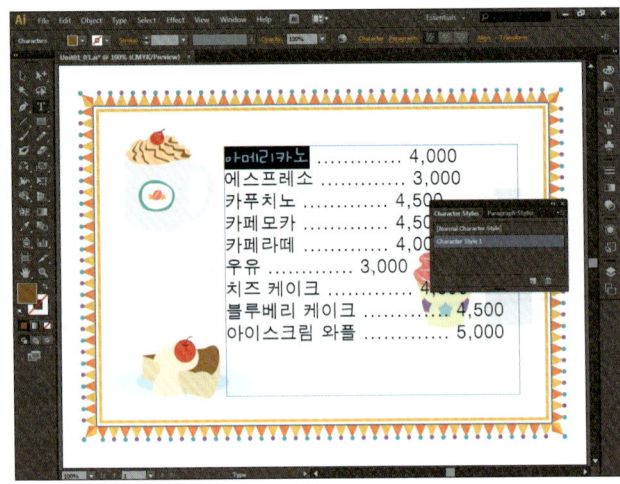

MEMO ● 서식이 제대로 적용되지 않았을 경우에는 스타일의 이름 (Character Style 1) 오른쪽으로 '+'가 나타납니다. 이때 스타일의 이름을 한 번 더 클릭하면 '+'가 사라지고 서식이 완전히 적용됩니다.

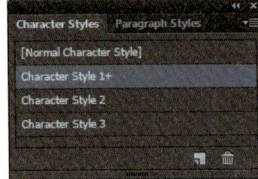

07 글자 스타일 적용

❶05~06번 과정을 참고하여 다른 글자에도 'Character Style 1'의 서식을 적용합니다.

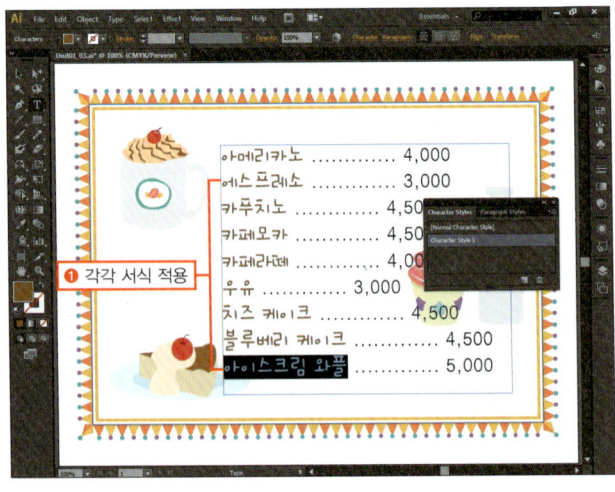

08 글자 색상 변경

❶[Swatches] 패널을 열고 ❷등록되어 있는 색상을 이용하여 일부 글자의 색상을 변경합니다.

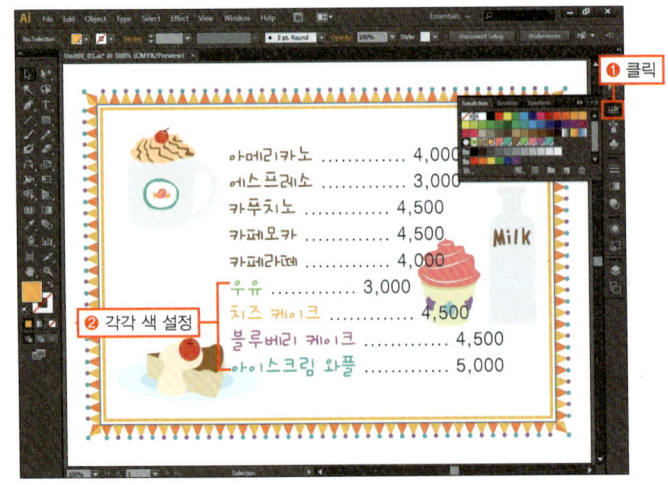

09 서식 설정

❶[Type Tool](T)을 선택한 후 ❷다음과 같이 글자를 블록 설정합니다. ❸[Character] 패널에서 글자체를 '봄의왈츠', 글자 크기를 '35 pt'로 설정하고 ❹글자 색상을 '#d1d2d4'로 변경합니다.

10 글자 스타일로 등록

❶블록 설정된 상태에서 [Character Styles] 패널의 [Create New Style](■)을 클릭합니다. 블록 설정한 글자의 서식이 'Character Style 2'로 등록됩니다.

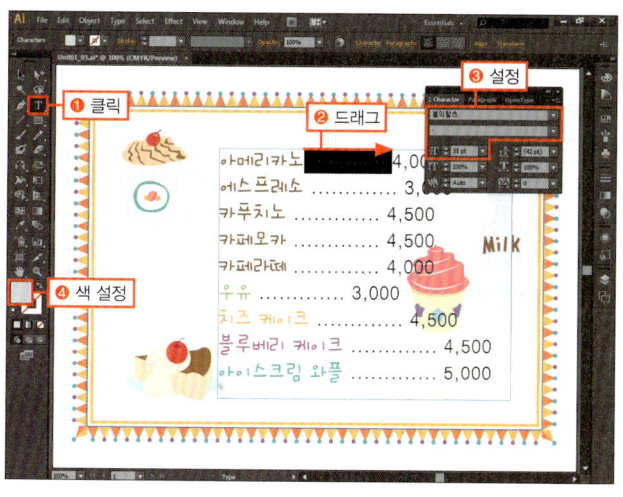
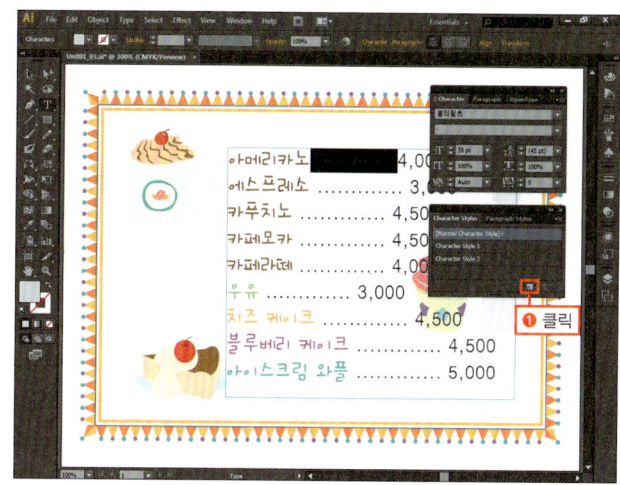

11 글자 스타일 적용

❶[Type Tool](T)로 다른 글자들도 블록 설정한 후 'Character Style 2'를 클릭하여 서식을 적용합니다.

12 글자 스타일 생성

❶가격을 블록 설정하고 ❷[Character] 패널에서 글자체는 '좋은_007황금돼지', 글자 크기는 '32 pt'로 설정합니다. ❸글자 색상은 '#ef5265'로 설정합니다. ❹[Character Styles] 패널의 [Create New Style](■)을 클릭하여 새로운 스타일을 만듭니다.

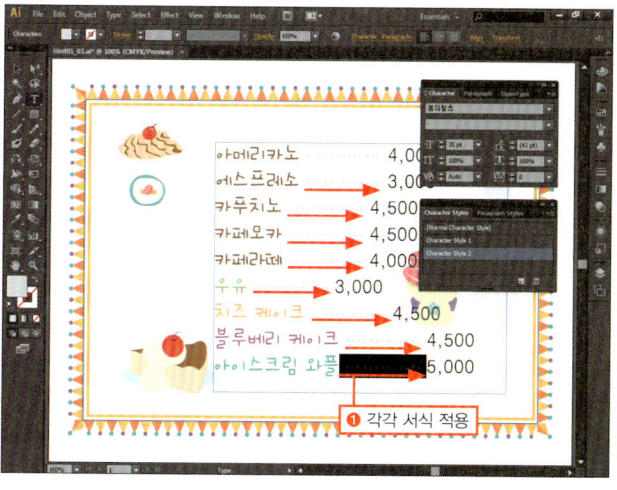
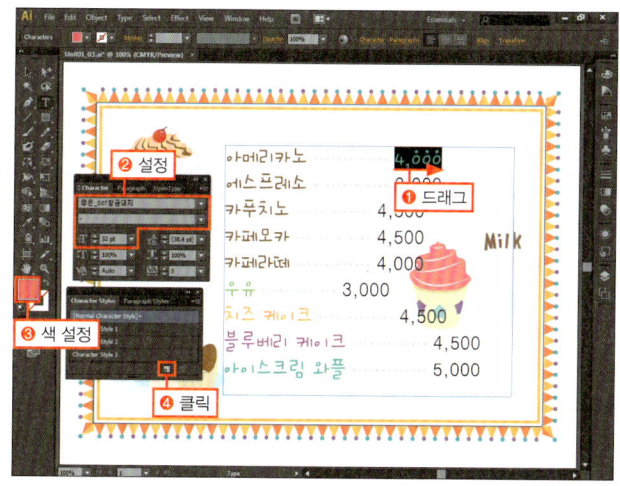

13 글자 스타일 적용

❶ 나머지 가격에도 전부 'Character Style 3'의 서식을 적용합니다.

14 그룹 만들고 순서 변경

❶ [Selection Tool](▶)로 드래그하여 글상자의 위치를 이동합니다. ❷ 커피와 케이크 일러스트를 동시 선택한 후 ❸ Ctrl+G를 눌러 그룹으로 만듭니다. ❹ Shift+Ctrl+]를 눌러 최상위 순서로 변경합니다.

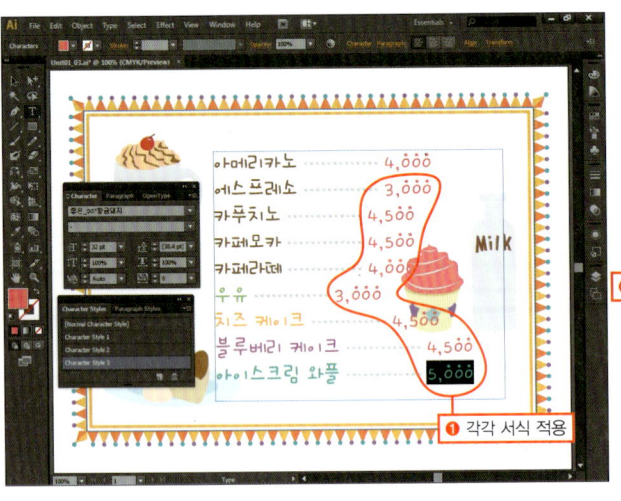

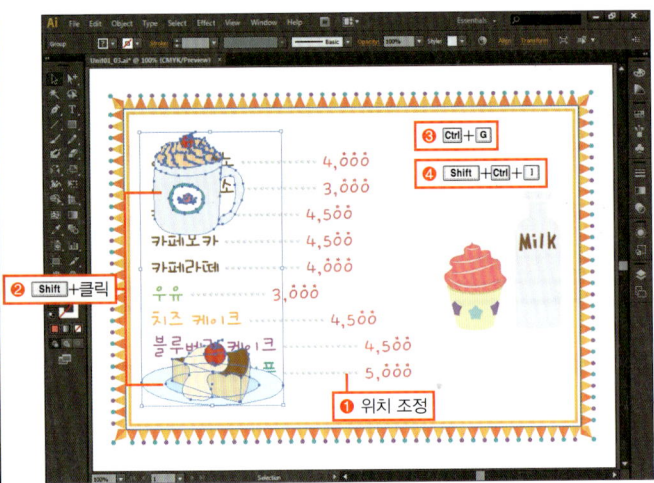

15 [Text Wrap] 적용

❶ 그룹과 글상자를 동시 선택합니다. ❷ [Object]-[Text Wrap]-[Make] 메뉴를 클릭합니다. 메시지창이 나타나면 [OK]를 클릭합니다.

16 위치 조정

글상자의 글자들이 오브젝트의 주위로 감싸집니다. ❶ 글상자만 선택한 후 위치를 조정하여 다음과 같이 만듭니다.

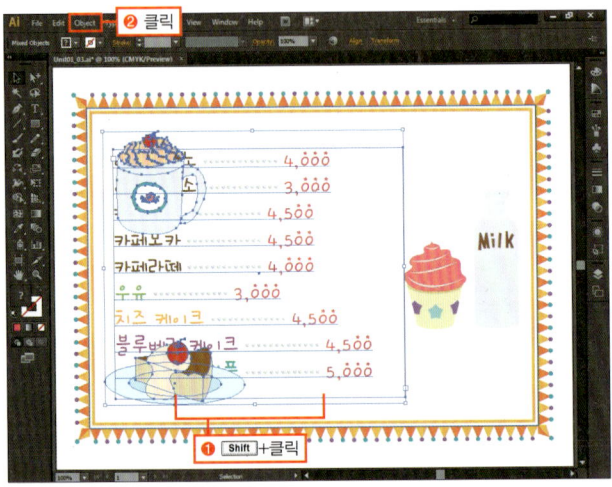

MEMO ● [Text Wrap] 기능은 글상자에만 적용되며, 오브젝트가 글상자보다 상위 순서로 존재하여야 합니다.

MEMO ● [Object]-[Text Wrap]-[Release] 메뉴를 클릭하면 [Text Wrap] 기능이 해제됩니다.

17 완성

메뉴판이 완성되었습니다.

◉ 완성 파일 : Chapter07\unit01_03_완성.ai

MEMO ● [Object]-[Text Wrap]-[Text Wrap Options] 메뉴를 클릭하면 대화상자가 나타납니다. [Offset]은 글상자와 오브젝트 사이의 간격을 설정합니다. [Invert Wrap]을 체크하면 오브젝트의 주위가 아닌 오브젝트의 영역 안쪽으로 글상자가 정렬됩니다.

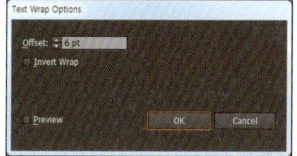

[Tabs] 패널 활용하여 캘린더 만들기

[Tabs] 패널을 이용하여 캘린더를 만들겠습니다. 가로 880 px, 세로 660 px 크기의 새 파일을 만들어 시작합니다.

01 사각형 표 드로잉

❶ [Rectangular Grid Tool]()을 선택합니다. ❷ 클릭한 채 드래그하면서 키보드의 방향키를 눌러 6줄 7칸이 되도록 만듭니다.

02 기준점 동시 선택

마우스에서 손을 놓으면 다음과 같은 사각형이 만들어집니다. ❶ [Direct Selection Tool]( )을 선택하고 ❷ 클릭한 채 드래그하여 맨 윗줄의 기준점들을 동시 선택합니다.

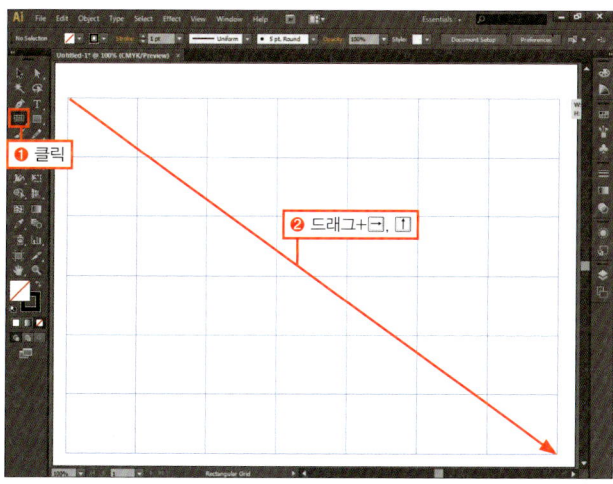

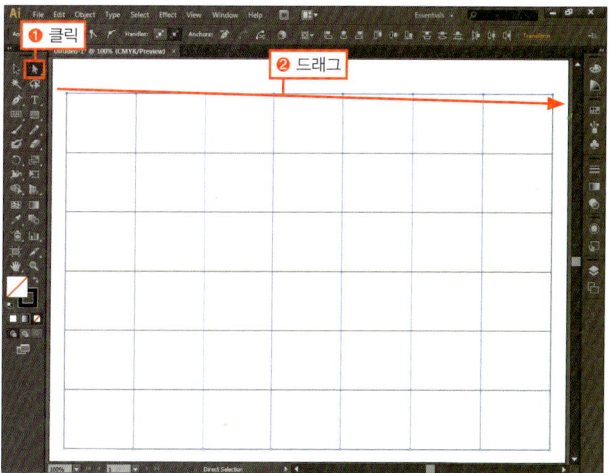

MEMO ● →, ←를 누를 때마다 칸이 추가되거나 없어집니다. 또한 ↑, ↓를 누를 때마다 줄이 늘어나거나 줄어듭니다.

03 기준점 위치 이동

❶ ↓를 여러 번 눌러 아래와 같이 만듭니다. ❷ Shift + Ctrl + A 를 눌러 선택을 해제합니다. ❸ [Selection Tool]( )로 사각형 표 전체를 선택합니다.

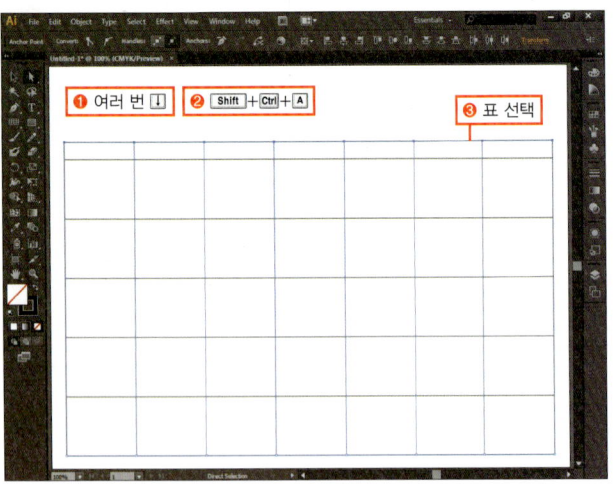

04 칸에 색 적용

❶ [Live Paint Bucket]( )을 선택합니다. ❷ 칠 색상을 '#f05a56'으로 설정합니다. ❸ 첫 번째 칸을 클릭합니다.

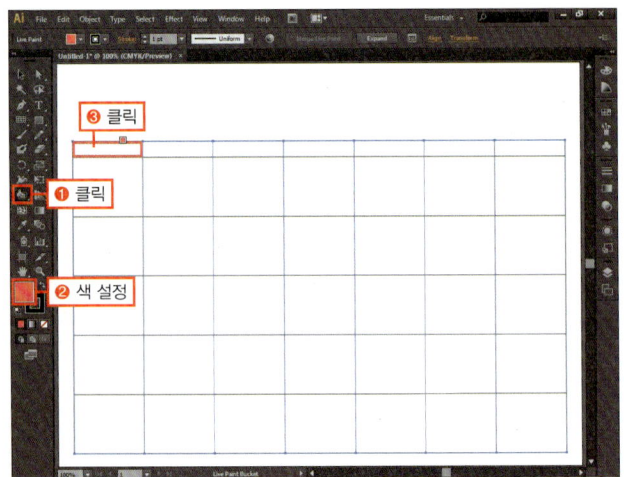

05 칸에 색 적용

❶ 아래와 같이 다른 칸에도 각각 '#00c597', '#00b2db' 색상을 적용합니다.

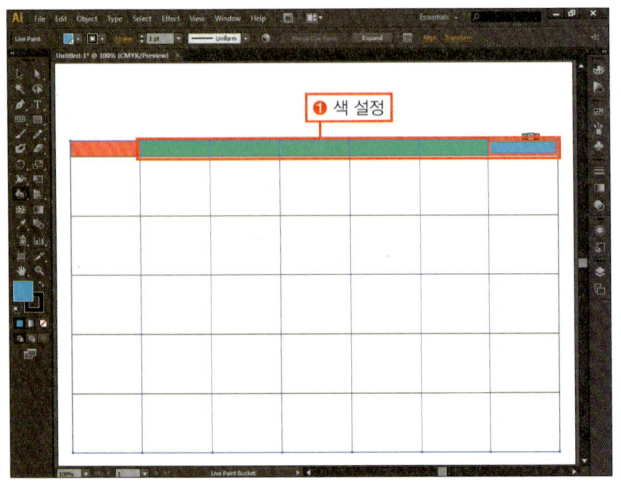

06 선 색상 설정

❶ [Selection Tool]( )을 선택합니다. ❷ 선 색상을 '#bbbdc0'으로 설정합니다.

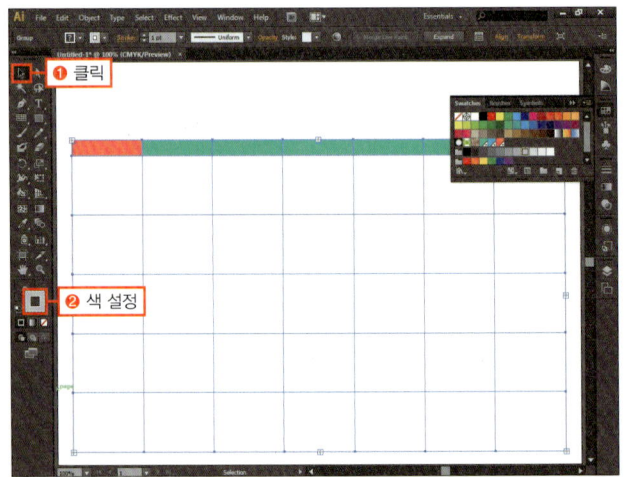

07 캘린더에 필요한 글자 입력

❶[Type Tool](T)을 선택하고 ❷글자를 입력합니다. 날짜를 입력할 때는 숫자를 한 번 입력할 때마다 Tab 을 함께 눌러야 합니다. 예를 들면 '1'을 입력한 후 Tab, '2'를 입력한 후 Tab, '3'을 입력한 후 Tab 을 누르는 식입니다. ❸년도와 월을 입력한 후에는 다음과 같이 색상을 설정합니다.

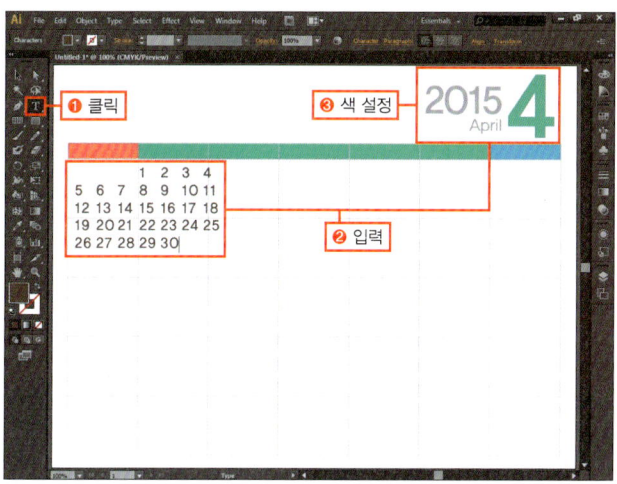

08 [Tab] 패널 실행

❶[Window]-[Type]-[Tabs] 메뉴를 클릭합니다. ❷[Tabs] 패널의 위치를 이동한 후 아래와 같이 패널의 길이를 캘린더 끝까지 늘립니다. ❸날짜가 입력된 글자 오브젝트는 일요일 위치에 둡니다.

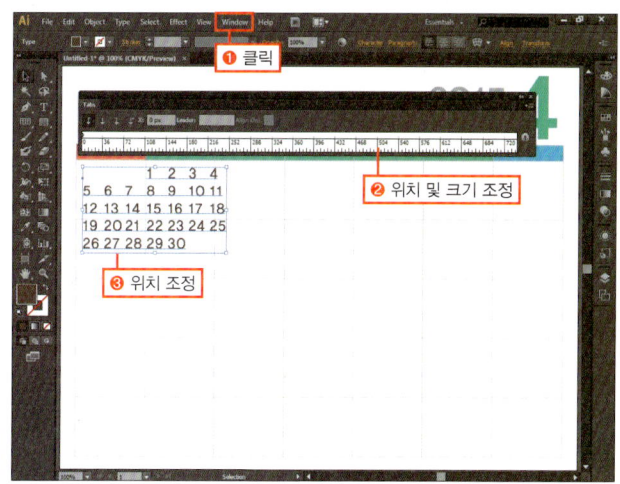

09 [Tabs] 패널의 눈금자 클릭

❶[Tabs] 패널에서 월요일 위치의 눈금자를 클릭합니다. 월요일에 해당하는 숫자들이 해당 위치로 이동합니다.

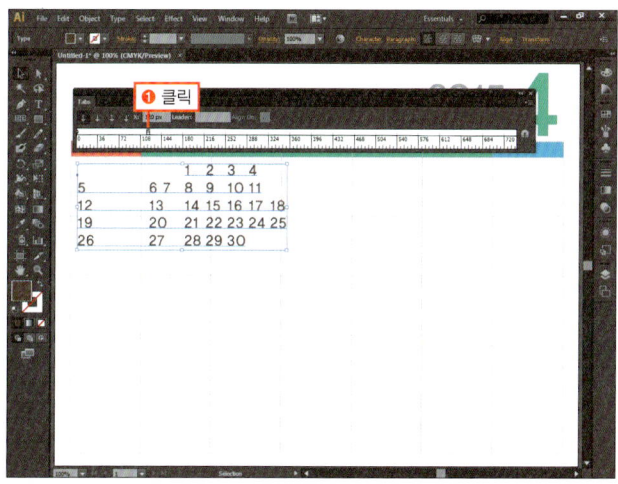

10 [Tabs] 패널의 눈금자 클릭

❶[Tabs] 패널에서 화요일 위치의 눈금자를 클릭합니다. 화요일에 해당하는 숫자들이 이동합니다.

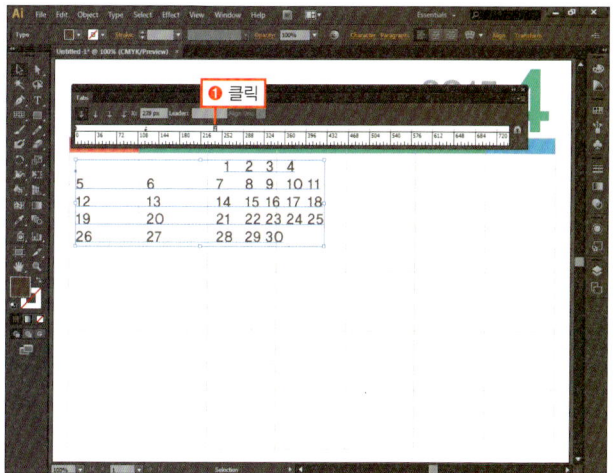

11 [Tabs] 패널의 눈금자 클릭

❶ 앞의 과정을 참고하여 다음과 같이 날짜들의 위치를 모두 이동합니다.

12 글자 크기, 행간 설정

❶ [Character] 패널에서 글자체는 '한컴 윤고딕 240', 글자 크기는 '24 pt', 행간( )은 '97 pt'로 설정합니다.

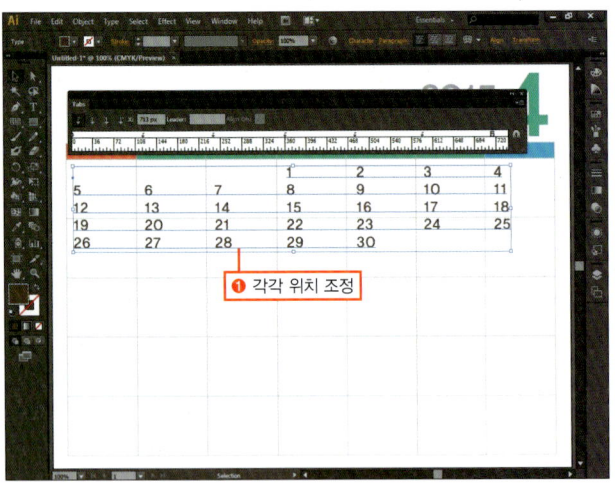

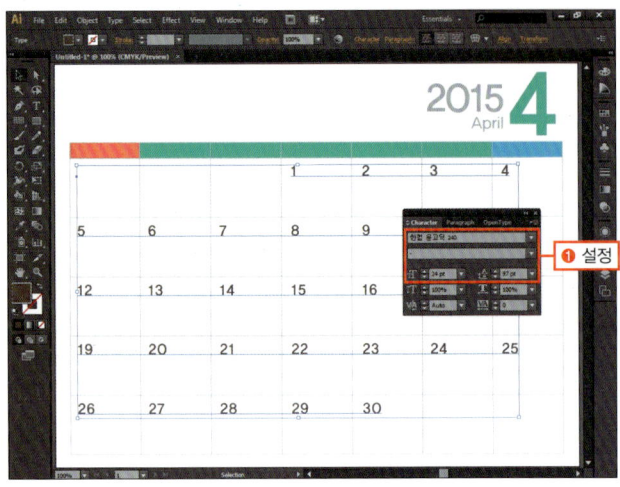

MEMO ● 를 클릭한 채 드래그하여 위치를 재조정할 수 있습니다. 를 제거하려면 패널의 목록 단추( )를 클릭하고 [Delete Tab] 메뉴를 클릭합니다.

13 완성

❶ 선택을 해제합니다. 캘린더가 완성되었습니다.

◎ 완성 파일 : Chapter07\unit01_04_완성.ai

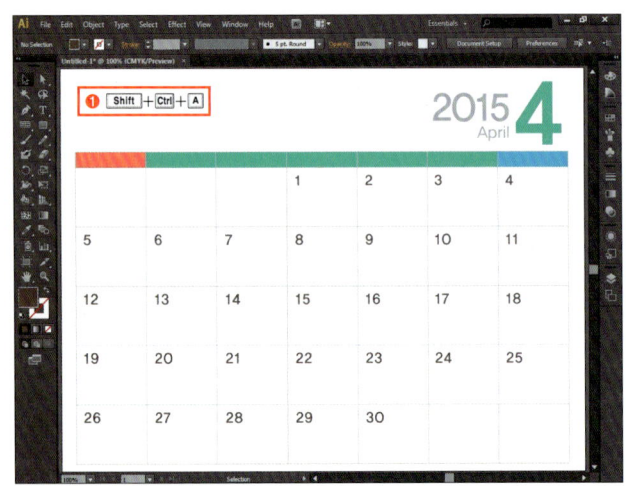

Unit 02. 패스를 따라 글자 입력하여 라벨 만들기

[Pathfinder] 패널로 패스를 편집하여 로고를 만들고 패스를 따라 입력되는 글자를 이용하여 도장과 라벨을 만드는 방법을 배워보겠습니다. 패스를 따라 글자를 입력할 경우에는 [Type Tool]이나 [Type on a Path Tool]을 사용합니다.

학습 주제
- 패스 편집하여 로고 만들기
- 패스 따라 글자 입력하여 도장 만들기
- 패스 따라 글자 입력하여 라벨 만들기

관련 학습
- 글자 입력하고 서식 설정하기 : 259쪽

패스 따라 글자 입력하고 위치 조정하기

[Type Tool]이나 [Type on a Path Tool]로 입력한 글자의 위치를 조정하는 방법을 배워보겠습니다.

● 글자를 입력한 후 위치 조정하기

[Type Tool](T)을 선택한 상태에서 패스에 마우스를 가져가 커서 모양이 I로 바뀌면 클릭하거나 혹은 [Type on a Path Tool]( )을 선택하여 패스를 클릭하면 해당 패스를 따라 글자를 입력할 수 있습니다. 글자가 입력되어 있는 상태에서 [Direct Selection Tool]( ) 등으로 패스의 모양을 수정하면 입력된 글자들이 수정된 패스 모양에 따라 다시 정렬됩니다.

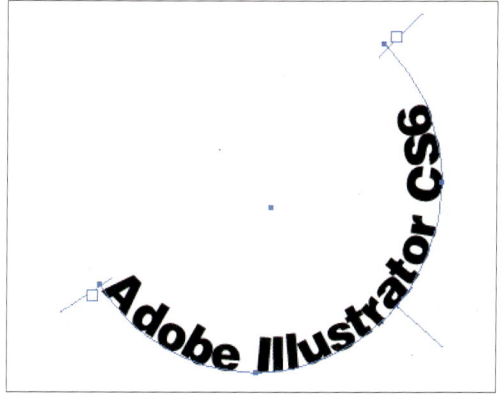 

▲ 패스를 따라 글자를 입력한 모습 ▲ [Direct Selection Tool]로 패스 모양을 수정한 모습

MEMO ● [Type Tool](T)은 열린 패스에만 글자를 입력할 수 있습니다. 반면 [Type on a Path Tool]( )을 이용하면 열린 패스와 닫힌 패스에 모두 글자를 입력할 수 있습니다.

패스를 따라 글자를 입력한 후에는 글자의 위치를 이동할 수 있습니다.

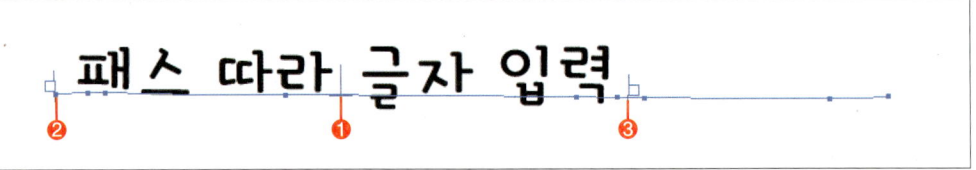

❶ 마우스를 가져가면 커서 모양이 ▶로 바뀝니다. 클릭한 채 드래그하면 입력된 글자들이 패스를 따라 이동합니다. 이때 ❷와 ❸의 위치도 함께 이동합니다.

❷ 마우스를 가져가면 커서 모양이 ▶로 바뀝니다. 클릭한 채 드래그하면 입력된 글자들이 패스를 따라 이동하다가 ❸의 위치에서부터 글자들이 숨겨집니다.

❸ 마우스를 가져가면 커서 모양이 ▶로 바뀝니다. 클릭한 채 드래그하면 해당 위치에서부터 글자들이 숨겨집니다.

간혹 글자가 뒤집혀서 입력되는 경우도 있습니다. 이때는 [Type]-[Type on a Path]-[Type on a Path Options] 메뉴를 클릭하면 나타나는 대화상자에서 [Flip]을 체크하여 문제를 해결할 수 있습니다.

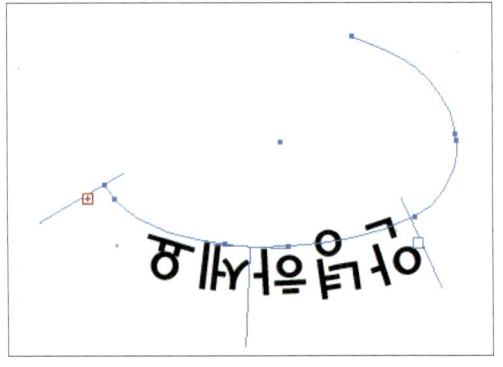

▲ 글자가 뒤집혀서 입력된 경우

▲ [Type on a Path Options] 대화상자에서 [Flip] 체크

[Type on a Path Options] 대화상자에서는 [Align to Path] 옵션을 설정하여 패스 위에서 글자가 위치할 기준점을 변경할 수 있습니다.

▲ Ascender

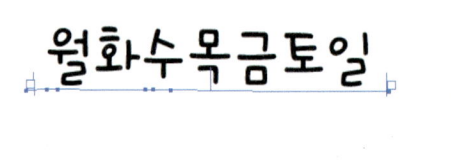

▲ Descender

▲ Center   ▲ Baseline

오렌지 일러스트 이용하여 로고 만들기

오렌지 일러스트를 이용한 로고를 만들어봅니다. 가로 880 px, 세로 660 px 크기의 새 파일을 만들어 시작합니다.

01 원 생성

❶[Ellipse Tool](　)을 클릭합니다. ❷아트보드에 클릭합니다. ❸대화상자에서 [Width]와 [Height]를 '150 px'로 설정합니다. ❹[OK]를 클릭합니다.

02 원 생성

❶다시 아트보드에 클릭합니다. ❷대화상자에서 [Width]와 [Height]를 '130 px'로 설정합니다. ❸[OK]를 클릭합니다.

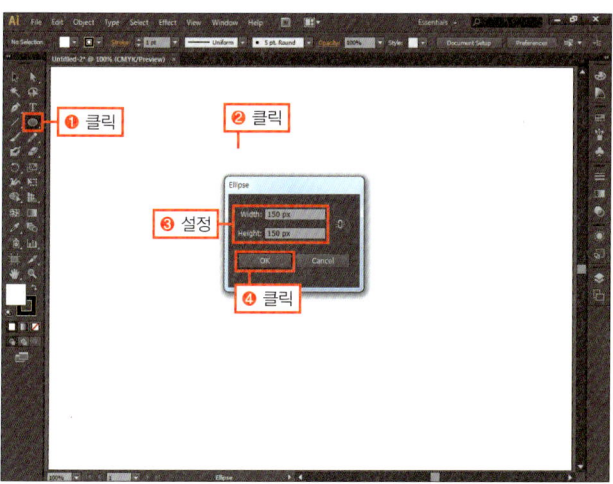
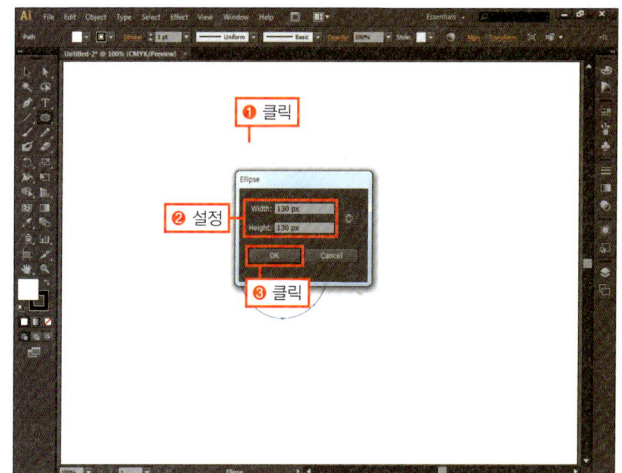

03 원 정렬

❶같은 방법으로 가로세로 '115 px' 크기의 원을 추가로 만듭니다. ❷[Selection Tool](　)로 원들을 모두 선택합니다. ❸[Align] 패널에서 [Align To]를 'Align to Selection'으로 설정하고 ❹[Horizontal Align Center](　)와 [Vertical Align Center](　)를 클릭하여 정렬합니다.

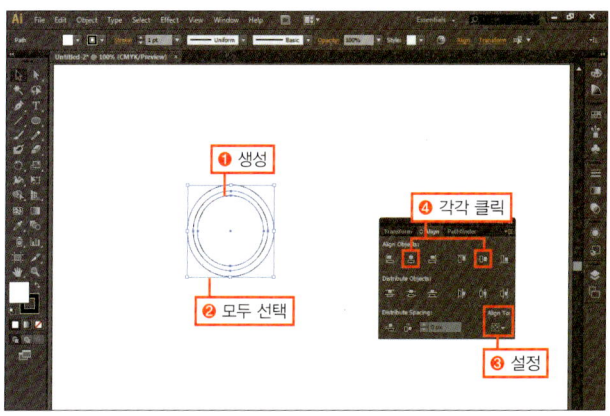

04 직선 패스 드로잉

❶ [Line Segment Tool](	) 로 ❷ 직선 패스를 만듭니다.
❸ [Stroke] 패널에서 [Weight]를 '7 px'로 설정합니다. 선 굵기가 변경됩니다.

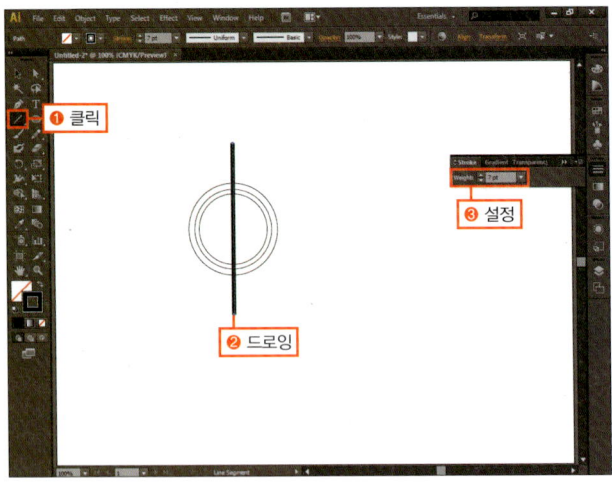

05 정렬

❶ [Selection Tool](	) 로 오브젝트들을 모두 선택합니다.
❷ [Align] 패널에서 [Horizontal Align Center](	) 와 [Vertical Align Center](	)를 클릭하여 정렬합니다.

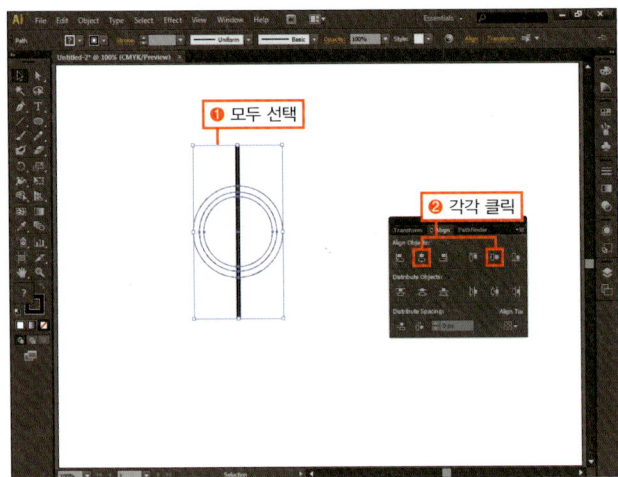

06 회전 복사

❶ [Selection Tool](	) 로 직선 패스만 선택합니다. ❷ [Rotate Tool](	)을 더블클릭합니다. ❸ [Angle]을 '45°'로 설정합니다. ❹ [Copy]를 클릭합니다.

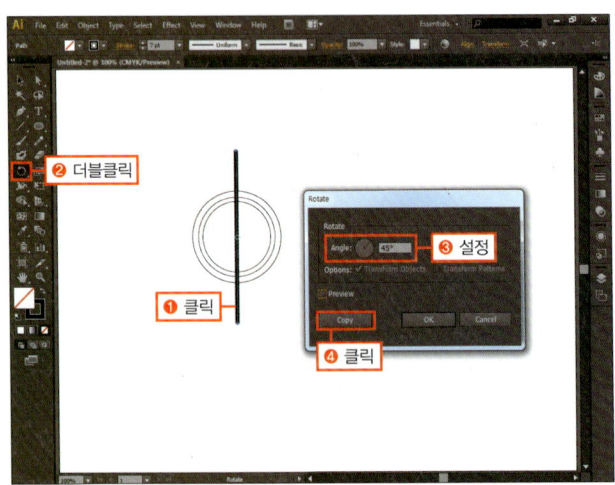

07 회전 복사

❶ Ctrl+D를 2번 눌러 선택된 직선 패스를 추가로 회전 복사합니다. ❷ [Selection Tool](	) 로 직선 패스들만 모두 선택합니다.

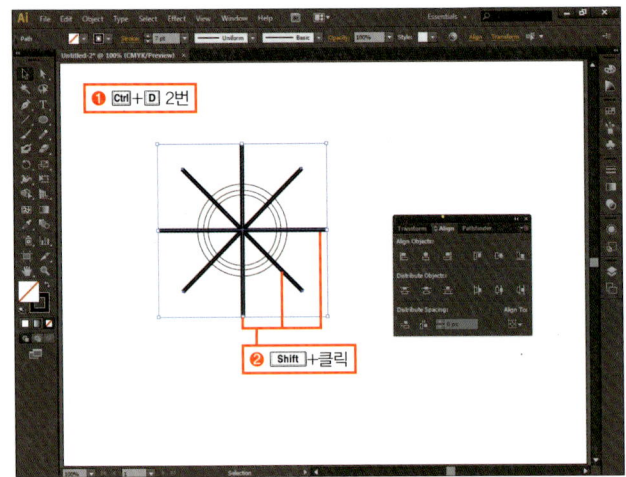

MEMO ● 회전 기준점이 원의 중앙으로 설정되어 있어야 합니다.

08 오브젝트로 변환

❶[Object]-[Expand] 메뉴를 클릭합니다. ❷[Fill], [Stroke]를 체크합니다. ❸[OK]를 클릭합니다. 패스 모양 그대로 오브젝트로 만들어집니다.

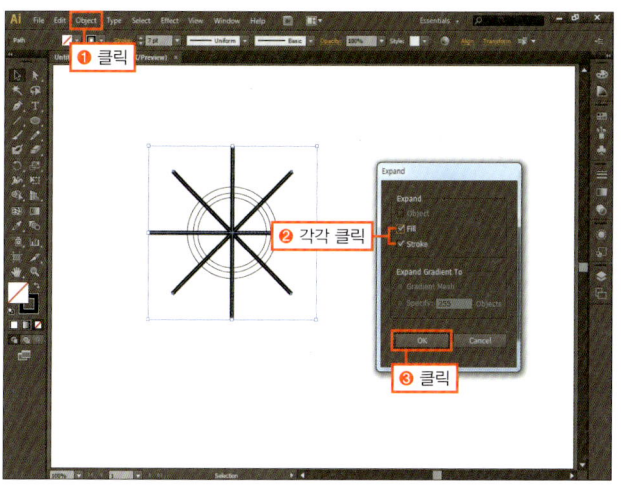

09 오브젝트 합치기 실행

❶[Pathfinder] 패널에서 [Unite](　)를 클릭합니다. 선택한 각 오브젝트들이 하나의 오브젝트로 합쳐집니다.

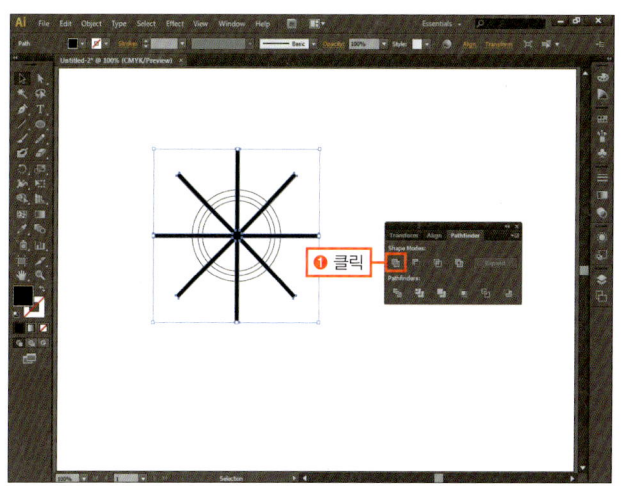

10 일부 패스 제거

❶ Shift 를 누른 채 가장 안쪽의 원을 클릭하여 동시 선택합니다. ❷[Pathfinder] 패널에서 [Minus Front](　)를 클릭합니다.

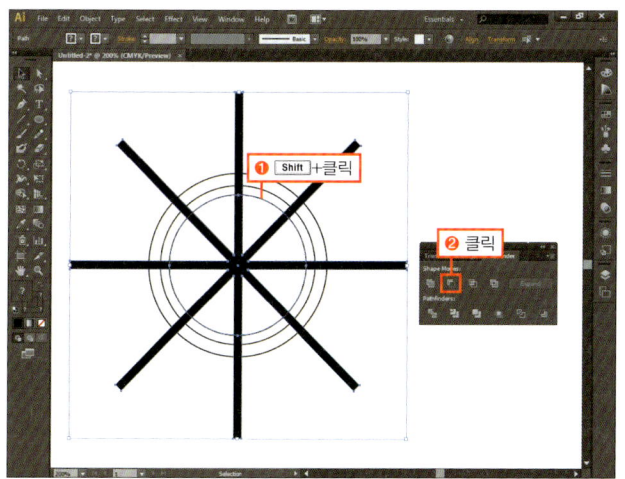

11 칠 색 설정

다음과 같은 모양으로 만들어집니다. ❶[Swatches] 패널에서 주황색을 클릭하여 칠 색으로 설정합니다.

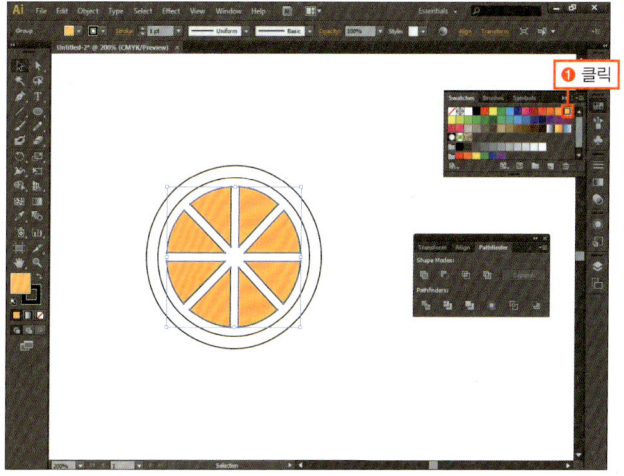

12 색상 설정 및 그룹화

❶바깥 원의 색상을 진한 주황색으로 설정합니다. ❷모든 오브젝트를 선택한 후 ❸선 색을 [None](▨)으로 설정합니다. ❹[Object]-[Group] 메뉴를 클릭하여 선택한 오브젝트들을 그룹으로 만듭니다(Ctrl+G).

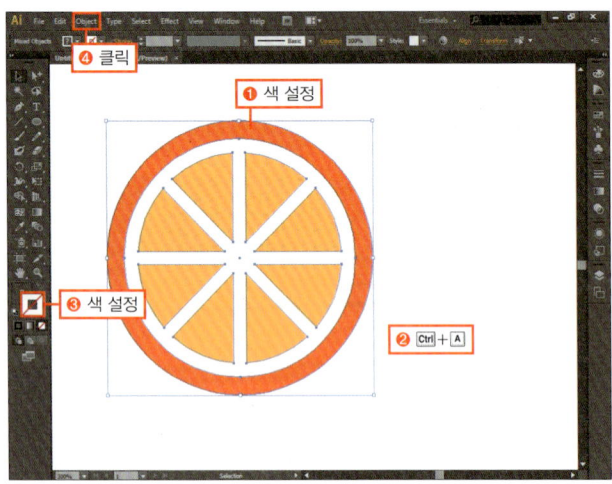

MEMO ● 여기에서 설정한 색상은 '#f05a28'입니다.

13 글자 입력

❶[Type Tool](T)로 ❷글자를 입력합니다. ❸글자체는 'Cooper Blk BT', 글자 크기는 각각 '48 pt'와 '120 pt', ❹글자 색상은 각각 '#60c5bf', '#f05a28', '#fbaf3f'로 설정합니다.

14 그룹 생성

❶오렌지 모양의 오브젝트를 복사합니다. ❷Ctrl+A를 눌러 모든 오브젝트를 선택합니다. ❸[Object]-[Group] 메뉴를 클릭하여 그룹으로 만듭니다(Ctrl+G).

15 선 추가

❶[Appearance] 패널을 열고 ❷[Add New Stroke](▢)를 클릭합니다. ❸추가된 [Stroke] 항목을 클릭한 후 [Contents] 항목의 아래로 드래그하여 이동합니다.

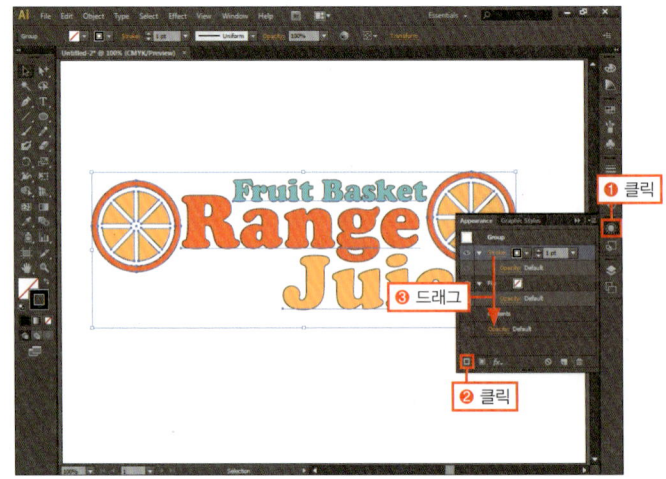

16 선 굵기 설정

❶ 선 굵기를 '26 pt'로 설정합니다.

17 선 색상 설정

❶ [Swatches] 패널에서 진한 갈색을 선택합니다.

18 완성

❶ 그룹을 아트보드의 가운데로 이동합니다.

◎ 완성 파일 : Chapter07\unit02_01_완성.ai

패스 따라 글자 입력하여 도장 만들기

패스를 따라 글자를 입력하여 도장을 만들겠습니다.

01 원 생성

❶ [Ellipse Tool](◯)을 클릭합니다. ❷ 아트보드에 클릭합니다. ❸ 대화상자에서 [Width]와 [Height]를 '500 px'로 설정합니다. ❹ [OK]를 클릭합니다.

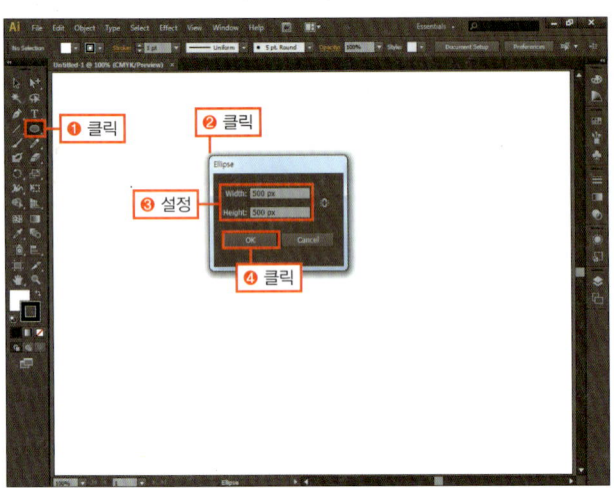

02 칠 색, 선 색, 선 굵기 설정

❶ 칠 색을 [None](◻), 선 색을 검은색으로 설정합니다. ❷ [Stroke] 패널에서 [Weight] 값을 '12 pt'로 설정하여 선 굵기를 변경합니다.

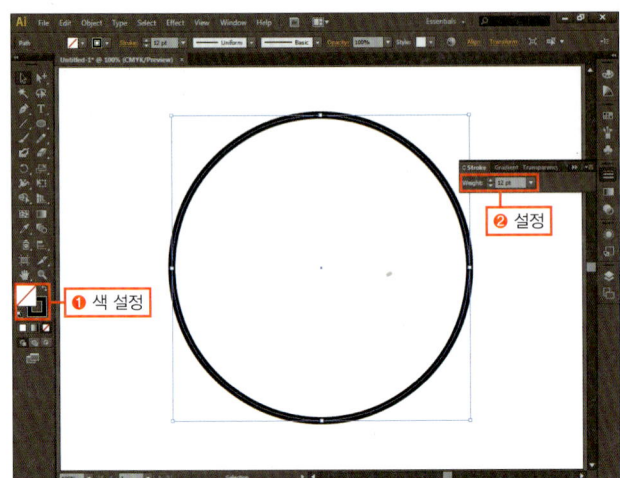

03 원 만들고 정렬

❶ 가로세로 '460 px' 크기의 새로운 원을 만듭니다. ❷ [Stroke] 패널에서 [Weight] 값을 '5 pt'로 설정합니다. ❸ [Selection Tool](▶)로 원들을 모두 선택한 후 ❹ [Align] 패널에서 [Align To]를 'Align to Artboard'로 설정하고 ❺ [Horizontal Align Center](🞘)와 [Vertical Align Center](🞗)를 클릭하여 정렬합니다.

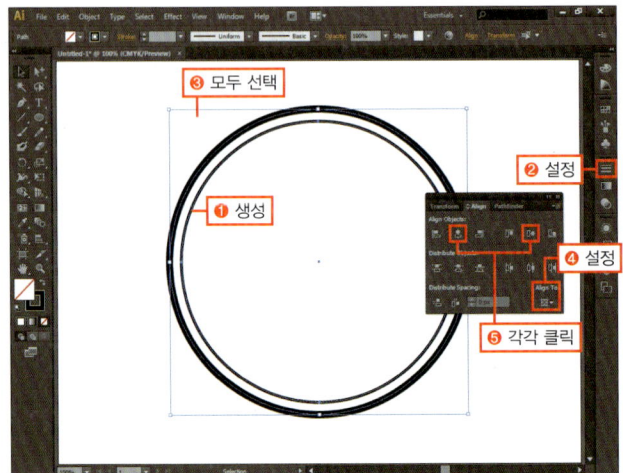

04 선 색 설정후 오브젝트로 변환

❶원의 선 색을 빨간색으로 설정합니다. ❷[Object]-[Expand] 메뉴를 클릭합니다. ❸[Fill], [Stroke] 항목을 체크한 후 ❹[OK]를 클릭합니다. 선 모양 그대로 오브젝트로 만들어집니다.

05 사각형 오브젝트 생성

❶[Rectangle Tool](▬)을 선택하고 ❷아트보드에 클릭합니다. ❸[Width]를 '660 px', [Height]를 '135 px'로 설정합니다. ❹[OK]를 클릭합니다.

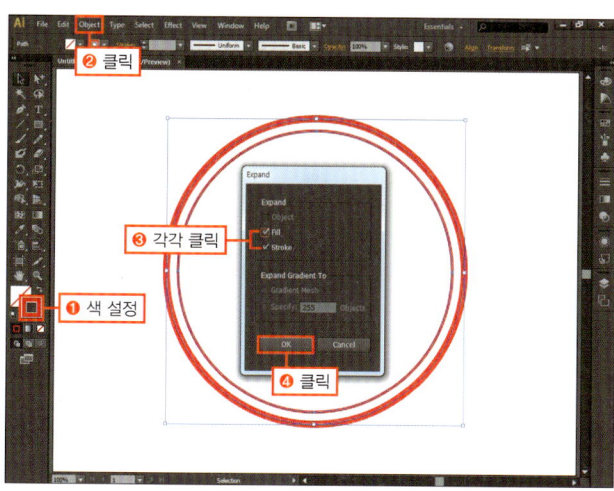

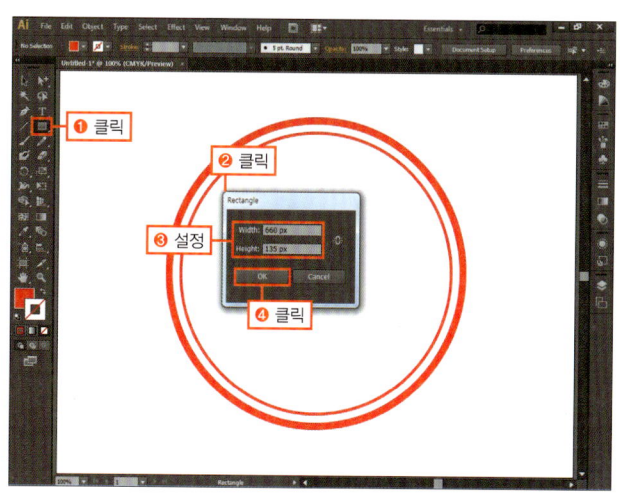

MEMO ● '#ed1c24' 색상으로 설정했습니다.

06 패스 분할

❶[Selection Tool](▶)로 사각형 오브젝트를 원의 가운데로 이동합니다. ❷모든 오브젝트를 선택한 후 ❸[Pathfinder] 패널에서 [Divide](▣)를 클릭합니다.

07 그룹 해제

❶마우스 오른쪽 단추를 클릭한 후 ❷[Ungroup] 메뉴를 클릭합니다. 그룹이 해제됩니다.

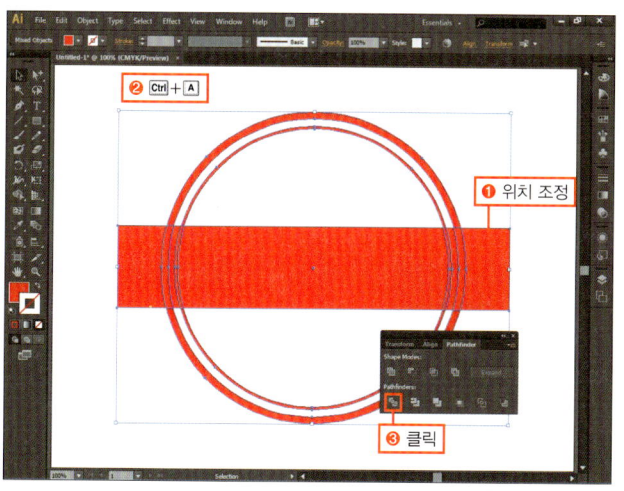

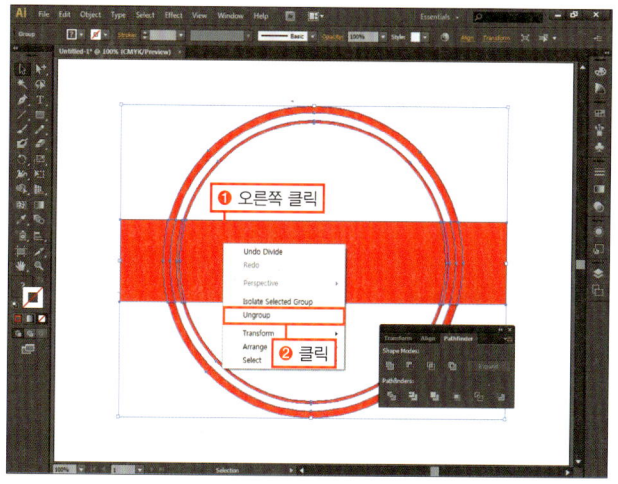

08 패스 삭제

❶[Selection Tool]( )로 잘린 오브젝트들 중 일부분을 선택한 후 삭제하여 다음과 같이 만듭니다.

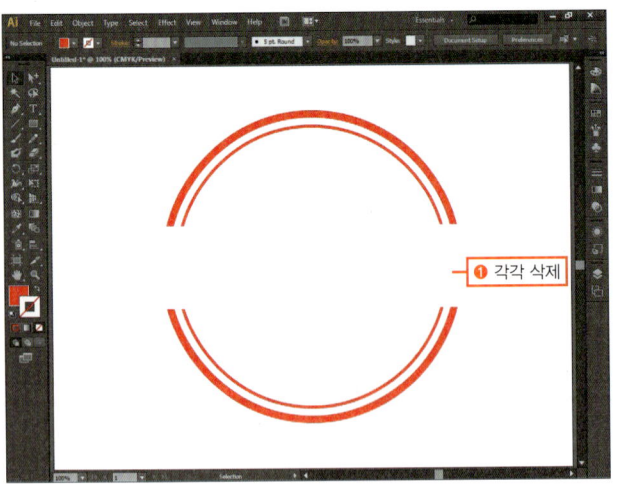

09 글자 입력

❶[Type Tool]( )로 글자를 입력합니다. ❷글자체는 'Palatino Linotype'으로 설정합니다.

10 글자 입력

❶계속해서 글자를 입력합니다. ❷글자체는 'Consolas'로 설정합니다.

11 직선 패스 드로잉

❶[Line Segment Tool]( )로 직선 패스를 2개 만듭니다. ❷[Stroke] 패널에서 선 굵기를 '3 pt'로 설정합니다.

12 지우개로 일부분 제거

❶[Eraser Tool](🧽)을 선택합니다. ❷[와]를 눌러 지우개의 크기를 조절합니다. ❸다음과 같이 직선 패스의 일부분을 클릭하여 지웁니다.

13 별 모양 오브젝트 드로잉

❶[Star Tool](⭐)을 이용하여 ❷도장을 다음과 같이 꾸며줍니다.

14 곡선 패스 드로잉

❶[Pen Tool](🖊)을 이용하여 ❷다음과 같이 곡선 패스를 2개 만듭니다.

15 패스 따라 글자 입력

❶[Type on a Path Tool](✒)을 선택합니다. ❷곡선 패스에 마우스를 가져가 커서 모양이 로 바뀌면 클릭합니다. ❸글자를 입력합니다.

16 글자 위치 이동

❶ [Selection Tool]( )을 선택하여 글자 입력을 완료합니다. ❷ 글자에 있는 파란색 직선에 마우스를 가져가 커서 모양이   로 바뀌면 클릭한 채 드래그합니다. 글자의 위치가 이동합니다.

17 패스 따라 글자 입력

❶ 같은 방법으로 아래쪽 패스에도 글자를 입력합니다.

MEMO ● 글자가 뒤집혀 입력되거나 기준선에 맞게 정렬되지 않을 경우 [Type]-[Path on a Path]-[Path on a Path Options] 메뉴를 클릭하여 설정합니다. 이 대화상자에 대한 자세한 내용은 Chapter 5의 Unit 1을 참고합니다.

18 완성

❶ 선택을 해제합니다.

◎ 완성 파일 : Chapter07\unit02_02_완성.ai

MEMO ● 화면 크기에 맞게 오브젝트들의 크기를 조절하였습니다.

패스 따라 글자 입력하여 상품 라벨 만들기

스티커로 사용할 수 있는 상품의 라벨을 만들겠습니다.

01 별 모양 오브젝트 생성

❶ [Star Tool](★)을 선택합니다. ❷ 아트보드에 클릭합니다. ❸ [Radius 1]을 '178 px', [Radius 2]를 '190 px', [Points]를 '50'으로 설정합니다. ❹ [OK]를 클릭합니다.

02 원 만들고 칠 색 설정

❶ 별 모양 오브젝트의 칠 색을 '#fec80d'로 설정합니다. ❷ [Ellipse Tool](●)로 가로세로 '350 px' 크기의 원 오브젝트를 만듭니다. ❸ 원 오브젝트의 칠 색을 흰색으로 설정합니다. ❹ [Ellipse Tool](●)로 가로세로 '340 px' 크기의 원 오브젝트를 만듭니다. ❺ 원 오브젝트의 칠 색을 '#ef512a'로 설정합니다.

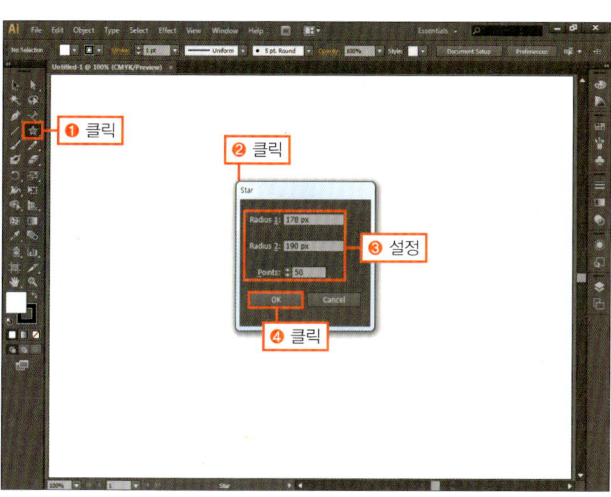

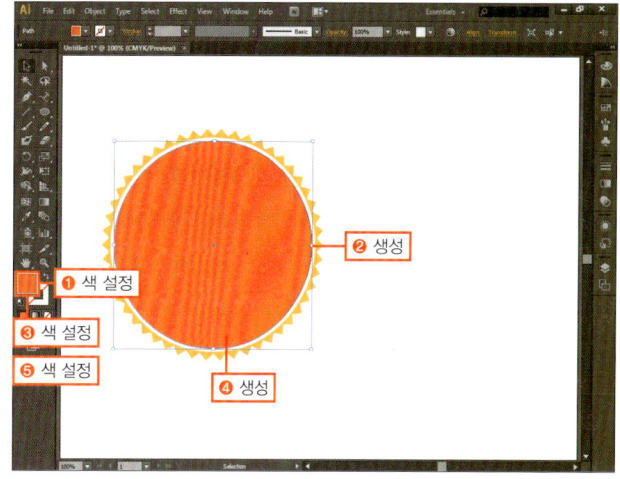

MEMO ● 세 오브젝트 모두 선 색은 [None]으로 설정합니다.

03 크기 변경하여 복사

❶ [Selection Tool](▶)로 주황색 원 오브젝트를 선택합니다. ❷ [Scale Tool](⬚)을 더블클릭합니다. ❸ [Uniform]을 '94%'로 설정합니다. ❹ [Copy]를 클릭합니다.

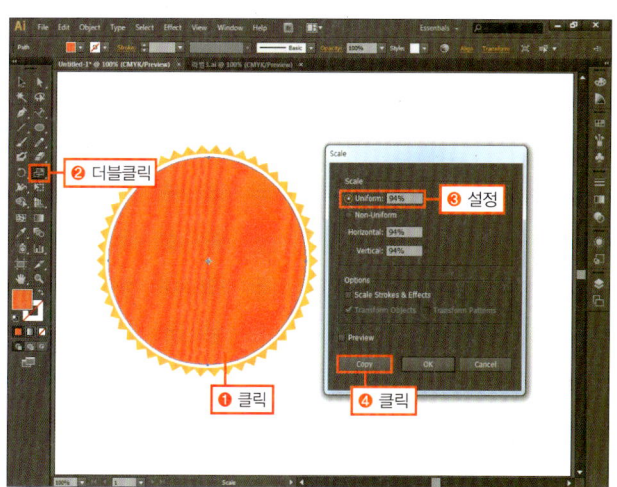

04 점선 적용

❶ 칠 색을 [None](▨), 선 색을 흰색으로 설정합니다. ❷ [Stroke] 패널에서 [Weight]를 '2 pt'로 설정하고 ❸ [Dashed Line]을 체크합니다. ❹ 아래의 첫 번째 입력 상자에 '5 pt'를 입력합니다. 점선이 만들어집니다.

05 새 칠 생성

❶ [Selection Tool](▶)로 주황색 원을 선택합니다. ❷ [Appearance] 패널에서 [Add New Fill](▨)을 클릭합니다. 새로운 [Fill] 항목이 만들어집니다.

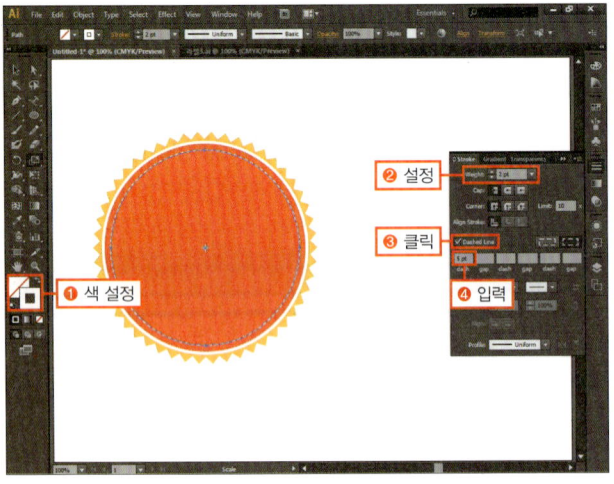

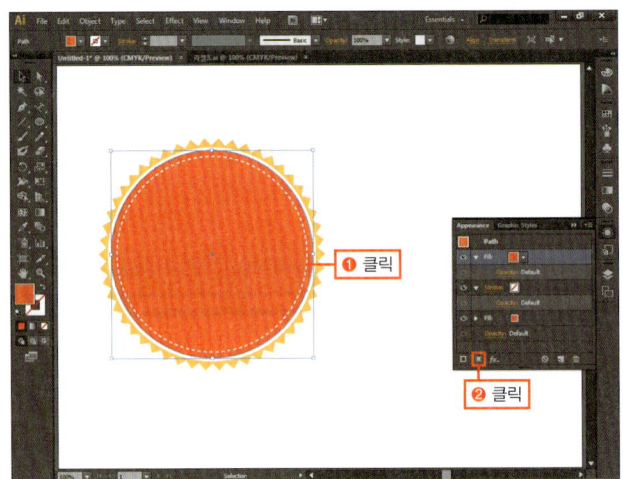

06 그레이디언트 설정

❶ [Gradient] 패널에서 [Type]을 'Linear'로 설정합니다. 그레이디언트가 적용됩니다. ❷ 오른쪽 색상 정지점을 더블클릭한 후 ❸ 나타나는 팝업창에서 색상을 흰색으로 설정합니다.

07 그레이디언트 설정

❶ △를 '90°'로, [Opacity]를 '75%'로 설정합니다.

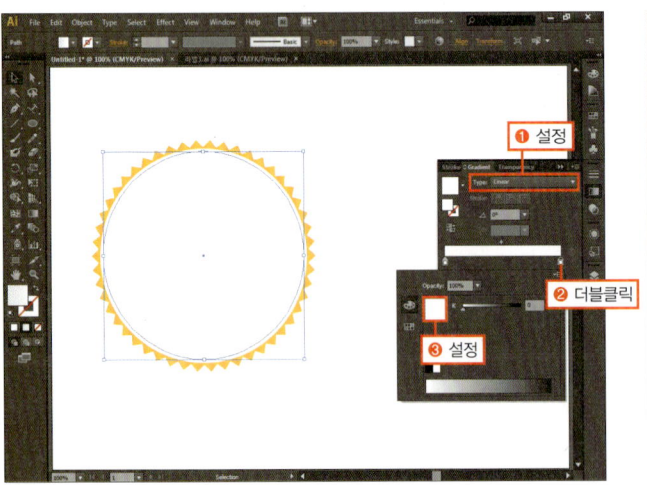

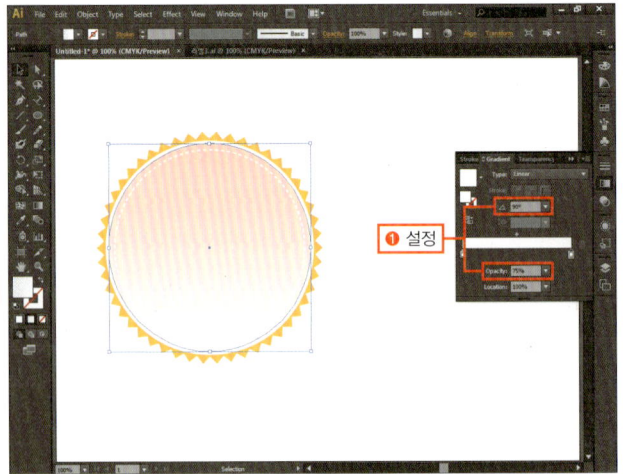

08 그레이디언트 설정

❶왼쪽의 색상 정지점을 클릭하고 ❷[Opacity]를 '0%'로 설정합니다.

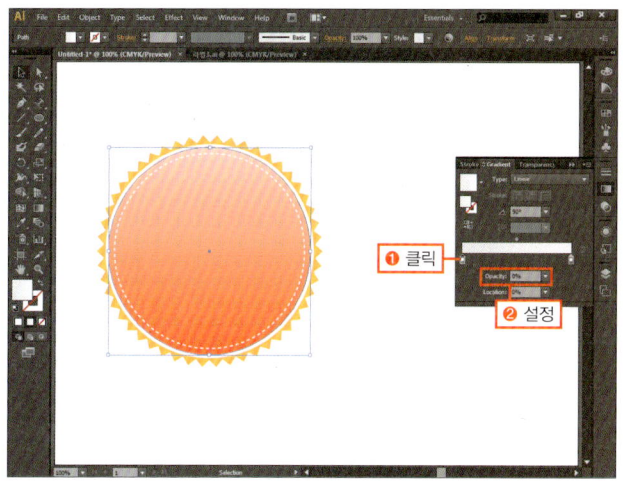

09 그레이디언트 설정

❶두 정지점 사이의 ◆를 클릭합니다. ❷[Location]을 '75%'로 설정합니다.

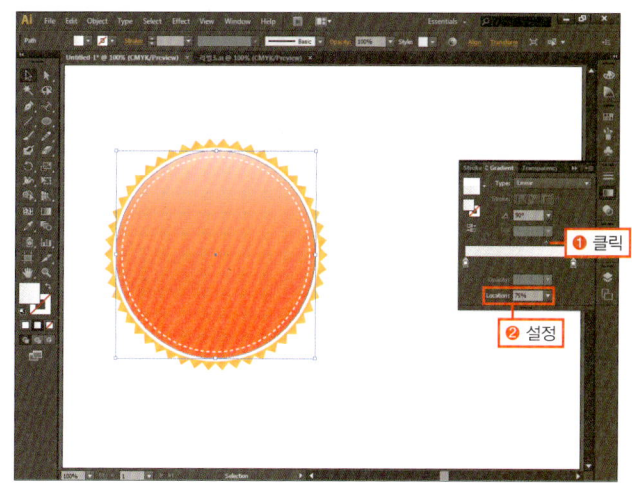

10 글자 입력

❶[Type Tool](T)로 글자를 입력합니다. ❷글자체는 'Cooper Blk BT', 글자 크기는 각 '57 pt', '40 pt'로 설정합니다. ❸글자 색상은 '#fff5e6'로 설정합니다.

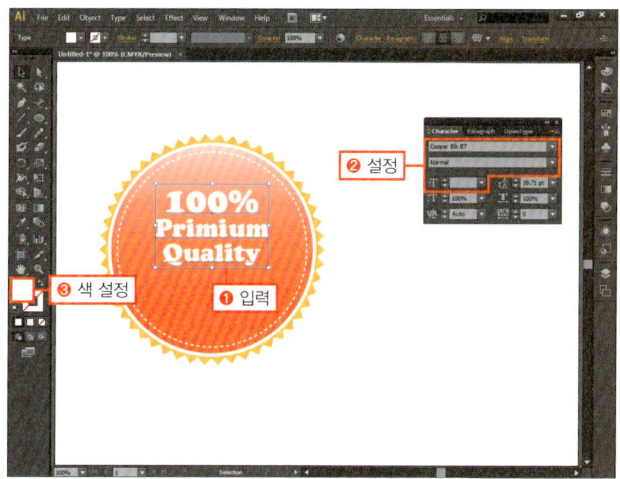

11 그림자 효과 적용

❶[Effect]-[Stylize]-[Drop Shadow] 메뉴를 클릭합니다. ❷[Mode]를 'Multiply', [Opacity]를 '100%', [X Offset]을 '4 px', [Y Offset]을 '4 px', [Blur]를 '0 px', [Color]를 '#744c28'로 설정합니다. ❸[OK]를 클릭합니다.

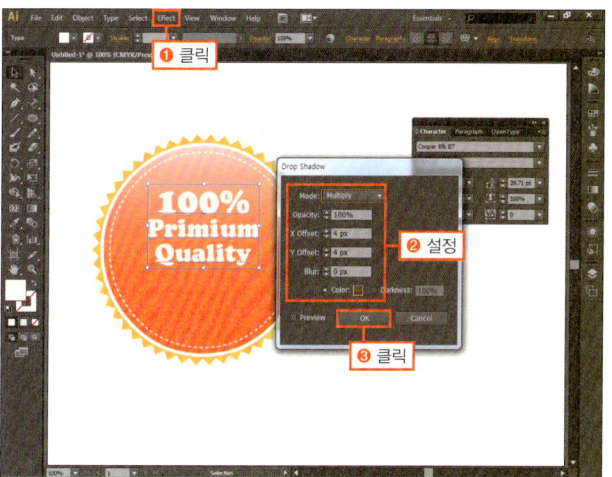

12 사각형 오브젝트 생성

❶[Rectangle Tool](▭)을 선택합니다. ❷아트보드에 클릭합니다. ❸[Width]를 '500 px', [Height]를 '55 px'로 설정합니다. ❹[OK]를 클릭합니다. ❺칠 색을 '#fec80d'로 설정합니다.

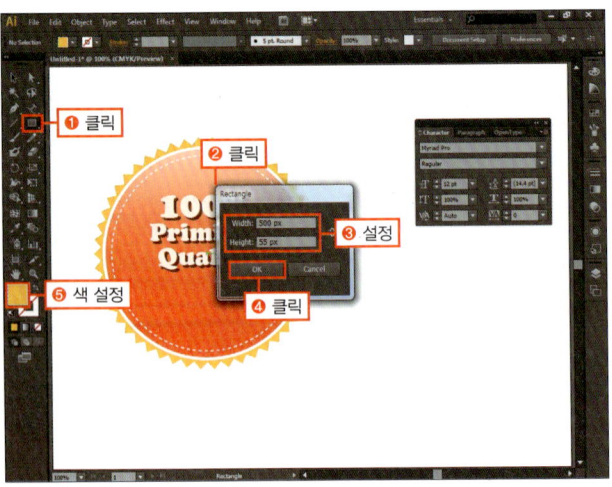

13 글자 입력

❶[Type Tool](T)로 글자를 입력합니다. ❷글자체는 'Lighthouse Personal Use', 글자 크기는 '48 pt', ❸글자 색상은 흰색으로 설정합니다.

14 오브젝트 선택

❶[Selection Tool](▶)로 사각형 오브젝트와 별 모양 오브젝트를 동시 선택합니다. ❷[Shape Builder Tool](⌖)을 선택합니다.

15 패스 삭제

❶Alt를 누른 채 별 모양 오브젝트 바깥쪽에 있는 사각형의 일부분을 클릭합니다. 해당 면이 지워집니다. ❷같은 방법으로 오른쪽도 클릭합니다.

16 크기 변경하여 복사

❶ [Selection Tool]( )로 점선이 적용된 원 오브젝트를 선택합니다. ❷ [Scale Tool]( )을 더블클릭합니다. ❸ [Uniform]을 '80%'로 설정합니다. ❹ [Copy]를 클릭합니다.

17 패스 따라 글자 입력

❶ 만들어진 패스 위에 [Type on a Path Tool]( )로 클릭하여 글자를 입력합니다. ❷ 글자체는 'Tahoma', [Tracking]( )은 '300'으로 설정합니다. ❸ 글자 색상은 흰색으로 설정합니다.

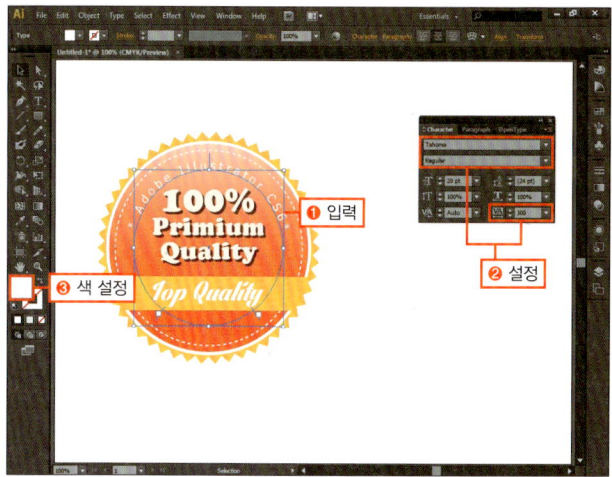

MEMO ● 글자를 모두 입력한 후에는 패스 위 글자의 위치를 재조정해야 합니다.

18 라벨 완성

❶ [Type Tool]( )로 글자를 입력합니다. ❷ 글자체는 'Tahoma', [Tracking]( )은 '0'으로 설정합니다. ❸ 글자 색상은 흰색으로 설정합니다.

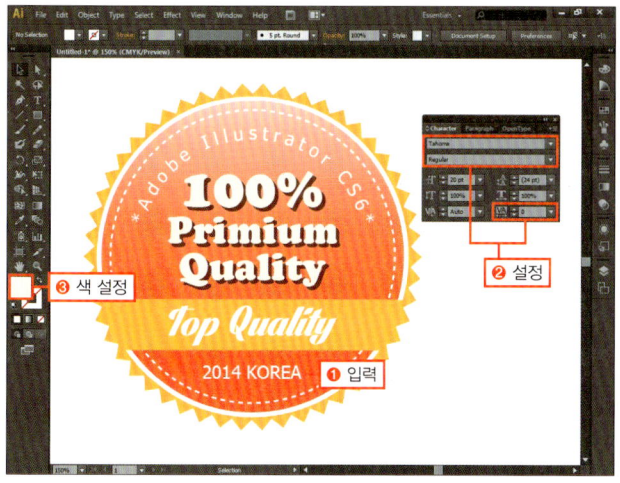

19 원 오브젝트 생성

❶ [Ellipse Tool]( )을 선택합니다. ❷ 아트보드에 클릭합니다. ❸ [Width], [Height]를 '380 px'로 설정합니다. ❹ [OK]를 클릭합니다.

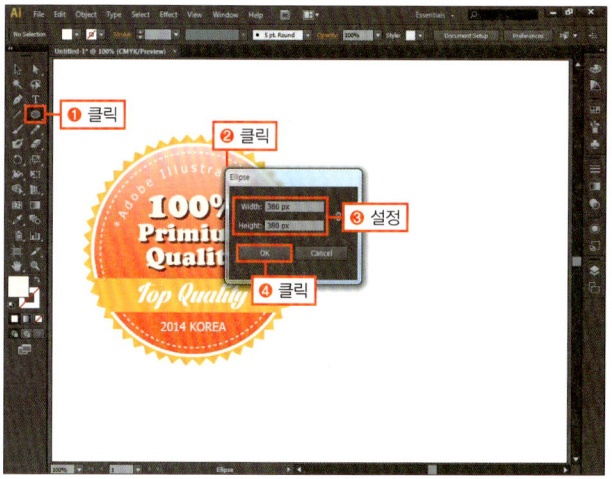

20 칠 색 설정 후 크기 변경하여 복사

❶ 칠 색을 '#6b4c2f'로 설정합니다. ❷ [Scale Tool](   ) 을 더블클릭합니다. ❸ [Uniform]을 '93%'로 설정합니다. ❹ [Copy]를 클릭합니다.

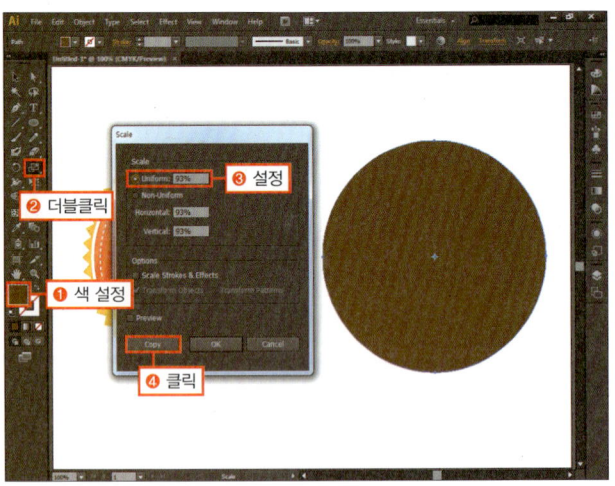

21 칠 색 변경 및 원 생성

❶ 복사한 원의 칠 색을 '#f9eac3'으로 설정합니다. ❷ [Ellipse Tool](   )로 가로세로 '300 px' 크기의 원을 새로 만듭니다. ❸ 만들어진 원의 칠 색을 '#f5af1a'로 설정합니다.

22 원 생성

❶ [Ellipse Tool](   )로 가로세로 '28 px' 크기의 원을 새로 만듭니다. ❷ 만들어진 원의 위치를 다음과 같이 이동합니다.

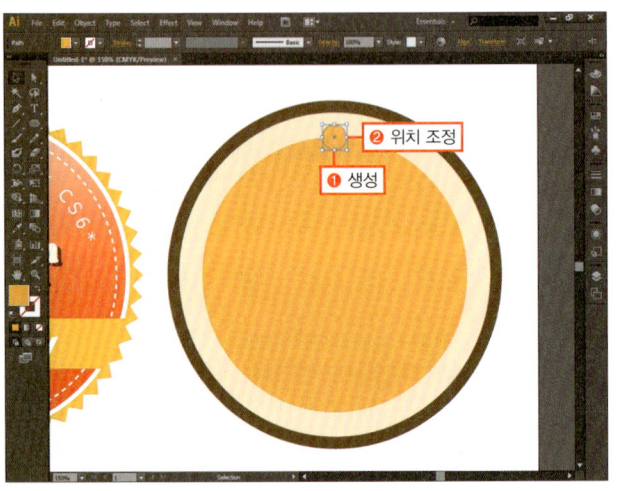

23 회전 기준점 변경하고 회전

❶ [Rotate Tool](   )을 선택합니다. ❷ 큰 원의 중심에 마우스를 올리고 Alt 를 누른 채 클릭합니다. 회전 기준점이 바뀌고 대화상자가 나타납니다. ❸ [Angle]을 '10°'로 설정하고 ❹ [Copy]를 클릭합니다.

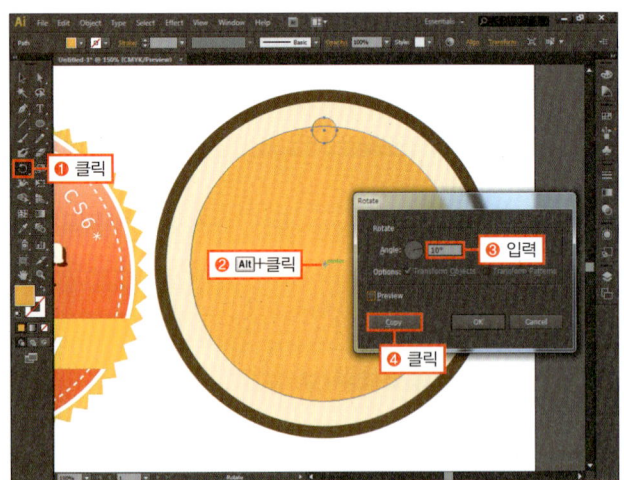

24 회전 복사

❶ Ctrl + D 를 계속 눌러 다음과 같이 완성합니다.

25 글자 입력

❶ [Type Tool](T)로 글자를 입력합니다. ❷ 글자체는 'Lighthouse Personal Use', ❸ 글자 색상은 '#fff5e6'으로 설정합니다.

26 [Eyedropper Tool] 설정

❶ 글자 오브젝트를 선택하고 ❷ [Eyedropper Tool]( )을 더블클릭합니다. ❸ [Eyedropper Options] 대화상자가 열리면 [Eyedropper Picks Up]에서 [Character Style]과 [Paragraph Style]을 체크 해제하고 [Appearance]를 체크합니다. ❹ [OK]를 클릭합니다.

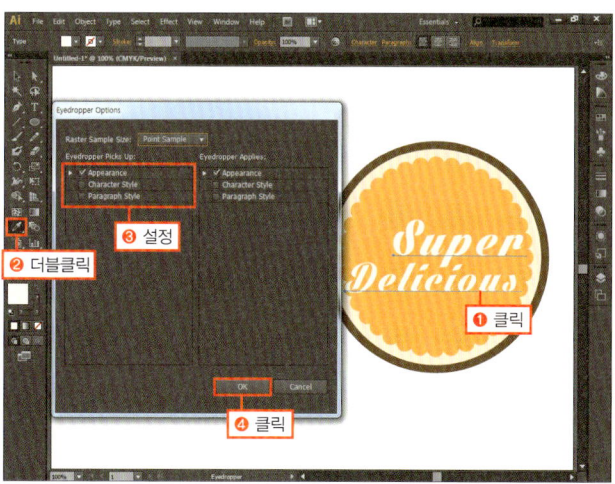

27 속성 복사하여 적용

❶ 왼쪽 라벨에서 그림자 효과가 적용되어 있는 글자를 클릭합니다. 해당 글자의 속성이 선택한 글자에도 적용됩니다.

28 오브젝트 선택, 합치기 실행

❶[Selection Tool]( )로 주황색의 큰 원과 작은 원들을 모두 선택합니다. ❷[Pathfinder] 패널에서 [Unite]( )를 클릭하여 선택한 오브젝트들을 합칩니다.

29 새 칠 추가

❶[Appearance] 패널에서 [Add New Fill]( )을 클릭합니다. 새 [Fill] 항목이 만들어집니다.

30 그레이디언트 설정

❶[Gradient] 패널에서 [Type]을 'Radial'로 설정합니다. 그레이디언트가 적용됩니다. ❷오른쪽 색상 정지점을 더블클릭한 후 ❸나타나는 팝업창에서 색상을 흰색으로 설정합니다.

31 그레이디언트 설정

❶[Opacity]를 '0%'로 설정합니다.

32 그레이디언트 설정

❶왼쪽 색상 정지점을 클릭합니다. ❷[Opacity]를 '75%'로 설정합니다.

33 그레이디언트 설정

❶두 색상 정지점 사이의 ◆를 클릭합니다. ❷[Location]을 '35%'로 설정합니다.

34 글자 입력 후 원 생성

❶[Type Tool](T)로 글자를 입력합니다. ❷글자체는 'Cooper Blk BT', 글자 색상은 각 '#6b4c2f', '#f26b21'로 설정합니다. ❸[Ellipse Tool](◯)로 적당한 크기의 원 오브젝트를 만듭니다.

35 패스 따라 글자 입력

❶[Type on a Path Tool](✎)로 클릭하여 패스를 따라 글자를 입력합니다. ❷글자체는 'Tahoma', 글자 속성은 'Bold', [Tracking](VA)은 '300'으로 설정합니다. ❸글자 색상은 '#f26b21'로 설정합니다.

36 완성

두 라벨이 모두 완성되었습니다.

◎ 완성 파일 : Chapter07\unit02_03_완성.ai

Unit 03 데이터를 입력하여 그래프 만들기

[Graph Tool]로 각 데이터에 맞는 그래프를 만들 수 있습니다. 일러스트레이터에서는 모두 9가지 유형의 그래프를 만들 수 있으며, 오브젝트를 사용하여 일러스트 그래프도 만들 수 있습니다.

- 데이터 입력하여 그래프 만들기
- 그래프 종류 바꾸기
- 일러스트 그래프 만들기

- [Color] 패널을 이용해 손쉽게 컬러링하기 : 134쪽
- 글자 입력하고 서식 설정하기 : 259쪽

일러스트레이터에서 만들 수 있는 그래프

일러스트레이터에서 만들 수 있는 9가지 그래프 유형과 오브젝트를 이용한 일러스트 그래프를 미리 살펴보겠습니다.

● 일반 그래프 살펴보기

[Tool] 패널의 그래프 도구로 만들 수 있는 9가지 유형의 일반 그래프입니다.

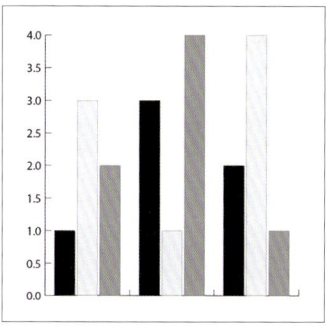
▲ 세로 막대 그래프(Column)

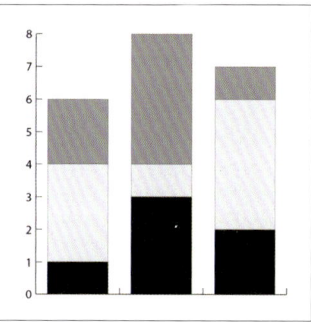
▲ 누적 세로 막대 그래프(Stacked Column)

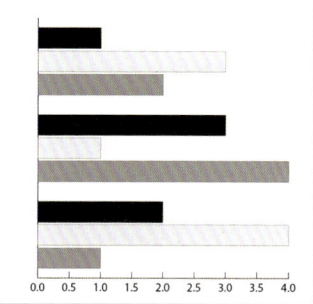
▲ 가로 막대 그래프(Bar)

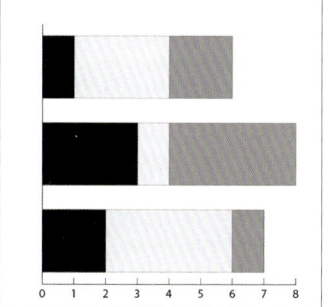
▲ 누적 가로 막대 그래프(Stacked Bar)

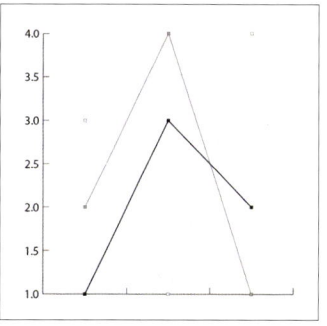
▲ 꺾은선 그래프(Line)

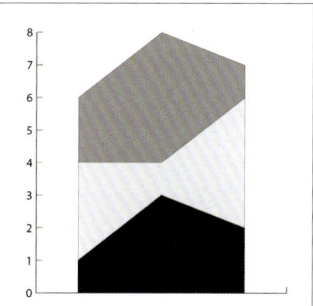
▲ 영역 그래프(Area)

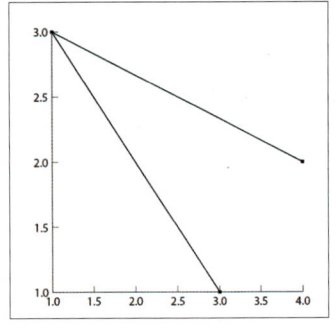
▲ 분산 그래프(Scatter)

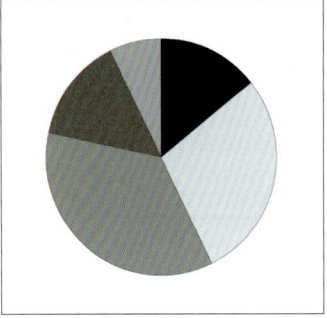
▲ 원 그래프(Pie)

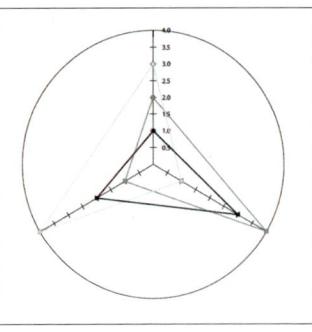
▲ 방사 그래프(Radar)

● **일러스트 그래프 살펴보기**

오브젝트를 그래프 디자인으로 등록하여 일반 그래프에 적용하면 일러스트 그래프가 만들어집니다.

▲ 등록한 그래프 디자인

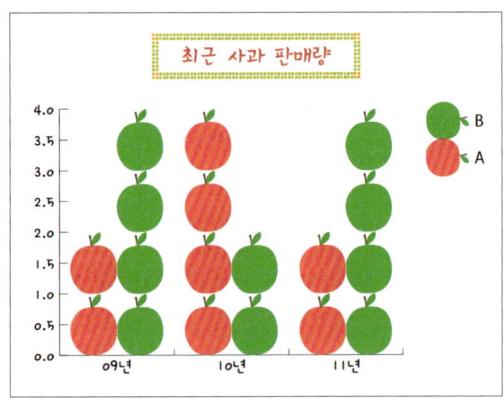
▲ 일러스트 그래프로 만든 모습

▲ 등록한 그래프 디자인

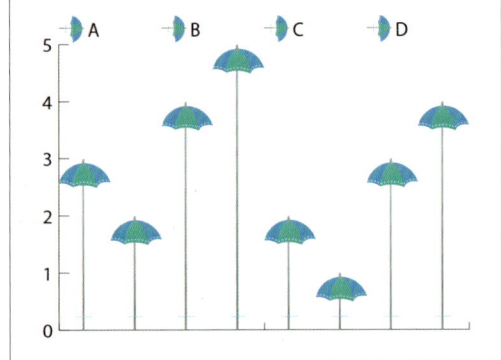
▲ 일러스트 그래프로 만든 모습

일러스트레이터에서 그래프 만들기

일러스트레이터에서 제공하는 그래프 도구를 이용하여 간단한 그래프를 만들어보겠습니다.

01 그래프 생성

❶[Column Graph Tool]( )을 선택합니다. ❷아트보드에 클릭한 채 드래그합니다.

02 데이터 입력

데이터를 입력하는 창이 나타나면 ❶다음과 같이 그래프의 데이터를 입력합니다. ❷대화상자의 [Apply]( )를 클릭합니다.

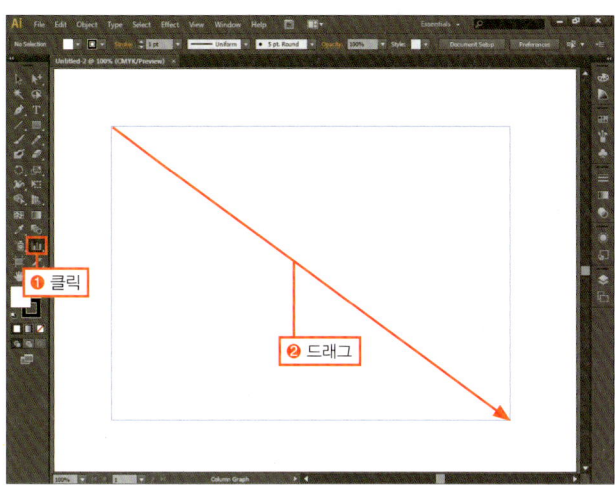
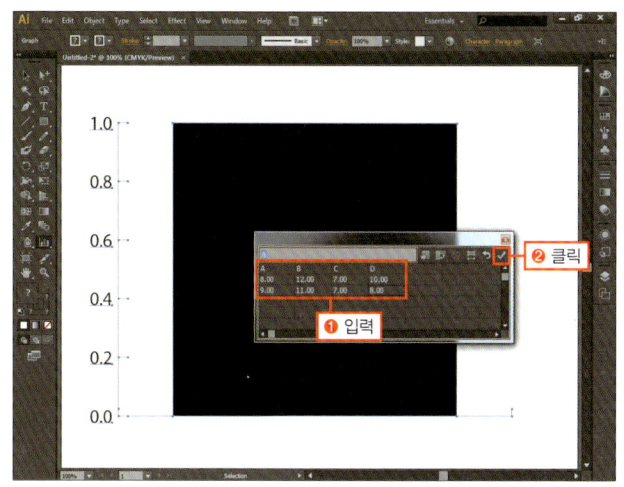

03 그래프 완성

입력한 데이터에 맞춰 그래프가 만들어집니다. ❶대화상자를 닫습니다.

04 그래프 유형 변경

❶오른쪽 클릭한 후 ❷[Type] 메뉴를 클릭합니다.

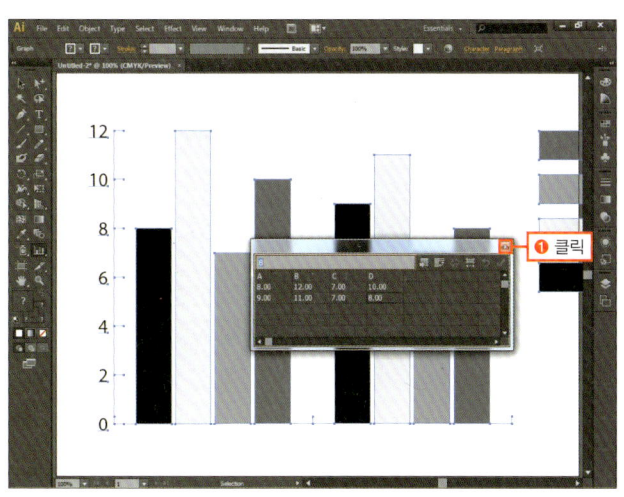
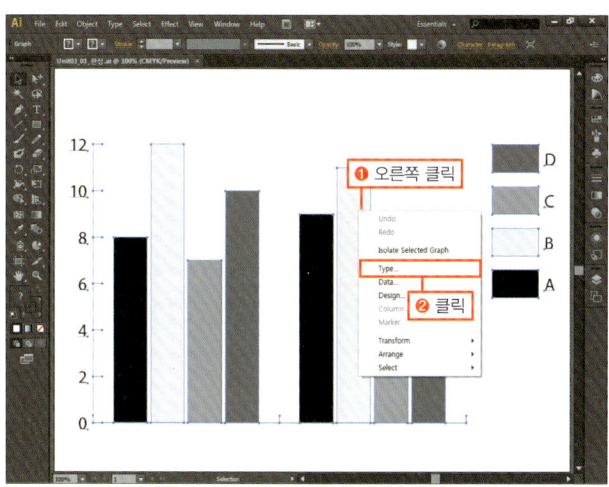

05 그래프 유형 변경

[Graph Type] 대화상자가 열리면 ❶[Bar](▬)를 클릭합니다. ❷[OK]를 클릭합니다.

06 완성

가로 막대 그래프로 변경되었습니다.

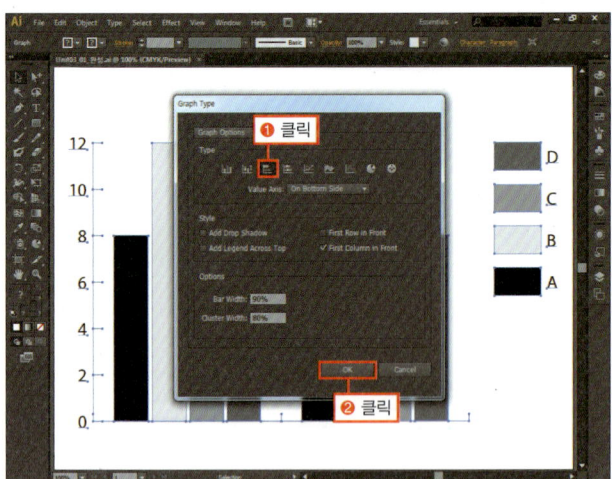
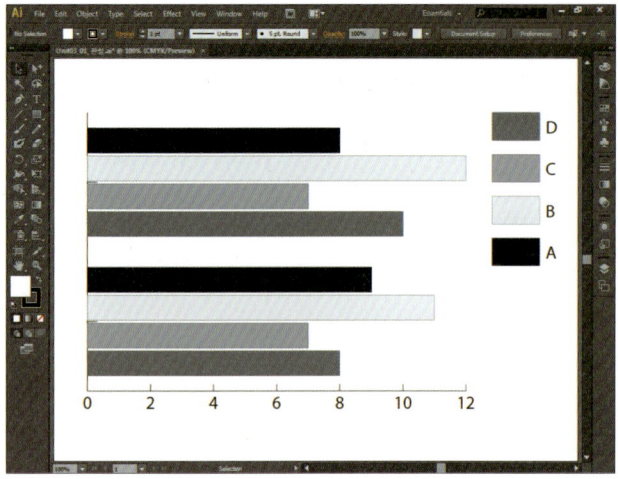

◉ 완성 파일 : Chapter07\unit03_01_완성.ai

TIP 데이터 입력창 살펴보기

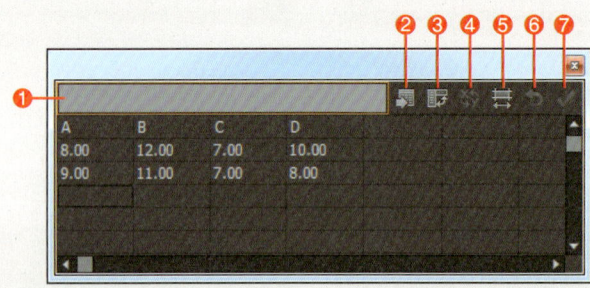

❶ 선택한 셀의 데이터를 입력하는 입력 상자입니다.
❷ **Import data**(▬) : 외부 파일에 입력되어 있는 데이터를 불러옵니다.
❸ **Transpose row/column**(▬) : 행과 열의 데이터를 서로 교체합니다.
❹ **Switch x/y**(▬) : 분산 그래프(Scatter)에서 X축과 Y축을 서로 교체합니다.
❺ **Cell style**(▬) : 셀 스타일을 설정합니다.
❻ **Revert**(▬) : 데이터를 처음 상태로 되돌립니다.
❼ **Apply**(▬) : 입력한 데이터를 그래프에 적용합니다.

데이터 수정하고 그래프 색상 변경하기

이미 만들어진 그래프의 데이터를 수정하여 그래프를 업데이트하고, 그래프 막대의 색상을 변경하는 방법, 그래프에 입력한 글자들의 서식을 변경하는 방법 등을 알아보겠습니다.

예제 파일 : Chapter07\unit03_01_완성.ai

01 데이터 수정

❶아트보드의 그래프를 선택한 후 ❷[Object]-[Graph]-[Data] 메뉴를 클릭합니다. 데이터 입력창이 나타납니다. ❸입력된 데이터를 지우고 새로운 데이터를 입력합니다. ❹[Apply](✓)를 클릭합니다.

02 변경된 그래프 확인

새로운 데이터에 맞춰 그래프가 변경됩니다. ❶입력창을 닫습니다.

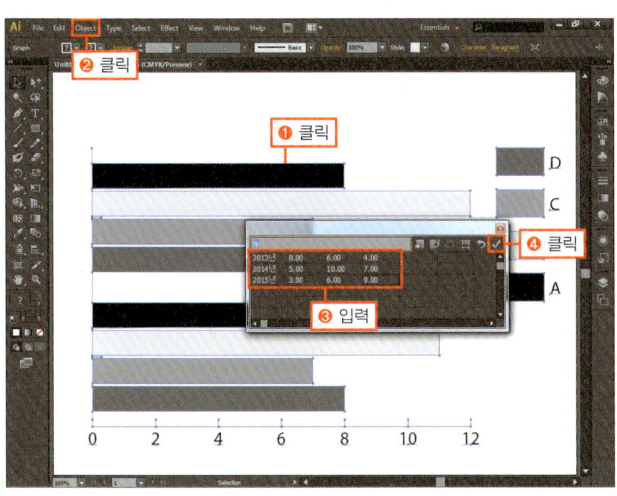

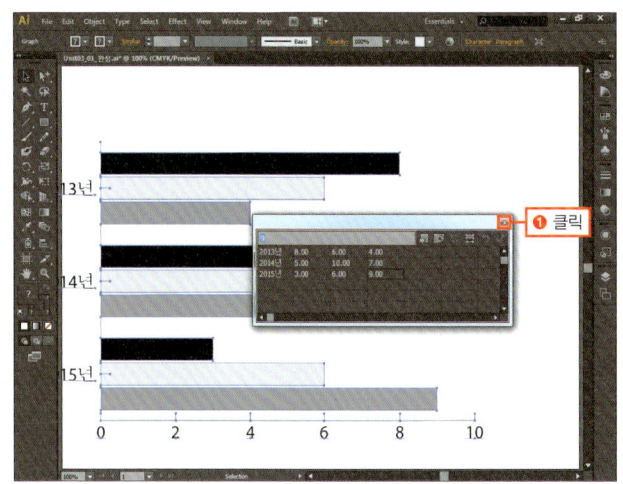

03 그래프 색상 변경

❶[Group Selection Tool](▶⁺)을 선택합니다. ❷막대 그래프의 일부를 동시 선택합니다. ❸칠 색을 '#ba665e'로 변경합니다.

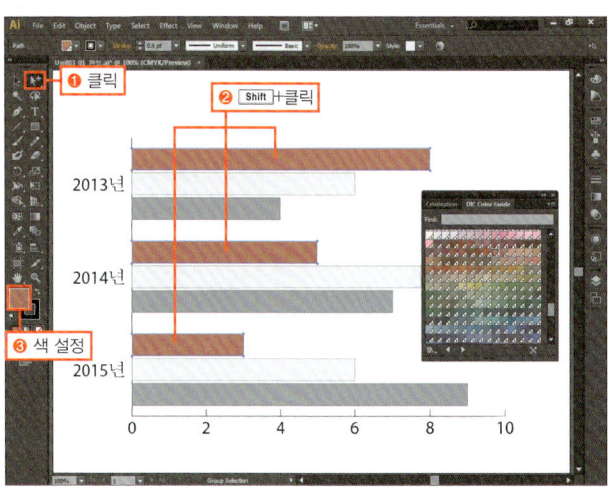

04 그래프 색상 변경

❶두 번째 막대들도 선택하여 ❷칠 색을 '#baaf5c'로 설정합니다.

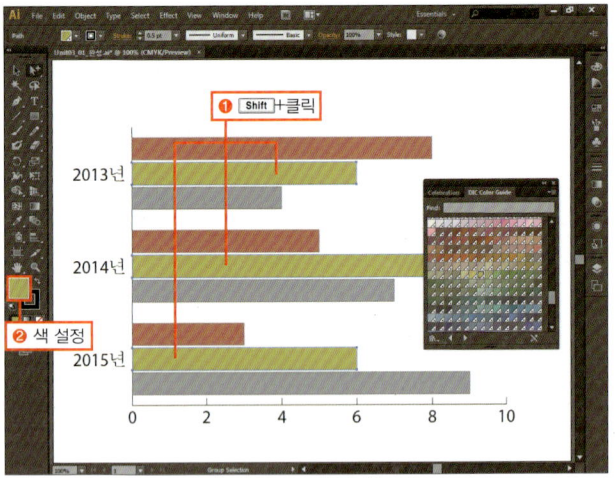

05 그래프 색상 변경

❶세 번째 막대들도 선택하여 ❷칠 색을 '#445e7b'로 설정합니다.

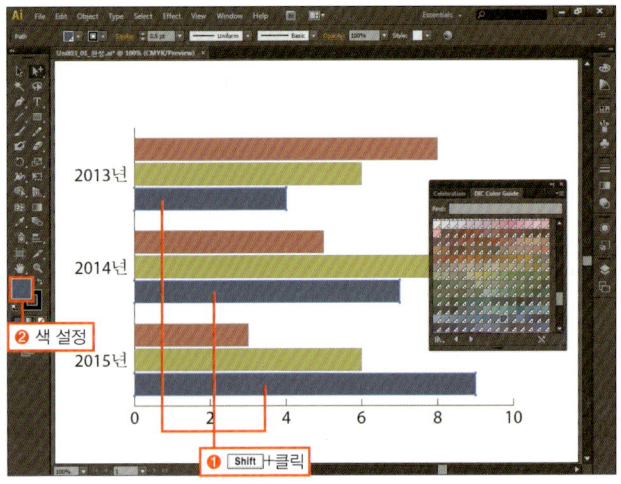

06 글자체 변경

❶[Group Selection Tool](▶)로 ❷세로축의 글자들을 동시 선택합니다. ❸[Character] 패널에서 글자체는 'Rix레모네이드 M', 글자 크기는 '40 pt'로 설정합니다.

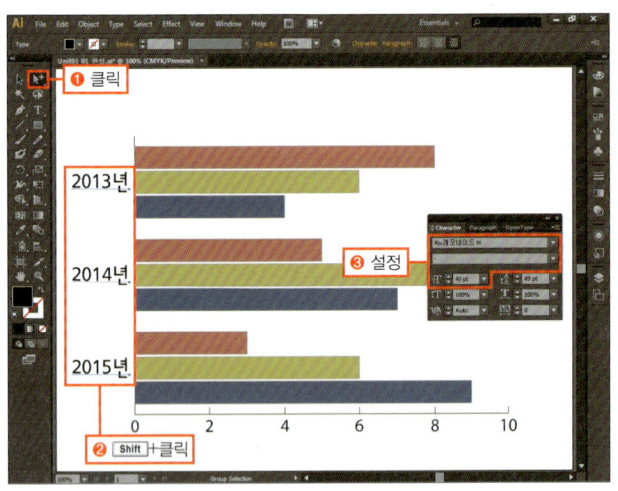

07 완성

그래프의 색상과 세로축의 글자체가 변경되었습니다.

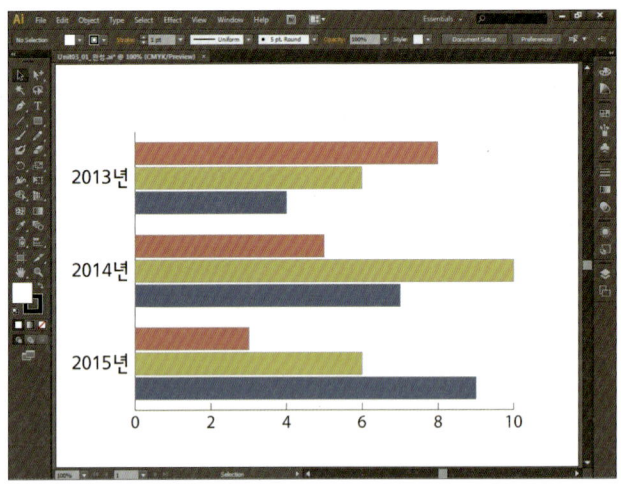

◎ 완성 파일 : Chapter07\unit03_02_완성.ai

일러스트 그래프 만들기

오브젝트를 그래프 디자인으로 등록하여 일러스트 그래프를 만들어보겠습니다.

01 그래프 생성

❶ [Column Graph Tool](📊)을 선택합니다. ❷ 아트보드에 클릭합니다. ❸ [Width]를 '650 px', [Height]를 '550 px'로 설정합니다. ❹ [OK]를 클릭합니다.

02 데이터 입력

데이터 입력창이 나타나면 ❶ 데이터를 입력하고 ❷ [Apply](✓)를 클릭합니다. ❸ 입력창을 닫습니다.

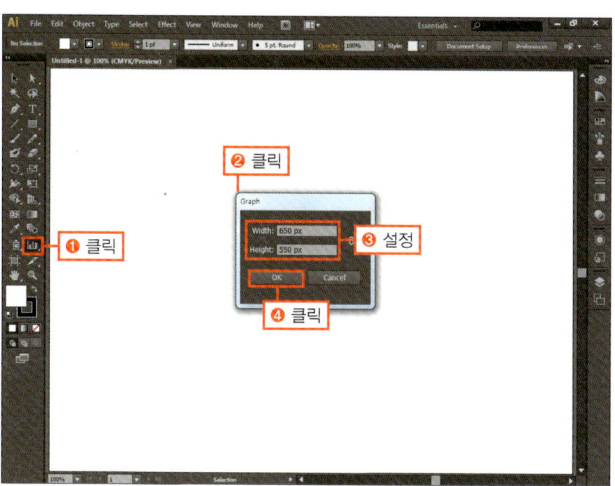

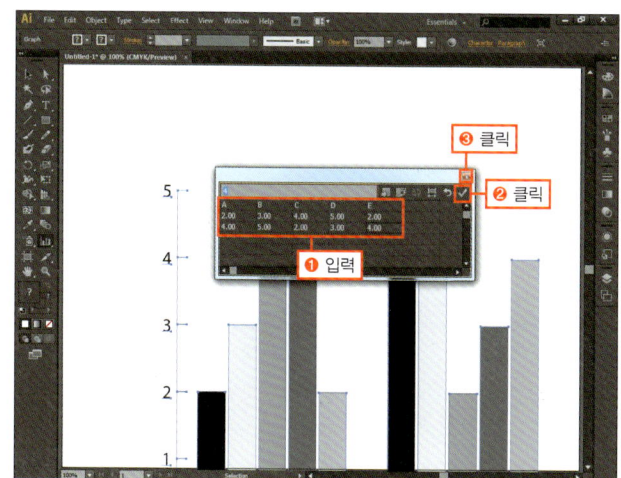

03 위치 이동

❶ [Selection Tool](▶)을 선택합니다. ❷ 그래프를 선택한 후 위치를 이동합니다.

04 오브젝트를 디자인으로 등록

❶ [File]-[Open] 메뉴를 클릭하여 '풍선.ai' 파일을 불러옵니다(Ctrl+O). ❷ Ctrl+A를 눌러 오브젝트와 안내선을 모두 선택합니다. ❸ [Object]-[Graph]-[Design] 메뉴를 클릭합니다.

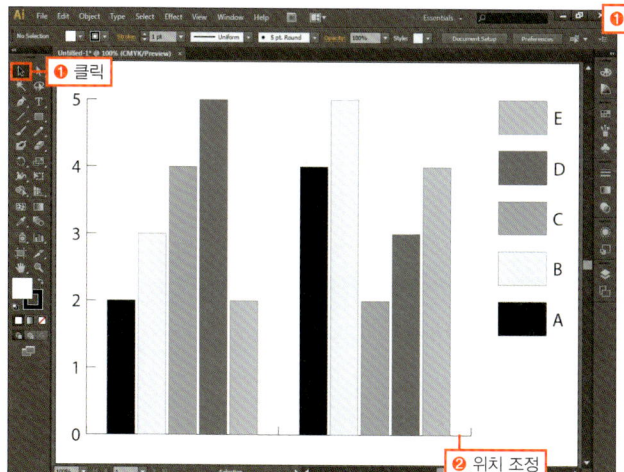

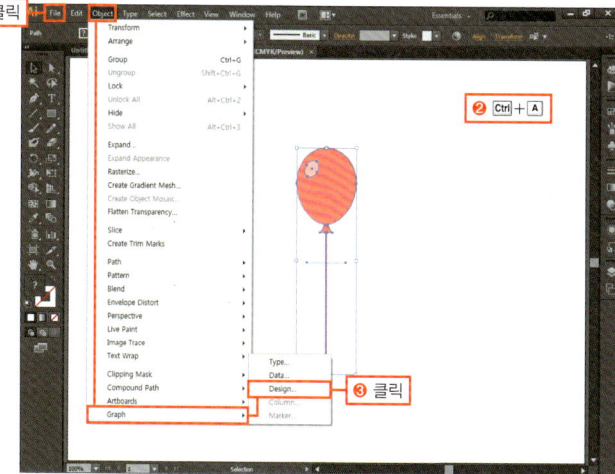

MEMO ● 안내선이 선택되지 않을 경우에는 [View]-[Guides]-[Lock Guides] 메뉴가 체크되어 있는지 확인하고, 체크되어 있다면 체크 해제합니다.

05 오브젝트를 디자인으로 등록

❶ 대화상자에서 [New Design]을 클릭합니다. 선택한 오브젝트가 그래프 디자인으로 등록됩니다. ❷ [OK]를 클릭합니다.

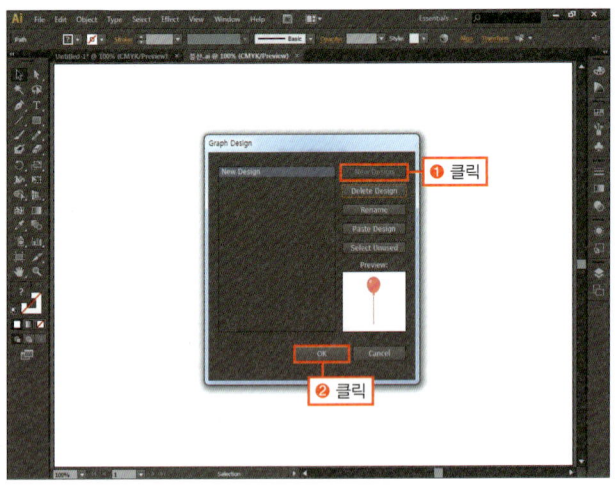

06 그래프 디자인 변경

❶ 그래프가 있는 파일로 돌아옵니다. ❷ 그래프 위에서 오른쪽 클릭하고 ❸ [Column] 메뉴를 클릭합니다.

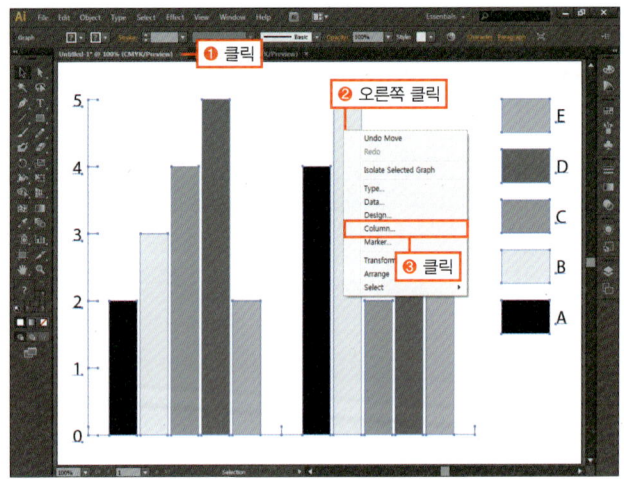

07 그래프 디자인 변경

❶ [Graph Column] 대화상자에서 'New Design (풍선.ai)' 항목을 선택합니다. ❷ [Column Type]을 'Sliding'으로 설정합니다. ❸ [OK]를 클릭합니다.

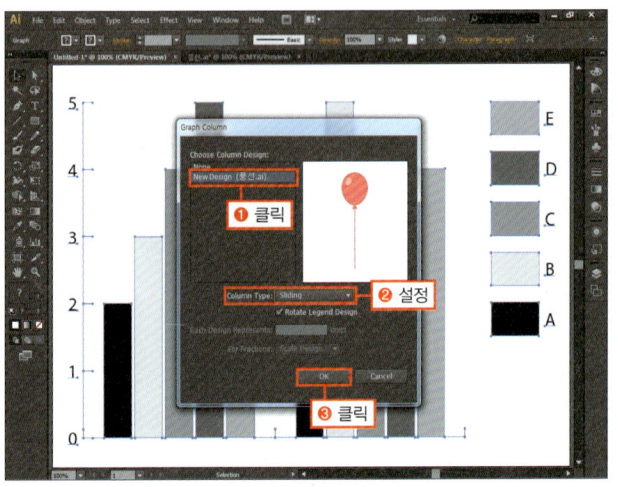

08 그래프 확인

등록한 디자인으로 그래프가 만들어집니다.

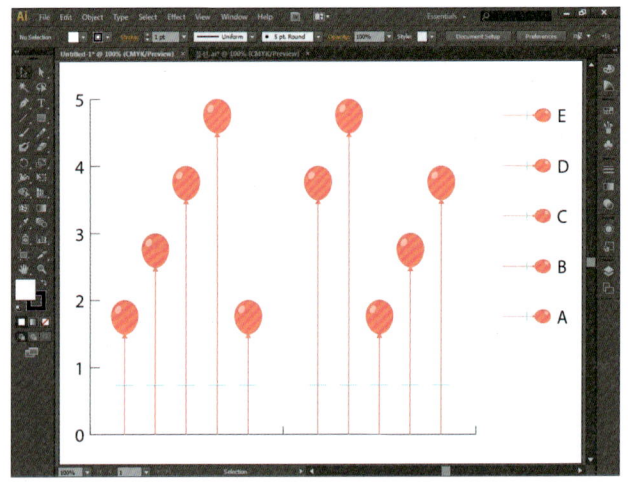

09 색상 변경

❶ [Group Selection Tool](🔺)을 선택합니다. ❷ 풍선 오브젝트를 선택합니다. ❸ 스와치 라이브러리 등으로 칠 색을 '#ffc235'로 설정합니다.

10 완성

❶ 같은 방법으로 다른 풍선들의 색상도 각각 '#38bedb', '#00cea8', '#ff7c53'으로 변경합니다.

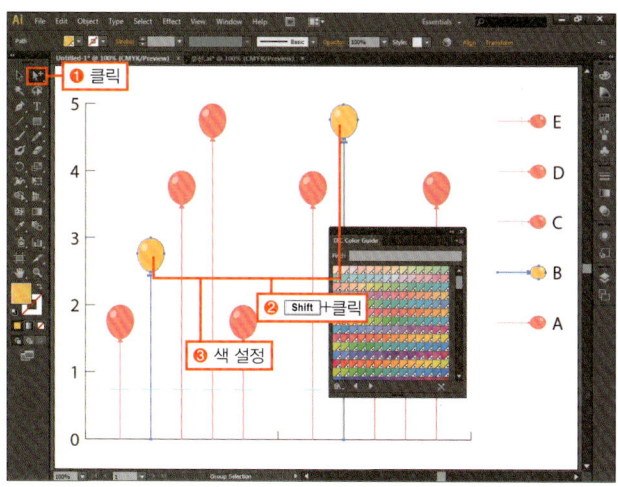

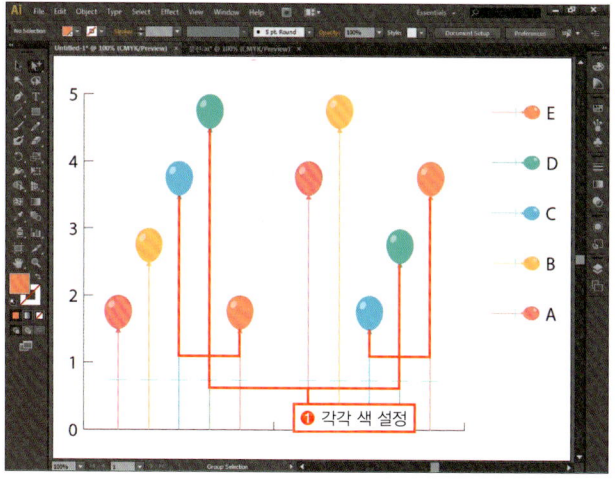

◉ 완성 파일 : Chapter07\unit03_03_완성.ai

TIP 일러스트 그래프 유형 변경하기

[Object]–[Graph]–[Column] 메뉴를 클릭하여 디자인 그래프의 유형을 변경할 수 있습니다.

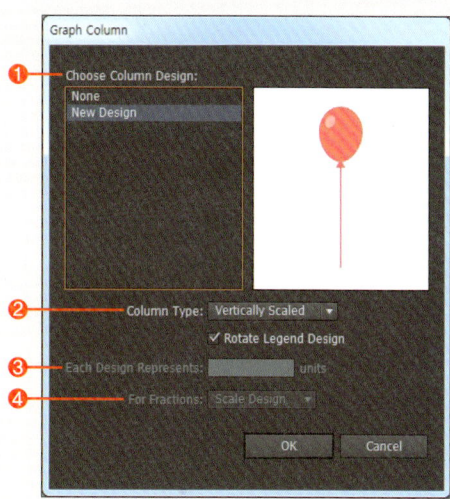

❶ **Choose Column Design** : 그래프 디자인을 선택합니다. [None]으로 설정하면 원래 그래프로 돌아옵니다.
❷ **Column Type** : 선택한 디자인을 적용할 방식을 설정합니다.
  • Vertically Scaled : 디자인의 세로 크기가 늘어나거나 줄어듭니다.
  • Uniformly Scaled : 데이터 수치를 기준으로 디자인의 비율이 균일하게 조정됩니다.
  • Repeating : 데이터 수치와 입력한 숫자를 기준으로 디자인을 반복해서 붙여 넣습니다.
  • Sliding : 수평 안내선을 만든 후, 디자인으로 등록할 때 함께 선택하면 디자인의 일부분을 늘리거나 줄여서 그래프에 적용할 수 있습니다.

▲ Vertically Scaled

▲ Uniformly Scaled

❸ **Each Design Represents** : [Column Type]을 'Repeating'으로 설정하면 활성화됩니다. 반복해서 붙여 넣을 기준을 입력합니다.

❹ **For Fractions** : [Column Type]을 'Repeating'으로 설정한 경우 디자인은 그래프의 하단부터 차례대로 붙여 넣어지며 상단의 처리 방식을 설정할 수 있습니다.

- Crop Design : 원본 크기의 디자인에서 일부분을 잘라 냅니다.
- Scale Design : 디자인의 크기를 조절합니다.

▲ Repeating, 2 Units, Crop Design

▲ Repeating, 2 Units, Scale Design

Illustrator CS6

이번 Chapter에서 학습한 내용을 바탕으로 다음의 실전 문제를 스스로 풀어봅니다.

❶ 일반 그래프를 일러스트 그래프로 변경해보세요.

- 예제 파일 : Chapter07\s_unit07_01.ai, s_unit07_02.ai
- 완성 파일 : Chapter07\s_unit07_02_완성.ai, s_unit07_02_완성2.ai
- 해설 파일 : 해설파일\07_일러스트그래프만들기.hwp, pdf

Before

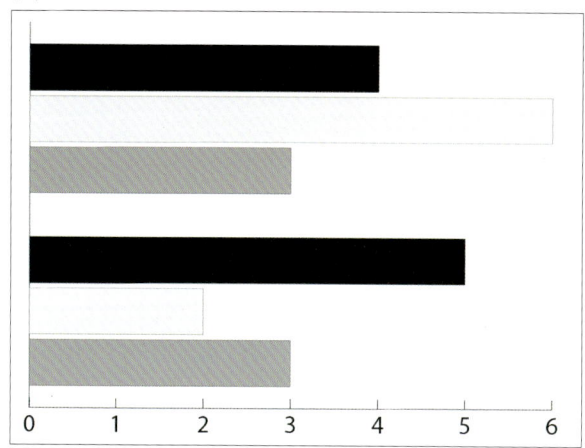

After

① 직선 패스를 안내선으로 만든 후 안내선과 오브젝트들을 디자인으로 등록하기 ➡ ② 그래프에 등록한 디자인 적용하기 ➡ ③ 그래프의 유형을 세로 막대 그래프로 변경하기

❷ [Appearance] 패널로 오브젝트의 속성을 설정하고, 패스를 따라 글자를 입력해보세요.

- 예제 파일 : Chapter07\s_unit07_03.ai
- 완성 파일 : Chapter07\s_unit07_03_완성.ai
- 해설 파일 : 해설파일\07_오브젝트의속성설정하고패스따라글자입력하기.hwp, pdf

Before

After

① [Appearance] 패널로 원 오브젝트의 [Stroke] 속성 설정하기 ➡ ② 새 선을 추가하고 [Stroke] 속성 설정하기 ➡ ③ 원을 선택하고 [Type on a Path Tool]( )을 선택하기 ➡ ④ 패스를 따라 글자 입력하기 ➡ ⑤ [Character] 패널로 서식 설정하기

번호

3D Extrude & Bevel] 대화상자	385
3D Revolve Options] 대화상자	382
3D 일러스트	380

A

Actions 패널	42
Add Anchor Point Tool	38, 87
Align 패널	42
[Align] 패널	214
Appearance 패널	42
[Appearance] 패널	281
Arc Tool	38
Area Graph Tool	41
Area Type Tool	38
Artboards 패널	42
Artboard Tool	41
Art Brush	351
[Art Brush Options] 대화상자	356
Attributes 패널	42

B

Bar Graph Tool	40
[Blend Options] 대화상자	181
Blend Tool	40
Bloat Tool	39, 229
Blob Brush Tool	39, 352
Bristle Brush	352
Browse in Bridge	64
Brushes 패널	43

C

Calligraphic Brush	351
Change Screen Mode	41
Character Style	394
Character Styles 패널	48
Character 패널	48
Character] 패널	264
CMYK	33
Color	41
Color Guide 패널	43
[Color Guide] 패널	145
[Color Picker] 대화상자	135
Color 패널	43
[Color] 패널	135
Column Graph Tool	40
Convert Anchor Point Tool	38
[Create Gradient Mesh] 대화상자	192
Crystallize Tool	39

D

Default Fill and Stroke	41
Delete Anchor Point Tool	38
Direct Selection Tool	37
Document Info 패널	43
Draw Behind	41
Draw Inside	41
Draw Normal	41

E

[Effect]–[3D] 메뉴	380
[Effect]–[Stylize] 메뉴	276
Ellipse Tool	38
Eraser Tool	39
[Extrude & Bevel] 메뉴	383

E

| Eyedropper Tool | 40 |

F

Flare Tool	38
Flattener Preview 패널	44
Free Transform Tool	39

G

Glyphs 패널	48
Gradient	41
Gradient Swatches	173
Gradient Tool	40, 179
Gradient 패널	44
[Gradient] 패널	166
Graphic Styles 패널	44
Group Selection Tool	37

H

| Hand Tool | 41 |

I

Image Trace 패널	44
Image Trace] 패널	379
Info 패널	44

J

| [Join] 기능 | 242 |

K

| Knife | 39, 239 |

L

Lasso Tool	38
Layers 패널	45
[Layers] 패널	104
Line Graph Tool	41
Line Segment Tool	38
Links 패널	45
Live Paint Bucket	40
Live Paint Selection Tool	40

M

Magic Wand Tool	38
Magic Wand 패널	45
[Make with Top Object] 메뉴	291
[Make with Warp] 메뉴	288
Measure Tool	40
Mesh Tool	40

N

Navigator 패널	45
[New Document] 대화상자	57
None	41

O

[Object]–[Blend] 메뉴	188
[Object]–[Envelope Distort] 메뉴	290
[Object]–[Graph]–[Column] 메뉴	443
Opacity	149

OpenType 패널	48
Outline 모드	122

P

Paintbrush Tool	38
Paragraph Styles 패널	49
Paragraph 패널	49
[Paragraph] 패널	269
Path Eraser Tool	39
Pathfinder 패널	45
Pattern Brush	352
[Pattern Brush Options] 대화상자	358
Pattern Options 패널	46
[Pattern Options] 패널	151
Pencil Tool	39
[Pencil Tool Options] 대화상자	96
Pen Tool	38
Perspective Grid Tool	40, 368
Perspective Selection Tool	40, 368
Pie Graph Tool	41
Polar Grid Tool	38
Polygon Tool	38
Preview 모드	122
Print Tilling Tool	41
Pucker Tool	39

R

Radar Graph Tool	41
Rectangle Tool	38
Rectangular Grid Tool	38
Reflect Tool	39, 202
Reshape Tool	39, 223
RGB	33
Rotate Tool	39, 202
Rounded Rectangle Tool	38

S

Save a Copy	62
Save as Template	62
Save for Web	62
Save Selected Slices	62
Scale Tool	39, 216
Scallop Tool	39, 229
Scatter Brush	351
[Scatter Brush Options] 대화상자	354
Scatter Graph Tool	41
Scissors Tool	39
[Scribble Options] 대화상자	286
Selection Tool	37
[Select] 메뉴	246
Separations Preview 패널	46
Shape Builder Tool	39
Shear Tool	39, 97
Silce Selection Tool	41
Slice Tool	41
Smooth Tool	39
[Smooth Tool Options] 대화상자	97
Spiral Tool	38
Stacked Bar Graph Tool	40
Stacked Column Graph Tool	40
Star Tool	38
Stroke 패널	46
[Stroke] 패널	91
SVG Interactivity 패널	47
Swap Fill and Stroke	41
Swatches 패널	47
[Swatches] 패널	136
Swatch Library	334
Symbol Screener Tool	40
Symbol Scruncher Tool	40

Symbol Shifter Tool	40
Symbol Sizer Tool	40
Symbol Spinner Tool	40
Symbol Sprayer Tool	40
Symbol Stainer Tool	40
Symbol Styler Tool	40
Symbols 패널	47

T

Tabs 패널	49
[Tab] 패널	409
Text Wrap	394
[Tool] 패널	36
Transform 패널	47
Transparency 패널	47
Twirl Tool	39
[Type]-[Create Outlines] 메뉴	287
[Type on a Path Options] 대화상자	274
Type on a Path Tool	38
Type Tool	38

V

Variables 패널	48
Vertical Area Type Tool	38
Vertical Type on a Path Tool	38
Vertical Type Tool	38
[View]-[Perspective Grid]-[Show Grid] 메뉴	372

W

Warp Tool	39, 227
Width Tool	39, 124
Wrinkle Tool	39, 230

Z

Zoom Tool	41

ㄱ

검색	36
격리 모드	162
그래프	435
그래픽 스타일	275
그레이디언트	165
그룹	162
글상자	265
기준점	76

ㄷ

닫힌 패스	83
데이터 입력창	438
도큐먼트 정렬	35
도형 툴	107

ㄹ

라이브러리 패널	278
레이어	103

ㅁ

메뉴 바	35

ㅂ

바운딩 박스	116

방향선	76
방향점	77
벡터	30
브러시	296
비트맵	30

ㅅ

상태 바	36
색상 모드	337
색상 설정	41
세그먼트	76

ㅇ

아트보드	65
어도비 브리지 바로가기	35
열린 패스	83
왜곡 툴	227
원근감 격자	372
이미지 트레이스(Image Trace)	374
일러스트 그래프	436
일러스트레이터 활용 분야	31

ㅈ

작업 영역	36
작업 환경	34
작업 환경 설정 메뉴	36
잠금 기능	251

ㅋ

캐릭터 일러스트	317
컨트롤 바	36
클리핑 마스크	305

ㅌ

템플릿 파일	58
특수문자	301

ㅍ

패널	36
패션 일러스트	336
패스	76
패스파인더	110
패턴	151